미래의 충격

앨빈 토플러 / 장을병 옮김

범우사

차 례

이 책을 읽는 분에게 · 7
머리말 · 11

제1부 영속성의 종말
　제 1 장　800번째의 생명대(生命代) · 19
　제 2 장　가속적 추진력 · 29
　제 3 장　생활의 변화 속도 · 48

제2부 일시성(一時性)
　제 4 장　사물 : 소모 사회(消耗社會) · 61
　제 5 장　장소 : 새로운 유목민들 · 86
　제 6 장　인간 : 부품(部品) 인간 · 108
　제 7 장　조직체 : 애드호크러시의 도래 · 139
　제 8 장　정보 : 활동적 이미지 · 168

제3부 새로움
　제 9 장　과학의 궤도 · 202
　제10장　경험을 만드는 사람들 · 238

제11장 가족의 파괴 · 258

제4부 다양성
제12장 선택권 과잉의 기원 · 282
제13장 하위 문화의 범람 · 304
제14장 생활 양식의 다양성 · 324

제5부 적응력의 한계
제15장 미래의 충격 : 육체적 차원 · 348
제16장 미래의 충격 : 심리적 차원 · 367

제6부 생존을 위한 전략
제17장 내일에 대한 대처 · 395
제18장 미래 시제(時制)의 교육 · 424
제19장 기술과학의 조절 · 457
제20장 사회적 미래주의의 전략 · 475

저자 후기 · 522

이 책을 읽는 분에게

'문화의 충격'이라는 인류학의 용어는 이미 상당한 정도로 일반화된 개념이다. 한 문화권의 생활 방식에 젖어 있던 사람이 전혀 다른 문화권 속으로 들어가게 됐을 때 겪는 격심한 혼란이 그것이다. '미래의 충격'이란 이러한 개념을 차용한 것으로, 현재의 문화 속에 살고 있는 우리가 미래의 문화 속으로 갑자기 진입하게 될 때 느끼는 혼란을 의미한다.

따라서 이러한 개념은 미래 사회의 문화가 현재의 문화와 완전히 다르며, 우리가 그러한 미래의 문화에 접하게 되는 속도가 '충격'을 느낄 정도로 빠르다는 것을 전제로 하고 있다. 앨빈 토플러의 이 책《미래의 충격》은 이러한 두 개의 전제를 상세히 설명해 미래의 충격이 실재한다는 사실을 밝히고, 충격의 양상과 저자 나름의 대응책까지 제시하고 있다.

우리는 미래의 모습에 관한 수많은 묘사를 접해 왔고 지금도 접하고 있다. 그러나 불행히도 우리가 접하는 미래상은 대부분 공상과학 소설의 수준을 벗어나지 못하고 있다. 이것은 그러한 미래상이 그릇된 것이라는 의미는 아니다. 이 책에도 언급되고 있는 것처럼 공상과학 소설은 상당 부분이 이미 현실로 나타났고 그 현실화의 계기가 되었던 것이다. 공상과학 소설이 빠뜨리고 있는 부분은 바로 과학의 눈부신 발전으로 인해 나타날 사회적·문화적 변화다.

신체의 기관(器官)을 인공적으로 만들고 갈아 끼운다는 것은 이미 보편화된 생각이고, 일부는 현실화되기까지 했다. 심지어는 사고(思考) 기능까지 갖춘 컴퓨터가 얘기되고 그 실현이 멀지 않았다고도 한다. 이러한 물리적 환경의 변화는 이미 당연한 것이 되어버렸지만, 그러한 변화에 부수될 인간 관계나 그 문화의 변화에는 관심을 기울이지 못했던 것이다. 이 책에서 제시하는 가족 관계나 조직상의 변화는 가히 혁명적이라고 할 만한 것들로서 당연히 우리의 관심의 대상이 되어야 한다. 더구나 그러한 변화는 이미 우리 사회에서도 일어나기 시작했다.

저자 자신이 머리말에서 밝히고 있듯이 이 책이 그리고 있는 미래상이 반드시 옳다는 것은 아니다. 우리도 꼭 그렇게 되리라 생각하고 이 책을 읽을 필요는 없다. 다만 과학이 가져다줄 미래의 환경적 변화와 함께 사회적·문화적 변화에도 관심을 갖는 계기로 삼을 필요는 있다. 그리고 부수적인 것이긴 하지만, 지금 가지고 있는 사고 체계가 절대적인 것은 아니라는 생각을 하는 데도 도움이 될 것이다.

저자 앨빈 토플러는 1928년 뉴욕에서 태어나 뉴욕 대학을 졸업하고 언론계와 학계에서 활약해 온 사회비평가다. 그는 《포춘》지의 부편집장과 코넬 대학 객원교수를 거쳐 러셀 세이지 재단과 록펠러 재단 등에 근무했다. 그는 5년 동안 공장 노동자로도 근무했고, 다섯 개의 명예 박사학위도 갖고 있다.

주요 저서로는 이 책 외에 《에코스파즘(*The Eco-Spasm Report*)》《제3의 물결(*The Third Wave*)》《문화 소비자(*The Culture Consumers*)》 등이 있다.

옮긴이

미래의 충격

Future Shock

머 리 말

이 책은 인간이 급격한 변화에 직면했을 때 어떠한 현상이 빚어질 것인가, 그리고 인간이 어떻게 하면 미래에 적응할 수 있는가 (아니면 어떠한 때에 적응할 수 없는가) 등의 문제를 다루고 있다.

미래에 관해 씌어진 책들은 많은 것으로 안다. 그러나 다가올 세계에 관한 책들은 대체로 거친 금속성 어조를 띠고 있다. 이와는 달리 이 책은 미래의 '부드럽고' 인간적인 측면과 인간이 미래로 나아가는 과정에 관심을 두면서 평범하고 일상적인 문제들, 말하자면 인간이 사고 버리는 생산품, 지나쳐버리는 장소, 머무르는 단체, 살아나가는 동안에 재빨리 스쳐가는 사람들 등을 다루어보려고 한다. 친구 관계나 가정 생활의 미래는 이미 밝혀지고 있다. 미지의 새로운 하부 문화나 생활 양식들은 정치나 운동장을 비롯해서 스카이 다이빙이나 섹스에 이르는 일련의 다른 주제들과 더불어 탐구되고 있다.

생활에서나 책에서나 이 모든 것을 연결짓는 것은 소란스런 변화의 흐름이다. 그런데 오늘날 이러한 흐름은 너무나 거세어서 제도들을 뒤엎고 인간의 가치관을 변화시키며 인간의 근본을 시들게 한다. 변화는 미래가 인간의 생활 속에 자리잡는 과정이다. 따라서 이것은 역사라고 하는 거시적인 관점에서만이 아니라, 변화를 몸소 겪으면서 생활하고 숨쉬는 개개 인간의 미시적인 관점에서도 관찰할 필요가 있다.

오늘날에는 변화의 가속(加速) 그 자체가 하나의 기본적인 힘이다. 이러한 가속적인 추진력은 사회적인 결과와 아울러 개인적이고 심리적인 결과도 함께 불러일으킨다. 이 책에서는 이러한 가속 효과에 대해 다른 무엇보다 먼저 체계적으로 파헤쳐 볼까 한다. 크게는 사회적으로나 아니면 인간의 개인적인 문제 또는 변화의 진도를 조절하는 일을 재빨리 배우지 않는다면, 우리는 대대적인 적응 파탄에 직면할 것임을 이 책은 강조하고 있다.

1965년 나는 계간지 《호라이즌(Horizon)》에 쓴 글에서, 너무나 짧은 시간 안에 너무나 많은 변화에 직면함으로써 개개 인간 속에서 유발된 정신착란에 가까운 긴장 내지 무분별한 상태를 기술하기 위해 '미래의 충격(future shock)'이란 용어를 만들어냈다. 이러한 개념에 매료된 나머지, 나는 많은 대학·연구소·실험소·정부 기관들을 방문하고, 수많은 논문들과 과학지를 탐독하며, 아울러 변화나 적응 행태 또는 미래 등에 관한 다른 분야의 전문가들과 서면으로 인터뷰하는 데 5년이라는 세월을 소모했다. 노벨상 수상자, 히피족, 정신병학자, 물리학자, 사업가, 미래학자, 철학자, 교육자들은 변화에 대한 그들의 걱정과 적응성에 대한 우려 그리고 미래에 대한 공포심 등을 이야기해 주었다. 나는 이러한 경험을 통해 두 가지 불안한 확신을 갖기에 이르렀다.

첫째, 미래의 충격은 먼 곳에 있는 잠재적인 위험이 아니라 벌써 많은 사람들이 점점 고통을 느끼고 있는 실재의 질병임이 분명하다는 것이다. 이러한 정신생물학적 조건은 의학 내지 정신병리학적인 용어들로 기술될 수 있는데, 이것이 바로 변화병(變化病)이다.

둘째, 커다란 변화를 요구하고 이룩하는 사람들이든 우리로 하여금 이러한 변화에 대처하도록 이끌어가는 사람들이든, 실제로 적응성에 관해 얼마나 모르고 있는가를 생각할 때 놀라움을 금할 수가 없다. 진지한 지식인들은 '변화에 대해 교육하는 일' 혹은 '인간으로 하여금 미래에 대비하게 하는 일'에 관해 대담하게 이야기하고 있다. 그러나 우리는 그러한 일을 어떻게 하는가에 대해서는 별로 알고 있지 못하다. 인간이 여지없이 휩쓸리는 급격한 변화가 일어나고 있는 환경에 있으면서도 우리는 인간이란 동물이 어떻게 대처하는가에 대해서는 비참할 정도로 무지한 상태에 있다.

심리학자나 정치인과 같은 사람들은 특정한 개인이나 집단이 보이는 변화, 즉 불합리한 저항에 당황한다. 한 부서를 개편하려고 하는 단체의 장이나 새로운 교수법을 도입하려는 교육자, 또는 자기네 도시의 인종 문제를 평화적으로 해결하려는 시장 등 누구나 한 번쯤은 이러한 맹목적인 저항에 부딪히게 된다. 그러나 우리는 아직도 그 원인에 대해서는 별로 알지 못한다. 똑같은 처지임에도 불구하고 일부 사람들은 변화를 일으키는 데 전력을 다함으로써 변화를 갈망하고 심지어 광분하기까지 하는 반면 다른 일부 사람들은 변화를 피하려고 하는 까닭은 무엇인가? 이러한 문제에 대한 확실한 해답은 찾아지지 않았을 뿐 아니라, 우리는 심지어 적응에 관한 적절한 이론조차 마련하지 못해 그 해답을 얻어내기란 좀처럼 쉽지 않다.

따라서 이 책은 우리로 하여금 미래에 적응할 수 있도록, 말하자면 인간들이 변화에 어떻게 반응하는가에 대한 이해를 촉진시킴으로써 개인적·사회적 변화에 보다 효과적으로 대처할 수 있도록 도움을 주려는 데 목적을 두고 있다. 이러한 목적으로 향해 나아가면 적응에 관한 폭넓은 새로운 이론도 제시되리라고 본다.

이 책은 역시 때때로 간과되고 있긴 하지만 중요한 하나의 특성에 관심을 쏟고 있다. 변화의 효과에 관한 연구는 거의 언제나 진행의 속도보다는 변화가 우리를 데려가는 목적지에 집중되고 있다. 이 책을 통해 나는 변화의 '진도'는 변화의 '방향'과 판이하게 다른 함축성을 지니고 때로는 더 중요하다는 사실을 밝히려고 한다. 이러한 사실이 파악되기까지는 적응성을 이해하려는 어떤 시도도 성공할 수 없다. 아울러 변화의 '내용'을 정의하려는 어떠한 시도도 변화의 속도를 그 내용의 일부로 포함시키지 않으면 안 된다.

유명한 문화 지체 이론을 제시한 오그번(William Fielding Ogburn)은 사회내 각기 다른 부분 사이에 고르지 못한 변화의 진도들로부터 어떻게 해서 사회적 긴장이 일어나는가를 지적했다. '미래의 충격'의 개념과 아울러 이것으로부터 나오는 적응 이론은, 각기 다른 부분들에서 나타나는 변화의 진도 사이에서만이 아니라 환경적 변화의 속도와 인간의 한정된 대응 속도 사이에도 균형이 유지되어야 함을 강력히 시사하고 있다. 미래의 충격은 이 둘 사이에 점차 벌어지는 격차 속에서 자라기 때문이다.

이 책은 이론을 제시하는 데 그치는 것이 아니라, 방법까지도 제시해 보려고 한다. 이제까지 인간은 현재를 밝히기 위해 과거를 연구해 왔다. 나는 시간의 거울을 여기저기에 비춰본 결과, 조리 있게 그려진 미래의 모습이 오늘에 대한 값진 통찰력을 우리에게 마련해 준다는 사실을 확신하기에 이르렀다. 우리는 미래를 지적(知的) 도구로 활용하지 않고서는 개인적이거나 공적인 문제들을 이해하기가 점점 어려워짐을 발견하게 될 것이다. 앞으로 이러한 도구가 무엇을 할 수 있을 것인가를 신중히 검토해 보겠다.

끝으로 역시 무시하지 못할 문제는, 이 책은 겉으로 드러나지는 않더라도 중요한 의미에서 독자를 변화시키려는 의도에서 만들어졌다는 것이다. 설명이 진행됨에 따라 그 이유들은 밝혀지겠지만, 급속한 변화에 대한 성공적 대응은 대부분의 사람들로 하여금 미래를 향한 새로운 자세, 말하자면 미래가 현재 수행하고 있는 역할에 대한 새롭고 민감한 인식을 갖도록 요구할 것이다. 이 책은 독자의 미래 의식을 높이기 위해 만들어졌다. 이 책을 읽고 난 다음 독자가 미래의 사건들에 대해 얼마만큼 스스로 생각하고 추리하며 예견하려고 노력하는가가 바로 이 책이 얼마만큼 효과를 거두었는가에 대한 하나의 척도가 될 것이다.

이 책의 목적은 앞서 밝힌 대로지만, 몇 가지 짚고 넘어가야 할 사항이 있다. 인간에 의한 사실의 소멸 가능성을 다루지 않으면 안 된다. 노련한 기자는 활자화되기도 전에 그 체제나 의미가 달라지는 이른바 빨리 소멸되는 기사를 써본 경험이 있을 것이다. 그런데 오늘날에는 세상의 모든 것이 일종의 빨리 소멸되는 기사라고 할 수 있다. 따라서 여러 해에 걸쳐서 씌어진 책인 경우, 그 속에 담겨진 일부 사실들은 연구하고 쓰는 시간과 발표되는 시간의 격차 때문에 아주 달라지는 수가 흔히 있다. A대학에 관계하고 있던 교수가 얼마 후에는 B대학으로 옮기고, X라는 입장을 취했던 정치인들이 잠깐 사이에 Y라는 입장으로 바뀔 수도 있는 것이다.

　새로운 입장에서 《미래의 충격》을 집필하는 동안 성실한 노력을 기울였지만, 여기에 수록된 일부 사실들은 분명히 이미 낡아빠진 것들이라고 본다(물론 이러한 사실은 저자들이 밝히기를 꺼리지만 많은 책들에 공통된 현상이다). 그러나 자료가 낡았다는 사실은 변화의 신속성에 관한 이 책 자체의 주제를 검증하는 데 이바지하는 까닭에, 여기서는 특별한 의미를 지닌다. 저자들이 현실에 뒤떨어지지 않으려고 하는 노력은 더욱더 어려워지고 있다. 그러나 생각하고 연구하며 쓰고 출판하는 일을 동시에 할 수 있는 방법은 아직 없다. 따라서 독자들은 세부적인 내용보다는 일반적인 주제에 더 많은 관심을 기울이지 않으면 안 된다.

　또 한 가지 밝힐 사항은 '……일 것이나(will)'라는 조동사를 처리하는 문제다. 진지한 미래학자는 누구나 '예언'으로 처리하지는 않는다. 이러한 일들은 텔레비전에 나오는 예언자들이나 신문 지상의 점성가들에게 맡겨두면 된다. 설사 예측의 복합성에 관해 어느 정도 익숙한 사람이라 하더라도 내일에 관해 확실히 알고 있다고 우길 수는 없다. 중국 속담에 보면 이러한 뜻을 지닌 아주 역설적인 말이 있는데, 그것은 "예언 특히 미래와 관계되는 예언이란 극히 어렵다"는 것이다.

이것은 곧 무엇을 뜻하느냐 하면, 미래에 관한 모든 진술은 당연히 '만약', '그리고', '그러나' 아니면 '다른 한편'이라는 일련의 한정어를 동반하지 않으면 안 된다는 것이다. 그러나 이러한 종류의 책에 갖가지 적절한 한정어를 쓴다면 독자를 '아마도'의 사태 속으로 매몰시키고 말 것이다. 따라서 이지적인 독자는 문체상의 문제를 이해하리라 믿으며 주저 없이 이러한 한정어를 쓰기보다는 좀더 단호하게 말하려고 한다. '……일 것이다(will)'라는 단어는 '아마도(probably)' 아니면 '내 의견으로는(in my opinion)'이라고 하는 단어가 선행되어 있는 것으로 이해되었으면 한다. 아울러 미래의 사건들에 적용되는 모든 날짜는 적절히 판단해 주었으면 한다.

그러나 미래에 관해 정확하고 확실히 말할 수 없는 것은 변명의 여지가 없다. 물론 '확실한 자료'가 있으면 그것들은 고려되어야만 한다. 그러나 그러한 자료가 없는 곳에서는 책임 있는 저자나 심지어 과학자도 인상적이거나 일화적(逸話的)인 자료 또는 정통한 사람의 의견을 포함한 다른 종류의 증거를 찾아볼 권리와 의무를 함께 지닌다. 나는 이러한 방향으로 일관하지만 구차하게 변명을 늘어놓지는 않겠다.

적어도 미래를 다루는 데 주된 목적을 두고 있다면, 100퍼센트 옳은 것보다는 가상적이고 직관적인 것이 더 중요하다. 이론이란 전적으로 활용될 만큼 옳을 필요는 없다. 심지어 착오가 활용되는 수도 있다. 중세의 지도 제작자들이 그린 세계 지도들은 무참할 정도로 부정확하고 착오투성이여서, 지구의 전체 표면이 거의 도면으로 작성되고 있는 오늘날에는 오히려 연민의 웃음을 자아내게 하고 있다. 그러나 위대한 탐험가들이 신세계를 발견할 수 있었던 것은 그 지도들에 의존해서였다. 그 사람들이 활용할 수 있는 한정된 증거를 갖고 결코 본 적도 없는 세계에 관한 개략적인 개념들을 종이 위에 그려놓지 않았다면, 오늘날의 보다 훌륭하고 보다 정확한 지도들은 마련될 수 없었을 것이다.

미래를 탐험하는 우리는 고대의 지도 제작자들과 비슷하고, '미래의 충격'의 개념과 적응 영역에 대한 이론이 위험과 선망으로 충만되어 있으며, 가속적인 힘에 의해 이룩되는 새로운 세계에 관한 결론으로서가 아니라 서론으로서 여기 제시되고 있음도 이러한 정신에 입각해서다.

지 은 이

제1부 영속성의 종말

제 1 장 800번째의 생명대(生命代)

 지금부터 21세기에 이르기까지의 불과 30년이란 짧은 기간에 평범하고 정신적으로도 건강한 수많은 사람들이 미래와의 예기치 않았던 충돌에 직면할 것이다. 이 세상에서 가장 부유하고 기술적으로도 가장 앞선 나라의 국민 가운데 많은 사람들도 우리 시대를 특징짓는 변화를 위한 끊임없는 요청에 버티어 나가기가 점점 고통스럽게 생각될 것이다. 그들로서는 미래가 너무 빨리 도래하는 것으로 느껴질 것이다.
 이 책은 변화에 관한, 그리고 변화에 어떻게 적응할 것인가에 관한 책이다. 또한 이 책은 변화를 통해 성장하는 듯한 사람들, 변화의 파도를 즐겁게 타고 있는 사람들에 관한 책인 동시에, 변화를 거부하고 변화로부터 벗어나려고 하는 또 다른 수많은 사람들에 관한 책이기도 하다. 이 책은 변화에 대한 우리의 적응 능력에 관한 책이면서, 아울러 미래와 그것의 도래가 가져올 충격에 관한 책이기도 하다. 지난 300년 동안의 서구 사회는 변화의 열풍 속에 사로잡혀 있었다. 이러한 열풍은 현재 줄어들기는커녕 오히려 그 위력을 더해 가고 있다. 변화는 점차 가속적인 속도와 예측할 수 없는 충격의 파동으로 고도로 산업화된 나라들을 휩쓸고 있다. 그것이 휩쓸고 간 자리에는 온갖 종류의 신기한 사회적 파생물들, 이를테면 이상한 교회나 방임적인 대학을 위시해서 북극 지방의 과학 도시 내지 캘리포니아의 처교환(妻交換) 클럽 등이 출현하고 있다.

또한 이러한 열풍은 이상한 인간성을 길러내어, 열두 살의 어린이들은 이미 어린이 같지 않고 쉰 살 먹은 어른들이 열두 살 먹은 아이들 같아진다. 그런가 하면 부자들이 가난한 시늉을 하고 컴퓨터 프로그래머가 환각제에 빠지기도 한다. 더러운 무명 셔츠를 걸친 무정부주의자가 포학한 순응주의자인가 하면, 멋진 칼라 셔츠를 입은 순응주의자가 잔인한 무정부주의자인 경우도 있다. 결혼한 카톨릭 신부나 무신론적인 목사가 있는가 하면 유태인 선불교(禪佛敎) 신자도 있다. 통속적인 음악이나 오페라가 있는가 하면 동력학술(動力學術)도 있다. 플레이보이 클럽이나 동성애 영화관이 있는가 하면 암페타민(각성제)이나 진정제가 있고, 분노와 풍요가 있는가 하면 수많은 망각도 있다.

심리분석학의 전문 용어나 아니면 실존주의의 모호한 상투어에 의존하지 않고서는 이렇듯 이상스러운 정경을 어떻게 설명할 수 있겠는가? 이렇듯 이상 야릇하고 새로운 사회가 우리 속에서 출현하고 있다. 그런데 이러한 현상을 이해하고 그것이 어떻게 전개될 것인가를 짐작이나 할 수 있겠는가? 그리고 우리는 이러한 현상과 타협할 수 있겠는가?

만화경같이 빠른 속도로 변화하는 현실을 우리가 새로운 안목으로 보게 된다면, 지금 이해될 수 없는 것으로 느껴지는 많은 부분이 어느 정도 해결될 수 있을 것 같다. 변화의 가속은 단지 산업체나 국가만을 파괴하는 것이 아닌 까닭이다. 이것은 우리 개인 생활 속으로 깊이 스며들고 우리로 하여금 새로운 역할을 수행하도록 강요하며, 아울러 새롭고 강력한 심리적 착란증의 위험에 부닥치게 만드는 구체적인 힘인 것이다. 이러한 새로운 질병이 '미래의 충격'이라고 불리는 것으로서, 이 병의 근원이나 징후를 알게 되면 합리적으로 분석되지 않는 많은 현상을 설명하는 데 도움이 될 수 있다.

준비 없는 방문객

비슷한 말인 '문화의 충격(culture shock)'이란 용어는 이미 널리 쓰이고 있다. 문화의 충격이란 새로운 문화에의 침례(浸禮)가 준비 없는 방문객에게 미친 효과다. 이를테면 평화봉사단 요원들이 보르네오나 브라질에서 겪는 괴로움이 그것이다. 아마 마르코 폴로(Marco Polo)도 중국에서 이러한 괴로움을 겪었을 것이다. 문화의 충격이란 이를테면 '예스'가 '노'로 통하고 '정가(定價)'가 에누리되며 사무실 밖에서 기다리게 해도 모독으로 느끼지 않고 웃음이 노여움을 뜻하는 곳에, 어떤 여행자가 갑자기 나타났을 때 일어나는 현상이다. 그런가 하면 이것은 어떤 개인이 사회 안에서 자기 기능을 다하는 데 도움이 되어온, 심리적으로 익숙한 신호들이 갑자기 사라졌을 때나 새롭고 이해할 수 없는 것들로 바뀌었을 때 나타나는 현상이기도 하다.

이러한 문화적 충격 현상은 주로 미국인들이 다른 나라들을 다루는 데 어려움을 안겨주는 이른바 당황, 차질, 방향 감각의 상실로 나타난다. 이것은 커뮤니케이션의 단절, 현실에 대한 오해, 적응력의 상실 등을 유발한다. 그러나 문화의 충격은 보다 심한 고질인 미래의 충격에 비해 비교적 가벼운 것이다. 미래의 충격은 미래가 앞당겨 옴으로 인해 나타난, 현기증을 일으키는 방향 감각의 상실이다. 바로 이것이 내일의 가장 심각한 질병이라고 하겠다.

미래의 충격은 의학서의 색인이나 변태심리학의 목록에도 나와 있지 않다. 그러나 이것을 극복하려는 이지적인 시도가 이루어지지 않는다면, 수많은 사람들이 점차 방향 감각을 잃어 그들의 환경을 처리해 나가는 데 급격히 무능해진 자신을 발견하게 될 것이다. 현대 생활에서 이미 두드러지게 나타난 불쾌, 만성적 노이로제, 불합리성, 폭력의 난무 등은 바로 우리가 이 질병을 이해하고 처방하지 않을 때 닥쳐올 현상의 예고에 지나지 않는다.

미래의 충격은 시간적 현상으로, 변화가 심한 가속도의 산물이다. 이것은 낡은 문화에 새로운 문화를 중첩시킴으로써 나타나는 현상으로, 한 사회 안에서 빚어지는 문화의 충격이다. 그러나 미래의 충격이 미치는 결과는 문화의 충격에 비하면 훨씬 더 나쁘다. 대부분의 평화봉사단 요원들뿐 아니라 대부분의 여행자들은 그들이 남겨두고 온 문화로 언젠가는 되돌아갈 것이라는 안이한 생각을 가지고 있다. 그러나 미래의 충격에서 오는 희생은 위안받을 길이 없다.

어떤 개인을 그가 속해 있던 문화로부터 끌어내어 전혀 다른 신호들이 통용되는, 이른바 종전과는 판이한 환경에 방치하고(시간, 장소, 일, 사랑, 종교, 성(性) 그 밖에 모든 것들의 개념이 달라지게), 그럼으로써 보다 친숙한 사회적 환경으로 돌아갈 가망이 전혀 없게 한다면 그가 당하는 어려움은 더욱 심각해진다. 더욱이 이러한 새로운 문화 자체가 언제나 어지러운 상태에 있다면, 그리고 더더욱 가치들이 끊임없이 변하고 있다면, 방향 상실감은 더욱 깊어질 것이다. 급변하는 새로운 환경에서는 어떤 종류의 행태가 합리적인가 하는 실마리를 찾기 어려우므로, 자기 자신이나 다른 사람들에게 주는 피해는 어쩔 수 없을 것이다.

단순히 개인만이 아니라, 가장 허약하고 배우지 못하고 가장 이지적이지 못한 사람들을 포함해서 모든 세대의 사람들, 말하자면 사회 전반이 이러한 새로운 세계로 갑자기 옮겨졌다고 가상해 보자. 그 결과는 집단적인 방향 감각 상실이고 대규모적인 미래의 충격일 것이다.

인간은 오늘날 바로 이러한 상황에 직면해 있다. 변화가 우리 눈앞에 들이닥치고 있음에도 불구하고 대부분의 사람은 이상스럽게도 이러한 변화에 대처할 준비를 갖추지 않고 있다.

과거와의 단절

앞서 한 말들은 모두 과장된 것일까? 나는 그렇게 생각하지 않는다. 지금 우리가 겪고 있는 상황이 제2차 산업혁명이라고 한다면, 그것은 좀 낡은 표현이다. 이러한 말투는 우리를 에워싸고 있는 변화의 속도와 깊이를 강조하는 것이다. 그러나 이러한 표현은 진부한 데다가 사실을 오도하고 있다. 현재 일어나고 있는 현상은 십중팔구 산업혁명에 비해 훨씬 방대하고 깊으며 더 중요한 것이기 때문이다. 실상 몇몇 믿을 만한 의견에 따르면, 현재의 움직임은 그 크기에서 야만 생활로부터 문명 생활로의 이행이라는 이른바 역사적 연속성에서의 제1의 대단절(大斷切)과 비견할 수 있는, 바로 인류 역사상 두번째의 커다란 분기점을 긋는 정도의 것이다.

이러한 생각은 과학자나 기술공학자들의 저서 속에서 점점 빈번하게 나타나고 있다. 영국의 물리학자며 노벨상 수상자인 톰슨(George Thomson) 경은 《예견할 수 있는 미래》란 저서에서 오늘날과 역사적으로 가장 비견될 만한 현상은 산업혁명이 아니라 오히려 신석기 시대의 농경술(農耕術)의 발명이라고 시사한 바 있다. 그리고 미국의 자동화 전문가인 디볼드(John Diebold)는 "우리가 오늘날 겪고 있는 기술과학 혁명의 효과는 우리가 앞서 경험한 어떠한 사회적 변화보다 더 심오할 것이다"라고 경고했다. 한편 영국의 컴퓨터 제조업자인 바그리트(Leon Bagrit) 경은 자동화 자체가 '인류의 전역사상 가장 위대한 변화'를 대표한다고 주장했다. 이러한 견해는 과학자나 기술공학자들만이 지니고 있는 것이 아니다. 철학자인 리드(Herbert Read) 경이 밝힌 바에 따르면, 우리는 너무나 근본적인 변화를 겪고 있기 때문에 지난 몇 세기 동안에는 필적할 만한 현상을 찾아볼 수 없고, 비교될 만한 변화가 있었다면 오직 구석기 시대와 신석기 시대 사이에 일어난 변화뿐이라는 것이다. 그리고 세람(C. W. Ceram)이란 필명(筆名)으로 《신(神), 묘(墓), 학자(學者)》를 저술해서 널리 알려진 마레크(Kurt W. Marek)는 다음과 같이 관찰하고 있다. "20세기에 살고 있는 우리는 5000년간 이어져온 인류의 한 시대를 끝맺으려 하고 있다. ……우리는 슈펭글러(O. Spengler)가 생각했던 대로 기독교적인 서구의 시발이라고 할 로마의 상황에 있는 것이 아니라, 기원전 3000년의 상황에 있다. 우리는 바로 선사 시대의 사람처럼 비로소 눈을 뜨고 완전히 새로운 세계를 보고 있다."

이러한 주제에 관한 가장 놀라운 주장 가운데 하나는, 탁월한 경제학자며 상상력이 풍부한 사회사상가인 볼딩(Kenneth Boulding)의 설명이다. 현시점은 인류 역사상 하나의 중대한 전환점이라는 자기의 견해를 뒷받침하기 위해 볼딩은 다음과 같이 관찰하고 있다. "인간의 활동과 관계되는 많은 통계 자료에 관한 한, 인류 역사를 두 개의 똑같은 부분으로 나누는 시기는 우리의 생생한 기억 속에 있다." 결과적으로 우리 시대는 인류 역사의 중간을 가르는 '위대한 중간 지대'다. 그리고 그는 "오늘의 세계는…… 카이사르(Julius Caesar)가 태어났던 세계와 다른 만큼이나 내가 태어났던 세계와도 다르다. 시기를 대충 잡아본다면 나는 인류 역사의 중간에 태어났다. 내가 태어난 이래 빚어진 현상들은 내가 태어나기 전에 빚어졌던 현상들과 거의 맞먹을 정도다"라고 주장했다.

이렇듯 놀라운 주장은 여러 갈래로 설명될 수 있다. 예를 들면 인간이 출현한 이후의 지난 5만년을 대략 62년이란 생명대(生命代)로 각기 나누어본다면 약 800번의 생명대가 있었던 것으로 여겨진다. 이들 800번의 생명대 중 650번의 생명대는 동굴에서 보냈다.

지난 70번의 생명대 동안에만 한 생명대로부터 다음 생명대로의 효과적인 커뮤니케이션, 곧 문자를 통한 커뮤니케이션이 가능했다. 그리고 지난 여섯 생명대 동안에만 대다수의 인간들이 인쇄된 글자를 볼 수 있었고, 또 지난 네 생명대 동안에만 정확히 시간을 잴 수 있었으며, 지난 두 생명대 동안에만 누구나 어디서든지 전기 모터를 사용할 수 있었다. 그리고 우리가 오늘날 일상 생활에서 사용하고 있는 절대 다수의 물품들은 800번째의 생명대인 현재에 이르러 개발되었다.

이러한 800번째의 생명대 동안에 자원(資源)에 대한 인간의 관계 자체가 뒤바뀌었기 때문에, 이 생명대는 지난날의 모든 인간의 경험과는 명확한 단절을 보이고 있다. 이러한 현상은 경제 발전 분야에서 가장 두드러진다. 문명의 근원적 토대라고 할 수 있는 농업은 한 생명대 만에 각 나라에서 잇따라 그 지배권을 상실해 가고 있다. 오늘날 12개 주요 국가의 경우를 보면, 경제 활동 인구의 15퍼센트 미만이 농업에 종사하고 있다. 농업을 통해서 2억의 미국인만이 아니라 전세계에 걸쳐 그 수와 맞먹는 1억 6000만 명의 다른 나라 국민을 먹여 살리고 있는 미국의 경우를 보더라도, 그 숫자는 약 6퍼센트며 급격히 줄고 있는 추세다.

만약 농업이 경제 발전의 제1단계고 공업이 제2단계라고 한다면, 또 하나의 단계, 말하자면 제3단계가 지금 급격히 도래하고 있음을 알 수 있다. 1956년 무렵 최강국이었던 미국의 경우, 비농업(非農業) 노동력의 50퍼센트 이상이 공장의 직공이나 수공업 노동에서 이탈했다. 블루 칼라 노동자들은 소매상, 관리직, 언론직, 연구직, 교육 및 기타 서비스업 등 이른바 화이트 칼라 직종에 종사하는 사람들보다 수적으로 적었다. 똑같은 생명대 인에서 인류 역사상 최초로 사회는 농업의 멍에를 벗었을 뿐 아니라 불과 몇십 년만에 수공업 노동의 멍에마저도 벗으려 하고 있다. 이제 세계는 서비스 경제를 탄생시킨 셈이다.

그로부터 기술공학적으로 발전된 나라들은 잇따라 같은 방향으로 나아가고 있다. 오늘날 농업 인구의 비율이 15퍼센트 수준 또는 그 이하로 떨어진 나라들인 스웨덴, 영국, 벨기에, 캐나다, 네덜란드 등에서는 화이트 칼라가 이미 블루 칼라를 압도하고 있다. 1만 년 동안이 농업 시대였고 1~2세기 동안이 공업 시대였다면, 이제 막 우리 앞에는 초산업화(超産業化) 시대가 전개되고 있는 셈이다.

프랑스의 계획 입안자면서 사회철학자인 푸라스티에(Jean Fourastié)는 "적어도 산업혁명이 이룩한 문명만큼의 산업상의 변화가 이루어질 것이다"라고 단언했다. 이러한 놀라운 사실의 깊은 뜻은 여전히 새겨볼 필요가 있다. 유엔 사무총장이었던 우 탄트(U Thant)는 초산업화 시대로의 이행이 지니는 뜻을 가장 잘 요약해서 다음과 같이 선언했다. "오늘날 선진 경제 체제에 관한 핵심적이고 놀라운 진실은 그러한 체제들이 가지려는 어떤 종류 어떤 규모의 자원들도 단기적인 수요를 제외하면 어떻게든 소유할 수 있다는 데 있다……. 결정을 억제하는 것은 이미 자원이 아니고 자원을 만들려는 결심이다. 이것이야말로 아마도 가장 혁명적인 사람이 알고 있는, 근본적으로 혁명적인 변화라고 할 수 있다." 이러한 획기적인 역전이 일어난 것도 800번째의 생명대에서다.

이 800번째의 생명대는 변화의 크기나 범위에서 놀라운 팽창 현상이 빚어지고 있다는 면에서도 다른 모든 생명대와는 다르다. 분명 다른 생명대에서도 획기적인 변화가 일어나지 않았던 바는 아니다. 전쟁과 전염병, 지진, 기근 등이 기존의 사회 질서를 뒤흔들기도 했다. 그러나 이러한 충격이나 변동들은 한 나라, 아니면 인접한 몇몇 나라들의 범위에 국한된 현상들이었다. 그리고 그 영향이 경계를 넘어서 파급되는 데에는 몇 세대, 심지어는 몇 세기가 걸렸었다.

우리가 살고 있는 생명대에서는 이러한 경계들이 모두 무너지고 있다. 오늘날 사회적인 연락망이 너무나 조밀하게 짜여져 있기 때문에, 현재 빚어지고 있는 여러 사건의 영향은 곧바로 전세계에 파급되고 있다. 베트남 전쟁은 베이징(北京)이나 모스크바, 워싱턴의 기본적 정치 관계를 변화시키고, '스톡홀름 어필'을 불러일으키며, 취리히의 금융 거래에 영향을 미치고, 알제리의 비밀 외교 활동의 계기가 된다. 실상 현재 일어나는 사건들이 곧바로 파급될 뿐 아니라, 지난날에 빚어졌던 모든 사건의 영향도 이제 새로운 방법으로 느끼게 된다고 말할 수도 있다. 과거는 우리에게 되돌아오고 있기 때문이다. 말하자면 우리는 '시대의 비약(飛躍)'이라고 불리는 현상에 사로잡혀 있는 셈이다. 지난날에는 사건이 발생하면 극소수의 사람들에게만 영향을 주었지만, 오늘날에는 넓은 범위에 영향이 미칠 수도 있다. 예를 들어 펠로폰네소스 전쟁은 현대의 기준으로 보면 사소한 충돌에 지나지 않았다. 아테네나 스파르타 및 인접한 몇몇 도시 국가들은 전쟁의 소용돌이에 휘말렸지만, 지구상의 다른 수많은 사람들은 대체로 그 전쟁에 관해 알지도 못했고, 또 그 전쟁으로 아무런 영향도 받지 않았다. 그 당시 멕시코에 살고 있던 사포텍 족(族)은 그 전쟁과는 전적으로 무관했었고, 고대 일본인들도 그 전쟁의 영향은 전혀 느끼지 않았다. 그러나 펠로폰네소스 전쟁은 그리스 역사의 앞날을 크게 바꾸어놓았다. 이 전쟁은 사람들의 이동과, 유전 인자나 가치관 및 이념 등을 다른 지역으로 확산시킴으로써 훗날 로마에서 일어난 사건들에 영향을 미쳤고, 또 로마를 통해 유럽 전역에 영향을 미쳤다. 이 전쟁으로 인해 오늘날의 유럽 인은 어느 정도 변화되었다고 하겠다.

이어서, 꽉 짜여져 있는 오늘의 세계에서는, 유럽 인이 멕시코 인이나 일본인에게 똑같은 영향을 끼치고 있다. 펠로폰네소스 전쟁이 오늘날 유럽 인의 유전 구조나 이념, 가치관에 남긴 영향의 자취가 어떤 것이든, 그것은 이제 유럽 인을 통해 전세계로 파급되고 있다. 따라서 오늘날의 멕시코 인과 일본인은, 그 전쟁이 터졌던 시대에 살고 있던 그들의 선조들이 느끼지 못했던, 그 전쟁의 원격적(遠隔的)이고 간접적인 영향을 감지하고 있다. 이런 식으로 과거의 사건들은 몇 세대 또는 몇 세기를 건너뛰어 오늘날 우리 앞에 불쑥 튀어나와 우리를 변화시키고 있다.

펠로폰네소스 전쟁만이 아니라 중국의 만리장성 축조나 흑사병,

함 족에 대한 반투 족의 항전 등 지난날의 모든 사건들을 생각해 보면, 시대의 비약이라는 원리가 지니는 누적적(累積的) 함축성은 소홀히 할 수 없을 것 같다. 지난날 일부 사람들에게만 일어났던 일이라도 오늘날에 와서 그것은 거의 모든 사람들에게 영향을 미치고 있다. 요컨대 모든 역사는 우리에게 올가미를 씌우고, 역설적으로 말하면 바로 이러한 차이가 과거와의 단절을 강조하고 있다. 따라서 변화의 범위는 근본적으로 달라졌다. 공간을 넘고 시간을 지나, 이 변화는 유례 없이 이 800번째의 생명대에도 영향력과 근접성을 지닌다.

그러나 이 800번째의 생명대와 이전의 모든 생명대와의 결정적이고도 질적인 차이는 가장 쉽사리 간과(看過)되고 있다. 우리는 변화의 범위나 폭만을 확대한 것이 아니라 변화의 속도도 근본적으로 변화시켰다. 지금 우리는 아주 새로운 사회적인 힘을 출현시켰다. 그것은 변화의 흐름이 너무 가속화됨으로써 우리의 시간 관념에 영향을 미치고 있고, 일상 생활의 템포를 크게 변혁시키고 있으며, 우리를 둘러싼 세계를 '인식하는' 방식에도 바로 영향을 미치고 있다는 사실이다. 우리는 이미 옛사람들이 인식했던 방식으로는 인생을 인식하지 않는다. 이것이 바로 현대인과 지난날의 모든 사람들을 구분하는 진짜 궁극적인 차이고 특성이다. 이러한 가속화는 비영구성, 말하자면 일시성(一時性)의 배경으로서, 이것은 우리가 다른 사람들이나 사물, 나아가서는 이념과 예술, 가치관 등 삼라 만상과 관계를 맺는 방식에 근본적인 영향을 주어 우리의 의식(意識)에 침투하고 의식을 규정한다.

우리가 초산업화 시대로 이행할 때 우리에게 어떤 일이 생길 것인가를 이해하기 위해 가속화의 과정을 분석하고 일시성의 개념을 정리하지 않으면 안 된다. 가속화가 새로운 사회적인 힘이라면 일시성이란 바로 가속화의 심리적인 대응체(對應體)라고 할 수 있다. 현대인의 행태에서 일시성이 행하는 역할에 대한 이해 없이는 인간성에 관한 모든 이론이나 심리학은 전근대성을 면할 수가 없다. 일시성의 개념이 정리되지 않은 심리학은 독특한 현대적 현상들을 정확히 파악할 수가 없다.

우리를 둘러싸고 있는 환경과의 관계를 변화시킴으로써, 변화의 범위를 대폭 확대함으로써 그리고 결정적으로는 변화의 속도를 더함으로써 우리는 돌이킬 수 없을 만큼 과거와 단절되고 있다. 우리는 낡은 사고 방식, 인식 방식, 적응 방식으로부터 스스로를 단절시키고 있다. 우리는 아주 새로운 사회를 위한 무대를 마련해 놓고 그곳을 향해 달려가고 있다. 이것이 이른바 800번째 생명대의 요체(要諦)다. 그리고 이것이 인간의 적응 능력에 의문을 품는 이유다. 이 새로운 사회에서 어떻게 살아갈 것인가? 새로운 사회의 여러 명제(命題)에 적응할 수 있는가? 적응할 수 없다면 이러한 명제들을 변경시킬 수 있는가?

이러한 문제에 답하려 하기 전에 우리는 가속화와 일시성이라는 두 가지 힘에 대해 고찰해 보아야 하겠다. 그리고 그러한 힘들이 우리의 생명과 영혼을 새롭고 낯선 틀〔型〕에 끼워 넣음으로써 생존의 양태(樣態)를 어떻게 변화시키고 있는가를 밝혀내지 않으면 안 된다. 무엇보다 먼저 우리는 미래의 충격이라는 폭발적 잠재력을 지닌 이러한 힘들이 우리에게 어떻게 그리고 왜 부닥쳐 오는가를 이해하지 않으면 안 된다.

제 2 장 가속적 추진력

1967년 3월 초, 동부 캐나다에서 열한 살의 어린이가 노쇠 현상으로 사망했다. 갤런트(Ricky Gallant)란 이 아이는 나이로 보면 열한 살에 불과했지만, 프로제리아(progeria)라는 묘한 병, 곧 조로병(早老病)에 걸려 구십 노인과 같은 증상들을 나타냈다. 프로제리아의 증상은 노쇠, 동맥경화, 탈모, 피부의 이완(弛緩), 주름살 등이다. 갤런트는 일생 동안 일어날 생물학적 변화를 11년이란 짧은 기간 안에 겪음으로써, 그가 죽었을 때에는 이미 사실상 노인이었다.

프로제리아의 증례(症例)는 극히 드물다. 그러나 은유적 표현으로 본다면, 고도 기술 사회는 모두 이러한 이상한 질병에 시달리고 있다는 것이다. 그것은 성장이나 노쇠가 아니라, 극히 비정상적인 변화 속도의 경험인 것이다.

우리 대다수 사람들은 사물들이 보다 빨리 움직이고 있다는 정도의 막연한 인식을 가지고 있다. 의사나 관리들은 자기 분야에서 이루어진 최근의 성과를 따라가지 못한다고 불평을 늘어놓고 있다. 오늘날 어떤 모임이나 회의에서도 '변혁을 위한 도전'으로 비롯된 설왕 설래는 의례적인 것이 되었다. 여러 가지 문제 가운데 한 가지 꺼림칙한 분위기는 바로 변화를 조절하기 어렵지 않나 하는 회의(懷疑)다.

그러나 모든 사람이 이러한 불안을 갖고 있는 것은 아니다. 많은 사람들은 마치 1930년대 이래 아무런 변화도 일어나지 않은 것처럼 또는 앞으로 아무런 변화도 일어나지 않을 것처럼, 아무런 의식 없이 나름대로 생활을 이어 나가고 있다. 인류 역사상 분명히 가장 격동적인 시대에 살고 있으면서도, 많은 사람들은 마치 변화를 모른 체하고 있으면 그것을 지나쳐버릴 수 있는 것처럼, 변화로부터 벗어나려 하고 그것을 막으려 한다. 그들은 '단독 강화(單獨講和)', 또는 변화로부터의 치외법권을 얻어내려 한다.

이러한 사람들은 어디서나 볼 수 있다. 어떻게 하더라도 새것의 침입을 피해 보려는, 정년(停年)이 되어 퇴직한 늙은이들이 있는가 하면, 결국 젊은이는 언제나 반항적이었고 오늘날 일어나는 현상은 과거와 다를 바가 없다고 스스로 다짐하는 데 거의 병적인 나머지 학생 폭동이나 성(性) 문제, 환각제(LSD), 미니 스커트 등에 대해 신경질적인 반응을 보이는 3,40대의 겉늙은이들도 있다. 심지어 우리는 젊은이들 중에서도 변화를 이해하지 못하는 사람들, 이를테면 과거를 전혀 모르기 때문에 현재가 비정상임을 알지 못하는 학생들을 발견할 수 있다.

더욱 혼란스러운 사실은, 교육을 받은 사람들이나 지적인 사람들까지 포함한 아주 많은 사람들이 변화의 이념이 너무 위협적이라 생각해 그 존재를 부정하려 한다는 것이다. 변화가 가속되고 있다는 사실을 이론상으로는 이해하는 많은 사람들까지도 그러한 지식을 마음속에 새기려 하지 않고, 이렇듯 위험한 현실을 그들 자신의 개인적 생활을 계획하는 데 참고하려고조차 하지 않는다.

시간과 변화

변화가 가속되고 있음을 우리는 어떻게 아는가? 변화를 측정할 수 있는 절대적인 방법은 없다. 우주라는 거대한 복합체에서는 물론이고, 특정 사회에서도 거의 헤아릴 수 없을 만큼 많은 변화의 물결이 동시에 밀려든다. 가장 작은 바이러스로부터 가장 큰 은하수에 이르는 모든 사물은 실제로는 고정된 사물이 아니라 움직이는 과정인 것이다. 이 세상에서는 정지점(靜止點)이나 열반(涅槃)과 같은 불변 상태가 없으므로, 변화를 측정할 기준이 없다. 따라서 변화란 필연적으로 상대적일 수밖에 없다.

그런가 하면 변화는 고르지도 않다. 만약 모든 과정이 같은 속도로 발생했다거나 심지어 모든 과정이 일률적으로 가속 혹은 감속되었다면, 변화를 관찰할 수는 없었을 것이다. 그러나 미래는 제각기 다른 속도로 현재 속을 파고든다. 그러기에 제각기 다른 과정이 전개됨에 따라 그 속도를 비교해 볼 수 있다. 예를 들면 우리는 종(種)의 생물학적 진화와 비교해 봄으로써 문화적 또는 사회적 진화가 대단히 빠르다는 사실을 알 수 있다. 어떤 사회는 다른 사회보다 기술과학적으로든 경제적으로든 더 빨리 변화하고 있음도 알게 된다. 그런가 하면 같은 사회 안에서도 분야별로 제각기 다른 속도로 변화하고 있음——오그번은 이러한 불균형을 '문화 지체(文化遲滯)'라 일컫고 있다——도 알게 된다. 변화를 측정할 수 있게 하는 것은 바로 변화의 불균형이다.

이렇게 극히 다양한 과정들을 비교해 볼 수 있는 잣대가 필요한데, 이 잣대가 바로 시간이다. 시간이라는 개념이 없으면 변화는 아무런 의미가 없고, 또 변화가 없다면 시간은 정지하고 말 것이다. 시간이란 사건들이 발생하는 사이의 간격으로 인식될 수 있다. 마치 돈이 우리로 하여금 사과와 오렌지의 가치를 매길 수 있게 하는 것처럼, 시간은 제각기 다른 과정들을 비교할 수 있게 한다. 어떤 댐을 만드는 데 3년이 걸린다고 할 때, 실상 지구가 태양을 한 바퀴 도는 데 걸리는 시간의 3배 걸린다거나, 아니면 연필 한 자루를 깎는 데 걸리는 시간의 3100만 배 걸린다고 하는 셈이다. 시간이란 제각기 다른 과정이 소모하는 변화 속도를 비교할 수 있게 만드는 척도인 것이다.

변화가 여러 상이한 형태로 나타나고 시간이라는 잣대를 가지고 있다 하더라도 우리가 변화를 측정하는 데에는 아직도 난제(難題)가 남아 있다. 변화의 속도에 관해 말할 때, 우리는 임의로 정한 시간 사이에 꽉 채워진 수많은 사건들을 언급하고 있는 셈이다. 따라서 우리는 '사건들'을 규정해 볼 필요가 있고, 그 간격을 정확하게 정할 필요가 있다. 그런가 하면 우리는 관찰한 차이로부터 이끌어낸 결론들에 세심한 주의를 기울일 필요가 있다. 더욱이 변화를 측정하는 데 오늘날 우리는 사회적 과정보다도 물리적 과정에 훨씬 더 발전을 이룩하고 있다. 예를 들면 우리는, 소문이 사회 속으로 전파되어 가는 속도를 재는 방법보다는 혈액이 인체 속을 흐르는 속도를 재는 방법을 훨씬 더 잘 알고 있다. 그러나 설사 이러한 온갖 제약 조건들이 있다 하더라도 많은 사회적 과정들이 현저하게,

심지어는 극적이라고 표현할 수 있을 정도로 빨라지고 있다는 점에 대해서는 많은 역사가나 고고학자들로부터 과학자, 사회학자, 경제학자, 심리학자에 이르기까지 모든 분야의 사람들이 의견을 같이하고 있다.

지하 도시

좀 과장된 필법으로 묘사하고 있긴 하지만, 생물학자인 헉슬리(Julian Huxley)는, "역사 시대의 인간의 진화 속도를 선사 시대와 비교하면 적어도 10만 배는 더 빨랐다"고 했다. 구석기 시대 초기였다면 성취하는 데 5만 년이나 걸렸을 만한 발명이나 진보가 그의 표현대로 "구석기 말기에 이르러서는 단지 1000년 안에 이룩되었고 확고한 문명 시대에 접어들어서는 변화의 단위가 한 세기로 줄어들었다"는 것이다. 변화의 속도는 지난 5000년 사이에 점점 가속화됨으로써, "지난 300년 사이에 특히 두드러지고 있다"고 한다.

소설가며 과학자인 스노(C. P. Snow) 역시 변화가 새롭게 두드러지고 있음을 지적하고 있다. 그가 서술한 바에 따르면, 사회적 변화란 "금세기까지는 너무나 느려서 한 사람의 일생을 통해서는 인식되지 못하고 간과될 정도였다. 이제는 이미 그러한 상황이 아니다. 변화의 속도가 너무나 빨라서 우리의 상상으로는 따라갈 수조차 없을 정도"라는 것이다. 사회심리학자인 베니스(Warren Bennis)가 말한 것처럼 근년에 이르러 속도 조절판이 너무 빠르게 조절돼서, "아무리 떠벌려 과장하고 한껏 늘리더라도 변화의 정도나 속도를 정확하게 기술할 수 없다. 실상 과장된 내용도 진실을 나타내기에는 부족할 정도다." 얼마나 변화가 크기에 이렇듯 지나친 표현도 용인(容認)될 수 있는가? 잠시 예를 들어서 인간이 도시를 형성하는 과정에서의 변화를 살펴보기로 하자. 우리는 지금 과거 어느 때보다도 방대하고 빠른 도시화를 경험하고 있다. 1850년에 100만 명이나 그 이상의 인구를 가진 도시라고는 지구상에 단지 넷

밖에 없었다. 1900년에 이르자 그 수는 19개로 늘어났고 1960년에는 141개로 늘었다. 헤이그에 있는 사회과학연구소의 드 프리스(Edgar De Vries)와 티세(J. P. Thysse)에 따르면, 오늘날 세계의 도시 인구는 매년 6.5퍼센트의 비율로 폭증하고 있다는 것이다. 이러한 한 가지 통계만 보더라도 지구상의 도시 인구는 11년 안에 배가(倍加)됨을 알 수 있다.

 이렇게 굉장한 변화의 의미를 파악할 수 있는 한 가지 방법은, 모든 현존 도시들이 더 팽창하지 않고 그 규모를 그대로 유지한다면 어떤 현상이 벌어질까 상상해 보는 것이다. 그럴 경우 우리는 수많은 새로운 도시 인구를 수용하기 위해 이미 지구상에 산재한 수백 개의 도시를 각각 또 하나씩 만들지 않으면 안 될 것이다. 새로운 도쿄, 새로운 함부르크, 새로운 로마, 새로운 랑군 등 모든 새로운 도시들이 11년 안에 만들어져야 할 것이다. 이것은 바로 프랑스의 도시 계획자들이 왜 지하 도시——상점, 박물관, 창고, 공장 등을 지하에 건설하는 것——를 구상하게 되고 일본의 한 건축가가 왜 바다 위에 지주(支柱)를 세우고 그 위에 도시를 건설하려는 계획을 세웠던가를 설명해 주기도 한다.

 이와 같은 가속화 경향은 인간의 에너지 소비에서도 그대로 드러나고 있다. 인도의 원자과학자로서 제1차 원자력 평화 이용 국제 회의를 주재했던 바바(Homi Bhabha) 박사는 이러한 경향을 분석해 다음과 같이 말한 바 있다. "설명을 돕기 위해 석탄 330억 톤을 태울 때 추출되는 에너지 양을 Q라는 문자로 표시하기로 하자. 기원후 18세기 반(半) 동안에 소모된 총에너지는 1세기 평균 1Q의 절반도 채 되지 않았다. 그러나 1850년에 이르러 그 비율은 1세기에 1Q로 증가했고, 오늘날에는 1세기에 약 10Q에 이르고 있다." 줄잡아 얘기하더라도 이것은 곧 지난 2000년간 인간이 소모한 총에너지의 절반을 최근 100년 동안에 소모했음을 뜻하고 있다.

 또 하나의 인상적인 증거는 현재 초산업 사회로 내닫고 있는 나라들의 경제 성장이 가속화하고 있다는 사실이다. 이들 나라는 방대한 공업 기반에서 출발하고 있음에도 불구하고 연간 생산고의 증가율은 놀랄 정도고 심지어 증가율 자체도 높아지고 있다.

예를 들어 프랑스의 경우를 보면, 1910년부터 제2차 세계대전 발발까지의 29년간 공업 생산은 단지 5퍼센트 증가했을 뿐이었다. 그러나 1948년에서 1965년까지의 단 17년간에 공업 생산은 대략 220퍼센트나 증가했다. 오늘날 선진 공업국에서는 연간 5퍼센트 또는 10퍼센트의 성장률이 조금도 이상할 것이 없다. 물론 기복이 있게 마련이지만, 변화의 방향만은 의심할 여지가 없다.

대체로 가진 나라라고 할 수 있는 21개 경제협력개발기구(OECD) 가맹국의 경우를 보면, 1960년부터 1968년 사이에 국민 총생산(GNP)의 증가율은 연평균 4.5퍼센트에서 5.5퍼센트였다. 미국의 경우에는 그 증가율이 4.5퍼센트였고, 일본은 9.8퍼센트로 가장 높았다.

이러한 수치들이 뜻하는 것은 선진국의 경우 15년마다 상품 및 서비스의 총생산이 배증(倍增)함으로써 가히 혁명적이라는 것이고, 또 배증하는 데 소요되는 기간은 점점 줄어들고 있다는 것이다. 쉽게 말해 이것은 이들 선진국 어린이가 10대가 되면 그가 젖먹이였을 때의 자기 부모들에 비해 2배에 달하는 새로운 인공물(人工物)들을 가지게 됨을 뜻한다. 이것은 또 오늘날의 10대가 서른 살이 됐을 때, 어쩌면 그보다도 더 빨리 새로운 배가 현상(倍加現象)이 빚어질 것임을 뜻한다. 이렇게 볼 때 70년의 인생에는 아마 다섯 번에 걸친 배가 현상이 있을 것인데, 증가가 누적적이기 때문에 한 개인이 늙은이가 되면 그가 속한 사회의 생산량은 그가 태어났을 때에 비해 32배나 될 것이다.

앞으로 고찰할 것이지만, 구세대와 새로운 세대 사이에 빚어지는 이러한 비율상의 변화는 많은 사람들의 습관과 신념, 자아 인식 등에 엄청난 충격을 준다. 과거 역사에서 이 변화율을 그토록 빨리 변화시킨 적은 결코 없었다.

기술과학이라는 원동력

이렇듯 놀라운 경제적 현상의 배후에는 바로 위대하고도 힘찬 변화의 원동력, 곧 기술과학이 있다. 그렇다고 기술과학이 사회 변화의 유일한 원천이라고 말할 수는 없다. 사회적 대변혁은 대기(大氣)의 화학 성분 변화를 통해서도, 일기(日氣)의 변화에 따라서도, 번식력이나 그 밖의 다른 요소들의 변화에 의해서도 유발될 수 있다. 그러나 기술과학이 가속적인 추진력을 뒷받침하고 있는 주된 힘임은 이론의 여지가 없다.

기술과학이라고 하면 연기를 뿜는 제철소나 소음을 내는 기계 등을 연상하는 것이 보통이다. 기술과학의 고전적인 상징이라면 아직도, 지금으로부터 반 세기 전 포드(Henry Ford)가 만들고 채플린(Charlie Chaplin)이 〈현대(Modern Times)〉라는 영화에서 생생한 사회상으로 그린 일관작업 공정(一貫作業工程)이라고 하겠다. 그러나 이러한 상징은, 기술과학이 항상 공장이나 기계만을 뜻하는 것은 아니기 때문에, 언제나 불충분하고 실제로 오해를 불러일으킨다. 중세의 마구(馬具) 발명은 농경술의 큰 변혁을 초래했는데, 이것은 그로부터 몇 세기 후의 베세머(Bessemer) 전로(轉爐)의 발명만큼이나 커다란 기술과학적 진보였다. 더욱이 기술과학이란 기술 자체와 함께 그것을 활용하는 데 필요할 수도 있고 필요하지 않을 수도 있는 기계까지 포함하고 있다. 기술과학이란 화학 반응을 일으키는 방법들을 비롯해서 물고기를 기르고 산림을 가꾸거나 극장에 조명시설을 하고 투표수를 계산하며 역사를 가르치는 등의 모든 방법을 포함하고 있다.

일관작업 공정이나 평로(平爐)와는 동떨어진, 이른바 가장 진보된 기술과학적 작업이 실시되고 있는 오늘에 기술과학에 대한 구식(舊式) 상징은 더욱 요령 부득이다. 실상 전자과학(電子科學)이나 우주과학을 비롯해서 대부분의 새로운 공장은 비교적 소음이 적고 환경이 깨끗한 것이 특징이고, 심지어 그러한 것이 본질인 경우도 있다. 그리고 일단의 사람들을 단순한 반복적 기능을 수행하도록 조직화하는, 이른바 일관작업 공정이란 이제 시대착오적인 것이 돼 버렸다. 이제는 기술과학상의 상징을 바꾸어서, 바로 그 기술과학의 급속한 변화들을 따라잡아야 할 때다.

이러한 가속화는 교통상의 하찮은 진보를 살펴보아도 쉽게 알 수 있다. 예를 들어 기원전 6000년경에는 인간이 장거리를 가는 데 이용된 가장 빠른 교통 수단이 시간당 평균 8마일을 달리는 낙타였다. 최대 속도를 한 시간에 20마일 정도로 올린 것은 기원전 1600년경 이륜 마차가 발명되고서였다.

이륜 마차의 발명은 참으로 획기적인 것으로서, 이러한 속도 한계를 깨기란 여간 어려운 일이 아니었다. 실례를 들어보면, 그로부터 거의 3500년 후인 1784년에 영국에서 최초의 우편 마차가 가동되었는데 평균 속도는 고작 시간당 10마일에 불과했다. 1825년에 발명된 최초의 증기 기관차도 달릴 수 있는 최대 속도가 시간당 13마일에 지나지 않았고, 더욱이 그 당시의 대형 범선(帆船)의 운항 속도는 증기 기관차의 절반에도 미치지 못할 정도였다. 인간이 보다 발전된 증기 기관차의 도움으로 시간당 100마일의 속도에 도달할 수 있었던 것은 1880년에 이르러서였다. 인류는 이러한 속도에 도달하는 데 수많은 세월을 보낸 셈이다.

그러나 이러한 속도 한계를 네 배로 올리는 데는 불과 58년밖에 걸리지 않아, 1938년에는 비행사가 시속 400마일 선을 돌파했다. 이것을 또다시 배로 늘리는 데는 단지 20년밖에 소요되지 않았다. 1960년대에 이르러 로켓 비행기는 시간당 4000마일의 속도에 도달했고 우주선(宇宙船)을 탄 인간은 시간당 1만 8000마일의 속도로 지구를 돌고 있을 정도다. 이러한 현상을 도표로 그린다면, 지난 세대의 진보를 나타내는 선은 수직으로 뻗어서 지면(紙面)을 벗어나고 말 것이다.

　우리가 통과한 거리나 도달한 높이, 발굴한 광물, 아니면 동력화한 폭발력 등 그 어느 것을 검토해 보더라도 이와 비슷한 가속화 경향은 두드러지고 있다. 여기서 제시한 자료를 보나 다른 수많은 통계 자료들을 보더라도, 이러한 경향은 너무나 분명해서 오해의 여지가 없다. 몇천 년이나 몇 세기를 지나서 도달한 우리 시대에서는 온갖 한계들이 갑자기 무너져서 환상적인 격발 현상(激發現象)을 빚어내고 있는 것 같다.

　이러한 현상이 빚어진 이유는 기술과학 자체가 발전한 데 있다. 우리가 발전 과정을 잠시 살펴보면 쉽사리 알 수 있듯이, 기술과학은 보다 나은 기술과학의 발전을 가능케 하고 있다. 기술과학의 발전은 자기 보강(自己補强)의 사이클로 연결되는 세 가지 단계로 이루어지고 있다. 첫째는 창조적이고 실행 가능한 아이디어의 창출 단계며, 둘째는 그 아이디어의 실제적인 응용 단계고, 셋째는 사회 전반에 그 아이디어를 전파시키는 단계다.

　새로운 아이디어를 구체화한 기술과학의 전파가 거꾸로 새롭고 창조적인 아이디어들을 산출시키는 데 도움이 될 때, 그 과정은 완성되어 순환을 이루게 된다. 오늘날 이러한 사이클 안의 각 단계 사이의 시간이 짧아지고 있음은 분명하다. 자주 언급했듯이 이제까지 과학자들이라고 일컬어졌던 사람들의 90퍼센트가 오늘날 생존하고 있음도 사실이지만, 나날이 새로운 과학적 발견들이 이루어지고 있음도 또한 사실이다. 이러한 새로운 아이디어들은 이전 어느 때보다도 재빨리 실용화되고 있다. 하나의 생각이 창출되어 그것이 실제로 활용되기까지의 시간은 급격히 줄어들고 있다. 바로 이 점이 우리들과 우리 선조들과의 두드러진 차이다. 페르가(Perga)의 아폴로니우스(Apollonius)가 원추 곡선을 발견했지만, 그것이 기계공학 문제에 활용되기에 이른 것은 그로부터 2000년 뒤의 일이었다. 파라셀수스(Paracelsus)가 에테르를 마취제로 활용할 수 있다는 사실을 발견했던 시기와, 그러한 목적으로 실제 활용되기 시작한 시기와는 실로 몇 세기라는 격차가 있었다.

심지어 근년에 이르러서도 이와 똑같은 형태의 지연 현상이 나타났다. 1836년에 밀을 베어 두드려서 짚단은 따로 묶고 곡물은 부대 속으로 집어넣는 기계가 발명되었는데, 실상 이 기계는 그로부터 20년 전에 이루어진 기술과학을 토대로 했던 것이고, 더구나 이 콤바인이라는 기계가 실제로 시장에 나온 것은 그로부터 1세기 후인 1930년대의 일이었다. 영국에서 타자기에 대한 특허장이 발부된 것은 1714년의 일이었는데, 타자기가 시판되기까지는 1세기 반이 걸렸다. 아페르(Nicholas Appert)가 식품을 통조림하는 방법을 발견한 시기와 통조림이 식품 공장의 주요 품목이 된 시기와는 만 1세기의 격차가 있었다.

오늘날에는 아이디어와 활용 사이에 빚어지는 이러한 지연 현상을 거의 상상도 할 수 없다. 이러한 현상이 빚어진 것은 우리가 조상들보다 부지런하다거나 덜 게을러서가 아니라, 시간이 흐름에 따라 진보를 재촉하는 온갖 종류의 사회적인 궁리를 하게 된 탓이었다. 따라서 우리는 발전 주기(週期)에서 제1단계와 제2단계, 말하자면 아이디어와 활용 사이의 시간이 급격히 줄어들었음을 발견할 수 있다. 예를 들면 린(Frank Lynn)은 냉동 식품, 항생 물질, 집적 회로(集積回路), 합성 피혁 등 20가지 주된 변혁들을 연구하는 과정에서 다음과 같은 사실을 발견했다. 즉 금세기에 접어든 이래, 하나의 중요한 과학적 발견을 실용성 있는 기술의 형태로 이행시키는 데 소요되는 평균 시간을 60퍼센트나 줄였다는 것이다. 오늘날 방대하면서도 더욱 성장해 가고 있는 연구 개발 산업은 아직도 이러한 지연 현상을 더 줄이기 위해 의식적인 노력을 기울이고 있다.

그런데 만약 새로운 아이디어가 시장(市場)으로 이행되는 시간이 줄어든다면 그것이 사회 전반에 보급되는 시간도 줄어들게 마련이다. 따라서 주기에서 제2단계와 제3단계, 즉 활용과 전파 사이의 시차(時差)도 짧아지는 셈이고 전파 속도는 놀랄 정도로 빨라지는 셈이다. 그 증거는 우리 주변에 있는 가정용품의 역사를 통해서도 쉽게 알 수 있다. 스탠퍼드 연구소의 영(Robert B. Young)은 새로운 전기용품이 시장에 처음 나와서부터 그것을 생산하는 공장이 그 품목 생산의 절정기에 이르기까지의 시차를 연구하고 있다.

그가 이 연구를 통해 발견한 바로는, 진공 청소기, 전기 레인지, 냉장고 등을 포함해서 1920년 이전에 미국에 나타난 많은 전기용품들이 출현해 절정기에 달하는 평균 시차는 34년이었다고 한다. 그러나 전기 프라이팬, 텔레비전, 자동 세탁기 등을 포함해 1939년에서 1959년 사이에 출현한 전기용품들의 경우, 그 시차는 단지 8년으로서, 결국 시간적 지연은 76퍼센트 이상 줄어든 셈이었다. 영은 "전후(戰後)의 상품들이, 주기가 급격히 가속화하는 요즈음의 경향을 생생하게 드러내 주었다"고 단언했다.

발명과 개발, 전파의 속도가 빨라지자 이번에는 거꾸로 이것이 전체 주기를 더욱 빠르게 하고 있다. 새로운 기계나 기술은 참신한 창조적 아이디어들의 단순한 산물일 뿐 아니라 그 원천이기도 하기 때문이다.

어떤 의미에서 개개 새로운 기계나 기술은 기존의 모든 기계와 기술들을 변경시켜, 우리로 하여금 그것들을 새로운 조합으로 연결 지을 수 있게 한다. 새로운 기계나 기술의 수가 산술급수적으로 늘면, 가능한 조합의 수는 지수급수적(指數級數的)으로 증가한다. 실상 각기 새로운 조합 그 자체는 하나의 새로운 초기계(超機械)라고 말할 수도 있다.

예를 들어서 컴퓨터는 복잡한 우주 정복의 노력을 가능케 했다. 탐색 장치, 통신 기구, 동력원(動力源) 등과 결합됨으로써 컴퓨터는 로켓 일부가 되고 그리하여 총체적으로는 하나의 새로운 초기계, 곧 외계에 도달해서 탐사하는 우주선이라고 하는 기계를 만들기에 이르렀다. 그러나 기계와 기술이 새로운 방법으로 결합됨으로써 그 기계나 기술은 변형되어 적용되거나 재조정 또는 변경될 수밖에 없었다. 여러 가지 기계를 초기계로 종합하려는 바로 그 노력은 우리로 하여금 아직도 더 많은 기술과학적 혁신을 이룩하도록 강요하고 있는 것이다.

더욱이 기술과학적 혁신은 기계와 기술의 단순한 결합 내지 재결합인 것은 결코 아니라는 사실을 이해할 필요가 있다. 중요한 새 기계는 다른 기계의 변화를 암시하거나 요구하는 것에 머무르지만은 않는다. 말하자면 중요한 새로운 기계는 사회적·철학적인 문제들뿐 아니라 심지어는 인간적인 문제에 대한 신기한 해결책을 암시해 주기도 한다는 것이다. 또한 이것들은 인간의 전반적인 지적 환경, 즉 인간이 사고하고 세계를 보는 방법까지도 변경시킨다.

우리는 모두 무의식적이긴 하지만 본받을 모델을 항상 찾아냄으로써 우리 환경으로부터 무엇인가를 배우고 있다. 비단 다른 사람들만이 이러한 모델이 되는 것이 아니고 기계도 점차 이러한 모델이 되고 있다. 이들 모델의 존재를 통해 우리는 일정한 노선에 따라 사고하도록 교묘히 조건지어지고 있다. 예를 들면 이 세계를 하나의 커다란 시계와도 같은 메커니즘으로 보는 뉴턴적 세계관, 즉 인간의 지적 발전에 가장 큰 자극을 주었던 철학적 개념이 나오기 전에 시계가 출현했다는 사실은 이미 알려진 일이다. 우주를 하나의 커다란 괘종 시계와 같이 보는 이러한 생각 속에 인과(因果) 관계의 이념들도 함축되어 있고 아울러 오늘날 우리 모두의 일상 행태를 이루는, 이른바 내면적 자극과는 반대되는 외부적 자극의 중요성에 관한 이념들도 함축되어 있는 것이다. 괘종 시계가 우리의 시간 관념에 너무나 큰 영향을 미쳤기 때문에 하루를 24시간으로 나누고 그것을 다시 60분씩으로 나눈다는 생각은 거의 우리 생활의 일부가 되고 있는 것이다.

최근에 이르러 컴퓨터는 인간을 보다 큰 체계 속에서 상호 작용하는 부분으로 보는 이념들, 이른바 인간이 배우는 방법, 기억하는 방법, 결정을 내리는 방법 등 인간의 생리학에 관한 새로운 이념들을 제시해 홍수를 빚고 있다. 정치학으로부터 가족심리학에 이르는 거의 모든 지적 분야는 컴퓨터의 발명과 보급을 통해 제기된 공상적 가설들의 파도에 휩쓸리고 있다. 그러나 문제는 그 파도의 영향력이 아직도 다 발휘된 것이 아니라는 데 있다. 혁신의 주기는 자급 자양(自給自養)의 성격이 있으므로 가속화된다는 것은 말할 나위도 없다.

그러나 기술과학을 강력한 가속기(加速器)를 가진 큰 엔진으로 본다면, 지식은 그 엔진의 연료로 간주하지 않을 수 없다. 그런데 이 엔진이 매일 보다 풍부한 연료를 공급받고 있기 때문에 우리는 사회의 가속적인 과정이 소용돌이치는 시점에 당도해 있는 셈이다.

연료로서의 지식

인간이 1만년 동안 자신과 우주에 대해 유용한 지식을 축적해 온 진도를 그려보면 그것은 나선형(螺旋形)으로 상승하고 있다. 문자가 발명되면서부터 그 진도는 급상승했지만, 그로부터 몇 세기를 지나는 동안에는 지루할 만큼 느린 상태였다. 지식 습득면에서 다음으로 일대 도약이 이루어진 것은 15세기에 구텐베르크(Johann Gutenberg) 등에 의해 이동(移動) 인쇄술이 발명되고 나서였다. 가장 낙관적인 평에 따르면 1500년 이전에 유럽은 매년 1000종의 비율로 책을 만들어 냈다고 한다. 약간의 가감은 있을 수 있지만, 이것은 10만 종의 책을 소장하는 도서관을 설립하는 데 만 1세기가 걸릴 것임을 뜻한다. 그로부터 4세기 반이 지난 후인 1950년에 이르러서는 그 비율이 급격히 가속화되어 유럽은 일년에 12만 종의 책을 만들어 내고 있었다. 1세기가 걸리던 것이 이제는 단 10개월밖에 안 걸리는 셈이다. 그리고 단 10년 뒤인 1960년에 이르러서는 그 비율이 또 한 번 급격히 뛰어서 1세기 동안에 해낸 일을 7개월 반이면 완성할 수 있게 되었다. 한편 1960년대 중반에 이르러서는 유럽을

제1부 영속성의 종말 43

포함한 전세계의 서적 출판이 하루에 1000종이라는 놀라운 숫자에 도달해 있었다.

　모든 책이 온전히 지식 증진에 이바지한다고 말하기는 어렵다. 그럼에도 불구하고 출판에서의 가속 곡선은 실상 인간이 새로운 지식을 발견하는 비율과 대충 평행을 이루고 있음을 알 수 있다. 예를 들면 구텐베르크 시대 이전에 발견된 화학 원소는 단 11개에 불과했다. 12번째 원소인 안티몬이 발견된 것은 대략 구텐베르크가 인쇄기 발명에 몰두해 있던 바로 그 무렵이었다. 그런데 이것이 발견된 것은 11번째의 비소가 발견된 때로부터 200년 후의 일이었다. 이와 똑같은 비율로 발견이 계속되었다면, 구텐베르크 이후 지금까지 두세 개의 원소들을 주기표에 추가시키는 데 지나지 않았을 것이다. 그러나 구텐베르크 시대 이후 450년 동안에 약 70개의 원소들이 발견되었다. 그리고 1900년 이래로 우리는 2세기에 하나 꼴이 아니라 3년에 하나 꼴로 새로운 원소를 분리해 낸 셈이 된다.

　더욱이 그 비율이 아직도 급상승할 것으로 믿어지는 근거가 있다. 예를 들면 오늘날 과학 잡지나 논문의 수는 선진국의 공업 생산과 마찬가지로 대충 15년마다 배가하고 있다. 생화학자인 시케비츠(Philip Siekevitz)에 따르면 "지난 30년 동안 생물들의 특질에 관해 우리가 터득한 것은 지식의 크기로 볼 때 인류 역사상 다른 어떤 시대의 과학적인 발견도 무색하게 만들고 있다"는 것이다. 오늘날 미국 정부에서만도 매년 10만 개의 보고서에다 그 외 45만 종의 논문과 책, 기록 등을 발간하고 있다. 전세계를 기준으로 해서 보면, 과학 또는 기술 관계 문헌은 연간 약 6000만 페이지의 비율로 늘고 있다.

　1950년경에 컴퓨터가 등장했다. 걷잡을 수 없을 만큼 빠른 속도로, 믿기 어려울 만큼 많은 양의 각종 자료를 분석하고 보급하는 놀라운 힘을 가진 바로 그 컴퓨터는 지식 습득에서 최근의 가속화를 촉진하는 배후의 주된 힘으로 작용하고 있다. 우리를 둘러싼 보이지 않는 우주를 관찰하기 위한 여타의 강력한 분석 도구들과 결합해서, 컴퓨터는 놀라운 속도로 지식 습득의 비율을 높이고 있다.

베이컨(Francis Bacon)은 "지식은…… 힘이다"고 했다. 지금 이 말은 현대적인 용어로 풀이해 볼 수 있는데, 우리 사회 구조에서는 "지식은 변화"라고 표현해 볼 수 있다. 그리고 가속적인 지식 습득은 기술과학의 거대한 엔진에 연료를 공급함으로써 그것이 곧 가속적인 변화를 뜻하고 있다.

상황의 흐름

발견. 응용. 영향. 발견. 이것들은 바로 인간의 사회 발전에서 가속화의 길고도 상승적인 커브를 이룸으로써 변화의 연쇄 반응을 일으킴을 알 수 있다. 이러한 가속적 추진력은 이제 제아무리 상상의 날개를 펴보더라도 이미 '정상(正常)'으로 볼 수 없는 수준에 다다르고 있다. 산업 사회의 통상 기구들은 이미 이것을 제어할 수 없고, 그 영향은 우리의 모든 사회 체제를 뒤흔들고 있다. 가속화는 모든 사회적인 힘들 중에서 가장 중요한 힘이면서도 가장 파악되지 못한 것이기도 하다.

그러나 사회적 맥락에서의 가속화라고 하는 것은 설명되어야 할 줄거리의 절반에 불과하다. 변화의 가속은 또 한편으로 하나의 심리적인 힘이기도 하기 때문이다. 심리학에서는 거의 전적으로 무시되고 있지만, 우리를 둘러싸고 있는 세계에서 변화의 상승률은 일상 경험하는 바로 그 방법을 변경시킴으로써 우리 내부의 균형을 허물어뜨리고 있다. 외적인 가속화는 내적인 가속화로 이행되고 있는 것이다.

지나치게 단순화하는 감이 없지 않지만, 개인의 생활을 경험에 따라 흐르는 하나의 큰 수로(水路)로 본다면 이 문제는 쉽사리 설명될 수 있겠다. 이러한 경험의 흐름은 수많은 상황들로 이루어져 있거나 아니면 그러한 것으로 인식되고 있다. 주변 사회에서 변화의 가속화는 이러한 수로를 통해 상황의 흐름을 극적으로 변화시키고 있다.

　상황에 관한 적절한 정의(定義)는 없지만 우리가 상황을 다루기 쉬운 몇 단위로 나누지 않았다면 경험에 대처하기가 불가능했음을 알 수 있다. 더욱이 상황들 사이의 경계선은 애매한 데다가, 각 상황이란 그것을 둘러싼 일정한 '전체성', 말하자면 일정한 통합성을 지니고 있다.

　상황은 제각기 인식할 수 있는 일정한 구성체(構成體)들로 이루어져 있다. 상황은 우선 자연적 또는 인공적 대상들로 이루어진 '물(物)'의 복합 구조다. 그리고 모든 상황은 행동이 일어나는 소재(所在)나 무대인 어떤 '장(場)'에서 일어나고 있다. 상황이라고 번역한 'situation'의 어원(語源), 곧 라틴 어의 'situ'가 장소를 뜻하고 있음은 우연이 아니다. 모든 사회적인 상황에는 분명히 여러 가지 특성을 지닌 배역, 말하자면 인간들이 등장한다. 또 그런가 하면 상황은 사회의 조직망(組織網) 속에서 일정한 지위를 지니며 여러 사상이나 지식과 연관 관계에 있다. 어떤 상황도 바로 이러한 다섯 가지 요소(사물, 장소, 인간, 지위, 연관 관계)로 분석될 수 있다. 그러나 상황은 또 하나의 특수 차원을 지니고 있는데, 이것은 모든 다른 요소들과 겹쳐 있기 때문에 간과되는 수가 허다하다. 이것이 존속 기간, 말하자면 어떤 상황이 빚어져서 이어져 가는 시간의 길이다. 어떤 두 상황이 다른 모든 측면에서는 같더라도 지속하는 시간의 차이가 있으면 그것들의 모습은 전혀 달라진다. 시간은 상황의 의미나 내용을 변화시킴으로써 결정적인 방법으로 혼합을 이룬다. 장송곡이 너무 빠르게 연주되면 명랑한 음악으로 변하는 것처럼, 오래 끄는 상황은 갑자기 터져 나왔다가는 또 재빨리 가라앉음으로써 단음(斷音)으로 연주하는 음악과는 전적으로 다른 분위기와 의미를 지닌다.

　처음으로 부닥치는 미묘한 문제는, 전체 사회의 가속적 추진력이 현대인 각자의 통상적인 일상 경험과는 다르다는 것이다. 앞으로 고찰하면 알 수 있겠지만, 변화의 가속화는 많은 상황의 존속 기간을 줄이기 때문이다. 이러한 현상은 상황의 '분위기'를 완전히 바꿀 뿐 아니라, 그 상황들이 경험적인 수로를 거치는 과정도 단축시키게 된다. 급격히 변화하지 않는 사회에서 이루어지는 생활과 비교해 볼 때, 요즘에는 같은 시간 동안에 보다 많은 상황들이 수로를 통해 흘러가고 있다. 이것은 바로 인간의 심리면에 심각한 변화가 일어나고 있음을 의미한다. 왜냐하면 우리는 어떤 시점에서 단 하나의 상황에만 초점을 맞추는 경향이 있는데, 상황이 우리를 스쳐가는 속도가 증가하면 결국 우리가 수행해야 할 역할의 수와 우리가 해야 할 선택의 수를 증가시킴으로써 전반적인 생활 구조를 매우 복잡하게 만들고 있기 때문이다. 그런가 하면 이러한 현상은 현대 생활에 대해 숨막힐 듯한 복잡성을 느끼게 만드는 요인이기도 하다.

  더욱이 상황이 흘러가는 속도가 증대되면, 하나의 상황에서 또 다른 상황으로 우리의 주의력을 움직일 때 사용하는 복잡한 집주장치(集注裝置)에 보다 많은 일을 시키게 된다. 이 문제 저 문제로 더욱 바삐 뛰어다녀야 하기 때문에, 어떤 시점에서 한 가지 문제나 상황에 관심을 가지고 정관(靜觀)할 수 있는 시간은 줄어든다. 이것이 바로 "사물들은 보다 빨리 움직이고 있다"고 앞서 지적했던 어렴풋한 느낌의 배후에 있는 사실이다. 사물은 우리를 둘러싸고 있고 또 우리를 스쳐가고 있는 것이다.

  그러나 사회 변화가 가속화해서 점점 적절한 생활을 이어가기 어렵게 된다는 데는 보다 중요한 또 하나의 측면이 있다. 이것은 우리의 생활 속으로 신기함과 새로움이 엄청나게 몰려옴으로써 빚어지는 현상이다. 제각기 상황은 독특하지만, 때로는 서로 비슷할 수도 있다. 실상 이런 점에 있어서 경험을 통해 무엇인가를 배울 수도 있게 된다. 만약 각 상황이 이전에 경험한 상황과 어느 정도의 유사함도 없이 전적으로 새로운 것이었다면, 거기에 대처할 수 있는 우리의 능력은 형편없이 약화되었을 것이다. 그러나 변화의 가속화는 새로운 상황과 낯익은 상황 사이의 균형을 급격히 변화시키고 있다. 따라서 변화의 진도가 높아지면 우리는 보다 빨리 흘러가는 상황에 대처해야 할 뿐 아니라, 여태까지 개인적인 경험으로 적응해 보지 못했던 보다 많은 상황들에도 대처해 나가지 않으면 안 된다. 그리고 앞으로 이 책에서 설명되겠지만, 이렇듯 단순한 사실에 내포된 심리학적인 함축성은 간단히 처리할 문제는 결코 아니다.

인간문제연구소의 라이트(Christopher Wright)는, "외부 사물들이 변화하기 시작하면, 자기 내부에서도 그것과 병행하는 변화를 겪게 될 것이다"고 말했다. 그러나 이러한 내적 변화의 성격은 너무나 심각하기 때문에, 가속적인 추진력이 속도를 높임에 따라서 지금까지 인간과 사회를 규정해 온 여러 가지 변수(變數)들 안에서 살아갈 수 있을까가 재고(再考)되는 상황에 다다른다. 정신분석학자 에릭슨(Erik Erikson)의 말을 빌리면, "지금 우리 사회에서 인간이나 인간이 만든 제도의 적응 능력으로는 아직 도달했던 적이 없는 한계점까지 변화의 진도가 치닫게 될 것은 '필연'이라고 할 수 있다"는 것이다.

우리가 미래의 충격이라고 이름 붙인 것을 피해 살아 남으려면, 각 개인은 종전보다 월등한 적응력을 지니고 유능해지지 않으면 안 된다. 인간은 스스로를 안주(安住)시킬 수 있는 완전히 새로운 방법을 모색하지 않으면 안 된다. 종교, 국가, 공동체, 가족, 직장 등 모든 낡은 뿌리들은 태풍과 같은 가속적 추진력의 영향으로 뒤흔들리고 있기 때문이다. 그러나 새로운 방법을 모색하기에 앞서 개개인은 가속화의 영향들이 어떻게 자기의 개인 생활을 침식하고 자기의 행태 속으로 파고들어 생존의 본질 자체를 어떻게 변경시키고 있는가 하는 점을 좀더 자세하게 이해하지 않으면 안 된다. 바꾸어 말하면 인간은 일시성이 무엇인가를 이해하지 않으면 안 된다는 것이다.

제3장 생활의 변화 속도

이 사람의 사진은 최근까지 어디에든 있었다. 말하자면 텔레비전을 통해서도, 공항이나 철도역에 붙은 포스터를 통해서도, 광고 전단이나 접는 성냥, 잡지 등을 통해서도 쉽사리 볼 수 있는 사진이었다. 그는 광고업자들이 만든 걸작품으로, 찬찬히 뜯어보지 않으면 많은 사람들과 동일시할 수 있는 가공(架空) 인물이었다. 젊고 단정한 그는 서류 가방을 들고 자기 시계를 힐끔 보고 있었으며, 다음 약속을 위해 허겁지겁 달려가고 있는 보통 사업가처럼 보였다. 그러나 그의 등에는 불룩하게 튀어나온 것이 있었다. 양쪽 어깻죽지 사이에 튀어나온 것은 바로 장난감의 태엽을 감는 데 쓰이는 나비 모양의 커다란 열쇠였다. 그 사진에 붙은 설명서를 보면, 일에 지쳐 있는 회사 간부들로 하여금 셔러턴 호텔에서 태엽을 풀고——속도를 늦추고——쉬도록 권유하고 있다. 이렇듯 일에 쫓기는 태엽 인생은 미래 인간의 전형적인 상징이었고 지금도 상징으로 되고 있다. 수많은 사람들은 마치 그들이 등에 큰 열쇠를 걸머진 것처럼 쫓기며 허덕이고 있는 것으로 느끼고 있다. 대부분의 사람들은 기술과학의 혁신 또는 지식 습득과 변화 진도와의 관계에 대해서 잘 알지도 못하고 별반 관심을 두지도 않는다. 반면에 그들은 자기 생활의 변화 속도에 대해서는 그것이 어떤 것이든 날카롭게 의식하고 있다.

평범한 사람들은 자기 생활의 변화 속도에 대해서 곧잘 얘기하고 있다. 생활의 변화 속도는 입장이 다른 사람들로부터 강하고 대조적인 반응을 불러일으킴으로써 인간의 행태에 심각한 영향을 미치고 있는데도 심리학자나 사회학자들은 이상하게도 그것에 대해서 관심을 쏟지 않고 있다. 이 점이 바로 행태과학(behavioral science)의 사각 지대(死角地帶)다.

실상 생활의 변화 속도가 우리로 하여금 패를 가르도록 함으로써, 그리고 어른과 아이들 사이, 매디슨 가(街)와 매인 스트리트 사이, 남성과 여성 사이, 미국인과 유럽 인 사이, 동양과 서양 사이 등에 심한 오해를 불러일으킴으로써 사람들 사이에 노선(路線)을 가른다고 말해도 좋을 듯싶다.

미래의 인간들

이 지구상의 인간들은 종족·국가·종교 또는 이데올로기에 따라서만이 아니라, 어떤 의미에서는 그들이 차지하고 있는 시대적 위치에 따라서도 구분되고 있다. 지구상의 현재 인간들을 살펴보면 아직도 1000년 전의 인간들이 그랬던 것처럼 사냥이나 하고 식품을 채취하면서 생활하고 있는 소집단을 발견하게 된다. 인류의 대다수인 다른 사람들은 곰사냥이나 열매 따기에 의존해서가 아니라 농업에 의존해 살아가고 있다. 여러 가지 측면에서 그들은 몇 세기 전에 사기네 조상들이 살았던 것처럼 살아가고 있다. 이들 두 부류를 합치면 아마도 전체 인류의 70퍼센트를 차지할 것이고, 이들이야말로 과거의 인간들이라 하겠다.

이와는 대조적으로, 이 지구상 인구의 25퍼센트 남짓한 사람들은 이른바 공업화된 사회에서 살고 있다. 그들은 현대적인 생활을 영위하고 있다. 이들은 기계화와 대중 교육에 의해 틀지어지고, 그들 나라가 지난날 농업에 종사해 왔던 사실을 아직 기억하고 있는, 이른바 20세기 전반의 산물들이다. 결국 이들이야말로 현재의 인간들이라고 할 수 있다.

그러나 이 세계의 나머지 2~3퍼센트에 해당하는 사람들은 과거의 사람들도 현재의 사람들도 아니다. 캘리포니아 주의 샌타모니카나 매사추세츠 주의 케임브리지, 뉴욕, 런던, 도쿄 등지에 살고 있는 수많은 사람들은 기술과학적·문화적 변화의 중심부에 있기 때문에 이미 미래의 생활 방식에 따라 살고 있다고 일컬어질 수 있는 사람들이다. 이들은 정확히 인식하지도 못한 채 새로운 경향을 만들어 내는 사람들로서, 많은 사람들이 먼 훗날 영위하게 될 그러한 생활을 오늘날 영위하고 있다. 그리고 이들은 오늘날 지구상의 인간들 가운데 불과 몇 퍼센트에 해당될 뿐이지만, 이미 우리들 속에서 미래의 국제 국가를 형성하고 있다. 이들은 인간의 진보를 이끌어 가는 선도자들이고, 이제 막 태어나려는 세계 규모의 초산업 사회의 초기 시민들이다.

그러면 이들은 나머지 사람들과 어떻게 구분될 수 있을 것인가? 분명히 이들은 나머지 대다수의 사람들보다 더 부유하고 교육도 더 많이 받고 더 활동적이며 더 오래 산다. 그러나 미래의 인간들을 특징짓는 것은 이들이 이미 새롭고 빠른 생활의 변화 속도에 휩쓸려 있다는 사실이다. 말하자면 그들은 주변 사람들보다 '앞선 시대'를 살고 있는 것이다.

일부 사람들은 이렇듯 엄청나게 가속화하고 있는 생활의 변화 속도에 깊이 이끌린 나머지, 그들의 기존 생활 방식에서 벗어나 그러한 방향으로 나아가려 하고, 오히려 변화 속도가 느릴 때 불안과 긴장과 불편을 느끼기도 한다. 이들은 '행동이 일어나는 곳'에 있으려고 안간힘을 쓰고 있다. 사실 일부 사람들은 행동이 적절히 빠른 속도로 이루어지기만 한다면 그 행동이 무엇이든 개의치 않고 있다. 예를 들어 윌슨(James A. Wilson)은 생활의 빠른 변화 속도에 대한 매력이 '두뇌 유출(頭腦流出)', 말하자면 유럽의 과학자들이 미국이나 캐나다로 대량 이주하는 현상의 배후에 숨겨진 동인들 중 하나라고 지적했다. 윌슨은 이주한 517명의 영국 과학자나 기술자들을 연구한 다음, 그들을 매혹시킨 것은 봉급이 많고 연구 시설이 좋다는 사실만이 아니라 템포가 빠르다는 것도 포함돼 있었다고 결론지었다. 그는 이주자들이 "그들 스스로 북미의 '보다 빠른 변화 속도'라고 말하는 것으로 인해 지장을 받은 것이 아니며, 느린 것보다 오히려 빠른 속도를 '더 좋아하는' 것으로 나타나고 있다"고 쓰고 있다. 이와 마찬가지로 미시시피 주의 한 중견 민권 운동가가 보고한 바로는 "빠른 속도의 도시 생활에 익숙한 사람들은 남부의 농촌 생활을 오래 계속할 수 없다. 바로 이러한 이유 때문에 사람들은 항상 뚜렷한 이유도 없이 어디론가 여행을 하고 있는 것이다. 따라서 여행은 곧 민권 운동의 약이 된다"는 것이다. 겉으로는 목적 없는 이러한 여행도 하나의 보상 기제(補償機制)가 되고 있다. 일정한 생활의 변화 속도가 개인에게 강력한 매력을 줄 수 있다는 사실만 이해하게 되면, 설명할 수 없고 목적 없는 행태를 설명하는 데 많은 도움이 될 것이다.

그러나 어떤 사람들은 새롭고 빠른 변화 속도를 구가(謳歌)하고 있는가 하면, 또 다른 사람들은 이로 인해 몸서리치고 '회전 목마로부터 내리려고' 극한적인 행동을 하는 수도 있다. 적어도 새로 등장하는 초산업화 사회에 참여한다는 것은 이전보다 더 빨리 움직이는 세계에 관여함을 의미한다. 따라서 이들은 오히려 해방되어 그들 자신의 속도로 노닐기를 택하고 있는 것이다. 〈지구여 멈춰라, 나는 내리고 싶다(Stop the World—I Want to Get Off)〉는 제목의 뮤지컬이 얼마 전에 런던과 뉴욕에서 크게 히트한 것은 우연이 아니다.

전부는 아니지만 상당수 히피 족의 특성인 정적주의(靜寂主義)와 '선택적 거부' 또는 '도피'를 위한 새로운 생활 방식의 추구는, 바로 과학 문명의 가치들에 대한 그들의 강한 염증 때문이기보다는 많은 사람들이 견딜 수 없는 것으로 여기는 생활의 빠른 변화 속도로부터 도피하려는 무의식적인 노력이라고 할 수 있다. 이들이 사회를 '쥐들의 경주'——이 말은 생활의 빠른 변화 속도를 잘 나타내고 있는데——라고 표현하는 것도 결코 근거가 없는 것은 아니다.

나이 먹은 사람들은 더 이상의 어떤 변화의 가속에 대해서 더욱 강하게 저항하고 있는 것 같다. 연령이 보수주의와 관계가 있다고 보는 데는 확고한 수학적 근거가 있다. 늙은이로서는 시간이 보다 빨리 지나가는 것으로 의식되기 때문이다.

이를테면 쉰 살의 아버지가 열다섯 살의 자기 아들에게 자가용을 가지려면 2년을 기다려야 한다고 말한다면, 이 730일이란 기간은 아버지가 살아온 세월의 단 4퍼센트에 지나지 않지만 아들의 입장에서 보면 그가 경험한 인생의 13퍼센트 이상이나 된다. 이러한 지연 기간이 아들로서는 아버지보다 3~4배나 더 길게 생각되는 것도 당연하다. 이와 마찬가지로 네 살짜리 아이의 생활에서 두 시간이란 24세 된 어머니의 생활에서는 12시간과 맞먹는 것으로 느껴질 수 있다. 어린 아이에게 한 조각의 캔디를 위해서 두 시간을 기다리라고 하는 것은, 어머니에게 한 잔의 커피를 위해 14시간을 기다리라는 것과 맞먹는다.

시간에 대한 주관적(主觀的) 반응의 차이에는 생물학적인 근거도 있다. 맨체스터 대학의 심리학자인 코언(John Cohen)은 "나이를 먹어 감에 따라 일년의 길이는 점점 줄어드는 것 같다. 아마도 신진대사의 과정이 점차 느려지는 탓이겠지만 지난해보다는 다가오는 해가 더 짧게 느껴진다"고 말했다. 인간의 생물학적인 리듬이 느려지는 것과 관련해서 늙은 사람들에게는 실제와 달리 세상이 빨리 움직이는 것으로 보인다. 그 이유야 어쨌든, 늙은 사람의 지각(知覺)으로는 일정한 기간 안에 보다 많은 상황이 경험적 수로(水路)로 몰려드는 탓으로 해서 변화의 가속화는 더 두드러져 보인다. 사회 변화의 진도가 가속화됨에 따라 늙은 사람들은 점점 그 차이를 날카롭게 느끼게 된다. 따라서 늙은 사람들은 개인적인 공간으로 물러나서, 빨리 변하는 외부 세계와의 관계를 되도록 단절하고 결과적으로는 죽을 때까지 놀고 먹으려고 함으로써 현실에서 은퇴하고 만다. 우리는 생화학(生化學)과 재교육을 통해서 늙은이들의 시간 관념을 바꾸거나, 아니면 시간에 대한 그들 스스로의 주관적인 지각을 나타내는 '연동(連動)' 달력에 따라 생활의 변화 속도가 조절되고 더 나아가 정상화되는, 이른바 그들을 위한 구조의 영역을 마련하지 않는 한, 노인의 심리적인 문제들을 해결하기란 불가능할 것이다.

세대 사이, 부모와 자식 사이 또는 부부 사이의 이해하기 힘든 많은 분쟁은 오직 생활의 변화 속도의 가속화에 대한 제각기 다른 반응들에서 그 원인을 찾아볼 수 있다. 그리고 제각기 다른 문화들 사이의 부조화도 같은 차원에서 이해될 수 있다.

문화는 제각기 나름대로의 독특한 변화 속도를 지니고 있다. 이란의 소설가며 수필가인 에스판디아리(F. M. Esfandiary)는 제2차 세계대전 전 독일 기술자들이 이란의 철도 건설을 돕던 때, 변화 속도가 다른 두 체계(體系)들 사이에 일어났던 충돌에 관해 언급하고 있다. 즉 이란 인과 중동인은 일반적으로 미국인이나 서구인보다는 시간에 대해서 훨씬 더 느슨한 태도를 취하고 있다는 것이다. 이란 인 노무자들이 늘 10분쯤 늦게 일터에 나타나자 시간을 철저히 지키고 항상 서둘러대는 독일인은 이란 인 노무자를 잇따라 해고시켜 버렸다. 이란 인 기술자들은, 중동인의 기준으로는 노무자들이 시간을 썩 잘 지킨 것이고, 만일 해고가 계속되면 일터에 남을 사람은 부녀자나 아이들밖에 없을 것이라고 독일인 기술자들을 설득하는 데 진땀을 뺐다는 것이다.

이렇듯 시간에 대한 무관심이 생활의 빠른 변화 속도와 철저한 시간 관념 속에서 생활하고 있는 사람들을 화내게 할 법하다. 따라서 이탈리아 북부의 공업 도시인 밀라노나 토리노 출신의 이탈리아인은, 비교적 느린 변화 속도의 시칠리아 인, 말하자면 그들의 생활이 아직도 농업의 느린 리듬에 얽매여 있는 사람들을 무시하고 있다. 그런가 하면 스톡홀름이나 예테보리 출신의 스웨덴 인은 라플란드 인에 대해 똑같은 생각을 갖고 있다. 미국인은 '마냐나(manana)', 곧 내일도 늦지 않다고 생각하는 멕시코 인을 조소하고 있다. 미국 자체만 보더라도 북부인은 남부인을 느림보로 보고, 중산층 흑인들도 바로 남부에서 갓 올라온 흑인 노동자들을 '유색인 시간(Colored People's Time)'에 따르고 있다 해서 비난하고 있다. 반대로 다른 사람들과 비교해 미국이나 캐나다의 백인들은 열성적이고 민첩한 활동가들로 인식되고 있다.

때로는 주민이 변화 속도가 달라지는 데 대해서 적극적으로 저항하기도 한다. 이것은 바로 많은 유럽 인의 '미국화(美國化)'라고 생각하는 것에 대한 병적인 적의(敵意)를 설명해 주고 있다. 초산업화 사회의 토대가 되는 새로운 기술과학은, 그 대부분이 미국의 연구소에서 창안되고 있으며, 사회에서 변화의 가속화를 불가피하게 만들고 있을 뿐 아니라, 아울러 개인 생활의 변화 속도도 빠르게 만들고 있다. 반미주의자(反美主義者)들이 그들의 상징으로 컴퓨터나 코카콜라를 내세우고 있지만, 그들의 진짜 목적은 이방적(異方的)인 시간 관념이 유럽을 침식하는 데 대한 적의인 것 같다. 초산업화의 선봉에 선 미국은 새롭고 빠르고 극히 바람직하지 않은 속도로 변화하고 있다.

이러한 문제는 바로 간단한 음식과 일용품도 취급하는 약방인 미국식 드럭 스토어가 최근 파리에 들어서면서 일어난 분노의 소리에서 상징적으로 드러나고 있다. 프랑스 인에게는 이러한 드럭 스토어의 존재가 바로 미국측의 음흉한 문화 제국주의의 증거로 보인 것이다. 물론 미국인들로서는 아무 죄 없는 소다 판매소에 대해 어째서 그토록 감정적인 반응을 나타내는가를 이해하기 힘들 것이다. 그러나 이것이 들어선 이후, 목마른 프랑스 인들이 비스트로(bistro, 작은 술집)에서 아페리티프(apéritif, 식사 전에 마시는 간단한 술)를 들면서 한두 시간을 보내는 대신 이름조차 낯선 드럭 스토어에서 밀크 셰이크를 단숨에 들이켜는 상황이 실제로 일반화되었다. 근년에 새로운 기술과학이 보급됨에 따라서 약 3만 개의 비스트로가 《타임(Time)》지(誌)의 표현대로 '즉석 문화'의 희생물로 문을 닫았다는 것이다. 실상 유럽 인들은 《타임》지 자체를 아주 싫어하는데, 이것은 정치적인 이유에서가 아니라 전적으로 그 제목이 '타임' 즉 시간을 뜻하고 있다는 데서 오는 무의식적인 현상이라고 하겠다. 짧고 숨 돌릴 사이조차 없는 스타일의 《타임》지는 미국인의 생활 방식 이상의 것을 다른 나라로 전파하고 있고 아울러 미국적인 생활의 변화 속도를 내포하며 전파시키고 있다.

지속 기간에 대한 기대

생활의 변화 속도가 빨라지면 왜 소란하고 불편하게 되는가를 이해하기 위해서는 무엇보다 '지속 기간에 대한 기대(期待)'의 내용을 파악할 필요가 있다.

시간에 대한 인간의 지각은 그 사람의 내적인 리듬과 밀접한 관련이 있다. 그러나 시간에 대한 인간의 반응은 문화적으로 조건지어진다. 이러한 조건화(條件化)는 어린 시절에 사건과 과정, 관계들의 지속에 대한 일련의 기대들을 형성함으로써 부분적으로 이루어진다. 사실 우리가 어린이에게 알려주는 가장 중요한 형태의 지식 중의 하나는 그러한 일들이 얼마만큼 오래 지속되느냐 하는 내용이다. 이러한 지식은 교묘하고 비공식적이며 때로는 무의식적인 방법으로 전수된다. 그러나 사회적으로 적절한 일련의 지속 기간에 대한 기대들을 많이 갖고 있지 않은 개인은 결코 성공적인 기능을 수행할 수가 없을 것이다. 예를 들어 아빠가 아침에 일터로 나가는 것으로부터 어린이는 아빠가 몇 시간 안에는 돌아오지 않을 것임을 유아기(幼兒期)부터 배우고 있다. 만일 그가 일찍 돌아온다면, 무엇인가 잘못되고 일정에 차질이 생긴 것으로 어린이는 인식하게 된다. 심지어 집안의 개도 일련의 지속적인 기대들을 배움으로써 통상(通常)과 비상(非常)을 감지하고 있다. 어린이는 '식사 시간'이란 결코 1분이나 다섯 시간이 아니라, 통상 15분에서 한 시간 정도 걸린다는 사실을 곧 배우게 된다. 어린이는 수업 시간이 통상 여섯 시간 계속됨을 배운다. 또한 어린이는 한 분의 선생님과의 관계는 통상 1년간 지속되지만, 자기 조부모와의 관계는 보다 긴 기간 지속되고 있음을 배운다. 사실 어떤 관계들은 일생 동안 지속되기조차 한다. 편지를 보내는 일에서부터 사랑을 하는 일에 이르기까지 우리가 하고 있는 거의 모든 일, 말하자면 어른의 행태는 명시적(明示的)이든 묵시적(默示的)이든 간에 지속 기간에 관한 가정(假定)들을 전제로 하고 있다.

　생활의 변화 속도가 달라지면 혼란이 빚어지는 것은, 일찍 배우게 되어 깊이 스며든 지속 기간에 대한 기대들이 각기 사회마다 달라지기 때문이다.

　이러한 사실은 생활의 가속적인 변화 속도로부터 심히 고통을 받는 사람들과 이것을 통해 오히려 번영을 누리는 듯한 사람들 사이에 심각한 차이가 있음을 설명해 주고 있다. 어떤 개인이 자기의 지속 기간에 대한 기대들을 계속적인 가속화를 고려해 조절하지 못한다면, 그 사람은 지속 기간을 제외한 다른 모든 측면에서 비슷한 두 개의 상황을 모든 면에서 비슷하다고 볼 우려가 있다. 그러나 가속적 추진력은 적어도 일정한 종류의 상황들이 시간 안에 압축될 것임을 의미하고 있다.

　가속화의 원리를 받아들이는 개인, 말하자면 자기를 둘러싸고 있는 세계에서 사물들이란 빨리 움직이는 것이라는 사실을 자기 머리 속에서만이 아니라 뼛속에서까지 이해하고 있는 사람은 시간이 단축되면 자동적이고 무의식적으로 그에 맞춰 나가고 있다. 그는 상황들이 오래 지속되지 않으리라는 사실을 예견함으로써, 지속 기간에 대한 기대가 한 가지로 굳어진 사람들이나 통상적으로 상황의 지속 기간이 곧잘 단축됨을 예견하지 못하는 사람들보다는 허점을 찔려 동요를 일으키는 일이 드물다.

  요컨대 생활의 변화 속도는 한낱 속된 표현인 농담이나 한숨, 불평, 아니면 종족적인 억압보다는 더 중요한 문제로 간주되지 않으면 안 된다. 이 문제는 이제까지 전적으로 무시되어 왔지만, 실상은 극히 중요한 심리학적인 변수다. 외적인 사회 변화가 느렸던 지난날에는 인간이 이러한 변수를 모르고도 잔존할 수 있었고 또 잔존해 왔다. 어떤 사람의 전생애를 통해서 생활의 변화 속도가 거의 일정할 때도 있었다. 그러나 가속적인 추진력은 이러한 생활의 변화 속도를 극적으로 바꾸고 있다. 광범위한 과학적·기술적 또는 사회적 변화의 증대된 속도 자체가 개인의 생활에서 느껴지게 된 것은 바로 생활의 변화 속도가 한 단계 빨라지면서부터다. 인간 행태의 많은 부분은 그가 속해 있는 사회나 집단이 개인에게 강요하는 생활의 변화 속도에 대한 매력 아니면 적의를 통해 빚어지고 있다. 이러한 원리를 파악하지 못하는 까닭은 인간들로 하여금 초산업화 사회에서 제대로 역할을 수행하도록 마련해 주는 교육 혹은 심리학이 위험스러울 만큼 무기력한 탓이라고 하겠다.

일시성(一時性)의 개념

  사회적·심리적인 변화에 대해 우리가 만든 이론의 대부분은 비교적 정태적(靜態的)인 사회에 속해 있는 사람의 모습을 보여준다. 따라서 이것은 진정한 현대인의 모습이라기보다는 왜곡되고 불완전한 것일 수밖에 없다. 이것은 과거나 현재의 사람들과 미래의 사람들 사이의 결정적인 차이점을 제시하지 못하고 있다. 이러한 차이는 일시성(一時性)이란 말로 요약된다.

  일시성의 개념은 변화에 관한 사회학적 이론들과 개인심리학 사이에 오랫동안 파악되지 못하고 있던 연관성을 마련해 주고 있다. 우리는 이 양자를 통합함으로써 고속(高速) 변화의 문제들을 새로운 방법으로 분석할 수 있게 된다. 앞으로 고찰해 보겠지만, 우리는 이것을 통해서 상황의 흐름의 진도(進度)를 추산할 수 있는, 미숙하지만 힘있는 하나의 방법을 얻어낼 수 있다. 일시성이란 일상생활에서의 새로운 '임시성(臨時性)'이다. 이것은 하나의 분위기, 말하자면 비영속성(非永續性)의 느낌에서 연유된다. 물론 철학자들과 신학자들은 인생이 덧없다는 사실을 언제나 인식하고 있다. 이렇듯 넓은 의미에서 볼 때, 일시성이란 언제나 생활의 일부이기도 하다. 그러나 오늘날 비영속성의 느낌은 보다 더 예리하고 직접적이다. 따라서 앨비(Edward Albee)가 쓴 〈동물원 이야기〉 속에 나오는 제리라는 주인공은 스스로를 '영원히 일시적인 존재'로 규정짓고 있다. 그리고 비평가인 클러먼(Harold Clurman)은 앨비에 대해 언급하면서, "우리 가운데에서 어느 누구도 안전한 보금자리, 말하자면 진실한 가정을 갖고 있지는 못하다. 우리는 모두가 우리 이웃들과 마음 편한 관계를 맺기 위해 무모하고도 야만적인 노력을 기울임으로써 어디서나 하숙집에 살고 있는 똑같은 인간들이다"라고 했다. 실상 우리는 모두가 일시성의 시대에 살고 있는 시민들이다.

그러나 점차 파괴될 것처럼 보이거나 영속성이 없는 것처럼 보이는 것은 우리의 대인 관계(對人關係)만은 아니다. 만일 우리가 자신 밖의 세계에서의 인간의 경험을 분류해 본다면, 우리는 몇 가지 종류의 관계들을 확인해 볼 수 있다. 따라서 우리는 다른 사람들과의 관계에 덧붙여서 개체(個體)와 사물과의 관계에 대해서 언급해 볼 수 있다. 그런가 하면 우리는 개체와 장소들과의 관계도 검토해 볼 수 있고, 개체와 그를 둘러싸고 있는 제도적 혹은 조직적인 환경과의 관계도 분석해 볼 수 있다. 심지어 우리는 개체와 특정한 이념들이나 사회내 정보의 흐름과의 관계도 탐구해 볼 수 있다.

시간에 곁들여 이러한 다섯 가지 관계들이 사회적 경험의 형체를 이룬다. 앞서 지적했듯이 이것은 사물, 장소, 인간, 조직체 및 이념 등이 어찌하여 모든 상황의 기본적인 구성 요소가 되는가를 밝혀주기도 한다. 아울러 이것은 개체와 상황을 구조화하는 각 구성 요소들과의 독특한 관계를 나타내기도 한다.

그리고 사회 안에 가속화 현상이 나타남에 따라서 시간적으로 단축되고 압축되는 것은 바로 이러한 관계들이다. 지난날에는 오랜 시간 지속되었던 관계들도 지금에 이르러서는 점차 그 지속 기간이 짧아져 가고 있다. 우리가 사상 누각(砂上樓閣)에서 뿌리 없이 불안하게 살고 있다는 구체적인 느낌을 불러일으키는 것은 바로 이러한 단축과 압축 탓이다.

실로 일시성이란 우리의 관계들이 회전되는 진도에 따라서 특히 잘 규정될 수 있다. 이러한 상황들이 우리의 경험을 통과하는 시간이 이전보다 얼마나 짧게 걸리는가를 확인하기란 어려울지 모르지만, 그러한 상황들을 그것들의 구성 요소들로 나누어서 이러한 구성 요소들이 우리 생활 속으로 투입되고 방출되는 진도, 바꾸어 말하면 관계의 지속성을 측정해 볼 수는 있다.

만약 우리가 '회전'이라는 이념에 따라 생각한다면, 일시성의 개념을 이해하는 데 도움이 될 것이다. 예를 들어 식료품 가게에서는, 통조림된 아스파라거스보다는 우유가 빨리 팔려 보다 빨리 회전된다. 말하자면 우유는 빨리 팔려서 빨리 대체되므로 진행이 빨라진다는 것이다. 빈틈없는 사업가는 자기가 팔고 있는 각 품목의 회전율과 아울러 회사 전체의 일반적인 회전율도 알고 있다. 실상 그는 자기 회사의 회전율이 기업의 건실성 여부의 주된 지표임도 알고 있다.

이렇게 유추해 볼 때, 일시성이란 개인 생활에서 여러 가지 관계들의 회전율로 생각해 볼 수 있다. 더욱이 우리 각 개인은 이러한 회전율에 따라서 성격지어질 수 있다. 일부 사람들의 생활은 다른 사람들보다 훨씬 느린 회전율을 나타내고 있다. 과거나 현재의 사람들은 비교적 '일시성의 정도가 낮은' 생활을 영위하고 있다. 말하자면 그들의 관계는 오래 지속되는 경향이 있다는 것이다. 그러나 미래의 사람들은 '일시성의 정도가 높은' 상태, 말하자면 관계의 지속성이 짧게 끊기고 관계의 진행이 극도로 빨라지는 상태에서 살게 된다. 이를테면 그들의 생활에서 사물, 장소, 인간, 이념 및 조직 구조 등은 모두 보다 빨리 '소모'되고 만다는 것이다.

이것은 인간이 현실을 인식하는 방법, 공약에 대한 그들의 의식 및 대응할 수 있는 그들의 능력 여부 등에 크게 영향을 미치고 있다. 적응 능력을 마비시켜 미래의 충격이란 위험에 직면하게 하는 것은 환경 안의 새로움 내지 복합성이 증대함에 따른 이러한 빠른 진행 탓이다.

실상 외부 세계와의 관계가 점점 더 일시성을 띠어가고 있음을 밝힐 수만 있다면, 우리는 상황의 흐름이 빨라지고 있다는 가정을 뒷받침할 강력한 증거를 갖게 될 것이다. 그리고 우리 자신과 다른 사람들을 보는 우리의 눈도 날카롭고 새로워질 것이다. 따라서 우리는 일시성의 정도가 높은 사회에서의 인간의 생활을 탐구해 보기로 한다.

제2부 일시성(一時性)

제4장 사물 : 소모 사회(消耗社會)

'바비(Barbie)'라는 30센티미터 크기의 플라스틱 인형은 역사상 가장 잘 알려졌고 가장 잘 팔리는 인형이다. 1959년에 바비가 출현한 이래 전세계에서 이 인형을 가진 사람 수는 1200만 명에 달해, 로스앤젤레스나 런던, 파리 같은 도시의 인구보다 더 많을 정도였다. 바비는 실물과 흡사하고 여러 가지 옷으로 갈아입힐 수 있어서 어린 소녀들이 그 인형을 좋아했다. 바비 제조 회사인 매틀 사(Mattel Inc.)는 일상복을 비롯한 공식 파티 예복, 수영복, 스키복 등을 포함해 그 인형에 맞는 모든 옷을 팔았다.

최근에 매틀 사는 신형 바비 인형의 매출을 발표했다. 이 새 인형은 날씬한 몸집에다 실물과 같은 눈썹을 달고 허리를 흔들거나 돌릴 수 있게 해서 구형보다 훨씬 더 사람과 흡사하도록 만들었다. 더욱이 매틀 사는 새 바비 인형을 사는 어린 소녀들에게는 낡은 인형의 대금을 환불해 주겠다고 발표했다.

물론 매틀 사는, 기술적으로 개량된 인형을 팔기 위해 낡은 인형을 사줌으로써 내일의 초산업화 사회의 시민인 오늘의 어린 소녀가 새로운 사회에 관한 기본적인 교훈, 말하자면 인간과 '사물'의 관계가 점점 일시적인 것이 된다는 사실을 배우게 되리라는 얘기는 하지 않았다.

우리를 에워싸고 있는 인공물(人工物)이 많다고는 하더라도, 그것들은 보다 많은 자연물(自然物) 속에 포함되어 있는 데 지나지 않는다. 그러나 점차로 개인에게 중요시되는 것은 기술과학에 의해 만들어진 환경이다. 플라스틱이나 콘크리트 구조물, 가로등 밑을 달리는 자동차의 반짝이는 불빛, 제트기의 창문을 통해 보이는 도시의 멋진 전경(全景), 바로 이것들은 인간의 존립에 있어서 직접적인 현실들이다. 인공물들은 인간의 의식 속으로 스며들어 의식에 영향을 미치고 있다. 인공물들의 수는 자연적인 환경과 비교해 볼 때 절대적으로나 상대적으로나 폭발적인 힘을 갖고 팽창하고 있다. 이러한 현상은 오늘날보다는 초산업화 사회에서 더욱 두드러질 것이다.

반유물론자(反唯物論者)들은 사물의 중요성을 비웃는 경향이 있다. 그러나 사물은 그 기능적인 유용성 때문만이 아니라, 그것들의 심리적인 영향 때문에도 극히 중요하다. 우리는 바로 사물과의 관계를 개발하고 있다. 사물들은 영속성 혹은 불연속성에 대한 우리의 의식에 영향을 미치고 있다. 사물은 상황의 구조 속에서 역할을 수행하고 있고, 우리와 사물과의 관계 축소는 바로 생활의 변화 속도를 가속화시키고 있다.

더욱이 사물에 대한 우리의 태도는 기본적인 가치 판단을 반영하고 있다. 새로 개량된 모델을 갖기 위해 바비 인형을 쉽사리 갈아치우는 새로운 세대의 소녀들과, 그들의 어머니나 할머니들처럼 새것일 때부터 다 망가질 때까지 같은 인형에 미련을 갖고 애지중지 움켜 쥐고 있는 사람들 사이의 차이만큼 심각한 차이는 없다. 과거와 미래 사이의 대조(對照)나, 영속성에 토대를 둔 사회와 일시성에 토대를 두고 새롭고 빨리 이루어지는 사회 사이의 대조도 바로 이러한 차이에서 빚어진다고 하겠다.

종이로 만든 결혼 예복

인간과 사물의 관계가 점점 더 일시성을 띠게 되는 현상은 자기 인형을 갈아치우는 어린 소녀가 속해 있는 문화를 검토해 보면 쉽게 설명될 수 있다. 이 여자 아이는 빠른 속도로 자기 어린 생활을 스쳐 가는 사물이 비단 바비 인형만이 아님을 곧 터득하게 된다. 기저귀, 턱받이, 종이 냅킨, 화장지, 수건, 먹고 버린 소다수병 등 모든 것은 그 소녀의 집에서 재빨리 소모되고 거리낌없이 버려지고 있다. 옥수수빵도 한 번 쓰고 버리는 깡통 속에 들어 있는가 하면 시금치도 플라스틱 포장 그대로 냄비의 끓는 물에 넣어 데친 다음 포장은 버리게 돼 있다. 텔레비전에 나오는 식료품들도 요리되어서 일회용 쟁반에 담겨 있다. 그 소녀의 가정은 아주 빠른 속도로 사물들이 들어왔다 나가는 하나의 거대한 처리기(處理機)와도 같다. 그 소녀는 태어나면서부터 어쩔 수 없이 소모 문화(消耗文化) 속에 빠져 있는 것이다.

1회 또는 단기간에 어떤 제품을 사용하고 나서 다른 것으로 대치(代置)시킨다는 생각은, 빈곤의 굴레에서 시달리고 있는 사회나 개인들의 기질에는 맞지 않을 것이다. 얼마 전, 프랑스의 광고 대행 업체 퓌블리시(Publicis)의 시장 조사 담당자인 로느(Uriel Rone)는, "프랑스의 가정 주부는 쉽게 버릴 수 있는 제품들에 익숙지 않다. 프랑스 주부는 설사 낡은 물건들이라 하더라도 쓰고 버리기보다는 간직하기를 좋아한다. 우리는 비내구성(非耐久性) 플라스틱 커튼을 생산하려는 회사를 대신해서 시장 조사를 실시했는데 아주 강한 반발이 있음을 발견했다"고 말했다. 그러나 이러한 반발은 선진 세계 어느 곳에서도 찾아볼 수 없는 실정이다.

따라서 작가 메이즈(Edward Maze)는, 1950년대 초에 스웨덴을 방문한 많은 미국인이 그 나라가 깨끗함에 경탄했다고 지적하면서 다음과 같이 말했다. "창피한 일이지만 미국과 달리 과거 스웨덴의 길가에는 맥주나 청량 음료의 병들이 나뒹굴지 않아 놀라움을 금할 수 없었다. 그러나 1960년에 이르러서는 어찌된 셈인지 스웨덴의 고속도로 주변에 병들이 널려 있었다……. 왜 그렇게 되었을까? 스웨덴도 미국식으로 사서 쓰고 버리는 사회로 변했기 때문이다." 오늘날 일본의 경우도 휴대용 화장지가 엄청나게 보급되어, 이제 헝겊 손수건은 비위생적이라고까지는 하지 않더라도 유행에 뒤진 것으로 간주되고 있다. 영국에서는 6페니만 내면 치약을 바른 일회용 칫솔을 살 수 있다. 심지어는 프랑스에서도 쓰고 버리는 라이터가 보급되고 있다. 두꺼운 종이로 만든 우유통에서부터 우주선에 동력을 공급하는 로켓에 이르기까지 단기 또는 일회용으로 만들어진 제품 수가 증대되고 우리 일상 생활에서도 중요시되고 있다.

최근 종이나 종이 비슷한 것으로 만든 의류가 등장함으로써 쓰고 버리는 경향은 한걸음 더 나아갔다. 유행에 민감한 양품점과 노동자용 의복점들은 재미있게 재단된 여러 가지 종이옷을 전문으로 다루는 가게들로 변모해 가고 있다. 유행을 다루는 잡지들은 놀라우리만큼 호화스러운 종이 제품의 가운, 코트, 잠옷, 심지어는 웨딩 드레스까지 다루고 있다. 길고 흰 줄무늬의 레이스가 달린 웨딩 드레스를 입은 신부의 사진도 있는데, 거기에는 예식이 끝난 뒤 '좋은 부엌 커튼'을 만들 수 있다는 설명이 붙어 있다.

종이옷은 어린이들에게 특히 알맞다. 어떤 패션 전문가는, "아이들이 자기 옷에다가 아이스크림을 흘리거나 그림을 그리거나 도려내기도 하겠지만 어머니들은 온화한 미소를 지으면서 자기 딸의 기발한 행동을 지켜 볼 것이다"라고 했다. 그리고 자신의 창의성을 표현하려는 어른들에게는 2달러의 가격으로 붓까지 끼워 주는 '그림 그릴 옷'도 살 수 있다.

종이로 만든 옷들이 쏟아져 나오게 되는 중요한 요인은 말할 것도 없이 가격이다. 어떤 백화점은 이른바 '아주 편리한 셀룰로오스

섬유와 나일론'으로 만든 한 가지 의류만을 진열한다. 한 벌에 1달러 29센트란 가격이라면 소비자는 보통 옷을 세탁하는 데 드는 비용보다도 더 싸게 새로운 옷을 사 입고 버릴 수 있다. 바로 이러한 때가 곧 다가올 것이다. 그러나 여기서는 경제적인 뜻만 중요한 것이 아니다. 소모 문화의 확대는 심리적인 면에서도 중대한 결과를 초래하기 때문이다.

제품을 쓰고 버리는 것에 걸맞게, 우리의 생각도 쓰고 버리는 형태로 바뀌고 있다. 다른 어떤 것보다도 이러한 정신 상태가 소유물에 대한 가치관을 급격히 변화시키는 요인이 되고 있다. 그런데 사회 안에 쓰고 버리는 성향이 널리 퍼진다는 것은 곧 인간과 사물의 관계에서 지속성(持續性)이 없어지는 것으로 풀이될 수 있다. 우리는 비교적 오랜 기간에 걸쳐 하나의 사물과 관계를 맺는 대신에, 짧은 기간 안에 대신 들어앉는 연속적인 사물들과 관계를 맺고 있다.

사라지는 슈퍼마켓

일시성(一時性)으로의 변이(變移)는 심지어 건축물에서도 드러나고 있다. 건축물은 바로 지난날 영속성에 관한 인간의 의식(意識)에 가장 크게 영향을 미친 물리적 환경의 일부다. 자기의 바비 인형을 바꾸는 어린이는 자기를 둘러싸고 있는 빌딩과 다른 큰 구조물들도 일시적인 것으로 인식할 수 있다. 우리는 경계를 온통 허물고 있다. 우리는 아찔할 정도로 빠르게 시가지와 도시를 온통 허물어서 새로운 도시로 만들고 있다.

스탠퍼드 연구소의 카터(E. F. Carter)는 다음과 같이 기술하고 있다. 즉 "주택의 평균 수명은 동굴 시대에는 거의 무한정이었으나, 식민지 시대 미국에서 건립된 집들은 근 100년 동안 존속했고, 현재에 이르러서는 약 40년 동안 존속해서, 계속 줄어들고 있다"는 것이다. 그리고 영국 작가 우드(Michael Wood)는, "미국인은 방금

세계를 만들어놓고도 이것이 곧 파괴되고 변화할 것임을 빈틈없이 알고 있다. 뉴욕의 빌딩들은 문자 그대로 하룻밤 사이에 사라지고 한 도시의 면모는 1년 안에 완전히 바뀔 수도 있다"고 평했다.

소설가 오친클로스(Louis Auchincloss)는, "뉴욕 생활에서 가장 싫은 점은 역사가 없는 도시에 살고 있다는 사실이다. 친외가(親外家)를 통틀어 증조대(曾祖代)의 여덟 분 모두가 이 도시에서 살았지만 그들이 살았던 집들 중에 아직도 남아 있는 것은 단 한 채뿐이다. 사라져 가는 과거란 바로 이런 현상을 두고 하는 말이다"라고 불평했다. 그들의 조상들이 푸에르토리코의 구석이나 동구의 시골 아니면 남미의 농장으로부터 근년에 미국에 이주해 정착하게 된, 이른바 덜 귀족화된 뉴욕 인들은 그들의 느낌을 전적으로 달리 표현할 수도 있다. 그러나 '사라져 가는 과거'란 현실로 나타난 현상이고, 또 이러한 현상은 오랜 역사를 지닌 유럽의 많은 도시들에까지 번짐으로써 점점 더 널리 퍼져 가고 있는 것 같다.

디자이너며 철학자인 풀러(Buckminster Fuller)는 언젠가 뉴욕이란 "철거, 파괴, 이전, 일시적인 공한지(空閑地), 새로운 설치가 되풀이되는 계속적인 진화 과정"이라고 기술했다. 그리고 이어서 "이러한 과정은 원리상으로 볼 때 농장에서 매년 되풀이되는 경작 과정, 말하자면 갈아서 새로운 씨앗을 뿌리고는 추수를 하고, 또 갈아서는 다른 씨앗을 뿌리는 과정과 다를 바 없다. ……대부분의 사람들은 뉴욕 거리를 메우고 있는 빌딩 공사를 보게 되지만…… 한때 시끄럽고 소란스럽던 소음은 곧 사라져서 조용해짐을 알 수 있다. 아직도 그들은 영속성(永續性)을 정상으로 생각하고 있는데, 그것은 뉴턴적 우주관(宇宙觀)에서 받은 영향 탓이다. 그러나 20세기 초 이래로 뉴욕에 살았던 사람이나 뉴욕에 자주 왕래한 사람들은 문자 그대로 아인슈타인(Albert Einstein)의 상대성 원리(相對性原理)에 따라 살고 있음을 실감하게 된다"고 말했다.

실상 아이들이 '아인슈타인의 상대성 원리'를 내면화(內面化)하고 있다는 것을 나는 개인적인 경험을 통해서 뼈저리게 느꼈다. 얼마 전 나의 아내는 당시 열두 살 된 딸아이를 우리가 살고 있는 맨해튼의 아파트로부터 몇 블럭 떨어진 슈퍼마켓으로 심부름 보낸 일이 있었다. 어린 소녀인 내 딸은 이전에 한두 번밖에 거기에 가본 일이 없었다. 딸은 약 30분 후 난처한 얼굴로 돌아와서, "슈퍼마켓은 헐린 게 분명해. 도저히 찾을 수 없었어"라고 했다. 그러나 실상 슈퍼마켓은 헐린 것이 아니었고, 단지 그 부근에 익숙하지 못했던 딸아이가 블럭을 잘못 찾았던 것이다. 그러나 그 아이는 일시성의 시대에 살고 있는 아이였으며, 그녀의 즉각적인 상상, 말하자면 그 건물은 헐려서 다른 건물이 들어섰다고 하는 상상은 당시 미국에서 자란 열두 살짜리 아이에게는 자연스러운 것이었다. 아마도 50년 전에 이와 비슷한 경우를 당한 아이는 결코 이러한 생각을 떠올리지 못했을 것이다. 그 당시라면 물리적(物理的) 환경은 아주 지속적이어서, 우리와 환경의 관계는 그토록 일시적인 것이 아니었다.

비영속성의 경제

과거에는 영속성이 이상(理想)이었다. 한 켤레의 신발을 만드는 수공업에 참여하든 하나의 교회를 건립하는 데 참여하든, 모든 인간의 창의적이고 생산적인 에너지들은 그 제품의 지속성을 극대화하는 방향으로 향했다. 인간은 존속하기 위해 집을 지었고 또 그렇게 하지 않을 수 없었다. 인간을 둘러싸고 있는 사회가 비교적 변하지 않은 채로 있는 한, 각 사물은 명백히 주어진 기능을 수행했고 아울러 경제의 논리는 영속성을 유지하는 정책을 따랐다. 가령 신발은 때때로 수선되게 마련이었지만, 50달러를 주고 사서 10년간 신을 수 있는 것이라면 10달러를 주고 사서 1년간 신을 수 있는 것보다는 싼 것이었다.

그러나 사회 변화의 일반적인 진도(進度)가 가속화됨에 따라서 영속성의 경제 이론은 일시성의 경제 이론으로 대치되었고, 그것은 필연이었다.

첫째, 기술과학이 발전함에 따라 생산 비용이 수선 비용보다 덜 들게 되는 경향이 있다. 생산 과정은 자동화되는데, 수선은 주로 수공업적인 작동(作動)에 머물러 있다. 그렇다면 수선하는 것보다 새것으로 바꾸는 것이 더 싸게 먹힌다는 말이다. 즉 값싸며 수리하지 않고 버리도록 만든 제품이 수선해서 계속 쓸 수 있는 것보다 오래가지는 않지만 경제적으로 현명할 것이다.

둘째, 기술과학의 발전에 따라 시간이 지날수록 더 좋은 물건을 만들어 낼 수 있다. 제1세대 컴퓨터보다는 제2세대 컴퓨터가 낫고, 제2세대보다는 제3세대가 낫다. 기술과학은 분명히 더 발전하리라고 예측할 수 있으므로 말하자면 짧은 기간에 더 많은 개량이 이루어질 것을 예측할 수 있으므로, 장기적인 안목에서보다는 단기적인 안목에서 건물을 짓는 것이 건전한 경제 상식일 수도 있다. 피츠버그의 도시계획협회의 건축가며 도시계획 전문가인 루이스(David Lewis)는 세워진 지 10년도 되지 않아서 헐린 마이애미의 아파트에 관해 이런 얘기를 했다. 즉 새로운 아파트들의 냉방 장치가 더 잘 돼 있어서 '낡은' 아파트의 임대(賃貸)는 어려워지고 있다는 것이다. 따라서 이러한 모든 사실을 고려해 볼 때 10년 된 낡은 빌딩을 수리하기보다는 허물어버리는 것이 경제적이라는 것이다.

셋째, 변화가 가속화해서 그 여파가 사회의 구석구석까지 미치게 됨에 따라 미래에 대한 불확실성은 증대될 수밖에 없다. 변화의 불가피성은 인정하면서도 우리에게 얼마만큼의 변화가 밀어닥칠지를 알지 못함으로 해서, 용도(用途)를 바꾸기 어렵게 단단히 고정된 물건에 많은 재원(財源)을 투입하기를 꺼리게 된다. 따라서 우리는 고정된 형체나 기능에 얽매이는 것을 피함으로써 단기적 용도로 만들거나 그 제품 자체를 적응성 있게 만들려고 노력한다. 우리는 사물을 기술적으로 빈틈없이 다루고 있다.

쉽사리 버리는 현상이 나타나는 것, 말하자면 쓰고 버리는 문화의 보급은 이러한 강한 압력에 대한 하나의 반응이다. 변화가 가속화되고 복합성이 증대됨에 따라, 우리는 쉽사리 버리는 원리가 더 신장되고 인간과 사물의 관계가 더욱 단축되는 것을 볼 수 있다.

이동식 놀이터

쉽게 버리는 현상 이외에, 그것과 똑같은 심리적 영향을 나타내는 다른 반응들이 있다. 예를 들면 우리는 지금 단 하나의 목적에서가 아니라 몇 가지의 단기적 목적을 가진 상품들이 대규모로 제조되고 있음을 볼 수 있다. 이것들은 쓰고 버리는 품목들이 아니다. 이것들은 대체로 너무나 크고 비용이 많이 든 것이어서 내버릴 수가 없다. 하지만 이것들은 필요에 따라 사용한 후에 분해해서 다른 용도로 재조립할 수 있도록 만들어져 있다.

로스앤젤레스 시 교육위원회는 장차 시내 교실의 25퍼센트를 필요에 따라서 이전할 수 있는 임시 구조물로 만들기로 결정했다. 오늘날 미국의 중요한 학구(學區)는 모두가 어느 정도씩의 임시 교실을 가지고 있는데, 이러한 경향은 앞으로 더 두드러질 것으로 보인다. 교사(校舍) 신축 회사가 미래를 내다보고 임시 교실을 건립하는 것은 의류 회사가 종이옷을 만드는 것과 흡사하다.

임시 교실을 건립하는 목적은 인구 밀도가 급격히 변동되는 현상에 학교가 대처할 수 있도록 도우려는 데 있다. 그러나 쉽게 버리는 옷과 마찬가지로 임시 교실의 등장도 사람과 사물의 관계에서 지속성이 과거보다 짧아졌음을 뜻하고 있다. 따라서 임시 교실은 교사(敎師) 없이 무엇인가를 가르치고 있는 셈이다. 바비 인형과 마찬가지로 이것은 아이들에게 자기를 둘러싸고 있는 것들이 비영속성을 띠고 있다는 생생한 교훈을 주고 있다. 어린이가 교실에 관한 온갖 지식, 말하자면 그 교실이 주위 건물과 어떻게 조화되고 있는가, 더운 날 책상은 어떤 감촉인가, 그 교실 안에서 소리는 어떻게 반향(反響)하는가, 건물의 특색을 이루는 묘한 냄새와 색채는 어떠한가 등의 지식을 터득하기도 전에 그 구조물 자체가 다른 장소로 옮겨져 다른 아이들에게 쓰이도록 된다.

이동식 교실은 순전히 미국적인 현상만은 아니다. 영국에서도 프라이스(Cedric Price)란 건축가가 스스로 '두뇌 지대(頭腦地帶)'라고 명명한, 이른바 이동식 대학을 설계했는데, 이 대학은 노스 스태퍼드셔의 2만 명의 학생들을 수용하기 위해 모두 이동식으로 설계했다. 그는 "이 대학은 영구적인 건물보다는 임시적인 건물로 이루어질 것이고 그 구내(構內)를 이동식 또는 가변적인 형태로 해서 활용성을 대단히 높일 것이다"고 말했다. 예를 들면 교실을 열차와 같이 만들어서 4마일의 캠퍼스 안에서는 그것을 어디로든 옮겨 갈 수 있게 한다는 것이다. 전시장을 덮는 둥근 지붕, 지휘탑이나 건설 본부로 활용되는 플라스틱제(製) 풍선 등 들어 옮길 수 있는 온갖 구조물들이 기술자와 건축가들의 설계실에서 마구 쏟아져 나오고 있다. 뉴욕 시의 녹지국(綠地局)은 12개의 '이동식 놀이터'를 건립하기로 결정했는데, 이것은 작은 임시 놀이터로서 시내 공터에 두었다가 새로운 용처(用處)가 생기면 옮겨 놓을 수 있도록 만들었다. 지난날에는 놀이터가 마을 한 곳에 고정되어 있어서 아이들이 뛰어 놀았고, 세대가 바뀌어도 다음 세대는 윗세대와 거의 같은 방법으로 그 놀이터를 이용했었다. 그러나 초산업화 시대의 놀이터는 한 장소에 머무르지 못한다. 이것들은 설계부터 임시적인 것으로 만들어지고 있다.

조립식 '오락 궁전'

쉽게 버리는 상품이나 임시 건물들의 증대로 인해 도래된 인간과 사물의 관계에서의 지속성의 감축은 '부품 조립화(部品組立化, modularism)'의 갑작스런 보급으로 인해 더욱 심해졌다. 부품 조립화란 하부 구조의 영속성을 줄이는 대신에 전체 구조를 보다 더 영속화하려는 시도라고 규정해 볼 수 있다. 따라서 프라이스의 '두뇌 지대' 계획은, 교수나 학생들의 아파트를 기중기로 들어 올려 건물 뼈대에다 맞출 수 있는 표준화된 강철 부품으로 조립할 것을 제외하고 있다. 이 뼈대만이 그 구조 중에서 비교적 영속적인 부분에 속한다. 아파트의 부품들은 필요하다면 바꿀 수 있고 이론적으로도 완전히 떼내어 버리고 다른 것으로 대치시킬 수도 있다.

 여기서 한 가지 강조해 둘 필요가 있는 것은, 버리는 것과 옮기는 것과의 차이가 관계의 지속성이란 견지에서 보면 거의 없는 거나 마찬가지라는 것이다. 설사 부품을 떼내어 버리지 않고 단지 재배치한다고 하더라도, 그 결과는 새로운 모양, 새로운 실체(實體)가 되어버리는 것이다. 이럴 때 건물의 각 구성물 가운데 일부나 전부가 그대로 잔존하고 있다손 치더라도, 실제로는 하나의 물리적인 구조가 내버려지고 새로운 것이 창건된 셈이다.

 오늘날에는 '항구적'인 고려에서 건립된 많은 빌딩도 조립식으로 건설됨으로써 그 내벽(內壁)이나 칸막이들을 쉽사리 변경시켜 내부의 배치 형태를 새롭게 꾸밀 수가 있다. 실상 이동식 칸막이는 일시성 사회의 한 상징이라고 할 수도 있다. 오늘날 큰 사무실로 들어가면 전직원이 칸막이들을 재배치하기 위해 분주히 책상을 옮기거나 내부 공간을 재조성하고 있는 광경을 쉽사리 볼 수 있다. 스웨덴에서는 최근에 부품 조립화 방식의 새로운 개가(凱歌)를 올렸는데, 웁살라에 있는 한 모델 아파트에서는 모든 벽과 방들을 이동식으로 만들었다. 입주자는 드라이버 하나만으로 자기네 생활 공간을 완전히 바꿀 수 있어서 결과적으로는 새로운 아파트를 꾸밀 수 있다.

 그러나 간혹 이 부품 조립화는 쉽게 버리는 일과 직결되기도 한다. 어디서나 볼 수 있는 간단한 볼펜이 그러한 실례라고 하겠다. 거위 깃으로 만든 기존의 펜은 두고두고 쓰려고 만들었다. 사고만 없으면 이 펜은 오래 쓸 수 있었고, 때로는 그 수명을 연장하기 위해 갈아서 뾰족하게 수리할 수도 있었다. 만년필은 그 용도를 다양하게 만들어 기술적으로 크게 향상된 것이었다. 만년필은 잉크통을 달고 있어서 활용도를 크게 높인 필기 도구였던 셈이다. 그런데 볼펜의 개발은 이러한 발전을 더욱 촉진했다. 볼펜은 그 자체의 잉크통을 지닐 뿐 아니라 값도 싸서 잉크통이 비면 쉽게 버릴 수 있는 펜이었다. 최초로 쓰고 버릴 수 있는 펜과 잉크의 배합체(配合體)가 만들어진 셈이었다.

그러나 우리는 아직도 가난했을 때의 심리적 태도를 극복하지 못하고 있다. 따라서 오늘날 다 쓴 볼펜을 버리는 데까지도 죄의식을 느끼고 있는 사람들이 많다. 펜 제조업체는 이러한 심리적 현상을 고려해서 부품 조립화 원리에 입각한 볼펜을 만들어 냈다. 말하자면 펜 제조업체는 외피(外皮)는 그대로 지니면서 내부의 잉크통만을 갈아 끼우는 볼펜을 만들었던 것이다. 잉크통을 소모품으로 만들어, 하부 구조인 부품의 희생을 통해 전체 구조 즉 어떤 물체의 수명만은 연장시켰다. 그러나 더 중요한 것은 전체보다는 부품과의 관계다. 새로운 전체를 만들기 위해 부품을 변경시키든 아니면 기존의 부품을 버리고 다른 것들로 대치시키든 간에, 사용자는 살아나가면서 보다 빨리 물건들을 버리게 되어, 자기와 물건의 관계에서 평균적인 지속 기간을 일반적으로 단축시키고 있다. 그 결과 새로운 유동성, 이동성 및 일시성이 빚어지고 있다.

이러한 원리들을 구체화하기 위해서 설계된 건축물 중에서 가장 극단적인 예는 영국의 연극 연출가 리틀우드(Joan Littlewood)가 건축 기사 뉴비(Frank Newby)와 시스템 컨설턴트 파스크(Gordon Pask), '두뇌 지대'를 설계한 건축가 프라이스의 도움을 받아 제시한 계획이었다.

리틀우드 양은 통상적인 연극으로부터 정치 집회에 이르기까지, 그리고 무도회 개최에서 레슬링 경기에 이르기까지 온갖 모임들을 거의 동시에 개최할 수 있는, 이른바 신축성(伸縮性)을 극대화할 수 있는 극장을 만들려고 했다. 비평가 배넘(Reyner Banham)이 지적한 바대로 그녀는 '만능 지대(萬能地帶)'가 소망이었다. 그 결과는 '세계 최초의 거대한 이동 공간'으로 알려진 '오락 궁전'을 만들려는 환상적인 계획이었다. 이 계획은 다목적 빌딩이 아니라 실물보다 더 큰 '건물 세트', 말하자면 거의 무한정에 가까운 여러 가지 방법으로 조립될 수 있는 표준화 부품들의 집합체를 요구하고 있다. 화장실이나 전자 통제실(電子統制室) 등 여러 가지 시설을 갖춘 어느 정도 영구적인 수직탑(垂直塔) 모양의 건물로서, 그 꼭대기에는 필요한 임시적인 형태를 만들기 위해서 부품들을 들어 올려 제자리에 맞추어 조립하는 틀받이 기중기를 설치하고 있다. 저녁 오락이 끝난 다음에는 기중기를 가동해서 방청석, 전시실, 식당 및 상점들을 분해해 버린다.

  배넘은 이것을 다음과 같이 기술하고 있다. "오락 궁전은 10년이면 소모되는 하나의 도시 설비다. 이 거대하고 새로운 미래의 기계는 벽만을 둘러치고 단추를 누르면 물체들이 복도나 계단으로 나오도록 함으로써 벽과 마루, 사도(斜道)와 복도, 자동 에스컬레이터, 좌석과 지붕, 무대와 영화 스크린, 조명과 음향 시설 등 이동식 부품들을 매일 움직여 새로 배치할 것이다. 멀지 않아 어디서든 실현되겠지만, 이것이 실현된다면 이러한 선물은 얼마만큼 존속할는지 알 수 없다. 말하자면 영구히 보존될 어떠한 내부 공간이나 하늘을 배경으로 한 대담한 실루엣도 후손(後孫)을 위해서 잔존하지 않을 것이다. ……왜냐하면 오락 궁전에서 영구히 볼 수 있는 요소들이란 단지 일시적인 건물을 조립하는 데 쓰이는 부품들뿐이기 때문이다."

  '삽입식(揷入式)' 혹은 '클립식(clip 式)' 건축으로 알려진 건축 양식의 옹호자들은 일시적 건축물의 이념에 따라 전체 도시를 설계하고 있다. 그들은 오락 궁전 계획의 토대였던 개념들을 확대해서 각기 다른 생활 기대에 따라 형태가 다른 부품들의 조립을 제외하고 있다. 따라서 한 빌딩의 골격은 25년간 유지되도록 만들지만, 방의 부품들을 삽입식으로 해서 3년간만 지속하도록 한다는 것이다. 그들은 상상력을 더 넓혀서, 고정된 토대가 아니라 거대한 지상 건조기(地上建造機)들 아니면 공중 이동술(空中移動術)에 의존하는 이동식 고층 건물들을 구상하고 있다. 그들의 궁극적인 목표는 원자력을 이용해 도시 전체를 공기 방석 위에 띄우고, 그 내부 형태를 오늘날 뉴욕에서 이루어지고 있는 것보다 더 빨리 변형시킴으로써, 도시 덩어리 전체를 고정시키지 않으려는 데 있다.

이러한 환상적인 장면이 실현될는지의 여부는 정확히 알 수 없지만, 사회가 이러한 방향으로 나아가고 있는 것만은 사실이다. 쓰고 버리는 문화의 확산, 더욱 일시성을 띠는 구조들의 출현, 조립식의 보급 등은 빠르게 진행되고, 아울러 이러한 현상들은 모두 동일한 심리적 결과를 촉진시켜서 인간과 그를 둘러싼 사물의 관계를 일시적인 것으로 만들고 있다.

임대 혁명

인간과 사물의 관계를 극적으로 변화시키고 있는 또 하나의 현상이 빚어지고 있는데, 이것이 이른바 임대 혁명이다. 초산업화로 비약하는 사회의 특징이라고 할 임대제(賃貸制)의 확대는 앞서 언급한 모든 경향과 직접적으로 관련을 맺고 있다. 허츠 사(Hertz Corp.)의 자동차, 쓰고 버리는 냅킨, 리틀우드의 오락 궁전 등의 관계는 얼핏 보면 막연한 것 같지만 자세히 관찰해 보면 내적인 유사점들이 두드러지고 있다. 왜냐하면 역시 임대제에도 일시성이 증대하고 있기 때문이다.

수많은 사람들이 직장과 집을 잃었던 경제 공황기에 자기 집을 가지려는 열망은 자본주의 사회에서 가장 강력한 경제적 원동력이었다. 오늘날 미국에서 집을 소유하겠다는 욕망은 아직도 강하다.

그러나 제 2차 세계대전이 끝난 뒤, 전용(專用) 임대 아파트의 건립 비율은 높아지고 있다. 1955년 말까지는 새로 건립되는 주택의 8퍼센트만이 아파트였으나, 1961년에 이르러서는 이것이 24퍼센트로 뛰어올랐다. 그리고 1969년에 이르러서는 미국 역사상 처음으로 개인 주택보다 아파트 건립을 위해 더 많은 건축 허가가 발부되었다. 여러 가지 이유로 인해서 아파트 생활이 '유행'이 되고 있다. 매사추세츠 공과대학(MIT)의 켈리(Burnham Kelly) 교수의 말을 빌리면 특히 젊은 사람들은 '비용을 극소화하는 건축'을 원하고 있다는 것이다.

비용을 극소화한다는 것은 바로, 쓰고 버리는 어떤 제품의 사용자가 자기의 돈을 절약하기 위해서 취하는 방법이다. 그리고 이러한 방법을 취하면 임시적인 구조물과 부품 조립 방식이 조장될 수밖에 없다. 임대 아파트 계약은 분명히 자기의 단독 주택을 소유하고 있는 사람들의 경우보다 계약 기간이 짧다. 따라서 주거 임대(住居賃貸)의 경향은 물리적 환경과의 관계를 점점 단축시키는 추세를 보이고 있다.[1]

그러나 이것보다 더 충격적인 것은 과거에 전혀 알려지지 않았던 분야에서도 근간에 와서는 임대 행위가 성행하고 있다는 사실이다. 리스먼(David Riesman)은, "사람들은 자기 소유의 자동차를 좋아한다. 인터뷰를 해보면 명백히 드러나지만, 사람들은 자기 소유의 차

---

1) 미국의 가옥 소유자들의 대부분은 10퍼센트나 그 이하의 값을 치르고 집을 매입함으로써 실제로는 은행이나 다른 대부(貸付) 기관의 대리 소유자(代理所有者)에 지나지 않는다는 사실을 지적할 수 있다. 이러한 집들의 경우 매월 은행에 이자를 납부해야 하는데, 이것은 집 소유자에게 임대료를 내는 것과 다를 바가 없다. 따라서 그들의 주택 소유란 본질적으로 하나의 상징일 뿐이고, 그들은 자기네 재산에 대해서 재정적으로 강한 이해 관계를 결여하고 있기 때문에 그 재산의 소유주로서의 심리적인 애착도 역시 결여하고 있는 수가 허다하다.

에 관해서 얘기하기를 좋아한다. 그러나 어떤 특정한 차에 대한 그들의 애착은 오래 지속될 만큼 그렇게 강하지는 않다"고 했다. 미국의 평균적인 자동차 소유자는 3년 반밖에 자기 자동차를 간직하지 않는다는 데서 이러한 사실은 잘 나타나고 있다. 좀더 여유가 있는 사람들은 1년 아니면 2년마다 자기네 자동차를 바꾸고 있다. 이로 인해서 미국에서는 중고차(中古車) 거래에 200억 달러가 소모되고 있는 실정이다. 거액으로 매입한 물건은 오랫 동안 사용할 수 있어야 한다는 전통적인 관념을 타파하는 데 최초로 성공한 것이 자동차 산업이었다. 자동차 산업은 매년 모델을 바꾸면서 새 차를 구입하면 중고품을 사준다는 내용을 밝히는 효과적인 광고를 한다. 이에 따라서 평균적인 미국 남성의 경우 일생을 통해서 새 차 또는 새로운 중고차를 구입하는 횟수가 크게 늘었다. 결과적으로 이것은 자동차를 새로 사는 기간을 단축시켰고 따라서 소유자와 한 자동차와의 관계 지속 기간을 단축시키고 있다.

그러나 근년에 이르러 자동차 산업의 전통적 방식에 도전하는 새로운 현상이 출현했는데, 이것이 이른바 자동차 임대 사업이다. 오늘날 미국의 수많은 자동차 상용자(常用者)들이 짧게는 몇 시간에서 길게는 몇 개월의 기한으로 종종 자동차를 임대하고 있다. 특히 뉴욕처럼 주차하기가 극히 어려운 대도시 주민들은 차를 소유하기를 꺼리고, 시골로의 주말 여행을 위해서나 심지어 대중 교통 수단으로써는 불편한 시내 여행을 위해서 자동차를 임대하는 방법을 택하고 있다. 오늘날 미국의 공항, 철도역, 호텔 등에서는 거의 어디서나 별 번거로움 없이 자동차들을 임대할 수 있다.

더욱이 미국인들은 이러한 임대 습성을 외국으로까지 전파시키고 있다. 매년 50만 명에 가까운 미국인들이 해외에서 차를 임대해 타고 있는데, 1975년에는 이 숫자가 100만 명까지 늘 것으로 예상된다. 현재 세계 약 50개국에서 영업을 하고 있는 미국의 대임대회사(大賃貸會社)들은 외국 회사들과 경쟁을 하고 있다. 동시에 유럽의 운전자들은 미국인들을 본받기 시작하고 있다. 《파리 마치(Paris Match)》라는 잡지는 비행접시 옆에 서 있는 외계인이 헌병에게 어디로 가면 차를 빌릴 수 있는가고 묻는 장면의 만화를 싣고 있다. 재미있는 착상이라고 하겠다.

한편 미국에서는 자동차 임대업이 등장하자 새로운 형태의 종합 상점, 말하자면 파는 것이 아니라 온갖 물건을 빌려 주는 상점이 출현하고 있다. 현재 미국에는 이러한 상점들이 9000개 가량 있는데 연간 거래액이 10억 달러고 매년 10~20퍼센트의 신장률을 나타내고 있다. 이러한 상점 가운데 거의 50퍼센트 정도는 지난 5년 사이에 문을 연 것들이다. 오늘날에는 사닥다리나 잔디 깎는 기계를 비롯해서 밍크 코트나 루오(Georges Rouault)의 원화(原畵)에 이르기까지 임대할 수 없는 물건은 거의 없을 정도다.

로스앤젤레스에 있는 임대상(賃貸商)들은 모델 하우스를 임시로 조경(造景)하려는 부동산업자들을 위해서 갖가지 나무도 마련하고 있다. 샌프란시스코에는 "나무는 비싸다. 산 나무를 임대하라"는 표어를 써 붙인 트럭이 지나다니고 있다. 필라델피아에서는 속옷까지 빌릴 수 있다. 이제 미국인들은 어디서 살든 가운, 지팡이, 보석, 텔레비전 수상기, 캠핑 용구, 냉방 장치, 휠체어, 모시 제품, 스키 도구, 녹음기, 샴페인 저장 용기, 은식기(銀食器) 등 온갖 것을 빌려 쓰고 있다. 서해안의 한 남성 클립은 실험용으로 시람의 해골을 빌렸고, 《월 스트리트 저널(Wall Street Journal)》의 한 광고에는 '암소 대출(貸出)'이라고까지 적혀 있다.

얼마 전 스웨덴의 여성 잡지인 《스벤스크 담티드닝(Svensk Damtidning)》은 1985년의 세계에 관한 5회에 걸친 연재물을 게재했다. 여러 가지 내용들 중에서도 특히 흥미를 끄는 것은, 1985년이 되면 "우리는 단추 하나만으로 아침밥을 먹을 수도 책을 읽을 수도 있는 설비를 갖춘 침대에서 자게 되든지, 아니면 탁자와 그림과 세탁기를 빌려 온 바로 그곳에서 침대까지 빌려 오게 될 것"이라는 점이다.

성급한 미국인들은 1985년까지 기다리지도 않는다. 실상 임대업에서 가장 활기를 띠고 있는 부문이 바로 가구(家具) 임대. 일부 가구 제조업자나 많은 임대상은 월 20~50달러라는 소액으로 덮개나 융단, 재떨이 등 사소한 것들에 이르기까지 작은 아파트가 필요로 하는 집기를 모두 대여해 줄 것이다. 어느 항공사의 스튜어디스는 "아침에 시내에 도착해도 저녁까지는 좋은 잠자리를 마련할 수 있을 것이다"라고 말했다. 뉴욕으로 이주해 온 한 캐나다 인은 "임대한 가구도 새롭고 아름답다. 나는 세계 어느 곳으로 이주하더라도 가구를 운반할 걱정을 할 필요가 없다"고 말했다.

제임스(William James)는 "소유에 토대를 둔 생활은 행위나 존재에 토대를 둔 생활보다 못하다"고 언젠가 기술한 적이 있다. 임대제의 성행은 소유에 토대를 둔 생활에서 벗어나게 해주고 있으며 아울러 행위와 존재에 토대를 둔 생활의 증대를 반영하고 있다. 미래의 인간이 과거의 인간보다 빠른 생활을 영위하려면 보다 많은 융통성을 지니지 않으면 안 된다. 융통성이 없는 사람들은 부상당한 운동 선수들과 같다. 소유물들로 짓눌렸을 때에는 태클을 피하기가 어려워진다는 것이다. 인간은 기술과학이 제공하는 풍요로움과 새로움은 만끽하려고 하지만, 현재까지 축적된 소유물들에 대한 책임은 피하려고 한다. 그들은 급격한 변화의 불확실성 속에서 살아 남기 위해 빠르게 변화하는 방법을 배워야 한다는 사실을 인식하고 있다.

그러나 그 영향의 파급 효과야 어떻든 임대제가 인간과 그 인간이 사용하는 물건들 사이의 관계의 지속 기간을 더욱 단축시키고 있음은 분명하다. 이러한 사실은 평균적인 미국 남성이 일생 동안 임대하거나 소유한 자동차의 숫자가 얼마나 되는가 하는 간단한 질문만을 제기해 보아도 분명해진다. 자동차 소유자들의 답변은 20대에서 50대까지로 나타날 것이다. 그러나 극성스러운 임대자들이라면 200대 이상이 될 수도 있다. 특정 차량과 그것을 산 사람과의 관계는 평균 몇 개월 아니면 몇 년까지 되겠지만, 특정 자동차와 그것을 임대한 사람과의 관계는 극히 짧은 시간 동안 지속된다고 하겠다.

임대 행위는 같은 물건에 대해 연속적인 관계를 맺게 함으로써 관계자의 수를 늘리고, 또 이러한 관계의 평균 지속 기간을 줄이는 효과를 나타낸다. 이러한 원리를 다른 제품들에 폭넓게 확대해 보면, 임대제의 성행은 쓰고 버리는 품목들, 임시 구조물들 및 부품 조립 방식이 미치는 영향과 병행하거나 그 영향을 강화시키고 있음이 분명해진다.

일시적 수요(需要)

여기서 잠시 폐용(廢用)의 개념을 살펴볼 필요가 있다. 제품이 폐용되지 않을까 하는 두려움 때문에 사업가들은 새것을 추구하게 되고, 동시에 소비자도 빌리거나 쓰고 버리는 임시적 상품들로 방향을 돌릴 수밖에 없게 된다. 바로 이 폐용의 이념은 영구성(永久性)의 관념에 젖어 온 인간들을 혼란시키며, 특히 이러한 폐용이 계획적이라고 생각되었을 때의 혼란은 더욱 심해진다. 이러한 계획적인 폐용은 최근 많은 사회적 비판의 표적이 되고 있어서 경솔한 독자는 이 폐용이 관계의 지속 기간을 단축시키는 경향을 촉진하는 일차적 요인이거나 심지어는 선대석인 요인이라고 간주하고 있기까지 하다.

일부 사업가들이 대체 상품의 판매를 보장하기 위해서 그들 제품의 유효 기간을 단축시키려 하고 있음은 분명하다. 이와 비슷하게, 미국(혹은 다른 나라)의 소비자들은 아주 잘 알고 있는 현상이지만, 매년 모델을 바꾸는 것들의 대부분이 기술상 중대한 이유 때문이 아님도 분명하다. 오늘날 디트로이트에서 생산되는 자동차와 모델이 열 번 바뀌기 전의 자동차를 비교할 때, 가솔린 1갤런당 주행 거리는 하등 다를 것이 없다. 그리고 석유 회사들은 가솔린에 강력한 첨가제를 넣었다고 떠들어대지만 실상 탱크에 들어가는 것은 강력한 호랑이 가솔린이 아니라 느린 거북이 가솔린인 것이다. 더욱이 매디슨 가의 광고업자들은 쉴 새 없이 새로운 특성들의 중요성을 과장해서 소비자들로 하여금 별로 낡지도 않은 상품들을 버리고 새로운 상품을 구입하도록 조장하고 있음은 논의할 여지가 없다.

따라서 소비자는 교묘하게 장치된 함정에 빠지는 수가 있음도 사실이다. 말하자면 상품 제조업자들이 낡은 제품들의 폐기를 교묘히 부추기고 있고, 새로 개량된 모델의 출현을 마치 하늘이 점지한 기술 진보의 '새로운' 승리인 양 선전하고 있다는 것이다.

그러나 이러한 이유만으로는 우리 생활 속에서 여러 가지 상품이 그토록 빠른 속도로 팔려 나가는 현상이 설명될 수 없다. 급속한 폐용화(廢用化) 현상이란 전반적인 가속화 과정 ──그것을 촉진하는 사람들의 수명만이 아니라 전체 사회까지도 휩쓸고 있는 과정──과 뗄 수 없는 하나의 부분인 것이다. 이러한 역사적인 과정은 과학의 발전과 지식 습득의 가속화와 관련이 있는 것이지, 몇몇 현실적인 광고 선전자들의 잔꾀 때문에 빚어지는 현상만은 아니다.

분명히 폐용화 현상은 계획적으로 이루어지기도 하지만 우연히 일어나는 수도 있다. 물건들과 관련해서 보면 폐용화 현상은 세 가지 조건하에서 일어난다. 우선 어떤 제품이 이미 제 기능을 다하지 못할 정도로까지 문자 그대로 나빠졌을 때, 이를테면 베어링이 마멸되거나 포목이 찢기거나 관(管)이 녹스는 경우에 폐용화 현상은 일어난다. 소비자를 위해서 아직도 똑같은 기능을 수행해야 하는데도 어떤 제품이 이러한 기능을 수행하지 못한다면, 그 제품은 대체(代替)해야 할 시점에 도달했다고 할 수 있다. 이것은 바로 기능 상실로 인한 폐용화 현상이다.

또한 폐용화 현상은 낡은 제품보다 더 효과적인 기능을 수행할 수 있는 새로운 제품이 출현할 때도 역시 일어난다. 새로운 항생 물질은 낡은 것보다 전염병을 더 효과적으로 치료하고, 새로운 컴퓨터는 1960년대 초의 구식 모델보다는 훨씬 빠르고 값싸게 작동하고 있다. 이것은 바로 실제적인 기술과학의 진보로 인한 폐용화 현상이다.

그러나 소비자의 수요가 변했을 때나, 어떤 제품이 수행하는 기능 자체가 변했을 때도 역시 폐용화 현상은 일어난다. 이러한 수요는 계획적인 폐용화를 비판하는 사람들이 흔히 생각하는 것처럼 그토록 간단히 설명될 일은 아니다. 자동차든 통조림 따개든, 하나의 물체는 여러 가지 다른 매개 변수에 따라 평가될 수 있다. 예를 들면, 하나의 자동차는 단지 운송 기관만은 아니다. 자동차란 사용자의 인간성의 표현이기도 하고 신분의 상징이기도 하며, 속도와 관련된 쾌락의 원천이기도 하고, 촉각·후각·시각 등 여러 가지 감각 자극의 원천이기도 하다. 소비자가 이러한 요소들로부터 얻는 만족감은 스스로의 가치 판단에 따라서 연료 소모의 절약이나 속력의 증대로부터 얻을 수 있었던 만족감을 능가할 수도 있다. 각 물건이 쉽사리 규정될 수 있는 한 가지 기능만을 수행한다고 하는 전통적인 개념은, 인간의 심리나 의사 결정 과정에서 가치관이 수행하는 역할, 그리고 통상적인 상식 등에 관해서 우리가 지금 알고 있는 모든 것들과 상충되고 있다. 이렇듯 모든 제품은 다기능적(多機能的)이다.

나는 얼마 전에 어린 소년이 작은 역 구내 매점에서 여섯 개의 분홍색 지우개를 사는 것을 보았는데, 이것은 바로 이러한 현상의 전형적인 예였다. 나는 그 소년이 왜 그토록 많은 지우개를 샀는지 이상스러워서 좀더 자세히 살펴보려고 하나를 집어 들어, "이 지우개들이 잘 지워지느냐?"고 물었다. 그런데 그 소년은 "잘 지워지는지는 모르지만 이 지우개의 냄새는 썩 좋아요"라고 대답하는 것이었다. 나도 냄새를 맡아보니 과연 얘기대로였다. 아마 일본 제조업자들이 불쾌한 화학 약품 냄새를 없애기 위해 지우개에다 향료(香

料)를 많이 발랐던 모양이다. 요컨대 똑같은 제품의 용도도 구매자에 따라서 또는 시간의 경과에 따라서 다르다는 것이다.

빈곤한 사회에서는 수요가 먹고 사는 기능과 직결되어 있기 때문에 비교적 보편적이고 불변적이다. 그러나 풍요로운 사회로 이행됨에 따라 인간의 수요는 점차 생물학적인 생존과의 관계에만 집착되지 않고 고도로 개별화(個別化)되는 경향을 나타낸다. 더욱이 복합적이고 고속의 변화에 휩싸인 사회에서는 외적인 환경과의 상호 작용의 결과로 빚어지는 개인적인 수요 역시 비교적 빠르게 변하고 있다. 사회가 빨리 변하면 변할수록 수요도 점점 일시성을 띤다. 일반적으로 풍요로운 새 사회로 이행하면 인간은 이러한 단기적 수요의 대부분을 만끽할 수 있다.

간혹 소비자는 무엇이 충족되기를 바라는지에 대해 뚜렷한 생각을 갖고 있지 않으면서도 어떤 변화를 바라는 막연한 생각을 지니고 있는 수가 있다. 광고는 이러한 생각을 조장하여 이용하고 있다. 그러나 광고는 노골적으로 이러한 생각을 조장하기 때문에 별로 신뢰성이 없다. 따라서 관계의 지속 기간이 짧아지는 경향은 매디슨 가 광고업자들의 계획적인 폐용화 현상이나 조작적인 효과에 대한 논의에서 시사(示唆)되기보다는 사회 구조와 더 깊이 관련되어 있는 것이다.

소비자의 수요가 변하는 속도는 구매자들이 제품이나 상표에 대한 신뢰를 포기하는 속도를 반영하고 있다. 미국 법무차관이며 뛰어난 광고 비평가인 터너(Donald F. Turner)의 말이 옳다면, 광고의 주된 목적 가운데 하나는 '영속적 기호품(嗜好品)'을 만들어 내는 데 있다. 그렇다면 현재의 광고는 실패하고 있는 셈이다. 왜냐하면 상표 변경이 너무나 빈번하고 보편화됨으로써, 어떤 식품업계 잡지의 말을 빌리면 이것은 전국 광고업자의 주된 골칫거리의 하나이기 때문이다.

많은 상표들이 사라지고 있다. 계속 존속하는 상표라고 하더라도 그 위치는 계속 바뀌고 있다. 섀크트(Henry M. Schachte)에 따르면, "어떤 소비 제품의 분야에서도, 10년 전에 상위권에 있던 상표가 오늘에도 그 위치를 유지하고 있는 것은 거의 없다"는 것이다. 미국의 10대 담배 상품 가운데 오직 팰멀만이 1956년에 확보했던 시장 점유율을 1966년에도 계속 유지하고 있었다. 캐멀은 시장 점유율이 18퍼센트에서 9퍼센트로 떨어졌고 심지어 럭키 스트라이크는 14퍼센트에서 6퍼센트로 더욱 하락폭이 컸다. 그런가 하면 다른 상표들, 예를 들어 세일럼 같은 것은 1퍼센트에서 9퍼센트로 뛰어올랐다. 이러한 조사 이래로도 물론 새로운 변동이 일어나고 있을 것으로 본다.

역사가의 장기적 안목에서 보면 이러한 변동들이 그렇게 중요하지 않을는지 모르며, 이러한 계속적인 부침(浮沈)은 광고를 통해서 영향을 받더라도 그것만으로 통괄된다고는 볼 수 없지만, 단기적으로는 개인의 일상 생활에 눈부신 역동성(力動性)을 안겨주고 있다. 이것이 사회의 속도감과 혼란과 비영속성을 더욱 가중시키고 있다.

유행의 창출자(創出者)

기호품의 급속한 변화는 과학기술상의 급격한 변화에서 빚어지고 그것과 상호 작용하고 있는데, 이러한 현상은 제품이나 상표의 인기를 자주 변동시키기도 할 뿐더러, 제품의 활용 주기(周期)도 단축시키고 있다. 자동화 문제 전문가인 디볼드는 사업가들이 자기 상품의 활용 기간이 짧다는 사실을 염두에 두지 않으면 안 된다고 지적하기를 서슴지 않았다. 스미스 브러더스의 진해제(鎭咳劑)나 캘루멧 제빵용 소다, 아이보리 비누 등은 시장에서 장기간 군림하는 덕택으로 미국의 명물(名物)이 되고 있으나, 앞으로는 이렇듯 장수(長壽)를 누리는 상품은 찾아보기 어려울 것이라고 디볼드는 시사하고 있다. 어떤 물건을 바꾸기 위해서 슈퍼마켓이나 백화점에 가본 소비자라면 누구나 거기에 똑같은 상표나 제품이 없다는 사실을 발견한 경험이 있을 것이다. 1966년에는 미국 슈퍼마켓에 약 7000개에 달하는 새로운 제품들이 출하(出荷)되었다. 그리고 현재 팔리고 있는 모든 품목의 55퍼센트는 10년 전에는 볼 수도 없었던 것들이고 그 당시 팔리던 제품들 중 42퍼센트는 모두 사라지고 말았다. 해가 거듭될수록 이러한 과정은 더욱 심화(深化) 반복되고 있다. 따라서 1968년에는 포장 상품 분야에서만도 9500개의 새로운 품목들이 선보였다(이들 중 20퍼센트만이 판매 목표를 달성했다). 조용하지만 급속한 소모는 낡은 제품이 사라지고 새로운 제품들이 파도처럼 몰려들고 있다.

경제학자 디어볼드(Robert Theobald)는 "20년 동안 팔려 온 제품들이 이제 5년도 버티기 어렵다. 변덕스러운 의약품이나 전자 분야에서는 그 기간이 6개월도 채 되지 않는 수가 있다"고 했다. 변화의 속도가 더욱 가속화함에 따라서 기업은 자기 회사 제품들이 불과 수주일간밖에 시장에 머무르지 못하리라는 것을 충분히 고려하면서 새로운 제품을 만들는지도 모른다.

이렇게 볼 때, 현재는 이미 우리에게 미래에 대한 예견을 제시해 주고 있는 셈이다. 계속되는 파도와 같이 고도의 기술 사회를 휩쓸고 있는 유행 분야처럼 예측하기 어려운 분야도 없다. 미국, 서구, 일본 등의 지난 몇 년간만 살펴보더라도, 바르도 형의 머리, 클레오파트라의 맵시, 영화 배우 제임스 본드, 만화 배트맨 등을 위시해서 티파니 식 전등갓, 슈퍼볼, 철십자(鐵十字), 팝 선글라스, 저항적인 문구를 적거나 익살스러운 나체 사진을 그려 넣은 배지와 단추, 앨런 긴즈버그(Allen Ginzberg)나 험프리 보가트(Humphrey Bogart)의 포스터, 가짜 눈썹 및 급변하는 대중 문화를 반영하거나 그것과 조화되는 수많은 싸구려 물건들, 그리고 야릇한 물건들에 이르기까지 모든 것이 인기면에서 심한 부침 현상(浮沈現象)을 거듭해 왔음을 볼 수 있다.

매스 미디어의 작용과 교묘한 판매술로 인해서 이러한 유행은 거의 하룻밤새에 등장했다가는 재빨리 사라지기도 한다. 유행업계에서 닳고 닳은 사람들은 제품의 활용 주기를 점점 짧게 만드는 데 선도역(先導役)을 맡고 있다. 캘리포니아 주의 샌 가브리얼에는 좀 이상한 이름이지만 웸 오(Wham-O) 제조 회사가 있는데, 이 회사는 유행 상품들을 전문 업종으로 삼아서 1950년대에는 훌라후프를 도입했고 근년에는 이른바 슈퍼볼(높이 튀는 고무공)을 도입했다. 그런데 슈퍼볼은 어른 아이 할 것 없이 갑자기 유행됨으로써 퍼시픽 코스트 증권거래소에서도 슈퍼볼을 튀기는 사람이 있는 것을 보고 방문객들이 놀랐을 정도였다. 그리고 월 스트리트의 금융업계 중역들은 동료들에게 슈퍼볼을 나누어 주었으며, "우리 중역들은 모두 슈퍼볼을 가지고 청사 밖에 나가 놀고 있다"고 한 고위 방송인이 불평을 늘어놓기도 했다. 그러나 웸 오 사나 이와 비슷한 회사들은 그들 제품에 갑작스런 파멸이 덮쳤을 때도 놀라지 않는다. 말하자면 그들은 멀지 않아 이러한 파멸이 올 것을 예측하고 있었던 것이다. 그들이야말로 일시적인 제품들을 고안하고 제조하는 데 있어 전문가들이었다.

유행은 어느 정도 인공적으로 창출된다고 하는 그 사실만으로 해서 중요성이 강조되고 있다. 역사적으로 볼 때 유행의 조작은 새로운 것이 아니다. 그러나 종전의 유행은 이렇게 불길처럼 우리 의식 속을 빨리 스쳐 지나가지는 않았고, 유행을 창출하는 사람들과 이것을 전파하는 매스 미디어와 이것을 즉각적으로 이용하려는 회사들이 이렇듯 원활하게 협력하고 있지도 않았다.

유행을 창출하고 전파하는 잘 손질된 기계는 이제 현대 경제에서 떼어버릴 수 없는 한 부분이다. 제품의 주기가 점점 짧아지는 것은 불가피한 현상이라고 인식되면서 다른 분야에서도 점차 유행의 창조와 전파 방법을 채택하게 되고, 따라서 유행물과 일반 제품과의 관계는 급격히 애매 모호해질 것이다. 우리는 바야흐로 일시적인 수요를 충족시키기 위해서 임시 방편으로 만들어지는 일시적인 제품의 시대로 돌입하고 있다.

 따라서 우리 일생에서 사물의 용도 전환은 점점 더 증대되고 있다. 우리는 쓰고 버리는 상품, 비영구적인 건축물, 이동식 또는 조립식 제품, 임대 상품, 그리고 얼마 안 가서 사장(死藏)되도록 설계된 일용품 등의 홍수에 직면하고 있다. 이렇듯 온갖 방향에서 밀려오는 강한 압력은 같은 목표로 집중되어, 어쩔 수 없이 인간과 사물의 관계를 단명(短命)한 것으로 만들고 있다.

 그러나 인간과 물리적 환경과의 연결의 단축 또는 사물의 재빠른 용도 전환은 보다 큰 맥락 속의 작은 부분에 지나지 않는다. 따라서 이제부터 우리는 고도의 일시성 사회에서의 인간 생활이란 과연 어떤 것인가를 살펴보기로 한다.

제5장 장소 : 새로운 유목민들

 매주 금요일 오후 4시 30분이 되면 큰 키에 백발이 성성한 월 스트리트의 중역인 로브(Bruce Robe)는 서류 더미를 검은 가죽 가방에 집어넣고 사무실 밖의 옷걸이에서 외투를 내려 입고 밖으로 나온다. 이와 같은 일은 3년째 되풀이되고 있다. 우선 그는 29층에서 엘리베이터로 1층까지 내려와서, 사람들이 붐비는 거리를 10분 가량 걸어 월 스트리트 헬리콥터 발착장(發着場)으로 간다. 그리고 거기서 예약해 놓은 헬리콥터에 올라 8분 후에 케네디 공항(John F. Kennedy Airport)에 도착한다. 그는 TWA항공사의 제트기를 갈아타고 거대한 비행기가 대서양 위를 날다가 방향을 돌려 서쪽으로 향하면 저녁 식사 채비를 한다. 돌발 사고로 지체되지 않는 한, 1시간 10분 뒤에는 오하이오 주의 콜럼버스 공항 건물로부터 총총걸음으로 나와 대기 중인 자동차에 올라타고, 그로부터 30여 분 후에는 목적지인 자기 집에 도착한다.

로브는 주중 나흘 밤은 맨해튼 호텔에서 생활하고 나머지 사흘 밤은 500마일 떨어진 콜럼버스에서 자기 부인과 아이들과 함께 보낸다. 그는 두 개의 세계, 말하자면 미국 경제의 중심부에 있는 직장과 비교적 한적한 중서부 시골의 가정 생활을 유지해 나가기 위해서 연간 약 5만 마일을 왕복하고 있는 것이다. 로브의 경우는 정상이라고 할 수 없지만 그렇다고 비정상이라고 할 수도 없다. 캘리포니아의 목장주들은 태평양 연안이나 샌 버너디노(San Bernardino) 계곡의 자기 집으로부터 임피리얼(Imperial) 계곡의 자기 목장으로 가기 위해 매일 아침 120마일 이상을 날아갔다가 밤에는 집으로 되돌아온다. 떠돌아다니기 좋아하는 엔지니어의 아들인 펜실베이니아의 한 10대 소년은 비행기로 독일 프랑크푸르트에 있는 치열 교정 의사에게 정기적으로 다니고 있다. 시카고 대학의 철학 교수인 매키온(Richard Mckeon) 박사는 뉴욕에 있는 신(新)사회과학 대학이라는 학교에 한 학기 동안 출강하기 위해 1주일에 한 번씩 편도 1000마일을 통근하였다. 샌프란시스코의 한 젊은이와 호놀룰루에 있는 그의 여자 친구는 주말마다 서로 만나기 위해 태평양을 2000마일이나 가로질러 다녔다. 그리고 뉴잉글랜드의 한 부인은 뉴욕에 있는 단골 미용사를 정기적으로 찾아가고 있다.

역사상 거리 개념이 이렇듯 희박한 적은 없었고, 인간과 장소와의 관계도 이렇듯 많고 변하기 쉬우며 일시적이었던 적은 결코 없었다. 선진 기술 사회를 통틀어, 그리고 특히 내가 '미래의 인간들'이라고 규정한 사람들에게는 통근과 여행 그리고 한 가족의 정기적인 이동 등은 제2의 천성(天性)이 되고 있다. 비유적으로 말하면, 우리는 마치 화장지나 맥주 깡통을 쓰고 버리는 것처럼 장소도 쓰고 나서는 버리고 만다. 우리는 인간 생활에서 장소의 중요성이 획기적으로 하락하고 있음을 목격하고 있다. 우리는 새로운 유목민을 길러 내고 있으면서도, 그들의 이동이 얼마만큼 방대하고 광범위하며 또 얼마만큼 중요한가에 대해서는 의문조차 제기하지 않고 있다.

300만 마일 클럽

풀러에 따르면, 1914년에 미국인은 연간 평균 1640마일을 여행했는데, 그 중에서 일상 보행 거리는 대체로 1300마일로 계산되고 있다. 이렇게 볼 때 평균적인 미국인은 말(馬)이나 기계적인 수단의 도움으로 연간 약 340마일을 여행하고 있는 셈이다. 이러한 1640이란 숫자를 토대로 해서 보면, 그 당시 평균적인 미국인은 자기 일생 동안에 총 8만 8560마일을 움직인다는 계산이 나올 수 있다.[1] 이와는 대조적으로 오늘날 자동차를 소유한 평균적 미국인은 연간 1만 마일을 달리며 그 수명도 자기 아버지나 할아버지보다 더 길다. 풀러는 수년 전에 "69세인 나는 일생 동안 각기 3000만 마일 이상을 여행하는 수백만 명 중의 한 사람이다"고 말한 바 있다. 이렇게 볼 때 오늘날의 미국인은 1914년의 미국인이 일생 동안 여행한 총 거리의 30배 이상을 여행하고 있는 셈이다.

이러한 숫자들을 합산해 보면 놀라운 숫자가 된다. 예를 들면 1967년에 1억 800만 명의 미국인들은 통산 3억 600번에 걸쳐 집으로부터 100마일 이상 떨어져 하룻밤을 묵는 여행을 하고 있는 셈이다. 이러한 여행만을 합산하더라도 총 3120억 마일이나 된다.

설사 점보 제트기, 트럭, 승용차, 기차, 지하철 등의 도입을 고려하지 않는다 하더라도 이동성(移動性)에 대한 사회적 투자는 놀라운 것이다. 지난 20년간만 보더라도, 매일 200마일 이상이라는 놀라운 비율로 미국 전국토에 새로운 도로나 거리가 포장되고 있

---

1) 이 숫자는 평균 수명을 54년으로 잡아서 나온 것인데, 1920년 미국 백인 남자의 실질적인 수명은 54.1년이었다.

다. 이렇게 보면 매년 7만 5000마일에 달하는 새로운 거리나 도로가 가설되는 셈인데, 그 길이는 지구를 세 바퀴 돌 만한 것이다. 지난 20년간 미국의 인구는 38.5퍼센트 증가했는데, 거리와 도로의 길이는 100퍼센트 증가했다. 다른 각도에서 보면 더욱 극적인 숫자가 나온다. 적어도 지난 25년 동안에 미국 안에서 이루어진 여행량은 인구 증가보다 6배나 빠른 속도로 늘고 있는 것이다.

1인당 공간 이동이 이렇듯 혁명적으로 가속되는 현상은, 물론 정도의 차이는 있지만, 대부분의 기술과학 국가에서 비슷하게 나타나고 있다. 지난날 한가로웠던 스톡홀름의 스트란드 가(街)가 출퇴근 시간에 교통 혼잡을 빚고 있는 것을 보는 사람이면 누구나 그 광경에 놀라움을 금할 수 없을 것이다. 로테르담과 암스테르담의 경우도 5년 전에 건설된 거리들은 이미 놀라울 만큼 붐비고 있으며, 자동차의 수도 5년 전이라면 누구도 상상할 수 없었을 만큼 빠른 속도로 증가하고 있다.

자기 집과 인근 지점들 사이의 일상적인 왕래가 많아짐과 함께 가정으로부터 떠나 밤을 지내는 업무상의 여행 또는 휴가 여행도 현저한 증가 현상을 나타내고 있다. 금년 여름의 경우 150만 명에 달하는 독일인은 스페인에서 휴가를 즐길 것이고 수십만 명 이상의 독일인은 네덜란드나 이탈리아의 해안으로 몰려갈 것이다. 스웨덴은 매년 스칸디나비아 밖의 여러 나라로부터 120만 명 이상의 내빙자(來訪者)를 맞이하고 있다. 100만 명 이상의 외국인이 미국을 방문하는 데 반해, 줄잡아 400만 명에 달하는 미국인이 해마다 해외 여행을 하고 있다. 《르 피가로(Le Figaro)》지의 한 논설자는 이러한 현상을 적절히 지적해 '대규모의 인간 교환'이라고 표현한 바 있다. 지상(때로는 지하)을 오가는 이렇듯 분망한 인간의 움직임은 초산업화 사회임을 확인하는 하나의 특성이다. 이와는 대조적으로 채 산업화되지 못한 나라들은 얼어 굳어버린 것처럼 보이고 그들 나라의 주민은 한 장소에만 깊이 붙박여 있다. 교통 문제 전문가인 오웬(Wilfred Owen)은 '비이동성 국가와 이동성 국가간의 차이'에 관해서 언급하고 있다. 그는 라틴 아메리카와 아프리카 및 아시아가 현재 유럽경제공동체(EEC/European Economic Community)에 속한 국가들과 똑같은 도로율(道路率)에 도달하려면, 약 4000만 마일의 도로를 건설하지 않으면 안 된다고 했다. 이러한 격차는 경제적으로도 심각한 결과를 초래하지만 문화적 또는 심리적인 면에서도 미묘하고 지나쳐버리기 쉬운 결과들을 초래하고 있다. 이주자나 여행자, 유목민들은 한 장소에 머물러 있는 사람들과 같을 수가 없기 때문이다.

스웨덴의 플라멩코

아마도 개인이 할 수 있는 이동 중에서 심리적으로 가장 심각한 것은 거주지를 지리적으로 옮기는 일일 것이다. 이렇듯 극적인 형태의 지리적 이동도 미국과 다른 선진 제국에서 특히 두드러지고 있다. 미국에 관해서 드러커(Peter Drucker)는 "우리 역사상 최대의 이주(移住)는 제2차 세계대전 기간에 비롯되었는데, 그 이래로 이러한 현상은 줄기차게 계속되고 있다"고 말했다. 그리고 정치학자인 일레이저(Daniel Elazar)는 "각 도시권(都市圈) 안의 이 장소에서 저 장소로 옮기기 시작하고…… 심지어 어느 한 특정 도시에 항구적으로 정착함이 없이 도시 속에서 유목민의 생활 방식을 지속하고 있는" 미국인의 군상(群像)을 묘사하고 있다. 1967년 3월과 1968년 3월 사이의 불과 1년 동안에 3660만 명(한 살 미만의 어린이는 제외)의 미국인들이 거주지를 옮겼다. 이 숫자는 캄보디아·가나·과테말라·온두라스·이라크·이스라엘·몽골·니카라과·튀니지 등의 인구를 합친 것보다 더 많다. 이렇듯 미국인들의 이주는 마치 이들 모든 나라의 총인구를 갑자기 이주시킨 것과 마찬가지다. 그런데 미국에서는 이렇듯 방대한 규모의 이동 현상이 해마다 나타나고 있다. 1948년 이래 매년 다섯 사람 중 한 사람꼴의 미국인은 아이들과 가재(家財)를 싣고 생소한 곳에서 새로운 삶을 시작함으로써 거주지를 변경시키고 있다. 통계상으로 비교해 보면 몽골 유목민의 대이동이나 19세기 유럽 인들의 서방 이동 등 역사적인 대이동도 하잘것없는 것으로 보인다.

세계의 어느 나라도 이렇듯 미국처럼 높은 이동률(移動率)을 나타내고 있지는 않지만(유감스럽게도 이런 면에서 믿을 만한 통계는 없다), 보다 전통의 속박이 심한 선진 제국에서도 인간과 장소와의 오래된 연결은 무너져 가고 있다. 런던에서 발행되는 사회과학 잡지 《뉴 소사이어티(New Society)》는 다음과 같이 보고하고 있다. "영국인은 스스로 생각했던 것보다 더 이동성이 심한 종족인 것 같다. ……1961년 잉글랜드와 웨일스 전주민의 11퍼센트 가량이 현주소에 옮아 온 지 1년이 되지 않는 사람들이었다. ……실상 잉글랜드의 어떤 지역에서는 이주 현상이 가히 광적이라고까지 할 만하다. 켄싱턴에서는 25퍼센트 이상이, 햄스테드에서는 20퍼센트가, 그리고 첼시에서는 19퍼센트가 1년 안에 이주해 와서 살고 있는 사람들"이라는 것이다. 또 《뉴 소사이어티》의 다른 호에서 래핑(Anne Lapping)은 "요즘의 집주인들은 그들 부모들에 비해 몇 배나 더 자주 이사할 것으로 생각하고 있고, 가옥 저당 기간의 평균치는 8~9년이다"라고 밝혔다. 이렇게 보면 영국도 미국과 별반 큰 차이가 없다.

프랑스에서는 주택난(住宅難)이 계속돼 국내에서의 이동성은 느린 편이지만, 인구학자(人口學者) 푸르세(Guy Pourcher)의 연구가 밝힌 바로는 매년 프랑스 인의 8퍼센트 또는 10퍼센트가 이사를 하고 있다는 것이다. 스웨덴, 독일, 이탈리아, 네덜란드 등지에서도 국내 이주율은 상승세를 나타내고 있다. 제2차 세계대전의 발발 이래 유럽 전체가 국제적인 대량 이주의 파도에 휩쓸리고 있다. 북유럽의 경제적인 번영은 노동력의 광범한 부족 현상을 일으키고 있고 (영국만 예외), 지중해 연안 국가들이나 중동 여러 나라로부터 대량의 실업(失業) 농촌 노동자들을 흡수하고 있다.

　이들은 알제리, 스페인, 포르투갈, 유고슬라비아 및 터키 등지에서 대량으로 이주해 오고 있다. 이스탄불에서는 매주 금요일 오후만 되면 1000여 명의 터키 노동자들이 약속의 땅으로 향하는 북행(北行) 국제선 열차에 앞을 다투어 기어오르고 있다. 뮌헨의 동굴처럼 생긴 기차역은 터키에서 오는 노동자들의 종착역이 되고 있어서, 뮌헨에서는 지금 터키 어(語)로 된 신문이 발행되고 있고, 쾰른에 있는 포드 자동차회사 공장에는 노동자의 4분의 1이 터키 인이다. 스위스, 프랑스, 영국, 덴마크 및 스웨덴 같은 북쪽 지방에도 여타의 외국인들이 산재해 있다. 얼마 전 12세기풍의 영국 도시인 팽본(Pangbourne)에 살 때 우리 집에는 스페인 사람들이 시중들고 있었다. 스톡홀름에서 우리는 시가지에 있는 비벨(Vivel)이라는 음식점에 가보았는데, 그곳은 저녁 식사 때 플라멩코 음악을 듣고 싶어하는 스페인 이주민들의 집합 장소가 되고 있었다. 그곳에는 스웨덴 인은 한 사람도 없었고 알제리 인 몇 명과 우리 가족을 제외하고는 모두가 스페인 어로 말하고 있었다. 따라서 오늘날 스웨덴의 사회학자들 사이에서 외국인 노동자가 스웨덴 문화에 동화되어야 하는가 아니면 그들 자신의 문화적 전통을 유지하도록 해야 하는가에 대한 논쟁이 일고 있음은 너무나 당연한 듯하다. 이러한 현상은 바로 미국에서 이민이 한창 개방되어 있던 시기에 미국의 사회과학자들을 격앙시켰던 이른바 '인종 융합의 도가니(melting pot)' 논쟁을 방불케 하는 것이다.

　미래로의 이주

　그러나 미국 안에서 이동하는 사람들과 유럽에서 이주하는 사람들 사이에는 중대한 차이가 있다. 유럽에서 나타나는 이동 현상의 대부분은 농업에서 공업으로의 계속적인 변이(變移), 말하자면 과거에서 현재로의 변이라고 할 수 있다. 산업화로부터 초(超)산업화로의 변이와 관련된 것은 아직 극히 부분적인 현상에 지나지 않는다. 이와는 대조적으로 미국 인구의 계속적인 재배치(再配置)는 주로 농업 고용의 쇠퇴로 인해서 빚어지는 현상이 아니다. 오히려 이것은 자동화의 보급 또는 초산업화 사회와 관련된 새로운 생활 방식, 말하자면 미래의 생활 방식으로 인해서 빚어지는 현상이다.

미국내의 이동을 세심히 관찰하면 이러한 현상은 쉽사리 이해된다. 도시의 흑인들처럼 기술과학적으로 낙후되고 소외된 일부 집단들도 통상 같은 이웃이나 군(郡) 안에서 높은 비율의 지리적인 이동성을 나타내는 수가 있음도 사실이다. 그러나 이러한 집단은 전체 인구에서 볼 때 비교적 소수에 불과하므로, 높은 비율의 지리적인 이동성이 빈곤이나 실업 아니면 무지(無知)와 관련된다고 보는 것은 커다란 잘못이라고 하겠다. 실상 따지고 보면 최소한 1년 이상의 대학 교육을 받은 사람들(이러한 집단이 점점 비대해지고 있는데)이 그렇지 않은 사람들보다도 훨씬 더 많이 이동하고 있음을 발견할 수 있다. 따라서 우리는 전문적 지식이나 기술을 갖고 있는 사람들이 모든 미국인 중에서도 가장 이동성이 높은 사람들임을 알 수 있고, 아울러 유복한 관리층(管理層)이 수적으로도 늘고 더 멀리, 더 빈번히 이동하고 있음을 발견할 수 있다. IBM 사의 관리자들 사이에는 IBM이 'I've Been Moved(나는 이동되었다)'의 약자(略字)라는 농담이 돌고 있기까지 하다. 출현 단계에 있는 조산업화 사회에서는 절대 수치(絶對數値) 면에서나 전체 노동력 중의 비율 면에서나 바로 이 집단, 말하자면 전문인·기술자 및 기업 간부들이 증가하고 있다. 지난날에는 두꺼운 무명옷을 입은 공장 노동자들이 그 시대를 특징지었던 것처럼 이러한 사람들이 오늘의 사회에 특색을 부여하고 있다.

가난에 찌들고 실업 상태에 있는 수많은 농촌 노동자들이 농산적(農産的)인 과거에서 공업화된 유럽의 현재로 흘러 들어오고 있는 것과 마찬가지로, 수천 명의 유럽 과학자, 엔지니어 및 기술자들이 가장 초산업화된 국가라고 할 수 있는 미국이나 캐나다로 흘러 들어오고 있다. 서독의 노벨 물리학상 수상자인 모스바우어 (Rudolf Mossbauer) 교수는 자기도 서독의 행정·예산 정책들에 대한 불만 때문에 미국으로 이주할 생각을 하고 있다고 선언한 적이 있다. 웨스팅하우스 사, 얼라이드 케미컬 사, 더글러스 항공사, 제너럴 다이내믹스 사 등을 위시한 미국의 대기업들이 우주 물리학자로부터 터빈 기사에 이르는 온갖 사람들을 유혹하기 위해 인재 채용단(採用團)을 런던이나 스톡홀름으로 보내고 있어도, 유럽의 정치인들은 '기술과학상의 격차' 때문에 속수 무책으로 바라보고만 있을 뿐이다.

그러나 이와 때를 같이하여 미국 안에서는 수천 명의 과학자나 기술자들이 마치 원자(原子) 안의 미립자(微粒子)들처럼 이리저리 이동함으로써 두뇌 유출 현상이 나타나고 있다. 실상 이러한 이동 현상은 몇 가지 형태로 나누어볼 수 있다. 두 가지 큰 흐름이 있는데, 북부로부터의 한 흐름과 남부로부터 또 다른 흐름이 덴버 (Denver) 역(驛)을 거쳐서 캘리포니아와 다른 태평양 연안주들에서 합류하고 있다. 또 다른 하나의 큰 흐름은 남부로부터 시카고, 케임브리지, 프린스턴 및 롱아일랜드로 흘러간다. 반대 방향으로의 흐름도 있는데, 이것은 플로리다에 있는 우주 산업과 전자 산업으로 사람들을 역류(逆流)시키고 있다.

내가 잘 아는 전형적인 젊은 우주기술자 한 명은 프린스턴의 RCA 사를 그만두고 제너럴 일렉트릭 사로 일자리를 옮겼다. 그는 바로 2년 전에 산 집을 팔았고, 새집이 완공될 때까지 그 가족은 필라델피아 교외에 있는 셋집으로 이사했다. 그가 다른 더 좋은 일자리로 옮기거나 권유받지 않도록 하기 위해 마련해 주는 새집으로 그 가족은 곧 이사를 할 터이지만, 이번에 이사를 하면 약 5년 동안에 네번째의 이사가 되는 셈이다. 그런데도 캘리포니아에서는 언제나 그를 유혹하고 있다.

관리층에 속한 사람들의 지리적인 이동 형태는 그렇게 뚜렷하지는 않지만 그래도 이동 상태는 격심하다. 10년 전, 《조직 속의 인간》의 저자인 화이트(William Whyte)는 그 책에서 다음과 같이 밝히고 있다. "집을 떠나는 사람은 미국 사회에서 예외가 아니라 필수 요건이다. 분명히 조직 속의 인간은 집을 떠난 사람이고, 어딘가로 가고 있는 사람이다." 그의 이러한 성격 규정은 당시에도 옳았지만 오늘날에 더욱 진실인 것 같다. 《월 스트리트 저널》지는 '관리층 가족은 전국 각지로의 계속적인 이동에 어떻게 적응할 것인가'라는 제목하의 한 글에서 '기업(企業) 떠돌이'라는 말을 쓰고 있다. 이 글은 몽고메리 워드 사(Montgomery Ward & Co.) 소매 연쇄점의 경영자인 제이콥슨(M. E. Jacobson)의 생활을 기술하고 있는데, 이 글에 나타난 그와 그의 아내는 당시 똑같이 46세로서 결혼 생활을 시작한 지 26년 동안에 28번 이사를 했다. 그리하여 그의 아내는 방문객들에게 "우리는 마치 야영(野營)이라도 하고 있는 것처럼 생각된다"고 말했다는 것이다. 그들의 경우는 한낱 예외적인 현상이라 치더라도, 그들처럼 수많은 사람들이 평균 2년에 한 번씩은 이사를 하고 있고 더욱이 이러한 사람들의 수는 계속 늘고 있다. 회사의 수요가 계속 변하기 때문만이 아니라, 최고의 경영진이 후계자들을 자주 이동시키는 것이 그들을 수련시키는 필수적인 단계라고 보기 때문에 이러한 현상이 나타나고 있다는 것이다.

　기업 간부들이 이 집에서 저 집으로 옮겨 다니는 것은 마치 대륙만큼이나 큰 장기판에 실물 크기의 장기알이 옮겨 다니는 것과 흡사한데, 이로 말미암아 한 심리학자는 익살스럽게도 '조립식 가족'이라고 일컬어지는 절약 제도를 제안하고 있다. 이 계획에 따르면 간부는 집만이 아니라 가족까지도 내버려 두고 간다. 그러면 회사는 간부로 하여금 새로 부임한 곳에서 그가 버려 두고 온 처자(妻子)의 성격과 비슷한 대체(代替) 가족을 찾아내도록 주선한다. 그러고는 이동해 온 다른 간부를 가장(家長)이 떠난 그 가정으로 보낸다. 아직은 이러한 아이디어를 진지하게 받아들이는 사람이 없으나 앞으로는 어떨는지.

음반(音盤)처럼 계속 돌아가고 있는 전문직 종사자, 기술자 및 기업 간부 등의 큰 집단들 이외에도 사회에는 특히 이동성을 지니는 많은 집단들이 있다. 대규모의 군사 편제(軍事編制)는 평화시나 전시를 막론하고 계속 이동하는 수만의 가족들을 거느리고 있다. 한 육군 대령의 부인은 비꼬는 투로 "나는 더 이상 집치장을 하지 않으렵니다. 이 집에서 저 집으로 옮기면 커튼도 맞지 않고 카펫의 크기나 색깔도 맞지 않아요. 그러니까 이제부터는 내 차나 치장하렵니다"고 내뱉듯이 말했다. 건설업에 종사하는 수만 명의 숙련공들도 이러한 유형에 속한다. 각도를 달리해서 보면, 자기 주(州)를 떠나 다른 주의 대학에 다니는 학생들이 75만 명이나 있고 자기 주 안이지만 집을 떠나 대학에 다니는 학생들도 수십만에 달하고 있다. 수백만의 사람들, 특히 '미래의 인간들'에게는 눈에 닿는 곳이 곧 집인 것이다.

자살자와 무전(無錢) 여행자

인간의 이러한 주기적 이동은 별로 눈에 띄지 않는 온갖 부수적인 결과를 초래하고 있다. 소비자들의 가정으로 직접 상품을 우송하는 사업체들은 고객들의 최신 주소록을 작성하는 데만도 많은 돈을 소모한다. 전화 회사들이 바로 이러한 경우다. 1969년의 워싱턴 시 전화 번호부에 수록된 88만 5000명의 가입자 중에서 반수 이상이 1년 전과는 다른 사람들이다. 이와 비슷하게 조직체나 협회도 그들의 회원들이 어디에 살고 있는지를 정확히 알기가 어려운 현황이다. 교육 문제 전문가 단체인 전국교육협회(National Society for Programmed Instruction) 회원들 중 3분의 1은 최근 1년 안에 주소를 변경했다. 심지어 친구들 사이에도 서로 어디에 사는지 알기가 어려운 실정이다. 여행과 이주로 인해서 '사교계'가 파괴되고 있다고 한탄하는 불쌍한 라스포니(Lanfranco Rasponi) 백작의 탄식에 동정할 만도 하다. 그는, 누구나 할 것 없이 같은 시각에 어디에 가 있는지를 알 수 없기 때문에, 사교철이란 이제 있을 수 없다고 말하고 있다. "이전에는 만찬에 20명을 부르려고 할 때 40명만 초대하면 됐는데, 지금은 200명을 초대해야만 한다"는 말은 일리가 있는 것 같다.

 이러한 불편이 있다 하더라도, 지리적인 제약의 타파는 수많은 사람들에게 쾌적한 마음을 안겨주는 하나의 자유를 제공해 주고 있다. 속도와 이동 심지어 이주도 많은 사람들에게 긍정적인 의미를 안겨주고 있다. 이를테면 미국인이나 유럽 인이, 공간적인 자유의 기술과학적인 구현체(具現體)라고 해서 자동차에 대해 쏟는 심리적인 애착은 바로 이러한 예라고 하겠다. 소비 동향 연구가인 딕터(Ernest Dichter)는 당대를 휩쓴 프로이트류(類)의 난센스를 늘어놓았는데, 자동차는 보통 서양인이 이용할 수 있는 '정복을 위한 가장 강력한 도구'라고 말했을 때의 그의 통찰력은 날카로운 것이었다. 그의 말을 빌리면, "자동차는 성년식(成年式)의 현대적 상징이다. 16세 된 사람의 자동차 면허증은 성인 사회로의 합법적인 입회서다"라는 것이다.

 아울러 그는 풍요한 나라들에 대해서 다음과 같이 기술하고 있다. "대부분의 사람은 식생활이 풍족하고 주택 문제도 합리적으로 해결되고 있다. 인류가 지녀온 천년래의 꿈을 성취함으로써, 그들은 이제 또 다른 만족을 추구하고 있다. 그들은 여행하기를 바라고 최소한 물리적으로 얽매이지 않는 생활을 찾으려 하고 있다. 자동차는 이동성 사회의 움직이는 상징이다." 실상 어느 가정이 경제적으로 어려움을 겪고 있을 때 끝까지 간직하려는 물건은 자동차고 미국인 부모가 10대 아이에게 가할 수 있는 가장 무서운 벌(罰)은 땅으로 끌어내리는 것, 말하자면 자동차의 사용을 금지시키는 것이라고 한다.

미국의 소녀들에게 남자 친구의 어떤 면을 중요하게 생각하느냐고 물었을 때 가장 먼저 꼽는 것이 자동차였다. 최근 조사에서 면담 대상 소녀들 중 67퍼센트는 자동차가 '가장 중요하다'고 대답했다. 뉴멕시코 주의 앨버커키(Albuquerque)에 살고 있는 우랑가(Alfred Uranga)라는 19세 소년은 "사내놈이 자동차를 갖고 있지 않다면 곧 여자 친구를 갖고 있지 않은 것"이라고 우울하게 인정했다. 젊은이들 사이에 자동차에 대한 이러한 감정이 얼마나 깊이 스며 있는가는 위스콘신의 17세 소년 네벨(Williom Nebel)이 속도 위반으로 자동차 면허가 정지된 후 아버지로부터 자동차 사용을 금지당하자 자살한 사건을 통해 비극적으로 설명되고 있다. 자기 머리에 22구경 총탄을 쏘기 직전에 그 소년이 쓴 유서를 보면 "자동차 면허가 없으면 내 차를 소유할 수도 직업을 구할 수도 사회 생활을 이끌어 갈 수도 없다. 따라서 나는 이제 생에 종지부를 찍는 것이 현명하다는 생각을 하기에 이르렀다"고 끝맺고 있다. 기술과학이 발달한 세계에 살고 있는 수백만의 젊은이들은 지금으로부터 50여 년 전에 마리네티(Filippo Marinetti)라는 시인이 "요란하게 달리는 경주차는…… 날개 돋힌 승리의 여신상보다 더 아름답다"고 읊은 시구에 전폭적으로 동의하고 있는 것이 분명하다.

고정된 사회적 지위로부터 벗어나려는 자유와 고정된 지리적 위치로부터 벗어나려는 자유는 너무나 긴밀히 연관되어 있기 때문에, 초산업화 사회의 인간이 사회적으로 옹색함을 느끼게 되면 일차적으로 이주하려는 충동에 사로잡힌다. 자기 마을에서 줄곧 자라온 농민들이나 캄캄한 갱(坑) 안에서 고생해 온 석탄 광부들로서는 이러한 생각이 별반 일어나지 않는다. 나의 제자 한 사람은 "이주하면 온갖 문제들이 해결되리라. 가자, 여행을!"이라고 하면서 평화봉사단에 들어갔다. 그러나 이동이란 단순히 외적인 압력에 대한 반응이거나 그것으로부터의 도피가 아니라 자유의 주창(主唱) 그 자체에 긍정적인 가치를 지니고 있다. 《레드북(*Redbook*)》지의 구독자 539명을 대상으로 해서 전년도에 주소를 변경한 이유를 확인해 보려는 조사가 이루어졌는데, "가족이 성장하여 옛집으로는 감당할 수 없어서"라든지, "보다 쾌적한 환경을 찾아서"라는 이유들과 함께 10퍼센트는 "단지 변화를 원해서"라고 응답했다.

움직이고 싶어하는 충동의 극단적인 하나의 예는 여성 무전(無錢) 여행자들에게서 찾아볼 수 있는데, 이러한 여성들은 독자적으로 인식될 만큼 독특한 사회학적 범주(範疇)를 형성해 가고 있다. 영국의 카톨릭 신자인 한 젊은 여성은 잡지 광고를 모집하는 직업을 그만두고 마음에 맞는 친구와 터키를 향해 무전 여행을 떠났는데, 이 두 여자는 함부르크에서 헤어졌다. 재키라는 첫번째 여자는 그리스의 섬들을 거쳐 이스탄불에 도착했다가, 결국 영국으로 돌아와서 다른 잡지사에 취직했다. 그녀는 다음 여행 준비를 하는 동안만 그 직장에 나갔다. 그녀는 또다시 여행에서 돌아온 후 웨이트리스로 일했는데, 호스티스로 승진할 기회가 주어졌는데도 "나는 영국에 그다지 오래 머무를 생각이 없다"고 거절해 버렸다. 재키는 23세에 상습적인 무전 여행가가 돼버렸다. 그녀는 배낭에 가스총을 넣어 가지고 차를 세워 타고 전유럽을 돌아다니다가, 영국으로 돌아와서는 6개월 또는 8개월 정도 머무른 뒤 또다시 여행을 떠나곤 했다. 루스라는 28세의 여자도 이런 생활을 수년간 계속하고 있는데, 그녀가 한 곳에 가장 오래 머무른 기간은 3년이었다. 그녀는 사람들을 만날 수는 있지만 '깊이 빠져 들지 않기' 때문에 무전 여행이 하나의 생활 방식으로 좋다고 말했다. 아마도 제약이 많은 가정 환경에서 탈출하려는 탓이겠지만, 특히 10대 소녀들은 열광적인 여행자들이다. 《세븐틴(Seventeen)》지를 구독하고 있는 소녀들을 조사해 본 결과, 40.2퍼센트가 조사하기 직전 여름에 한 번 이상의 긴 여행을 한 것으로 나타났다. 그리고 이들이 한 여행 중에서 69퍼센트는 자기가 살고 있는 주(州) 밖으로의 여행이었고, 9퍼센트는 해외 여행이었다. 그러나 여행을 하고 싶어하는 마음은 10대가 되기 오래 전부터 싹트고 있다. 뉴욕의 한 정신과 의사의 딸인 베스라는 소녀는 친구 하나가 유럽 여행을 했다는 말을 듣고는 "나는 벌써 아홉 살인데 유럽에는 한 번도 가본 적이 없다"고 눈물을 글썽이며 말했다고 한다.

 이동에 대한 이러한 긍정적 태도는 미국인들이 여행자를 존경하는 경향이 있다는 조사 결과에서도 드러나고 있다. 미시간 대학의 연구자들은 응답자들이 여행자에게 '행운'이라든지 '행복'이라는 말을 자주 쓰고 있다고 했다. 여행이란 곧 지위를 얻는 것이기 때문에, 많은 미국인은 여행에서 돌아온 후에도 낡아빠진 항공사 꼬리표를 그들의 트렁크나 가방에 오랫동안 달고 다니기도 한다. 그래서 어떤 익살스러운 사람은 지위 의식(地位意識)에 젖은 여행자들을 위해 낡은 항공사 꼬리표를 세탁해 다려주는 사업도 해봄직하다고까지 말하고 있다.

 이와 반대로 가족 전체의 이사는 축하를 받기보다는 동정(同情)의 대상이 되고 있다. 이사가 고생스럽다는 데 대해서는 누구나 입을 모아 얘기하고 있다. 그런데 한 번이라도 이사해 본 사람들이 한 번도 이사해 보지 않은 사람들보다 앞으로도 더 많이 이사할 것 같다는 얘기는 일리가 있다. 프랑스의 사회학자 투렌(Alain Touraine)은 "이미 한 번 변동을 겪은 사람이나 공동체에 덜 소속된 사람들은 또다시 움직일 채비를 하고 있다"는 것이다. 그리고 영국의 노동조합 간부인 클라크(R. Clark)는 얼마 전 인력(人力) 관계 국제 회의에서 이동성(移動性)이 학생 시절부터 익혀진 습성임에 틀림없다고 말했다. 그는 집을 떠나서 대학 시절을 보낸 사람들이 교육을 안 받고 집에 얽매인 수공업 노동자들보다 큰 제약 없이 이동한다고 지적했다. 아울러 그는 대학인들이 그 후의 생활에서도 이동이 더 잦고 자기 아이들에게도 이동성을 촉구하는 태도를 주입한다고 했다. 노동자 가족들의 이사는 실직(失職)이나 다른 어려움의 결과로 빚어지는 쓰라린 필요에서지만 중산층이나 상류층의 이동은 대체로 즐거운 생활의 연장(延長)과 관계된다. 그들에게는 여행이란 즐거움이고 밖으로의 이동은 통상 위로의 향상을 뜻하고 있다.

요컨대 초산업화 사회로 이행하는 나라들에서 볼 수 있는 미래의 인간들에게는 이동이란 하나의 생활 방식이고 과거의 속박으로부터의 해방이며 보다 풍요로운 미래로의 발돋움인 것이다.

서러운 이주자들

하지만 이동하지 않는 사람들은 전혀 다른 태도를 나타내고 있다. 인도나 이란의 농촌 주민은 일생의 대부분 또는 전부를 한 장소에 얽매여 산다. 그런가 하면 후진 산업 사회의 공장 노동자들도 별반 다를 바가 없다. 기술과학적인 변화가 거의 하룻밤 사이에 종전의 모든 공장을 낡은 것으로 만들고 새로운 공장을 출현시킴으로써 선진 경제 체제를 휩쓸게 됨에 따라 수백만의 미숙련(未熟練) 또는 반숙련(半熟練) 노동자들은 어쩔 수 없이 이사를 하지 않을 수 없는 처지에 놓인다. 원래 경제는 이동성을 요구하고 있다. 특히 스웨덴, 노르웨이, 덴마크 및 미국 등을 비롯한 대부분의 서방 정부들은 노동자로 하여금 새로운 직장을 갖도록 하고 또 직장을 찾아 집을 떠나도록 하기 위해서 많은 예산을 소모하고 있다. 그러나 애팔래치아의 석탄 광부들이나 프랑스 시골에 있는 섬유 노동자들은 이러한 이동을 고문처럼 괴로운 것으로 여기고 있다. 도시 계획으로 전에 살던 집이 파헤쳐져서 바로 이웃으로 이사한 대도시 노동자들도 이러한 이산(離散)이 고통스럽게 느껴질 수 있다.

매사추세츠 종합병원 지역사회연구센터의 프리드(Marc Fried) 박사는 "그들의 반응을 비탄의 표현이라고 한다면 그것은 정곡을 찌른 말이다. 이러한 반응에는 고통스러운 상실감, 계속적인 갈망, 전반적으로 침체된 어조, 때로는 심리적·사회적·육체적인 고통의 징조, ……무력감, 직접적 또는 간접적인 분노의 표현, 잃어버린 고장을 이상화(理想化)하는 경향 등이 나타나 있다"고 말했다. 그 반응들은 "고인(故人)을 애도하는 것과 너무나 흡사하다"고 그는 단언했다.

프랑스 사회성(社會省)에 근무하는 비오(Monique Viot)란 사회학자는 "프랑스 인은 그들의 지역적 배경에 강한 애착을 느끼고 있어서, 직장이 자기 집에서 30~40킬로미터나 떨어져 있어도 이주는 극도로 꺼리고 있다. 노동조합에서는 이러한 이동을 추방이라고 일컫고 있다"고 말했다.

심지어 교육받고 유복한 사람들조차 이사해야 할 처지에 놓이면 한탄스러운 표정을 짓는다. 패디먼(Clifton Fadiman)이란 작가는 코네티컷의 한적한 거리에서 로스앤젤레스로 이사를 했다. 그러나 그는 곧 "묘한 육체적·정신적 질병들이 연속 밀어닥쳐 녹초가 되었다. ……6개월이 지나고서야 병이 나았는데 정신과 의사는 나의 고통을 문화적 충격이라고 진단했다"고 기술했다. 설사 제아무리 좋은 환경하에서라도 집을 옮기면 여러 가지 어려운 심리적 재조절(再調節)이 필요한 법이다.

〈크레스트우드 고원(Crestwood Heights)〉이라는 캐나다 교외 지역에 관한 유명한 연구에 참여하고 있는 실리(J. R. Seeley), 심(R. A. Sim) 및 루슬리(E. W. Loosley) 등 사회학자들은 다음과 같이 말하고 있다. "변혁을 재빨리 달성하고 변화가 인간의 심성(心性) 속으로 깊이 침투되어 들어가도록 하려면 행태 면에서는 최대한의 신축성이 요구되고, 심성 면에서는 안정성이 요청된다. 이데올로기, 때로는 연설, 식생활 습관 및 장식 기호(裝飾嗜好) 등은 되도록 빨리 이루어져야 하며, 그리고 어떤 행태를 취해야 하는가에 대한 정확한 실마리도 없이 이루어져야 한다."

인간이 이러한 조절을 이루어 가는 과정에 대해서는 브리티시 컬럼비아 대학의 정신병학자 타이허스트(James S. Tyhurst)가 정밀하게 기록하고 있다. 그에 따르면 "이민해 온 사람들에 대한 실제 연구에서 보면 아주 일관된 유형이 제시될 수 있는데, 사람들은 무엇보다도 먼저 당면 과제 곧 일자리를 구해서 돈을 벌고 안식처를 마련하는 문제에 관심을 갖고 있다. 그런데 이러한 문제들은 때로 무작정 돌아다니게 하는 원인이 되기도 한다"는 것이다.

새로운 환경 속에서 신기하고 부조화한 것들에 대한 인간의 의식이 자라남에 따라 제2단계의 '심리적 도착 현상'이 일어난다. "이러한 심리적 도착 현상의 특성은 불안과 우울증이 심해지고, 때로는 신체적인 몰아(沒我) 혹은 신체적인 징후(徵候)와 함께 망아(忘我)의 상태가 되기도 하며, 전(前)단계의 발광적인 활동과는 대조적으로 사회로부터 완전히 벗어나고, 어느 정도 적의와 회의에 젖어들기도 한다. 차별 의식과 무력감이 점점 강하게 나타나서 이 시기는 두드러진 불쾌감과 혼란으로 특징지어진다. 대체로 이러한 불안의 기간은 1개월에서 수개월 동안 지속될 수도 있다"는 것이다.

이러한 단계를 거쳐 비로소 제3단계가 시작되는데, 이 단계에서는 새로운 환경에 비교적 잘 적응한 형태를 취해서 안주(安住)하든지 그렇지 않고 극단적인 경우에는 "혼란의 분위기가 심화되어 심각한 불안이 고조되고 비정상적인 정신 상태가 빚어져서 현실과 단절해 버리는 수도 있다." 요컨대 적절히 적응할 수 없는 사람들도 있다는 것이다.

기소 본능(歸巢本能)

그들이 설사 어떤 일을 한다고 하더라도 이미 이전과는 같을 수 없다. 어떤 이주자든 필연적으로 낡은 관계로 이루어진 복잡한 연결망(連結網)을 파괴해서 일련의 새로운 연결망을 이룩할 수밖에 없기 때문이다. 이러한 파열(破裂)이 특히 한 번 이상 되풀이되는 경우는, 이동성이 높은 사람들에 대해서 많은 작가들이 지적하고 있는 것처럼, 이른바 '관계의 상실 현상(loss of commitment)'을 야기시킨다는 것이다. 이동하고 있는 사람은 너무나 허둥대기 때문에 어느 한 장소에 뿌리를 내릴 수 없다. 따라서 항공사에 근무하는 한 직원은 지역 사회의 정치 생활에 개입하기를 피하는 이유를 다음과 같이 들고 있다. "나는 2, 3년 안에 이곳을 떠나게 된다. 나무를 심긴 하지만 그것이 성장하는 것은 결코 보지 못한다."

이렇듯 개입하지 않거나 기껏해야 한정된 참여만을 하는 태도는 이것을 대중 민주주의의 전통적 이념에 대한 위협으로 보고 있는 사람들로부터 호된 비판을 받고 있다. 그러나 이러한 비판자들은 중요한 사실, 말하자면 지역 사회 문제들에 깊이 관여하기를 꺼리는 사람들이, 관여하다가 이동해 가는 사람들보다 오히려 도덕적인 책임감을 더 많이 느끼고 있을는지도 모른다는 가능성을 간과(看過)하고 있다. 이동자들은 세율(稅率)을 올리고 있으나 이미 거기에 머물러 있지 않기 때문에 세금의 부담을 피하고 있다. 이동자들은 교육 공채 문제를 저지하는 데 협력하지만, 그로 인해서 빚어지는 고통은 다른 사람들의 자녀에게 떠맡기고 만다. 이러한 사람들은 미리 자격을 상실시키는 것이 보다 현명하고 보다 책임 있는 일이 아니겠는가? 만약에 어떤 사람이 조직체에 참여하기를 꺼리고 이웃과 관계 맺기를 거부하며 요컨대 스스로 관여하기를 싫어함으로써 참여를 하지 않는다면 그 지역 사회나 그 자신에게 어떤 현상이 빚어질 것인가? 과연 개인이나 사회가 이러한 관여 없이 잔존할 수 있을 것인가?

물론 관여는 여러 가지 형태를 취한다. 이러한 형태들 중 하나가 장소에 대한 애착이다. 우리는 무엇보다 전통적인 인간의 심리적 구성에서 구심점(求心點)이 될 고정된 장소를 인식해야만 비로소 이동성의 뜻을 이해할 수 있다. 이러한 구심점은 여러 가지 방법으로 우리 문화 속에 반영되고 있다. 실상 문명 그 자체는 구석기 시대 유목민의 지루한 유랑과 이주에 종지부를 찍고 정착 생활을 의미하게 되는 농업과 더불어 이룩되기 시작했다. 우리가 오늘날 많은 관심을 쏟고 있는 '뿌리 내림(rootedness)'은 원래 농업에서 유래된 말이었다. 문명 이전의 유목민들로서는 '뿌리'에 관한 말을 들어도 그 개념을 올바르게 이해할 수 없을 것이다.

뿌리의 개념은 고정된 장소, 말하자면 항구적으로 정착한 '집'을 뜻하는 것이다. 거칠고 굶주리며 위험한 세계에서 집이란 설사 오두막일지라도 인간이 대지에 뿌리 내리고 대대로 자연이나 과거와 맺어 온 관계를 계승시킨, 이른바 궁극적인 피난처로 간주되어 왔다. 집은 고정된 것으로 인정되어 왔고 집의 중요성을 적절히 다룬 문학 작품들은 수없이 많다. "휴식은 집에서 찾아라. 집이야말로 가장 좋은 안식처다"라는 구절은 16세기에 투서(Thomas Tusser)의 《주부훈육서(主婦訓育書)》에 들어 있고 "집은 사람의 성(城)이다", "집과 같은 장소는 없다", "즐거운 나의 집" 등 문화 속에 뿌리 내린, 집에 대해 온갖 기교를 부려서 읊은 구절들은 수없이 많다. 집에 대한 달콤한 찬송은 공업화가 농촌 주민을 뿌리째 뽑아서 도시 대중으로 변화시키던 19세기의 영국에서 아마도 절정에 달했으리라고 본다. 빈자(貧者)를 노래한 시인 후드(Thomas Hood)는 "집, 집 하고 모두가 마음속으로 속삭였지"라고 읊었으며, 테니슨(Alfred Tennyson)은,

　　영국의 집 한 채
　　엷은 황혼빛 내리비치고
　　이슬 맺힌 초원 위에
　　이슬 맺힌 나무 위에
　　잠든 것보다 더 부드럽게
　　모든 사물 가지런히 놓여
　　옛적의 평화가 깃들이는 곳

이라고 고전적인 향취를 담은 전원을 묘사하고 있다.

　산업혁명으로 어지럽던 세계, 그리고 모든 사물이 가지런히 놓여 있지 않았던 세계에서 집은 정박소(碇泊所)였고 폭풍우 속에서도

움직이지 않는 지점이었다. 집은 무엇보다 한 장소에 머무르고자 할 때 의지할 수 있는 곳이었다. 슬픈 일이지만 이것은 현실이 아니라 시(詩)였고, 집으로서도 인간을 고정된 자리로부터 떨어지게 만든 힘들을 거역할 수는 없었다.

지리 개념의 퇴화(退化)

지난날의 유목민들은 굶주림에 쫓겨 눈보라와 뜨거운 햇빛 속을 뚫고 이동하면서도 언제나 자기 가족과 부족들을 위해서 들소 가죽으로 만든 천막을 가지고 다녔다. 그들은 스스로 만든 사회적 장치와 집이라고 불리는 물리적인 구조물을 운반하고 다녔다. 이와는 대조적으로 오늘날의 새로운 유랑민들은 이러한 물리적인 구조물을 남겨두고 떠난다(이것이 그들의 생활에서 사물의 이전율〔移轉率〕을 표시하는 목록들 중의 하나가 되고 있다). 그들은 가족을 제외한 모든 것, 심지어 가장 직접적인 사회적 장치까지도 남겨두고 떠난다.

장소의 중요성이 하락해서 장소와의 관계가 엷어지는 현상은 여러 측면에서 나타나고 있다. 그 극단적인 예는 미국의 아이비 리그(Ivy League)에 속하는 대학들이 입시 정책에서 지역적 배려를 하지 않기로 한 결정이었다. 이 명문 대학들은 전통적으로 보다 다양한 학생들을 모집하려는 의도에서, 대학으로부터 멀리 떨어진 지역의 학생들이 유리하도록 지리적인 기준을 적용해 왔다. 1930년대와 1950년대 사이에 하버드 대학은 뉴잉글랜드와 뉴욕에 집이 있는 학생의 비율을 반으로 깎아버렸다. 이 대학의 한 관계자는 "이러한 지리적 배분을 철회하고 있다"고 밝혔다.

이제 장소란 다양성의 일차적인 원천(源泉)이 아닌 것으로 인식되고 있다. 인간 사이의 차이점들은 이미 지리적인 배경과는 별 관계가 없다. 입학 원서에 적힌 주소는 순전히 일시적인 것일 수도 있다. 많은 사람들은 이미 독특한 지역적 혹은 지방적 특색들을 지닐 만큼 한 장소에 오랫동안 머무르지 않는다. 예일 대학의 입시부장(入試部長)은 "물론 우리는 아직도 네바다와 같은 시골 지역에까지 모집 요원들을 보내고 있지만, 실상은 할렘 가(街)와 파크 가 및 퀸즈 구(區)에서 더 많은 다양성을 취하고 있다"고 말했다. 그에 따르면 예일 대학은 지리적 요건을 선발 기준에서 거의 제외시키고 있다는 것이다. 프린스턴 대학의 입시부장도 "우리가 찾는 것은 실상 학생들의 출신 지역이 아니라 그것과는 다른 의미의 사회적인 배경이다"라고 보고하고 있다.

이동성이 사회 전반을 심하게 뒤흔들어 놓았기 때문에 인간 사이의 중대한 차이점들이란 이미 장소와는 그다지 깊은 관계가 없다. 펜실베이니아 대학의 다이크먼(John Dyckman) 교수에 따르면, 장소와의 관련은 너무나 감퇴됨으로써, "많은 사람들의 경우 어떤 시(市)나 주(州)에 대한 충절(忠節)은 이제 어떤 회사나 직업이나 임의 단체(任意團體)에 대한 충절보다 약화되고 있다"는 것이다. 따라서 인간의 관련성은 장소와 관계된 사회적 구조(시, 주, 국가, 이웃 등)로부터 이동적이고 가변적이며 장소와 무관한 실제적 목적을 지닌 사회적 구조(회사, 직업, 동료 관계 등)로 변해 가고 있다고 해도 무방할 것 같다.

그러나 이러한 관련성은 관계의 지속 기간과 연관해서 나타난다. 우리는 관계의 지속 기간이 얼마나 되는가를 알 수 있는 문화적 조건하에 있기 때문에 단기적인 관계들에 대해서는 되도록 감정을 억제하는 한편 우리에게 '항구적' 또는 비교적 장기간 지속되는 관계들에 대해서는 애정을 쏟으려 하고 있다. 물론 여름날의 로맨스처럼 쉽사리 변하는 기대도 있다. 그러나 일반적으로는 폭넓고 다양한 관계들을 통해서 상호 관계가 유지되고 있다. 따라서 장소에 대한 관련성이 감소하는 것은 이동성 자체와 연관되기보다는 이동성에 부수되는 현상, 말하자면 장소와의 관계 지속 기간의 단축과 연관되고 있다.

예를 들어서 뉴욕을 비롯한 미국의 70개 대도시의 경우, 한 장소에서의 평균 거주 기간은 4년이 채 되지 못한다. 이러한 현상은 한 장소에 일생 동안 거주하는 농촌 사람의 특성과는 대조적이라고 하겠다. 더욱이 주거 이전은 다른 많은 장소와의 관계 지속 기간을 결정하는 데 중대한 요소이므로, 한 개인이 집과의 관계를 끊는다면 그는 이웃의 부수적인 모든 장소들과의 관계도 끊게 마련이다. 거주지를 이전한 사람은 단골 슈퍼마켓도 가스 급유소도 버스 정류장도 이발소도 바꾸게 돼서, 집과 관계되는 일련의 장소와의 관계가 단절되고 만다. 이러한 이유로 인해서 우리는 일생 동안에 보다 많은 장소들을 경험하게 되고, 각 장소와의 평균 관계 기간도 점점 짧게 유지하고 있는 것이다.

여기서 우리는 사회의 가속적 추진력이 개인에게 어떠한 영향을 미치는가를 좀더 명확하게 볼 수 있다. 인간의 장소에 대한 관계의 단축 현상은 인간의 사물에 대한 관계의 단절과 정확히 병행(竝行)하고 있기 때문이다. 이 두 경우에서 개인은 자기와의 관계들을 보다 빨리 맺고 또 끊는 수밖에 없으므로 일시성의 정도는 높아지고 아울러 생활의 변화 속도가 빨라짐을 경험하게 된다.

제 6 장 인간 : 부품(部品) 인간

매년 봄이 되면 미국 동부 전역에 나그네쥐와 같은 대규모 이주가 시작된다. 침낭과 모포, 해수욕복 등을 걸머진 1만 5000여 명의 미국 대학생들이 책을 팽개치고 고도로 정교한 귀소 본능에 따라 혼자 또는 떼를 지어 플로리다 주의 포트 로더데일(Fort Lauderdale)의 햇빛 찬란한 해안으로 모여든다. 이렇듯 많은, 태양과 섹스의 숭배자들은 근 1주일간에 걸쳐 헤엄치고 자고 희롱하며 맥주를 퍼마시고 모래밭에서 몸부림치며 소란을 피운다. 이 시기가 끝날 때쯤 비니키 차림의 여학생들과 구릿빛으로 탄 남학생들은 짐보따리를 챙겨 귀성 무리 속에 합류한다. 이렇듯 떠들썩한 무리들을 환영하기 위해 휴양 도시에서 마련한 집 부근에서는 '두 사람이 탈 수 있는 차인데 애틀랜타까지 동승자를 구함', '워싱턴까지 갈 차를 구함', '10시에 루이빌까지 가는 차가 있음' 등을 외치는 확성기 소리를 들을 수가 있다. 두세 시간 안에 이 해변의 난폭한 대향연(大饗宴)은 흔적 없이 사라지고 모래밭에는 담배 꽁초와 빈 맥주병만이 남는다. 물론 이 고장 상인들의 금전 등록기에는 150만 달러 가량의 매상고가 기록되지만, 이들은 이러한 연례적 내습(來襲)이 개인적인 이윤을 안겨주는 대신 공중 위생을 위협하는 더러운 축복이라고 여기고 있다.

　이렇듯 젊은 사람들을 유인하는 것은 햇빛을 갈망하는 억제할 수 없는 격정(激情) 탓만도 아니다. 단순한 섹스 탓만도 아닌 것 같다. 그러한 일이라면 다른 장소에서 즐길 수도 있다. 오히려 그것들보다는 책임을 느낄 필요가 없는 자유에 대한 의식인 것 같다. 최근에 이러한 향연에 갔다 온 19세 된 뉴욕 여학생의 말을 들어보면 "솔직히 거기서 만난 사람들은 다시 만나게 되지 않을 것이기 때문에, 어떤 행동을 하든 어떤 말을 지껄이든 그것에 대해서 걱정할 필요가 없다"는 것이다.

　포트 로더데일의 의식(儀式)이 제공하는 것은 아주 다양한 일시적 대인 관계를 이룰 수 있는 일시적 응집 작용(凝集作用)이라고 할 수 있다. 우리가 점차 초산업화 사회로 나아감에 따라 인간 관계를 특징짓고 있는 것은 바로 이러한 일시성이다. 물체와 장소들이 우리 생활 속에서 빠른 속도로 스쳐 가듯이, 인간들도 빨리 스쳐 가고 있기 때문이다.

관계의 대가

도시성(都市性), 곧 도시 거주자의 생활 방식은 20세기에 접어들면서부터 사회학의 관심사로 부각되었다. 베버(Max Weber)는 도시 사람들이 작은 지역 사회의 사람들처럼 자기 이웃의 모든 사람들에 대해서 알 수 없음은 분명하다고 지적했다. 지멜(Georg Simmel)은 이러한 생각을 한걸음 더 발전시켜서, 만일 도시에 살고 있는 개인이 서로 접촉한 모든 사람들에게 정서적으로 반응한다거나 아니면 그들에 대한 정보에 정신을 쏟는다면 그는 "내적으로 완전히 원자화(原子化)되어서 상상도 할 수 없는 정신 상태에 빠지고 말 것이다"라고 했다.

워스(Louis Wirth)도 도시적 관계의 단편성(斷片性)에 대해서 다음과 같이 지적하고 있다. "도시인은 극도의 단편적 역할만을 통해 서로 접촉하고 있고 타인에 대한 그들의 의존은 타인의 활동 영역 중에서 극히 일부 측면에만 한정되고 있다." 도시인은 접촉하는 모든 사람의 인격 전체에 깊이 관계하기보다는 일부 사람과 피상적이고 부분적인 접촉만을 유지할 수밖에 없다고 워스는 설명하고 있다. 우리는 신발 판매원이 신발을 얼마나 잘 파는지 하는 능력에만 관심을 쏟지 그 사람의 부인이 알코올 중독자든 아니든 그러한 문제에 대해서는 별반 관심을 쏟을 필요가 없다.

이러한 사실을 통해서 우리는 주변의 모든 사람과 한정된 연관 관계만을 형성하고 있음을 알 수 있다. 의식적이든 아니든, 우리는 기능적인 조건하에서 대부분의 사람들과의 관계를 규정하고 있다. 우리가 신발 판매원의 가정 문제와 그의 일반적인 소망, 꿈, 좌절 등에 개입하지 않는 한, 우리로서는 그와 똑같은 능력을 지닌 다른 판매원이라도 아무런 불편을 느끼지 않는다. 결과적으로 우리는 인간 관계에 조립식 원리를 적용하고 있다. 말하자면 우리는 쉽사리 버릴 수 있는 사람, 즉 조립식 인간을 만들어 내고 있는 셈이다.

우리는 총체적인 인간과 관련을 맺기보다는 그 사람의 한 부분에만 관련을 맺고 있다. 개별 인간이란 이러한 수천 개 부품의 독특한 구성체라고 생각할 수 있다. 따라서 어떤 총체적 인간은 다른 어떤 사람으로 대체될 수 없지만, 그 사람의 여러 특성은 각기 대체될 수 있다. 우리는 단지 한 켤레의 신발을 사려는 것이지 판매원의 우정이나 사랑 아니면 미움을 사려는 것이 아니기 때문에, 판매원의 인간성을 형성하는 다른 모든 요소들을 알아보거나 그것들과 관련을 맺을 필요는 없다. 인간 관계란 안전할 정도로 한정되어 있다. 양편 모두가 유한 책임(有限責任)이다. 관계가 유지되려면 일정한 형식의 형태를 서로 수락해야 하고 의사 소통이 이루어져야 한다. 말하자면 양편의 사람들은 의식적이든 아니든 일정한 한계와 법칙을 이해하고 있어야 한다. 어려움이 야기되는 것은 어느 한편이 묵계(默契)된 한계를 넘어설 때, 말하자면 직접적인 기능과 무관한 다른 요소와 관계를 맺으려 할 때다.

오늘날 사회학 또는 심리학 분야의 많은 문헌들이 이렇듯 단편적인 관계들로 인해서 빚어지는 것으로 생각되는 소외 문제에 관심을 쏟고 있다. 실존주의와 학생 소요에 관한 많은 논의는 바로 이러한 단편성을 공박하고 있다. 우리는 동료와 흡족한 관련을 맺고 있지 않다고들 한다. 수많은 젊은이들은 바로 '총체적인 관련성'을 추구하기 위해 방황하고 있다는 것이다.

그러나 관계의 분화(分化)가 전적으로 나쁘다는 통속적인 결론을 성급히 내리기에 앞서 그 문제를 좀더 상세히 검토하는 것이 바람직하다. 신학자 콕스(Harvey Cox)는 지멜의 의견을 받아들여, 도시적인 환경에서 모든 사람과 전면적인 관련을 맺으려는 시도는 자기 파멸과 정서적 공허만을 자초할 뿐이라고 지적하고 있다. 도시인이 "일정한 우정 관계를 선택해서 그것을 키우고 계발하려면, 접촉하고 있는 모든 사람들과는 어느 정도 비인간적 관계를 유지하지 않을 수 없다. ……그의 생활이란 수십 개의 체계나 수백 명의 사람들과 접촉하는 하나의 경우라고 할 만하다. 따라서 그가 그들 중 일부와 보다 잘 알기 위해서는 많은 다른 사람들과의 관계를 되도록 깊게 하지 않을 필요가 있다. 우편 배달부의 잡담을 들어주는 것은 도시인으로서는 단순히 친절을 베푸는 행동에 지나지 않는다. 왜냐하면 그는 우편 배달부가 얘기하려고 하는 사람들에 대해서는 흥미가 없기 때문이다."

더욱이 이러한 현상을 한탄하기에 앞서 우리는, 과연 많은 사람들의 인간적인 여러 요소와 관계를 맺기보다 몇몇 사람들과 총체적인 관계를 맺고 사는 전통적인 조건으로 되돌아가기를 더 바랄 것인지 자문(自問)해 볼 필요가 있다. 전통형(傳統型) 인간이 너무나 감상적이고 너무나 낭만적이어서 우리는 간혹 이러한 복귀(復歸)의 결과들을 간과하는 수가 있다. 단편화를 한탄하는 바로 그 작가들 역시 자유를 요구하고 있는데, 그들 자신은 총체적인 관계에 얽매인 사람들이 부자유스럽다는 사실을 간과하고 있다. 관계란 원래 상호적인 요구와 기대를 뜻하고 있기 때문에 하나의 관계가 친밀하게 되면 될수록 이러한 기대를 충족시키기 위해서 다른 관계에 미치는 압력은 커지게 마련이다. 관계가 보다 견고하고 보다 총체적인 것으로 되면 될수록 보다 많은 요소들이 작용하게 되고 아울러 제기되는 요구들도 더 많아진다.

분화된 관계에서 요구는 엄격히 한정되고 있다. 신발 판매원이 자기에게 주어진 보다 한정된 봉사를 통해 우리의 보다 한정된 기대를 충족시키는 한, 우리는 그가 어떤 신(神)을 믿든 집에서 행실이 어떻든 어떠한 정치관을 지니든 어떤 종류의 음식이나 음악을 즐기든 상관할 바가 아니다. 우리는 다른 모든 문제를 그 사람의 자유에 맡겨두고, 그 역시 우리가 무신론자든 유태인이든, 이성 교제를 하든 동성 연애를 하든 아니면, 극우파(極右派)든 공산주의자든 상관하지 않는다. 그런데 총체적인 관계일 때는 그렇지 않고 또 그럴 수도 없다. 어떤 점에서 보면 단편화와 자유는 병행하는 셈이다.

우리 모두는 우리 생활에서 총체적인 관계를 조금은 필요로 하고 있는 것 같다. 그러나 우리가 이러한 관계만을 지닐 수 없다는 사실을 비방한다면 그것은 난센스다. 그리고 개인이 많은 사람과의 부분적 관계보다는 몇몇 소수인과의 전체적 관계를 맺는 사회를 선택한다면, 그것은 곧 지난날의 감옥 생활, 말하자면 개인들이 서로 굳게 결속되고 있으나 사회적 관습, 성(性) 관습, 정치적 및 종교적 제약 등으로 단단히 속박되어 있던 과거 생활로의 복귀를 원하는 것이 된다.

그렇다고 해서 부분적 관계들이 모험을 요하지 않는다거나 이 세상의 모든 관계들 중에서 가장 좋다는 것은 아니다. 앞으로 고찰해 보겠지만 이러한 상황에서도 심각한 모험들이 없지 않다. 그러나 지금까지 이러한 문제들에 대한 공개적이고 전문적인 모든 논의들은 초점을 제대로 파악하지 못하고 있다. 지금까지의 논의들은 모든 대인 관계, 즉 그것들의 지속 기간에 대한 비판적 검토가 소홀했기 때문이다.

인간 관계의 지속 기간

위스와 같은 사회학자들은 도시 사회에서 인간 결속의 일시적 성격에 관해서 간접적으로 언급하고 있다. 그러나 그들은 인간 결속의 기간이 짧아지는 것과 다른 관계의 지속 기간이 짧아지는 것에 어떤 관계가 있는가에 대해서는 체계적인 노력을 기울이지 않고 있고, 이러한 지속 기간이 크게 줄어들고 있음도 밝히려 하지 않고 있다. 그러나 우리는 인간 결합의 일시적 성격을 분석하지 않고서는 초산업화 사회로의 이행을 완전히 이해할 수 없을 것이다.

우선 한 가지 문제는 인간 관계의 '평균' 지속 기간의 감소가 이러한 관계의 수적 증가를 초래하는 것 같다는 것이다. 오늘날 평균적인 도시인은 봉건 사회의 시골 사람이 1년, 심지어 일생 동안에 만났던 사람들보다 더 많은 사람을 1주일 안에 접촉하고 있다. 도시인은 상호 작용이 오랫동안 지속되는 핵심 집단을 가질 수도 있지만, 역시 한두 번 만나고는 모르는 관계로 돼버리는 수백 명, 아니 수천 명의 사람들과 상호 작용하고 있다.

우리 모두는 다른 종류의 관계를 고찰할 때와 마찬가지로 어느 정도 지속되리라는 일련의 기대하에서 인간 관계를 고찰하고 있다. 우리는 어떤 관계들이 다른 관계들보다 더 오래 지속되리라고 기대하고 있다. 실상 지속 기간의 기대치(期待値)에 따라 다른 사람들과의 관계를 분류해 볼 수 있다. 물론 이러한 관계들이란 문화에 따라서도 다르고 사람에 따라서도 다르다. 하지만 선진 기술 과학 사회의 주민 대부분을 놓고 본다면 다음과 같은 구분이 가능할 것 같다.

(1) 지속성이 긴 관계 인간의 일생을 통해 그 관계가 지속될 것으로 기대되는 것들은 일차적으로 가족 관계고, 그보다 낮은 것은 기타의 혈연 관계라고 하겠다. 이혼율 증가와 핵가족화(核家族化)에 따라 이러한 기대도 언제나 충족되는 것은 아니다. 그러나 이론적으로 결혼은 '죽음이 두 사람을 갈라 놓을 때까지' 지속되는 것으로 보아 일생 동안의 관계가 사회적 통념인 것이다. 극히 일시적인 사회에서 이러한 기대가 적절한 것인지 아니면 이상에 치우친 것인지는 논쟁이 될 법하다. 그러나 가족 관계란 설사 일생 동안은 아니더라도 오래 지속될 것으로 기대되고, 이러한 관계를 파괴한 사람에 대해서는 상당한 비난이 쏟아지고 있음도 사실이다.

(2) 지속성이 보통인 관계 이러한 범주에 속하는 관계들은 네 가지로 분류해 볼 수 있다. 지속 기간에 대한 기대가 줄어드는 순서대로 대략 나열해 보면 우정 관계, 이웃 관계, 직장 동료, 그리고 교회나 클럽 등 임의 단체들의 회원 관계가 그것이다.

우정 관계는 전통적으로 가족 관계와는 똑같지 않더라도 거의 그것만큼 존속되는 것으로 생각되고 있다. 문화는 '오랜 친구'들에 큰 비중을 두고 있어서 우정을 저버리는 일은 대단히 수치스러운 일로 보고 있다. 그러나 우정 관계의 한 형태인 친분 관계는 별로 오래 지속되지 않는 것으로 인식되고 있다.

　이웃 관계는 지리적인 이동률이 너무 높기 때문에 장기적인 관계로 볼 수 없다. 이것은 개인이 한 거주지에 머무르고 있는 동안만 지속되는 것으로서 그 기간의 평균치는 점점 짧아지고 있는 것으로 생각된다. 이웃과의 단절은 여러 가지 어려움을 불러일으킬 수는 있지만 큰 비난을 받을 만한 부담은 따르지 않는다.

　직장 관계는 곧잘 우정 관계와 중복되고 간혹 이웃 관계와도 중복된다. 전통적으로 볼 때 특히 사무직과 전문직 및 기술직에 종사하는 사람들의 경우에서 직장 관계란 비교적 장기간 지속되는 것으로 생각되고 있다. 그러나 이러한 기대는 앞으로 고찰해 보겠지만 급격히 변화하고 있다.

　회원 관계, 즉 교회나 민간 단체 혹은 정당 등에 함께 소속하고 있는 사람들의 관계는 때로 우정 관계로 승화(昇華)될 수 있지만, 이러한 개인적인 유대가 이루어지기까지는 우정 관계나 이웃 관계나 직장 동료 관계보다 시들기 쉬운 것으로 간주되고 있다.

　(3) 지속 기간이 짧은 관계　　전부는 아니지만 대부분의 서비스 관계가 이러한 범주에 속한다. 말하자면 판매 사원, 배달원, 주유소 종사자, 우유 배달원, 이발사, 미용사 등이 이러한 관계라고 하겠다. 이러한 사람들 사이에는 이동이 비교적 빠르고, 관계를 단절한 사람이라도 별로 또는 전혀 수치스럽게 여기지 않는다. 서비스 형태에서도 의사, 변호사, 공인회계사 등과 같은 전문직은 예외에 속하는데, 이들과의 관계는 어느 정도 더 길게 지속되는 것으로 기대되고 있다.

　이러한 분류가 완전 무결하다고는 할 수 없다. 우리는 우정 관계나 직장 관계 아니면 이웃 관계보다 더 오래 지속되는 일부 서비스 관계를 예시(例示)할 수 있다. 더욱이 우리는 일생 동안, 극히 오래 지속되는 관계도 많이 찾아볼 수 있는데, 수년간에 걸쳐 같은 의사를 찾아다니는 경우나 대학 시절의 친구와 극히 밀접한 관계를 유지하는 경우 등이 이에 속한다고 하겠다. 이러한 경우가 비정상일 수는 없지만 우리 생활에서 볼 때 별로 많은 숫자가 아닌 것은 사실이다. 이러한 관계란 초원에 우뚝 솟은 줄기 긴 꽃과 같은 것이며, 이 초원의 풀잎들은 단기적인 관계 곧 일시적인 접촉을 나타내고 있다. 그것이 쉽사리 눈에 띄는 것은 바로 이러한 관계의 긴 지속성 때문이다. 이러한 현상은 예외이긴 하지만 원칙을 깨는 것은 아니다. 크게 보아 이러한 현상은 우리 생활의 대인 관계 지속 기간이 점점 짧아지고 있다는 근본 사실을 변경시키는 것은 아니다.

성급한 환영(歡迎)

계속적인 도시화(都市化)는 우리로 하여금 인간 관계에서 '일시성'을 가속시키는 수많은 압력들 중 하나에 지나지 않는다. 앞서 지적했듯이 도시화는 수많은 사람들을 근접시킴으로써 실제적인 접촉의 횟수를 증가시키고 있다. 그러나 이러한 과정은 앞 장(章)에서 서술한 지리적 이동성의 증대를 통해서 크게 촉진되고 있다. 지리적인 이동성은 우리 생활에서 장소의 흐름을 가속시킬 뿐 아니라 사람들의 흐름도 가속시키고 있다.

여행의 증대는 같은 여행자나 호텔 종업원, 택시 운전사, 항공사 직원, 짐꾼, 여급, 웨이터, 친구, 친구의 친구, 세관원, 여행사 직원들 및 그 밖의 수많은 사람들과의 일시적이고 예기치 않은 관계들의 수를 크게 증대시킨다. 개인의 이동성이 증대되면 될수록 짧고 직접적인 대면(對面), 여러 종류고 단편적이며 시간적으로도 압축된 접촉의 수가 더욱 증대된다. 그런데 이러한 접촉들은 너무나 당연해서 우리에게 중요하게 느껴지지 않는다. 우리보다 먼저 이 지구를 스쳐 간 660억에 달하는 인간들 중에서, 오늘날처럼 극히 일시적인 인간 관계를 경험한 사람들의 수가 얼마나 적은가는 쉽사리 추리해 볼 수 있다.

여행이 여러 서비스 분야 종사자들과의 접촉을 증대시킨다면 거주 이전도 역시 우리 생활과 관계되는 사람들의 수를 증대시킨다고 하겠다. 이동은 거의 모든 범주에 속하는 관계의 단절을 초래시킨다. 캘리포니아 주 메어 아일랜드(Mare Island)의 해군 조선소(造船所)에 있는 직장으로부터 버지니아 주 뉴포트 뉴스(Newport News)에 있는 기지(基地)로 전근한 젊은 잠수(潛水) 기술자는 자기 처자만을 데리고 간다. 그 사람은 부모나 인척, 이웃 사람들, 거래 상인들, 직장 동료 및 그 밖의 모든 사람은 남겨둔 채 떠난다. 이를테면 그는 종래의 인간 관계들을 단절하는 셈이다. 그와 가족은 새로운 지역 사회에 정착하기 위해 완전히 새로운(또 한 번의 일시적인) 관계들을 맺지 않을 수 없다.

지난 17년 사이에 11번 이사를 해서 이 방면에 가히 전문가라고 할 만한 젊은 주부가 있는데 그녀는 이사 과정을 다음과 같이 설명하고 있다. "어떤 동네에 살다 보면 여러 가지 변화들이 일어나는 것을 엿볼 수 있다. 하루는 새로운 배달부가 우편물을 전달해 주는가 하면 2~3주 뒤에는 슈퍼마켓 계산대의 소녀가 바뀌어 다른 사람이 그 자리에 앉아 있다. 또 주유소의 일꾼이 바뀐 것도 알게 된다. 그러는 사이 바로 옆집 사람이 이사가고 새로운 가족이 이사온다. 이러한 변화들은 점진적이긴 하지만 언제나 일어나고 있다. 만약 이사를 하게 되면 당신은 이러한 온갖 관계를 일시에 끊고 모든 것을 새로 시작하지 않으면 안 된다. 당신은 새로운 소아과 의사, 새로운 치과 의사, 당신을 속이지 않을 또 다른 자동차 수리공 등을 찾아야 한다. 이와 함께 당신은 종전에 가입하고 있던 모든 단체로부터 손을 떼고 다시 시작해야 한다." 이사가 잦은 사람에게 심리적인 부담을 지우는 것은, 바로 그것이 온갖 기존 관계를 일시에 단절시킨다는 데 있다.

물론 개인의 생활에서 이러한 순환 주기 자체가 빨리 되풀이되면 될수록 그에 따른 관계의 지속 기간은 짧아진다. 이러한 과정은 현재 많은 사람 사이에서 너무나 빨리 일어나고 있기 때문에 인간 관계에 관한 전통적인 시간 관념은 크게 바뀌고 있다. 《뉴욕 타임스》의 한 기사를 보면 "어느 날 밤 프로그타운 로드(Frogtown Road)의 칵테일 파티에 참석한 사람들 사이에서 뉴 케이넌(New Canaan)에 과연 얼마만큼 오래 살았느냐가 화제에 올랐다. 여기서 가장 오래 거주한 부부가 5년간이라는 것이 밝혀졌지만 누구 하나 놀라는 사람이 없었다"는 내용이 수록되었다. 시간과 장소가 서서히 바뀌는 시대라면 5년간이란 한 가족이 새로운 지역으로 이사하기 위한 준비 기간에 지나지 않는다. 옛날에는 '작심'하는 데도 그토록 오랜 기간이 필요했는데, 오늘날에는 준비 기간이 크게 단축될 수밖에 없는 것이다.

이러한 이유로 인해서 미국의 많은 교외 지역에는 신입자(新入者)들을 그 지역의 큰 상점이나 사업소들로 안내함으로써 빨리 익히도록 하는 이른바 '환영 마차'라는 서비스업이 생겨나고 있다. 환영 마차의 유급(有給) 종사원은 대체로 중년 부인인데 이들은 신입자들을 방문해서 그 지역에 관한 여러 가지 질문에 응답해 주고 안내서를 주기도 하며, 때로는 그 지역 상점에서 물건을 싸게 살 수 있는 할인권도 준다. 이러한 일은 서비스 분야의 관계들에만 영향을 미치며 실제로는 하나의 광고 형태에 지나지 않는 까닭에 환영 마차가 미치는 영향이란 피상적인 것이다.

그러나 새로운 이웃이나 친구들과 연결짓는 과정은 그 지역에서 비공식적인 소개역(紹介役)을 담당하는 일정한 사람들 —— 대체로 나이 든 이혼녀나 독신녀 —— 의 출현을 통해 아주 효과적으로 촉진되는 수가 왕왕 있다. 정평 있는 교외 개발 지역이나 주택 단지에는 이러한 역할을 수행하는 사람들이 흔히 있다. 럿거스 대학(Rutgers University)의 도시사회학자인 굿먼(Robert Gutman)은 이러한 사람들의 기능을 다음과 같이 지적하고 있다. 즉 이러한 소개인 자신은 그 지역 사회 생활의 주류(主流)로부터 고립되어 있는 수가 허다하지만, 그들은 신입자를 위해 '교량 역할'을 수행하는 데서 보람을 느끼고 있다는 것이다. 그녀는 신입자들을 파티나 그 밖의 모임에 초대하는 데 앞장서고 있다. 물론 소개인은 어떤 '오래 된' 거주자——많은 경우 '오래 되었다'고 해야 고작 2년이지만——가 신입자들을 초대한다고 적절히 꾸며대지만, 신입자들은 그 소개인 자신이 그 지역 사회에서 국외자(局外者)임을 곧 알아차리고 그들을 멀리하게 된다.

굿먼은 "소개인을 위해서 다행스러운 일은, 신입자를 지역 사회에 소개해서 그 신입자가 자기를 멀리할 때쯤이면 소개인이 또다시 우정의 손을 내밀 수 있는 대상인 새로운 신입자가 도착한다는 사실이다"고 말했다.

그 지역의 다른 사람들도 역시 관계 형성 과정에 도움을 주고 있다. 따라서 굿먼은 주택 단지의 경우를 예로 들어 다음과 같이 말하고 있다. "부동산 소개업자들도 신입자들이 집을 사기 전에 그들을 이웃 사람들에게 소개하고 있다고 응답자들은 말하고 있다. 경우에 따라서는 주부들이 이웃에 사는 다른 주부들을 방문하는 수도 있는데, 이러한 방문은 개인적으로 이루어질 때도 있고 집단으로 이루어질 때도 있다. 그런가 하면 정원에 나와 마당을 쓸거나 아이들을 돌보다가 서로 우연히 만날 수도 있다. 물론 아이들이 마련하는 통상적인 모임들도 있는데, 이런 때 아이들은 새로운 환경에서 이웃과 접촉하는 데 앞장서는 수가 흔히 있다."

지방의 조직체들도 개인을 지역 사회에 빨리 융합시키는 데 중요한 역할을 한다. 이러한 현상은 주택 단지에서보다는 교외 지역에서 더 두드러지는 것 같다. 교회, 정당 및 여성 단체 등은 주로 신입자들이 찾는 인간 관계의 기반이다. 굿먼에 따르면 "때로는 이웃 사람이 신입자에게 임의 단체의 존재에 관한 정보를 제공하고, 심지어 신입자를 그런 단체의 모임에 데리고 가는 수도 있다. 그러나 이러한 경우에서까지도 그 단체 안에서 자기 자신과 친근해질 수 있는 1차 집단을 발견하는 것은 이주자 자신에게 맡겨져 있다"는 것이다.

또다시 이동해야 한다는 것, 말하자면 유목민처럼 또다시 그들의 보따리를 챙겨가지고 어딘가로 이주의 길을 떠나야 한다는 사실에 대한 인식은 장기적인 관계의 발전을 저해하고 있다. 그리고 이러한 사실은 올바른 관계를 맺기 위해 그것들이 생활 속으로 재빨리 스며들어야 함을 의미하고 있다.

그러나 준비 기간이 단축되어 여유가 없다면, 이별──이탈──의 기간도 역시 단축될 수밖에 없다. 이러한 현상은 서비스 관계에서 두드러지는데, 서비스 관계란 단면적(單面的)이기 때문에 개시도 종결도 다 빨리 이루어질 수 있다. 어떤 교외 식료품 가게 경영인은 "손님들은 왔다가 이내 사라져버린다. 어느 날 손님들을 놓쳤구나 하면 그들은 이미 댈러스로 이사했음을 알게 된다"고 말했다. 《비즈니스 위크(*Business Week*)》지의 한 필자는 "워싱턴 시의 소매 상인은 고객들과 장기적이고 지속적인 관계를 맺는 일이 거의 없다"고 했다. 뉴 헤이븐(New Haven)의 통근 열차 차장은 "승객의 얼굴이 언제나 다르다"고 말했다.

인간의 관계가 일시적임은 아기들도 곧 알게 된다. 과거의 '유모(乳母)'는 가정부에 밀려났는데, 소개소에서는 아이를 돌보아 달라고 할 때마다 다른 사람을 보내주고 있다. 그리고 이렇게 시간 단절의 인간 관계로 나아가는 경향은 가정의(家庭醫)의 소멸에서도 그대로 드러나고 있다. 사라진 가정의는 자기 나름의 전문 분야를 갖고 있지는 않았지만, 일반 의사로서 적어도 거의 요람에서 무덤까지 같은 환자를 돌보아 주는 이점은 갖고 있었다. 오늘날의 환자는 한 의사에 얽매이지 않는다. 말하자면 오늘날의 환자는 한 의사와 장기적인 관계를 맺기보다는 새로운 지역으로 이사할 때마다 이러한 관계들이 바뀌기 때문에 여러 전문의들 사이를 왕래하고 있다. 어떤 관계든 그 안에서의 접촉은 점점 짧아져 가고 있다. 따라서 〈크레스트우드 고원〉의 저자들은 전문가와 일반인의 상호 작용을 논하면서 "서로의 대면 기간이 짧아지고 있다"고 말하고, 이어 "서로가 바쁘고 시간에 쪼들리는 생활을 영위하고 있으므로, 그들 사이의 접촉은 전달하고자 하는 내용을 간략하게 요약해서 말이 너무 많지 않도록 배려하지 않으면 안 된다"고 했다. 이렇듯 단편적이고 단기적인 환자와 의사와의 관계가 건강에 미치는 영향은 보다 더 진지하게 연구되지 않으면 안 된다.

미래의 교우(交友) 관계

가족이 이사를 할 때마다, 그다지 친하지 않은 친구나 지인(知人) 대부분과는 헤어지게 마련이다. 남아 있는 사람들은 대부분 잊혀지고 만다. 그렇다고 이별이 모든 관계를 단절시키는 것은 아니다. 우리는 전에 살던 고장에서 사귄 친구 한두 명과는 접촉하고 있고 친척들과도 가끔 접촉을 갖는다. 그러나 이사할 때마다 심한 감소 현상이 빚어지는 것은 사실이다. 이사해도 처음에는 자주 편지를 교환하고, 때로는 전화를 하거나 직접 방문하기도 한다. 그러나 이러한 관계도 점차 그 빈도가 줄어 결국에는 이것들마저 단절되고 만다. 런던을 떠난 후 영국의 전형적인 교외 거주자가 된 사람의 말을 빌리면, "런던을 잊을 수 없다. 가족과 함께 거기 살지는 않지만 잊지는 못한다. 우리는 아직도 플럼스테드(Plumstead)와 엘텀(Eltham)에 사는 친구를 갖고 있어 주말마다 그곳에 가곤 했으나, 언제까지나 그것을 계속할 수는 없다"는 것이다.

바스(John Barth)는 자기의 소설 〈수상 오페라(The Floating Opera)〉에서 친구들 사이의 우정이 변해 가는 과정을 잘 묘사하고 있다. "친구들은 과거로 떠나간다. 우리는 친구들과 관계를 맺지만, 그들은 떠나가고 만다. 결국 우리는 그들의 행방을 풍문으로만 듣거나 완전히 모르게 되고 만다. 그들이 되돌아온다 해도 우리는 새로이 사귀어야 하며 그들과 우리는 서로 별로 이해하지 못한다는 사실을 발견하게 된다"는 것이다. 위에서 표현된 내용 중에 하나의 잘못이 있다면, 그것은 우정을 싣고 흔들리며 떠가는 물결이 느릿하고 구불구불한 것으로 암시되고 있다는 점뿐이다. 오늘날 그 흐름은 엄청난 속도를 내고 있다. 교우 관계는 점차 급류를 타고 가는 카누와 흡사해지고 있다. 컬럼비아 대학 교수며 인력(人力) 이동 문제 전문가인 긴즈버그(Eli Ginzberg)는 "우리 모두는 친구나 이웃들과 장기간 관계를 맺거나 관여하지 않는, 이른바 대도시형 인간이 되어가고 있다"고 말했다.

〈미래의 교우 관계〉라는 훌륭한 논문에서 심리학자 톨(Courney Tall)은 다음과 같이 지적했다. "몇몇 사람들과의 긴밀한 교우 관계를 기반으로 한 안정성은 비효과적일 것이다. 왜냐하면 이동성이 높아지고, 관심의 영역이 넓어지며, 고도로 자동화된 사회의 구성원들 사이에는 적응력과 변화에 대처하는 능력에서 차이가 두드러지기 때문이다. ……개인은 공통의 관심이나 소집단에의 가입을 토대로 긴밀한 동지적(同志的) 관계를 형성할 능력을 개발할 것이고, 다른 지역으로 이사해서도 똑같은 이익 집단에 합류하거나, 아니면 같은 지역 안에서 다른 이익 집단으로 옮김으로써 이러한 교우 관계들을 쉽사리 버리게 될 것이다. ……물론 이해 관계도 빨리 변할 것이다. 긴밀한 관계를 재빨리 형성해서는 쉽사리 청산하거나 아니면 친분의 밀도를 줄일 수 있는 이러한 능력은 이동성이 증가함에 따라 더욱 함양되어 어떤 특정인도 현재 대부분의 사람들이 맺을 수 있는 것보다 더 많은 교우 관계를 형성하는 결과를 빚어 낼 것이다. ……미래 교우 관계의 지배적 형태는 과거에 형성되었던 소수의 장기적 교우 관계 대신에 단기간의 긴밀한 관계로 바뀜으로써 다방면을 충족시키는 방향으로 나아갈 것이다."

5일간의 친구

일시적인 관계로 나아가는 경향이 계속되리라는 확신을 안겨주는 하나의 이유는 새로운 기술과학이 여러 가지 직업에 대해 영향을 미치고 있다는 사실이다. 설사 대도시로의 이동이 멈추어지고 사람들이 살던 지역에 정주(定住)한다고 하더라도, 직업 변동의 결과로 해서 관계의 수는 급증했을 것이고 지속 기간은 단축됐을 것이다. 선진 기술과학 ──우리가 그것을 오토메이션이라고 일컫든 않든 간에 ──의 도입은 필연적으로 경제가 요구하는 기능(技能)이나 인간성에 커다란 변화를 수반했을 것이기 때문이다.

전문화(專門化)는 직업의 수를 증가시키고 기술과학적인 혁신은 어떤 특정 직업의 수명도 단축시키고 있다. 경제학자며 인력 문제 전문가인 애논(Norman Anon)은 "직업의 출현과 쇠퇴가 너무나 급격하기 때문에 사람들은 언제나 직업에 대해 불안을 느낄 것이다"라고 말했다. 그는 또 항공기 기관사라는 직업이 출현했다가는 15년 만에 소멸되었다고 지적했다.

어떤 큰 신문의 구인란(求人欄)을 보아도 새로운 직업이 정신 못 차릴 정도로 증가되고 있음을 알 수 있다. 조직 분석가(systems analyst), 컴퓨터 제어 기사, 코더(coder), 테이프 관리인, 테이프 조작자 등은 컴퓨터와 관련되는 직업들 중 일부에 지나지 않는다. 정보 보정(補正), 광학 주사(光學走査), 박막(薄膜) 기술 등은 모두 낡은 직업들이 중요성을 잃거나 사라지는 반면에 새로운 종류의 전문인들을 요구하고 있다. 1960년대 중반에 《포춘(Fortune)》지가 미국의 대회사들이 고용하고 있는 젊은 간부 직원 1003명을 대상으로 조사를 실시했는데, 세 사람 가운데 한 사람은 자기가 창시한 직업을 갖고 있음이 밝혀졌다. 그런가 하면 첫번째 개척자에 이어 두번째로 그 분야에 발을 디딘 사람도 상당히 많았다. 심지어 직종의 명칭이 같은 경우에도 일의 내용은 곧잘 바뀌었고, 그 직을 담당하는 사람들도 바뀌었다.

그러나 직업의 변동이 기술과학적 변화의 직접적인 결과만은 아니고, 모든 분야의 산업체가 급변하는 환경에 적응하고 무상할 정도로 변하는 소비자의 기호(嗜好)에 따라가기 위해서 스스로를 황급히 편성하거나 재편성함으로써 빚어지는 합병 또는 인수(引受)의 결과이기도 하다. 물론 직업을 부단히 혼합시키는 데는 다른 많은 복합적인 압력들이 작용하고 있음도 사실이다. 따라서 미국의 노동성(勞動省)이 최근에 실시한 조사에서 밝혀진 바로는 미국의 노동 인구 7100만 명의 평균 재직 기간이 4.2년이라는 것이다. 불과 3년 전에 4.6년이었던 것과 비교해 본다면 지속 기간의 감소는 9퍼센트에 달한다고 하겠다.

노동성의 또 다른 보고는 "1960년대 초와 같은 여건하에서는 20세의 평균적 남자 취업자가 대략 여섯 번이나 일곱 번에 걸쳐 직업을 바꾸는 것으로 나타났다"고 보고하고 있다. 따라서 초산업화 사회의 시민은 '평생 직업'이라는 관념보다는 '여러 직업의 연속'이라는 관념을 갖게 될 것이다.

오늘날의 인력 조사에서는 현재 갖고 있는 직업에 따라 사람들을 분류한다. 말하자면 노동자는 '기계 조작원', '판매원' 아니면 '컴퓨터 프로그래머' 등으로 분류된다는 것이다. 인력 관계 전문가들에 따르면 이러한 분류 체계는 별 변동이 없던 시절에 마련된 것으로서 이미 적합한 방법일 수 없다는 것이다. 이제는 각 노동자가 현재 갖고 있는 직업이라는 조건에서만이 아니라, 그가 어떤 직업들에 종사해 왔는가 하는 이른바 직력(職歷)에 따라 분류해 보려는 노력이 이루어지고 있다. 개개인의 직력은 다르지만, 직력의 유형은 추려낼 수 있다. "당신의 직업은 무엇인가"라는 질문을 받았을 때, 초산업화 사회에 살고 있는 사람은 자기의 현재(일시적인) 직업에 따라서가 아니라 자기의 직력 유형, 말하자면 자기 직업 생활의 전반적인 형태에 따라서 스스로의 특성을 제시할 것이다. 특정 개인이 과거에 무엇을 해왔고 앞으로 어떤 일을 해낼 수 있을 것인가를 고려하지 않는, 이른바 현재 활용하고 있는 정태적(靜態的)인 경력 표시보다는, 위에서 밝힌 직력에 따른 경력 표시가 초산업화 사회의 직업 시장에는 더 적합할 것이다.

현재 미국에서 두드러지고 있는 높은 직업 변동률은 역시 서유럽 여러 나라에서도 점차 두드러지고 있다. 영국의 경우 제조업체의 직업 변동률은 매년 30~40퍼센트로 산출되고 있다. 프랑스의 경우 전체 노동력의 약 20퍼센트가 매년 직업을 바꾸고 있는데, 비오에 따르면 이러한 숫자는 증가 도상에 있다는 것이다. 스웨덴의 경우 스웨덴 제조업협회 회장인 구스타브손(Olof Gustafsson)에 따르면 "매년 평균 25퍼센트 또는 30퍼센트의 노동력 이동 현상이 나타나고 있는데…… 아마도 많은 곳에서는 현재 35퍼센트 혹은 40퍼센트에 달하고 있을는지도 모른다"는 것이다.

그러나 통계적으로 측정 가능한 직업 변동률이 높아지든 그렇지 않든 그것이 그렇게 큰 문제인 것은 아니다. 측정될 수 있는 변화란 전반적인 변화의 일부에 지나지 않기 때문이다. 통계는 같은 회사나 공장 안에서의 직업 변동이나 부서 이동을 고려에 넣지 않고 있다. 런던 타비스톡 연구소(Tavistock Institute)의 라이스(A. K. Rice)씨는 "부서간의 이동은 공장 안에서 새로운 생활을 시작하는 것과 같은 효과를 나타낼 것이다"고 주장했다. 직업 변동에 관한 전반적인 통계들은 부서간의 이동을 고려하지 않음으로써 실제 빚어지는 변동량을 과소 평가하고 있다. 실상 온갖 변동은 낡은 인간 관계의 종결과 새로운 인간 관계의 시발을 기저오는 것이다.

어떤 형태든 직업의 변화는 상당한 긴장을 수반하게 마련이다. 개인은 스스로 낡은 관습과 낡은 대응 방법을 청산하고 사물을 다루는 새로운 방법을 익히지 않으면 안 된다. 설사 업무 자체는 비슷한 경우라도 그 업무가 이루어지는 환경은 판이하다. 마치 새로운 지역으로 이사한 경우처럼, 신입자는 재빨리 새로운 관계를 형성해야 할 압력을 받고 있다. 여기서도 역시 정보 소개자의 역할을 수행하는 사람들을 통해서 이러한 과정이 촉진될 수 있다. 그런가 하면 역시 개인은 회사 직제(職制)의 부서와는 다른, 대체로 비공식적이고 파벌 비슷한 조직체들에 가입하여 인간 관계를 맺게 된다. 그런가 하면 한편으로는 어떤 직업도 영구적인 것이 아니라는 사실을 알고 있기 때문에, 형성하는 관계들도 조건부고 부품 조립적 성격, 곧 일시적인 성격을 띠게 된다.

취업과 이직(離職)

우리는 지리적인 이동성을 고찰하는 과정에서 일부 개인이나 집단들이 다른 개인이나 집단보다 더 높은 이동성을 띤다는 사실을 발견했다. 직업의 이동성을 보더라도 역시 일부 개인이나 집단이 다른 개인이나 집단보다 직업의 변화율이 높다는 것을 발견할 수 있다. 아주 개괄적인 표현으로 지리적으로 많이 이동하는 사람들이 직업적으로도 역시 많이 이동하고 있다고 말할 수 있겠다. 그런가 하면 사회 안에서 가장 어렵고 가장 숙련되지 않은 집단에 속한 사람들이 더 많이 이동하고 있음도 아울러 발견할 수 있다. 어떤 경제 체제가 심한 파동을 겪어서 타격을 받게 되면 점차 유식하고 숙련된 노동자들을 요구하게 되므로, 가난한 사람들은 핀볼과 같이 이 직업 저 직업으로 떠돌아다닌다. 가난한 사람들은 맨 나중에 고용되어 제일 먼저 해고되는 사람들이다.

교육이나 생활 면에서 중간층에 속하는 사람들은 농촌 주민들보다는 이동성이 높지만, 그래도 비교적 안정되어 있음을 엿볼 수 있다. 그리고 앞서 지적했다시피 과학자, 기술자, 교육을 많이 받은 전문직인이나 기술인, 사무직 또는 경영직 등 미래 지향성을 강하게 풍기는 집단에 속한 사람들이 의외로 이동률이 높고 또 높아지고 있음을 알 수 있다.

따라서 최근의 연구에서 밝혀진 바로는, 미국에서 연구 개발 산업에 종사하는 과학자와 기술자의 전직률(轉職率)은 다른 미국 기업체의 경우보다 거의 배에 가깝다는 것이다. 그 이유는 간단하다. 바로 이러한 직업이 기술과학적인 변화의 첨단, 말하자면 지식의 폐용화(廢用化)가 가장 빨리 오는 곳이기 때문이다. 예를 들면 웨스팅하우스 사의 경우 대졸 기술자의 '반생(半生)'이란 불과 10년으로 여겨지고 있는데, 이것은 바로 그가 배운 지식의 절반이 10년 안에 낡아지고 말 것임을 의미하고 있다.

대중 매체, 특히 광고업계도 역시 전직률이 두드러지고 있다. 450명의 미국 광고업 종사자들을 대상으로 한 최근의 조사에서 밝혀진 바로는 70퍼센트가 지난 2년 사이에 직업을 바꾸었다는 것이다. 소비자의 기호, 광고 도안이나 문안 그리고 상품 그 자체의 재빠른 변화를 반영해서, 영국에서도 의자 뺏기 놀이가 벌어지고 있다. 광고업체들 사이의 인사 교류는 업계내에서 두통거리가 되고 있고, 많은 광고업체들은 직원을 채용해서 만 1년간 봉사할 때까지는 정식 직원으로 인정하지 않고 있다.

그러나 가장 극적인 변화가 일어나고 있는 것은 경영 간부층인 것 같다. 실상 종래의 경영 간부층은, 불행한 하류층을 괴롭혀 왔던 악운과는 무관한 상태에 있었다. 공업경영학 교수며 심리학자인 레비트(Harold Leavitt) 박사는 "지식보다 경험을 상대적으로 중요시하던 풍조가 급격히 퇴색함으로써 이제 역사상 최초로 폐용화가 경영 간부층의 절박한 문제로 대두되고 있는 것 같다"고 말했다. 현대 경영술을 수련(修練)하기 위해서는 오랜 시일이 걸려야 하고, 마치 기술자들처럼 수련 그 자체는 10년 안에 쓸모없이 되기 때문에, 미래의 "인간들은 시간이 경과함에 따라 승진시키기보다는 강등시키는 인사 계획을 마련해야 할 것이다. ……아마도 인간은 그의 경력 중 초반에 가장 책임 있는 자리에 앉고 그 다음부터는 보다 단조롭고 보다 한가한 직종으로 내려앉거나 밀려날 것으로 예상하지 않으면 안 된다"고 레비트 박사는 시사하고 있다.

승진이든 강등이든 밀려나든, 미래에는 직업의 이동이 덜하기보다는 더욱 심해질 것이다. 이러한 현상은 인사 담당자들의 변화된 태도에서 이미 두드러지고 있다. 셀라니즈 사(Celanese Corp.)의 인

사 담당자는 다음과 같이 말하고 있다. "나는 입사 지원자의 이력서를 볼 때면 언제나 직업을 몇 번 바꾸었는가에 관심을 두어왔다. 그러면서 직업을 자주 바꾼 사람이나 기회주의자는 꺼렸다. 그러나 나는 그런 문제에 관해서 더 이상 관심을 두지 않는다. 내가 알고 싶은 것은 그가 매번 전직한 까닭이 무엇인가다. 20여 년 동안에 대여섯 번 전직한 것은 하나의 장점일 수도 있다. ……실제로 나는 똑같은 자격을 갖춘 두 사람 중 한 사람을 선발한다면 같은 직장에 계속 머물러 있었던 사람보다는, 합당한 이유가 있어서 몇 번 전직한 사람을 선택하겠다. 나는 그 사람에게 적응력이 더 있다고 보기 때문이다." 미국 국제전신전화사(ITT)의 인사부장인 매케이브(Frank McCabe) 박사는 "유능한 사람들을 유치하는 데 성공하면 할수록 전직의 가능성도 그만큼 높아진다. 유능한 사람일수록 자주 움직이기 때문이다"고 말했다.

사무직 계통에서 전직률이 높아지는 것은 그 자체의 독특한 양상을 나타내고 있다. 《포춘》지의 보고에 따르면, "핵심 사원이 사임하면 그 직종 자체의 변동을 불러일으킬 뿐 아니라 일반적으로 일련의 부수적인 이동 현상도 불러일으킨다. 간부급이 이동하면 그를 따라가려는 직계(直系) 부하들의 요청이 밀려오는 수가 허다하다. 만일 그 간부가 부하들을 데려가지 않으면 부하들은 즉시 다른 곳을 알아보기 시작한다"는 것이다. 1975년의 작업 환경에 관한 스탠퍼드 연구소의 다음과 같은 예견서(豫見書)를 보고 놀라는 사람은 없다. "화이트 칼라 상층부에서는 심한 동요와 파동이 일 것으로 예견된다. ……경영의 직무 환경은 안정되지도 않겠고 안정될 기미도 없을 것이다."

이렇듯 모든 직업이 뒤흔들리는 이유는 기술과학적인 혁신이 이루어지고 있는 탓이기도 하지만, 새로운 계기를 마련해 주고 심리적인 자기 충족의 기대를 상승시키는 새로운 풍요의 탓이기도 하다. 포드 자동차 사의 방계 회사인 필코 포트 사의 노무(勞務) 담당 부사장은 "30년 전에 입사한 사람은 자기가 어디로 가고 있는지를 알 때까지 한 직종에 얽매이는 것으로 믿었는데, 요즘 사람들은 다른 직업을 곧바로 구할 수 있는 것으로 느끼는 것 같다"고 말했다. 대체로 이러한 실정임에 틀림없다.

새로운 직업을 가지면 곧 새로운 고용주(雇用主), 새로운 고장, 새로운 직장 동료와 관계를 맺게 될 뿐 아니라, 생활 방식도 완전히 새롭게 영위하게 된다. 따라서 여러 가지 직종으로 이동하는 유형은 풍요한 경제 체제를 통해 합리적인 생활을 보장받음으로써 다른 사람이라면 은퇴하려고 마음먹는 나이에도 완전히 다른 일을 시작하려는 사람들의 수가 증가하고 있다는 사실로도 입증된다. 부동산 관계의 현직 변호사가 사회과학을 공부하겠다고 사무실을 그만둔 예도 있다. 광고 회사의 광고 문안 작성 책임자는 매디슨 가에서 25년간 근무한 후에 "엉터리 마술은 재미없고 진절머리가 났다. 어쨌든 그 일만은 그만두어야겠다"는 결론을 내리고 도서관 사서(司書)가 되었다. 롱아일랜드의 한 판매 사원과 일리노이 주의 한 기술자는 자기 직업을 그만두고 직업 훈련소 교사가 되었다. 일류 실내 장식가가 학교에 재입학해서 빈곤 문제를 다루는 직업을 갖는 일도 있었다.

인간 임대(人間賃貸)

각 직업의 변동은 곧 사람들이 우리 생활을 스쳐 가는 정도의 증대를 뜻하고 있다. 그리고 변동의 정도가 증대됨에 따라 관계의 지속 기간은 짧아진다. 이러한 현상은 일시적인 서비스, 말하자면 인간에 대한 임대 혁명 현상이 증대하는 데서 두드러지게 나타나고 있다. 오늘날 미국에서는 100명의 노동자들 중 한 사람꼴은 일시적인 수요를 충족시키는 사업에 자신을 내맡기는, 이른바 '일시적 서비스'에 고용되어 일정 기간만 봉사하고 있다.

오늘날 약 500개의 임시직 알선업체가 있어서 비서나 접수인(接

受人)으로부터 방위 산업 기사에 이르는 광범위한 분야에 걸쳐 75만 명에 달하는 단기 노동자들을 기업체에 알선해 주고 있다. 아브코 사의 라이코밍 사업부는 긴급한 정부 계약 때문에 150명의 디자인 기사가 필요했는데, 몇몇 임시직 알선업체로부터 그들을 충당했다. 기사들을 충원하는 데 몇 달이 걸리기는커녕 당장에 필요한 모든 인원을 모집할 수 있었다. 임시 고용인들은 등사(謄寫) 담당으로 선거 운동에서도 활용되고 있다. 인쇄 공장, 병원 및 공장 등에서도 급할 때 임시 고용인들을 불러대고, 홍보 활동에서도 이들이 활용되고 있다(플로리다 주의 올랜도에서는 상가(商街)가 스스로를 알리기 위해 1달러짜리 상품권을 돌리는 데 임시 고용인들을 활용했다). 일반적인 실례로는 대회사들이 가장 일이 밀리는 기간에 정규 사원을 보조하는 통상 업무에 임시 고용인들을 많이 쓰고 있다는 사실을 들 수 있다. 아서 트레처 서비스 시스팀(Arthur Treacher Service System)이라는 임시직 알선회사는 가정부, 운전 기사, 식당 지배인, 요리사, 잔심부름꾼, 보모(保姆), 노련한 간호사, 연관공(鉛管工), 전공(電工), 그 밖에 가사를 돌보는 사람 등을 알선해 준다는 광고를 내고, "자동차를 빌려주는 허츠 사나 에이비스 사와 똑같다"고 덧붙였다.

일시적 수요를 위한 일시적인 고용인 임대는 물건의 임대나 마찬가지로 산업화된 사회 전반으로 파급되고 있다. 프랑스에서도 최대의 임시직 알선 업체인 맨파워 사(Manpower Inc.)가 1956년에 사업을 개시했다. 그 후 규모는 해마다 배로 늘었고, 현재 프랑스에는 이러한 업체들이 250개 가량 된다.

임시직 알선 업체를 통해서 고용되는 사람들은 이러한 형태의 일을 선택하게 되는 이유를 여러 가지로 제시하고 있다. 전자기계 기사인 하게트(Hoke Hargett)는 "내가 하는 일은 모두 소란스러운 일인데, 나는 압력이 클 때 일을 더 잘한다"고 말했다. 그는 8년 동안에 11개의 회사에 근무해서 수백 명의 작업 동료들과 만났다 헤어졌다. 일정한 구직망(求職網)을 갖고 있는 숙련된 사람들은 극히 변덕스러운 기업체의 영구 고용인들보다도 직업의 안정성을 더 누리고 있다. 방위 산업체에서는 일이 중단되어 일시 해고되는 경우가 너무나 많아서, '영구' 고용인이라 하더라도 아무런 예고 없이 거리로 내쫓기는 수가 있다. 그런데 임시적인 보조 기사는 자기에게 맡겨진 일이 완성되면 그저 다른 일자리로 옮겨 가면 된다.

대부분의 임시직 보조 노무자들에게 보다 중요한 일은 자기 재능에 따라 일할 수 있다는 사실이다. 말하자면 그들은 그들이 하고 싶은 때와 하고 싶은 곳에서 일할 수 있다는 것이다. 그리고 어떤 사람들에게는 이것이 그들의 사회적 접촉 범위를 넓힐 수 있는 의식적인 방법이기도 하다. 남편이 전근해 간 새로운 도시로 이사한 어떤 젊은 어머니는 두 아이가 학교에 가고 없는 긴 시간 쓸쓸함을 느꼈다. 그래서 임시직 알선 업체에 의뢰해 그때부터 연중 8~9개월 일을 했다. 그녀는 이 회사 저 회사로 옮겨 다니며 많은 사람과 접촉을 했고 접촉한 사람들 중에서 몇몇 사람을 골라서 친구로 사귈 수도 있었다.

친구를 끊는 방법

전직률(轉職率)의 상승과 고용 관계에서의 임대제 보급은 인간 관계가 맺어졌다가 망각되는 속도도 한층 더 증가시킬 것이다. 그러나 이러한 속도 증가는 여러 사회 집단에 따라 각기 다른 영향을 미치고 있다. 이렇게 볼 때 일반적으로 노동 계층에 속한 개인들은 중간층이나 상류층보다 친척들과 더 가까이 지내고 그들에게 더 의존하는 경향이 있다. 정신과 의사인 덜(Leonard Duhl)의 말을 빌리면, "노동자에게 혈연 관계란 중요한 것이고 쓸 돈도 적기 때문에 멀리 떨어져 산다는 것은 매우 불리한 일이다"라는 것이다. 노동자 계층에 속한 사람들은 일반적으로 일시적 인간 관계에 대처해 나가는 일에 별로 익숙하지 못하다. 그들은 관계를 맺는 데 오랜 시간을 요하고 일단 맺어진 관계는 끊으려 하지 않는다. 이러한 사실은 직장을 옮기거나 직업을 바꾸는 것을 꺼리는 데서 드러나는데, 이것은 당연한 일이다. 그들은 갈 수밖에 없을 때는 가지만 스스로 선택해서 가는 경우는 드물다.

덜이 지적한 바에 따르면, 이와는 대조적으로 "미국에서 전문직이나 학술직 또는 상부 경영직에 속한 계층은 물리적인 공간을 초월해서 이해 관계에 따라 결속되기 때문에 실상 기능적인 관계를 맺는다고 해도 무방할 것 같다. 이동성을 지니는 개인들은 비슷한 관계를 많이 맺는데, 이러한 집단은 이해에 따른 관계들이라고 할 수 있다"는 것이다.

한 사람의 일생에서 남들과의 접촉이 많아진다는 것은, 바로 관계를 맺을 뿐 아니라 단절할 수도 있고 어떤 단체에 가입할 뿐 아니라 탈퇴할 수도 있는, 그러한 능력이 있다는 것이다. 이러한 적응력이 가장 많은 것으로 여겨지는 사람들은 역시 사회 안에서 가장 많은 혜택을 받고 있는 사람에 속한다. 《산업 사회의 사회적 이동》을 쓴 립세트(Seymour Lipset)와 벤딕스(Reinhard Bendix)는 "실업계 지도자들 중 사회적인 이동성이 많은 사람은, 부담을 안겨주는 사람들과는 관계를 끊고 도움을 주는 사람들과는 관계를 맺는 비상한 능력을 가지고 있다"고 말했다.

이들은 결국 워너(Lloyd Warner)의 다음과 같은 주장을 지지하고 있는 셈이다. 워너의 주장이란 "회사의 경영인이나 소유주들 중 성공한 사람들이 지닌 가장 중요한 자산은, 자기 가문(家門)과의 정서적인 일체감을 끊어 과거는 개의치 않고 현재나 미래에 스스로 쉽사리 연결지을 수 있는 능력을 지니고 있었다는 점이다. 그들은 실생활에서나 정신적으로나 집을 떠나 있는 사람들이었다. ……그들은 다른 사람들과 쉽사리 관계를 맺을 수도 있고 끊을 수도 있다"는 것이다.

워너는 애비글렌(James Abegglen)과의 공동연구 보고서인 〈미국의 대기업 지도자들)에서 다음과 같이 서술하고 있다. "무엇보다도 대기업 지도자들은 이동하고 있는 사람들이다. 그들은 집을 떠나 있다. 이것이 뜻하는 바는, 그들이 태어났던 당시와는 전혀 다른 생활 방식에 적응하기 위하여 종래의 생활 수준과 수입 수준을 떠나 기존의 생활 양태를 버렸다는 것이다. 이동성을 지닌 사람은 무엇보다도 자기 집안의 물리적인 환경으로부터 떠나 있다. 이러한 물리적 환경에는 자기가 살고 있는 집, 자기가 알고 있던 이웃들, 심지어 많은 경우에는 자기가 태어난 도시, 주, 지역까지도 포함되고 있다."

또한 "이러한 물리적 이반(離反)이란 이동성을 지닌 사람이 겪어야 할 전반적인 이탈 과정의 일부에 지나지 않는다. 그러한 사람은 장소와 아울러 사람들로부터도 떠나지 않으면 안 된다. 옛친구들을 버리지 않으면 안 된다. 과거의 낮은 신분에 속했던 친지들이란 성공한 현재와는 어울리지 않기 때문이다. 자기가 소속된 교회도 버리고 자기 가족이나 젊은 시절에 속했던 클럽이나 패거리도 버리는 수가 왕왕 있다. 그러나 이동하고 있는 사람에게 가장 중요하고도 큰 문제는 지난날의 인간 관계들과 아울러 어느 정도 자기 부모나 형제 자매도 버리지 않으면 안 된다"는 것이다.

경영 잡지가 새로 승진한 사무원이나 그 부인들을 위해 이렇듯 매정한 감정 억제 지침(指針)을 싣는 것도 당연할는지 모른다. 경영 잡지는 원한(怨恨)을 줄이기 위해서 옛친구나 부하들과의 관계를 점차 단절하라고 조언하고 있다. 이 잡지는 새로 승진한 사람에게 "차를 마시거나 점심을 먹는 자리에까지 적당한 핑계를 찾아내도록" 충고하고 있다. 아울러 이 잡지는 옛날 자기가 속해 있던 부서에서 하는 볼링이나 카드 놀이에 처음에는 가끔 빠지다가 차츰 자주 빠지라고 충고하고 있다. 부하가 집으로 초대하면 수락해도 좋으나, 그 답례는 부하 전체를 한꺼번에 초대하는 형식이 되어야 한다. 이러한 교제도 곧 끝내야 한다.

부인들은 회사의 조직 규정을 잘 모르기 때문에 특별한 문제를 안고 있는 것 같다. 승진한 사람의 부인은 남편에게 옛날 관계를 좀더 오래 지속하도록 충고하고 있다. 그러나 어떤 사무원이 지적했듯이, "아내가 자기 남편 부하의 부인과 긴밀한 친분 관계를 유지하려 한다면 그것은 대단히 위험한 일이다. 부인의 친분 관계는 자기 남편을 고달프게 만들고 남편으로 하여금 부하들에 대한 판단을 그르치게 만들며, 남편의 직장까지도 위태롭게 만든다"는 것이다. 더욱이 한 인사(人事) 담당자는 "부모들이 이전의 친구들과 사이가 벌어지면 아이들도 역시 본받는다"고 지적하고 있다.

친구의 수(數)

친구들과 어떻게 헤어질 것인가에 관한 이러한 실제적 교훈들은, 친구 관계가 오래 지속되어야 한다는 전통적인 관념에 사로잡혀 있는 사람들의 간담을 서늘하게 만들 것이다. 그러나 기업 세계가 너무 무자비하다고 불평하기에 앞서, 바로 이러한 일은 사회의 다른 분야에서도 위선적(僞善的)인 비탄의 허울을 뒤집어쓰고 버젓이 일어나고 있다는 사실을 인식하는 것이 중요하다. 학장(學長)으로 승진한 교수, 군 장교, 공사 책임자가 된 기사(技師) 등도 이와 똑같은 사회적인 게임을 곧잘 연출하고 있다. 더욱이 이러한 형태와 비슷한 일은 얼마 안 가서 노동판이나 공식적 조직체를 넘어 파급될 것으로 예상되고 있다. 친구 관계가 공동의 이해 관계나 취향을 기반으로 하고 있다면, 이해 관계의 변화에 따라 —— 심지어 사회 계층의 차이와는 관계 없이 ——친구 관계들은 변하게 마련인 까닭이다. 그리고 역사상 가장 급속한 변화의 진통을 겪는 사회에서 개인의 이해 관계가 끊임없이 변화하지 않았다면, 그것이 오히려 이상스러운 일일 것이다.

실상 오늘날 개인의 사회적 활동의 대부분은 탐색 행위라고 말할 수 있다. 말하자면 한 사람이 이제는 만나지도 않고 이해도 달리하는 친구들 대신에 새로운 친구들을 탐색하는 사회적 발견의 냉혹한 과정이라는 것이다. 이러한 이동 현상은 사람들, 특히 교육받은 사람들로 하여금 도시와 임시적인 고용 형태로 나아가게 하고 있다. 우정이 꽃필 수 있는 토대로서 똑같은 이해 관계와 취향을 갖고 있는 사람들의 일체화(一體化)는 전문화가 급속히 이루어지는 사회에서 단순한 절차일 수만은 없기 때문이다. 전문화의 증대 현상은 직업이나 노동 분야에서만이 아니라 심지어 여가 시간에서도 나타나고 있다. 어떤 사회도 여가 시간의 활용을 오늘날처럼 많이 허용하고 마련해 주지는 못했다. 작업과 여가 양면에서 활용될 수 있는 다양성이 많으면 많을수록 전문화도 심화되는 것이고 아울러 올바른 친구들을 찾아내기가 어려워지는 법이다.

따라서 영국의 플로렌스(Sargant Florence) 교수는 오늘날 한 사람의 전문직 종사자가 20명의 가까운 친구를 가지려면 최소한 100만 명의 인구가 필요할 것이라고 추산하고 있다. 친구를 사귀기 위해 임시직을 구했던 여자는 매우 영리했던 셈이다. 그녀가 작업 과정에서 접촉하는 각 부류의 사람 수가 증가함에 따라 자기와 관심이나 취향을 같이하는 몇 사람을 발견할 수 있는 수학적 확률은 높아진다.

우리는 면식(面識)이 있는 많은 사람들 중에서 친구를 선택하고 있다. 매사추세츠 공과대학(MIT)의 구레비치(Michael Gurevitch)의 한 연구는 여러 부류의 사람들로 구성된 한 집단에 대해서 그들이 100일간 접촉한 사람들을 기억하도록 요청했는데, 평균적으로 보아 한 사람이 약 500명의 이름을 나열했다. 사회심리학자 밀그램 (Stanley Milgram)은 지면(知面) 관계의 구조를 통해 의사 전달 문제를 다룬 일련의 흥미있는 실험을 했는데, 미국인은 한 사람이 500명에서 2500명에 달하는 지인(知人)을 가지고 있다고 밝혔다.

그러나 실제로 대부분의 사람은 플로렌스 교수가 제시한 20명보다도 훨씬 적은 수의 친구를 가지고 있으며, 아마도 플로렌스 교수의 친구 개념은 통상적인 것보다는 폭이 넓을 것으로 짐작된다. 네브래스카 주 링컨(Lincoln)의 중산층에 속하는 39쌍의 부부를 대상으로 한 연구는, 그들에게 각기 친구들의 이름을 기록하도록 요청했다. 그 목적은 가족을 위한 친구를 선택하는 데 남편과 부인 중 어느 편이 더 영향력이 있는가를 알아보기 위해서였다. 이 연구가 밝힌 바에 따르면 평균적인 부부는 7개의 '친구 관계'를 기록했는데 이 관계는 개인일 수도 있고 혼인한 한 쌍의 부부일 수도 있다. 따라서 이 연구에 따르면 평균적인 부부가 친구로 기록한 개인의 수는 7명에서 14명까지 되는 셈이다. 이들 중 상당수는 다른 지방 사람들이었고, 부인들이 남편들보다 지방색이 희박했다는 것은 부인들이 이동한 후에 친구를 잊는 경향이 남편들보다 적다는 사실을 시사하고 있다. 요컨대 남자들이 여자들보다 관계를 단절하는 데 더 익숙한 것 같다는 것이다.

아이들의 이동 훈련

그러나 오늘날 탈퇴(脫退)와 관계 단절의 수련은 일찍부터 시작되고 있다. 실상 이 점은 세대 사이의 주된 차이점들 중 하나를 보여주고 있는 것 같다. 오늘날 학동(學童)들은 빈번한 학급 변동을 겪고 있기 때문이다. 포드 재단의 부속 기관인 교육설비연구소에 따르면 "도시 학교의 경우 한 학년 동안에 절반 이상의 학생이 바뀌는 것은 별로 놀라운 일이 아니다"는 것이다. 이러한 현상이 아이들에게 아무 영향도 미치지 않을 리 없다.

화이트는 《조직 속의 인간》에서, 이러한 이동성의 영향이 "아이들 자신은 물론 교사들에게도 심각하게 미치고 있다. 교사들은 아이들이 성장하는 것을 지켜보는 데서 일종의 성취감을 느끼는 것인데, 이동으로 인해 이것을 느낄 수 없게 되기 때문이다"고 지적했다. 그러나 오늘날에는 교사들 사이에도 이동이 잦아 문제가 더욱 복잡해지고 있다. 이것은 미국에만 국한되는 현상이 아니라 어디서나 마찬가지로 나타나고 있다. 따라서 영국에 관한 한 보고서는 "오늘날 국민학교에서조차 한 과목의 담당 교사가 1년에 두세 번씩 바뀌는 것을 흔히 볼 수 있다. 교사들조차 학교에 대해 성의가 없으니 아이들의 성의를 촉구할 수는 더욱 없게 되었다. 많은 교사들이 더 좋은 직장, 더 좋은 지역으로 이동하려는 데 신경을 쏟고 있다면, 그들이 자기 역할에 대해서 소홀히 하고 관심도 적으며 별로 성의를 다하지 않을 것임은 뻔한 일이다"고 주장하고 있다. 여기서는 이러한 현상이 아이들의 생활에 미치는 영향에 관해서만 고찰해 보기로 한다.

덴버 대학교의 무어(Harry R. Moore) 교수가 고등학생들을 대상으로 최근에 행한 연구에 따르면, 주(州)나 군(郡)의 경계를 넘어서 한 번 이상 심지어 열 번까지 전학한 학생들의 성적은 그러지 않은 아이들의 성적과 근본적으로 별로 차이가 없었지만, 학교 생활의 자발적인 측면, 즉 클럽 활동 · 스포츠 · 학생회 · 기타 과외 활동 등에 참여를 기피하는 뚜렷한 경향이 있었다. 그들은 어디서나, 멀지 않아 또 파기될 게 뻔한 인간 관계를 되도록이면 기피하려는 것 같다. 요컨대 그들은 그들의 생활에서 사람들과 스쳐 지나가는 것을 늦추려는 것 같다는 것이다.

아이들은 (이 문제에 대해서는 어른들도) 얼마나 빨리 인간 관계를 끊는다고 할 수 있을까? 넘어서는 안 될 타당한 경계선이 과연 있는 것일까? 이러한 문제들에 대해서는 누구도 확언할 수 없다. 그러나 이렇듯 지속 기간이 감축되어 가는 현상에 다양성의 요소를 가미한다면, 다시 말해서 각기 새로운 인간 관계가 우리로 하여금 어떤 다른 행동을 취하도록 요청하고 있음을 인식한다면, 분명해지는 사실이 하나 있다. 즉 우리의 대인(對人) 생활에서 이렇듯 빠른 속도로 만났다 헤어질 수 있으려면, 종전에는 요구되지 않았던 수준의 적응성을 발휘할 수 있어야 한다는 사실이다.

이러한 적응성이란, 사람뿐만 아니라 장소와 사물들이 재빨리 스쳐 가는 현상과 결합하여 발휘되는 것이어서, 오늘날의 인간들에게 얼마나 복잡한 대응 형태가 요구되는가를 짐작해 볼 수 있게 된다. 우리가 지금 나아가고 있는 방향의 논리적 귀착점(歸着點)은 분명, 일시적인 상봉 체계(相逢體系)에 토대를 둔 사회라는 것이고, 포트 로더데일의 여학생이 간결하게 표현한 대로 "솔직히 당신은 그들을 다시는 만나게 되지 않으리라"는 신념에 바탕을 둔 완전히 새로운 도덕관이다. 미래는 현재의 흐름의 연장에 지나지 않을 것이라든지, 우리는 필연적으로 인간 관계에서 일시성의 극점(極點)에 도달할 수밖에 없을 것이라고 생각하는 것은 무의미한 일이다. 그러나 우리가 나아가고 있는 방향을 인식하는 일은 결코 무의미한 일이 아니다.

우리 대부분은 이제까지, 일시적인 관계들이란 피상적인 것이고 장기간 지속되는 관계들만이 실질적인 대인 관계로 승화될 수 있다는 가정하에서 움직여 왔다. 아마도 이러한 가정은 그릇된 것일 것이다. 고도로 일시적인 사회에서도 전체적이고 다면적(多面的)인 관계들이 재빨리 꽃피울 수는 있을지도 모른다. 관계의 형성도 가속되고 아울러 '관련'의 과정도 빨라지리라는 예견은 가능하다. 그럼에도 불구하고 "미래는 포트 로더데일의 여학생이 말한 대로일까?"라는 의문은 아직도 가시지 않는다.

이제까지 상황을 이루는 세 가지 구체적인 구성 요소들, 즉 인간, 장소, 사물에 관해서 고찰해 본 결과 이동률이 높아지고 있음을 보았다. 이제는 경험이라든지 우리가 활용하는 정보라든지 우리가 생활하고 있는 조직의 골격 등을 이루는 데 중요하면서도 눈에 띄지 않는 요소들을 고찰해 볼 필요가 있을 것이다.

제 7 장 조직체 : 애드호크러시의 도래

미래에 관한 사라지지 않는 신화(神話)들 가운데, 인간을 어떤 방대한 조직적인 기계 속에서 한낱 하찮은 톱니바퀴로 그리는 것이 있다. 이렇게 악몽 같은 시선으로 본다면 개개 인간이란 토끼 사육장과 같은 관료 체제의 협소하고 변함없는 웅덩이 속에 얼어 붙어 있는 것이다. 이러한 웅덩이는 벽으로 가려져 있어서 인간으로부터 개성을 박탈하고 인간성을 파괴하며 결과적으로는 인간에게 순종 또는 죽음을 강요하고 있다. 조직체들은 쉴 새 없이 점점 커지고 더욱 강력해지는 까닭에, 이러한 견해에 따르면 미래란 우리 모두를 줏대도 없고 정체도 모를 하찮은 동물, 말하자면 조직 속의 인간으로 변질시킬 위험이 있다는 것이다.

이렇게 비관적인 예견이 보통 사람 특히 젊은 사람들의 마음을 얼마나 강하게 사로잡고 있는가를 살펴보기란 어렵지 않다. 카프카 (Franz Kafka)와 오웰(George Orwell)을 비롯해서 화이트(Whyte), 마르쿠제(Herbert Marcuse), 엘륄(Jacques Ellul) 등에 이르는 이른바 이름있는 저작자들이 만들어 낸 영화나 연극, 책들이 젊은이의 머리를 뒤흔들어 놓음으로써, 그들은 관료 체제에 대한 공포에 사로잡혀 있다. 미국에서는 숫자만으로 된 전화 번호를 만들어 낸 사람, "접거나 말거나 자르지 마라"는 내용이 적힌 카드를 발송하는 사람, 학생들을 무자비하게 비인간화시키는 사람, 맞서 싸울 수 없는 관청(官廳) 사람, 바로 이들이 얼굴 없는 관료들임은 누구나 알고 있는 바다. 이렇듯 기계화된 야수에게 먹혀버릴지도 모른다는 공포 때문에 회사원들은 술집을 찾고 학생들은 항의의 발작을 일으킨다.

모든 문제를 이렇듯 감정적으로 만드는 것은 조직이 모든 우리 생활의 불가피한 부분이라는 사실 때문이다. 사물, 장소, 사람과의 관계들과 마찬가지로 인간의 조직적 관계는 상황을 이루는 기본 요소다. 인간 생활의 모든 행위는 일정한 지리적 장소에서 이루어질 뿐 아니라 역시 조직의 장(場), 말하자면 인간 조직의 눈에 보이지 않는 구도(構圖) 속 어떤 지점에서 이루어지고 있는 것이다.

통제되고 초관료화(超官僚化)된 미래를 예견하는 정통 사회비평가들의 견해가 옳다면, 우리는 이미 방책(防柵)을 쌓고 IBM 카드에 닥치는대로 구멍을 뚫어버리며 조직이라는 기계를 파괴할 기회를 놓치지 말고 포착해야 한다. 그러나 우리가 상투적인 관념에서 벗어나 사실을 직시(直視)한다면, 관료 체제 곧 그 중력(重力)으로 해서 우리 모두를 파멸시킬 수도 있는 바로 그 체제 자체가 변화로 인해 고뇌하는 것을 발견할 수 있다.

이러한 비평가들이 깊은 생각 없이 그려보는 그러한 미래의 조직체들이란 바로 내일을 지배할 가능성이 가장 적은 조직체들이다. 우리는 관료 체제의 승리가 아니라 파멸을 눈여겨 보고 있기 때문이다. 실상 우리는 관료 체제에 점차 도전해서 결국 그것을 대신하게 될 새로운 조직 체계의 도래를 지켜보고 있는 것이다. 이것이 바로 미래의 조직으로서, 나는 '애드호크러시(Ad-hocracy, 특수 목적의 조직체)'라 부르기로 한다.

인간이 이 새로운 형태의 조직에 적응하는 데에는 많은 어려움을 겪을 것으로 보인다. 그러나 인간은 변하지 않고 인간성을 파괴하는 웅덩이에 갇히기보다는 해방된 자신, 말하자면 활동적인 조직체들을 통해 새로운 형태의 자유 세계에 참여하고 있는 나그네와 같은 자신을 발견하게 될 것이다. 이렇듯 생소한 배경에서 인간의 지위는 계속 변화하고 불안정하며 여러 모습을 띠게 될 것이다. 그리고 인간의 조직적인 관계는 사물과 장소와 인간과의 관계처럼 발광적이고 끝없이 가속적인 속도로 이동해 갈 것이다.

여러 가지 조직 단위

이렇듯 이상스러운 '애드호크러시'라는 용어의 뜻을 파악하기에 앞서 모든 조직체들이 관료화되어 있는 것은 아니라는 사실을 인식할 필요가 있다. 인간을 조직화하는 데는 다른 방법도 있다. 베버가 지적했듯이 관료 체제는 산업화 사회가 도래하기 이전까지만 하더라도 서구 사회의 인간 조직에 지배적인 형태는 아니었다.

여기서 관료 체제의 모든 특성을 일일이 기술할 여유는 없으나 관료 체제가 지닌 세 가지 기본 사실은 고찰해 볼 필요가 있다. 첫째로 관료적 조직 체계에서 개인이란 전통적으로 분업화(分業化)된 상황에서 극히 한정된 자리만을 차지하고 있다는 것이고, 둘째로 개인이란 맨 위에서 맨 아래까지 명령 계통이 서 있는 이른바 수직적 위계 제도(位階制度)에 얽매여 있다는 것이며, 셋째로 개인의 조직적 관계들이란 베버가 강조한 대로 영속화하는 경향이 있다는 것이다.

따라서 개인은 바로 자기에게 주어진 역할, 말하자면 어느 정도 고정된 환경 속에서 고정된 위치만을 차지하고 있다. 개인은 자기의 관할 영역이 어디서 끝나고 어디서 시작되는가를 정확히 알고 있다. 말하자면 조직체들과 그 조직체들의 하부 구조 사이에 선이 명확히 그어져 있다는 것이다. 개인이 어떤 조직에 가담하면 그는 특성한 혜택을 받는 데 대한 반대 급부(反對給付)로 일정한 임무를 부여받고 있다. 이러한 임무와 혜택은 비교적 장기간에 걸쳐 그대로 존속한다. 따라서 개인은 다른 사람들(이들 역시 오랫동안 주어진 역할에 머무르는 경향이 있는데)뿐 아니라 조직적인 골격 또는 구조 자체와도 연결됨으로써 비교적 항구적인 관계의 그물에 말려들게 된다.

이러한 구조들 가운데 일부는 다른 것들보다 오래 지속되기도 한다. 카톨릭 교회는 2000년 동안 지속되어 온 튼튼한 조직으로, 교회 내부의 일부 하부 구조는 몇 세기간 거의 변하지 않은 채 지속되고 있다. 이것과는 대조적으로 독일의 나치당(黨)은 유럽을 피로 물들였지만, 공식적인 조직체로서 존립했던 것은 4분의 1세기도 채 되지 않았다.

조직체들도 오래 존속하는 것이 있는가 하면 단기간밖에 존속하지 못하는 것이 있는 것처럼, 개인과 특정한 조직 구조와의 관계도 장기간 지속되는 것과 단기간밖에 지속되지 못하는 것이 있다. 따라서 인간과 특정한 부(部), 과(課), 정당, 연대(聯隊), 클럽, 기타 조직 단위와의 관계에는 시간상으로 시작과 끝이 있게 마련이다. 파당(派黨)이나 분파(分派), 휴식 집단 등 비공식 조직체들과의 관계도 같은 현상이다. 어떤 조직체에 대한 개인의 관계는 그 조직체에 가입하거나 징집(徵集)되어 성원으로서의 의무를 느낄 때 시작되고, 개인이 조직을 탈퇴하거나 축출될 때, 아니면 그 조직 자체가 없어질 때 끝맺게 된다.

물론 어떤 조직체가 공식적으로 해체될 때 이러한 현상이 빚어진다는 것은 말할 나위도 없고, 조직체의 성원이 단순히 흥미를 잃어 참석하지 않을 때도 마찬가지다. 그러나 조직체는 역시 다른 의미에서 '없어질' 수도 있다. 하나의 조직체란 인간의 목적과 기대와 의무의 집합체에 지나지 않는다. 바꾸어 말하면 조직체란 인간이 수행하는 역할들의 총체(總體)라는 것이다. 그리고 하나의 조직체가 이러한 역할들을 재규정하든지 재구분함으로써 그 구조를 전적으로 바꿀 때, 낡은 조직체는 소멸하고 새로운 조직체가 출현해서 그 자리를 차지했다고 말할 수 있다. 설사 옛날 명칭이 그대로 유지되고 회원들이 예전과 같다고 하더라도, 이것은 새로운 조직체의 출현으로 볼 수 있다. 어떤 건물의 이동식 벽을 재배치하면 그 건물이 새로운 구조로 바뀌듯이, 역할의 새조징은 바로 새로운 구조의 창건이 되는 것이다.

따라서 어떤 사람과 한 조직체와의 관계는 그 사람이 그 조직체로부터 이탈할 때도, 그 조직체가 해체될 때도, 아니면 재편성을 통해서 그 조직체가 변질될 때도 단절된다. 마지막 경우인 재편성이 이루어질 때, 개인은 결과적으로 낡고 익숙하지만 지금은 존재하지 않는 구조와의 관계를 끊고, 옛 것을 대신한 새로운 조직체와 관계를 맺는 것으로 볼 수 있다.

오늘날 인간과 조직체와의 관계의 지속 기간이 짧아지는, 말하자면 이러한 관계들이 점점 빠른 속도로 이동하고 있음을 입증하는 수많은 증거가 있다. 이 외견상 단순한 듯한 사실까지 포함해 몇 가지의 강력한 힘이 관료 조직을 파괴하게 될 것이다.

조직상의 동요

'T/O(table of organization)'라고 알려져 있는 조직표가 그려져서 상사(上司)와 그가 책임지고 있는 조직의 하부 단위들을 표시하던 때가 있었다. 회사나 대학교, 정부 기관 등 어떤 규모의 관료 체제도 모두가 그 자체의 조직표를 갖고 있어서 관리자들로 하여금 조직의 상세한 상황을 알 수 있도록 했다. 이것이 일단 작성되면 그 조직의 규정집(規定集)에 삽입되어 몇 년 동안 효력을 갖게 된다. 오늘날에는 조직 체계가 너무나 자주 변하기 때문에 3개월 가량 된 도표는 사해(死海) 문서처럼 역사적인 유물로 간주되는 수가 허다하다.

현재의 조직체들은 머리가 어지러울 정도로 자주 그리고 때로는 주책없을 정도로 내부의 형태를 변경시키고 있다. 직함은 매주 바뀔 정도고 직종도 바뀌고 책임 소재도 달라진다. 방대한 조직 구조들은 분리됐다가는 새로운 형식으로 통합되고 다시 조정된다. 부(部)와 과(課)는 밤새 등장했다가 소멸되어 새롭게 재편성된다.

이렇듯 광적(狂的)인 전환은 부분적으로는 현재 미국과 서구의 산업계를 휩쓸고 있는 기업의 합병과 분리 풍조 때문에 야기되고 있다. 1960년대 말에는 엄청난 인수(引受) 파동이 일어나서 놀랄 만한 결집 현상이 빚어졌고 다양한 대기업들이 출현했다. 1970년대에도 역시 강력한 박탈(剝奪) 파동이 일어, 70년대 후반이 되면 회사들이 새로운 방계 기업을 통합하거나 흡수하고 골칫거리인 기업을 팔아 넘기려 함으로써 또다시 인수 파동이 일어날 징조가 엿보인다.[1]

1967년과 1969년 사이에 퀘스터 사(Questor Corp.)──이전에는 던힐 인터내셔널 사(Dunhill International Ltd.)였는데──는 8개 회사를 매수했고 5개 회사를 매각했다. 다른 회사들도 이와 비슷한 추세를 보이고 있다. 경영 상담자인 제이컨(Alan J. Zakon)에 따르면, "기업들의 이합 집산은 더 많이 빚어질 것"이라고 한다. 소비 시장이 흔들리고 변함에 따라 기업은 변하는 소비 시장 안에서 스스로 살길을 찾지 않을 수 없다.

내부적인 재편성은 대체로 이러한 회사들의 이합 집산 때문에 불가피하게 이루어지기도 하지만 여러 다른 이유도 있다. 최근 3년 사이에 미국의 대기업 100개사 가운데 66개사가 조직상의 커다란 변동을 이룬 것으로 나타나고 있다. 따지고 보면 이것은 빙산의 일각에 지나지 않는다. 여태까지 보고된 것보다 더 많이 재편성이 이루어지고 있다. 대부분의 회사들은 조직을 개편하고서도 그것을 나타내기를 꺼리는 실정이다. 더욱이 부나 과 아니면 그 아래 단계에서는 소규모의 부분적 개편이 항시 이루어지고 있는데 이러한 개편은 너무 사소하고 하찮은 것이어서 보고할 필요조차 없는 것으로 간주되고 있다.

대규모의 경영 상담 회사인 매킨지 사(Mckinsey & Co.)의 책임자 대니얼(D. R. Daniel)은 "경영 상담자로서 나 스스로 관찰한 바에 따르면, 대회사들의 경우 2년마다 한 번의 큰 개편이 이루어진다면 현재의 조직 변화 속도를 과소 평가하고 있는 편이다. 우리 회사는 지난해에 국내 회사들에 대한 200건 이상의 조직 연구를 취급했는

---

1) 원저(原著)가 출판된 것은 1970년이다(譯者 註).

데, 미국 이외의 조직 문제를 다룬 건수는 더 많았다"고 말했다. 그는 또 그 수준이 떨어질 징조는 나타나지 않는데, 만약 그렇다면 조직 변동의 주기는 빨라질 것이라고 덧붙였다.

더욱이 이러한 변화들은 그 세력과 범위가 점점 커지고 넓어진다. 하버드 경영대학원의 그레이너(L. E. Greiner) 교수는 "2, 3년 전만 하더라도 조직 변동의 표적은 작은 작업 집단이나 한 부서에 한정되어 있었는데, ……지금은 초점이 조직 전반으로 이행되어 그 변동의 여파는 일시에 여러 부서와 직위로 파급되고 심지어 최고 경영층에까지 파급되고 있다"고 말했다. 아울러 그는 '모든 경영 단계에서' 조직을 변경시키는 것을 '혁명적인 시도'라고 일컬었다.

한번 만들어진 조직표가 이제 산업계에서 지탱할 수 없다면, 큰 정부 기관에서는 이러한 현상이 좀더 두드러지리라고 본다. 선진국 정부의 경우를 볼 때, 근년에 이르러 조직을 계속해서 개편하지 않은 부(部)나 성(省)은 거의 없을 정도다. 미국의 경우 1913년에서 1953년까지의 40년간은 경제 공황과 전쟁 및 여러 가지 사회 변동이 일어났던 시기였지만, 이 기간에 단 하나의 내각급(內閣級) 성(省)도 정부 기관에 새로이 추가되지 않았다. 그런데 1953년에 의회는 보건교육후생성(保健敎育厚生省)을 창설했고, 1965년에는 주택도시개발성을 만들었으며, 1967년에는 종래 30개 기관에서 수행해 오던 활동들을 통합해서 운수성(運輸省)을 설치했다. 바로 그 무렵에 대통령은 노동성과 상무성의 통합을 요구했다.

정부 기구 안에서의 이러한 변화는 가장 두드러진 것들만 열거한 것으로, 모든 하부 기관에서도 역시 비슷한 조직의 변동이 있었다. 실상 내부 개편이란 말이 워싱턴의 유행어가 될 정도였다. 1965년에 가드너(John Gardner)가 보건교육후생성 장관으로 취임한 뒤 전면적인 성내(省內) 개편을 단행했다. 국(局)이나 과(課), 산하 기관들이 너무나 빨리 재정비되어 유능한 관리들조차 정신적인 피로를 느낄 정도였다. 이러한 개편이 한창 이루어지고 있을 때, 나의 친구인 한 관리는 매일 아침 자기 직장으로 나갈 때 그날의 자기 사무실 전화 번호를 적은 메모를 남편에게 남겨두어야 했다. 전화 번호가 너무나 자주 바뀌기 때문에, 그녀는 그 번호가 성내 주소록에 게재될 때까지 기다릴 수 없었던 것이다. 가드너 장관 후임자들도 계속 조직에 손을 댔는데 1969년에 장관에 취임한 핀치(Robert Finch)는 11개월간 재임한 후에 보건교육후생성을 현재대로 두면 거의 관리해 나갈 수 없다고 결론짓고 또다시 대대적인 개편을 단행했다.

그가 정부에 들어가기 전에 쓴 《자기 갱신》이란 작은 책은 큰 영향력을 발휘했는데, 이 책에서 그는 다음과 같이 주장하고 있다. "선견지명이 있는 행정관은…… 경색된 조직 체계를 타파해서 재편성해야 하고 인사 이동도 단행해야 한다. ……선견지명이 있는 행정관은 직제(職制)를 재조정해서 경색된 부분은 타파해야 한다." 이 책의 여러 곳에서 가드너는 정부내 '조직의 위기'를 지적하고 있는데, 공적인 부분에서나 사적인 부분에서나 "대부분의 조직체들은 이미 존재하지도 않는 문제를 해결하기 위해 고안된 구조를 갖고 있다"고 시사했다. 그는 수요(需要)의 변화에 대응해서 그 구조도 계속 변하는 것이 '자기 갱신을 하는' 조직이라고 규정했다.

가드너의 주장은 조직 생활에서 영구 혁명이 요청된다는 것으로 풀이해 볼 수 있다. 가속적인 변화가 이루어지는 세상에서는, 재편성이란 한번 손대면 일생 동안 다시 고칠 수 없는 것이 아니라 계속 이루어지는 과정이며, 또 그러한 과정이어야 한다는 사실을 유능한 관리자들은 점차 인식하고 있다는 것이다. 이러한 인식은 회사나 정부 기관 이외의 분야에도 파급되고 있다. 따라서 《뉴욕 타임스》는 플라스틱, 합판, 제지(製紙) 등 여러 업계에서 제기된 기업 합병에 관한 기사를 게재한 바로 그날, 영국 방송협회(BBC)의 행정 변혁과 컬럼비아 대학의 철저한 기구 쇄신을 비롯해서 심지어 뉴욕 메트로폴리탄 미술관과 같은 지극히 보수적인 기관들의 전면적인 재편성에 관한 기사까지 싣고 있다. 이러한 모든 움직임은 우연한 추세가 아니라 하나의 역사적 흐름이라는 사실을 인식할 필요가 있다. 가드너가 지적했다시피 조직상의 변화, 곧 자기 갱신은 가속적 변화에 대한 필요하고도 불가피한 반응인 것이다.

 이러한 조직체에 속해 있는 개인의 입장에서 보면 변화란 전적으로 새로운 분위기와 새로운 문제들을 안겨주는 것이다. 조직 계획이 변동되는 것은 어느 한 구조(여기에는 의무와 혜택이 함께 있는데)에 대한 개인의 관계가 단절되고 시간적으로 단축됨을 의미한다. 어떤 하나의 변화가 일어날 때마다, 개인은 스스로 방향 조정을 하지 않으면 안 된다. 오늘날 평균적인 개인은 조직체 안의 하부 구조 사이에서 빈번히 재배치되고 교체된다. 그러나 설사 그 개인이 같은 부에 머물러 있다고 하더라도 부서 자체가 급변하고 있기 때문에, 전반적인 흔들림 속의 개인의 위치는 이미 같을 수가 없다.

 오늘날 인간의 조직상의 관계가 그 어느 때보다도 빠른 속도로 변화하는 경향이 있음은 바로 여기에서 연유된다. 평균적인 관계는 그 어느 때보다도 덜 영구적이고 더 일시적이다.

새로운 애드호크러시

 변동률이 높다는 것은, 사무원들이 '특수 사업 관리' 또는 '기동 작업반'이라고 일컫는 것들이 급격히 등장하고 있다는 사실로써 가장 효과적으로 상징되고 있다. 특정한 단기적 문제들을 해결하기 위해 팀을 구성했다가는 마치 이동식 놀이터처럼 다시 해체되어 구성원들을 재배치한다. 이러한 팀들은 때로 2~3일 일하기 위해서 편성되는 수도 있고 때로는 몇 년간 지속하려는 의도에서 편성되는 수도 있다. 그러나 오래 지속될 것으로 보이는 전통적 관료 조직의 기능적인 부나 과와는 달리, 이러한 특수 사업 관리나 기동 작업반은 계획 당시부터 일시적인 것으로 상정(想定)되고 있다.

 록히드 항공사(Lockheed Aircraft Corp.)가 거대한 군용 수송기 C

—5A 58대를 제조하기 위해서 말썽 많은 계약을 체결했을 때, 바로 그 목적만을 위해서 1만 1000명으로 구성된 전적으로 새로운 조직체를 만들었다. 수십억 달러 규모의 이 일을 완성하기 위해서 록히드 사는 그 자체의 인력(人力)만이 아니라 수백 개의 하청 회사들과 협동해야 했다. 이 거대한 비행기 한 대를 조립하는 데 사용되는 12만 개의 부품을 제작하기 위해 도합 6000개에 달하는 회사가 관여했다. 이러한 목적을 위한 록히드의 특수 사업 조직체는 그 자체의 관리 체계와 복잡한 내부 구조를 갖추고 있었다.

첫번째 C—5A기는 예정대로 계약을 체결한 지 29개월 만인 1969년 3월에 공장에서 생산되어 나왔고 58번째의 마지막 C—5A기는 그로부터 2년 후에 납품하도록 되어 있었다. 이것은 바로 이 작업을 위해 편성된 하나의 당당한 조직체는 5년간만 존속하도록 계획되어 있었음을 의미한다. 여기서 우리가 엿볼 수 있는 것은 조직체라는 것도 종이옷이나 화장지와 마찬가지로 쓰고 버리는 편성에 지나지 않는다는 사실이다.

특수 사업 조직체는 항공우주산업 분야에서 널리 보급되고 있다. 어느 큰 제조 회사가 미국 항공우주국(NASA)과 큰 계약을 체결하려 하면서, 사내(社內) 각 부서로부터 차출한 100명 정도로 팀을 구성했다. 이 특수 사업팀은 정부가 공식 입찰을 붙이기 전부터 자료를 수집하고 내용을 분석하기 위해 약 1년 반 동안 활동했다. 공식 입찰——업계에서는 '신청(proposal)'으로 알려져 있는데——을 준비하는 시기가 되었을 때, 이 '입찰 준비 사업팀'은 해체되어 구성원들이 그들의 원래 부서로 복귀했고, 실제 입찰서(入札書)를 작성하기 위해서는 다시 새로운 팀이 편성되었던 것이다.

입찰서 작성팀은 2~3주간 협동 작업을 하는 경우가 허다하지만, 입찰서가 제출되면 역시 해체되고 만다. 만약 계약이 체결되면 요구하는 제품의 개발과 생산을 위한 새로운 팀들이 계속 편성된다. 어떤 사람은 각 사업 팀에 계속해서 참가함으로써 그 일에 계속 매달릴 수도 있다. 그러나 일반적으로는 고작 그 일의 한 단계나 두세 단계에만 참여하고 있다.

　이러한 형태의 조직체는 항공우주 분야에서는 널리 인정되고 있지만, 보다 보수적인 제조업계에서도 점차 이러한 형태의 조직체를 만들고 있다. 이러한 형태의 조직체는 이루어야 할 과제가 일상적(日常的)인 것이 아닐 때, 요컨대 그 과제가 한 번으로 끝나는 과업일 때 흔히 활용되고 있다.

　《비즈니스 위크》지는 "바로 2~3년 안에 특수 사업 관리자란 것이 흔해빠진 현상이 되었다"고 보도했다. 실상 특수 사업 관리 자체는 하나의 전문적인 사무 기술로 인정되고 있다. 미국이나 유럽의 경우를 보면 일상적 작업이나 장기적인 작업에 매달려 안주하지 않고 이 사업에서 저 사업으로 그리고 이 회사에서 저 회사로 전전하는 관리자들의 수가, 아직은 적지만 점점 늘고 있는 실정이다. 특수 사업과 기동 작업반 관리에 관한 책들이 지금 마구 쏟아져 나오고 있다. 오하이오 주 데이턴(Dayton)에 있는 미 공군 통제 사령부는 이 특수 사업 관리를 위한 사무원들을 양성하기 위해 학교를 운영하고 있다.

　기동 작업반이나 기타 특수 목적 집단들은 미국과 그 밖의 여러 나라의 정부나 회사 조직에서 증대하고 있는 실정이다. 성원들이 특정 과제를 해결하기 위해 모였다가 다시 헤어지는, 이른바 일시적인 팀들은 과학 분야에서 유독 두드러지고 있는데, 이것은 과학 분야의 활동성을 설명해 주는 토대가 되고 있다. 이렇듯 일시적인 팀의 성원들은 설사 장소는 옮기지 않더라도 조직상으로 계속 이동하고 있는 것이다.

　텔리다인 사(Teledyne Inc.)의 공동 설립자이자 현재 텍사스 대학 경영대학장인 코즈메츠키(George Kozmetsky)는 조직체들을 일상적인 것과 비일상적인 것으로 분류하고 있는데, 이 가운데 비일상적인 것은 한 가지 종류의 문제에만 매달리는 집단이라는 것이다. 그는 통계를 기초로 해서 다음과 같은 사실을 제시하고 있다. 정부와 기술 수준이 높은 회사들을 대상으로 조사해 본 결과 비일상적인 부문이 너무나 빠르게 성장해서 서기 2001년에 이르면 이 부문이 미국 총노동력의 65퍼센트를 고용하게 될 것이라고 한다. 이러한 부문의 조직체들은 바로 일시적인 팀 또는 기동 작업반에 전적으로 의존하는 조직체들이다.

분명히 어떤 특정 과제를 해결하기 위해서 협력하는 집단을 구성했다가 그 일이 완결되면 해체한다는 생각은 결코 새로운 생각이라고는 할 수 없다. 새로운 것은 오히려 조직체들이 그러한 일시적인 기구에 의존하는 빈도가 높아지고 있다는 점이다. 많은 대조직체들은 간혹 변화를 거부하고 있기 때문에 영구적인 구조처럼 보이지만 사실은 이들 대조직체들도 현재 이러한 일시적인 세포들로 인해 크게 침식당하고 있다.

피상적으로 보면 일시적인 조직체의 출현이 별로 중요하지 않은 것처럼 보일 수도 있다. 그러나 이것이 조직체란 어느 정도 영구적인 구조들로 구성되는 것으로 보는 전통적인 조직 개념에 큰 타격을 입히고 있다는 것은 사실이다. 쓰고 버리는 조직체 또는 특수 목적을 위한 팀과 위원회들이 항구적 기능 구조들을 대신한다기보다는, 오히려 항구적 기능 구조들로부터 사람과 힘을 빼감으로써 상상할 수 없을 만큼 그것을 변질시킨다고 보는 것이 타당하다. 오늘날에도 기능적인 부서는 계속 존재하지만 특수 사업팀이나 기동 작업반 및 이와 유사한 조직 구조들은 기능적인 부서 속에서 점점 더 많이 출현했다가 사라질 것으로 여겨진다. 그리고 사람들은 기능적인 조직체 속에서 고정된 구멍을 메우기보다는 아주 빠른 속도로 이동할 것으로 보인다. 사람들은 그들의 원기능(原機能)을 유지하는 경우도 있을는지 모르지만, 일시적 조직의 성원으로 봉사하기 위해서 계속해서 이탈하게 될 것이다.

이러한 과정이 자주 되풀이됨으로써 종사자들의 충성심을 변질시키고 권위 체계를 뒤흔들며, 각 개인이 조직상의 변화에 적응해야 할 속도를 가속시키리라는 점들은 쉽사리 예견된다. 그러나 우선은 '특수 목적을 위한' 조직체의 등장이, 사회 전반에 걸쳐 변화가 빨라진 현상의 직접적인 결과라는 사실을 인식할 필요가 있다.

어떤 사회가 비교적 안정되고 변하지 않는 한, 그 사회가 인간에게 제기하는 문제들은 일상적인 것이어서 예견할 수 있게 마련이다. 그러한 여건하에서는 조직체들이 비교적 항구적일 수가 있다. 그러나 변화가 가속될 때에는 신기하고 처음 겪는 문제들이 점점 많이 제기되어 전통적 조직 형태가 새로운 조건들에 부적합하게 되고 만다. 말하자면 이러한 조직체들은 이미 대응력을 발휘할 수 없다는 것이다. 사회기술혁신기구 회장인 숀(Donald A. Schon) 박사는 상황이 이러한 한 "필요가 없을 때에는 쉽사리 등을 돌릴 수도 있고 파괴할 수 있으며 팔아버릴 수도 있는, 자율적이면서도 별로 애착을 느끼지 않는 조직 단위, 말하자면 자기 파괴적인 조직체들"을 만들 필요가 있다고 했다.

전통적인 기능적 조직 구조들은 예측할 수 있고 새로울 것 없는 여건들에 맞추어 만들어진 것이어서 급변하는 환경에는 효과적으로 대처할 수 없게 된다. 따라서 전체 조직이 생존 경쟁에서 버티어 나가면서 성장을 꾀할 수 있으려면 일시적인 역할 구조들을 만들 필요가 있다. 이러한 과정은 부품 조립 방식에 따라 건축이 바뀌는 경향과 흡사하다. 우리는 앞서 부품 조립화가 그 구성 요소들의 생명을 단축시켜 전체적인 구조의 지속 기간을 증대시키려는 시도라고 규정했다. 이러한 원리는 조직체에도 적용되는 것으로, 단명하고 쓰고 버리는 조직의 구성 요소들이 왜 등장하는가를 설명하는 데 도움이 된다.

가속화가 계속되기 때문에 조직의 재편(再編)도 계속 이루어져야 한다. 경영 상담자인 뮬러심(Bernard Muller-Thym)에 따르면 새로운 기술과학은 발전된 경영 기술과 결합해서 전적으로 새로운 상황을 만들어 내고 있다는 것이다. 그는 "지금 우리가 파악할 수 있는 것은 일종의 생산 능력인데 이것은 지식과 정보를 통해 활성화되며, 생산 능력이 극대화되면 그것은 신축성을 지니게 된다. 공장은 수시로 완전히 재편성할 수 있게 된다"고 말했다. 공장에 적용되는 이러한 원리는 점차 조직체 전반에도 그대로 적용된다.

요컨대 초산업화 사회에서 조직의 구도는 동요와 변화의 회오리 속에서 활동적인 성격을 지니게 되리라고 예상할 수 있다. 환경의 변화가 빠르면 빠를수록 조직 형태의 생명은 단축된다. 건물 구조에서와 마찬가지로 행정 구조에서도 장기적인 형태로부터 임시적인 형태로, 영구성으로부터 일시성으로 이동해 가고 있다. 말하자면 관료 체제로부터 애드호크러시로 이행하고 있는 것이다.

이러한 식으로 가속적 추진력은 스스로를 조직체 속에 집어넣고 있다. 관료 체제의 한 특성이라고 할 수 있는 영구성은 붕괴되고 있다. 여기서 우리는 다음과 같은 냉엄한 결론에 이르게 된다. 눈에 보이지 않는 조직의 구도와 인간의 관계는 점점 빨리 변해 간다. 마치 물체와 장소, 그리고 끝없이 변하는 조직 구조 속에 있는 사람들과의 관계와 똑같이 빠르게 변화하고 있다. 새로운 유목민이 장소를 옮기듯이 인간은 점차 조직 구조들 사이를 옮겨 다니고 있는 것이다.

위계 질서의 붕괴

또 한 가지 현상이 일어나고 있다. 권력 관계에서의 혁명적인 변동이 그것이다. 큰 조직체들은 그 자체의 내부 구조를 변경시켜 일시적인 조직 단위를 만들어 내지 않을 수 없을 뿐 아니라, 그들의 전통적인 명령 계통을 유지하기가 점점 어려워지고 있음을 깨닫게 되었다.

오늘날 자본주의 국가든 사회주의 국가든 아니면 공산주의 국가든, 공장이나 정부 기관에서 일하는 사람들이 그 기업 경영에 진실로 '참여'하고 있다고 말한다면, 그것은 지나친 낙관론일 것이다. 그러나 결정을 내리는 사람들과 단순히 결정된 사항을 실천하는 사람들을 구분하는 관료적 위계 질서가 변질되거나 밀려나거나 타파되고 있다는 증거는 쉽게 찾아볼 수 있다.

맥길 대학 경영대학원의 리드(William H. Read) 교수에 따르면, 관료적 장치를 타파하려는 '거센 압력'이 산업계에서 두드러지고 있다는 것이다. 그는 "조직체에서 가장 핵심적이고 중요한 업무가 종적으로나 횡적으로나 점차 변하고 있다"고 단언했다. 이러한 변화가 뜻하는 것은 조직상의 구조나 인간 관계에서 가히 혁명이 이루어지고 있다는 사실이다. '횡적으로' 어떤 조직에서 거의 같은 계급에 속한 사람들끼리 소통하는 사람들은 위계 질서 속에서 종적으로 소통하는 사람들과는 달리 처신하고 전혀 다른 압력하에서 행동하고 있기 때문이다.

이러한 사실을 설명하기 위해서는 전통적인 관료적 위계 질서가 작동하는 전형적인 작업 환경을 고찰해 볼 필요가 있다. 젊었을 때 나는 주물(鑄物) 공장의 기계공 조수로 2년 정도 일한 적이 있다. 그곳은 어떤 건물의 크고 어두운 지하실이었는데 수천 명의 노무자들이 자동차의 크랭크 실(室) 주형(鑄型)을 만들고 있었다. 그 장면은 단테(Alighieri Dante)의 〈지옥도(地獄圖)〉에서와 같이 노무자들의 얼굴이 연기와 그을음으로 더럽혀졌고 바닥은 검은 먼지로 넢이고 공기는 오염돼 있었고, 유황 냄새가 코를 찌르고 숨이 막힐 지경이었으며, 탄 모래로 콧구멍이 막힐 것 같은 상태였다. 머리 위에는 요란스러운 컨베이어가 붉게 단 주형을 운반하면서 밑에서 일하는 사람들 위로 뜨거운 모래를 떨어뜨렸다. 더욱이 녹은 쇠가 불꽃을 발하고 불이 벌겋게 타오르며 사람들의 외치는 소리, 쇠사슬의 요란한 소리, 소란스러운 망치 소리, 압축 공기의 찍찍거리는 소리 등 여러 가지 소음으로 미칠 것만 같은 정경이었다.

멋모르는 사람은 이 장면이 무질서하다고 생각할 것이다. 그러나 그 안에 있는 사람들은 모든 것이 세밀하게 조직화되어 있음을 알고 있다. 바로 거기에는 관료적인 질서가 지배하고 있다. 사람들은 같은 일을 되풀이하고 있고 규칙에 따라 온갖 상황이 통제되고 있다. 그리고 임금이 가장 싼 풀칠하는 사람으로부터 다른 건물의 사무실에 앉아 있는 눈에 띄지 않는 사람에 이르기까지, 종적인 위계 질서 속에서 제각기 자기가 어디에 서 있는지를 정확히 알고 있다.

우리가 일하고 있던 넓은 공장에서는 사고가 그칠 날이 없었다. 베어링이 타버린다든지 벨트가 끊어진다든지 아니면 기어가 파열된다든지 하는 사고가 잇달았다. 한 부문에서 사고가 발생하면 언제나 작업은 중지되고 전달 사항이 위계 질서를 따라 아래위로 미친 듯이 흐르기 시작한다. 사고 현장으로부터 가장 가까운 곳에 있던 사람은 사고를 현장주임에게 알리고 현장주임은 다시 제조과장에게 알리며 제조과장은 정비과장에게 알린다. 그러면 정비과장은 파손을 수리하기 위해 수리공을 파견한다.

이러한 체계 속에서 정보는 공원(工員)으로부터 현장주임을 거쳐 제조과장에 이르기까지 '상향식'으로 전달된다. 제조과장은 위계 질서 속에서 거의 같은 급에 있는 담당자인 정비과장에게 '횡적인' 전달을 하기도 한다. 그러면 정비과장은 다시 공장의 재가동을 위해 수리하는 사람들에게 '하향식'으로 정보를 전달한다. 이렇게 볼 때 정보는 수리가 이루어지기 전에 상하의 종적인 계통으로는 도합 네 단계, 횡적으로는 한 단계의 전달이 이루어졌다.

이러한 체계는, 때묻고 땀에 젖어 일하는 밑바닥 사람들은 결정 과정에 적극적으로 참여할 수 없다는 무언(無言)의 가정(假定)에 입각해 있다. 위계 질서의 상층부에 있는 사람들만이 판단이나 행동 결정을 내릴 수 있다. 요컨대 위에 있는 관리자들이 결정을 내리고 밑에 있는 사람들은 그러한 결정을 수행할 따름인데, 한 집단은 조직의 두뇌인 셈이고 다른 집단은 조직의 손발인 셈이다.

이렇듯 전형적인 관료 장치는 이념상으로 일상적인 문제들을 점진적인 속도로 해결하기에 적합하다. 그러나 사태 진전이 빨라지거나 문제가 일상적인 것이 아닐 때에는 간혹 혼란이 야기되는데, 그 이유는 간단하다.

첫째로 생활의 변화 속도가 빨라진다는 것(특히 자동화를 통해 생산이 빨라진다는 것)은 곧 1분 '늦어지면' 생산 손실이 이전보다 더 많아진다는 사실을 뜻하고 있다. 지연되면 비용이 점점 더 많아지기 때문에 정보가 이전보다 더 빨리 흐르지 않으면 안 된다. 아울러 급속한 변화에 따라 새롭고 예기치 못했던 문제들이 많아져 더 많은 양의 정보를 요구하게 마련이다. 새로운 문제 하나를 해결하려면 앞서 수십 번 또는 수백 번 해결해 보았던 문제들보다도 훨씬 더 많은 정보가 필요하다. 관료 체제의 전형(典型)이라고 할 수 있는 종적인 위계 질서가 현재 붕괴되고 있는 것은 바로 '보다 빠른' 속도로 '보다 많은' 정보가 요청되는 현상 때문이다.

앞서 고찰해 본 주물 공장의 경우 현장주임을 거쳐 제조과장으로 전달하지 말고 노무자가 직접 정비과장이나 정비요원들에게 사고를 알리도록만 허용해도 속도는 대단히 빨라질 것이다. 네 단계의 전달 과정에서 적어도 한두 단계쯤은 생략할 수 있는데, 그러면 25퍼센트 또는 50퍼센트의 시간을 벌 수 있게 된다. 여기서 유의해야 할 점은 제거할 수 있는 단계가 상·하향의 종적인 단계들이라는 것이다.

오늘날 경영자들은 변화에 뒤떨어지지 않기 위해 이러한 절감(節減) 방안을 찾아내는 데 안간힘을 쓰고 있다. 위계 질서를 거치지 않고 지름길을 택하는 현상은 수많은 공장, 사무실, 연구소 등은 물론 심지어 군대에서도 점점 많이 채택되고 있다. 이렇듯 사소한 변화들이 누적되면 의사 전달 체계가 수직적인 형태에서 수평적인 형태로 바뀌는 커다란 변혁이 일어나게 된다. 이러한 변혁이 의도하는 바는 의사 전달을 보다 신속하게 하자는 데 있음은 말할 나위도 없다. 그러나 이러한 수평적 과정은 지난날 신성시(神聖視)되었던 관료적 위계 질서에 일대 타격을 안겨주는 것으로서, 곧 '두뇌와 손발'의 비유를 허물어버리는 것이 된다. 수직적 명령 계통이 점차 무시됨에 따라 '손발'도 역시 결정을 내릴 수 있게 되기 때문이다. 노무자가 주임이나 과장을 거치지 않고 정비요원을 직접 부를 수 있다는 것은 지난날 '높은 분'들에게만 맡겨졌던 결정을 노무자도 할 수 있게 된다는 뜻이다.

이렇듯 조용하면서도 심각한 위계 질서의 궤멸 현상은 현재 공장의 작업 현장에서도 사무직에서도 나타나고 있는데, 여기에 일단의 전문가들이 등장함으로써 이러한 현상은 더욱 심해지고 있다. 이 전문가들은 활동 분야가 너무 좁기 때문에 위에 있는 사람들로서는 그들을 이해하기 어려운 경우도 종종 있다. 경영자들은 점차 이러한 전문가들의 판단에 의존하지 않을 수가 없다. 고체물리학자, 컴퓨터 프로그래머, 조직공학 전문가, 조업(操業) 연구자, 공학(工學) 전문가 등 이러한 사람들은 새롭게 결정 작성 기능을 수행하는 사람들이다. 이러한 사람들은 지난날 경영상의 결정권을 독점하고 있던 사무직원들의 상담에 응할 뿐이었으나 오늘날에는 경영자들이 결정 작성의 독점권을 상실해 가고 있다.

맥길 대학의 리드 교수는 "전문가들이 점점 기존의 명령 체계에 맞추어 나갈 수 없게 되고 그들 전문 분야의 조언(助言)이 윗 단계에서 승인될 때를 기다릴 수 없게 되었다"고 말한다. 조언자들은 위계 질서에 따라 위아래로 한가하게 왔다갔다하며 결정을 내릴 시간이 없다고 하면서, 조언해 주는 일을 걷어치우고 스스로 결정을 내리기 시작했다. 때때로 그들은 노무자나 말단 기술자들과 직접 상담하는 수도 있다.

따라서 국제 전신전화사 인사부장 메츠거(Frank Metzger)는 "이미 위계 질서에 대해서 확고한 충성심을 갖고 있지 않다. 위계 질서상으로 볼 때 대여섯 단계나 차이가 있는 사람들이 같은 회합에 모일 수도 있다. 봉급 수준이나 위계 질서는 잊어버리려 하고 일이 잘되도록 조직화하는 데만 관심을 기울인다"고 말했다.

리드 교수에 따르면 이러한 사실들은 "조직체에서 사고나 행동, 의사 결정 과정에 심한 변화가 일고 있음을 반영하고 있다"는 것이다. 그리고 거의 단정적으로 "기술과학의 변화 속에서 협동과 의사 전달의 문제들을 예방하고 대처하기 위한 진실되고 효과적인 방법이란 관료적 전통을 깨끗이 타파하는 조치를 통해 사람과 과업을 새롭게 조정하는 데서 찾을 수 있다"고 말했다.

관료적 위계 질서가 완전히 없어지려면 많은 시간이 흘러야 할 것이다. 관료 체제는 현대적으로 교육받은 많은 사람에게 일상적인 역할을 수행하도록 요구하는 과제들에 알맞기 때문이고 또한 이러한 역할이 미래의 인간들에 의해서도 계속 수행될 것이 분명하기 때문이다. 그러나 이러한 과제들은 사람들보다 컴퓨터나 자동화된 설비들이 더 잘 처리할 수 있는 것들이다. 초산업화 사회에서 이와 같은 과제들의 대부분은 자동 조정되는 기계들을 통해서 수행될 것이므로 관료 조직의 필요는 소멸될 것이 분명하다. 자동화는 관료 체제의 문명에 대한 지배력을 이전보다 강화하기보다는 오히려 관료 체제를 전복시키는 방향으로 나아갈 것이다.

기계들이 일상 업무를 떠맡고 가속적인 추진력이 환경 안에서 새로운 요소의 비중을 늘림에 따라, 사회나 사회내 조직체들은 점점 비일상적인 문제들을 해결하는 데 정력을 쏟을 수밖에 없다.

이러한 경향은 일정한 상상력과 창조력을 요구하는데, 사람으로 자리를 메우고 영구적인 구조와 위계 질서로 짜여진 관료 체제로서는 이러한 요구를 제대로 충족시킬 수 없다. 따라서 오늘날 기술과학적 또는 사회적 변화의 흐름에 휩쓸려 있는 조직체나 연구 개발이 중요시되는 곳이나 또는 사람들이 처음으로 당하는 문제들에 대처해 나가야만 하는 곳이라면 어디서나 관료적 형태의 퇴색이 두드러지고 있음은 당연한 현상이라고 생각된다. 이렇듯 첨단에 선 조직체들 속에서 새로운 체계의 인간 관계들이 우러나오고 있다.

조직체가 살아 나가려면 이러한 관료적인 관례(慣例)들을 타파하지 않으면 안 된다. 관료적인 관례들이야말로 조직체들을 무력하게 만들고 조직체들로 하여금 변화에 무감각하고 재빨리 반응할 수 없게 만드는 요인이기 때문이다. 드렉설 기술과학연구소(Drexel Institute of Technology)의 경제학 교수인 라파엘(Joseph A. Raffaele)에 따르면, 이러한 결과로 해서 우리는 "지도자와 피지도자 사이의 경계선이 흐려지고 기술 동료들이 함께 일하는 사회로" 나아가고 있다는 것이다.

초산업화 사회의 인간은 영구적이고 명백히 규정된 자리를 차지해서 위로부터의 명령에 따라 아무런 의식 없이 일상적 과제들만을 다루기보다는 스스로 의사 결정의 책임을 느끼게 된다. 아울러 고도로 일시적인 인간 관계들을 토대로 해서 이룩된 이른바 만화경(萬華鏡)처럼 변하는 조직 구조 안에서는 그럴 수밖에 없음도 점차 발견하게 될 것이다. 여하튼 여기서 확언할 수 있는 점은, 새로운 조직이 오늘날 많은 소설가나 사회비평가들이 아직도 비판의 화살을 퍼붓는 이른바 낡은 베버류의 관료 체제와는 다르다는 것이다.

관료 체제의 초극(超克)

관료 체제를 처음으로 정의하고 그 승리를 예견했던 사람이 베버였다면, 베니스(Warren Bennis)는 최초로 확신을 갖고 관료 체제의 붕괴를 예견한 사람이자 관료 체제를 대신해 출현할 조직체의 윤곽을 밝힌 사람으로 사회학 교과서에 기록될 수 있을 것이다. 관료 체제에 대한 비난의 소리가 미국의 대학가(大學街) 등에서 절정에 달했던 바로 그 시기에, 사회심리학자이자 공업경영학 교수였던 베니스는 "앞으로 25년에서 50년 사이에 관료 체제가 종말에 이르게 될 것"이라고 예견하고 아울러 '관료 체제의 초극'에 눈을 돌리기 시작해야 한다고 주장했다.

그리하여 베니스는 "좋은 인간 관계를 주창하는 여러 사람이 인

도주의적 견지에서 그리고 기독교적 가치관을 위해 관료 체제와 투쟁하고 있던 사이에 관료 체제는 실상 급속한 변화에 적응할 수 없어 붕괴의 징조를 드러내고 있었다"고 주장했다.

그는 또 "관료 체제는 그 활성기(活性期)라고 할 수 있는 산업혁명과 같은 풍토, 말하자면 극히 경쟁적이면서도 분화(分化)되지 않고 안정된 여건하에서 번창한다. 권력이 몇몇 사람의 수중에 집중됨으로써 피라미드형 권위 구조는 일상화된 과제들을 처리하는 데 지극히 적합한 사회 장치였고 현재도 그렇다. 그러나 그러한 구조는 그것이 작동하기 어려운 방향으로 환경이 변함으로써 안정성이 소멸되고 말았다"고 말했다.

각 시대는 그 시대의 속도에 적합한 조직 형태를 만들어 낸다. 농경 문명이 오랫동안 지속된 사회는 일시성이 낮은 것으로 특징지어졌다. 교통 통신이 발달하지 못해서 정보가 전달되는 속도도 늦었고 개인 생활의 변화 속도도 비교적 느렸다. 그리고 조직체들이 결정을 신속하게 내려야 할 경우도 드물었다.

그런데 산업화 시대는 개인 생활이나 조직 생활 양면에 걸쳐 빠른 속도를 요구했다. 관료적 형태가 요청되었던 것도 바로 이러한 이유에서였다. 우리들로서는 관료적 형태가 느리고 비능률적인 것으로 보일는지도 모르지만 이러한 형태는 일반적으로 앞서 있었던 느슨하고 허술한 조직체들보다 올바른 결정을 더 빨리 내릴 수 있었다. 모든 규정이 성문화(成文化)되고 여러 가지 작업상의 문제들을 어떻게 처리하는가를 제시해 주는 일련의 고정된 원칙이 마련됨으로써 산업화를 통해 초래된 생활의 빠른 변화 속도에 따라가기 위한 의사 결정 과정의 가속화도 이루어질 수 있었다.

베버는 이 점에 세심한 주의를 기울여 다음과 같이 지적하고 있다. "경제적·정치적 문제와 아울러 공지 사항(公知事項)이 전달되는 속도가 급격히 빨라짐으로써 행정적 반응 속도도 빨라지게 하는 확고하고 예리한 압력을 행사하고 있다." 그러나 "이러한 반응 시간의 최적(最適) 조건은 통상 엄격한 관료 조직에서만 달성될 수 있다"고 말한 베버의 지적은 잘못이다. 지금은 변화의 가속화가 너무 빠른 상황에 와 있어서 관료 체제조차 이미 따라갈 수 없음이 분명해지고 있기 때문이다. 정보가 사회 안에서 너무 빨리 흐르고 있고 기술과학상의 극적인 변화들이 너무 빨리 몰려들고 있기 때문에 보다 새롭고 보다 신속하게 반응할 수 있는 조직 형태들이 미래를 특징지을 수밖에 없다.

그렇다면 초산업화 사회의 조직체가 지니는 특성은 과연 무엇일까? 베니스는 "가장 핵심적인 용어는 '일시적'이라는 말이다. 말하자면 적응성 있고 빨리 변하는 일시적 체계들임에 틀림없을 것이다"고 말했다. 이를테면 문제들은 "일련의 다양한 전문적 기술을 가진 서로 모르는 사람들"로 이루어진 기동 작업반을 통해서 해결되리라는 것이다.

이러한 체계 속에서 사무원이나 경영인들은 다양하고 일시적인 작업반 사이의 조정자로서 기능할 따름이다. 이들은 상이한 전문인 집단의 잡다한 말투를 이해하는 데 숙달되어서, 한 집단의 언어를 다른 집단의 언어로 바꾸고 해석함으로써 집단 사이의 의사 소통을 촉진시키는 역할을 하게 된다. 베니스에 따르면 이러한 체계 속에 있는 사람들은 "직급과 역할에 따라 수직적으로 구분되는 것이 아니라, 기술과 전문적 수련에 따라 신축성 있게 그리고 기능적으로 구분될 것이다."

베니스는 계속해서 하나의 임시 작업반으로부터 다른 임시 작업반으로 오가는 이동률이 높기 때문에 "작업 집단에 덜 집착하게 될 것이다. ……복잡한 과제들을 위해 협동해야 할 필요가 증대되어 인간 관계의 숙달이 점점 중요시되지만, 어떤 집단 안에서의 응집력은 상대적으로 감소될 것이다. ……사람들은 직업상 빠르고 밀도 있는 관계들을 발전시키는 데 숙달돼야 하고 작업 관계는 그다지 오래 지속되는 것이 아님을 마음에 새겨야 한다"고 지적했다.

이것이 닥쳐올 애드호크러시의 도식(圖式)인데, 애드호크러시란 신속하게 움직이고 정보가 풍부한 미래의 활동적 조직으로서 일시적인 세포들과 극도의 이동성을 띠는 개인들로 이루어져 있다는 것이다. 더욱이 이러한 도식으로부터 새로운 조직체 속에서 살아갈 인간의 일부 특성을 도출해 볼 수 있는데, 이러한 사람들의 특성은 오늘날 모형(模型)으로 나타나 있는 조직체들 속에서 이미 어느 정도 발견되고 있다. 새로운 조직체 속에 있는 사람들은 통속적으로 지적되는 조직 속의 인간과는 전혀 다르다. 변화가 가속되고 새로운 환경 요소가 증대되면 새로운 형태의 조직이 요구되듯이, 새로운 조직체들 역시 새로운 종류의 인간을 요구할 것이기 때문이다.

  우리가 앞서 고찰해 보았듯이 관료 체제의 두드러진 특성 세 가지는 영구성, 위계 질서, 분업화 등이다. 바로 이러한 특성들이 그 조직체에 속한 사람들의 성격을 규정짓고 있다.

  영구성, 즉 인간과 조직체의 연결이 일정 기간 지속되리라는 인식은 조직체에 대한 애착을 불러일으킨다. 인간이 조직의 테두리 속에 오래 머무르면 머무를수록 인간은 자기의 과거를 그 조직체에 대한 투자로 보고 자기의 미래를 그 조직체의 운명에 따라 좌우되는 것으로 본다. 요컨대 장기성(長期性)이 충성심을 조성한다는 것이다. 이러한 자연적 경향은 작업 조직에서 강하게 나타나는데, 그것은 인간과 조직체와의 관계가 끊어지면 결국 경제적인 생존 수단이 상실되는 것으로 생각되기 때문이다. 대다수의 사람이 빈곤에 허덕이던 세계에서는 직업이란 참으로 귀중한 것이었다. 따라서 관료는 이동성을 싫어했고 경제적인 안정에만 치우쳤다. 관료는 자기 직업을 고수하기 위해 자기의 관심이나 신념을 조직체의 관심이나 신념에 기꺼이 종속시켰던 것이다.

  권력을 배경으로 한 위계 질서 속에서는 권위가 수반되게 마련이어서, 그 속에서 한 자리를 차지하고 있는 사람은 채찍을 휘두른다. 조직체와 자기와의 관계가 비교적 영구적인 것으로 인식됨으로써(아니면 최소한 그럴 것을 희망함으로써), 조직 속의 인간은 찬동(贊同)하는 데만 관심을 쏟고 있다. 위계 질서를 통해서 개인에게 상벌(賞罰)이 내려지므로, 개인은 위계 질서 속에서 바로 윗 단계만을 올려다보는 것이 습관화되어 아부만을 일삼게 된다. 따라서 이러한 조직 속의 인간은 맹물 인간으로 개인적인 신념도 없고 신념을 지니려는 용기도 없는 인간이다. 요컨대 순종의 대가만을 받는 인간인 것이다.

끝으로 조직 속의 인간은 사물의 구조 속에서 자기의 위치가 어딘지를 이해할 필요가 있다. 말하자면 조직 속의 인간은 정확히 정해진 자리를 차지해서 조직체의 규정에 따라 역시 정확히 규정된 행동을 수행하고 있으며 또 얼마만큼 정확히 각본(脚本)에 따르고 있느냐에 따라 판정되고 있다. 조직 속의 인간은 비교적 일상적인 문제들을 다루므로 일상적인 해답을 찾도록 권유되고 있다. 비정통성(非正統性), 창조성, 모험심 등은 억제되고 있다. 이러한 것들은 조직체가 그 구성원들에게 요구하는 예견 가능성과 상충되기 때문이다.

애드호크러시는 지금 미숙한 단계에 있지만 인간의 성격면에 근본적으로 다른 특성을 요구하고 있다. 우리는 영구성 대신에 일시성을 발견한다. 말하자면 우리는 조직체 사이의 높은 이동성, 조직체 안에서의 연속적인 재편성 및 일시적 작업 집단들의 계속적인 출현과 쇠퇴 등을 발견하게 된다는 것이다. 이러한 상황에서 어떤 조직체나 그 하부 구조에 대한 낡아빠진 충성심이 감퇴하는 현상을 엿볼 수 있음은 너무나 당연하다.

구차디 2세(Walter Guzzardi, Jr.)는 오늘날 미국 산업계의 젊은 사무원들에 관해 기술하는 가운데서 다음과 같이 밝히고 있다. "현대인과 현대 조직체 사이의 협약은 메디아 인이나 페르시아 인의 율법과는 다르다. 이러한 협약은 영구히 존속하도록 만들어진 것이 아니다. ……현대인은 조직체에 대한 자신의 태도를 정기적으로 검토하고 아울러 자신에 대한 조직체의 태도도 측정해 본다. 확인 결과 마땅찮은 것이 있으면 그것을 변경시키려고 노력한다. 그리고 이것을 변경시킬 수 없을 때, 그는 이동하고 만다."한편 사무원 채용 담당자 페크(George Peck)는 "상급 사무원들 중 그들의 서랍 속에 이력서를 넣어 둔 사람의 수는 의외로 많다"고 말했다.

  조직 속의 인간이 느꼈던 낡은 충성심은 이제 연기처럼 사라져 가고 있다. 조직에 대한 충성심보다는 오히려 전문적인 직종에 대한 충성심이 높아가고 있음을 엿볼 수 있다. 기술 사회 전반에 걸쳐서 전문적이고 기술적인 전문인들의 수는 엄청나게 증가하고 있다. 미국의 경우 1950년에서 1969년 사이만 보더라도 전문인들의 수는 2배 이상 늘었고, 이러한 계층은 다른 어떤 노동력 집단보다도 더 빠르게 성장하고 있다. 엔지니어나 과학자, 심리학자, 회계사, 기타 전문인 등 수많은 사람은 개별적인 자유업자로 활약하기보다는 조직의 대열 속에 들어가 있다. 이 결과 빚어지는 현상은 바로 변증법적 전도(轉倒)라고 할 수 있다. 베블렌(Thorstein Veblen)은 전문인의 산업화 현상을 기술했는데, 오늘날 우리는 산업의 전문화 현상을 보게 되었다.

  따라서 가드너는 다음과 같이 주장하고 있다. "전문인의 충성심은 자기의 전문성에 대한 충성이지 일정 기간 자기가 소속하는 조직에 대한 충성은 아니다. 어떤 지방 공장에 있는 화학자나 전자 기술자를 같은 공장에 근무하는 비전문적 사무원들과 비교해 보라. 화학자가 자기 동료라고 생각하는 사람들은 바로 이웃 사무실에 근무하는 사무원들이 아니라 자기와 똑같은 전문인들이다. 그들이 국내의 다른 지역에 있든 국외에 있든 마찬가지다. 화학자는 널리 산재한 동직자(同職者)들과의 우애 관계로 인해 그 자신도 고도의 이동성을 지닌다. 그러나 설사 그가 한 곳에 머물러 있다고 하더라도 지역적 조직에 대한 그의 충성심은 조직 속의 인간이 지녔던 충성심과는 질적으로 같을 수가 없다. 그는 충성심 따위는 전혀 고려하지 않고 있다. 이러한 전문인들의 출현은 바로 현재의 대규모적인 조직체가, 조직이 무엇인지에 대해서 아주 엉뚱한 생각을 갖는 사람들로 인해 대단히 침식되고 있음을 의미한다." 결과적으로 전문인들이란 체계 속에서 일하고 있는 '국외자(局外者)'인 셈이다.

한편 '전문'이란 용어 자체도 새로운 의미를 지니고 있다. 관료 체제의 수직적 위계 질서가 새로운 기술과학, 새로운 지식, 사회적 변화 등의 상승 작용으로 인해 붕괴되는 것처럼, 현재까지 인간의 지식을 구분해 온 수평적인 위계 질서 역시 붕괴되고 있다. 요컨대 전문인들 사이의 낡은 경계선은 무너지고 있다는 것이다. 인간들은 그들에게로 밀려드는 새로운 문제들이 좁은 전문 분야를 초극함으로써만 해결될 수 있다는 것을 점차 발견하게 될 것이다.

전통적 관료는 전자 기술자는 이쪽 방, 심리학자들은 저쪽 방이라는 식으로 분류해 버린다. 실상 기술자나 심리학자들도 그들 자체의 직업 조직에서는 그들의 지식이나 능력의 영역 사이에 엄격한 구분을 해왔다. 그러나 오늘날 항공 산업과 교육 및 기타 분야에서 기술자와 심리학자들은 곧잘 한 팀을 이루어 일시적으로 함께 편입되고 있다. 때때로 이렇듯 상이한 지적(知的) 결합을 보여주는 새로운 조직체들은 모든 기초적 전문직에 걸쳐 출현하고 있어서 우리는 생물수학자나 심리약학자(心理藥學者), 기술사서(技術司書) 및 컴퓨터 음악가 등 새로운 분파를 발견할 수 있다. 전문 분야들 사이의 구분이 사라질 리는 없지만 이러한 분야들은 보다 정밀해지면서도 빈틈이 많아져서 부단히 재편성되는 과정에 있다.

이러한 상황에서는 심지어 전문직에 대한 충성심도 단기적인 관계로 바뀌고 수행해야 할 과제나 해결해야 할 문제 등 일 자체도 지금까지 조직체를 위해서 유보(留保)됐던 그러한 관계를 이끌어 내고 있다. 베니스에 따르면, 직업적 전문가들은 "우열(優劣)의 내적 기준에 따라 전문가 협회로부터, 그리고 그들의 업무가 갖는 고유의 만족감 등으로부터 스스로의 보상(報償)을 얻어내고 있는 것 같다. 실상 직업적 전문가들은 직업에 대해서가 아니라 업무에 관심을 두고 있고 그들의 상사(上司)의 기준이 아니라 그들 자신의 기준에 따르고 있다. 그리고 그들은 능력이 있기 때문에 회사를 전전한다. 그들은 선량한 사원들이 아니다. 그들은 문제와 대결할 수 있는 도전적인 환경이 아니면 관계하지 않는다"는 것이다.

 이러한 미래형 인간들은 오늘날 존재하는 일부 애드호크러시에 이미 종사하고 있다. 컴퓨터 산업, 교육공학 분야, 도시 문제에 대한 조직공학의 응용, 환경 위생과 관계되는 정부 기관 등에서는 활기와 창조력이 넘치고 있다. 과거보다는 미래 지향성을 나타내는 이들 각 분야에는 조직 속의 인간에게서 볼 수 있었던 안전 위주의 정통성이나 순종성과는 전적으로 대조적인 새로운 모험 정신이 깃들여 있다.

 이러한 일시적 조직체에서 새로운 정신이란 조직 속의 인간보다는 기업가의 정신과 더 가깝다. 거대한 기업들을 창업하는 활동적 기업가란 패배나 비난의 소리도 두려워하지 않음으로써 특히 미국에서는 산업화 시대의 대중적 영웅으로 추앙받고 있다. 파레토 (Vilfredo Pareto)는 이러한 기업가들을 "변화에 흔들리지 않고 새로움을 희구하며 모험 정신을 지닌 사람들"이라고 일컬었다.

 기업가의 시대는 가고 그 자리에는 지금 조직 속의 인간들과 관료들만이 들어앉아 있다고 주장하는 것은 진부한 견해다. 오늘날 나타나고 있는 현상은 거대한 조직체들의 심장부에서 기업가 정신이 부활되고 있다는 사실이다. 이러한 역류 현상이 빚어지는 까닭은 새로운 일시성이 나타나고 대다수 교육받은 사람들에게 경제적인 불안이 사라졌다는 사실 때문이다. 풍요로워짐에 따라 모험을 해보겠다는 새로운 의지가 싹터 나왔다. 인간은 결코 굶어 죽지 않으리라 믿고 있기 때문에 실패를 각오하고 모험을 하려고 한다. 따라서 헌트 식품회사의 노사 문제 담당자 엘웰(Charles Elwell)은 "사무원들이 스스로를 지식과 기능을 팔아먹는 개별 기업가로 보고 있다"고 말했다. 웨이즈(Max Ways)는 《포춘》지에서 이렇게 지적했다. "경영 전문인은 확고한 독립 기반을 갖춤으로써, 소기업인보다도 더 확고한 재정적 기반을 갖고 있을는지도 모르겠다."

따라서 우리는 새로운 종류의 조직 속의 인간, 말하자면 여러 조직체에 가입하면서도 어느 한 조직체에 깊이 관계하지 않는 사람의 출현을 보게 된다. 이러한 사람은 조직체가 마련한 장비를 가지고, 조직체가 확립한 일시적인 집단 안에서 문제들을 해결할 때 자기의 기능이나 창의력을 활용한다. 그러나 이러한 사람은 그 문제들이 자기에게 흥미있는 것일 때만 그렇게 한다. 이러한 사람은 자기 자신의 경력이나 자기 만족에만 관심을 쏟는다.

위에서 얘기한 대로라면 큰 조직체들 안에서 '동인(同人, associative Man)'이란 용어가 갑작스레 유행되는 듯한 것도 우연한 일이 아니다. 현재는 '동인 조합장(同人組合長)'이란 용어도 있고 '연구 동인(硏究同人)'이란 용어도 있으며, 심지어 정부 기관들도 '동인 조합장'과 '동인 관리자'들로 충원되고 있는 실정이다. 동인이란 용어는 종속 관계이기보다는 동료 관계를 뜻하고, 이러한 용어가 널리 쓰이는 것은 수직적이고 위계적인 장치들로부터 새롭고 횡적인 전달 방식으로의 이행을 정확히 반영하고 있기 때문이다.

조직 속의 인간이 조직체에 대해서 굴종적이었음에 반해, 동인형(同人型) 인간은 조직체에 대해서 거의 무관심하다. 조직 속의 인간이 경제적 안정을 해치지 않으려는 생각 때문에 이동성을 띠지 않았다면 동인형 인간은 경제적 안정이 허용되고 있는 것으로 여기고 있다. 조직 속의 인간이 모험을 두려워했다면, 풍요롭고 급변하는 사회에서는 실패도 일시적인 것이라고 알고 있는 동인형 인간은 모험을 즐기고 있다. 조직 속의 인간이 그 조직체 안에서 지위와 명성을 찾으려 함으로써 위계 질서 의식이 철저했다면 동인형 인간은 조직 밖에서 지위와 명성을 찾고 있다. 조직 속의 인간이 이미 결정된 자리를 메웠다면, 동인형 인간은 주로 자기 의사에 따른 복잡한 방식에 따라 이 자리 저 자리로 이동하고 있다. 조직 속의 인간이 비정통성이나 창의성 같은 것은 피하면서 명확히 규정된 규칙에 따라 일상적인 문제의 해결에 열중했다면, 동인형 인간은 새로운 문제에 직면해서 혁신을 추구하려 한다. 조직 속의 인간이 공동 작업에 자기 개성을 예속시키지 않을 수 없었다면, 동인형 인간은 조직 자체를 일시적인 것으로 인식하고 있다. 동인형 인간도 자기가 선택한 조건하에서는 자기의 개성을 잠시 예속시킬 수는 있지만 영구적으로 매몰시키는 일은 결코 없다.

이 모든 경우에 동인형 인간은 조직체와 자기와의 관계에서 나타나는 일시성 바로 그것이 자기 선배들을 구속해 왔던 여러 가지 굴레로부터 자기를 해방시키고 있다는 비결을 터득하고 있다. 이러한 의미에서 보면 일시성이 곧 해방의 요체인 것이다.

그러나 여기에는 또 다른 측면이 있는데 동인형 인간은 이러한 사실도 잘 알고 있다. 공식적인 조직 구조들과의 관계 변동은 비공식적인 조직체의 변동을 더 증대시키고 아울러 사람들의 교체도 더 빠르게 만들기 때문이다. 변화가 일어나면 새로운 지식을 습득할 필요가 생긴다. 인간은 게임의 규칙을 배우지 않으면 안 되는데 규칙은 변화를 거듭하고 있다. 애드호크러시의 도입은 조직체들의 적응력을 증대시키지만, 그것은 곧 인간의 적응력도 강요한다. 번즈 (Tom Burns)는 영국의 전자 산업에 관한 연구 끝에 안정된 조직구조 속에 있는 경영자들과 급속한 변화 속에 있는 경영자들 사이에는 놀랄 만한 대조적 현상이 있음을 발견했다. 그는 빈번한 적응이 "개인적인 만족감과 적성을 희생시키고 있다. 최고 경영진에 속한 사람들과 보다 안정된 상황에서 비슷한 지위에 도달한 같은 연령층의 사람들과는 개인적인 긴장의 측면에서 두드러진 차이가 있다"고 쓰고 있다. 또한 베니스는 "급속한 변화에 대처하고 일시적 작업 체계 속에서 생활하며 중요한 관계들을 재빨리 수립했다가는 파기해 버리는 등의 모든 일은 사회적 부담과 심리적 긴장을 초래할 가능성이 있다"고 말했다.

많은 사람의 경우 다른 분야에서와 마찬가지로 조직 관계에서도 미래는 너무 빨리 도래하고 있다고 할 수 있다. 개인의 경우 애드호크러시로의 이행은 자기 생활에서 조직 관계의 변동이 더욱 가속화하고 있음을 뜻하고 있다. 따라서 우리가 고도의 일시성 사회를 연구하려면 또 한 가지 점에 유의해야 한다. 가속화는 사물과 장소와 사람들과의 관계를 단축시키는 것과 똑같은 방법으로 조직체와 우리의 관계도 단축시키고 있음이 분명하다. 이 모든 관계의 빠른 변동은 느린 속도의 사회 체계 속에서 생활을 익히고 교육을 받아 온 사람들로서는 무거운 적응 부담이라고 하지 않을 수 없다.

미래의 충격이 안겨다 주는 위험이란 바로 여기에 있다. 이제 고찰해 보겠지만, 이러한 위험은 정보 영역에서의 가속적 추진력의 영향으로 인해 더욱 심각해지고 있다.

제 8 장 정보 : 활동적 이미지

인스턴트 식품, 인스턴트 교육, 심지어 인스턴트 도시까지도 일상적인 현상이 되고 있는 사회지만, 인스턴트 명성(名聲)만큼이나 빨리 만들어지고 무자비하게 파괴되어 버리는 것도 없다. 초산업화 사회로 나아가고 있는 나라들은 이러한 정신 상품의 생산에 박차를 가하고 있다. 인스턴트 명성이란 하나의 이미지 폭탄——실로 적합한 표현인데——처럼 수많은 사람의 의식 속에서 작렬한다.

'트위기(Twiggy)'라는 별명을 가진 런던 출신의 어린 소녀가 처음 모델로 나선 때로부터 1년도 채 되지 않아서 지구상의 수많은 사람의 머리 속에 그녀의 이미지가 남게 되었다. 작은 유방과 가느다란 다리, 이슬처럼 빛나는 눈에다 금발인 트위기는 1967년에 폭발적인 명성을 얻었다. 그녀의 애교 있는 얼굴과 여원 듯한 모습은 영국, 미국, 프랑스, 이탈리아 기타 여러 나라의 잡지 표지에 게재되더니, 하룻밤 새에 트위기형(型)의 눈썹과 마네킹, 향수, 의복 등이 유행 공장에서 쏟아져 나오기 시작했다. 비평가들은 이 여자아이의 사회적 의미를 지나치게 과장했고, 기자들은 평화 조약이나 교황 선거에 관한 기사만큼의 비중으로 그녀를 다루었다.

그러나 지금 우리의 머리 속에 남아 있는 트위기의 이미지는 대단히 흐려져서 우리에게서 거의 사라지고 말았다. "나의 인기도 앞으로 6개월 동안 더 지속될 수 있을는지 의문이다"고 한 그녀의 통찰력 있는 판단은 바로 현실로 나타났다. 이것은 이미지라는 것이 일시적 성격을 띠고 있기 때문인데, 이러한 현상은 모델이나 운동선수나 연예인들에게만 국한되는 것이 아니다. 나는 얼마 전에 극히 이지적인 10대 소녀에게 급우들 사이에 영웅으로 받들어지는 사람이 있는가를 물어본 적이 있다. 나는 "이를테면 너는 글렌(John H. Glenn)을 영웅으로 생각하느냐?"고 물었다(독자가 잊어버렸을는지 몰라서 밝혀두지만, 글렌은 대기권 밖을 비행한 최초의 미국인 우주 비행사다). 그런데 그 아이의 반응은 "아녜요. 너무 낡았어요" 하는 것이었다. 나는 처음에는 40대가 된 사람이 영웅으로서는 너무 늙었다는 것으로 생각했는데, 곧 그것이 잘못된 것임을 깨달았다. 그녀가 생각하는 바는 글렌의 공적이 너무 오래 전의 것이어서 이제는 흥미가 없다는 것이다(글렌의 역사적인 비행이 이루어진 것은 1962년 2월의 일이었다). 오늘날 글렌은 대중의 관심 영역에서 벗어나 있고 결국 그 사람의 이미지는 쇠퇴해 버린 것이다.

트위기, 비틀스(Beatles), 글렌, 에스테스(Billie Sol Estes), 딜런(Bob Dylan), 루비(Jack Ruby), 메일러(Norman Mailer), 아이히만(Adolf Eichmann), 사르트르(Jean-Paul Sartre), 말렌코프(Maximilianovich Georgi Malenkov Onassis), 재클린(Jacqueline Kennedy Onassis) 등 수

많은 인물들은 현대사의 무대를 화려하게 장식하며 지나가고 있다. 실제 인물들이 매스 미디어를 통해 과장되고 조작되어, 그들과 결코 만나보지도 말해 보지도 '사람됨'을 알지도 못하는 수많은 사람의 마음속에 이미지로서 자리잡고 있는 것이다. 그들은 우리가 개인적인 관계를 맺은 많은 사람만큼이나(때로는 그 이상으로) 강한 현실감을 안겨주고 있다.

우리는 마치 친구나 이웃, 동료들과 관계를 맺듯이 이러한 '이미지 속의 인물들'과도 관계를 맺고 있다. 그리고 우리 생활에서 실제 인물들과의 접촉이 많아지고 그들과의 관계의 평균 지속 기간이 짧아지는 것처럼, 우리의 마음을 사로잡는 이미지 속의 인물들과의 관계 역시 수적으로는 많아지고 지속 기간은 짧아진다.

이미지 속의 사람들이 스쳐 가는 속도는 현실 세계의 실제적인 변화 속도에 따라 영향을 받는다. 예를 들어 정계(政界)의 경우, 1922년 이래 영국의 수상직은 1721년에서 1922년 사이보다 13퍼센트 정도 빠른 속도로 변동했다. 스포츠의 경우 권투 헤비급 챔피언은 한 세대(世代) 전보다 두 배 정도 빨리 교체되고 있다.[1] 사건의 변화가 빨라져 새로운 인물들이 계속 유명인의 매력적인 자리로 몰려들고 이에 따라 마음속의 낡은 이미지는 새로운 이미지에게 길을 터주기 위해 물러간다.

책을 통해서나 텔레비전 화면, 연극, 영화, 잡지 등을 통해서 창출(創出)되는 가공(架空) 인물들의 경우에도 같은 현상이 나타난다고 말할 수 있다. 이렇듯 많은 가공 인물이 쏟아져 나온 시대는 우리 역사에 없었다. 역사가 피시위크(Marshall Fishwick)는 매스 미디

---

1) 1882년에서 1932년 사이에는 10명의 새로운 헤비급 챔피언이 왕좌(王座)에 올라 평균 5년 동안 그 자리를 지켰다. 1932년에서 1951년 사이에는 7명의 챔피언이 있었고 평균 기간은 3.2년으로 줄었다. 1951년부터, 세계권투협회(WBA)가 왕좌의 공석(空席)을 선언했던 1967년 사이에는 7명의 챔피언이 있었는데 이들이 왕좌를 누린 평균 기간은 2.3년이었다.

어를 언급하는 가운데서 다음과 같이 비꼬아 말했다. "슈퍼 히어로 (Super-Hero), 캡틴 나이스(Captain Nice), 미스터 테러픽(Mr. Terrific) 등은 우리가 채 낯을 익히기도 전에 텔레비전 화면에서 영영 사라지고 만다."

실존 인물이든 가공 인물이든 간에 이미지 속의 인간은 행위의 모범을 제시해 주고 여러 가지 역할이나 상황을 연출해 우리가 어떤 결론을 이끌어 낼 수 있도록 함으로써 우리 생활에서 중대한 역할을 수행하고 있다. 우리는 의식적이든 무의식적이든 그들의 활동을 통해서 여러 가지 교훈을 얻어내고 그들의 승리와 시련을 통해서 무엇인가를 배우고 있다. 그들은 우리가 실생활에서 봉착할 수 있는 어려움을 겪지 않고 여러 가지 역할이나 생활 양식을 '시험해' 볼 수 있게 한다. 대역(代役) 인간들의 재빨리 스쳐 가는 현상이 적절한 생활 양식을 찾는 데 어려움을 겪는 많은 실제 인간에게 불안감만을 준다고 할 수는 없다.

그러나 대역 인간들은 서로 독립되어 있는 것이 아니다. 그들은 방대하고 복잡하게 조직화된 '공개극(公開劇)' 속에서 그들의 역할을 수행하는 것이다. 《상징적 지도자》라는 흥미있는 책의 저자며 사회학자인 클래프(Orrin Klapp)의 말을 빌리면, 공개극이란 주로 새로운 통신 기술의 산물이라는 것이다. 클래프에 따르면 유명인들을 거드름피우게 만들다가는 재빨리 새로운 인물로 대치하는 이 공개극은 "다른 어느 분야에서보다도 지도력을 더 불안하게 만드는 결과를 빚어낸다. 예기치 않은 재난, 불화, 어리석은 짓, 경쟁, 추문(醜聞) 등은 오락이며 정치적 도박이다. 일시적인 유행은 눈부신 속도로 변해 간다. ……미국과 같은 나라에도 매일 새 얼굴이 출현하는 공개극이 있는데, 여기서는 인기를 독점하기 위한 경합(競合)이 치열해서 어떤 일이든 일어날 수 있고 실제로 일어나는 수도 있다." 클래프의 말을 빌리면, 여기서 볼 수 있는 것은 "상징적인 지도자들의 빠른 변동이다."

그러나 이러한 사실은 비약시켜 좀더 강하게 표현할 수도 있겠다. 즉 여기서 빚어지는 것은 단순히 실제 인간들이나 가공 인물들의 변동만이 아니라 우리 머리 속에 있는 이미지나 이미지 구조의 보다 빠른 변동이라는 것이다. 현실에 대한 이러한 이미지들과 우리와의 관계는 우리 행동의 토대가 되는데, 이들은 일반적으로 점점 더 일시성을 띠어 가고 있다. 사회내의 전반적인 지식 체계는 난폭하리만큼 뒤흔들리고 있고, 우리가 사고하는 데 토대가 되는 개념이나 규범들은 격렬하고 가속적인 속도로 바뀌어 가고 있다. 우리는 현실에 대한 우리의 이미지들을 형성하고 망각하는 속도를 빠르게 하지 않을 수 없다.

트위기와 K 중간자(中間者)

사람들은 자기 머리 속에 세계에 관한 정신적 모델, 말하자면 외부 현실에 대한 주관적 해석을 지니고 있다. 이러한 모델은 수만, 수십만 개의 이미지로 이루어져 있다. 이러한 것들 가운데는 창공을 흘러 가는 흰구름에 관한 심상(心像)처럼 단순한 것도 있지만, 사회내에서 사물이 조직화되는 양상에 관한 추상적 추리도 있다. 우리는 이러한 정신적 모델을 환상적인 내부 창고, 말하자면 "인간은 본질적으로 선하다"라든지 "신은 죽었다"라든지 하는 포괄적인 명제(命題)에 따라서 트위기나 드 골(Charles de Gaulle)이나 클레이(Cassius Clay)에 관한 우리의 내적 영상(映像)들을 보관하고 있는 이미지 진열장이라고 생각할 수도 있다.

어떤 사람의 정신적인 모델은 현실과 똑같은 이미지들을 담고 있기도 하지만 때로는 왜곡되고 부정확한 이미지들도 담고 있다. 그러나 그 사람이 올바로 일을 해 나가고 심지어 생존해 나가기 위해서는 그 모델이 현실과 대체로 비슷한 이미지를 간직하고 있지 않으면 안 된다.《사회와 지식》이라는 책에서 차일드(V. Gordon Childe)는 다음과 같이 서술하고 있다. "오랜 역사를 지닌 사회에서 행동의 지침(指針)으로 활용되는, 이른바 외부 세계에 관한 온갖 영상은 어느 정도 그 실제와 일치되지 않으면 안 된다. 그렇지 않으면 그 사회 자체가 지탱될 수 없고, 사회 성원들도 전적으로 사실과 다른 전제에 따라 행동하게 됨으로써 극히 간편한 도구를 만들 수도, 외부 세계로부터 먹을 것이나 쉴 곳을 마련할 수도 없었을 것이다."

 어떤 사람의 현실에 관한 모델은 순전히 개인적인 것만은 아니다. 그 사람이 갖고 있는 이미지의 일부는 직접적인 관찰을 토대로 하고 있지만, 그 이미지의 많은 부분은 매스 미디어와 주변 사람들이 우리에게 전달해 주는 내용을 토대로 삼고 있다. 따라서 그 사람의 모델이 얼마만큼 정확한가는 어느 정도 사회의 일반적인 지식 수준을 반영하고 있다. 그리고 경험이나 과학적인 연구가 보다 정교하고 정확한 지식을 사회에 주입하게 됨에 따라 새로운 개념과 사고 방식이 낡아빠진 이념이나 세계관을 퇴색시키고 부인하여 결국은 밀어내고 만다.

 만일 사회 자체가 이제까지 정지 상태에 있었다면, 개인으로 하여금 스스로 새로운 이미지를 공급받도록 하고 또 그 이미지를 사회에서 활용되고 있는 최신의 지식과 조화시키도록 하는 압력은 별로 없었을 것이다. 개인이 속해 있는 사회가 안정되거나 서서히 변하는 한 개인이 자기 행동의 토대로 삼는 이미지 역시 전전히 변할 수 있다. 그러나 급변하는 사회에서 올바로 처신하고 빠르고 복잡한 변화에 올바르게 대처하려면, 개인은 어느 정도 변화의 속도와 일치될 수 있을 만큼 자신이 간직하고 있는 이미지들을 바꾸지 않으면 안 된다. 말하자면 자기의 모델을 새롭게 만들지 않으면 안 된다는 것이다. 이러한 과정에서 지체되면 지체될수록 변화에 대한 그 사람의 반응은 부적합해지고, 그럼으로써 그 사람은 점차 낙오되고 무능력해지고 만다. 따라서 개인으로 하여금 일정한 변화 속도에 맞추도록 만드는 강한 압력이 행사되고 있는 것이다.

오늘날 기술과학 사회에서는 변화가 너무나 빠르고 무자비하기 때문에 어제의 진실은 오늘의 허구(虛構)로 돌변하고, 가장 숙련되고 가장 이지적인 사회 성원들도, 심지어 극히 좁은 분야에서까지 새로운 지식의 큰 물결에 발맞추기가 어려워지고 있다.

미국 버클리에 있는 캘리포니아 대학 동물학 교수인 스톨러(Rudolph Stohler) 박사는 "원하는 것을 모두 알려고 하지만 그것은 불가능하다"고 했고, 워싱턴에 있는 스미스소니언 연구소 해양학 부장 월런(I. E. Wallen) 박사는 "세상이 어떻게 돌아가고 있는지를 알려는 데 작업 시간의 25퍼센트 또는 50퍼센트를 소모하고 있다"고 했으며, 노벨 물리학상 수상자인 세그레(Emilio Segré) 박사는 "K 중간자에 관한 논문들만도 모두 통독하기란 불가능하다"고 했다. 역시 해양학자인 스텀프(Arthur Stump) 박사는 "10년 동안 간행물의 발행을 정지시키지 않는 한, 이와 같은 정보의 홍수를 어찌하면 좋을는지 나로서는 해답할 길이 없다"고 했다.

새로운 지식은 확대되기도 하고 낡은 지식을 쓸모없게 만들기도 한다. 어느 경우든 새로운 지식은 관련된 사람들로 하여금 그들의 이미지를 재편성하도록 강요하고 그들로 하여금 어제 알고 있었다고 생각했던 것을 오늘 다시 공부하도록 강요하고 있다. 영국 요크 대학 부총장인 제임스(James) 경은 "내가 화학 분야에서 최초의 학위를 받은 것은 1931년 옥스퍼드에서였는데, 오늘날 옥스퍼드에서 출제되는 화학 시험 문제 가운데엔 내가 졸업했을 때 제기되지도 않았던 지식을 내용으로 한 것들이 최소한 3분의 2나 되기 때문에, 나는 지금 그 문제들을 풀 수 없을 뿐 아니라 옛날에도 결코 풀 수 없었을 것으로 본다"고 말했다. 미국 연방통신 위원회의 교육 방송 수석 전문가인 힐리어드(Robert Hilliard) 박사는 한걸음 더 나아가서 다음과 같이 진술하고 있다. "현재와 같은 비율로 지식이 증대되어 간다면 지금 태어난 아이가 대학을 졸업할 때쯤은 이 세상의 지식의 양이 4배로 늘고 그 아이가 50세에 이르면 그 양은 32배로 늘어

이 세상에 알려진 온갖 지식의 97퍼센트는 그가 태어난 이래 터득한 것이 된다."

　지식에 관한 정의(定義)가 모호하고 이러한 통계가 반드시 정확할 수는 없다 하더라도, 새로운 지식의 증대는 우리를 점점 더 좁은 전문 분야로 몰고 가고 아울러 현실에 대한 내면적인 이미지들을 점점 빨리 수정하는 방향으로 이끌어 갈 것임은 의심할 여지가 없다. 이러한 현상은 물리학의 분자나 유전인자에 관한 심오한 과학 정보에만 국한되는 것이 아니다. 이러한 현상은 수많은 사람의 일상 생활에 직접 영향을 미치는 여러 범주의 지식에도 똑같이 적용된다고 할 수 있다.

프로이트 이론의 파동

　새로운 지식의 많은 부분은 일반인의 직접적인 이해 관계와는 거리가 먼 것이라 하겠다. 크세논과 같은 귀중한 가스로 합성물(合成物)을 만들 수 있다는 사실 ──최근까지도 대부분의 화학자가 불가능하다고 한 일인데── 에 대해 일반인은 호기심도 없고 영향을 받는 일도 없다. 설사 이러한 지식이 새로운 기술과학 분야에서 실용화되어 일반인에게 영향을 미칠 수 있다고 하더라도 그로서는 이러한 지식을 무시할 수가 있다. 그러나 한편으로 새로운 지식의 상당 부분은 일반인의 직접적인 관심사, 직업, 정치 생활, 가정 생활, 심지어 성행위 등과 직접 관계되고 있다.

　사회에서 어린이에 대한 생각과 어린이 양육 이론의 연속적인 변화가 일어난 결과로 부모들이 겪는 곤경이 그 전형적인 예다.

　예를 들어 20세기 초 미국을 휩쓴 이론은 행태를 결정하는 데 가장 중요한 요소가 유전이라고 하는 그 당시의 과학적 신념을 반영하고 있었다. 다윈(Charles Robert Darwin)이나 스펜서(Herbert Spencer)에 관해 한 마디도 들어본 적이 없는 어머니들도 이러한 사상가들의 세계관과 합치되는 방법으로 자기 아이들을 양육했다. 이러한 세계관은 이 사람으로부터 저 사람으로 전달되는 과정에서 세속화(世俗化)되고 단순화됨으로써 수많은 사람들의 신념 속으로 파고들어, "나쁜 아이는 혈통이 나쁜 탓이다"라든지 "범죄는 유전성이다"라는 생각들이 일반화되기에 이르렀다.

20세기 초 10~20년간을 풍미하던 이러한 태도들은 환경 이론이 대두하자 후퇴하고 말았다. 환경이 인격을 형성한다는 신념, 그리고 어린 시절이 가장 중요하다는 신념은 어린이에 관한 새로운 이미지를 형성했다. 윗슨(John Broadus Watson)과 파블로프(Ivan Petrovich Pavlov)의 소론(所論)이 일반인의 시계(視界)로 들어오기 시작하면서 어머니들은 새로운 행태주의(behaviorism)를 익히기에 이르러, 유아(乳兒)들이 요구한다고 해서 멋대로 먹이지 않고 울어도 안아주지 않으며, 의타심(依他心)이 생기지 않도록 일찍 젖을 떼는 양육 방식을 택했던 것이다.

울펀스타인(Martha Wolfenstein) 여사는 1914년에서 1951년 사이에 미국 아동국(兒童局)에서 발간한 책자인 《유아 양육법》 제1판에서 제7판까지에 담겨진 내용, 즉 부모들에게 제시한 조언을 비교 연구했는데, 그녀는 이유(離乳) 방법, 엄지손가락 빠는 버릇, 수음(手淫) 행위, 용변 버릇 등에 두드러진 변화가 있음을 발견했다. 1930년대 말에 이르러서는 어린이에 관한 또 하나의 이미지가 두드러졌음을 이 연구는 밝히고 있다. 프로이트(Sigmund Freud)의 이론들은 파도처럼 밀려와서 어린이 양육 방법을 혁명적으로 변화시켰다. 어머니들은 갑자기 '유아의 권리'에 귀를 기울이고 '말로 칭찬해 줄' 필요를 깨닫기 시작했다. 말하자면 방임주의(放任主義)가 그 시대의 규칙으로 되었다는 것이다.

부연해서 말하면 프로이트류의 어린이에 관한 이미지들은 데이턴, 더뷰크, 댈러스 등지의 부모들의 행태를 변화시켰음과 아울러 정신분석학자들의 이미지 역시 변경시켰다. 정신분석학자들은 문화의 영웅으로 추앙받기 시작했다. 영화, 텔레비전 드라마, 소설 및 잡지 기사는 정신분석학자들을 현명하고 동정심 많은 사람들로 그리고 상처받은 인간들을 재생시킬 수 있는 마술사로 묘사했다. 1945년에 〈주문(呪文)〉이란 영화가 상영되고 난 다음부터 1950년대 말까지 정신분석학자는 매스 미디어를 통해서 아주 긍정적으로 묘사되었다.

그러나 1960년대 중반에 이르러 정신분석학자는 이미 웃기는 인물로 바뀌었다. 〈무엇이 새로운 고양이인가?〉에서 셀러스(Peter Sellers)는 정신분석학자를 대부분의 자기 환자들보다도 더 미치광이로 연출했는데, 이때부터 '정신분석학자에 대한 비웃음'은 뉴욕이나 캘리포니아의 말많은 사람들 사이에서 나돌았을 뿐 아니라, 애초에 정신분석학자의 신화(神話)를 만들어 냈던 바로 그 매스 미디어를 통해서 널리 번져 나갔다.

정신분석학자에 대한 일반의 이미지(일반의 이미지란 그 사회 개개인의 이미지의 집합에 지나지 않는다)가 이렇게 완전히 뒤집힌 것은 역시 연구 분야에서의 변화를 반영하고 있었다. 정신분석 요법(療法)이 선전 내용과는 다르다는 증거가 제시되었고 행태과학 특히 심리약학(心理藥學) 분야에서 프로이트류의 치료 방법들을 낡아빠진 요법으로 몰아붙였기 때문이다. 이와 아울러 학습 이론 분야에서 많은 연구가 이루어졌고 아동 교육의 새로운 이론이 제시되어 이로부터 일종의 신행태주의(新行態主義)로 나아가기 시작했다.

이러한 진행 과정의 각 단계마다, 널리 지지받아 온 이미지 체계는 반대되는 이미지 체계에 의해서 공박받았다. 어떤 이미지 체계를 지녀 오던 개인들은 보고서, 논문, 기록 등을 통해서나 권위자, 친구, 친척 및 심지어 대립적 견해를 지닌 무관심한 친지들의 충고를 통해서 논박받았다. 한 어머니는 자기 아이를 기르는 과정에서, 시기가 달라짐에 따라 같은 권위자로부터 현실에 관한 다른 추론(推論)에 토대를 둔, 결과적으로 어느 정도 다른 충고를 받는 수도 있었다. 과거의 사람들에게는 어린이 교육 형태가 때에 따라서는 몇 세기 동안 안정을 지녀 왔지만, 현재나 미래의 사람들의 경우 어린이 교육 형태는 다른 많은 분야에서와 마찬가지로 과학적 연구를 통해 제시되는 이미지들의 연속적인 파장(波長)이 소용돌이치는 영역이 되었다. 이러한 방식을 통해서 새로운 지식은 낡은 지식을 변화시키고 있다. 매스 미디어가 새로운 이미지들을 계속해서 설득력 있게 전파하기 때문에 보다 복잡한 사회 환경에 대처하는 데 도움을 청하는 개인들은 매스 미디어가 제시하는 새로운 이미지들에 따르려고 한다. 아울러 사건들 ──연구와는 구별되는 것── 도 역시 우리네 낡은 이미지 구조들을 파괴하는 방향으로 전개되고 있다. 사건들은 우리의 관심 영역 속을 빨리 스쳐 지나감으로써, 낡은 이미지를 씻어내고 새로운 이미지를 형성시키고 있다. 자유화 운동과 흑인 거리의 폭동이 있은 후 흑인들이란 스스로의 빈곤에 만족하는 '행복한 아이들'이라고 하는, 오랫동안 간직되어 온 견해에 집착한 사람이 있었다면 그는 정신병자였을 것이다. 1967년 이스라엘이 아랍을 전격적으로 침공한 후에도 유태인은 오른쪽 뺨을 맞으면 왼쪽 뺨을 내미는 평화주의자라든지 전쟁터의 겁쟁이라고 하는 이미지를 갖고 있는 사람들이 과연 몇이나 될까?

교육, 정치, 경제 이론, 의학 및 국제 문제 분야에서도 새로운 이미지들의 연속적 파도는 우리의 방어선을 돌파하여 현실에 관해 지니고 있는 우리의 정신적인 모델들을 뒤흔들고 있다. 이러한 이미지에 대한 공격의 결과는 낡은 이미지의 급속한 쇠퇴와 보다 빠른 지식의 산출 및 지식 자체의 비영구성(非永久性)에 관한 새롭고 심오한 인식 등이다.

베스트 셀러의 홍수

이러한 비영속성은 여러 가지 미묘한 방법으로 사회에 반영되고 있다. 한 가지 극적인 실례로 고전적인 지식의 그릇이라 할 책에 대해 지식의 폭발이 미친 영향을 들 수 있다.

지식이 풍부해지면서 다른 한편으로 영구성을 잃어 감에 따라 딱딱하고 오래 지속될 수 있는 가죽 표지는 거의 사라지고 헝겊 표지로 대치되다가 나중에는 종이 표지로 바뀌었음을 우리는 눈여겨 볼 수 있었다. 책 자체도 그것에 담겨진 대부분의 정보와 마찬가지로 점점 일시적인 것으로 되어가고 있다.

통신망(通信網) 설계자며 사서 기술(司書技術) 분야의 대담한 예언자였던 콘버그(Sol Cornberg)는 10년 전에, 머지않아 독서가 정보 흡수를 위한 주된 형식이 못 되리라고 선언했다. 그는 "읽고 쓰는 것이 시대 착오적인 기능이 될 것이다"고 말했다(콘버그의 부인은 공교롭게도 소설가였다).

콘버그의 예언이 옳든 그르든 한 가지 사실은 명백하다. 즉 믿기 어려우리만큼 지식이 확장된다는 것은 각 책(유감스럽지만 이 책도 포함해서)에 담겨진 내용이 알려진 모든 지식들 중 극히 적은 부분임을 뜻하고 있다. 그리고 종이 표지의 혁명은 어디서나 활용될 수 있도록 책을 값싸게 만들어 책의 희소 가치(稀少價値)를 감소시켰는데, 그 시기가 바로 지식의 급속한 폐용화(廢用化)가 지식의 장기적인 정보 가치를 감소시키던 시기와 때를 같이하고 있다. 미국의 경우를 보면, 한 권의 종이 표지 책이 나오면 일시에 10만 이상의 신문 판매소에 등장하지만 30일 가량만 지나면 새로 발간되는 출판물들의 파도에 씻겨 말끔히 사라져버리고 만다. 따라서 책도 월간 잡지의 일시성과 별로 차이가 없다. 실제로 많은 책들은 '한 호(號)'의 잡지들과 다를 바가 없다.

아울러 어떤 책 ─ 인기가 대단한 책이라 하더라도 ─ 에 대해 독자들이 쏟는 관심의 길이도 단축되고 있다. 예를 들면 《뉴욕 타임스》의 목록에 오른 베스트 셀러의 수명도 급격히 짧아지고 있다. 물론 해에 따라 달라서 불규칙적이고 어떤 책들은 이러한 파도를 헤쳐 나가는 수도 있다. 그럼에도 불구하고 이런 문제에 관한 충분한 자료가 활용될 수 있었던 1953년에서 1956년까지의 4년간을 우선 검토해 보고 10년 후인 1963년에서 1966년까지의 4년간을 검토해서 비교해 보았더니, 앞 시기에 베스트 셀러 목록에 올라 있던 평균 기간은 18.8주였는데 10년 뒤인 다음 시기에는 15.7주였음이 밝혀지고 있다. 10년 안에 베스트 셀러의 평균 수명은 6분의 1이 단축된 셈이다.

이런 추세를 이해하려면 바로 그 밑바닥에 깔린 근본적인 사실을 파악해야 한다. 인간의 영혼을 변화시키는 것은 우리가 지금 겪고 있는 역사의 과정인 것이다. 화장품으로부터 우주 철학에 이르기까지, 그리고 트위기형의 사소한 일로부터 기술과학상의 보람찬 성과에 이르기까지의 모든 분야에 걸쳐서, 현실에 관한 우리의 내적인 이미지들은 외부적인 변화의 가속화에 상응함으로써 보다 단명하게, 보다 일시적인 것으로 되어가고 있다. 우리는 아이디어나 이미지들을 점점 빠른 속도로 창조해서 활용하고 있다. 요컨대 사람, 장소, 사물 및 조직 형태와 마찬가지로 지식도 쓰고 버리는 것으로 되어가고 있다는 것이다.

계획된 메시지

현실에 관한 우리의 내적인 이미지들이 점점 빨리 변동되는 것으로 나타난다면 그 이유의 하나는 이미지를 구성하는 메시지들이 우리의 감각에 투영되는 속도가 빨라진 탓이라고 할 수 있다. 이것을 과학적으로 입증하려는 노력은 별로 이루어지지 않고 있으나 이미지를 결정짓는 자극에 우리가 점점 더 많이 노출되고 있다는 사실만은 분명하다.

왜 그런가를 이해하려면 우선 이미지를 만들어 내는 것을 검토해 볼 필요가 있다. 우리의 정신적인 모델을 이루는 수많은 이미지들은 과연 어디서 나오는 것일까? 외부 환경은 우리에게 여러 가지 자극을 제시해 주고 있다. 우리의 외부에서 나오는 여러 가지 신호들, 이를테면 음파(音波)와 빛 등이 우리의 감각 기관을 자극한다고 하겠다. 이러한 신호들이 일단 지각(知覺)되면 아직도 해명이 덜 된 어떤 과정을 거쳐서 현실에 대한 표상(表象), 말하자면 이미지로 전환한다.

　이렇게 유입되는 신호에는 여러 가지 형태가 있는데 그 중 일부는 '기호화되지 않은 것'이라 할 수도 있다. 예를 들면 어떤 사람은 거리를 지나가다가 보도에서 바람에 나부끼는 나뭇잎을 관심 있게 볼 수도 있다. 그 사람은 자기의 감각 기관을 통해 이러한 현상을 지각한다. 그 사람은 나뭇잎이 살랑거리는 소리를 듣고 나뭇잎의 움직임과 색깔을 볼 수도 있다. 이러한 감각 기관의 지각 작용을 통해서 그 사람은 어느 정도의 정신적인 이미지를 형성할 수 있다. 이러한 감각 기관을 통해서 들어오는 신호를 가리켜 바로 메시지라고 한다. 그러나 이러한 메시지는 통념상으로 볼 때 사람이 만든 것이 아니었다. 이러한 메시지는 어떤 사람이 어떤 일에 관해 전달하기 위해 만들어 낸 것이 아니다. 따라서 이것에 대한 인간의 이해는 어떤 사회적 규약, 말하자면 사회적으로 합의된 일련의 기호나 정의(定義)에 직접 의존하고 있는 것이 아니다. 우리 모두는 이러한 사건들로 둘러싸여 있기도 하고 사건들에 관여하고 있기도 하다. 이러한 사건들이 우리 의식의 범위 안에서 일어날 때 우리는 그 사건들로부터 기호화되지 않은 메시지들을 골라 내어 이러한 메시지들을 정신적인 이미지들로 변화시킬 수 있다. 실상 모든 개개인의 정신적인 모델에서 상당 부분의 이미지는 이렇듯 기호화되지 않은 메시지들로부터 나오고 있는 것이다.

　그러나 한편 우리는 외부로부터 기호화된 메시지들도 받아들이고 있다. 기호화된 메시지들이란 사회적 관례(慣例)에 따라 그 의미를 규정하는 것이다. 모든 언어는 설사 그것들이 말에 토대를 둔 것이든 몸짓에 토대를 둔 것이든, 북소리에 토대를 둔 것이든 댄스 스텝에 토대를 둔 것이든, 아니면 상형(象形) 문자나 회화(繪畵) 문자에 토대를 둔 것이든 실매듭의 배열에 토대를 둔 것이든 간에, 모두 규약들이다. 이러한 언어적 수단을 통해 전달되는 모든 메시지는 기호화된 것들이다.

  사회가 점점 방대해지고 복잡해짐에 따라 사람들 사이에 이미지의 전달을 위한 규약들이 많아짐으로써 보통 사람이 받아들이는 기호화되지 않은 메시지의 비율은 기호화된 메시지에 비해 줄고 있음을 쉽사리 추리해 볼 수 있다. 바꾸어 말하면 오늘날 이미지의 상당 부분은 있는 그대로의 기호화되지 않은 사건들에 대한 개별적 관찰을 통해서보다는 사람이 만든 메시지를 통해서 도출되고 있다고 해도 좋다는 것이다.

  더욱이 기호화된 메시지의 형태에도 미묘하고도 중대한 변화가 일어나고 있음을 엿볼 수 있다. 과거 농경 사회에서 시골의 문맹인(文盲人)의 경우 유입되는 대부분의 메시지는 엉터리거나 '자기 나름'의 의사 소통이라고 해도 무방한 것들이었다. 그 당시의 농부도 일상 가정의 대화를 이어 가면서 희롱도 하고 술집 얘기를 늘어놓기도 하며 붙잡고 불평을 털어놓거나 자기 자랑도 하며 어린 아이 얘기도 늘어놓을 수 있었다(동물의 짖음과 비슷한 것이었다). 그리고 이것이 농부가 받아들이는 기호화된 대부분의 메시지의 성격을 결정했고 이러한 전달 방식의 한 가지 특징은 어딘가 느슨하거나 체계화되지 않거나, 수다스럽거나 아니면 정리되지 않은 듯한 성격이라는 점이다.

  이러한 메시지의 투입(投入)을 오늘날 산업화된 사회의 일반 시민들이 받아들이는 기호화된 메시지들과 비교해 봄직하다. 위에서 언급한 메시지들에 덧붙여 산업 사회의 시민은 커뮤니케이션 전문가들에 의해 잘 다듬어진 메시지들도 받아들이고 있다. 물론 그것은 주로 매스 미디어를 통해서다. 오늘의 시민은 뉴스도 듣고 정성들여 만든 연극, 텔레비전 방송, 영화 등을 시청하며 음악도 훨씬 많이 감상하고(음악도 잘 다듬어진 커뮤니케이션 형태의 하나다), 연설도 자주 듣는다. 무엇보다 오늘의 시민은 선조(先祖) 농민이 할 수 없었던 것을 하고 있다. 오늘의 시민은 미리 정성껏 편집해 놓은 수많은 글을 읽고 있는 것이다.

산업혁명은 고도로 기술화한 매스 미디어를 출현시킴으로써 개인이 받아들이는 메시지의 성격을 근본적으로 바꾸었다. 오늘날의 개인은 환경으로부터 기호화되지 않은 메시지들과, 주변 사람들로부터 기호화되었지만 우발적인 메시지들을 받아들이면서, 다른 한편으로는 기호화되었지만 사전에 계획된 메시지들도 점점 더 많이 받아들이고 있다.

이렇듯 계획된 메시지들은 자연적 또는 자기 나름의 메시지와는 한 가지 중요한 측면에서 차이가 있다. 즉 계획된 메시지는 느슨하거나 경솔하게 짜여지는 것이 아니라 보다 성실하고 보다 압축되고 보다 잘 다듬어지는 경향이 있다. 이것은 불필요한 반복을 피하기 위해 의도적으로 사전 조정이 이루어져 있고 정보 내용을 극대화하는 방향으로 짜여 있다. 이것은 커뮤니케이션 이론가들의 말대로 '정보가 풍부한' 메시지다.

이런 면에서 극히 중요하면서도 때때로 간과되는 사실은 가정의 일상 대화(기호화되었지만 자연적인 메시지)에서 쓰이고 있는 500개의 말들을 녹음한 테이프와 신문 기사나 영화 대사(역시 기호화되었지만 계획된 메시지)에 나오는 500개의 말들을 비교해 보기만 하면 알 수 있다. 자연적인 대화는 반복과 중단이 많은 경향이 있다. 말하자면 똑같은 내용들이 때로는 같은 말로, 그렇지 않으면 약간 다른 말로 몇 번씩 되풀이된다.

이와는 대조적으로 신문 기사와 영화 대사에 나오는 500개의 말들은 세심하게 편집되고 매끄럽게 짜여 있다. 이러한 말들은 같은 내용들을 되풀이하는 경우가 비교적 드물고 일상 대화보다는 문법상으로도 더 정확하며 구두(口頭)로 표현될 경우 더 정확히 발음되는 경향이 있다. 요컨대 불필요한 말들은 배제되고 있다. 편집자나 작가, 감독 등 계획된 메시지를 제작하는 일에 참여하는 모든 사람은 '얘기를 진행시키는 데'나 '줄거리를 빨리 진전시키는 데' 고심하고 있다. 책이나 영화, 텔레비전 드라마 등이 '초(超)스피드의 모험'이라거나 '빨리 독파(讀破)할 수 있는 것' 혹은 '숨가쁜 내용'이라고 곧잘 선전하는 것은 결코 우연이 아니다. 어떤 출판인이나 영화 제작자도 자기의 작품을 '되풀이되는 것'이라거나 '장황한 것'으로 선전하려고 하지는 않을 것이다.

라디오·텔레비전·신문·잡지·소설 등이 사회에 널리 보급됨에 따라, 그리고 개인이 받아들이는 계획된 메시지들의 비율이 높아짐에 따라(아울러 기호화되지 않거나 기호화되었지만 자연적인 메시지들의 비율이 상대적으로 감소됨에 따라), 우리는 심대한 변화 말하자면 이미지를 산출하는 메시지들이 개인에게 제시되는 평균 속도의 두드러진 증대 현상을 엿볼 수 있다. 바다처럼 개인을 둘러싸고 있는 기호화된 정보들은 급박하게 개인의 감각에 자극을 주기 시작한다.

이러한 사실은 일상사(日常事)에서 사람들이 왜 초조감을 갖게 되는가를 설명하는 실마리가 된다. 그러나 산업화 시대가 통신의 속도 증대로 특징지어진다면, 초산업화 시대로의 이행은 이러한 과정을 더욱 가속시키는 강렬한 노력으로 특징지어진다고 하겠다. 기호화된 정보의 파도는 노도(怒濤)로 변해 점점 빨리 밀려와서는 우리를 맹타(猛打)하고 우리 신경계(神經系)에 파고든다고 하겠다.

모차르트의 뜀박질

오늘날 미국에서 어른들이 신문을 읽으면서 소모하는 미디어 접촉 시간은 하루 52분으로 나타나고 있다. 신문에 근 한 시간을 할애하고 있는 바로 그 사람은 잡지, 책, 간판, 광고판, 처방(處方), 해설서, 깡통의 상표, 식료품 상자 속에 있는 광고 등을 읽는 데도 역시 시간을 소모하고 있다. 그 사람은 인쇄물에 둘러싸여 하루에 1만 또는 2만 개의 말들을 섭취하는데, 그가 스쳐 가는 양은 이의 몇 배에 달한다. 바로 그 사람은 라디오를 청취하는 데도 1시간 15

분쯤 소모하고 있고, 만일 그가 FM 수신기를 가지고 있다면 이 시간은 더 늘 것이다. 만일 그 사람이 뉴스나 광고, 해설, 기타 프로그램 등을 듣는다면 약 1만 1000개의 미리 짜여진 말들을 듣게 될 것이다. 그 사람은 역시 텔레비전을 시청하는 데도 몇 시간을 소모하는데, 1만 개에 달하는 말들을 듣는가 하면 세심히 다루어지고 고도의 목적을 가진 일련의 화면도 보게 된다.[1]

실상 따지고 보면 광고만큼 의도적인 것은 없다. 오늘날 미국의 평균적인 성인은 하루에 최소한 560개의 광고 메시지들과 접하고 있다. 그러나 이 560개 가운데 그가 관심있게 보는 것은 76개에 지나지 않는다. 결국 그는 다른 문제들에 관심을 쏟기 위해 하루에 484개의 광고 메시지들은 무시해 버리는 것이다.

이러한 모든 사실은 계획된 메시지들이 사람의 감각에 얼마만큼 압력을 가하고 있는가를 설명해 주고 있다. 그리고 이러한 압력은 증대되고 있다. 이미지 조성을 위한 보다 많은 메시지들을 보다 빠른 속도로 전달하려는 일념에서 커뮤니케이션 종사자들은 예술가들과 그 밖의 사람들을 매스 미디어에 매순간 노출되도록 의식적으로 작용함으로써 보다 많은 정보나 정서적인 내용들을 전달하고 있다.

따라서 우리는 정보를 치밀하게 만들기 위한 기호의 활용이 점점 보급되고 증기희는 현상을 볼 수 있다. 오늘날 광고인들은 일정한 시간 안에 보다 많은 메시지들을 개개인의 마음속으로 주입시키려는 교묘한 시도에서 예술의 상징 기법을 활용하고 있다. 가령 석유 탱크에 '호랑이'라는 글자를 써 붙인다고 하자. 이 한 마디의 말은 어릴 적부터 강하고 빠르고 힘있는 것으로 연상되었던 독특한 시각

---

[1] 이렇게 말한다고 해서 말이나 그림들만이 이미지를 전달하거나 불러일으킨다는 것은 아니다. 음악 역시 내적인 이미지를 조성시키는 장치를 작동시키고 있다. 물론 이러한 경우 조성된 이미지들이란 전적으로 비언어적(非言語的)인 것이라고 할 수 있다.

적 이미지를 수용자에게 전달하게 된다. 《인쇄 잉크》와 같은 광고 업계의 잡지들을 보면 이미지의 흐름을 가속시키기 위한 시청각적 상징을 활용하는 문제에 관한 세련된 기술적 기사들로 가득 차 있다. 실상 오늘날 많은 예술가들은 광고인들로부터 이미지를 가속시키는 새로운 기술을 배우고 있다.

라디오나 텔레비전의 경우는 매초마다 대금을 주고 시간을 사야 하고 잡지나 신문의 경우는 독자의 순간적인 관심을 끌기 위해 안간힘을 쓰는 광고인들이 가장 짧은 시간 안에 가장 많은 영상(映像)을 전달하려고 노력하고 있다면, 이것은 적어도 대중의 일부가 메시지를 받아들이고 이미지를 조성하는 속도를 빠르게 하고 싶어 한다는 증거가 된다. 대학생이나 회사 사무원, 정치가, 기타 여러 사람들 사이에 속독술(速讀術)의 교습이 인기를 얻고 있음도 이러한 사실을 설명하고 있다. 한 속독 교습소는 독서 속도를 3배로 증대시킬 수 있다고 주장하고 있고 일부 독자는 1분간에 수만 단어를 읽을 수 있는 능력이 있다고 보고하고 있다. 물론 이러한 주장은 많은 독서 전문가들 사이에 논쟁을 불러일으키고 있다. 그러나 이러한 속도가 가능하든 가능하지 않든 커뮤니케이션의 속도가 점점 빨라지고 있다는 사실만은 분명하다. 바쁜 사람들은 되도록 많은 정보에 접하려고 안간힘을 쓰고 있다. 속독술은 그들로 하여금 많은 정보에 접할 수 있게 만드는 데 도움이 되고 있는 것 같다.

하지만 커뮤니케이션을 가속화하려는 자극은 광고나 인쇄된 말에만 국한되는 것은 아니다. 예를 들어 최단 시간에 메시지의 내용을 극대화하려는 욕망은 미국 조사연구소 심리학자들의 실험에서도 드러나고 있다. 이들 심리학자들은 보통 속도보다 빠른 속도로 녹음된 강의 내용을 들려준 다음 수강자들의 이해력을 검증해 보았는데, 이 실험의 목적은 강사들이 빠른 속도로 강의하면 과연 학생들은 더 많이 배우게 되는가를 밝혀보기 위해서였다.

정보의 흐름을 가속화하려는 이와 같은 의도는 최근에 이르러 사람들이 스플릿 스크린(split-screen)이나 멀티 스크린(multi-screen) 영화에 이끌리는 현상에서도 드러나고 있다. 몬트리올 국제 박람회에서는 관람자들이 각 전시관을 둘러보아도 일정한 시각적 이미지들이 차례로 나타나는 전통적인 영화 스크린은 볼 수 없었고, 각 전시관에 따라 스크린이 2개, 3개 아니면 5개 정도 있어서 각 스크린마다 관람자들에게 여러 메시지들을 동시에 투사(投射)해 주도록 장치되어 있었다. 여기서는 여러 가지 내용들이 동시에 상영되어 관람자들에게 과거의 어떤 영화 관람자보다 더 많은 메시지들을 수용할 수 있거나, 아니면 메시지 투입이나 이미지 자극의 속도를 합리적인 선에서 유지하기 위해 어떤 메시지는 버리거나 무시할 수 있는 능력을 요구하는 것이다.

〈인간의 마음에 충격을 안겨준 영화 혁명〉이란 논문이 《라이프》지(誌)에 실렸는데, 그 필자는 항간의 사정을 다음과 같은 말로 잘 묘사하고 있다. "동시에 6개의 이미지를 보아야 하고 20분 안에 보통 영화 한 편에 해당하는 내용을 관람해야 하므로 사람의 마음은 들뜨고 분주할 수밖에 없다." 그는 또 멀티 스크린 영화에 대해서는 "순식간에 보다 많은 것을 투입함으로써 시간을 단축하고 있다"고 말했다.

심지어 음악에서도 이러한 가속적 추진력이 점차 두드러지고 있다. 얼마 전 샌프란시스코에서 개최된 작곡가들과 컴퓨터 전문가들의 공동회의에서 밝혀진 사실을 보면, 몇 세기 동안 음악은 주어진 시간 안에 전달되는 청각적인 정보의 양에서 증가 추세를 나타내고 있다는 것이다. 그리고 오늘날의 음악가들은 모차르트(Wolfgang Amadeus Mozart), 바흐(Johann Sebastian Bach), 하이든(Franz Joseph Haydn) 등의 음악을 그것이 작곡된 직후 연주되던 템포보다 훨씬 빠르게 연주하고 있다는 것이다. 결국 우리는 모차르트를 뛰게 만들고 있는 셈이다.

반문맹자(半文盲者)인 셰익스피어

현실에 대한 우리의 이미지들이 보다 빨리 변하고 있고 이미지의 전달기(傳達機)가 속도를 높이고 있다면, 우리가 사용하는 바로 그 기호들도 함께 변하고 있음은 사실이다. 언어 역시 뒤흔들리고 있기 때문이다. 《랜덤 하우스 영어사전》의 수석 편집인이면서 사전 편찬가인 플렉스너(Stuart Berg Flexner)에 따르면, "오늘날 우리가 사용하는 말들은 빨리 변하고 있다. 이러한 변화는 속어에서뿐 아니라 모든 측면에서 일어나고 있다. 말들이 등장했다가 사라지는 속도는 크게 가속화하고 있다. 그리고 이러한 현상은 영어에서만이 아니라 프랑스 어, 러시아 어, 일본어에서도 마찬가지로 나타나고 있는 것 같다"는 것이다.

플렉스너는 이러한 사실을 재미있게 설명하고 있다. 그에 따르면 오늘날 영어에서 '활용될 수 있는' 단어는 대충 45만 개 정도인데, 셰익스피어(William Shakespeare)가 이해했던 단어는 불과 25만 개 정도라는 것이다. 만일 셰익스피어가 오늘날 런던이나 뉴욕에 갑자기 나타난다면, 그는 우리들이 사용하고 있는 단어 9개 가운데 평균 5개밖에는 이해할 수 없게 될 것이다. 셰익스피어도 반문맹자(半文盲者)가 되는 것이다.

이러한 사실은 셰익스피어 시대와 오늘날의 단어 수가 같다고 하면, 최소한 20만 개의 단어 ──아마 이보다 몇 배가 많을는지도 모르지만── 는 4세기 동안에 탈락되어 대치되었음을 뜻한다. 더욱이 플렉스너는 이들 교체된 단어들 가운데 족히 3분의 1은 지난 50년 안에 일어난 것으로 추측하고 있다. 만일 이러한 추측이 옳다면 현재의 단어들은 1564년에서 1914년 사이의 기간보다 최소한 3배나 빨리 탈락되고 대치되는 것으로 볼 수 있다.

이렇듯 높은 변동률은 사물의 변화와 과정 그리고 환경의 특성을 반영하고 있다. 새로운 단어의 일부는 소비 제품과 기술과학 분야에서 만들어져 나오고 있다. 예를 들면 'fast-back(뒤쪽으로 미끈하게 경사진 유선형 자동차)'이나 'wash-and-wear(빨리 마르고 다리미질이 필요 없는 옷)', 'flash-cube(연속 사용할 수 있게 4개의 전구를 담은 전구통)' 등과 같은 단어들은 모두 근년에 이르러 행해진 광고를 통해서 영어로 쓰이게 되었다. 또 다른 일부 단어는 신문의 주요 기사에서 온 것들인데, 'sit-in(인종 차별에 자리 점령으로 항의하는 연좌 농성)'과 'swim-in(백인 전용의 수영장에 들어가 흑백 차별 항의)'은 최근의 시민권 운동의 산물들이고, 'teach-in(정치 및 사회 문제에 관한 대학에서의 토론회)'은 월남전 반대 운동의 산물이며, 'be-in(젊은이들이 춤추고 노래하며 즐기는 모임)'과 'love-in(집단적 연애)'은 히피 문화의 산물이다. 환각제(LSD) 숭배자도 'acid-head(환각제 상용자)'라든지 'psychedelic(마약)' 등 많은 신어(新語)를 만들어 내고 있다.

속어(俗語)의 변동은 너무나도 빠르기 때문에 사전 편찬가들로 하여금 단어 삽입의 기준을 변경하지 않을 수 없게 만들고 있다. 플렉스너는 "1954년에 《미국 속어 사전》 제작에 착수했을 때 5년 이상의 기간에 걸쳐 세 번 이상 사용된 흔적이 발견되지 않으면 넣을 필요가 없는 말로 간주했다. 오늘날에는 이러한 기준이 적용될 수 없다. 언어는 예술과 마찬가지로 점차 유행성을 띠고 있다. 예를 들면 'fab(기막하게 좋은)'이라든지 'gear(트럭이나 버스)'라는 속어는 1년도 채 지속되지 않았다. 이러한 속어들은 1966년경에 10대들이 많이 쓰던 용어였으나 1967년에 이르러서는 사용하지 않게 되었다. 이제는 속어에 대해 시간적인 기준을 더 이상 적용할 수 없게 되었다"고 말했다.

말이 급속히 등장했다가는 쉽사리 폐용화(廢用化)되고 마는 하나의 까닭은 새로운 말이 놀라운 속도로 널리 사용될 수 있게 되었다는 사실에도 있다. 1950년대 말과 1960년대 초에 'rubric(朱書, 붉은 글씨의 제목)'이라든지 'subsumed(포함되다)'와 같은 학술 용어들이 어떻게 출현해서 어떤 경로로 보급되었는가를 추적해 보았는데, 이러한 용어들은 처음 학술 잡지에서 시작되어 《뉴욕 서평(書評)》이나 《커먼터리》와 같은 발행 부수가 적은 정기 간행물에서 사용되더니, 그 다음에는 당시 80만 부에서 100만 부의 발행 부수를 가진 《에스콰이어》에서 채택했고, 끝으로 《타임》, 《뉴스위크》 및 일반 대중 잡지들을 통해서 일반 사회에 보급되기에 이르렀다는 사실을 밝혀냈다. 오늘날에는 이러한 과정이 훨씬 단축되고 있다. 대중 잡지의 편집자들은 이미 중개역(仲介役)을 담당하고 있던 지적 간행물에서만 용어를 채택하는 것이 아니라 '선두에 서려는' 초조감에서 학술지로부터 직접 용어를 끌어내고 있다.

손택(Susan Sontag)이 'camp'라는 말을 발굴해서 1964년 가을에 《파르티잔 리뷰(*Partisan Riview*)》라는 잡지에 수필로 썼더니 《타임》지는 2~3주 만에 이 말과 그 새로운 의미에 관한 글을 게재했다. 그러자 또 몇 주 만에 이 말은 신문과 다른 매스 미디어에도 나타나기 시작했다. 그러나 오늘날에 이르러서 이 말은 거의 사용되지 않고 있다. 'teenybopper(10대의 로큰롤 음악 팬)'라는 말도 순식간에 출현했다가 사라진 또 다른 말이다.

언어 변동의 중요한 한 예는 인종적(人種的) 용어인 'black(흑인)'과 관련된 의미가 갑자기 변하고 있다는 데서도 엿볼 수 있다. 검은 피부색을 가진 미국인들은 오랫동안 이 용어를 인종 차별적인 것이라고 보았다. 자유주의적인 백인들은 자기 아이들에게 'Negro'란 용어를 사용하되 'N'자는 대문자로 표기하도록 열심히 가르쳤다. 그러나 1966년 6월 미시시피의 그린우드에서 카마이컬(Stokely Carmichael)이 블랙 파워(Black Power)에 관한 이론을 제창한 직후부터 인종적 정의(正義)를 추구하는 운동에 참여한 사람들 사이에서는 흑백을 막론하고 'black'이란 말을 자랑스럽게 쓰기에 이르렀다. 자유주의적인 백인들은 한때 맥이 풀려서 'Negro'란 용어를 사용해야 할지 'black'이란 용어를 사용해야 할지 종잡을 수 없을 정도로 혼란스러운 시기를 겪었다. 그러나 매스 미디어가

'black'이란 용어에 새로운 의미를 부여하게 되자 그 용어는 곧바로 정당화되었다. 몇 달 만에 'black'이란 용어가 쓰이고 'Negro'란 용어는 밀려나고 말았다.

　레코드의 경우는 말을 빨리 전파시키는 전형적인 예라 할 수 있다. 사전 편찬가인 플렉스너는 "인기 절정기의 비틀스(Beatles)는 그들이 좋아하는 말이면 무엇이든 레코드에 취입할 수 있었는데 이 말은 한 달도 채 못 되어 정식 단어가 되었다. 한때 'A-OK(모든 기계가 완벽한)'란 말을 사용했던 것은 미국 항공우주국(NASA)에 근무하던 50명 미만의 사람들이었다. 그러나 텔레비전에서 우주 비행 실황을 중계하고 있을 때 한 우주 비행사가 이 말을 사용하자, 이 말은 그날로 활용어(活用語)가 되었다. 이와 똑같은 현상은 'sputnik(인공 위성)'이라든지 'all systems go(전체계 작동)' 등과 같은 다른 우주 관계 용어들에서도 엿볼 수 있다"고 말했다.

　새로운 말들이 밀려옴에 따라 오래 된 말들은 소멸되고 만다. 오늘날 나체 소녀의 사진은 이미 'pin-up'이나 'cheesecake shot'이 아니라 'playmate'다. 'hep(들장미 열매)'은 'hip'에 밀려났고, 'hipster(최신 유행에 민감한 사람)'는 'hippie'에게 밀려났다. 'go-go(춤)'란 용어는 무서운 속도로 언어 속으로 침투되어 사용되었으나 그것에 빠졌던 사람들 사이에서는 이미 지나간 일(gone-gone)이 되고 말았다.

　언어의 변동은 비언어적(非言語的)인 커뮤니케이션 형태까지 수반하는 것 같다. 우리는 속어를 갖고 있는 것처럼 속된 몸짓도 갖고 있다. 이를테면 엄지손가락을 위로 올리거나 아래로 내리기도 하고, 코에 갖다 대기도 하며, 어린이들을 꾸짖는 몸짓도 있고, 목을 치는 흉내로 손을 목에 대고 옆으로 긋는 일도 있다. 이러한 몸짓 언어의 발전을 관찰한 전문가들에 따르면 이것 역시 아주 빠르게 변화하고 있다는 것이다.

　외설적인 것으로 간주되었던 어떤 몸짓은 그 사회의 성(性)에 대한 가치관이 변함에 따라 어느 정도 받아들여지고 있으며, 소수의 사람들만이 사용하던 몸짓도 널리 사용되기에 이르렀다. 플렉스너가 관찰한 바에 따르면, 오늘날 널리 전파되고 있는 몸짓의 한 예로서 경멸과 도전의 몸짓, 즉 주먹을 쳐들고 비트는 몸짓을 들 수 있다. 그런데 이것은 1950년대와 1960년대에 미국에 들어와서 흥행에 성공한 이탈리아 영화 탓인 것 같다. 이와 마찬가지로 손가락을 위로 올리는 동작, 즉 일으켜 세우는 동작은 그 어느 때보다 널리 전파되고 있는 것 같다. 그런가 하면 다른 몸짓들은 거의 없어지거나 아니면 다른 뜻을 지니는 것으로 변해 가고 있다. 모든 일이 잘 되어가고 있음을 나타내기 위해 엄지손가락과 다른 손가락으로 동그라미를 그리는 것은 이제 사라져 가고 있고, 처칠(Winston Leonard Spencer Churchill)이 승리의 표시로 만든 'V'자는 현재 전혀 다른 뜻, 말하자면 '승리'가 아니라 '평화'를 뜻하기 위해 반체제 운동가들이 사용하고 있다.

어떤 사람이 그 사회의 언어를 배워서 일생 동안 큰 변화 없이 그대로 활용한 때가 있었다. 요컨대 지난날에는 사람과 그 사람이 배운 말이나 몸짓과의 관계에 지속성이 있었으나 오늘날에는 놀라울 정도로 지속성이 없다는 것이다.

미술 : 입체파와 동작 미술

몸짓과 마찬가지로 미술도 일종의 비언어적인 표현 형태고 이미지 전달을 위한 중요한 방편이다. 여기서는 단명화(短命化) 현상이 더욱 두드러지는 증거들이 있다. 만일 각 유파(流派)의 미술이 말을 토대로 한 언어였다고 본다면, 우리는 개개 낱말이 아니라 전체 언어가 일시에 바뀌는 그러한 현상을 계속 보게 된다. 과거에는 한 사람의 일생 동안 미술의 양식(樣式)이 근본적으로 변하는 것을 찾아보기 어려웠다. 어떤 양식이나 유파는 세대간 지속되는 것이 원칙이었다. 오늘날의 미술은 현기증이 날 만큼 변화 속도가 빨라서 관객은 어떤 유파가 나타났다가 사라지기 전에 그 유파가 몇 어떤 추세로 나아가는가를 지켜 볼 겨를도 없고 그 유파의 '언어'를 배울 겨를도 없다.

19세기 말에 갑자기 출현했던 인상주의(印象主義)는 그 후 연속적으로 나타난 커다란 변화의 시발에 지나지 않았다. 바로 이 유파가 출현한 시기는 산업화가 절정에 달해 일상 생활의 속도가 대단히 빨라지던 때였다. 미술사가(美術史家) 하우저(Arnold Hauser)는 미술 양식의 변동을 고찰하면서 다음과 같이 기술하고 있다. "미술과 문화의 역사에서 초기 단계의 진보율과 비교해 특히 병적인 현상으로 보인 것은 무엇보다도 기술과학적인 발전 속도가 대단했고 아울러 그러한 변화 속도를 촉진시킨 방법이 놀라웠던 탓이다. 기술과학의 급속한 발전이 유행의 변화를 가속화시켰을 뿐 아니라, 아름다움에 대한 기호의 기준에도 변화를 가져왔기 때문이다. ……일상 활용되는 낡은 물품들이 새로운 것들과 계속해서 재빨리 대치되면…… 철학적이고 미술적인 재평가가 일어나는 속도를 재조정하지 않을 수 없다."

인상주의 시대는 대충 1875년에서 1910년 사이로, 35년간이었다고 할 수 있다. 그 이후 미래파로부터 야수파에 이르기까지, 또는 입체파로부터 초현실주의에 이르기까지 어떤 유파나 양식도 인상주의만큼 오랫동안 미술계를 지배한 일이 없었다. 하나의 유파가 나타나면 뒤미처 다른 유파가 나타났고, 양식도 차례로 바뀌어 갔다. 20세기에 들어와서 가장 오래 지속된 유파는 추상표현주의였는데 이 유파는 1940년에서 1960년대까지 거의 20년간 지속되었다. 그러나 그 다음부터는 또다시 연속적인 변동이 일어났다. '팝 미술(pop art)'이 5년쯤 계속되었고 '시각 미술(op art)'이 2~3년간 일반인의 관심을 끌었으며, 그 후에는 존재 이유 자체가 일시적이었던 '동작 미술(kinetic art)'이 등장했다.

이렇듯 눈부신 변동은 뉴욕이나 샌프란시스코에서만이 아니라 파리나 로마, 스톡홀름, 런던 등 화가가 있는 곳이면 어디서나 일어났다. 따라서 휴스(Robert Hughes)는 《뉴 소사이어티》지에서 다음과 같이 서술하고 있다. "신인 화가들을 환영하는 것은 이제 영국의 연중 행사가 되고 있다. 1년에 한 번씩 영국 미술의 새로운 방향을 모색하려는 노력은 광적일 정도며, 새로움에 대해서는 도취적이고 심지어 병적인 신앙까지 갖고 있다." 아울러 그는 매년 새로운 유행과 새로운 미술가 집단이 출현하리라는 기대는 실로 "스스로 모방적인 상황에 있는 것을 모방하는 현상으로서 오늘날에는 전위 미술(avant-garde)이 가속적으로 변동하고 있음"을 반영하고 있다고 주장했다.

  미술 유파들을 언어에 비유한다면 개개인의 미술 작품은 말에 비교될 수 있다. 이렇게 비유해 보면 현재 언어에서 나타나는 것과 똑같은 과정이 미술에도 일어나고 있음을 엿볼 수 있다. 여기서 역시 말들 이를테면 개별 미술 작품들은 아주 빠른 속도로 활용되다가는 탈락되고 있다. 개개의 작품들은 화랑이나 대중 잡지를 통해 우리의 의식 속으로 들어왔는가 하면 다음 순간 사라져버리고 만다. 때로는 작품 그 자체가 문자 그대로 사라져버리는 경우도 있지만, 대부분의 것은 얼마 후에 간단히 허물어버릴 수 있는 연약한 재료들로 만들어진 콜라주나 건물과도 같은 것이다.

  빙햄턴에 있는 뉴욕주립대학 종합연구센터 소장인 맥헤일(John McHale)은 상상력이 풍부한 스코틀랜드 인으로 반(半)예술가, 반(半)사회과학자다. 그는 오늘날 예술계에서 야기되는 혼란의 대부분이 엘리트주의나 영구성은 사라졌다는 사실을 기성 문화인들이 일시적으로 또는 완전히 이해하지 못한 데서 연유한다고 주장한다. 〈플라스틱 파르테논〉이란 유명한 논문에서 맥헤일은 다음과 같이 지적하고 있다. "문학과 예술을 판단하던 전통적인 기준은 선정된 예술 작품들의 영구성, 특이성 및 지속적 보편성에 높은 가치를 부여하는 경향이 있다." 아울러 그는 이러한 미적 기준이 수제품(手製品) 업계와 비교적 소수의 엘리트 취향에는 충분히 적용될 수 있었으나 "수많은 예술품이 대량 제작되고 유통되며 소비되는 현대적 상황에는 이미 적용될 수 없다. 이러한 예술품들은 거의 같거나 아니면 약간의 차이가 있을 뿐이다. 그리고 정도의 차이는 있지만 소모적이고 교환 가능한 것이어서 어떤 독특한 가치나 유별난 진실이 있는 것은 아니다"고 말한다.

맥헤일에 따르면 오늘날의 미술가들은 결코 소수의 엘리트를 위해 작품을 만들지도 않고 영구성이 미덕(美德)이라는 생각을 갖고 있지도 않다는 것이다. 이어 그는 미술의 미래란 "오래 남는 걸작을 만들려는 데 있는 것 같지 않다"고 말했다. 오히려 미술가들은 단기적인 효과를 노려 작품 활동을 하고 있다. 맥헤일은, "인간의 양상에서 가속적 변화는 순간적인 인상을 안겨 주고는 빠른 속도로 폐용화됨으로써 계속적인 변화의 요구에 조화될 수 있는 인간의 상징적인 이미지 부각(浮刻)을 요구하고 있다. 요컨대 우리에게 필요한 것은 교환 가능하고 소모적인 조상(彫像)들이다"라고 결론지었다.

미술에서도 일시성이 요망된다고 하는 맥헤일의 주장에 의문을 제기할 사람이 있을 것이다. 하지만 영구성으로부터의 이탈은 전술상(戰術上)의 잘못일는지도 모른다. 심지어 현대의 미술가들은 이해할 수 없는 힘에 두려움을 느끼면 단순한 마음으로 그것을 모방하여 극복하려 하는 원시인처럼 행동함으로써 동종 요법(同種療法, homeopathic)[1]과 같은 마법을 사용하고 있다는 주장까지 있다. 그러나 현대 미술에 대한 인간의 태도야 어떻든 일시성은 피할 수 없는 사실이고, 이것이 현대의 사회적 및 역사적인 경향의 중심이 되고 있기 때문에 무시할 수는 없다. 그리고 오늘날의 미술가들은 이러한 경향에 반응하고 있음도 분명한 사실이다.

---

1) 병원체와 같은 성질을 가진 다른 병원체로 치료하는 방법. 이를테면 백신 요법 같은 것(譯註).

미술에서 일시성으로 나아가는 추진력을 이해하면 결국 일시성이 가장 강한 미술 작품들, 말하자면 '해프닝(happening)'이 어떻게 나타나게 되었는가 하는 전반적 과정도 이해할 수 있다. 이 '해프닝'의 창시자라고 일컬어지고 있는 캐프로(Allan Kaprow)는 '해프닝' 미술과 우리가 생활하는 소모 문화의 관계를 밝히고 있다. 그에 따르면 '해프닝' 미술은 단 한 번 연출되는 것이 이상적이라는 것이다. 즉 '해프닝'은 휴지와 같은 미술이다.

이렇게 볼 때 동작 미술이란 앞서 들었던 부품 조립 방식의 미학적 구현체(具現體)로 생각될 수도 있다. 동적인 조각이나 건조물들은 기어 다니기도 하고 휘파람 소리를 내기도 하며, 콧소리를 내기도 하고 흔들거리기도 하며, 움직이기도 하고 진동하기도 하며 뛰기도 한다. 그리고 그 등(燈)은 반짝이며 마그네틱 테이프는 빙빙 돌고 플라스틱, 강철, 유리, 구리 등 그 구성 요소들은 때로 숨겨져 있기도 하고 사라지기도 하는 등 계속해서 재조정되고 있다. 여기서는 철사와 연접물(連接物)이 전체 구조 중 일시성이 가장 적은 것이 보통이다. 이것은 마치 리틀우드의 오락 궁전에 있는 기중기나 서비스 탑이 조립식 구성체의 어떤 장치들보다 오래 견디도록 설계된 것과 흡사하다. 그러나 동작 미술품을 만드는 원래의 의도는 변화성과 일시성을 극대화시키려는 데 있다. 클레이(Jean Clay)는 전통적인 미술 작품에서는 "전체에 대한 부품의 관계가 보다 영속화되도록 마련되어 있다"고 지적했다. 그는 이어서 동작 미술에서는 "균형된 형태들이 여러 가지로 변화 무상(變化無常)하다"고 말했다.

오늘날 많은 미술가들은 그들 자신의 일에 최신 기술과학을 활용하기 위해 사회의 가속적 추진력을 상징하는 기술자나 과학자와 협동하고 있다. 프랑스의 미술평론가 프랑카스텔(Francastel)은 "속도는 지난날에는 상상조차 할 수 없었던 정도로 빨라졌으며, 부단한 움직임은 모든 사람이 일상 경험하는 현상이 되었다"고 쓰고 있다.

따라서 우리는 프랑스나 영국, 미국, 스코틀랜드, 스웨덴, 이스라엘, 그 밖에 어디서도 동적인 이미지를 창조하는 미술가들을 발견할 수 있다. 이러한 경향은 이스라엘의 동작 미술가 아감(Yaacov Agam)에 의해 가장 잘 표현되고 있는 것 같다. "지금의 우리는 3분 전의 우리와 이미 다르고, 3분이 더 지나면 우리는 또 달라질 것이다. 나는 이러한 현상을 이제까지 존재하지 않던 시각적 형태로 만들어서 성형화(成形化)해 보려고 한다. 이미지는 나타났다가 곧 사라져서 잡히는 것이라고는 아무것도 없다."

물론 이러한 노력의 종착점은 새롭고 극히 현실적인 오락 궁전, 곧 전환경적(全環境的) 나이트 클럽을 만들어 내는 일이며, 이곳에 뛰어들면 빛과 색깔과 음향이 끊임없이 형태를 바꾸는 것을 즐길 수 있다. 요컨대 감상자 자신이 동적인 미술 작품 속으로 뛰어들고 만다는 것이다. 여기서도 역시 전체 가운데서 가장 오래 지속되는 부분은 틀이나 건물 자체고, 그 내부는 필요에 따라 언제든지 재조립할 수 있도록 설계되어 있다. 이것을 오락으로 간주하느냐 않느냐는 개인에 따라 다를 수도 있지만, 이러한 움직임의 전반적인 방향만은 명백하다. 언어에서와 마찬가지로 미술에서도 우리는 비영구성으로 줄달음치고 있다. 인간과 상징적 심상(心像)의 관계는 점점 일시성을 띠어가고 있다.

심리적인 투자

여러 가지 사건이 우리를 빨리 스쳐 지나가면 우리의 생각, 곧 현실에 대한 우리의 기존 이미지들을 재평가하지 않을 수 없다. 연구는 인간과 자연에 대한 낡은 개념들을 뒤흔들어 놓는다. 이념들은 놀라운 속도로 떠올랐다가는 사라진다(적어도 과학 분야에서 이러한 속도는 1세기 전과 비교해 보면 20배에서 100배 정도 빠른 것으로 생각된다). 이미지를 담은 메시지들은 우리의 감각을 두드린다. 한편 이미지를 내포하고 있는 메시지들을 서로 교환하는 기호인 언어와 예술은 더 빨리 변동하고 있다.

이러한 모든 현상은 우리를 변하지 않은 채로 내버려둘 수도 없고 내버려두지도 않는다. 개인이 변화 무상한 환경에 성공적으로 적응하려면 자기의 이미지를 빠른 속도로 바꾸어 나가지 않으면 안 된다. 우리가 외부로부터 오는 신호들을 이미지 속으로 어떻게 전환시키는가에 대해 정확히 아는 사람은 아무도 없다. 그러나 심리학과 정보과학은 일단 이미지가 생기면 어떤 현상이 나타나는가에 대한 약간의 실마리를 제시해 주고 있다.

우선 정신적 모델이 아주 복잡한 여러 개의 이미지 구조로 조직화되며, 결과적으로 새로운 이미지들은 몇 가지 분류 원칙에 따라 이러한 구조 속으로 분류된다는 것이다. 새롭게 나타난 이미지는 비슷한 내용의 다른 이미지들과 같이 분류된다. 크고 포괄적인 일반 개념 안에서 조심스럽고 제한된 범위의 추론(推論)이 행해진다. 그 이미지가 머리 속에 분류되어 있는 이미지들과 일치되는지의 여부가 검증된다(이렇게 일치성을 검증하는 역할을 수행하는 특수한 신경조직이 존재한다는 증거도 있다). 우리는 그 이미지와 관련해서 과연 그것이 우리의 목표와 긴밀한 관계가 있는가 아니면 우리와는 무관해서 중요하지 않은가에 대한 판정을 내린다. 각 이미지는 우리에게 좋은가 나쁜가의 평가를 받는다. 우리가 그 이미지를 어떻게 하든 마지막으로는 그 이미지의 진실성을 따져야 한다. 말하자면 우리는, 그 이미지가 현실을 정확히 반영하고 있는가, 그 이미지가 믿을 만한가, 우리는 그 이미지를 토대로 삼아 행동할 수 있는가 등 그 이미지를 얼마만큼 믿을 수 있는가를 판단해야만 한다는 것이다.

어떤 주제와 꼭 들어맞고 기존의 이미지들과 일치하는 새로운 이미지는 우리에게 별 어려움을 안겨주지 않는다. 그러나 점점 자주 일어나고 있듯이 그 이미지가 모호하거나 일치하지 않거나 더 나쁘게는 그 이미지가 우리의 기존 추론들과 대립적인 것이라면 정신적인 모델은 수정될 수밖에 없다. 상당수의 이미지는 적절한 통합이 이루어질 때까지 재분류되고 혼합되고 또 변할 수밖에 없다. 때로는 이미지 구조 전체가 파괴되어 재구성되지 않으면 안 되는 경우도 있다. 극단적인 경우에는 전체 모델의 근본 형체마저 완전히 분해될 수밖에 없는 경우도 있다.

따라서 정신적인 모델을 이미지들의 정적(靜的) 보관소로 볼 것이 아니라 에너지와 활력으로 충만되어 있는 살아 있는 실제로 보지 않으면 안 된다. 이것은 우리가 외부로부터 피동적으로 받아들이는 '그저 주어지는 것'이기보다는 우리가 순간순간 능동적으로 형성하고 재형성하는 것이라고 하겠다. 우리는 우리의 감각으로 외부 세계를 빈틈없이 주시하여 우리의 필요와 요구에 유용한 정보를 찾아냄으로써 시대에 뒤떨어지지 않도록 재조정하는 연속적인 과정에 참여하고 있는 것이다.

수많은 이미지들이 매순간 힘을 잃고 어두운 망각의 세계로 떨어지는가 하면 새로운 이미지들이 체계 속으로 들어와 여러 과정을 거쳐 머리 속에 정리된다. 우리는 또 기존의 이미지들을 다시 상기(想起)해 내어 '그것을 활용하고' 머리 속으로 복귀시키기도 한다. 우리는 계속 이미지들을 비교해서 그것들을 연관짓고 새로운 방법으로 대조해 재배치시킨다. 이것이 바로 '정신 활동'이란 말의 의미다. 그리고 정신 활동은 근육 운동과 마찬가지로 작업의 한 형태로서, 그 체계를 작동시키려면 많은 에너지가 필요하다.

변화는 사회를 뒤흔들어서 믿음과 실제 사이, 기존 이미지들과 그것이 반영될 것으로 보이는 현실 사이의 격차를 넓힌다. 이러한 격차가 그다지 심하지 않을 때 우리는 변화에 대해 어느 정도 합리적으로 대처해 나갈 수 있고, 새로운 조건에 건전하게 대응할 수 있으며 현실을 올바로 파악할 수도 있다. 그러나 이러한 격차가 너무 벌어지면 우리는 점차 대처할 수 없음을 발견하고 적절히 반응할 수 없게 되고 결국 무능력해져 물러서거나 당황해 버리고 만다.

더욱이 이러한 격차가 극단적으로 벌어지면 우리는 정신 이상을 초래하거나 심지어 죽고 만다.

우리가 적절한 균형을 유지하고 그 격차를 처리할 수 있는 범위 안에 묶어 두려면 우리의 이미지를 바꾸어 시대에 뒤떨어지지 않게 하고 현실을 새로 파악하기 위한 노력을 기울이지 않으면 안 된다. 따라서 외부로부터의 가속적 추진력은 거기에 적응하려는 개인에게도 어느 정도 빠른 속도를 요구하고 있다. 어쨌든 이미지를 진행시키는 장치는 점점 빠른 속도로 작동해 나가게 마련이라는 것이다.

그러나 이로 말미암아 지금까지 대체로 간과되어 왔던 문제가 일어난다. 우리가 어떤 이미지를 분류하려면 두뇌의 특수한 조직 형태에 명확하고 측정 가능한 에너지를 투입해야만 한다는 사실이다. 학습은 에너지를 요구하고 재학습은 더 많은 에너지를 요구한다. 예일 대학의 래스월(Harold D. Lasswell)은 "학습에 관한 모든 연구에서, 지난날 배운 것을 유지해 나가는 데도 에너지가 필요하지만 지난날 배운 것으로부터 벗어나는 데도 새로운 에너지가 필요하다는 견해를 확인할 수 있다"고 쓰고 있다. 또한 그는 정신병리학 측면에서, "기존의 신경 체계는 세포질(細胞質)과 전기(電氣) 장치 및 화학 원소 등의 극히 복잡한 조정 장치들을 내포하고 있고 어떤 시점에서도…… 신체 구조는 고정된 형태로든 잠재적 형태로든 많은 투자가 이루어지고 있음을 나타내고 있다"고 지적했다. 이것이 뜻하는 바를 요약하면 극히 간단하다. 곧 재학습, 우리가 써온 용어로 이미지의 재분류에는 비용이 든다는 것이다.

계속적인 교육의 필요성에 관한 모든 논의, 곧 재교육에 관한 모든 일반론은 재교육을 위한 인간의 잠재력이 무한하다는 가정에 입각하고 있다. 그러나 이것은 사실이 아니라 하나의 가설(假說), 말하자면 직접적이고 과학적인 조사를 거쳐야 하는 한낱 가설에 불과하다. 결과적으로 이미지의 형성 또는 분류의 과정은 신경 세포나 신체 속의 화학 성분 등의 제한된 특질을 토대로 한 하나의 물리적 과정이다. 현재 이루어져 있는 신경 체계에는 대체로 개인이 성취할 수 있는 이미지 과정의 양과 속도에 그 나름의 한계가 있는 것 같다. 개인은 이러한 한계들을 무너뜨리기 전에 과연 얼마만큼 빨리 그리고 얼마만큼 계속적으로 자신의 내부 이미지들을 수정할 수 있는 것일까?

누구도 이러한 의문을 해결할 수는 없다. 그 한계는 현재의 필요를 훨씬 뛰어넘을 것이므로 이렇듯 모호한 억측은 정당화될 수 없음이 거의 분명하다. 그러나 여기서 주시해 볼 만한 중대한 사실이 하나 있다. 그것은 외부 세계에서의 변화가 가속되어 개인은 매순간 자신의 환경을 재학습하도록 강요받고 있다는 사실이다. 이러한 사실 자체가 신경 체계에 새로운 요구를 안겨주고 있다. 과거의 사람들은 비교적 안정된 환경에 적응함으로써 '사물의 존재 방식'에 관한 그들 스스로의 내적인 개념들과 오랜 관계를 유지할 수 있었다. 그러나 우리는 고도의 일시성 사회로 이행함으로써 이러한 관계들을 단축시킬 수밖에 없는 처지에 놓여 있다. 우리는 사물과 장소·사람·조직체 등과의 관계들을 보다 빠른 속도로 형성해서 파괴할 수밖에 없듯이, 역시 점점 짧은 간격으로 현실에 대한 우리의 개념들 곧 이 세상에 관한 정신적 이미지들을 바꾸어 나갈 수밖에 없다는 것이다.

이렇게 볼 때, 일시성 즉 여러 가지 인간 관계의 강제적인 단축은 단순히 외부 세계의 조건 탓만은 아니다. 그것은 역시 우리의 내적 요인들과도 관계가 있다. 외부 세계의 새로운 발견, 새로운 기술과학, 외부 세계의 새로운 사회적 장치 등은 보다 빠른 변동률로 우리의 생활을 뒤흔들어 관계의 지속 기간을 점점 짧게 만들고 있다. 이러한 요소들은 일상 생활의 변화 속도를 점점 빠르게 밀어붙이고 새로운 수준의 적응성을 요구하고 있다. 아울러 이러한 요소들은 사회를 점차 악화시킬 사회적 질환인 미래의 충격이 등장할 무대를 마련해 주고 있다.

제3부 새로움

제9장 과학의 궤도

우리는 사회를 변화시켜 나가는 것이 아니라 새로운 사회를 창조해 나가고 있다. 현사회를 지금보다 더 크게 확장시키고 있는 것이 아니라 하나의 새로운 사회를 창조해 나가고 있다는 것이다.

간단한 말이지만 이것은 아직도 우리의 의식(意識)에 와 닿지 못하고 있다. 하지만 우리는 이러한 사실을 이해하지 못하고서는 내일에 대처하는 노력에 실패하고 말 것이다.

혁명은 제도와 권력 관계를 파괴해 버린다. 이러한 현상은 오늘날 고도로 기술화된 모든 나라에서 일어나고 있다. 베를린, 뉴욕, 토리노, 도쿄 등지의 학생들은 총장이나 학장을 감금하고, 교육 기관들을 뒤흔들어 마비시키고 있으며, 심지어 정부를 전복시키려고까지 한다. 뉴욕, 워싱턴, 시카고 등지의 우범 지역에서는 재산권(財産權)이 공공연히 침해되고 있는데도 경찰은 방관하고 있다. 성(性)에 관한 규범도 완전히 무너졌고, 대도시들은 파업(罷業)이나 정전, 폭동 등으로 인해 마비되고 있다. 국제적인 군사 동맹도 뒤흔들리고 있다. 재계나 정계의 지도자들은 공산주의나 자본주의 혁명이 그들을 몰아내리라는 두려움 때문이 아니라, 모든 체제가 통제를 벗어나고 있다는 두려움 때문에 마음속으로 전전긍긍하고 있다.

  이러한 현상은 사회 구조적 병리(病理), 말하자면 사회가 전래(傳來)의 방법으로는 가장 기본적인 기능조차 수행할 수 없으리라는 뚜렷한 징후라 할 수 있다. 사회는 바로 혁명적인 변화의 소용돌이에 휘말려 있다. 1920년대와 1930년대에 공산주의자들은 '자본주의의 일반적 위기'를 자주 거론했으나 지금 와서 보면 그들의 생각이 얼마나 편협했는가를 알 수 있다. 지금 나타나는 현상은 자본주의의 위기가 아니라, 정치 형태와는 무관한 산업화 사회 자체의 위기다. 우리는 지금 청년(靑年) 혁명과 성(性)의 혁명, 인종 혁명, 식민지 혁명, 경제 혁명 및 역사상 가장 빠르고 가장 심오한 기술과학 혁명 등을 동시에 겪고 있다. 우리는 바야흐로 산업화 사회의 일반적인 위기를 겪고 있다. 한마디로 우리는 초산업화 혁명의 와중에 있다는 것이다.

  만일 이러한 사실을 파악하지 못해 현실을 이해하는 능력이 손상을 입는다면, 제아무리 지적인 사람이라도 미래에 관해서는 완전히 무지한 사람으로 될 수밖에 없다. 이렇게 되면 사람들은 단순한 생각에서 직선적으로만 사고하게 된다. 사람들은 오늘날 관료 체제가 두드러지고 있으니까, 미래에는 관료 체제가 더욱 두드러질 것이라고 안이하게 생각하게 된다는 것이다. 미래에 관해서 이루어진 얘기나 씌어진 글들의 대부분은 바로 이렇게 직선적인 투영(投影)으로 특징지어지고 있다. 그리고 이러한 현상은 사람들로 하여금 불필요한 일들에까지 신경을 쓰게 만들고 있다.

  인간이 어떤 혁명에 대처하려면 상상력이 있어야 한다. 혁명은 직선적으로만 움직이는 것이 아니기 때문이다. 혁명은 갑자기 앞으로 내닫다가도 방향을 바꾸는가 하면 뒷걸음치기도 한다. 혁명은 양자론적(量子論的) 도약이나 변증법적 전도(轉倒)의 형태를 취하기도 한다. 경제적·기술과학적 발전이 완전히 새로운 단계, 곧 초산업화 단계로 내닫고 있다는 전제를 받아들일 때 우리는 비로소 우리의 시대를 올바르게 인식할 수 있고 또 혁명적 전제를 수락할 때 비로소 미래를 파악할 수 있는 공상의 날개를 펴볼 수 있다.

혁명은 곧 새로움을 뜻한다. 혁명은 수많은 개인의 생활 속으로 새로움의 물결을 흘려 보내고, 개인들로 하여금 익숙지 못한 제도와 처음 겪는 상황에 직면하게 만든다. 이렇듯 거대한 변화들은 우리 개인 생활에 깊숙이 스며들어 전통적 가족 구조와 성(性)에 대한 태도를 바꾸어 놓을 것이다. 이러한 변화들은 늙은이와 젊은이들 사이의 전통적인 관계도 파괴할 것이고, 돈과 성공에 관한 우리의 가치관도 뒤집어버리고 말 것이다. 그리고 이러한 변화들은 일과 놀이와 교육도 감지(感知)할 수 없을 만큼 변화시킬 것이다. 아울러 이러한 변화들은 극적이고 훌륭하며 놀라운 과학적 진보의 맥락 속에서 이러한 모든 현상을 일으킬 것이다.

일시성이 새로운 사회를 이해하는 첫번째 열쇠라면 새로움은 두번째 열쇠다. 미래는 기묘한 사건, 감동적인 발견, 추잡스러운 분쟁 및 대단히 새로운 곤경의 끝없는 연속으로 전개될 것이다. 이러한 사실은 바로 초산업화 사회의 많은 성원이 그 속에서 '포근함'을 느낄 수 없다는 것을 뜻하고 있다. 이국 땅에 거처를 잡아 한동안 적응하며 살다가 또다시 이곳저곳으로 이주하지 않으면 안 되는 여행자처럼, 우리는 이국 땅의 이방인과 같은 느낌을 갖게 될 것이다.

초산업화 혁명은 기아와 질병, 무지, 잔혹성 등을 해소할 수 있다. 더욱이 직선적으로 생각하는 사람들의 비관적인 예언에도 불구하고 초산업화 사회는 인간을 속박하지도 않을 것이고 인간을 쓸쓸하고 고통스러운 획일성으로 몰아넣지도 않을 것이다. 오히려 초산업화 사회는 개인적 성장과 모험 그리고 환희의 새로운 계기를 마련해 줄 것이며, 다채롭고 황홀하게 개성이 꽃필 수 있도록 해줄 것이다. 문제는 통제나 표준화(標準化) 속에서 인간이 버티어 나갈 수 있는가에 있는 것이 아니다. 앞으로 고찰해 보겠지만, 인간이 자유 속에서 살아갈 수 있는가에 바로 문제가 있다.

그럼에도 불구하고 인간은 여태껏 이렇게 새로움으로 가득 찬 환경에서 살아본 적은 결코 없다. 어떤 가속적인 변화 속도에서 삶을 이어간다는 것은 생활 여건에 어느 정도 익숙해 있을 때의 일이다. 익숙지 않거나 이상스럽거나 아니면 전에 없던 여건 속에서 삶을 이어간다는 것은 전혀 다른 문제다. 새로운 힘들이 발휘되기 시작하면 사람들은 비일상적이고 예측할 수조차 없는 상황에 놓이게 된다. 그리고 이러한 상황에 놓이게 되면 인간의 적응 문제가 새롭고 위험스러운 단계로까지 확대된다. 일시성과 새로움은 폭발적인 혼합물이기 때문이다.

이러한 온갖 현상이 의문스럽게 보인다면 우리 앞에 전개되는 새로운 일들의 일부를 관찰해 보기로 하자. 합리적인 지성(知性)에 가능한 온갖 상상력을 곁들여서 미래에 우리 자신이 어떻게 될 것인가를 생각해 보기로 하자. 이렇게 하면 때로는 잘못을 저지를 수도 있으나 이러한 우려는 제쳐놓기로 하자. 실상 착오의 우려를 일시적으로라도 덮어놓을 때 상상의 날개는 자유롭게 펼쳐질 수 있다. 더욱이 미래를 생각하는 경우에는 용의 주도한 것보다 잘못을 저지르더라도 과감한 편이 나을 수도 있다.

인간은 어떤 순간, 왜 미래를 창조하고 있는 사람들에게 귀를 기울이기 시작하는가를 알게 된다. 미래를 창조하는 사람들이 실험실이나 공장에서 개발되고 있는 내용을 설명할 때에는 이를 경청하는 자세가 필요하다.

새로운 아틀란티스

스크립스 해양학 연구소의 해양 물리 연구실장 스피스(F. N. Spiess) 박사는 다음과 같이 말하고 있다. "인간은 50년 안에 바다로 진출해서 이를 점령하고 활용함으로써, 레크리에이션이나 광물 자원, 식료품, 폐기물 처리, 군사, 수송 작업 등 이 지구를 활용하는 요지(要地)로 개발할 것이고 인구 증가에 따라서는 실질적인 생활 터전으로도 개발할 것이다."

실상 따지고 보면 이 지구 표면의 3분의 2이상이 바다고 이렇게 물에 잠긴 부분 가운데 단지 5퍼센트 정도의 지형만이 잘 알려져 있을 뿐이다. 그러나 해저에는 석유, 가스, 석탄, 다이아몬드, 유황, 코발트, 우라늄, 주석, 인 및 기타 광물들이 풍부한 것으로 알려지고 있다. 그런가 하면 어류와 해초도 풍부하다.

이렇듯 방대한 자원들은 어마어마한 규모로 정복되고 개발되는 중이다. 오늘날 미국에서만도 스탠더드 오일 사와 유니언 카바이드 사 같은 대회사들을 포함해서 600여 개의 회사가 바다 밑에서 치열한 경쟁을 벌일 준비를 갖추고 있다.

이러한 경쟁은 해가 거듭될수록 가열될 것이고 결국 사회에도 영향을 미칠 것으로 보인다. 해저와 해양 자원을 과연 누가 '소유할' 것인가? 해저 채굴이 가능해지고 경제성도 확인되면, 국가들 사이의 자원의 균형도 변하리라고 본다. 이미 일본은 해저에서 매년 1000만 톤의 석탄을 캐내고 있다. 말레이시아, 인도네시아, 태국 등도 이미 해저에서 주석을 채굴하고 있다. 멀지 않아 해저 광물을 둘러싼 국가들 사이의 분쟁이 빚어질는지도 모른다. 그런가 하면 지금까지 자원 빈국(貧國)이었던 나라들의 공업화 속도도 크게 달라질 것이다.

기술적으로도 해산물을 가공하기 위한 새로운 산업이 등장하리라고 본다. 그런가 하면 바다에서 작업을 하기 위한 극히 정밀하고 값비싼 도구들, 이를테면 심해 탐색정(深海探索艇), 구출용 잠수정, 전자 어군 탐색기(電子魚群探索機) 등을 만드는 산업도 있을 것이다. 이러한 분야에서 폐용화의 속도는 더 빨라질 것이고 경쟁의 가열은 기술 혁신을 점점 가속화시킬 것으로 본다.

문화적 측면에서 볼 때 새로운 말들이 언어 생활에 급속히 흘러 들어올 것으로 예상된다. 해양 식품 자원의 과학적인 채취를 뜻하는 수중 농업(水中農業)이 지상 농업과 함께 식료품 생산의 일익을 담당할 것이다. '물'이란 말은 상징적이고 정서적인 의미를 내포하는 용어인데, 이것도 전적으로 새로운 뜻을 풍기게 될 것이다. 새로운 단어와 더불어 시, 회화(繪畫), 영화 및 그 밖의 각종 예술 분야에서 새로운 기호(記號)들이 출현할 것이다. 해양 생활 형태의 표상(表象)들이 그래픽 디자인이나 공업 디자인에서 모습을 드러낼 것이다. 유행도 바다와의 관련을 피할 수 없을 것이고, 새로운 옷 감이나 새로운 플라스틱, 그 밖에 많은 물질이 발견될 것이다. 질병을 치료하거나 정신 상태를 바꾸는 새로운 약품들도 개발될 것이다.

식료품을 바다에 의존하는 현상이 증대되면 결국 인간의 영양 상태를 바꾸게 될 것이다. 이러한 변화가 이루어지려면 해결해야 할 중요한 문제들이 남아 있음은 말할 나위도 없다. 인간 사회가 지상 농업 의존에서 해양 농업 의존으로 바뀔 때 인간의 생화학적 측면, 이를테면 평균 신장과 체중, 인간의 성숙도(成熟度), 수명, 고유의 질병, 심리적 반응 등은 고사하고서라도 인간의 에너지 준위(準位)나 싱취욕 등에는 어떤 현상이 빗어질 것인가?

해양 시대의 개막은 새로운 개척자 정신을 불러일으킬 수도 있다. 그것은 최초의 탐험자들에게 모험과 위험 그리고 부와 명성도 안겨주는 생활 방식을 의미한다. 결국 인간이 대륙붕이나 심해를 정복해 나가면 개척자들에 이어 이주민들도 생겨 해저에 인공 도시들——병원과 호텔, 주택 등을 갖춘 공업 도시, 과학 도시, 의료 도시, 오락 도시 등——을 세우게 될 것이다.

이러한 얘기들이 현실과 너무나 동떨어진 것으로 들릴는지 모르지만, 제너럴 일렉트릭 사의 로브(Walter L. Robb) 박사가 인공 아가미, 즉 물이 스며들지 못하게 하면서 주변의 물로부터 공기를 빨아들이는 인조막(人造膜)이 부착된 상자 속에 큰 쥐를 넣어 물 밑에서 기르고 있다는 사실에서, 그것이 전혀 허튼 소리만은 아님을 알 수 있다. 이 인조막은 윗면과 아랫면 그리고 양 옆면에 설치되어 있다. 이것이 없으면 생물은 질식해 버릴 것이지만, 이 아가미 때문에 물 밑에서도 호흡을 할 수가 있다. 제너럴 일렉트릭 사는 이러한 인조막이 언젠가는 해저 실험실의 종사원들에게 공기를 공급하게 될 것이라고 주장한다. 이러한 인조막들은 해저 아파트나 호텔, 기타 구조물의 벽에 장치될 수도 있고 어쩌면 몸에 부착하게 되는지도 모를 일이다.

옛날의 공상과학 소설을 보면 인공 아가미를 붙인 사람들의 얘기가 있지만, 그것도 지난날에 생각했던 것처럼 아주 허무 맹랑한 일만은 아닌 것 같다. 우리는 해양 작업 전문가들, 즉 바다 밑에서 작업도 하고 놀이도, 사랑도, 성행위까지도 할 수 있도록 정신적·물리적 장치를 갖춘 사람들을 창조해 낼 수도 있고 길러 낼 수도 있다. 해저를 정복하기 위해 이렇게 극단적인 수단을 취하지는 않는다 하더라도, 해양 시대의 개막은 새로운 직업적 전문인들을 만들어 낼 뿐 아니라 새로운 생활 방식, 새로운 해양 지향적 하부 문화, 바다를 예찬하는 새로운 종파나 제식(祭式)도 만들어 낼 것이다.

그러나 인간이 앞으로 살아 나갈 새로운 환경들이란 필연적으로 색채나 형체에 대해서도 인식, 새로운 감각, 새로운 지각을 가짐으로써 사고 방식이나 감정마저 달라지리라고까지는 생각할 필요가 없다. 더욱이 서기 2000년에 도달하기 오래 전에 우리가 목격하게 될 첫번째 파도인 바다의 정복은 현재 진행되는 기술과학적인 경향과 긴밀히 연관되고 있는 여러 현상 가운데 하나에 불과하다. 이러한 일련의 현상들은 모두가 새로운 사회적·심리적 의미를 지닐 것으로 보인다.

햇빛과 개성

해양의 정복은 정확한 일기 예보를 가능하게 만들고, 궁극적으로는 기후를 조절할 수 있는 방향으로 나아가게 만든다. 날씨란 대체로 태양과 대기, 해양 등의 상호 작용의 결과다. 해양의 조류(潮流)나 염분 및 기타 요인들을 관측하고 공중에 기상 관측용 인공위성을 띄움으로써 우리는 일기 예보 능력을 크게 향상시키고 있다. 미국 과학진흥협회의 회장을 역임한 로버츠(Walter Orr Roberts)에 따르면, "1970년대 중반까지는 지구 전체의 기상을 계속 관측할 수 있게 됨으로써 적은 비용으로 예보할 수 있을 것이다. 아울러 우리는 기상 관측을 통해 폭풍우, 한파, 가뭄, 스모그 현상등을 예보할 수 있는 능력을 향상시킴으로써 재해를 방지할 수 있는 상황으로 나아갈 것이다. 그러나 오늘날의 지식을 뛰어넘는 가공할 전쟁 무기로 이것을 악용하는 현상, 곧 소수 강대국의 이익을 위해 기상을 교묘히 조작함으로써 적국(敵國)과 아울러 아무런 관계도 없는 국가들까지 황폐화시킬 수도 있다"는 것이다.

《기상 예보관》이란 제목의 공상과학 소설에서 토머스(Theo-dore L. Thomas)는 '기상 예보국'을 중앙정치기구로 두고 있는 세계를 묘사하고 있다. 기상 예보국에는 여러 나라의 대표들이 참여해서 기상 정책을 수립하고 그들의 명령에 따르도록 하기 위해 어떤 곳은 가뭄, 어떤 곳은 폭풍우를 내리게 하면서 사람들을 통제하고 있다. 물론 우리가 이렇듯 교묘하게 기상을 통제할 수 있게 되려면 아직도 많은 세월이 필요할는지 모른다. 그러나 하늘이 결정한 기상의 흐름을 인간은 단순히 받아들일 수밖에 없다고 하는 것은 이미 과거지사임에 분명하다. 미국 기상학회에서도 "오늘날 기상 조작은 하나의 현실"이라고 솔직히 시인하고 있다.

이것은 지금이 하나의 역사적 전환점임을 나타내고 있으며, 아울러 농업과 운송, 통신, 레크리에이션 등에 결정적인 영향을 미칠 수 있는 무기를 인간에게 제공해 주고 있다. 그러나 기상 통제라는 선물은 세심하게 다루지 않으면 인간을 파국으로 몰아넣을 수도 있다. 이 지구의 기상 체계는 통합된 전체이므로 한 지역의 사소한 변화가 다른 곳에 중대한 결과를 유발할 수도 있다. 설사 공격 의사가 없다고 하더라도 한 대륙의 가뭄을 해결해 보려는 시도가 다른 대륙의 폭풍을 유발할 위험도 있다.

더욱이 아직 밝혀지지는 않았지만 기상 조작으로 인한 사회 심리적인 영향도 클 것으로 보인다. 예를 들면 플로리다나 캘리포니아 아니면 지중해 연안으로 많은 사람이 몰려가는 현상에서 엿볼 수 있듯이 많은 사람은 햇빛을 갈망하고 있다. 우리는 햇빛이나 그것과 비슷한 것을 마음대로 만들어 낼 수 있게 되는지도 모른다. 미국 항공우주국은 지구상의 밤이 되고 있는 부분에 햇빛을 반사시켜 내리비출 수 있는 거대한 회전식 우주경(宇宙鏡)의 원리를 연구하고 있다. NASA에 근무하는 뮬러(George E. Mueller)는 1970년대 중반이 되면 미국은 거대한 햇빛 반사용 인공 위성을 발사할 수 있는 능력을 갖출 것이라고 의회에서 증언했다(이러한 구상을 확대시키면 특정 지역에 햇빛을 차단해서 그 지역을 컴컴한 상태로 몰아넣는 인공 위성을 발사하는 일도 가능할 것이다).

현재 자연적으로 이루어지는 낮과 밤의 순환은 어떤 이유에서인지 아직 밝혀지지 않고 있지만 인간의 생물학적 리듬과 관련을 맺고 있는 것은 확실하다. 농업이나 공업상의 이유, 심지어 심리적 이유로도 낮의 시간을 변경시키기 위해 회전식 태양경(太陽鏡)을 활용하리라는 것은 쉽사리 상상해 볼 수 있다. 예를 들어 스칸디나비아의 낮 시간을 더 길게 조작하면, 이것은 현재의 그 지역 특성을 반영하는 문화와 인간성에 심대한 영향을 미치게 될 것으로 보인다. 반농담이지만, 생각에 잠기는 시간인 스톡홀름의 밤이 짧아진다면 베리만(Ingmar Bergman)의 사색적인 미술에 어떤 현상이 빚어졌을까? 〈일곱번째의 봉인〉이나 〈백야(白夜)〉 같은 작품들이 과연 다른 풍토에서 착상될 수 있었을까?

기상을 바꾸는 능력의 증대, 새로운 에너지원(源)의 개발, 새로운 물질(이들 가운데 일부는 상당히 초현실적인 특성을 가지고 있다), 새로운 운송 수단, 새로운 식품(바다에서뿐 아니라 대규모 수경 재배 공장에서 키우는 것까지) 등 이 모든 것은 앞으로 닥쳐올 가속적 변화의 성격을 암시해 주는 실마리에 지나지 않는다.

돌고래의 소리

《도롱뇽과의 싸움》이란 소설은 차페크(Karel Capek)가 쓴 것인데 세상에 널리 알려지진 않았지만 좀 특이한 소설이다. 이 소설에서 인간은 여러 도롱뇽을 길들이다가 문명을 파괴하고 있다. 오늘날 인간은 차페크로 하여금 고소(苦笑)를 금치 못하게 할 그러한 방법으로 동물이나 물고기를 이용하려 하고 있다. 훈련된 비둘기들은 제약 회사의 일관작업(一貫作業) 공정에서 잘못된 알약을 가려내는 데 활용되고 있다. 소련의 우크라이나에서는 과학자들이 양수장(揚水場) 여과기에 돋아나는 해초를 제거하기 위해 특수한 물고기를 기르고 있다. 캘리포니아 해안의 물속에서 일하는 '잠수부들'에게 도구를 나르고, 작업장에 접근하는 상어를 쫓기 위해 돌고래를 길들이기도 한다. 그런가 하면 바다 속에 부설된 기뢰(機雷)에 부딪쳐 그것을 폭발시킴으로써 인간을 위해 목숨을 끊도록 길들여지는 돌고래도 있다. 이렇게 다른 동물을 이용하는 것은 동물 사이의 윤리(倫理)로 볼 때 격분을 불러일으킬 일이다.

인간과 돌고래 사이에서 이루어지는 커뮤니케이션에 관한 연구는 만일 인간이 외계(外界)의 생명체와 접촉을 갖는 경우에 극히 유용한 것으로 나타날 것이다. 그리고 많은 저명 천문학자들은 인간과 다른 생명체와의 접촉 가능성을 거의 필연적인 현상으로 내다보고 있다. 그런가 하면 돌고래 연구는 인간의 감각 기관과 다른 동물의 감각 기관이 어떻게 다른가에 관한 새로운 자료를 제시해 주고 있다. 이러한 연구는 감촉이나 기분, 지각 등 인간 유기체(有機體)가 작동할 수 있는 외적 한계도 제시해 주고 있는데, 이것은 돌고래의 생물학적 구성 요소만큼은 분석되고 기술될 수 있어 인간에게 원용(援用)될 수 있기 때문이다.

그렇다고 우리는 현존하는 모든 동물을 연구 대상으로 삼아야만 한다는 것은 결코 아니다. 많은 작가는 특수한 목적을 위해 새로운 형태의 동물들을 길러야 한다고 주장하고 있다. 톰슨 경은, "유전학(遺傳學)의 지식이 발전되면 원종(原種)과는 다른 수많은 변종(變種)이 만들어질 수 있음이 분명하다"고 했다. 클라크(Arthur Clarke)는 "가축의 지능을 증대시킬 수 있는 가능성, 혹은 현재 존재하는 어떤 동물보다도 지능 지수가 훨씬 높은 완전히 새로운 동물을 만들어 낼 수 있는 가능성"에 대해서 기술하고 있다. 우리는 원격 조종(遠隔操縱)을 통해 동물의 행동을 통제할 수 있는 능력도 개발하고 있다. 델가도(José M. R. Delgado) 박사는 인간의 잠재력을 알아내려고 황소의 두개골 속에 전극봉(電極棒)을 넣어 실험했다. 델가도는 붉은 천을 흔들어서 황소가 놀라 돌진하도록 한 뒤, 손에 든 작은 무전기에서 나오는 신호로 속도를 줄여 걸어가게 만들었다.

우리에게 봉사할 동물을 사육할 것인가, 아니면 가정용 로봇을 개발할 것인가의 문제는 부분적으로 생물학과 물리학 중 어느 것이 더 발전하느냐에 달려 있다고 하겠다. 비용면에서 보면, 우리의 목적에 적합한 기계를 만드는 편이 동물을 길러서 훈련시키는 것보다 싸게 먹힐 수도 있다. 그러나 생물학의 발전 속도가 너무나 빨라서 우리 생전에 그 균형이 뒤집힐 수도 있다. 실상 인간이 기계를 사육하기 시작하는 날도 올는지 모른다.

생물학적 공장

동물을 길러서 훈련시키는 일은 경비가 많이 들 수도 있다. 그러면 진화의 정도를 박테리아나 바이러스 같은 미생물의 수준으로까지 낮추어 보면 어떤 현상이 나타날까? 그렇게 되면 마치 우리가 지난날에 말을 부렸던 것처럼 원시적 형태의 생물을 부릴 수 있을 것이다. 오늘날 이러한 원리에 기초를 둔 새로운 과학이 급격히 등장해서 우리가 알고 있는 산업의 성격 자체를 변화시키려 하고 있다.

위스콘신 대학 생화학 교수인 존슨(Marvin J. Johnson)은, "우리 선조들은 선사 시대에도 여러 가지 식물을 재배했고 여러 종류의 동물을 사육했지만 미생물은 극히 최근까지도 기르지 않았다. 그 주된 이유는 바로 인간이 미생물의 존재를 알지 못했던 탓이었다"고 했다. 인간은 오늘날 여러 가지 미생물을 길러내어 비타민, 효소, 항생 물질, 구연산 및 그 밖의 유용한 합성물을 대량 생산하는 데 활용하고 있다. 식료품에 대한 요구가 계속 커질 경우 서기 2000년까지는 미생물을 동물의 사료나 인류를 위한 식료품으로도 기르게 될 것이다.

나는 스웨덴의 웁살라 대학에서, 노벨상을 받은 생화학자며 노벨 재단(財團) 이사장인 티셀리우스(Arne Tiselius)와 이 문제를 놓고 토론한 바 있었다. 당시 나는 그에게, "언젠가 우리는 생산을 위해 활용될 수 있으면서도, 플라스틱이나 금속이 아니라 생물체들로 구성된 조직, 곧 생물학적 기계를 만들어 낼 수 있다고 보십니까?" 하고 물었다. 그의 대답은 장황하긴 했지만 단호한 어조였다. "우리는 이미 그러한 단계에 와 있습니다. 산업의 위대한 미래는 생물학에서 비롯될 것입니다. 실상 종전(終戰) 이래 일본의 놀라운 과학 발전 가운데 가장 두드러진 것으로는 조선(造船) 분야와 아울러 미생물학도 들 수 있습니다. 현재 일본은 미생물학을 기반으로 한 산업에서 세계 최강국이라 할 수 있습니다. ……일본인의 식품이나 식품 산업의 대부분은 박테리아 활용 공정을 토대로 하고 있습니다. 현재 일본인은 아미노산과 같은 온갖 종류의 유용한 물질을 생산해 내고 있습니다. 현재 스웨덴에서는 모두가 미생물학 수준을 높이는 문제를 역설하고 있습니다. 박테리아나 바이러스에만 국한

해서 생각할 필요가 없습니다. ……일반적으로 산업 공정이란 인공적인 것에 바탕을 두게 마련입니다. 강철은 철광석과 석탄으로 만들어지고 있습니다. 뿐만 아니라 플라스틱 공업도 따지고 보면 석유로부터 만들어진 인공품(人工品)입니다. 그러나 화학과 화학공학이 놀라우리만큼 발전한 오늘날에도 농부들이 재배하는 것과 비견할 수 있는 단 한 가지의 식료품도 공업적으로는 생산해 내지 못하고 있음은 주목할 만한 일이라 하겠습니다. 이러한 분야나 그 밖의 많은 분야에서도 자연은 가장 탁월한 화학 기술자나 연구원, 심지어 인간보다도 훨씬 우월하다 하겠습니다. 그렇다면 앞으로는 어떨까요? 자연이 사물을 어떻게 만들어 내고 있는가에 대해 우리가 점차 깨닫게 될 때, 그리고 우리가 자연을 흉내낼 수 있게 될 때, 우리는 비로소 완전히 새로운 종류의 공정을 익히게 될 것입니다. 이러한 공정들은 새로운 종류의 산업, 다시 말해서 생물공학 분야나 그러한 학문의 기반을 형성하게 될 것입니다. 녹색 식물은 공기 중에 있는 이산화탄소와 태양의 힘을 빌려서 전분(澱粉)을 만듭니다. 이것은 극히 효율적인 기계입니다. 푸른 잎은 하나의 놀라운 기계입니다. 우리는 오늘날 이러한 사실에 관해서 2~3년 전보다 훨씬 많은 것을 알고 있습니다. 그러나 아직도 그것을 충분히 흉내내지는 못하는 실정입니다. 요컨대 자연에는 이와 같은 놀랄 만한 기계가 많이 있는 것입니다." 티셀리우스는 이렇게 말한 뒤 이러한 공정들이 활용될 것이라면서 결과적으로 우리는 제품을 화학적으로 합성하려고 노력하기보다는 설계에 맞추어 재배하게 될 것이라고 덧붙였다.

 인간은 컴퓨터와 같은 기계의 생물학적 구성 요소를 가려낼 수도 있을 것으로 본다. 이 점에 관해서 티셀리우스는 다음과 같이 말하고 있다. "컴퓨터는 우리 두뇌의 서툰 모조품임에 분명합니다. 두뇌가 어떻게 작동하는가에 대해 우리가 좀더 알게 되면, 우리는 일종의 생물학적인 컴퓨터를 제작할 수 있으리라고 봅니다. ……이러한 컴퓨터는 실제 두뇌의 생물학적 구성 요소를 본떠서 만든 전자 부품들로 만들어질 것입니다. 그리고 언젠가는 생물학적 요소 자체가 기계의 부품으로 쓰일 수 있을 것으로 봅니다." 프랑스의 경제학자며 계획 입안자인 푸라스티에는 이러한 생각을 토대로 해서 다음과 같이 단언하고 있다. "인간은 물리적인 구성 과정에서 생체(生體) 조직을 통합하는 방향으로 나아가고 있다. ……우리는 가까운 장래에 금속과 생체를 함께 또는 따로 조립한 기계를 갖게 될 것이다"라고 지적하고, 이러한 시각에서 보면 "인체 자체가 새로운 의미를 갖게 된다"고 말했다.

설계된 인체

지형(地形)이 그러하듯이 인체도 현재까지의 경험에 따른 고정점(固定點), 곧 '주어진 것'으로 생각돼 왔다. 그러나 오늘날 우리는 더 이상 고정된 것으로 볼 수 없는 시대로 재빨리 접근해 가고 있다. 가까운 장래에 인간은 자신의 신체를 재설계할 수 있을 뿐 아니라 인류 전체를 새로 설계할 수도 있을 것이다.

1962년에 웟슨(J. D. Watson)과 크릭(F. H. C. Crick) 두 박사는 DNA 분자를 발견해서 노벨상을 받았다. 유전학의 발전은 그 후 급속도로 이룩되있다. 분자생물학은 현재 가 연구소에서 새로운 학설이 계속적으로 나오고 있다. 새로운 유전학의 지식은 우리로 하여금 인간의 유전을 바꿀 수 있게 만들 것이고, 유전자를 조작해서 완전히 새로운 유형의 인간을 만들 수 있게 할지도 모른다.

보다 더 환상적인 가능성은, 인간이 생물학적으로 자기 자신과 똑같은 복제판(複製版)을 만들 수 있으리라는 사실이다. '분지(分地, cloning)'라고 알려진 과정을 거쳐서, 성인(成人)의 세포핵으로부터 그 사람과 유전적으로 똑같은 특성을 지닌 하나의 새로운 유기체를 성장시킬 수 있게 되리라고 한다. 이렇게 되면 결과적으로 세포핵을 제공한 사람과 똑같은 유전적인 성품을 가진 복제 인간이 생활을 시작하게 되는 것이다. 물론 문화적 차이가 원래의 성격이나 신체적 발달에 영향을 줄 수 있기는 하다.

분지로 해서 사람들은 새롭게 태어날 수 있으며 이 세상은 쌍둥이처럼 닮은 사람들로 가득 차게 될 것이다. 무엇보다도 분지는 '자연 대(對) 교육'이나 '유전 대 환경' 같은 원시적인 논쟁을 단번에 해결하도록 해줄 확증(確證)을 우리에게 마련해 줄 것으로 보인다. 이와 같은 문제의 해결은 각자가 수행할 역할의 결정만을 남긴 것으로 인간의 지적 발달에 있어 커다란 이정표가 될 것이다. 이 한 가지로 철학적인 사색에 관한 모든 서적은 무가치한 것이 될 수도 있다. 이러한 문제에 대한 해답은 심리학과 도덕 철학 및 그 밖의 많은 분야에 빠른 진보, 질적인 진보의 길을 터주게 될 것이다.

그러나 분지는 인류에게 뜻밖의 복잡한 문제들을 불러일으킬 수도 있다. 후세에 자신의 복제판을 전하려는 아인슈타인(Albert Einstein)의 생각은 괜찮을 것이다. 그러나 히틀러(Adolf Hitler)의 복제 인간을 만들면 어떻게 될 것인가? 따라서 이러한 분지를 규제할 법률이 있어야만 하지 않을까? 노벨상 수상자인 레더버그(Joshua Lederberg)는 사회적 책임을 극히 중요시한 과학자인데, 스스로를 복제하려는 사람들은 대부분 자기 도취성이 가장 강한 사람들일 것이고 그들이 만들어 낸 복제 인간 역시 자기 도취성이 강할 것이라고 말했다.

그러나 자기 도취가 설사 생물학적으로보다는 문화적으로 전수되는 현상이라 하더라도 또 다른 무서운 난제(難題)가 있다. 레더버그는 인간의 복제가 허용되면 '위험하지' 않겠느냐는 의문을 이렇게 제기하고 있다. "위험하다는 것은 핵 에너지에 대한 것과 거의 똑같은 의미에서였다. 분지에는 분명히 긍정적인 측면도 많지만, 위험성도 있을 것이다. ……이것은 커뮤니케이션의 효과, 특히 교육의 커뮤니케이션 효과가 동일한 유전형(遺傳型)들 사이에서처럼 증대될 것인가의 여부와 관련이 있다. 신경 구조가 비슷하면 복제가 한 세대로부터 다음 세대로 기술적인 또는 여타의 통찰력을 쉽게 전달하도록 만들 수도 있다."

이러한 분지가 과연 언제 실현될 것인가? 레더버그는, "이미 양서류에서는 이것이 실현되고 있으며, 포유류에서도 곧 착수할 것으로 본다. 그러한 날이 지금 당장 온다 하더라도 놀랄 일은 아니다. 누군가가 인간에게 그러한 시도를 한다 해도 엉뚱한 생각이라고 여기지는 않겠다. 그러나 시간적으로 범위를 잡아본다면 지금부터 15년 사이의 어느 시기에 이루어지리라고 본다. 15년 안에는 실현된다"고 말했다.

그리고 이 15년 사이에 과학자들은 인체의 여러 기관(器官)이 어떻게 발달하는지를 알게 될 것이고, 과학자들은 분명히 기관들을 변경시키는 여러 방법도 실험하기 시작할 것으로 보인다. "두뇌의 크기나 감도(感度) 같은 것들의 발달 과정은 인간이 직접 통제할 수 있게 될 것이며, 그것도 아주 가까운 장래에 가능하리라고 본다"고 레더버그는 말하고 있다.

이러한 우려는 과학계(科學界)에서 레더버그 혼자만 하는 것이 아니라는 사실을 일반인이 이해하는 일은 자못 중요하다. 생물학적 혁명에 관한 레디비그의 염려는 그의 많은 동료도 함께 하고 있다. 새로운 생물학을 통해서 제기되는 윤리적·도덕적·정치적인 문제들은 놀랄 만큼 많다. 누구는 살리고 누구는 죽일 것인가? 인간이란 무엇인가? 이러한 분야에 관한 연구는 누가 통괄할 것인가? 새로운 발견들은 어떻게 응용할 것인가? 전혀 예기치 않았던 공포로부터 벗어날 수 있을까? 세계 지도급 과학자들의 의견에 따르면 '생물학적인 히로시마', 즉 생물학적 원폭(原爆)의 시계는 이미 움직이고 있다는 것이다.

출산공학(出産工學)이라고 일컬어질 수 있는 생물학적 도약의 의미를 생각해 보기로 하자. 국제적으로 존경받는 생물학자인 워싱턴

주립대학의 하페즈(E. S. E. Hafez) 박사는 생식 작용에 관한 경이적인 연구를 토대로 해서 다음과 같은 사실을 공개하고 있다. 앞으로 10년 이나 15년 안에 부인들은 냉동된 태아를 사서 자궁 속으로 집어넣고 9개월간 기른 다음, 자기가 임신한 것처럼 아이를 낳을 수 있게 되리라는 것이다. 이렇게 되면 결국 태아는 유전적 결함이 없다는 보증서를 붙여 매매하게 될 것이다. 구매자는 그 아이의 눈빛과 머리칼의 색깔, 성별, 성장했을 때의 대체적인 크기, 대체적인 지능 지수 등에 대해서도 미리 알 수 있게 된다.

실로 어떤 시점에 도달하면 자궁 없이도 아이를 기를 수 있게 될 것이다. 아이들은 인체 밖에서 잉태되고, 영양을 공급받고, 발육될 것이다. 볼로냐의 페트루치(Daniele Petrucci) 박사와 미국 및 소련의 여러 과학자가 시도하고 있는 연구, 곧 여자들로 하여금 임신의 불편함 없이 아이를 가질 수 있게 하려는 연구는 얼마 안 가서 성공하게 될 것으로 본다.

이러한 발견들의 활용 가능성은 〈멋진 신세계(Brave New World)〉나 〈놀라운 공상 과학 소설(Astounding Science Fiction)〉을 상기시킨다. 하페즈 박사는 자기의 상상력을 펼쳐서 인간의 수정란이 혹성을 식민지화하는 데 활용될 것이라고 시사하고 있다. 화성에 사람들을 보내는 대신 이러한 세포들이 가득 찬 구두상자를 보내 그것을 길러서 도시 규모의 인구를 만들 수도 있으리라고 한다. 하페즈 박사는 "우주선을 쏘아 올릴 때 파운드 당 추가 연료비가 얼마나 소요되는가를 생각할 때 왜 우주선에 다 큰 사람들을 실려 보내는가? 태아들과 그것을 관리할 적당한 생물학자만 보내면 되지 않는가? 우주선의 부품들은 작게 만들려고 하면서도 승무원을 줄일 생각은 왜 하지 않는가?" 하는 등의 의문을 제기하고 있다.

그러나 이러한 발전이 대기권 밖에서 이루어지기에 앞서, 새로운 출산공학의 영향은 이 지구상의 가정에 휘몰아쳐서 성행위나 모성(母性), 애정, 육아, 교육 등에 관한 전통적 개념을 파괴하고 말 것이다. 가정의 미래에 관해서 피임약만을 다루는 식의 논의들은 지금 여러 실험실에서 생물학의 마녀들이 끓여 내고 있는 마약을 생각지 못하고 있다. 앞으로 몇십 년 사이에 우리가 어떤 도덕적·정서적 선택을 해야 할 것인지 걱정스럽다.

오늘날 우생학(優生學)에서 제기되는 문제점 또는 윤리적 관심사를 놓고 생물학자들 사이에서는 이미 격렬한 논쟁이 벌어지고 있다. 보다 좋은 종족을 길러내기 위해 노력해야 할 것인가? 그렇다면 '보다 좋은' 종족이란 과연 어떤 종족인가? 그리고 누가 이러한 판단을 내릴 것인가? 이러한 의문들은 전혀 새로운 문제가 아니다. 그러나 곧 활용될 기술들은 논의의 한계라고 여겨졌던 것을 무너뜨리고 있다. 지금 우리는 농부가 자기 가축을 천천히 공들여 기르는 식이 아니라, 예술가가 여태껏 알지도 못하던 여러 가지 색깔을 써서 새로운 조형(造形)을 창조하는 식으로 인류를 새롭게 만들어 가리라고 상상해 볼 수도 있다.

켄터키 주 해저드(Hazard)라는 조그마한 도시의 교외, 국도(國道) 80번에서 그리 멀지 않은 곳에 트러블섬 크리크 계곡이라는 경치 좋은 고장이 있다. 조그마한 숲을 등지고 있는 이 촌락에는 푸른 피부로 인해 이상하게 여겨졌던 한 가족이 몇 세대에 걸쳐 살고 있었다. 켄터키 주립대학 의대(醫大)의 케이와인(Madison Cawein) 박사는 그 가족의 내력을 조사했는데, 그 사람들은 피부 이외의 다른 측면에서는 완전히 정상이라는 것이다. 그들의 이상한 피부색은 희귀 효소(稀貴酵素) 결핍 상태가 대대로 유전된 탓이라고 한다.

새로운 유전학의 지식이 빠르게 축적되면 푸른 피부를 가진 완전히 새로운 종족을 만들어 낼 수 있고, 어쩌면 녹색이나 자색, 주황색의 종족도 만들어 낼 수 있다. 아직도 인종 문제라는 도덕적 장애로 시달림을 받고 있는 세계에서, 이것은 매력 있는 착상이라 하겠다. 우리는 모든 사람이 똑같은 피부색을 갖는 세계를 이룩하기 위해 노력해야만 할 것인가? 만일 그러한 세계를 바란다면 우리는 그러한 세계를 이룩할 기술적인 방법을 갖고 있음에 틀림없다. 아니면 반대로 현존하는 피부색보다 더 많은 피부색을 지향할 것인가? 그러면 종족에 대한 전반적인 개념은 어떻게 될 것인가? 육체의 아름다움에 대한 기준은 어떻게 될 것인가? 우열(優劣)의 개념은 어떻게 될 것인가?

우리는 우수한 종족과 열등한 종족을 함께 길러낼 수 있는 시대를 향해 내닫고 있다. 고든은 《미래》라는 책에서 다음과 같이 지적하고 있다. "인종을 마음대로 만들어 낼 수 있는 능력이 주어진다면 모든 인간을 동등하게 만들는지 의문스럽다. 오히려 차별해 만드는 길을 택하지 않을까? 미래의 종족은 DNA를 조종하는 우수 집단, 천한 하인, '경기'를 위한 전문 운동 선수, 지능 지수가 200이나 되는 작은 몸집의 과학 연구자 등으로 나누어질 것이다." 우리는 인류를 저능족(低能族)으로 만들 수도 있고, 뛰어난 수학자로 만들 수도 있는 힘을 갖게 될 것이다.

역시 우리는 시각과 청각이 비범한 아이들을 길러낼 수 있고, 냄새의 변화를 민감하게 알아낼 수 있는 아이들도 길러낼 수 있으며, 운동 신경이나 음악적 재질이 뛰어난 아이들을 길러낼 수도 있을 것이다. 우리는 성적(性的)으로 강한 사람과 커다란 유방(보통 사람의 두 배쯤 되는)을 가진 여자를 만들어 낼 수도 있고, 아울러 이제까지 동형(同型)이었던 인류의 무수한 변형을 만들어 낼 수도 있을 것으로 본다.

궁극적인 문제는 과학적이거나 기술적인 것이 아니라 윤리적이고 정치적인 문제들이다. 선택이나 그 선택의 기준이 중요시될 수밖에 없다. 뛰어난 공상 과학 소설 작가인 텐(William Tenn)은 한때 유전적 조작의 가능성과 선택의 어려움에 관해서 말한 적이 있다. "독재자도, 스스로 옳다고 믿는 계획위원회도, 전능한 마법의 상자도 다음 세대를 위한 유전적인 선택을 하지 않게 되는 시기가 도래한다고 하면, 과연 누가 아니면 무엇이 선택을 할 것인가? 분명히 부모들은 아닐 것이다. 부모들은 가까운 이웃의 공인(公認) 유전자 설계사에게 그 문제를 위탁하게 될 것이다."

그는 이어서, "유전자 설계에 관한 학파도 나타나서 경합을 벌이는 것이 필연적이라고 생각한다. 기능주의자들은 부모들에게 사회의 현실적인 필요에 적합한 아이들을 낳도록 설득할 것이고, 미래주의자들은 20년 뒤에 나타날 문화에 적응할 수 있는 아이들을 권유할 것이며, 낭만주의자들은 어린이들이 제각기 한 가지 재능을 갖도록 길러야 한다고 주장할 것이고, 자연주의자들은 거의 완전한 균형이 유지되도록 유전적으로 균형잡힌 어린이를 낳도록 충고할 것이다. 옷 모양과 마찬가지로 인간의 체형도, 인체를 재단하는 유전학적 재단사들이 유행을 만들어 낼 것이므로, 유행에 따른 것이라거나 유행에 뒤진 것이라는 말을 듣게 될 것이다"라고 말했다.

이러한 풍자 속에는 중요한 문제들이 숨어 있으며, 그 가능성이 크기 때문에 더욱 심각해 보인다. 이러한 문제들 중 일부는 너무나 기괴하기 때문에 마치 보시(Hieronymus Bosch)의 그림에서 튀쳐 나오는 듯한 형상이다. 앞서 바다 밑의 환경에서 효과적으로 활동할 수 있도록 하기 위해 아가미를 가진 사람들을 길러내거나 사람들에게 아가미를 이식시키는 방법에 대해서 언급한 바 있다. 런던에서 열린 세계 유명 생물학자들의 회합에서 홀데인(J. B. S. Haldane)은 우주 탐험을 위해 이제까지와는 전혀 다른 새로운 인간을 만들어 낼 수 있는 가능성에 관해서 상세히 설명했다. "지구 이외 지역의 환경에서 두드러지게 다른 점은 중력이나 온도, 기압, 공기의 성분, 복사(輻射) 등이다. 이를테면 우주선이나 소유성(小遊星), 심지어 달처럼 중력이 낮은 곳에서의 생활에는 사람보다는 팔이 긴 원숭이가 더 적응하기 쉽고, 감는 힘이 있는 꼬리를 가진 납작코 원숭이는 더 잘 적응할 수 있다. 유전 인자의 이식을 통해서 인간에게도 이러한 특성들을 갖도록 만들 수 있을는지도 모른다."

이 회합에서 과학자들은 생물학적 혁명의 도덕적인 결과 또는 위험에 관해서 관심을 쏟았지만, 언젠가 우리가 원한다면 꼬리가 달린 사람을 만들 수 있으리라는 홀데인의 주장을 논박한 사람은 하나도 없었다. 실상 레더버그가 비유전적(非遺傳的)인 방법으로 똑같은 목적을 보다 쉽게 달성할 수 있다고 주장하고 있을 뿐이다. 레더버그는, "우리는 생리학적 또는 태생학적(胎生學的)인 개조를 통해서 그리고 인체의 일부를 기계로 대치함으로써 실험적으로 인간을 변경시키고 있다. 만일 다리가 없는 사람을 원한다면 그러한 사람을 꼭 길러내지 않고서도 다리를 잘라버릴 수 있고, 꼬리가 달린 사람을 원한다면 사람에게 꼬리를 접착시키는 방법을 발견하게 될 것이다"라고 했다.

자연과학자와 인문사회학자들이 모인 또 다른 회합에서 캘리포니아 공과대학의 생물물리학자인 진스하이머(Robert Sinsheimer) 박사는 다음과 같은 극단적인 반론을 제기했다.

"예로부터 내려오는 인간의 자연스러운 모습을 어째서 바꾸려 하는가? 후손들의 성(性)을 멋대로 바꾸겠다는 말인가? 그러기를 바란다면 뜻대로 할 수도 있다. 도대체 아들의 신장을 6피트로 하고 싶단 말인가, 7피트나 8피트로 하고 싶단 말인가? 무엇 때문에 괴롭단 말인가? 알레르기 질환인가, 비만증인가, 관절염인가? 이러한 것들이라면 쉽게 치료될 수 있다. 암이나 당뇨병, 페닐케톤 요증(尿症)에도 유전 요법이 나올 것이다. 적절한 요법에 따라 알맞은 DNA도 마련될 것이다. 바이러스성 질환이나 세균성 질환들도 곧 해결될 것이다. 심지어 성장이나 성숙, 노쇠 등 미해결의 문제들도 마음대로 다룰 수 있을 것이다. 수명의 한계가 없다고 할 때 얼마나 오래 살기를 바랄 것인가?"

오해를 없애기 위해 진스하이머는 다음과 같이 자문자답하고 있다. "이러한 예측이 LSD에 의한 환각이나 일그러진 거울에 비친 모습처럼 여겨지지 않을까? 하지만 이러한 예측 가운데 현재 우리가 알고 있는 지식의 한계를 초월한 것이라고는 하나도 없다. 물론 이러한 예측은 예상한 대로 진행되지 않을 수도 있다. 그러나 이러한 예측은 가능한 일들이고 먼 훗날이 아니라 지금 당장 실현될 수 있는 것들이다."

이처럼 놀라운 현상들은 단지 실현될 수 있는 가능성으로만 존재하는 것이 아니라 기정 사실인 것이다. 이러한 현상들이 실현되어 마땅한가에 대한 심각한 윤리적 문제와는 별도로, 과학적인 호기심이 있다는 사실 자체가 우리 사회의 가장 강력한 추진력 가운데 하나다. 록펠러 연구소의 호츠키스(Rollin D. Hotchkiss) 박사의 말을 빌리면, "인간을 존립하게 만드는, 균형잡히고 원대한 체계를 마음대로 휘저으려는 위험한 시도에 대해서 많은 사람들은 본능적으로 저항감을 갖고 있다. 그러나 불행히도 이런 현상은 분명히 이루어지거나 적어도 시도는 될 것이 확실하다. 이러한 길은 이타주의(利他主義)와 개인적 이해(利害) 관계, 무지(無知) 등이 얽혀 이루어질 것이다"라고 했다. 그가 언급하지는 않았지만 이러한 항목에 추가될 더욱 나쁜 요소는 정치적 투쟁과 무관심 등이다. 소비에트 과학원 발생생물학 연구소의 연구실장인 네이파흐(A. Neyfakh) 박사는 아주 담담한 어조로 세계는 곧 유전학 분야에서 군비(軍費) 경쟁과 비슷한 상태에 휩싸일 것이라고 예견했다. 그는 자본주의 강대국들이 '두뇌 경쟁'을 벌이고 있다는 사실에 근거를 두고 이렇게 주장하고 있다. '반동적(反動的) 정부'들은 서로 두뇌 유출을 보충하고자, 유전공학을 이용해 천재와 재능 있는 사람들을 많이 만들어 내지 않을 수 없게 되리라는 것이다. 이러한 현상은 '그들의 의도와는 무관하게' 일어날 것이기 때문에 국제적인 유전학 경쟁은 불가피하다. 상황이 이럴진대 소련도 경쟁에서 앞서 나갈 준비를 갖추어야 한다고 그는 보고 있다.

이 주장은 경쟁에 자진해서 열성적으로 참여해야 한다는 것으로 해석돼 소련 철학자 페트로파블로프스키(A. Petropavlovsky)로부터 비판을 받았다. 네이파흐는 과학의 진보가 정지되지도 정지될 수도 없다고만 응답함으로써 새로운 생물학을 조급히 도입해 야기될 수도 있는 무서운 사태를 외면하고 있다. 네이파흐의 정치적 논리가 어느 정도 긍정적 측면을 지니고 있다 하더라도, 유전적인 조작을 정당화하기 위해 냉전(冷戰)의 감정에 호소한다는 것은 위험천만한 일이다.

요컨대 확실한 것은 특별한 대항 수단이 취해지지 않는 한 어떤 일이 이루어질 수 있다면 어디서 누가 하든지 그것을 하고야 말 것이라는 사실이다. 앞으로 이루어질 수 있고 이루어지게 될 사태의 성격은 현재의 인간이 심리적으로나 도덕적으로 적응하기 어려울 정도로 심각한 것이다.

일시적 기관(器官)

우리는 이와 같은 사실을 좀체로 인정하려 들지 않고 있다. 우리는 변화의 속도를 인정하지 않음으로써 이러한 사실을 의도적으로 회피하고 있다. 요컨대 우리는 미래를 지연시킴으로써 심리적 위로를 얻고 있는 것이다. 심지어 과학 연구의 첨단을 걷는 사람들조차 현실을 그대로 믿으려 하지 않는다. 그들마저도 미래가 현실을 파괴하는 속도를 과소 평가해 버리는 것이다. 1967년 1월에 개최된 신체 기관 이식(器官移植) 전문가 회의에서 클리블랜드(Richard J. Cleveland) 박사는 '5년 안에' 최초의 인간 심장 이식 수술이 행해질 것이라고 했다. 그러나 1967년이 채 지나기도 전에 바너드(Christian Barnard) 박사는 워시컨스키(Louis Washkansky)라는 55세의 식료품 상인을 수술했고, 그 후에도 심장 이식 수술은 계속 이루어져서 마치 폭죽이 터지듯 세상에 알려졌다. 그런가 하면 신장 이식 수술의 성공률도 착실히 증가되고 있고 간장, 췌장, 자궁 등의 이식 수술 성공도 보고되고 있다.

이렇듯 가속적인 의학적 진보는 질병 치료법에는 물론 우리의 사고 방식에도 심각한 변화를 초래할 수밖에 없었다. 새로운 법적·

윤리적·철학적 문제들이 놀랄 만큼 많이 제기되었다. 죽음이란 무엇인가? 우리가 전통적으로 믿어 온 것처럼 심장의 고동이 멎을 때 죽음이 오는 것인가? 아니면 두뇌의 기능이 멈출 때 죽음이 오는 것인가? 진보된 의술로 환자의 생명을 이어 가는 방법이 점점 일반화되고 있지만, 이러한 환자들은 의식 없는 식물처럼 존재할 수밖에 없다. 보다 가치 있는 한 생명을 구하는 이식 수술에 필요한 건강한 기관을 얻기 위해, 식물 인간을 죽게 하는 일은 어떤 윤리적 근거에서 비난받아야 하는가?

  이러한 일에는 지침서나 선례(先例)도 없기 때문에, 우리는 도덕적·법률적 문제로 당황하게 된다. 이로 말미암아 의학계에는 잔혹한 풍문이 나돌고 있다. 《뉴욕 타임스》와 《콤소몰스카야 프라우다 (Komsomolskaya Pravda)》 등 미국과 소련의 두 신문은 "필요한 심장이나 간장, 췌장을 자연 자원에서 얻을 수 있을 때까지 기다릴 수 없는 환자들도 있을 것이므로, 일부 외과 의사들은 살인단(殺人團)이 공급하는 건강한 기관들을 암매(暗買)하게 될" 가능성도 있다고 추측하고 있다. 워싱턴의 미국 국립 과학원에서는 러셀 세이지 재단(Russell Sage Foundation)의 지원으로 생명과학의 진보를 통해 제기되는 사회 정책 문제에 관해 연구하고 있다. 역시 러셀 세이지 재단의 지원으로 스탠퍼드에서 열린 한 심포지엄은 기관 은행(器官銀行)의 설립 방법이나 기관 시장(器官市場)의 경제 관계 및 기관 사용에서의 계층적 혹은 종족적 차별 가능성 등에 관해 검토했다. 쓸 수 있는 이식용 기관을 확보하기 위해 생체나 시체들을 해부할 가공할 만한 가능성으로 말미암아 인조 기관 분야, 곧 심장이나 간장, 비장(脾臟)을 플라스틱이나 전자 부품으로 대치하는 분야의 연구가 촉진됨으로써 변화의 속도가 더욱 가속될 것으로 생각된다. 도마뱀이 잘린 꼬리를 자라게 하듯 새로운 기관을 자라게 함으로써 손상된 기관이나 잘린 사지를 재생시키는 방법만 익히면 이러한 인조 기관도 필요 없게 될 것이다.

수요가 증대됨에 따라 상한 인체를 보완하기 위한 부품을 개발하려는 충동은 한층 더 가열될 것이다. 레더버그 교수에 따르면 값싼 인조 심장의 개발은 "단지 잠시 동안만 실패하고 있을 뿐"이라는 것이다. 글래스고의 스트래스클라이드 대학 생물 공학 교수인 케네디(R. M. Kenedi)는 "1984년이 되면 조직이나 기관을 인공적으로 대체하는 일이 일상사가 될 것이다"고 믿고 있다. 실상 일부 기관들은 이보다 앞서 대체되고 있다. 이미 미국에는 대법원 판사 한 사람을 포함한 1만 3000명 이상의 심장병 환자들이 작은 보조 심장──심장을 활성화시키기 위해 전기 자극을 보내는 장치──을 가슴속에 넣고 다님으로써 생명을 부지하고 있다."[1)]

그 외 1만 명의 선구자들이 이미 합성 섬유로 만든 인공 심장판(心臟瓣)을 장치하고 있다. 이식용 보청기, 인공 심장, 동맥, 비구(髀臼) 관절, 폐, 눈구멍 등의 부품들이 모두 초기 개발 단계에 있다. 몇십 년 안에 우리는 혈압, 맥박, 호흡, 그 밖의 기능들을 측정하기 위한 아스피린 크기의 작은 탐지기와, 무엇이든 이상이 생겼을 때 신호를 보내주는 작은 송신기를 인체 속으로 이식할 수 있게 될 것이다. 이러한 신호들은 미래의 의학이 토대로 삼게 될 거대한 진료 컴퓨터 센터에서 처리될 것이다. 그런가 하면 일부 사람

---

1) 얼마 전 중서부에 있는 큰 병원 응급실에 한 환자가 찾아왔다. 한밤중에 찾아온 그 환자는 1분에 60번이나 딸꾹질을 하고 있었다. 조사해 보니 이 환자는 구형(舊形) 보조 심장을 달고 있는 사람이었다. 당직 의사는 보조 심장이 고장났음을 재빨리 알아냈다. 보조 심장의 줄이 늘어져서, 심장에 자극을 주는 것이 아니라 횡격막에 걸려 있었다. 딸꾹질은 그 전기의 자극 때문에 일어나고 있었다. 당직 의사는 서둘러 보조 심장이 있는 환자의 가슴속으로 바늘을 집어넣어 보조 심장으로부터 줄을 연결했다. 그 것을 병원 수도관에 연결해 접지(接地)시키고 전기를 밖으로 유출시켰다. 그러자 딸꾹질이 멎고 의사들이 수술할 수 있게 되어 잘못된 줄을 바로 잡을 수 있었다. 이러한 사실은 의학의 내일을 예시하는 바가 아닐까?

들은 등뼈에 백금판과 동전 크기의 '자극기(刺戟器)'를 달고 다닐 것이다. 작은 무전기를 켰다 껐다 함으로써 자극기를 작동시켜 고통을 없앨 수도 있다. 이러한 고통조절기에 관한 최초의 작업은 케이스 과학기술연구소(Case Institute of Technology)에서 이미 시도되고 있다. 그리고 단추를 눌러 고통을 없애는 기계는 일부 심장병 환자들이 이미 활용하고 있다.

이러한 발달은 방대하고 새로운 생물공학 산업, 일련의 전자의료기 수리소, 새로운 기술직, 전반적인 보건 체제의 재편성 등을 촉진할 것으로 보인다. 아울러 이러한 발달은 평균 수명을 변경시켜 생명보험 회사의 연령표를 바꾸어놓고, 인생관 자체에도 중대한 변화를 초래할 것으로 보인다. 일반인들로서도 외과 수술을 그다지 놀랍게 생각하지 않게 되고 이식 수술은 일상사로 될 것이다. 인체는 부품의 조합처럼 생각되기에 이를 것이다. 일시적인 구성 요소들의 체계적인 대체를 통해 전체를 보존하는 이른바 부품 조립 원리의 적용을 통해 인간의 평균 수명을 20~30년 연장시킬 수 있을는지도 모른다. 그러나 우리가 현재 갖고 있는 두뇌에 관한 지식을 더욱 심화(深化)시키지 않는 한, 이러한 현상은 역사상 최대의 아이러니를 빚어낼 수도 있다. 옥스퍼드 대학 흠정 의학교수인 피커링(George Pickering) 경은, 예의 주시하지 않으면 '노쇠한' 두뇌를 가진 사람들이 이 지구 주민들 중 점점 많은 부분을 차지하게 될 것이라고 경고하면서, "이것으로 말미암아 두려운 사태가 발생할 것이다"고 덧붙이고 있다. 바로 이러한 무서운 전망 때문에 우리는 두뇌에 관해 보다 성급한 연구를 하게 되고 이러한 연구가 또한 사회의 보다 급진적인 변화를 촉구하게 될 것이다.

오늘날 우리는 대체용으로서 실물을 모방한 심장판이나 인공 혈관 등 대체품을 만들어 내려 고심하고 있고, 기능상으로 똑같은 구실을 해내도록 하기 위해 고심하고 있다. 설사 우리가 근본 문제를 해결했다 하더라도, 원동맥(原動脈)이 거의 기능을 못 하고 있기 때문에 플라스틱 동맥을 부착하는 것만으로서는 불충분하다. 우리는 원형보다 더 좋게 특별히 고안된 부품을 부착해야 하고, 나아가서 애초에는 없었던 더 좋은 성능의 부품을 부착하기 위해 노력을 계속해야 한다. 마치 유전공학이 '초인(超人)'을 만들겠다는 약속을 제시하듯이, 기관공학(器官工學) 역시 유별난 성능의 폐나 심장을 가진 육상 선수와 묘사 감각을 강렬하게 만드는 신경 구조를 가진 조각가와 성적(性的) 능력이 왕성한 신경 장치를 가진 연인(戀人) 등을 만들어 낼 수 있는 가능성을 시사하고 있다. 요컨대 우리는 생명을 구하기 위해서만 이식을 하는 것이 아니고 생명을 고양시키기 위해서, 말하자면 현실적으로 우리가 누릴 수 없는 분위기나 상태나 조건이나 황홀감에 도달할 수 있기 위해 이식을 해야 한다는 것이다.

이러한 여건하에서는 '인간이라는 것'에 대한 전래의 정의(定義)는 어떻게 될까? 일부는 원형질이고 일부는 트랜지스터로 이루어진 데 대해서 어떻게 느낄까? 정확히 어떤 가능성이 열리는 것일까? 작업이나 놀이나 성(性)이나 지적 혹은 미적 반응에는 어떤 한계가 주어질 것인가? 인체가 달라졌을 때 마음에는 어떤 현상이 일어날 것인가? 이와 같은 의문들에 대한 해답은 오래 미룰 수 없다. '인조 인간(cyborg)'이라는 인간과 기계의 교묘한 합성체(合成體)는 많은 사람이 생각하는 것보다는 더 빨리 출현할 것이기 때문이다.

우리들 속의 인조 인간

오늘날 보조 심장이나 플라스틱 동맥을 부착하고 있는 사람은 여전히 인간으로 인식되고 있다. 그 사람의 신체 중 인공적인 부분은 그 사람의 인품과 의식의 측면에서 볼 때 아직 그다지 큰일이 아니다. 그러나 기계의 구성 비율이 증가됨에 따라 그 사람의 자기 인식이나 내적 경험에는 어떤 현상이 일어날까? 만일 두뇌가 의식과 지성의 받침대고 또 신체의 다른 부분이 인품과 자아에 크게 영향을 미치지 않는다면, 육체로부터 분리된 두뇌, 곧 손발이나 등뼈나 기타 기관들이 없는 두뇌를 자아나 인품이나 인식의 본체로 생각할 수 있다. 그렇다면 인간의 두뇌를 지각 기관과 감수 기관 및 작동 기관 등 전반적으로 인공적인 장치에 결합시킬 수 있고 쇠줄이나 플라스틱으로 엉켜진 것을 인간이라 부를 수도 있다.

이러한 얘기들은 마치 바늘 끝에서 춤출 수 있는 천사의 수가 몇 명인가 하는 중세의 공론(公論)과 흡사하게 들릴는지 모르지만, 인간과 기계의 공생(共生) 형태로 나아가는 첫발은 하찮으나마 이미 내디뎌지고 있다. 더욱이 이러한 발돋움은 한 사람의 미치광이 과학자에 의해서가 아니라, 기술자나 수학자, 생물학자, 외과 의사, 화학자, 신경학자, 커뮤니케이션 전문가 등 고도의 수련을 쌓은 수많은 사람에 의해 이루어지고 있다.

월터(W. G. Walter) 박사의 인공 거북이들은 마치 심리적으로 조건 지어진 것처럼 움직이는 기계다. 이 거북이들은 학습할 수 있는(심지어 일반화할 수 있는) '지각형(知覺型)' 로봇으로부터 최근의 '배회형(徘徊型)' 로봇에 이르는, 여러 가지로 개발된 로봇 중 초기의 모형이었다. 최근의 배회형 로봇은 지형(地形)에 관한 이미지를 기억 속에 축적함으로써 어떤 지역을 탐사할 수도 있고 적어도 어떤 면에서는 '명상적 사색'이나 '공상'과 비슷한 작용까지도 쉽게 수행할 수 있다. 애시비(Ross Ashby), 블록(H. D. Block), 로센블라트(Frank Rosenblatt) 등 여러 사람이 행한 실험에서 밝혀진 바에 따르면, 기계는 스스로의 잘못을 통해 배울 수 있고 스스로의 동작을 수정할 수도 있으며 어떤 한정된 학습 분야에서는 인간 학생들보다 뛰어날 수도 있다고 한다. 코넬 대학 응용수학 교수인 블록은 "원리상으로 기계가 수행할 수 없는 임무가 있다고는 생각하지 않는다. 만일 어떤 임무를 정해서 인간이 그 임무를 수행할 수 있다면, 적어도 이론상으로는 기계도 그 임무를 수행할 수 있다. 그러나 그 반대는 진실이 아니다"고 말했다. 지식과 창의는 인간만의 전유물

(專有物)은 아닌 듯하다.

여러 가지 좌절과 난관에도 불구하고 로봇 제작자들은 전진을 거듭하고 있다. 이들은 최근 로봇 제작에 관한 비판가들 중의 한 사람이며 한때 RAND(Research and Development Corp.)의 컴퓨터 전문가로 근무하고 있던 드레퓌스(Hubert L. Dreyfus)란 사람을 큰 웃음거리로 만들었다. 드레퓌스는 컴퓨터가 결코 인간의 지식을 따를 수 없다고 주장하면서, 자기에게 동조하지 않는 사람들에게 신랄한 비판을 가하는 긴 글을 발표했다. 무엇보다도 그는 "컴퓨터로 하는 체스 놀이는 보통 사람도 못 따라간다"고 말했다. 이러한 말을 새겨 보면, 컴퓨터는 결코 사람에 미치지 못한다고 생각할 수 있다. 그런데 2년도 채 못 되어 매사추세츠 공과대학의 그린블라트(Richard Greenblatt)라는 대학원생이 컴퓨터에 의한 체스 놀이 프로그램을 짜서 드레퓌스와 시합을 청했다. 그 결과 컴퓨터가 드레퓌스를 완파(完破)함으로써 '인공 지능(人工知能)' 연구자들의 기분을 흡족하게 만들었다.

이것과는 전혀 다른 로봇 분야에서도 발전이 이루어지고 있다. 디즈니랜드의 기술자들은 팔다리를 움직이거나, 얼굴을 찌푸리거나, 미소를 짓거나, 매섭게 노려보거나, 무서운 표정을 짓다가도 기쁜 표정을 짓거나, 그 밖의 여러 가지 감정을 표시할 수 있는 실물과 똑같은 컴퓨터 인형을 만들어 냈다. 한 보고자에 따르면 그 인형은 투명한 플라스틱으로 만들어졌는데, "피만 나지 않을 뿐 모든 일을 한다"는 것이다. 이를테면 그 로봇은 여자들 꽁무니를 따라다니기도 하고, 음악도 연주하며, 권총도 발사하고 있다. 그리고 그 로봇은 실제 인간과 너무나 흡사하기 때문에, 관람자들이 일반적으로 공포에 질려 비명을 지르거나 움츠리거나 하는 등 마치 실제 인간을 대하듯 반응하고 있다는 것이다. 이러한 로봇들이 전시되는 목적은 별것 아니지만, 그 기초가 되는 기술과학은 아주 복잡하다. 말하자면 그 기술은 우주 계획에서 얻은 지식에 의존하고 있고, 이러한 지식은 급속히 축적되고 있다는 것이다.

 원리상으로 보면 현재의 원시적이고 평범한 로봇들을 더욱 발전시켜 온갖 행동도 할 수 있고 심지어 인간과 똑같이 과오도 범할 수 있으며, 마음내키는 대로 선택도 할 수 있는, 요컨대 고도로 복잡하고 교묘한 검증을 거치지 않고서는 행동상 인간과 구별할 수 없는 로봇을 만드는 방향으로 나아갈 수 없다는 이유는 결코 없는 것이다. 그러나 그러한 시점에 도달하면 우리는 항공사 예약 접수처에서 미소짓는 인형이 진짜 아름다운 소녀인가 아니면 교묘히 조립된 로봇인가를 확인해 보려고 노력하는 희안한 상황에 부닥치게 될 것이다.[1] 물론 그 여자는 진짜 소녀거나 인형이거나 어느 쪽일 수도 있다.

 인간과 기계를 조립해서 무엇인가를 만들려는 경향은 기계와 의사를 소통하는 인간의 능력이 증대됨에 따라 더욱 촉진될 것으로 보인다. 인간과 기계의 상호 작용을 촉진하려는 노력이 현재도 많이 발표되고 있다. 그러나 이것과는 별도로 소련과 미국의 과학자들은 절단된 팔다리의 말단 신경으로부터 신호를 찾아내는 검출기(檢出器)를 장치하거나 이식하는 실험을 하고 있다. 그리고 이러한 신호들을 확대해서 인공 수족을 움직이는 데 활용함으로써 인간의 신경 체계에 직접적이고도 민감하게 반응할 수 있는 기계를 만들어

---

1) 이러한 사실은 감정이나 심지어 성(性) 관계까지 포함한 인간과 기계의 관계에 대해 재미있거나 심각하거나 간에 수많은 문제를 제기할 것으로 본다. 코넬 대학의 블록 교수는 인간과 기계의 성 관계는 그리 먼 훗날의 일이 아닐 것이라고 내다보고 있다. 인간은 그들이 사용하는 기계에 대해 정서적인 애착을 느끼는 일이 허다하다고 지적하면서, 블록 교수는 다음과 같이 말하고 있다. 우리는 "이러한 기계적 대상물에다 애정이나 정열을 쏟는" 행위로부터 제기될 윤리적인 문제에 관심을 쏟지 않으면 안 될 것이라는 것이다. 이러한 문제에 대한 진지한 조사는 영국의 《과학 철학》지(誌) 18호(1967년)에 게재된 푸체티(Roland Puccetti)의 논문에 제시되어 있다.

내고 있다. 인간은 자기의 욕구를 생각해 낼 필요가 없고 심지어 자기 욕구와 관계 없는 충동까지도 알 수 있게 된다. 그 기계의 반응 동작은 인간의 손이나 눈, 다리의 동작처럼 자동적인 것이다.

《아라스로의 비행(*Flight to Arras*)》이란 책에서, 소설가며 시인인 동시에 유능한 비행사이기도 한 생 텍쥐페리(Antoine de Saint-Exupéry)는 제2차 세계대전 동안 전투기 조정석에 앉아 있던 자신을 다음과 같이 묘사하고 있다. "조종석은 산소통과 난방 장치로 복잡하게 얽혀 있었고 승무원들 사이에 교신을 하는 통화관(通話管)도 있었다. 그리고 마스크를 쓰고 있었는데, 그것을 통해 호흡을 했다. 나는 고무관으로 비행기에 부착되어 있었는데, 그 고무관은 탯줄처럼 내게 없어서는 안 될 것이었다. 결국 여러 가지 기관(器官)이 나라는 존재에 부착되어 있었는데, 이러한 기관들은 나와 나의 심장 사이에 끼여 있는 것처럼 보였다." 그 당시에 비하면 우리는 엄청나게 발전했다. 우주 생물학이 이제는 놀랄 만큼 발전해서, 우주 비행사는 우주선에 단지 타고 있다기보다는 공생(共生)이란 의미 그대로 우주선의 일부가 되고 있다.

궁극적인 목적은 우주선 그 자체를 완전히 자급 자족하는 하나의 우주로 만들려는 데 있다. 말하자면 우주선 속에서 식료품을 위해 해초를 기르고 인체의 배설물을 물로 정화(淨化)시키며, 오줌 때문에 공기 중에 생긴 암모니아 성분을 없애기 위해 공기를 회전시킨다는 것이다. 이렇듯 완전히 밀폐되고 완전히 재생되는 세계에서 인간은 방대한 우주 속을 돌면서 계속 움직이는 하나의 미생태학적(微生態學的) 과정의 불가결한 요소가 되는 것이다. 따라서《미래》의 저자며 굴지의 우주 기술자인 고든은 다음과 같이 기술하고 있다. "우주 비행사에게 끼워 넣는 것과 같은 기계 속에서 생명을 유지시키기는 점점 간편해지리라고 본다. 우주 비행사는 멀리 떨어져 있는 기압 조절 탱크 속에 가득 채워진 액체 식품을 정맥 속으로 빨아들임으로써 영양을 공급받을 수 있을 것이다. 아마 인체로부터 나오는 액체 배설물을 물로 환원시키는 직접적 과정은 우주선의 일부로서 제작된 새로운 형태의 인공 신장을 통해서 성취될 수 있을 것이다. 신진 대사를 감소시킴으로써…… 수면도 전자공학으로 조절할 수 있게 될 것이다." 이러한 과정을 하나하나 거듭하면 인간의 신체 기능은 우주선의 기계 기능과 합쳐지고 그것들에 의존하게 되어 결국 그 일부가 된다.

그러나 이러한 작업의 활용은 비단 우주 탐험에만 한정되는 것이 아니다. 이러한 작업은 바로 우리가 살고 있는 이 지구상의 일상 생활에도 그대로 활용될 것으로 본다. 이러한 작업은 인간의 두뇌── 그것을 지탱하는 물리적 구조를 떼어 낸──와 컴퓨터를 직접 연결시키고 있다. 실상 미래의 초(超)컴퓨터의 생물학적 구성 요소는 인간의 두뇌로 조립될지도 모른다. 인간과 기계를 조직적으로 연결시킴으로써 인간(그리고 기계)의 지식을 증대시킬 가능성은 놀랄 만큼 두드러지고 있다. 워싱턴에 있는 해군연구소소장인 페이지(R. M. Page) 박사는, 기계가 스스로 의사 결정을 할 수 있도록 하기 위해 컴퓨터의 기억 장치에다 인간의 생각을 자동으로 집어넣는 체계가 곧 나올 것이라고 공언(公言)하고 있을 정도다. 몇 해 전 RAND사에서 실시한 한 연구에 참여했던 사람들에게 이러한 개발이 언제쯤 이루어질 것인가에 대해 물은 적이 있었는데, 그 대답은 "1990년쯤"에서부터 "결코 있을 수 없다"는 얘기에 이르기까지 광범위했다. 그러나 평균적으로 제시한 시기는 2020년으로서, 그것은 바로 오늘의 10대의 생전에 이루어진다는 이야기다.

한편 많은 분야에서 이루어진 연구들은 인간과 기계의 공생이 언젠가 이루어질 것으로 내다보고 있다. 이제까지 이루어진 가장 주목할 만하고 놀라우며 도전적인 실험 중의 하나로서 클리블랜드 메트로폴리탄 종합병원의 신경외과 과장인 화이트(Robert White) 교수는 두뇌를 그 신체로부터 분리시켜, 다른 기관들이 '죽은' 후에도 살릴 수 있다는 증거를 제시하고 있다. 이 실험은 팔라치(Oriana

Fallaci)가 쓴 유명한 논문에 기술되고 있는데 이 실험이 제시한 바에 따르면, 신경외과 의사들이 벵골 원숭이의 뇌를 그 몸체에서 떼어 내, 그 뇌의 경동맥(頸動脈)을 다른 원숭이의 경동맥에 연결시키고 피가 흐르도록 함으로써 그 뇌를 살리고 있다는 것이다.

이 의학 실험 팀의 한 사람이며 신경생리학자인 마소퍼스트(Leo Massopust) 박사는 다음과 같이 말하고 있다. "두뇌의 작동은 그것이 먼저의 몸체에 붙어 있을 때보다 더 원활했다. ……그것은 분명한 사실이었다. 그 원숭이가 감각이 없이 보다 빨리 생각할 수 있을까에 대해서는 나 자신도 회의적으로 생각했다. 그 원숭이가 어떤 생각을 했는지는 알지 못한다. 짐작컨대 그 원숭이는 주로 먼저의 육신에 붙어 있을 때 저장된 정보의 저장고를 통한 기억을 되살렸을 것으로 보인다. 경험은 더 이상 보급되지 않았기 때문에 더는 생각을 발전시킬 수가 없었다. 하지만 이것 역시 새로운 경험이다."

그 두뇌는 5시간 정도 생존했다. 만일 연구 목적에 도움이 된다면 더 오래 살릴 수도 있었다. 화이트 교수는 두뇌에 혈액을 순환시키는 데 살아 있는 원숭이보다 기계를 사용함으로써, 또 한 원숭이의 두뇌를 며칠 동안 살리는 데 성공했다. 그는 팔라치 양에게 다음과 같이 말했다. "인간을 순종하는 양(羊)과 같은 로봇으로 바꿀 수 있는 단계에 도달하리라고는 생각지 않는다. 하지만…… 이것은 불가능한 일이 아니므로, 언젠가는 이루어질 것으로 본다. 만일 우리가 한 사람의 머리를 다른 사람의 몸에 이식시킬 수 있다고 생각한다면, 그리고 우리가 한 사람의 두뇌를 떼어 내 몸체 없이도 작동시킬 수 있다면 말이다……. 나는 공상 과학 소설과 과학 사이에 아무런 격차가 없다고 본다. ……우리는 아인슈타인의 두뇌를 살려서 정상적으로 기능하도록 만들 수 있었을 것이다."

화이트 교수의 말을 새겨보면 우리는 한 사람의 머리를 다른 사람의 몸통 위에 갈아 붙일 수 있을 뿐 아니라 머리나 두뇌를 '살려서' 기능하게 할 수 있다는 것이고, 이러한 일들은 '현재의 기술'로도 가능하다는 것이다. 그는, "일본이 몸체에서 분리된 인간의 머리를 살리는 최초의 나라가 될 것이다. 나는 아직도 그렇게 하는 것이 옳은지 그른지, 그러한 문제를 해결하지 못했기 때문에 그런 일을 하지 않을 것이다"고 말했다. 독실한 카톨릭 신자인 화이트 박사는 이러한 일이 철학적으로나 도덕적으로 어떤 뜻을 지닐까 해서 괴로워하고 있는 것이다.

뇌외과 의사나 신경학자들이 연구를 더욱 진전시킴에 따라, 생명공학자와 수학자, 커뮤니케이션 전문가와 로봇 제작자들이 서로 연결됨에 따라, 우주인과 우주선의 관계가 점점 밀접해짐에 따라, 그리고 기계가 생물학적 구성 요소를 갖추고 인간이 감각 기관과 기계로 된 기관을 가지게 됨에 따라 인간과 기계는 궁극적인 공생 관계로 나아간다. 말하자면 모든 연구는 이러한 공생 관계를 이룩하는 데 집중될 것이다. 하지만 무엇보다도 경이적인 현상은 기관의 이식도, 공생 관계도, 수중공학(水中工學)도 아니고, 기술과학도, 과학 자체도 아니다.

무엇보다도 심대하고 두려운 현상은 인간이 과거 지향성(過去志向性)에 만족하려는 자세고, 가속화되는 현실을 외면하려는 생각이다. 그리히여 인간은 "인간의 본성은 영원히다"리든지 "안정은 회복될 것이다"라고 굳게 믿음으로써 미개발의 우주를 향해, 생태적 및 기술과학적 발전의 완전히 새로운 단계로 성급히 내닫고 있다. 유명하지만 근시안적인 한 사회과학자가 "근대화 과정은 대충 완성되었다"고 말했지만, 인간은 인간의 역사에서 가장 난폭한 혁명의 소용돌이 속에서 허우적거리고 있다. 인간은 미래를 생각하려 하지 않고 있는 것에 불과하다.

변화의 거부

1865년 어떤 신문 편집자는 독자들에게 "세상사에 정통한 사람들이면 전선(電線)을 통해 음성을 전달할 수 없음을 알고 있다. 설사 그것이 가능하다 하더라도 그런 일은 실용적 가치가 없을 것이다"라고 말한 적이 있었다. 그러나 그로부터 10년이 지나기도 전에, 벨(Alexander Graham Bell)이 전화를 만들어 세상을 뒤바꿔 놓았다.

라이트 형제(Orville and Wilbur Wright)가 비행기를 만들었던 바로 그날, 신문들은 그 사건의 보도를 거부했다. 건실하고 고지식하며 땅을 딛고 살아온 신문 편집자들은 난다는 사실을 믿으려 하지 않았기 때문이다. 미국의 유명한 천문학자 뉴컴(Simon Newcomb)은 그 얼마 전에 "현재의 자료와 기계와 동력을 어떻게 결합시키더라도 인간이 장거리를 날 수 있는 실용적인 기계로 조립할 수는 없을 것"이라고 세상에 밝힌 바가 있었다.

이러한 일이 있은 지 얼마 후에 또 다른 전문가는 "말〔馬〕 없이 운송 수단을 움직이는 때가 오리라고 기대하는 사람이 있다면 그 사람은 무엇인가 잘못된 사람일 것이다"고 공언한 바 있었다. 그러나 바로 6년 후에 100만번째의 포드 자동차가 공장에서 출고되었다. 그런가 하면 러더퍼드(Ernest Rutherford)는 원자를 발견한 유명한 사람이었는데, 1933년에 원자핵 속에 있는 에너지는 결코 폭발하지 않을 것이라고 했지만, 9년 후에 최초의 연쇄 반응이 일어났던 것이다.

인간의 두뇌 ──일류 과학자의 두뇌를 포함해서── 는 미래의 새로운 가능성에 대해서 거듭거듭 눈을 감고 순간적인 안위를 얻는 데만 관심을 쏟고 있기 때문에 가속적 추진력에 부닥치면 심하게 동요될 수밖에 없다.

그렇다고 해서 이제까지 논의된 과학적이거나 기술적인 온갖 연구가 반드시 구현되리라고 보는 것은 아니다. 이러한 연구들이 새로운 세기가 되기 전에 모두 구현되리라고 보는 것은 더더욱 아니다. 분명 어떤 연구는 완성되기도 전에 사라지거나 가망 없는 일로 판명될 수도 있다. 그런가 하면 또 다른 연구들은 실험실에서 성공하더라도 이러저러한 이유들 때문에 실용화되지 못할 수도 있다. 그러나 이러한 모든 사실은 그다지 중요하지 않다. 설사 이러한 발전들이 이루어지지 않는다 하더라도 아마 더욱 혼란스러운 다른 발전이 일어날 것이기 때문이다.

우리는 컴퓨터 혁명과 그 여파로 일어날 파생적인 변화들에 대해서는 별로 언급하지 않았다. 그런가 하면 우리는 서기 2000년에 도달하기 전에 급진적이고도 예측할 수 없는 방법으로 우리의 생활과 태도를 완전히 바꿀 수도 있을 모험인, 외계로 진출하는 일이 어떤 의미를 지니는가에 대해서도 상세히 언급하지 않았다(만일 우주 비행사나 우주선이 재빨리 번식하는 살인적 미생물에 오염된 채 지구로 귀환했다면 어떤 현상이 빚어질까?). 레이저 광선, 홀로그래피, 강력하고 새로운 대인(對人) 또는 대중적 의사 전달 도구, 범죄와 간첩의 새로운 기술, 새로운 형태의 운송과 건설, 가공할 화학 세균 전술의 개발, 태양 에너지의 밝은 장래, 시험관 아기, 교육을 위한 놀라운 새 도구와 기술, 심한 충격의 변화가 목전에 다다르고 있는 수많은 다른 분야 등에 대해서도 전혀 언급하지 않았다.

다가올 몇십 년 안에 이러한 모든 분야에서 일어날 진보들은 마치 로켓을 발사하듯 계속 터져 나와, 우리를 과거로부터 끌어내어 새로운 사회로 깊숙이 밀어 넣을 것이다. 이렇듯 새로운 사회는 쉽사리 안정된 상태로 정착하지 못하고 심한 변화 속에서 요동하고 깨어지고 신음하게 될 것이다. 초산업화 혁명은 현재를 살면서 미래에도 참여하려는 개인에게 결코 변화로부터의 휴식을 마련해 주지 않는다. 그런가 하면 초산업화 혁명은 친숙한 과거로 되돌려주지도 않는다. 초산업화 혁명은 단지 일시성과 새로움의 극히 폭발적인 혼합물을 제공할 따름이다.

이렇듯 사회 구조 속에 빠르고 새로운 요소가 많이 도입되면, 우리는 익숙한 상황이나 익숙한 사건, 익숙한 도덕적 문제에도 보다 빨리 대처하지 않으면 안 될 뿐 아니라, 우리에게 익숙지 않고 처음으로 당하는 상황들, 이상스럽고 불규칙적이며 예측할 수 없는 상황들에는 더욱 빠른 속도로 대처하지 않으면 안 된다.

이러한 현상은 어떤 사회에도 존재하는 균형, 즉 인간의 일상 생활에서 익숙한 요소와 익숙지 못한 요소와의 균형, 일상적인 것과 비일상적인 것의 균형, 예측 가능한 것과 예측 불가능한 것 사이의 균형을 근본적으로 바꾸어버리고 만다. 일상 생활의 요소들 중 이들의 관계는 그 사회의 '새로움의 비율'이라고 할 수 있는데, 이러한 새로움이나 신기함의 수준이 높아짐에 따라 우리 생활은 일상적인 대응 행태에서 점점 벗어나고, 피로와 권태감이 점점 증대되며, 비관주의에 빠져 들어 주체 의식을 상실해 간다. 그 결과 환경은 점점 인간이 통제할 수 없는 혼란스러운 것으로 보인다.

결국 이러한 두 가지 큰 힘이 한 곳으로 합쳐져 일시성으로 냉혹하게 이행(移行)되고 새로움의 비율이 증대되어 잠재적인 위험성은 더욱 커진다. 앞으로 고찰하겠지만 이러한 새로움은 다가올 사회의 기술과학적인 측면에서만 발견되는 것은 결코 아니다. 사회 구조에서도 역시 처음 보는 기묘한 요소들을 찾아볼 수 있다.

제10장 경험을 만드는 사람들

1920년대 말엽에 대공황을 겪은 우리는 이제 그 시대보다는 새로운 2000년대를 더 가까이 두고 있다. 그러나 세계의 경제학자들은 아직도 대공황의 역사적인 상처를 잊지 못하고 과거의 일에만 얽매여 있다. 경제학자들은 그가 아무리 혁명이란 용어를 들먹이는 사람이라도 보수적인 성향이 짙은 사람들이다. 예를 들어 2025년의 경제 사정에 관한 경제학자들의 생각을 모아본다면, 그들이 그리는 것은 1970년의 경제 사정과 별반 차이가 없는 모습일 것이다.

경제학자들은 직선적으로 사고하도록 조건지어져 있는 탓으로 공산주의와 자본주의 이외의 체제를 쉽게 생각하지 못한다. 그들은 방대한 조직의 성장도 낡은 관료 체제의 직선적 연장이란 안목에서만 보고, 기술과학의 진보도 현재 알고 있는 것의 단순하고 비혁명적인 연장으로만 볼 것이다. 궁핍한 시대에 태어나서 자원이 한정되어 있다고만 생각해 온 그들로서는 인간의 근본적인 물질적 욕구가 충족되는 사회를 이해할 수가 없다.

그들의 상상력이 부족한 한 가지 이유는 그들이 기술과학의 진보를 생각할 때 경제 활동의 수단에만 유독 관심을 쏟고 있다는 사실에 있다. 그러나 초산업화 혁명은 경제 활동의 수단과 아울러 목적에도 도전하고 있다. 초산업화 혁명은 '어떻게' 생산하느냐의 문제뿐 아니라 '왜' 생산하느냐의 문제도 변화시키려 함으로써 경제 활동의 목적 자체도 변질시키려 한다는 것이다.

이러한 대변동 앞에서는 오늘날의 경제학자들이 사용하는 가장 정교한 도구들마저도 무용지물이 되고 만다. 투입―산출 공식과 계량경제학(計量經濟學) 모델 등 경제학자들이 채택하는 온갖 분석 도구들이 몇십 년 안에 경제 생활을 변화시킬 외적인 힘들――정치적·사회적·윤리적인 힘들――을 파악하는 데 적합하지 않게 된다. 심리적인 충족에 높은 가치를 부여하고 있는 사회에서 '생산성'이라든지 '능률'이라든지 하는 것들이 무슨 의미가 있겠는가? 현재 그러한 추세로 나아가고 있지만 재산의 개념이 무의미한 것으로 될 때 경제 체제에는 어떤 현상이 나타날까?

계획하고 징세(徵稅)하고 규제하는 초국가적(超國家的) 기구들이 출현하거나 아니면 가장 발달된 통제 기술을 토대로 한 소기업으로 되돌아가는, 일종의 변증법적 복귀 현상이 일어났을 때 경제 체제들은 어떤 영향을 받을 것인가? 보다 중요한 문제로서 '성장' 대신 '무성장(無成長)'을 경제적 목적으로 추구하게 될 때, 곧 국민총생산(GNP)이 예수의 최후의 만찬 때의 성배(聖杯)처럼 소중하게 여겨지지 않을 때 어떤 현상이 나타날까?

우리는 정통 경제 사상의 테두리에서 벗어나 이러한 가능성들을 검토해 봄으로써만 미래에 대비할 수 있다. 이러한 가능성 중에서도 초산업화 혁명에 수반되는 가치 변화보다 중대한 문제는 없다.

궁핍한 여건하에서 인간은 일상의 물질적 수요를 충족시키기 위해 노력한다. 그러나 오늘날처럼 보다 풍요한 여건하에 있는 우리는 새로운 수준의 욕구를 다루기 위해 경제 체제를 재편성하고 있다. 물질적 만족을 마련해 주도록 고안된 경제 체제로부터 우리는 심리적 희열을 마련해 줄 수 있는 경제 체제를 급속히 만들어 가고 있다. 이렇듯 '심리학적 접근' 과정은 초산업화 혁명의 핵심적 과제들 가운데 하나인데도 경제학자들에 의해 완전히 묵살되고 있는 실정이다. 그러나 이 과정은 누구도 여태껏 경험하지 못한 새롭고 경탄할 만한 경제 체제를 이룩할 것이고, 이로 인해 제기되는 문제들은 20세기의 대분쟁, 곧 자본주의와 공산주의간의 분쟁을 무의미하게 만들 것이다. 이러한 문제들은 경제적 또는 정치적 신조(信條)들을 완전히 바꾸어버릴 것이기 때문이다. 앞으로 고찰해 보겠지만 이러한 문제에는 정신적 건전성, 즉 환상과 실제를 구분할 수 있는 인간 유기체의 능력 문제가 포함되어 있는 것이다.

심리적 위안

기술 사회가 일정한 산업 발전 단계에 도달하면 그 사회는 에너지를 상품과는 구별되는 서비스 산업으로 옮기기 시작한다는 사실을 발견할 때, 여러 가지 호기심이 발동한다. 많은 전문가들은 서비스 산업에서 미래의 물결을 발견하고 있다. 산업화된 모든 나라에서는 제조업이 서비스업에 밀려날 날이 곧 올 것이라고 전문가들이 말하고 있는데, 이러한 예언은 이미 적중되고 있다.

그러나 경제학자들은 이렇게 명백한 문제에 대해서도 의문을 제기하지 않고 있다. 앞으로의 경제 체제는 어디로 갈 것인가? 서비스 산업 다음에는 어떤 경제 체제가 도래할 것인가?

고도로 기술화한 나라들은 앞으로 스스로의 물리적 환경을 개선하고 '생활의 질(質)'을 향상시키기 위해 방대한 자원을 관리하지 않으면 안 된다. 공해, 미(美)의 파괴, 혼잡, 소음, 쓰레기 등의 문제를 해결하려면 분명히 막대한 에너지가 필요할 것이다. 그러나 우리는 이러한 공공 설비를 갖추는 일에 덧붙여 사적인 용도를 위한 제품 생산의 성격에서도 미묘한 변화를 예견할 수 있다.

서비스 부문의 갑작스러운 성장으로 인해 빚어진 흥분으로 말미암아, 미래에 상품과 서비스 양면에 깊이 영향을 미칠 또 하나의 변화에는 깊은 관심을 쏟지 못하고 있는 실정이다. 이러한 변화가 다음 단계의 경제 체제를 전진시킬 것인데, 다음 단계의 경제 체제란 '경험 산업'이라 일컬을 수밖에 없는 것에 토대를 둔 이상스럽고 새로운 부문의 성장이다. 서비스 경제의 후속 경제 체제에서의 핵심은 제조업을 비롯한 모든 생산의 심리학적 접근에서 찾을 수 있기 때문이다.

오늘날 모든 기술 사회, 특히 미국의 생산에서 흥미있는 한 가지 현상은 상품들이 점차 소비자에게 심리적인 '덤'을 주도록 고안되고 있다는 사실이다. 제조업자들이 제품에 '심리적인 부담'을 첨가하면 소비자는 이러한 무형의 은전(恩典)에 기꺼이 대가를 지불하고 있다.

그 전형적인 예는 자동차 용구 제조업자의 경우인데, 이들은 조정판이나 계기판에 별로 필요도 없는 버튼이나 손잡이, 다이얼을 붙이고 있다. 부속품의 수를 어느 정도 늘리면 자동차 운전사에게 복잡한 기계를 다루고 있다는 의식과 아울러 충족감을 불러일으킨다는 사실을 제조업자는 알고 있기 때문에 이러한 심리적 요소를 제품 속에 가미하는 것이다.

그런가 하면 이미 주어지고 있는 심리적 은전을 소비자로부터 박탈하지 않으려고 고심하는 경우도 있다. 미국의 어떤 큰 식품 회사는 물만 부으면 되도록 모든 준비를 다 해놓은 케이크 재료를 만들어 자랑스럽게 출고했다. 그러나 놀랍게도 주부들이 물과 달걀을 함께 넣어야 하는, 더 번거로운 옛날 재료를 좋아해서 신제품은 팔리지 않았다. 결국 그 식품 회사는 공장에서 달걀 가루를 집어넣어, 주부의 일을 지나치게 간소화시킴으로써 빵을 만드는 과정에서 느끼는 창의적인 참여 의식을 박탈하고 말았던 것이다. 달걀 가루는 즉각 제거되었고 주부들은 스스로 달걀을 깨 넣는 일을 즐길 수 있었다. 그 제품은 심리적인 은전을 제공해 주는 방향으로 다시 수정된 셈이다.

이와 유사한 사례들은 비누와 담배로부터 접시닦기와 일상의 음료수에 이르는 대부분의 주요 산업에서 수없이 찾아볼 수 있다. 제너럴 일렉트릭 사, 칼텍스 사, IBM 사 등 유럽의 일류 회사들이 활용하고 있는 조사 용역회사인 모티베이셔널 프로그래머즈 사 (Moti-vational Programmers Inc.)의 뎀비(Emanuel Demby) 박사에 따르면 "제조 상품 속에 심리적인 요소들을 가미하는 기술은 소비 상품만이 아니라 공장 설비까지 포함한 모든 제품에 품질보증서처럼 중요시될 것이다"라는 것이다.

그는 이어서 다음과 같이 말하고 있다. "심지어 오늘날 제작되는 거대한 기중기와 유정탑(油井塔)들도 이러한 원리를 받아들이고 있을 정도다. 그 운전대는 유선형으로 만들어지고 21세기를 상징하듯 말끔하다. 캐터필러 사, 인터내셔널 하비스터 사, 퍼거슨 사 등 모두가 그렇게 만들고 있다. 왜 그렇게 만들까? 이렇게 거대한 기계는 그 운전대가 미학적으로 잘 다듬어져 있다고 해서 더 잘 파는 것도, 더 잘 집어 올리는 것도 아니다. 그러나 그러한 기계를 사는 계약자도, 그것을 움직이는 운전사도 운전석이 잘 다듬어져 있는 것을 더 좋아하고 그 계약자의 고객들도 역시 그런 것을 더 좋아한다. 이렇게 볼 때 땅을 움직이는 장비를 제작하는 사람들까지도 비실용적인 요소, 즉 심리적인 요소에 관심을 쏟기 시작하고 있을 정도다."

템비는 제조업자들이 한걸음 더 나아가서 특정 제품의 사용에 뒤따르는 긴장감을 줄이는 데 더 많은 관심을 쏟고 있다고 주장했다. 예를 들면 위생용 휴지 제조업자는 주부들이 휴지를 쓰고 버릴 때 변기가 막히지나 않을까 두려워하고 있음을 알고 있다. 템비는, "물에 닿으면 즉각 분해되는 새로운 제품이 개발되고 있다. 그런데 새로운 제품은 휴지로서의 기본적인 기능을 개선한 것은 아니지만, 기존 제품에 따르는 불안감의 일부는 해소하고 있다. 그렇다면 바로 이런 것이 심리공학(心理工學)이 아닐까?"라고 말했다.

부유한 소비자들은 이렇듯 섬세한 일들에 대가를 지불하려 하고 지불할 수도 있다. 쓰고 버리는 물건들이 증가함에 따라 소비자들은 가격보다 '품질'에 더 관심을 쏟게 된다. 많은 제품은 아직도 제조하는 데 소모된 인력, 내구성 및 물량 등 전통적인 기준에 따라 그 질이 측정될 수 있다. 그러나 급속도로 신장되고 있는 신종 상품들에서는 거의 이러한 차이를 분간해 낼 수 없다. 소비자는 눈가림을 당하고 있어서 갑 상표와 을 상표를 구분할 수 없으면서도, 이것이 저것보다 낫다고 강변(强辯)하는 경우가 허다하다.

이러한 억설은 제품의 심리적 요소를 고려할 때 쉽사리 해소된다. 다른 면에서는 같은 제품이라도 그것들 사이에 심리적인 차이가 드러날 것이기 때문이다. 광고업자들은 각 상품의 독특한 이미지를 부각시키려 노력하고 있다. 바로 이러한 이미지들이 작동해서 소비자측의 욕구를 충족시킨다. 그러나 이러한 욕구는 일반적인 의미에서 실용적 측면보다는 심리적 측면이 더 강하다. 따라서 '품질'이란 말은 더욱 막연하고 모호한 연상(聯想), 요컨대 제품에 대한 심리적 함축성을 나타내고 있음을 엿볼 수 있다.

소비자의 기본적인 물질적 욕구가 계속 충족되어 감에 따라 경제적 에너지는 아름다움, 위신, 개성, 감각적 희열 등에 대한 소비자의 미묘하고 다양하며 극히 인간적인 욕구를 충족시키는 방향으로 나아가리라는 것은 쉽사리 예측해 볼 수 있다. 제조업 부문은 심리적인 특성과 충족감을 안겨주는 제품을 고안하는 데 그 어느 때보다도 많은 자원을 쏟아 넣을 것이다. 상품 생산의 심리적 요소는 점점 중요시될 것이다.

하늘의 여급(女給)

그러나 이러한 현상은 경제 체제의 심리적인 접근으로 나아가는 첫 단계에 지나지 않는다. 다음 단계에는 서비스 분야에서도 심리적인 요소가 팽창할 것이다.

여기서 우리는 이미 예상했던 방향으로 내닫고 있는데, 이러한 추세는 항공 여행을 잠시만 살펴보더라도 알 수 있다. 지난날의 비행이란 단순히 이곳에서 저곳으로 옮겨 가는 문제였다. 오래 전부터 항공사들은 아리따운 스튜어디스, 맛있는 음식, 사치스러운 기내 시설, 기내 영화 등으로 경쟁을 벌이고 있다. 트랜스 월드 항공사(TWA)는 최근 미국의 대도시들 사이에 '이국적(異國的) 정취'라고 일컫는 노선을 개설함으로써 한걸음 더 내닫고 있다.

현재 TWA의 여객은 음식, 음악, 잡지, 영화, 스튜어디스의 미니스커트 등 모두가 프랑스식인 여객기를 선택할 수도 있고, 스튜어디스들이 로마식 예복을 입은 '로마식' 여객기를 선택할 수도 있으며, '맨해튼식 장치를 한' 여객기를 선정할 수도 있고, 스튜어디스를 여급(女給)이라 부르고 장식이 영국 술집을 연상케 하는 '옛 영국풍'의 여객기를 선택할 수도 있다.

이렇게 보면 TWA는 이미 수송이라는 상품만을 팔고 있는 것이 아니라 정교하게 고안된 심리적 상품도 함께 팔고 있음이 분명하다. 멀지 않아 항공사들은 조명(照明)과 여러 가지 영사(映寫) 장치를 활용해서 마치 극장 안에서 연극을 관람하는 것과 비슷한, 일시적이지만 완벽한 분위기도 마련해 줄 것으로 예상된다.

그러나 이러한 체험도 곧 낡은 것이 될는지도 모른다. 영국 해외 항공사(BOA)는 최근 미국의 미혼 남성 승객들에게 과학적으로 선정된 데이트 상대를 런던에서 만나게 해주겠다는 계획을 발표함으로써 이러한 미래를 암시했다. 컴퓨터가 선정한 데이트 상대자가 나타나지 않을 경우에는 이에 대비했던 다른 상대자를 만나게 한다. 더욱이 그 여행자를 위해 여러 연령층의 런던 사람 몇 명을 초대하는 파티도 마련하고 음악실이나 음식점에도 안내함으로써 어떤 상황에서도 외롭지 않게 만들려 했다. '런던의 아름다운 독신들'이라고 불리는 이 계획은 BOA가 정부 소유 항공사였던 까닭에 의회의 비판을 받게 되자 돌연 중단되고 말았다. 그럼에도 불구하고 우리는 여기서 소매업을 포함한 많은 소비자 서비스 분야에 심리적인 채색을 가하는 시도가 증가할 것이라고 예견할 수 있다.

캘리포니아 주 뉴포트 비치에 믿을 수 없을 만큼 호화로운 상점인 뉴포트 센터가 새로 들어섰다. 이곳을 둘러본 사람이면 누구나 그 설계자가 미적이고 심리적인 요소에 얼마나 많은 관심을 쏟았는가에 대해 감명을 받지 않을 수 없다. 창공을 가로지른 순백의 큰 아치와 기둥, 분수대, 조각상, 세심하게 만들어진 조명, 대중 예술 경연장, 거대한 풍경(風磬) 등은 모두가 손님으로 하여금 잠시나마 우아한 분위기에 젖어 들게 만드는 데 이바지하고 있다. 이것은 주변의 풍요로움만이 아니라, 거기서 물건을 사는 일을 커다란 추억이 될 경험으로 만들기 위해 의도적으로 꾸며 놓은 즐거움인 것이다. 이렇게 볼 때 앞으로는 소매 상점을 만드는 경우에도 이러한 원리를 적용해서 환상적인 변형을 이루는 데 관심을 쏟을 것으로 보인다.

우리는 쇼핑이건 식사건 아니면 이발이건 모든 서비스를 경험의 일부분으로 삼게 됨에 따라 원래의 '기능적인' 필요성과는 무관한 방향으로 내닫게 될 것이다.

우리는 이발을 하면서 영화를 관람하거나 실내악을 들을 것이며,

미장원에서 머리를 덮어씌우는 사발 모양의 기계는 단순히 머리를 말리는 일 이상의 역할을 하게 될 것이다. 그 기계는 여자의 두뇌에 전자파를 보내 문자 그대로 그녀의 기분을 황홀하게 만들어 줄지도 모른다.

은행가, 중개업자, 부동산업자, 보험회사 등은 가장 일상적인 거래에도 뒤따르게 마련인 심리적 부담을 높이거나 중화시키려는 의도에서 최신 기술로 짜맞춘 미디어 장치를 설치하기도 하고 세심히 선택된 장식을 한다거나 음악을 튼다거나 비밀 회로의 컬러 텔레비전을 장치한다거나 풍미와 향기를 인공으로 조절한다거나 할 것이다. 어떤 중요한 서비스는 심리적 부담을 개선하는 행태 과학 기술자들의 분석을 거치지 않고서는 소비자에게 제공되지 않을 것이다.

경험 산업

현재의 이러한 노력에서 한걸음 더 나아가면 우리는 제조된 상품도 아니고 통상적인 서비스도 아닌, 사전에 계획된 '경험들'로 이루어진 것만을 산출하는 산업의 혁명적인 팽창을 볼 수 있게 된다. 경험 산업은 초산업화 시대의 주축의 하나로서, 실상 서비스 경제 체제를 뒤이은 새로운 경제 체제의 토대를 이룰 것이다.

풍요로움을 더해 가고 일시성이 증대되면서 지금까지 사람들이 지녀 오던 소유욕은 자취를 감추게 되며, 소비자들은 지난날 물건을 끌어 모았던 것처럼 의식적이고 정열적으로 경험을 모으기 시작한다. 항공사의 사례가 암시하듯 오늘날 경험은 전통적인 서비스의 부속물로 팔리고 있다. 경험이란 말하자면 케이크 위에 덮인 얼음과 같은 것이다. 그러나 우리가 미래를 향해 나아감에 따라 경험은 정확히 그것이 지닌 가치만큼, 마치 물건처럼 팔릴 것이다.

실상 이러한 현상은 일어나기 시작하고 있다. 이러한 현상이 일어나고 있다는 것은 자신의 목적을 위해 경험의 생산에 부분적으로나마 계속 참가해 온 사업체들이 두드러질 만큼 높은 성장률을 나타냈다는 데서 확인할 수 있다. 예술의 경우가 하나의 좋은 예다. 대부분의 문화 사업은 특수한 심리적 경험의 창조나 연출에 전념하고 있다. 오늘날 우리는 거의 모든 기술사회에서 예술을 바탕으로 한 '경험 산업'이 호황을 누리고 있음을 볼 수 있다. 레크리에이션, 대중 오락, 교육, 정신병 치료 등은 모두가 경험의 생산이라고 일컬어질 수 있는 사업에 참여하고 있는 셈이다.

지중해 클럽은 프랑스의 젊은 여사무원에게 타이티나 이스라엘에 가서 1~2주간 태양과 섹스를 즐길 수 있는 휴가 여행 상품을 팔고 있는데, 그것은 마치 르노 자동차 회사가 차를 생산해 내듯, 그 여자에게 아주 세심하고 체계적으로 경험을 만들어 주고 있는 것이다. 그 광고는 이 점을 강조했는데, 《뉴욕 타임스》지에 실린 두 페이지의 광고를 보면 다음과 같은 표제로 시작되고 있다. 즉 "남녀 300명을 모집. 이국적 정취가 풍기는 섬으로 안내. 온갖 사회적인 압력으로부터 해방시켜 줌"이라는 것이었다. 프랑스에 본부를 둔 지중해 클럽은 현재 세계 여러 곳에 34개의 휴가촌(休暇村)을 운영하고 있다.

이와 비슷하게 캘리포니아 주 빅서에 있는 이설른 연구소는, '신체 인식' 또는 '비언어적 커뮤니케이션'이란 주제로 1인당 70달러의 주말 세미나나 180달러의 5일 워크샵을 개최했는데, 이 모임은 단순히 교습하는 것이 아니라 풍요로운 고객들에게 '즐겁고' 새로운 대인(對人) 체험을 약속했다. 이 안내서의 어떤 구절은 독자로 하여금 섹스나 환각제 따위를 연상하게까지 만들고 있다. 집단 요법과 감각 훈련을 위한 모임들도 경험을 꾸려 놓은 것들이며, 강습회들도 이러한 모임들이라 할 수 있다. 따라서 최신의 댄스 스텝을 배우기 위해 머레이(Arthur Murray)나 어스테어(Fred Astaire)의 교습소로 가면 미래에 즐거움을 안겨줄 기술도 배우게 되지만, 외로운 독신 남녀들은 당장 즐거운 경험도 하게 된다. 교습 경험 그 자체가 고객으로서는 주된 매력인 것이다.

그러나 이 모든 것은 미래의 경험 산업과 그것을 통괄하게 될 대규모 심리 회사나 심리 업체들의 성격에 대한 작은 실마리를 마련해 주는 데 지나지 않는다.

모의 환경(模擬環境)

중요한 경험 상품이란 그 자신의 생명이나 명예를 손상시키지 않고 고객에게 모험이나 위험, 성적 자극, 그 밖의 쾌락을 맛볼 수 있는 기회를 제공해 줄 모의 환경에 토대를 둘 것으로 보인다. 따라서 컴퓨터 전문가, 로봇 제작자, 디자이너, 역사가, 미술 전문가들은 저마다의 복잡하고 숙련된 기술과학을 총동원해서 고대 로마의 장관(壯觀), 엘리자베스 왕궁의 화려함, 18세기 일본 기생집의 성풍속(性風俗) 등을 재생하는 경험 영역을 창조하기 위해 협동할 것으로 생각된다. 고객들이 이러한 쾌락의 집으로 들어갈 때에는 그들의 일상 의복은 (시름과 함께) 벗어버리고 옛 의복을 입게 된다. 그러고는 원래의 순수한 맛을 느낄 수 있도록 마련된, 계획된 일련의 활동을 연출하게 될 것이다. 요컨대 고객들은 과거의 생활이나 심지어 미래의 생활로도 초대될 것이다.

이러한 경험의 생산은 흔히 생각하는 것보다 더 빨리 실현될 것이다. 현재 예술 분야에서 선구적으로 시도되는 직접 참가 방식이 그 뚜렷한 징조다. 관객들로 하여금 참여하게 만드는 '해프닝극'은 미래의 모방으로 나아가는 최초의 발돋움이라고 할 수 있다. 공식적인 행사에서도 이러한 경향이 엿보인다. 〈69년판(版) 디오니소스〉란 연극이 뉴욕에서 공연되었을 때 한 비평가는 셰크너(Richard Schechner)의 극작 이론을 요약해서, "극장측은 관객에게 '앉으십시오. 그러면 연극을 보여드리겠습니다'고 말하는 것이 상례인데, 어째서 '일어서서 우리 함께 연극을 합시다'고 말할 수는 없는 것일까?"라고 말했다. 유리피데스의 얘기를 줄거리로 삼고 있는 셰크너의 작품은 정확히 "일어서서 우리 함께 연극을 합시다"라고 말함으로써, 관객을 문자 그대로 디오니소스의 의식(儀式)을 축하하는 무도회에 합류하도록 초청했던 것이다.

　예술가들도 총체적인 '환경', 말하자면 관객이 예술 작품 속에서 걸어 다닐 수 있고 그 속에서 사건이 벌어지는 작품을 창조하기 시작하고 있다. 스웨덴의 현대박물관은 '그 여자(Hon)'라고 이름 붙인, 종이로 만든 거대한 여상(女像)을 전시했는데, 관객은 그 여상의 음문(陰門)을 통해 속으로 들어갈 수 있다. 그 속으로 들어가면 비탈길과 계단도 있고 반짝이는 불빛이 보이는가 하면 괴상한 소리도 들리며, '병(甁) 분쇄기'라고 불리는 것도 있다. 미국과 유럽에 있는 수십 개의 박물관과 화랑에서는 현재 이러한 '환경'이 전시되고 있다. 《타임》지는 그들의 의도가 "괴상한 광경, 기묘한 소리, 또는 무중력감(無重力感)으로부터 들든 정신적 환각에 이르는 실로 별천지에 온 듯한 감각을" 관객에게 안겨주려는 데 있다는 미술 평론을 실었다. 이러한 것들을 제작하는 예술가들은 실로 '경험공학자'라 할 수 있다.

　공장이나 창고가 줄지어 서 있는 맨해튼 거리에 세리브럼이라는 아주 초라한 상점이 있다. 이곳은 '전자(電子) 장치가 된 참여의 장(場)'으로, 손님들이 시간에 따라 입장료를 물면 눈부시게 희고 친장이 높은 방으로 안내된다. 손님들은 그 속에서 옷을 벗고는 바투명의 헐거운 겉옷을 입고서 포근하게 흰 요를 깔아 놓은 특설대 위에 편안하게 눕는다. 그러면 매력 있는 남녀 안내자들이 알몸을 베일만으로 가린 채 손님에게 입체 음향의 헤드폰과 투명 마스크를 제공하고 때에 따라서는 풍선, 만화경, 탬버린, 플라스틱 베개, 거울, 수정(水晶), 마시멜로, 슬라이드 영화 등을 제공한다. 민요나 대중 음악이 텔레비전 광고, 거리의 소음, 맥루언(Marshall McLuhan)이 하는 강의나 그에 관한 강의들에 뒤섞여서 귀에 들려 온다. 음악 소리가 점차 고조됨에 따라 손님들과 안내자들은 특설대 위 또는 그 사이의 흰 카펫이 깔려 있는 복도에서 춤을 추기 시작한다. 천장에 있는 기계들로부터 거품이 떨어지고 안내자들은 여러 가지 향수를 뿌리면서 돌아다닌다. 조명은 색깔을 바꾸면서 벽과 손님과 안내자들에게 가지각색의 영상을 던져준다. 처음에는 차갑던 분위기가 다정하고 따스한 분위기로 바뀌더니, 결국 약간 선정적인 분위기로 변해 간다.

이 세리브럼은 아직 예술적으로 기술적으로나 미숙한 단계지만, 언젠가는 만들고야 말겠다고 장담하는 '2500만 달러짜리의 최고급 종합 오락장'의 시발에 불과한 것이다. 그 예술적 가치야 어떻든 이와 같은 실험은 미래에 훨씬 더 복잡하고 이색적인 건물을 만들려는 시도다. 오늘날의 젊은 예술가와 환경 사업가들은 다가올 내일의 심리 업체를 위한 연구 개발에 종사하고 있는 셈이다.

살아 있는 환경

이러한 연구를 통해서 얻어진 지식은 환상적인 모조품을 만들 수 있게 하는 것이기도 하지만, 다른 한편으로는 이용자에게 상당한 위험과 보수를 안겨주는, 복잡하고 살아 있는 환경으로 이끌어 가기도 할 것이다. 오늘날 아프리카의 수렵 여행은 평범한 예다. 미래의 경험 설계자들은 돈을 위해서가 아니라 경험적 보상(補償) ──이기면 자기가 사랑하고 좋아하는 아가씨와 데이트를 하고, 지면 하루 동안 독방에 갇힌다든지 하는──을 위해 이용하는 도박장을 만들 것이다. 도박이 심해짐에 따라 보다 더 가상적인 보상과 벌칙이 고안될 것이다.

자발적인 사전 약속에 따라 패자는 승자에게 며칠 동안 노예로 봉사하는 수도 있고, 승자는 10분 동안 자기 뇌에 전자(電子) 자극에 의한 쾌락을 즐기는 보수를 받을 수도 있다. 도박을 하는 사람은 매를 맞거나 그와 비슷한 심리적 고통 ── 이를테면 승자의 공격성과 적의(敵意)를 해소하기 위해 하루 종일 조롱이나 꾸중, 욕설을 듣는다거나 감정에 거슬리는 비난을 듣는 것 ──을 받을 위험도 있다.

　도박을 즐기는 사람들은 이식(移植)할 심장이나 폐가 필요할 때가 되면 이것을 걸고 내기를 할 수도 있고, 패자는 신장을 단념할 수밖에 없는 처지에 몰릴 수도 있다. 이와 같은 보상과 벌칙은 내용상으로 점점 강해지고, 종류상으로도 점점 늘 것이다. 경험 설계자들은 아이디어를 얻기 위해 에빙(Krafft-Ebing)이나 사드(Marquis de Sade)의 저서들을 공부할 것이다. 상상력과 기술과학적 능력 그리고 일반적으로 느슨해진 도덕성의 속박만이 이러한 가능성을 제한할 수 있다. 실험적 도박 도시는 디즈니랜드나 세계 박람회, 케이프 케네디, 메이요 진료소, 마카오의 싸구려 술집들의 특성을 한 곳에 종합시킨 형태로서, 라스베이거스나 도빌(Deauville)을 실색하게 만들 것이다.[1]

　다시 한 번 되풀이하거니와, 현재의 발전 방향은 미래를 암시해 주고 있다. 미국 텔레비전의 〈데이트 게임〉과 같은 프로그램은 이미 참가자들에게 경험적 보상을 주고 있고, 스웨덴 국회에서 최근 제기되었던 논쟁의 경우도 마찬가지다. 논쟁의 발단은 한 춘화(春畵) 잡지사가 독자들 가운데 한 사람을 골라서 잡지사의 토플리스 모델과 마요르카에서 1주일간 함께 보낼 수 있게 한다는 것이었다. 한 보수당 의원은 이 일이 온당한지를 신랄하게 추궁했고, 재무장관인 스트랭(Gunnar Sträng)이 여기에 세금을 물리겠다고 함으로써 감정을 누그러뜨렸다.

　모조된 경험과 모조되지 않은 경험이 결합해 현실에 대한 인간의 이해력을 크게 해치게 될 것이다. 브래드버리(Ray Bradbury)의 생동감 넘치는 소설 〈화씨 451도〉는 변두리에 살고 있는 한 쌍의 부부

---

1) 경험적 도박과 그 철학적 함축성에 관한 명쾌하고도 대담한 통찰은 아르헨티나의 철학자, 수필가인 보르헤스(Jorge Luis Borges)의 〈바빌론에서의 추첨〉에 나타나 있다. 이 글은 그의 수필집 《미로(迷路)》에 실려 있다.

를 다루고 있다. 이들은 3면이나 4면으로 된 비디오 세트를 살 돈을 저축하기 위해 안간힘을 쓰고 있는데, 이것을 사면 텔레비전 심리극에 참여할 수가 있는 것이었다. 이들 부부는 마침내 통속극의 참여 연기자가 되었고, 그것은 몇 주일 또는 몇 달 동안 계속되어 얘기 줄거리 속에 깊숙이 참여할 수 있었다. 실상 우리는 통신의 발달로 이렇게 '상호 작용적인' 영화를 만드는 방향으로 나아가기 시작하고 있다. 모조품과 실물의 조합은 경험 상품의 수나 종류를 크게 늘릴 것으로 보인다.

그러나 미래의 대규모 심리 업체들은 개별적이고 분리된 경험만을 팔지는 않을 것이다. 이러한 업체들은 일련의 경험을 나란히 배열해 메마른 생활에 색채와 조화와 대조를 제공할 것이다. 아름다움이나 흥분, 위험 또는 감미로운 관능 등은 서로를 고조시키도록 준비될 것이다. 심리 업체들은 그 지역 사회의 정신 건강 센터와 협력해 서로 연결되어 있는 잇단 경험을 제공함으로써, 생활이 지나치게 혼란스럽고 무질서한 사람들에게 부분적인 기틀이나마 마련해 줄 것으로 생각된다. 결국 그런 업체들은 "당신을 위해 당신의 생활(의 일부)을 우리와 함께 설계해 봅시다" 하고 말할 것인데, 이러한 제안은 일시적이고 변화 무상한 내일의 세계에서 많은 동조자를 얻게 될 것이다.

미래의 환경은 새로운 것으로 충만될 것이므로 앞으로 제공될 경험 상품들은 일반 소비자의 상상을 초월하는 경지에 도달할 것으로 보인다. 회사들은 가장 진귀하고 가장 만족스러운 경험을 창조하려고 서로 경쟁을 벌일 것이다. 앞으로는 사회적으로 용인될 수 있는 범위가 더욱 넓어지겠지만, 어떤 경험들은 스웨덴의 토플리스 모델의 경우처럼 확대된 경계선마저 뛰어넘을 것이다. 이러한 경험들은 면허 없는 지하 회사들을 통해서 암암리에 소비자에게 제공될는지도 모른다. 이러한 현상은 경험 그 자체에 '불법'이라는 짜릿한 맛을 더하게 될 것이다.[1]

소비자에게 제시될 여러 새로운 경험은 경험 디자이너들의 손을 통해 만들어질 것이다. 따라서 경험 디자이너들은 사회의 가장 창의적인 사람들이라고 할 수 있다. 이러한 직업의 업무 신조는 "진짜를 마련할 수 없다면 대용품이라도 찾아내라. 잘만 하면 고객은 진짜와 대용품을 분간하지 못한다"는 내용일 것이다. 진짜와 가짜의 구분이 모호해져 버린다는 사실은 사회에 심각한 문제를 제기할 것이지만, 이로 인해서 '심리 서비스 사업'이나 '심리 업체'들의 출현이 방해받거나 늦어지지는 않을 것이다. 지구 위 어디에나 진출해 있는 거대 신디케이트들은 우리로서는 상상도 할 수 없을 정도로 다양하고 대규모적이며 광범위하고 정서적 힘이 있는 슈퍼 디즈니랜드를 만들어 낼 것으로 생각된다.

따라서 우리는 미래의 서비스 경제 체제 다음에 올 초산업화 경제 체제의 윤곽을 희미하게나마 그려볼 수 있다. 농업과 상품의 제조는 사람들을 점차 적게 고용함으로써 경제적으로 뒤떨어지게 될 것이다. 상품의 제조와 성장은 고도로 자동화됨으로써 비교적 간단해질 것이지만, 새로운 상품을 디자인하고 상품에 강하고 밝고 보다 많은 감정을 담아 넣어 심리적 의미를 띠게 하는 과정은 내일의 가장 유능하고 가장 촉망되는 기업가들의 창의력을 요구하는 분야일 것이다.

오늘날 규정되는 것과 같은 서비스 분야는 크게 확장될 것이고, 심리적 보상을 주기 위한 디자인 분야에 더 많은 시간과 에너지,

---

1) 전통적으로 암암리에 행해져 온 아주 오랜 경험 사업의 하나는 매춘(賣春)이다. 다른 많은 불법적 활동들도 역시 경험 사업의 범주에 들어간다. 그러나 이러한 것들은 대체로 상상력의 결핍과 기술 자원의 부족을 드러내고 있는데, 멀지 않아 개선될 것으로 생각된다. 2000년 또는 그 이전에 로봇, 발전된 컴퓨터, 성격 개조약, 두뇌를 자극하는 쾌감침(快感針), 그리고 이와 비슷한 기술적 장치를 갖추게 될 것인데, 이런 것과 비교해 볼 때 그들은 하잘것없다고 할 수 있다.

자금을 들이게 될 것이다. 예를 들면 상호 신용 금고와 같은 투자 서비스는 종래에는 없던 기분이나 비경제적 보상을 주주(株主)들에게 주기 위해서 경험적 도박의 요소를 도입할 수도 있다. 보험 회사들은 사망 보상금을 지불할 뿐 아니라 과부나 홀아비에게 간호사를 지정해 주고 심리 상담을 해주며, 그 밖의 도움을 제공해 줌으로써 사별(死別) 후 몇 달 동안 그들을 보살펴 주는지도 모른다. 보험 회사들은 고객들에 대한 상세한 자료를 토대로 홀로 된 사람에게 새로운 생활의 반려자를 찾아주기 위해 컴퓨터 중매를 담당할 수도 있다. 요컨대 서비스에 대단히 신경을 쓰게 될 것이고, 제품을 만드는 각 단계나 요소마다 심리적 요소를 덧붙이기 위해 세심한 주의를 기울이게 될 것이다.

끝으로 우리는 이미 경험 산업에 종사하고 있는 회사들이 놀랍게 성장하는 현상도 엿볼 수 있을 것이고, 아울러 영리든 비영리든 계획되거나 미리 짜여진 경험을 디자인하고 포장하며 유통시키기 위한 완전히 새로운 기업들이 설립되는 현상도 볼 수 있을 것이다. 러스킨(Ruskin)이나 모리스(Morris)가 말한 대로 예술은 산업의 시녀로 뻗어 나갈 것이다. 심리 업체들과 기타 사업체들은 배우, 감독, 음악가, 디자이너를 많이 고용할 것이고 여가의 성격 전반이 경험이란 조건에서 다시 규정지어짐에 따라 레크리에이션 산업이 대단히 번창할 것으로 생각된다. 교육은 규모면에서 이미 폭발적인 팽창을 이루어 학생들에게 지식과 가치를 전달하기 위해 경험적 기술과학들을 채용하기 시작함에 따라 주된 경험 산업의 하나가 될 것이다. 커뮤니케이션과 컴퓨터 산업은 하드 웨어와 소프트 웨어를 불문하고 경험 제조업에서 주된 시장을 발견하게 될 것이다. 요컨대 여러 측면에서 행태적(行態的) 기술과학과 관련을 맺는 산업체 그리고 유형적(有形的) 상품 제조와 전통적 서비스를 초월하는 산업체들은 아주 급속히 팽창할 것이다. 결국 경험 제조업자들은 경제 체제의 근본 요소는 아니더라도 근본 요소의 하나를 형성시킬 것이며, 이러한 과정을 거쳐서 심리적 접근 과정은 완성될 것이다.

건전한 경제학

스탠퍼드 연구소의 장기 계획 보고서에 따르면, 미래 경제 체제의 본질은 "개인과 집단의 물질적 욕구뿐 아니라 내적 욕구도 강조하는" 방향으로 나아갈 것이라고 한다. 스탠퍼드 연구소는 이러한 내적 욕구에 대한 새로운 강조가 소비자의 욕구에 의해서만이 아니고 바로 그 경제 체제가 존속해 나가기 위해서도 필요하다며, 다음과 같이 주장하고 있다. "기본적인 모든 물질적 욕구가 그 생산 능력의 4분의 3에 미치지 못하거나 심지어 절반 정도의 가동으로도 충족될 수 있는 나라에서는 경제의 건전성을 유지하기 위해 근본적 조정이 요청된다."

실상 기술 사회가 미래의 경험 생산으로 내닫게 되는 것은, 소비자로부터나 경제 성장을 지속시키려는 사람들로부터 가해지는 이러한 압력들이 있기 때문이다.

이러한 방향으로의 움직임은 지연될 수도 있다. 이 세계에서 빈곤에 시달리는 대중은 선택된 소수인들이 심리적인 자기 방종(自己放縱)의 길을 걷고 있는 것을 한가로이 지켜 보고만 있지 않을 수도 있다. 대다수의 인간이 비참하거나 기아에 허덕이는 생활을 하고 있는데도, 한 집단이 새롭고 진귀한 향락을 좇아 심리적인 자기 만족을 추구하는 현상은 도덕적인 반발을 불러일으킬 수도 있다. 따라서 기술 사회는 경험주의의 도래를 지연시켜 전통적 생산을 극대화함으로써 자원을 환경의 질적 개선으로 돌리고, 나아가서는 대대적인 반빈곤(反貧困)과 대외 원조 계획을 실시해 얼마 동안 현재의 경제 체제를 지속시킬 수도 있다는 것이다. 잉여 생산을 덜어 내어 다른 나라에 주어버림으로써 공장을 계속 가동시킬 수 있고, 잉여 농산물을 처분함으로써 그 사회는 물질적인 요구를 충족시키는 문제에 계속 관심을 가질 수도 있다. 이 세계에서 빈곤을 추방하기 위한 50년 운동 같은 것을 벌인다면, 그것은 훌륭한 도덕적 의미를 지닐 뿐 아니라, 기술 사회로 하여금 미래형 경제 체제로 부드럽게 이행하는 데 필요한 시간도 벌 수 있게 해줄 것이다.

이러한 일시적 정지 상태는 우리에게 경험 생산이 가져다 줄 철학적이고 심리적인 영향을 음미해 볼 수 있는 시간적 여유를 제공할 수도 있다. 만일 소비자들이 진짜와 모조품을 명확히 구분할 수 없다면, 그리고 한 사람의 일생의 진로가 타산적으로 계획될 수 있다면, 우리는 굉장히 복잡한 여러 심리 경제학적 문제들 속으로 빠져 들고 만다. 이러한 문제들은 우리의 근본적인 신념들, 곧 민주주의나 경제에 대한 신념뿐 아니라 합리성과 건전성에 대한 신념까지도 뒤흔들고 말 것이다.

우리 시대에서 아직도 제기되지 않은 중대한 문제들 가운데 하나는, 우리의 생활에서 대리 경험과 직접 경험 사이의 균형을 어떻게 다루느냐 하는 문제다. 우리의 앞 세대는 오늘날 우리 자신이나 아이들이 겪는 대리 경험의 10분의 1도 겪지 못했을 것이고, 이러한 대리 경험이 인간의 성격에 얼마만큼 큰 영향을 미치는가에 대해서 정확히 알고 있는 사람은 별로 없을 것이다. 우리 아이들의 신체적 성숙은 우리보다 빨라져서 초경(初經) 연령은 10년마다 4개월에서 6개월씩 계속 낮아지고 키도 점점 빨리 자란다. 오늘날 대다수의 젊은이들은 텔레비전의 작품들을 접하고 수많은 정보에 즉각 접근할 수 있어서 지적으로 놀랄 만큼 성숙해 가고 있다. 그러나 직접 경험에 대한 대리 경험의 비율이 증대됨에 따라 정서적 성장에는 과연 어떤 현상이 일어날까? 대리성(代理性)의 증대가 정서적 성숙에 이바지하는가? 아니면 대리성이 정서적 성숙을 지연시키는 것은 아닐까?

그리고 한걸음 더 나아가서, 새로운 목적을 추구하는 어떤 경제 체제가 경험 그 자체를 위한 경험, 곧 대리적인 것과 직접적인 것, 모조품과 진짜의 차이를 애매하게 하는 경험을 만드는 단계로 들어설 때 어떤 현상이 빚어질까? 건전성이란 진짜와 가짜를 구분할 수 있는 능력이라고 정의할 수도 있는데, 그렇다면 건전성에 대한 새로운 정의를 내려야 하지 않을까?

우리는 이러한 문제들부터 고찰해 보지 않으면 안 된다. 이러한 문제를 고찰하지 않으면 ─ 설사 고찰하더라도 결과는 마찬가지일는지 모르지만 ─ 결국 서비스업은 제조업을 앞지르게 되고 경험의 생산이 서비스를 압도하게 될 것이기 때문이다. 경험 분야의 성장은 바로 풍요로움의 필연적인 결과라고도 할 수 있다. 인간의 기본적인 물질적 욕구의 충족은 새롭고 보다 복잡한 충족을 향해 나아가게 되기 때문이다. 우리는 조금만 먹어도 곧 충족될 것이기 때문에, '위장(胃臟)' 경제 체제로부터 심리 경제 체제로 이행하고 있는 것이다.

이와는 별도로 우리는 역시 대상, 물체, 물리적 건조물(建造物)들이 점차 일시성을 띠는 사회를 향해 줄달음치고 있다. 이러한 것들과 인간의 관계뿐 아니라 물체 그 자체도 일시성을 띠고 있다. 경험이란 소비자가 그것을 일단 사면 그로부터 떨어져 나갈 수 없는, 곧 되돌려지지 않는 소다수 병이나 무뎌진 면도날처럼 쓰고 버려질 수 없는 유일한 제품이라고 할 수 있다.

고대 일본의 귀족 계급에서 꽃이나 술잔이나 혁대 등은 물체 이상의 뜻을 지니고 있었다. 이들은 모두 사회적으로 뜻깊은 상징이었고, 의식상(儀式上)으로도 중요성을 지니고 있었다. 제조된 상품에 대한 심리적 접근은 이와 비슷한 면이 있지만 오늘날의 것에는 대상물 그 자체를 단명(短命)한 것으로 만드는 일시성으로 향한 강력한 힘이 곁들여 있다.

여기서 우리는 제품보다도 서비스에 상징적 의미를 부여하기가 쉽다는 것을 발견할 수 있다. 그리고 우리는 결과적으로 서비스 경제 체제를 넘어서 현대 경제학자들이 상상도 못 할 정도의 일시적이면서도 지속적인 제품들 즉 인간의 경험을 제조해 내기 위해 고도의 기술과학을 동원하는, 역사상 최초의 문화를 향유하게 될 것이다.

제11장 가족의 파괴

우리에게 밀려오고 있는 새로움의 물결은 대학과 연구소로부터 공장과 사무실로, 시장과 매스 미디어로부터 사회적 관계들로, 그리고 공동체로부터 가정으로 마구 밀려들 것이다. 이러한 물결은 우리의 사생활 속으로 스며들어 가족 자체에 상상조차 할 수 없는 긴장을 안겨줄 것이다.

가정은 사회의 '거대한 충격 흡수기'라 일컬어지고 있는데, 세상과의 싸움에서 상처입고 피로에 지친 사람들이 되돌아오는 장소요, 나날이 변해 가는 한 환경에서 유일한 안식처이기도 하다. 초산업화 혁명이 진행됨에 따라 이러한 '충격 흡수기' 자체도 충격에 휘말리게 될 것으로 보인다.

사회비평가들은 가정에 대해서 제멋대로 추리하고 있다. 《다가올 세계의 변모》의 저자인 런드버그(Ferdinand Lundberg)는 가정은 '완전 소멸 직전'에 있다고 말했고, 정신분석학자인 울프(William Wolf)에 따르면 "어린 아이를 1~2년 기르는 일을 빼면 가정은 생명력이 없는 것으로, 그것이 가정의 유일한 역할이다"라는 것이다. 비관론자들은 이렇게 가정이 망각의 세계로 줄달음치고 있다고만 말할 뿐, 무엇이 가정을 대신할 것인가에 대해서는 해답을 주지 않고 있다.

이와는 대조적으로 가정에 대한 낙관론자들의 주장에 따르면 가정은 여태껏 존속해 온 것으로 미루어 보아 앞으로도 존속하리라는 것이다. 심지어 어떤 주장에 따르면 가정은 바야흐로 황금 시대로 접어들고 있다고도 한다. 그들은 여가 시간이 많아짐에 따라 가족들은 보다 많은 시간을 함께 보내고 공동 활동을 통해서 많은 만족을 얻어낼 것이라는 이론을 제시한다. 그들은 "함께 놀고 함께 머무르는 가정"을 부르짖고 있다.

보다 복잡한 견해를 지닌 사람들의 주장에 따르면, 내일의 복잡함 바로 그것 때문에 사람들은 가정 속으로 파묻혀 들어갈 것이라고 한다. 알베르트 아인슈타인 의과대학의 정신병리학 교수인 그린 버그(Irwin M. Greenberg)는 "사람들은 안정된 구조를 원하기 때문에 결혼할 것이다"고 말했다. 이 견해에 따르면 가정은 변화의 폭풍우 속에서 인간을 정박시킴으로써 '이동 가능한 뿌리'로 봉사하고 있다는 것이다. 요컨대 환경이 점점 일시성을 띠고 새로워질수록 가정은 점점 더 중요시되리라는 것이다.

가정에 관한 양편의 주장이 모두 잘못되었을지도 모른다. 미래는 현재 드러나는 것보다도 더욱 개방될 것이기 때문이다. 가정은 소멸하지도 새로운 황금 시대로 접어들지도 않을 수 있다. 가정은 산산이 부서졌다가 아주 새로운 방법으로 재결속될 수도 있는데, 실상 이렇게 될 공산이 큰 것 같다.

모성(母性)의 신비

앞으로 몇십 년 안에 가족에 타격을 줄 것 같은 가장 두드러진 힘은 출생에 관한 새로운 기술과학의 영향일 것이다. 아기의 성(性)을 사전에 조절할 수 있고, 심지어 그 아기의 지능 지수, 외모, 성격 같은 것을 계획할 수 있는 능력은 이제 현실적으로 가능한 현상으로 받아들여질 수밖에 없다. 태아의 이식, 시험관에서 자라는 아기, 쌍둥이나 세쌍둥이를 마음 내키는 대로 낳을 수 있는 약, 심지어 아기 센터에서 태아를 살 수 있게 된 현상 등, 이 모두는 이제까지의 인간의 경험을 너무나 뛰어넘고 있기 때문에 사회

과학자나 전통적인 철학자의 눈이 아닌 시인이나 화가의 눈으로 바라볼 필요가 있다.

이러한 문제를 논의하는 것은 학자답지 못하거나 경박한 일로 보일 수도 있다. 그러나 과학과 기술 분야의 발달, 또는 생식생물학(生植生物學) 분야의 발달만으로도 가족과 그 책임에 대한 모든 정통적(正統的)인 생각을 순식간에 타파해 버릴 수 있게 되었다. 아기가 연구실 시험관에서 자랄 수 있게 되면 모성(母性)이라는 개념에는 어떤 변화가 생길까? 그리고 인류의 역사가 시작된 이래 여성의 가장 중요한 사명은 종족을 불리고 기르는 일이라고 가르쳐 왔던 사회에서 여성의 자기 이미지에는 어떤 현상이 빚어질까?

아직은 이와 같은 문제점들에 대해 관심을 쏟기 시작한 사회과학자들이 별로 없다. 이 문제에 관심을 갖고 있는 사람이 하나 있는데, 그는 뉴욕에 있는 폴리클리닉 병원의 신경정신과 책임자로 있는 와이츤(Hyman G. Weitzen) 박사다. 임신에서 출산까지의 출산 사이클에 대해 "대부분의 여자들이 지닌 중요한 창조 욕구를 충족시켜 주고 있다. ……대부분의 여자들은 아기를 낳을 수 있다는 데 자부심을 느끼고 있다. 임신부를 예찬하는 일은 동서양을 막론하고 예술과 문학에서 흔히 있는 일이다"고 그는 말했다.

그러면서도 "만일 태어난 아기가 문자 그대로 낳은 사람의 난자가 아니라 우생학적으로 뛰어난 사람의 난자라거나, 다른 여자로부터 그 여자의 자궁으로 이식된 것이라거나, 심지어 배양기(培養器)에서 길러진 것이라고 할 때 모성 숭배(母性崇拜)에는 어떤 현상이 빚어질까?" 하고 와이츤은 의문을 제기하고 있다. 그는 이어서, 그래도 여성들이 소중히 여겨진다면 그것은 여성들만이 아기를 낳을 수 있기 때문이라는 이유는 더 이상 아닐 것이라면서, 우리는 지금 모성의 신비를 벗기려 하고 있다고 말했다.

모성뿐 아니라 어버이라는 개념 자체가 근본적으로 수정되어 가고 있는 것 같다. 실상 한 아이가 둘 이상의 생물학적인 어버이를 갖게 될 날도 멀지 않은 것 같다. 필라델피아에 있는 암(癌) 연구소의 발생생물학자 민츠(Beatrice Mintz) 박사는 '다혈통(多血統) 쥐'로 알려진 쥐를 기르고 있는데, 이들 새끼쥐는 어버이가 통상보다 더 많다. 새끼를 밴 두 마리의 쥐로부터 각기 수정란을 꺼내어 하나의 시험관에 집어넣고, 그것들이 단일의 발육체(發育體)를 이룰 때까지 거기서 기른다. 그러고는 그것을 제3의 암쥐의 자궁 속으로 이식시킨다. 그러면 태어나는 새끼쥐는 분명히 수정란을 제공한 두 쌍의 어버이쥐들의 유전적 특성을 함께 지닌다. 이렇듯 두 쌍의 어버이쥐로부터 태어난 전형적인 다혈통 쥐는 얼굴 한쪽 부분에는 하얀 털과 수염이 나고, 다른 부분에는 검은 털과 수염이 나며, 그 밖의 몸집에는 하얀 털과 검은 털이 얼룩지게 난다. 이런 식으로 사육된 700마리에 달하는 다혈통 쥐들은 이미 3만 5000마리 이상의 새끼쥐를 낳고 있다. 이렇게 다혈통 쥐가 나오고 있다면 멀지 않아 다혈통 인간도 나올 수 있지 않을까?

이러한 상황이라면 어버이는 무엇이고 어버이는 누구일까? 한 여성이 다른 여성의 자궁에서 잉태한 태아를 자기 자궁에서 길러 낳는다면, 과연 어머니는 누구일까? 그리고 아버지는 도대체 누구일까?

한 부부가 실제로 태아를 살 수 있다면 부모라는 개념은 생물학적인 문제가 아니라 법적인 문제다. 이러한 거래가 엄격히 통제되지 않는다면 한 부부가 태아를 사서 시험관에 넣어 기르면서, 마치 자금을 신탁하듯 처음 태아의 명의로 또 다른 태아를 사는 것과 같은 괴상한 현상이 나타날 수도 있다. 이러한 경우 그 부부는 첫번째 아기가 유아기(幼兒期)도 채 벗어나기 전에 법적인 '조부모'가 될 수도 있다. 이렇게 되면 우리는 친척 관계를 기술하는 전적으로 새로운 용어를 필요로 하지 않을 수 없다.

더욱이 태아가 매매된다면 태아를 사는 회사가 나타나지는 않을까? 그 회사가 1만 개의 태아를 사서는 그것들을 다시 파는 일은 없을까? 회사가 아니더라도 비영리적인 연구소가 태아를 사는 일은 없을까? 만일 인간이 태아를 사고 판다면 새로운 형식의 노예제로 되돌아가지는 않을까? 이러한 의문은 즉각 논쟁을 불러일으킬, 악몽과 같은 문제들이다. 따라서 순수하게 전통적인 관념에서 가족을 생각한다는 것은 이치에 닿지 않는 일이 되어버린다.

초산업화 시대의 인간은 급속한 사회 변화와 놀라운 뜻을 지닌 과학 혁명에 직면해서 새로운 형태의 가족을 실험해 보지 않을 수 없게 되는지도 모른다. 혁신적인 소수가 다양한 형태의 가족 구성을 시도해 볼 것으로 기대되는데, 그들은 기존의 가족 형태를 바꾸는 일부터 손을 쓰기 시작할 것이다.

가족 제도의 변형

그들이 시도하게 될 한 가지 손쉬운 일은 가족을 단순화시키는 것이다. 산업화 시대 이전의 전형적인 가족이란 아이들도 많았을 뿐 아니라 조부모, 숙부, 숙모, 사촌 등 방계 식구들도 많았다. 이처럼 '방대한' 가족들은 속도가 느린 농경 사회에서는 생존해 나가는 데 적합했다. 그러나 이런 형태의 가족은 기동성이 적기 때문에 이동한다거나 이사하는 데 어려움이 있었다.

산업화 시대는 직업을 찾아 살던 곳을 떠날 준비가 되어 있고 또 쉽사리 떠날 수 있으며 필요하다면 언제라도 이동할 수 있는 많은 노동자들을 필요로 했다. 이리하여 대가족제는 점차 짐스러운 부분을 떼어 내고 양친과 소수의 자녀들만으로 이루어져 이동이 용이한 가족 단위, 이른바 '핵가족(核家族)'이 출현하기에 이르렀다. 이렇듯 새로운 형태의 가족은 전통적인 대가족보다는 훨씬 기동성을 지녀 모든 산업화 사회에서 표준 모델이 되었다.

그러나 경제 또는 기술과학 발전의 다음 단계인 초산업화 시대는 더 많은 이동성을 요구하고 있다. 따라서 미래의 사람들 중에는 자녀도 두지 않고 가장 기본적인 구성 분자인 한 남자와 한 여자로까지 가족을 축소시킴으로써, 한걸음 더 가족을 간소화시키는 방향으로 나아가는 사람들이 많을 것으로 예상된다. 직업이 잘 어울리는 두 사람이라면 교육이나 사회적인 난관을 헤쳐 나가는 데도, 직장을 옮기는 데도, 이사를 하는 데도 아이들이 딸린 종래의 가족보다는 분명 손쉬울 것이다. 실상 인류학자 미드(Margaret Mead)가 지적한 대로, "아이 기르는 것을 주된 기능으로 삼고 있는 가족의 수는 점점 줄고, 부모라는 개념은 그러한 소수의 가족들에게만 국한될 것이며", 나머지 사람들은 "역사상 처음으로 개체로서 자유롭게 기능할 수 있는" 제도를 향해 우리는 이미 발걸음을 내딛고 있는지도 모른다.

자녀를 갖지 않기보다는 자녀를 갖는 시기를 늦추는 데서 타협이 모색될는지도 모른다. 오늘날의 부부는 성공에 대한 미련과 자식에 대한 미련 사이의 갈등으로 고민하는 수가 종종 있다. 그러나 미래의 부부는 은퇴 후까지 자식을 낳아 기르는 일을 연기함으로써 그러한 고민을 하지 않아도 될 것이다.

이러한 일은 현재의 사람들에게는 이상하게 들릴는지 모른다. 하지만 일단 아기를 낳는 일의 생물학적인 기초가 무너지면, 젊었을 때 아이를 낳는다는 것은 전통에 따른다는 의미밖에는 없다. 기다렸다가 사회적인 일을 마친 다음에 태아를 사 오면 안 될 이유가 무엇인가? 따라서 젊은 부부와 중년 부부들 사이에는 자식을 두지 않는 현상이 늘고, 60대 사람들이 아이를 기르는 현상이 오히려 보편화될는지도 모른다. 퇴직 후의 가족이 일반적인 사회 현상이 될 수도 있다.

생물학적 부모와 직업적 부모

아이를 낳는 가정이 점점 감소한다면 기르는 아이가 자기 아이들이어야 할 이유는 어디 있을까? 다른 사람들을 위해서 아이들을 양육하는 일을 도맡는 직업적 부모와 같은 제도는 나타나지 않을까?

무엇보다도 어린 아이를 낳아 기르는 데는 아무나 할 수 없는 기능이 요구된다. 우리는 뇌수술을 아무에게나 맡길 수 없으며 주식과 공채의 판매도 마찬가지다. 심지어 최하급 공무원이라도 능력 유무를 알아보아야만 한다. 그러나 우리는 육친(肉親)이라는 조건만으로, 정신적 혹은 도덕적인 자격 유무를 따지지 않고 어린이 기르는 문제를 맡김으로써 거의 아무에게나 허용하고 있는 실정이다. 아이를 기르는 일이 점점 복잡한 성격을 띠어 감에도 불구하고 어버이의 역할은 전문성이 없이 제멋대로 할 수 있는 유일한 일로 여겨지고 있다.

현행 제도가 금이 가고 초산업화 혁명이 우리에게 밀려옴에 따라, 청소년 범죄의 수가 증가됨에 따라, 수많은 젊은이들이 가출을 하게 됨에 따라, 그리고 기술 사회의 모든 대학에서 학생들이 소란을 피움에 따라 부모들의 비전문적인 도락(道樂)에 종지부를 찍어야 한다는 요구가 높아질 것이다.

청소년 문제에 대처하는 데는 여러 가지 좋은 방법들이 있겠으나, 사회의 모든 분야가 전문화의 방향으로 나아가고 있다는 사실만 고려하더라도 직업적 어버이 제도는 제안해 봄직하다. 더욱이 이러한 사회적 혁신을 바라는 강력하고도 끈질긴 요구가 있다. 심지어 현재의 수많은 부모들도 기회만 주어지면 부모로서의 책임을 기꺼이 내놓으려 할 것으로 본다. 그렇다고 이러한 성향이 반드시 무책임이나 애정 결핍 때문인 것으로만 볼 수는 없다. 시간에 쫓기고 생활에 쪼들린 나머지 부모들은 그들 스스로가 아이를 기르는 일에 부적합함을 깨닫고 있는 것이다. 만일 그럴 만한 여유가 있고 또 특별한 시설을 갖추고 면허증이 있는 직업적 부모들이 있다면 오늘날 대다수의 친부모들은 아이들을 직업적인 부모들에게 기꺼이 맡길 뿐 아니라, 그렇게 하는 것은 아이들이 싫어서라기보다 사랑의 표시라고까지 생각할 것이다.

직업적인 부모란 임상 의사와 같은 존재가 아니라, 아이를 기르는 일을 도맡아 많은 보수를 받으며, 맡겨진 아이들과 함께 실질적 가정을 이루는 것이다. 이러한 가정은 옛날 대농가(大農家)의 경우처럼 여러 세대의 사람들로 구성되어, 맡고 있는 아이들에게 여러 어른들을 관찰하고 그들로부터 배울 수 있는 기회를 제공하게 된다. 직업적 부모들에게는 급료가 지급되기 때문에, 그들은 직업상의 필요에 따라 자주 이사하지 않아도 된다. 이러한 가정은 나이가 든 아이들이 졸업하면 새로운 아이들을 받아들일 것이므로 연령적 단절도 극소화시킬 수 있다.

이리하여 미래의 신문은 젊은 부부를 대상으로 다음과 같은 내용의 광고를 게재하는지도 모른다. "무엇 때문에 당신들은 부모의 역할에 얽매여 있는가? 당신의 아이를 우리에게 맡기면 책임감이 강하고 훌륭한 어른으로 키워 줄 것이다. A학급의 직업적 가정은 아버지가 39세, 어머니 36세, 할머니 67세임. 30세의 아저씨와 아주머니는 동거하면서 인근 직장에 시간제로 나가고 있음. 어린이 정원 4명 가운데 6세에서 8세 사이의 어린이 한 자리가 비어 있음. 제공되는 식사는 정부 기준을 상회함. 어른들은 모두 어린이의 발육 또는 관리에 관한 자격증을 소지하고 있음. 친부모들은 자주 방문해도 무방하고 전화로 접촉해도 무방함. 친부모와 같이 여름 휴가를 보낼 수도 있음. 종교, 미술, 음악 등에 특별한 배려를 하고 있음. 계약 기간은 최저 5년, 보다 상세한 내용은 서면으로 문의하기 바람."

위의 광고문에 제시된 바에 따르면, 친부모 곧 아이를 낳은 부모들이 할 일은 친절하고 많은 도움을 주는 국외자(局外者)로서의 대부모(代父母)들이 현재 수행하고 있는 역할 정도다. 이렇게 하여 사회는 극히 다양한 유전 형질을 계속 길러 내면서도, 아이들에 대한 양육은 지적으로나 정서적으로 아이들을 잘 돌볼 수 있는 직업적 부모들에게 맡길 수 있게 될 것으로 보인다.

공동체적 가족과 동성애(同性愛) 가정

또 다른 가능성으로 공동체적 가족이라는 것을 들 수 있다. 일시성의 사회에서는 고독감과 소외감이 팽배하고 이에 따라 여러 유형의 집단 결혼이 나타나게 될 것으로 예측할 수 있다. 몇 명의 어른과 아이들을 한 '가족'으로 결합시키면 고독에 대한 일종의 보험(保險)이 될 수 있다. 설사 가족들 중 한두 사람이 떠난다고 하더라도 남은 사람들끼리는 함께 지낼 수 있다. 이러한 공동체적 가족은 《속(續) 월든》이란 책에서 심리학자인 스키너(B. F. Skinner)가 제시했고, 또 《해러드 실험과 명제 31》이란 책에서 소설가 리머(Robert Rimmer)가 제시했던 내용들을 모방하는 형태로 나타나고 있다.

리머는 위 책에서 3~6명의 어른들이 같은 성(姓)을 쓰고, 함께 살면서, 아이들도 함께 기르고, 일정한 경제적 또는 세제상(稅制上)의 이득을 보고자 법적으로 결합하는, 이른바 법인(法人) 가족의 합법화를 진지하게 제안하고 있다.

어떤 관측통에 따르면 이러한 공동체 가족은 알려지지 않은 것까지 합쳐 미국 전역에 이미 수백 개에 달한다고 한다. 그렇다고 이러한 공동체 가족이 모두 젊은 사람들이나 히피들로 구성되고 있는 것은 아니다. 그 가운데 일부는 미국 동부 해안의 3개 대학으로부터 비밀 재정 지원을 받고 있는 집단처럼 특수한 목적에서 조직된 것도 있다. 이러한 집단은 대학 신입생들로 하여금 대학 생활에 익숙해지도록 만드는 것을 그 임무로 삼고 있다. 그 목적은 사회적인 것일 수도, 종교적인 것일 수도, 정치적인 것일 수도, 심지어 레크리에이션을 위한 것일 수도 있다. 따라서 우리는 지금 당장이 아니더라도, 멀지 않아 캘리포니아와 남부 프랑스의 해안에서 파도를 타고 있는 공동체 가족을 간간이 볼 수 있게 될 것이다. 그런가 하면 우리는 정치적인 신조와 종교적인 신앙을 토대로 한 공동체 가족의 출현도 볼 수 있을 것이다. 덴마크에서는 집단 결혼을 합법화하려는 법안이 이미 국회에 제출되고 있다. 이 법안이 쉽사리 통과

될 것 같지는 않지만, 제출되었다는 사실 자체가 변화를 암시하는 중요한 상징이라 하겠다.

시카고에서는 이미 250명에 달하는 어른과 아이들이 신흥 종교 조직인 초교파회(超敎派會)의 지원 아래 '가족 형식의 수도원'에서 공동 생활을 하고 있다. 그 성원들은 숙소를 함께 하고, 요리와 식사도 함께 하며, 예배와 아이들 시중도 공동으로 하고, 수입도 공동 관리한다. 최소한 6만 명의 사람들이 이러한 과정을 밟고 있으며, 이와 비슷한 공동체 가족이 애틀랜타, 보스턴, 로스앤젤레스 및 그 외 도시들에서 나타나기 시작하고 있다. 이 교단의 지도자인 매튜스(Joseph W. Mathews) 교수는, "아주 새로운 세계가 출현하고 있음에도, 사람들은 낡은 세계에서 취하던 행동을 여전히 계속하고 있다. 우리는 사람들을 재교육시켜서 새로운 사회 관계를 건설할 도구를 마련해 주기 위해 노력하고 있다"고 말했다.

앞으로 많은 사람이 호응할 것으로 보이는 또 한 유형의 가족은 '노인(老人) 가족'이라고 부를 수 있을 것이다. 이것은 교우(交友) 관계나 서로 도움을 추구하는 과정에서 노인들끼리 맺어지는 하나의 집단 결혼이다. 그들은 기동성을 요구하는 생산적인 경제 활동에서는 벗어나, 어떤 장소에 정착해서 집단을 이루고 기금도 공동 관리하며, 가정부나 간호사들도 공동 채용하고, 일정한 한계는 있지만 '여생'이나마 즐기려는 것이다.

이러한 공동체화(共同體化)는 초산업화 시대로 나아감에 따라 지리적·사회적 이동성을 계속 증대시키려는 경향에는 역행하고 있다. 이러한 공동체화는 '제자리에 머물러 있는' 사람들의 집단을 전제로 하고 있다. 이러한 이유 때문에 산업 분야와는 무관한 사람들, 이를테면 퇴직한 사람, 청소년, 낙오된 사람, 학생들을 비롯해서 자영(自營) 전문인과 기술인들 사이에서 우선 번져 나갈 것으로 보인다. 진보된 기술과학과 정보 체계들이 사회의 많은 일들을 컴퓨터에 의한 전자 커뮤니케이션 장치로 집에서 처리할 수 있게 만든 연후에는, 이러한 공동체가 많은 사람에게 실현될 것으로 생각된다.

그러나 한 독신자와 적당한 수의 어린이들로 이루어지는 가족 단위도 많아질 것이다. 이 경우 독신자는 반드시 여자만이라고는 할 수 없다. 어떤 곳에서는 이미 독신 남자들이 아이들을 입양시키고 있는 경우도 있다. 예를 들면 1965년 오리건에서는 피아차(Tony Piazza)라는 38세의 음악가가 아이를 입양시킬 권리를 인정받음으로써 오리건 주에서는 물론 아마도 전(全)미국에서, 미혼 남자로서 아이를 입양시킨 최초의 인물이 되었다. 법정은 이혼한 아버지에게도 점차 어린이 양육권을 인정해 주고 있다. 런던에서는 쿠퍼(Michael Cooper)라는 사진사가 20세에 결혼해서 곧 이혼했는데, 이혼할 때 아들을 양육할 권리를 확보했고 다른 아이까지 입양시키겠다고 밝혔다. 그는 굳이 재혼할 의사는 없지만 아이들을 좋아한다며 다음과 같이 말하고 있다. "아이를 낳아줄 아름다운 여자를 찾을 수 있다면 좋겠다. 아니 아름답지는 않더라도, 좋아할 여자거나 좋아할 어떤 요소를 지닌 여자면 그만이다. 이상적으로 말하면 나는 아이들이 많은 큰 집을 좋아하고 그 아이들도 피부색, 용모, 체격 등이 모두 달랐으면 좋겠다." 이러한 사람이라면 지나치게 낭만적이라거나 남성답지 못하다고 할 수 있을는지도 모른다. 그러나 미래의 남성들 중에는 이러한 태도를 지니는 사람이 많을 것으로 보인다.

지금도 두 가지 압력이 문화에 융통성을 강요해 남자들도 아이를 기른다는 것을 받아들이도록 하는 방향으로 나아가고 있다. 첫째로 지역에 따라 입양할 수 있는 아이들이 과잉 상태에 있다. 따라서 캘리포니아의 음악 방송에는 "가정에 사랑과 행복을 가져다주는 여러 인종, 여러 국적의 귀여운 아이들이 기다리고 있습니다. ……로스앤젤레스의 시립 입양소로 문의 바랍니다"라는 광고가 나온다. 아울러 매스 미디어는, 이상하게도 솔직한 어투로, 아이들을 기르고 있는 남자들이 공동 문제에 특별한 관심을 갖고 있다고 규정하고 나섰다. 최근 인기 있는 텔레비전 쇼들을 보면, 남자들이 마루도 닦고 요리도 하며 특히 어린이들 시중까지 들고 있는, 여자 없는 집안을 재미있게 다루고 있다. 〈세 아들〉, 〈총잡이〉, 〈노다지〉, 〈독신 아빠〉 등이 그러한 프로그램이다.

동성애(同性愛)가 사회적으로 점차 인정됨에 따라 동성끼리 결혼을 하고 아이들을 입양시키는 가정까지 발견할 수 있다. 이 경우 아이들까지 동성인가 이성인가는 더 관찰해 볼 문제다. 그러나 동성애가 기술 사회에서 급속히 번져 가고 있다는 사실은 바로 사회가 이러한 방향으로 나아가고 있다는 증거다. 네덜란드에서는 얼마 전 한 카톨릭 신부가 동성애를 하는 두 사람을 결혼시켰는데, 이러한 처사를 비판하는 사람들에 대해, "이들은 구원을 받을 만큼 독실한 신자들이었다"고 설명했다. 영국은 이와 관련된 법률을 수정하고 있는데, 합의된 어른들끼리의 동성애 관계는 범죄로 인정하지 않고 있다. 미국에서도 성공회 목사들이 회합을 열고 특수한 상황하에서라면 동성애는 무방한 것으로 판정될 수 있다고 공식 결정했다. 견실하고 교육도 많이 받은 동성애자들도 '부모'가 될 수 있다는 결정을 법원이 내릴 날도 곧 올 것으로 본다.

일부 다처(一夫多妻)에 대한 금지령도 점차 완화될 것으로 본다. 현재 '정상적인' 사회 속에서는 일부 다처의 가정이 일반적으로 믿고 있는 것보다 더 일반화된 현상이기도 하다. 작가인 머슨(Ben Merson)은 모르몬교(敎) 교리에 따라 일부 다처제가 아직 중요시되고 있는 유타 주의 몇몇 가정을 방문하고 난 다음, 미국 전체에 걸쳐 이러한 유형의 가정에 살고 있는 사람들의 수가 대략 3만 명은 되리라고 추산했다. 성(性)에 대한 태도가 개방화하고 풍요로움이 증대되어 재산 문제가 중시되지 않게 됨에 따라, 일부 다처제에 대한 사회적 억압은 비합리적 현상으로 간주될 것이다. 이러한 변화는 남자들로 하여금 상당 기간 현재의 가정으로부터 떨어져서 생활

할 수밖에 없도록 만드는 이동성 때문에 촉진되는 것이다. 이렇게 되면 남성의 오랜 꿈이었던, 이른바 '선원(船員)의 낙원'이 실현되는 셈이다. 하지만 이러한 여건하에서는 집에 남아 있는 부인들도 혼외 정사(婚外情事)의 권리를 요구할 것으로 본다. 지난날의 '선원'은 이러한 가능성을 생각하기 어려웠지만, 내일의 선원은 아주 다른 생각을 갖게 될 것이다.

또 한 가지 다른 가족 형태가 지금 우리 주변에 등장하고 있다. 이것은 '혼성(混成) 가족'이라고 일컫는 새로운 어린이 양육 형태로서, 이혼한 사람들이 재혼해서 이룬 부부 관계를 토대로 양편의 아이들을 모두 '하나의 대가족' 성원으로 포함시키는 가족 형태다. 이러한 현상에 대해 사회학자들은 아직 별 관심을 쏟고 있지 않지만, 이러한 현상이 이미 유행해서 〈미국식 이혼〉이란 제목의 미국 영화 소재가 될 정도였다. 앞으로 몇십 년 안에 이러한 혼성 가족은 점점 중요성을 지니게 될 것이다.

어린이가 없는 결혼, 직업적인 부모, 퇴직 후의 어린이 양육, 법인 가족, 공동체 가족, 노인들의 집단 결혼, 동성애 가정, 일부 다처제 등은 앞으로 몇십 년 안에 소수의 혁신적인 사람들이 시도하게 될 가족 형태와 관례들 중 일부에 지나지 않는다. 그러나 우리들 모두가 이러한 실험에 참여하리라고 보지는 않는다. 그렇다면 대다수의 사람은 어떻게 될까?

사랑의 저해 요인

소수의 사람들은 실험을 하고, 대다수의 사람은 지난날의 형태에 매달릴 것이다. 대다수의 사람은 관례적인 결혼관이나 익숙한 가족 형태를 버리려 하지 않으리라고 보는 것이 옳다. 분명 대다수의 사람은 전통의 틀 안에서 계속 행복을 추구하려 할 것이다. 그러나 성공에는 저해 요인이 있게 마련이므로, 결국 이들 대다수의 사람도 혁신을 받아들일 수밖에 없을 것이다.

전통의 틀이란 두 사람의 젊은이가 서로 맺어져 결혼한다는 전제에서 출발한다. 이것은 두 사람이 서로 일정한 심리적 욕구를 충족시키고, 아울러 두 사람의 개성이 제각기 상대방의 욕구를 계속 충족시킬 수 있도록 오랜 세월에 걸쳐 어느 정도 나란히 개발되리라는 전제에 입각하고 있다. 나아가서는 이러한 과정이 '죽음이 우리를 갈라 놓을 때까지' 지속될 것이라는 생각도 전제하고 있다.

이러한 기대는 우리의 문화 속에 깊이 뿌리 내리고 있다. 앞서도 지적했듯이 사랑 이외의 다른 이유로 결혼한다는 것은 바람직하지 못하다. 사랑은 가족에 대한 관심에 비해 그다지 중요한 것이 아니었으나, 이제는 가정을 정당화시키는 주된 요인으로 변하고 있다. 실상 가정 생활을 통한 사랑의 추구는 많은 경우 바로 가정 생활 자체의 목적이 되고 있다.

사랑은 이렇듯 함께 성장한다는 뜻으로 규정되고 있다. 사랑은 서로 주고 받음으로써, 사랑하는 사람을 만족시켜 줌으로써, 그리고 따스함과 정다움과 헌신의 감정 등을 조성함으로써 현실적 욕구를 해결하는 아름다운 장치로 간주되고 있다. 불행한 남편은 사회적·교육적 혹은 지적 성장면에서 자기 부인이 '뒤떨어져 있다'고 불평을 하는 경우가 있다. 그러나 결혼에 성공한 부부들은 '함께 성장하고 있다'고 말하는 것이다.

이렇듯 '함께 발전하는' 사랑의 이론은 결혼 상담역, 심리학자 및 사회학자들로부터 지지를 받고 있다. 사회학자며 가족 문제 전문가인 푸트(Nelson Foote)는, 부부 관계의 질은 "제각기 다른 측면에서 이루어진 발전을 비교해서 서로 어울리는 정도"에 따라 결정된다고 말했다.

그러나 사랑이 공동 성장의 산물이라고 한다면, 그리고 양쪽의 발전이 실제 일어나는 정도에 따라 결혼의 성패를 측정한다면, 결혼의 미래에 대한 매우 불길한 예견을 내릴 수 있다.

심지어 비교적 정체된 사회에서조차 이렇듯 이상적인 평행 성장을 달성할 수 있는 부부가 있을 수학적 가능성은 극히 희박하다. 더구나 지금처럼 사회내의 변화 속도가 가속될 때 성공의 가능성은 전혀 없어진다. 급속히 변동하는 사회의 사물들은 한 번이 아니라 계속해서 변화하고, 남편은 경제적으로나 사회적으로 다양하게 부침(浮沈)하며, 가족은 가정과 공동체로부터 거듭 유리되고, 개인은 부모나 원래의 종교 그리고 전통적 가치관으로부터 점점 멀리 떨어져 나오게 된다. 이런 사회에서 두 사람이 나란히 발전한다면 그것은 기적과 같은 일이다.

아울러 인간의 평균 수명이 가령 50세에서 70세로 늘어 곡예처럼 어려운 동반(同伴) 성장을 지속해야 할 기간이 더 길어진다면 성공의 가능성은 더욱 희박해진다. 따라서 푸트는 다음과 같이 아주 완곡하게 기술하고 있다. "현대와 같은 여건하에서 결혼이 무한히 지속되기를 기대한다는 것은 추첨에서 뽑히기를 기대하는 것과 같은 것이다." 사랑이 무한히 지속되기를 요구하는 것은 더욱 무리한 기대다. 일시성과 새로움은 사랑의 영속성을 저해하기 위해 서로 동맹을 맺고 있는 것이다.

임시 결혼

대부분의 기술 사회에서 이혼과 별거의 비율이 높은 까닭은 사랑을 저해하는 요소가 그만큼 늘고 있기 때문이다. 변화율이 높아질수록 그리고 평균 수명이 길어질수록 이러한 가능성은 점점 늘어 어쨌든 끝장이 날 수밖에 없다.

사실 이미 끝장이 난 것이 있다. 바로 영속성에 대한 강조가 깨어져버린 것이다. 지금 수많은 사람은 스스로도 두드러지게 보수적이라고 여겨지는 생활 방식을 채택하고 있다. 이들은 조금 자유로운 형태의 가정을 택하기보다는 관례대로 결혼을 하고 그것이 원만히 이어지도록 노력하고 있다. 그러다가 부부 사이가 벌어져서 어찌할 수 없는 관계에 이르러서야 그들은 이혼을 하거나 별거를 한다. 이혼한 사람들은 대부분 바로 그 순간에 발전 단계가 서로 어울릴 수 있는 새로운 상대자를 구하려 한다.

인간의 관계가 점점 일시적으로 되고 전체성을 잃어 감에 따라, 어쩌면 사랑의 추구도 점점 들뜨게 되는 것 같다. 하지만 임시적인 기대들도 변해 가고 있다. 관례적인 결혼으로 평생을 통한 사랑을 약속하는 것이 점차 이행되기 어려운 일로 밝혀짐에 따라, 임시 결혼이 공공연히 성행하리라고 예측할 수 있다. '죽음이 우리를 갈라 놓을 때까지'라는 식의 결혼 대신에, 애초부터 관계가 단명하다는 것을 알면서 서로 어울려 부부 관계를 맺을 것이다.

이러한 부부들은 서로 가는 길이 달라졌을 때나 발전 단계의 격차가 너무 심할 때, 오늘날의 이혼에서 볼 수 있는 충격이나 당황감, 심지어는 약간의 고통도 없이 조용히 헤어질 수 있음도 터득하게 될 것으로 보인다. 그리고 그들은 기회만 주어지면 몇 번이고 다시 결혼하게 될 것이다.

연속적인 결혼, 말하자면 임시 결혼을 되풀이하는 형태의 결혼은 모든 인간 관계 그리고 인간과 환경과의 관계의 지속 기간이 짧은 '일시성의 시대'에 어울린다. 연속적인 결혼은 자동차가 대여되고 인형들이 팔리며 옷가지들이 한 번 입고 버려지는, 그와 같은 사회 질서의 자연스럽고 불가피한 결과로서, 이러한 결혼 형태가 내일의 주류를 이룰 것이다.

어떤 의미에서 보면 연속적인 결혼은 이미 기술 사회에서 가장 잘 지켜지고 있는 가족률(家族律)이다. 세계적으로 알려진 가족사회학자 버나드(Jessie Bernard) 교수에 따르면, "일부 다처제가 허용되고 있는 사회보다 오늘날 미국 사회에 더 중혼(重婚)이 많다. 오늘날 미국 사회의 중혼은 동시적인 것이 아니라 연속적이거나 단속적(斷續的)으로 제도화되어 있다는 데 주된 차이가 있다"는 것이다. 재혼은 이미 보편화된 관례(慣例)이기 때문에, 미국에서 신부 네 사람 가운데 한 사람은 결혼 경험이 있는 사람이다. 재혼이 얼마나 보편화되어 있는가는 IBM사의 한 인사과 직원이 얘기한 이혼녀의 예에서 드러나고 있다. 그 여자는 입사 원서를 기재하는 과정에서 결혼 여부를 묻는 대목에 이르러 잠시 머뭇거리면서 연필을 입에 물고 생각한 끝에 '미재혼(未再婚)'이라고 기입하더라는 것이다.

일시성은 사람들이 새로운 상황에 접근할 때 지니는 지속적인 기대감에도 필연적으로 영향을 미치고 있다. 사람들은 한편으로 영속적 관계를 동경하면서도, 마음속에는 어쩐지 영속적 관계가 점점 바랄 수 없는 사치스러운 것이 아닐까 생각하는 것이다.

사람들과 깊이 사귀고 그들과 협력하겠다고 강하게 다짐하는 젊은 사람들조차 일시성으로 내닫는 힘만은 인정하고 있다. 예를 들어 민권 운동에 참여하고 있는 젊은 흑인 여성은 시간과 결혼에 대한 그녀의 태도를 다음과 같이 기술하고 있다. "백인 세계에서 결혼이란 할리우드의 영화처럼 언제나 '종말'이 있다. 나는 그것에 찬성하지 않는다. 나는 나의 전생을 그러한 약속에 얽어 맬 생각은 추호도 없다. 나는 지금 결혼하기를 바라지만, 내년에는 어떻게 될지 모른다. 내가 이렇게 생각하는 까닭은 결혼 제도를 싫어해서가 아니라 너무 좋아하기 때문이다. 민권 운동에 참여하려면 일시성을 좋게 느낄 필요가 있다. 민권 운동이란 지속되는 동안 무엇인가 최선을 다해 보려는 것이다. 전통적 관계 속에서 시간이란 한낱 감옥인 것이다."

이러한 태도는 비단 젊은이나 소수(少數), 아니면 정치 운동가들에게만 국한되지는 않을 것이다. 이러한 태도는 새로움이 사회를 휩쓸게 됨에 따라 전국으로 번져 나갈 것이고, 일시성의 수준이 높아짐에 따라 불붙게 될 것이다. 그리고 이러한 태도가 번짐에 따라 일시적이고 연속적인 결혼은 급격히 증가할 것으로 생각된다.

이러한 생각은 《스벤스크 담티드닝》이란 스웨덴의 한 잡지에 생생하게 요약되고 있다. 이 잡지는 남녀 관계의 미래에 관해서 스웨덴의 지도급 사회학자와 법률 전문가 및 기타의 사람들과 인터뷰했는데, 그 결과가 다섯 장의 사진 속에 나타나 있다. 그 사진은 신부가 신랑에게 안겨 문지방을 넘고 있는 것이었는데, 아름다운 신부는 다섯 장 모두 동일인이었으나 신랑은 매번 달랐다.

결혼의 행적(行蹟)

연속적인 결혼이 보다 보편화됨에 따라서 우리는 사람을 그들의 현재 결혼 상태에 따라서가 아니라, 그들의 결혼 경력이나 그 행적에 따라 특징짓기 시작할 것이다. 이러한 행적은 그 생애에서 중요한 전환점이 된 결정들에 따라 이루어지는 것이다.

대부분의 사람들에게 그 첫번째 전기(轉機)는 젊은 시절의 '시험결혼'에서 이루어질 것으로 본다. 미국과 유럽의 젊은이들은 지금도 식을 올리거나 올리지 않거나 간에 시험 결혼의 경험을 대대적으로 쌓고 있다. 가장 보수적인 미국의 대학들도 소속 학생들이 결혼 전에 살림을 차리는 것을 묵인하기에 이르렀다. 심지어 일부 종교 철학자들도 점차 시험 결혼을 인정하고 있을 정도다. 독일 마르부르크 대학의 신학자 카일(Siegfried Keil)은 '공인(公認)된 예비 결혼'을 인정하고 있으며, 캐나다의 라쥐르(Jacques Lazure) 신부도 3~18개월의 '가결혼(假結婚)'을 공공연히 제의하고 있다. 과거에는 사회적 압력이라든지 돈이 없다든지 해서, 시험 결혼이 비교적 소수에게만 한정되었다. 그러나 미래에는 이러한 제약 요건들이 사라질 것이므로 시험 결혼은 수많은 사람이 추구할 연속적인 결혼 경력에서의 제일보가 될 것이다.

미래의 인간이 두번째로 겪게 될 생활상의 중대한 전환은 시험 결혼이 끝날 무렵에 일어날 것이다. 이러한 시점에서 두 사람은 그들의 관계를 공식화(公式化)해서 함께 다음 단계로 나아갈 수 있고, 아니면 관계를 끝내고 새로운 상대자를 찾아 나설 수도 있다. 어떤 경우든 두 사람은 선택해야 할 몇 가지 문제에 직면하게 된다. 두 사람은 아이를 갖지 않는 길을 선택할 수도 있고, 하나나 몇 명의 아이를 낳든지 입양시키든지 혹은 사든지 할 수 있으며, 이러한 아이들을 스스로 기르거나 직업적 부모들에게 위탁하는 것을 선택할 수도 있다. 이러한 결정은 대체로 20대 초반에 이루어질 것인데, 이 시기가 되면 대부분의 젊은 성인들은 이미 제2단계의 결혼에 접어들 것이다.

결혼 경력에서 세번째의 중요한 전환점은 오늘날에도 볼 수 있듯이 아이들이 집을 떠날 때 일어날 것으로 본다. 많은 사람에게 부모 역할의 종지부는 괴로운 일이다. 이러한 괴로움은 특히 여자들에게 심한데, 여자들은 아이들이 떠나고 나면 스스로 존재 이유가 없는 것으로 느끼기 때문이다. 오늘날에도 부부가 이러한 시점에서 빚어지는 정신적인 고통을 극복하지 못하고 이혼하는 경우가 흔히 있다.

아이들을 전래(傳來)의 방식대로 기르려는 보다 인습적인 미래의 부부들에게도 이러한 시점은 역시 특별한 고통을 겪는 시기가 될 것이다. 그러나 그 시기는 빨리 올 것이다. 오늘날 젊은이들은 한 세대 전의 젊은이들에 비하면 빨리 집을 떠나는데, 내일의 젊은이들은 오늘의 젊은이들보다는 더 빨리 집을 떠날 것이기 때문이다. 내일의 대다수 젊은이는 시험 결혼을 하든 않든, 10대 중반에 집을 떠날 것이다. 따라서 30대 중반이나 후반에는 많은 사람의 결혼 경력에서 또 하나의 중대한 파탄이 빚어질 것으로 예상된다. 이러한 시점에서 대부분의 사람은 세번째의 결혼을 하게 될 것이다.

이 세번째의 결혼은 두 사람을 그들 생애의 결혼 생활 가운데 가장 길고 방해받지 않는 시기로 접어들 수 있게 함으로써, 가장 오랫동안 함께 살게 될 것이다. 즉 30대 후반부터 한쪽이 죽을 때까지 결혼 생활이 이어지게 되는 것이다. 실상 이 세번째의 결혼이야말로 진실하고 지속적인 결혼 관계의 토대를 갖는 유일하고 실질적인 결혼이라고 할 수 있다. 이 기간에 성숙된 두 사람은 관심 분야가 비슷하고 심리적 욕구도 상호 보완되며 개성의 발전 단계도 서로 어울릴 수 있을 것이므로 통계적으로 지속 가능성이 가장 높은 결혼 관계라고 생각할 수 있다.

그러나 세번째 결혼이 모두 죽을 때까지 지속될 것으로는 볼 수 없다. 가정은 또다시 네번째의 위기를 맞게 될 것이기 때문이다. 지금도 쉽게 찾아볼 수 있듯이 이러한 위기는 부부 가운데 한쪽이나 양쪽 모두가 직장에서 퇴직할 때 찾아올 수 있다. 퇴직으로 인해 야기되는 일상 생활상의 갑작스러운 변화는 부부에게 커다란 긴장을 안겨준다. 어떤 부부들은 퇴직한 뒤 아이를 기르는 일을 택해 가정을 이룰 수도 있다. 물론 이러한 방법은 현재의 많은 부부들이 직장 생활을 끝낸 뒤 겪는 공허감을 극복하게 해줄 수도 있다(오늘날에는 많은 여성이 아이들 기르는 일을 마치고 난 다음에 직장으로 나가지만 앞으로는 먼저 직장에 나가고 다음에 아이들을 기르는 방식으로 그 순서를 바꿀 것이다). 또 어떤 부부는 새로운 형태의 습관이나 취미, 대외 활동을 함께 영위함으로써 다른 방법으로 퇴직 후의 위기를 극복할 수도 있다. 그런가 하면 또 다른 부부들은 이러한 전환이 어려워 그들의 관계를 간단하게 단절하고 중간 상태, 곧 휴혼자(休婚者)들의 부동층(浮動層)에 속할 수도 있다.

물론 운이 좋고 대인 관계가 원만하며 고도의 지성을 갖추어 일부 일처외 결혼 관계를 오랫동안 지속시키는 사람들도 있다. 오늘날에도 볼 수 있듯이 어떤 사람들은 결혼 생활을 일생 동안 이어가고, 사랑과 애정을 지속시키는 데 성공할 수도 있다. 그러나 어떤 사람들은 단속적인 결혼도 오래 지속시키지 못하는 수가 있다. 따라서 일부 사람들은 마지막 단계의 결혼 기간 동안에도 몇 번씩 배우자를 바꿀 수도 있다. 전반적으로 볼 때 평균 결혼 횟수는 느리긴 하지만 점점 증가될 것으로 보인다.

대부분의 사람은 '관례적'인 임시 결혼을 되풀이함으로써 앞서 말한 방향으로 나아갈 것이다. 그러나 사회에서 가족 형태의 실험이 널리 시도됨에 따라, 보다 대담하거나 보다 절망적인 사람은 공동체 가족 생활을 실험하거나 어린 아이와 더불어 혼자 살아감으로써 보다 덜 관례적인 생활 방식으로 흐를 것이다. 이렇게 되면 인간이 따라갈 결혼 행적의 유형도 다양해질 것이고, 생활 양식을 선택할 범위도 넓어질 것이며, 새로운 경험의 계기도 무수히 많아질 것이다. 물론 어떤 형태는 다른 형태보다 더 보편화할 수도 있다. 하지만 임시 결혼은 미래의 가족 생활에서 하나의 표준적인 특성이거나 아마도 지배적인 특성이 될 것이다.

자유의 요구

결혼이 영구적이기보다는 일시적으로 되고, 가족 형태가 다양하며, 동성(同性) 부모가 인정되고, 퇴직자들이 아이들을 기르기 시작하는 세계, 바로 그러한 세계는 지금의 우리 세계와는 전혀 다르다. 오늘날의 젊은 남녀들은 일생의 반려자(伴侶者)를 찾으려 하고 있다. 그러나 미래의 세계에서는 독신이 수치일 수 없고, 오늘날 흔히 볼 수 있는 것처럼 잘못된 결혼 생활에 포로와 같이 얽매여 살 부부는 결코 없을 것이다. 아이들에 대한 책임 조항만 갖추어지면 이혼은 간단하게 처리될 것이다. 실상 직업부모제(職業父母制)의 도입은 바로, 지겨운 결혼 생활을 억지로 계속하지 않고서도 부모로서의 도리를 쉽사리 다할 수 있게 만들어 이혼의 홍수를 빚어 낼 가능성도 있다. 이렇듯 강력한 외적 압력이 사라져도 결혼 생활을 지속하는 사람들이 있을 터인데, 그들은 서로 함께 살아가기를 원하는 사람들이고, 결혼 생활에 적극적으로 만족하고 있는 사람들이며, 단적으로 말해서 서로 사랑하고 있는 사람들이라고 할 수 있다.

이러한 상황에서는 역시 가족 제도가 보다 다채로워지고, 부부 사이의 연령차를 비롯해 보다 다양한 형태의 결혼 생활이 이루어지게 된다. 늙은 남자가 젊은 여자와 결혼하거나 늙은 여자가 젊은 남자와 결혼하는 현상이 늘 것이다. 이럴 때 고려되는 것은 육신의 연령이 아니라 가치관이나 관심의 상호 보완성, 그리고 무엇보다도 인간적인 성숙도가 더욱 중요시될 것이다. 달리 표현하면 부부는 연령이 아니라 성숙 단계에 관심이 주어진다는 것이다.

이러한 초산업화 사회에서 어린이들은 몇 쌍의 부모들에 의해서 세상에 태어난 어린이 전체, 이른바 '준형제(準兄第)'라는 점점 커가는 집단 속에서 자라나게 될 것이다. 이러한 '혼성 가족'이 어떻게 될 것인가를 고찰하는 일은 매우 재미있으리라고 생각된다. 준형제들은 바로 오늘날의 사촌과 비슷한 관계를 이룰 것으로 생각된다. 그들은 직업적으로 또는 필요에 따라 서로 도움을 줄 수도 있다. 그러나 그들은 새로운 문제들, 곧 준형제들이 서로 결혼할 수 있는가의 문제를 사회에 제기할 것으로 보인다.

분명 가족에 대한 어린이들의 전반적인 관계는 근본적으로 변할 것이다. 아마도 공동체적인 집단의 경우를 제외하면 가족은 젊은 세대에 가치관을 전달해 주는 얼마 안 되는 힘마저 상실하고 말 것이다. 이러한 현상은 변화의 속도를 더욱 가속시켜 그것으로 인해 파생되는 문제들을 심각하게 만들 것으로 본다.

그러나 이러한 모든 변화를 퇴색시키고 변화의 의미까지 위축시키는 보다 미묘한 것이 있다. 그것은 별로 논의되지는 않았지만 현재까지 사회를 안정시키는 주된 힘의 하나로 봉사해 왔고 인간의 모든 일에 숨겨진 리듬이다. 그것은 바로 가족의 순환(循環)이라는 것이다.

우리는 어린이에서 출발해 성장하고 부모의 슬하를 떠나서는 아이를 낳는다. 그러면 이번에는 그 아이들이 자라서 떠나고 이러한 모든 과정이 다시 되풀이되기 시작한다. 이러한 순환은 너무나 오랫동안 자동적으로 그리고 정확히 규칙적으로 작동되어 왔기 때문에 이러한 순환을 인정하지 않을 수 없다. 이것은 이미 인간 현상의 일부가 된 것이다. 어린이들은 사춘기가 되기 오래 전에, 이렇듯 위대한 순환을 지속시키는 데서 그들이 수행해야 할 역할을 터득하고 있다. 이처럼 예견할 수 있는 가족의 연속성은 어떤 종족이든 어떤 사회든, 모든 사람에게 계속성이 유지되고 있다는 생각과 변화 구조 속의 안식처를 마련해 주고 있다. 요컨대 가족의 순환은 인간의 존립에서 영속성을 유지시키는 하나의 정신적 지주(支柱)다.

오늘날에는 이러한 순환도 가속화되고 있다. 우리는 보다 빨리 성장해서, 보다 빨리 집을 떠나며, 보다 빨리 결혼해서, 보다 빨리 아이들을 갖는다. 우리는 이러한 단계들 사이의 간격을 더욱 좁히고 부모로서의 역할을 하는 기간도 빨리 끝맺는다. 시카고 대학의 가족 문제 전문가인 뉴가튼(Bernice Neugarten) 박사의 말을 빌리면, "가족 순환 전반을 통해서 사건의 리듬은 보다 빨라지는 경향이 있다"는 것이다.

그러나 산업 사회가 생활의 보조(步調) 자체를 빠르게 함으로써 가족의 순환을 가속화시켰다면, 현재의 초산업화 사회는 가족의 순환을 완전히 파괴하려 하고 있다. 출산에 관해 과학자들이 연구하고 있는 것들이 실현되고, 혁신적 소수가 다양한 가족 형태를 실험하며, 직업 부모와 같은 제도가 개발되고, 임시적 또는 연속적인 결혼으로 나아가는 움직임이 증대되면, 우리는 단순히 그 순환을 보다 빠르게 하는 데만 머무를 수는 없고, 한때 규칙적이고 사계절처럼 일정했던 현상에 불규칙성과 불안과 비예측성, 한마디로 '새로움'이란 것을 받아들일 수밖에 없다. 어머니는 출산 과정을 태아 진열장에 잠시 들르는 것으로 대신할 수 있고 태아를 자궁에서 자궁으로 이식함으로써 임신은 9개월간 계속된다는 종래의 관념을 무너뜨릴 수 있다. 어린이들은 그토록 매끄럽고 그토록 확실했던 가족의 순환이 갑자기 뒤틀리는 세계에서 자라게 될 것이다. 결국 낡은 질서의 폐허 속에서 나타났던 또 하나의 안정 요소가 사라짐으로써, 또 하나의 정신적인 지주가 무너지고 만다.

그렇다고 해서 앞서 고찰한 가족 발달이 틀림없이 그렇게 된다는 것은 아니다. 변화를 이룩하는 힘은 바로 우리가 지니고 있으므로, 우리는 이와 다른 미래를 선택할 수도 있다. 그러나 과거를 유지하는 것만은 불가능하다. 경제, 과학 기술 및 사회 관계 등과 마찬가지로 우리는 가족 형태에서도 새로운 것을 추구할 수밖에 없다.

초산업화 혁명은 제한되고 비교적 선택의 여지가 없는 과거와 현재의 가족 형태에서 빚어졌던 야만성으로부터 인간을 해방시켜, 지금까지 상상도 할 수 없었던 만큼의 자유를 각 개인에게 안겨 줄 것이다. 하지만 이러한 자유에는 값비싼 대가를 지불해야 할 것이다.

우리가 내일을 향해 나아감에 따라 수많은 보통 사람은 너무 생소하고 겪어보지도 못한 감정적 선택에 직면할 것이므로, 과거의 경험은 이에 대처해 나가는 지혜를 별로 마련해 주지 못한다. 생활의 다른 모든 측면에서와 마찬가지로 가족 관계에서도 일시성과 함께 새로움이라는 문제에도 대처해 나가지 않으면 안 된다.

따라서 큰 문제나 작은 문제, 공적인 문제나 사적인 것 등 어떠한 일에서도, 일상적인 것과 비일상적인 것, 예측 가능한 것과 예측 불가능한 것, 알고 있는 것과 알지 못하는 것들 사이의 균형은 변할 것이고 새로운 것의 비율은 증대될 것이다.

급속히 변화하며 낯선 여건하에서 인생길을 헤쳐 나가려면, 우리는 다양한 선택 가능성 가운데 우리에게 알맞은 선택을 해야 한다. 이제 우리가 관심을 두어야 할 문제는 미래의 세번째 주요 특성, 곧 다양성의 문제다. 일시성, 새로움, 다양성이라는 세 가지 요소 가운데 다양성은 마지막 중요 과제로서, 이 책의 주제인 미래의 충격에 어떻게 적응할 것인가 하는 역사적인 위기의 무대를 설정하고 있기 때문이다.

제4부 다양성

제12장 선택권 과잉의 기원

초산업화 혁명은 우리가 지금 민주 정치와 인간이 지닌 선택권의 미래에 대해서 믿고 있는 생각들 가운데 대부분을 바꾸어버릴 것이다.

오늘날 기술 사회에서는 자유의 미래에 관해서는 거의 완전한 합의가 이루어져서, 개인의 선택권을 극대화하는 것이 민주적인 이념으로 간주되고 있다. 그러나 대부분의 저작자는 우리가 이러한 이념으로부터 점점 이탈해 갈 것이라고 예견하고 있다. 그들은 미래를 어둡게 그리고 있다. 그들에 따르면 인간은 규격화된 상품에 둘러싸이고, 규격화된 학교에서 교육받으며, 규격화된 대중 문화만을 섭취하고, 규격화된 생활 양식을 채택하지 않을 수 없기 때문에 의식 없는 소비 군상(消費群像)으로 전락하고 만다는 것이다.

쉽게 예상할 수 있듯이 이러한 예견은 미래 증오자(未來憎惡者)와 기술 공포증(技術恐怖症) 환자를 만들어 냈다. 이러한 유형에 속하는 극단적인 예로 프랑스의 종교적 신비가인 엘륄(Jacques Ellul)을 들 수 있는데, 이 사람의 저서는 대학에서 널리 읽히고 있다. 그에 따르면 "인간에게 진실로 선택이 가능했던" 과거에 인간은 더 자유로웠다고 한다. 이와는 대조적으로, "오늘날의 인간이란 어떤 의미에서든 더 이상 선택할 수 있는 존재가 아니다." 그리고 미래에 관해서, "미래의 인간은 분명히 기록 장치의 구실만을 할 뿐이다"고 말했다. 미래의 인간은 선택권을 박탈당해 지시에 따르기만 할 뿐 능동적으로 움직이지 못할 것이다. 미래의 인간은 벨벳 장갑을 낀 게슈타포(비밀 경찰)가 지배하는 전체주의 국가에서 살아갈 수밖에 없다고 엘륄은 경고하고 있다.

이와 같은 주제, 곧 선택권의 상실이라는 문제는 토인비(Arnold Toynbee)의 저서에서 거듭 주장되고 있다. 실상 이러한 주제는 히피 예찬자들을 위시해서 대법원 판사와 대중 신문의 논설자 및 실존주의 철학자 등 많은 사람에 의해서도 주장되곤 한다. 이러한 주제를 간단히 도식화한다면, 선택권 소멸 이론은 바로 다음과 같은 삼단 논법에 근거를 두고 있다. 과학과 기술은 규격화(規格化)를 촉진시킨다. 그런데 과학과 기술은 발전할 것이므로 미래는 현재보다 더욱 규격화될 것이다. 그런 까닭에 인간은 점점 선택의 자유를 잃어 가게 된다는 것이다.

그러나 만일 이러한 논법을 맹목적으로 받아들이지 않고 골똘히 분석해 보면 중요한 사실을 발견할 수 있다. 이러한 생각은 논리적 모순도 내포하고 있을 뿐 아니라, 전반적 생각 자체가 초산업화 혁명의 성격이나 의미, 방향 등에 대해서 전혀 모르는 채 꾸며지고 있다는 것이다.

얄궂게도 미래의 인간은 선택의 결여가 아니라 선택의 지나친 과잉(過剩)으로 인해서 고통을 받을 수도 있다. 말하자면 미래의 인간은 바로 초산업화 사회의 독특한 문제인 선택권 과잉의 희생물이 될 수도 있다는 것이다.

무스탕의 디자인

　유럽이나 미국을 두루 여행해 본 사람이면 누구나 주유소와 공항 건물들이 비슷한 데 놀라움을 금할 수가 없을 것이다. 청량 음료를 마셔 본 사람이면 누구나 콜라병들이 하나같이 똑같다는 사실을 발견할 것이다. 이러한 현상은 분명 대량 생산 기술의 결과로서, 지식인들은 물리적 환경의 일부가 획일화되었다는 데 분통을 터뜨리고 있다. 일부 지식인들은 호텔이 모두 힐튼을 닮아 간다고 한탄하는가 하면, 또 다른 지식인들은 인류 전체가 동질화(同質化)되고 있다고 불평하고 있다.

　분명히 산업화가 평준화 효과를 가져온다는 사실을 부정할 수는 없다. 거의 같은 물건을 수백만 개씩 생산해 낼 수 있는 능력은 산업화 시대의 두드러진 업적이다. 따라서 지식인들이 상품의 동질성에 대해 탄식한다면, 그들은 산업화 사회의 상황을 정확히 파악하고 있는 셈이다.

　그런가 하면 한편으로 지식인들은 초산업화 사회의 성격에 대해서 놀랄 만큼 무지(無知)를 드러내기도 한다. 그들은 사회가 과거에 어떠했느냐에만 관심을 갖고, 사회가 어떻게 되어가고 있느냐에 대해서는 장님과 다를 바 없다. 실상 따지고 보면 미래의 사회는 한정되고 규격화된 상품을 제공하는 것이 아니라, 지금까지 어떤 사회에서도 볼 수 없었던 다양하고 규격화되지 않은 상품과 서비스를 제공할 것으로 보이기 때문이다. 우리는 현재 물질적인 규격화를 확대하는 방향으로 나아가고 있는 것이 아니라, 변증법적인 부정(否定)의 방향으로 내닫고 있다.

　규격화의 종말은 이미 눈앞에 닥치고 있다. 물론 눈앞에 다가오고 있는 속도는 산업체에 따라서도 다르고 나라에 따라서도 다르다. 유럽의 경우를 보면 아직 규격화의 절정에도 채 도달하지 못하고 있는 것이다(앞으로도 2~30년간은 이러한 방향으로 나아갈 수 있다). 그러나 미국의 경우를 보면, 하나의 역사적인 전환이 이루어지고 있는 두드러진 증거가 있다.

예를 들면 몇 년 전 슈워츠(Kenneth Schwartz)라는 미국의 마케팅 전문가는 놀라운 발견을 했다. 그가 기술한 바에 따르면, "지난 5년 동안 대중 소비 시장에는 가히 혁명적이라고 할 만한 변화가 일고 있다. 대중 시장은 단일의 동질적인 단위로부터 제각기 독자적인 욕구와 취향과 생활 방식을 가진 일련의 세분화된 시장들로 분화되어 가고 있다"는 것이다. 이러한 사실은 미국의 산업을 상상할 수 없을 만큼 변화시키고 있다. 그 결과 소비자에게 제공되는 상품이 엄청나게 늘고 있다.

예를 들면 필립 모리스 사(社)는 21년 동안 단일 상표의 담배만을 판매했다. 그런데 1954년부터는 여섯 개의 새 상표를 도입해서 규격, 필터, 박하 등에 선택의 여지를 많이 주었다. 이에 따라 흡연자는 현재 열여섯 개 종류 중에서 하나를 선택하고 있다. 이러한 현상이 모든 주요 생산 분야로 파급되지 않았다면, 이러한 사실 자체는 사소한 현상으로 보아 넘길 수도 있다. 가령 가솔린 분야는 어떤가? 몇 년 전까지만 하더라도, 미국의 자동차 운전자는 '보통'과 '고급'의 둘 중 하나를 선택하는 것이 고작이었다. 그런데 오늘날 자동차 운전자가 주유소로 차를 갖다 대면 여덟 가지 종류의 가솔린 중 어느 것을 선택하겠느냐는 질문을 받는다. 일용 잡화 분야에서는 어떨까? 1950년에서 1963년 사이에 미국 일용품 상점에 진열된 비누와 세제의 종류는 65종에서 200종으로 증가했고, 냉동 식품은 121종에서 350종으로 늘었으며, 빵 재료와 밀가루는 84종에서 200종으로 늘었다. 심지어 애완용 동물의 먹이도 58종에서 81종으로 늘었다.

콘 프로덕트라는 대회사는 카로라는 빵 만드는 액상(液狀) 재료를 생산하고 있다. 이 회사는 한 가지 제품을 전국적으로 매출하지 않고, 점도(粘度)가 다른 두 가지 제품을 판매하고 있는데, 지역적인 이유로 펜실베이니아 주민들이 다른 미국인들보다 진한 것을 좋아한다는 사실을 알아냈기 때문이다. 실내 장식과 가구 분야에서도 이와 똑같은 현상이 나타나고 있다. 내화(耐火) 제품 분야의 큰 제조 회사인 제너럴 내화의 사장 손더스(John A. Saunders)는, "10년 전에 비하면 모양이나 빛깔의 종류가 10배에 달하고 있다. 건축가들은 같은 초록색이라도 그 가운데 자기 나름의 빛깔을 원하고 있다"고 말했다. 바꾸어 말하면 회사는 소비자의 욕구의 다양성을 발견하고 생산 과정을 그 다양성에 맞도록 적응시키고 있다. 이러한 경향을 촉진하는 데는 두 가지 경제적인 요소들이 작용하고 있다. 첫째는 소비자들이 스스로의 특수한 요구를 충족시킬 만큼 많은 돈을 갖고 있다는 것이고, 둘째는 이보다 더 중요한 것으로서 "기술과학이 보다 정교해짐에 따라 다양성을 도입하는 데 드는 비용이 줄어든다"는 것이다.

이것이 바로 사회비평가들 ── 이들의 대다수는 기술과학에 대해 잘 알지 못한다 ── 이 이해하지 못하는 점이다. 따지고 보면 규격화를 강요하는 것은 초보적인 기술과학에서고, 자동화는 오히려 무한하고 어지럽고 놀랄 만한 다양성으로 향한 길을 열어주고 있다는 사실을 그들은 이해하지 못하는 것이다.

생산 관리 전문가 야비츠(Boris Yavitz)가 보고한 바에 따르면, "우리의 전통적인 대량 생산 공장을 특징짓던 엄격한 획일성과 똑같은 제품의 행렬은 점차 그 중요성을 잃어 가고 있다. 수치에 따라 조종되는 기계는 간단한 프로그램 변경으로도 제품의 모델이나 규격을 쉽게 바꿀 수 있다. ······소량 생산이 경제적으로 가능하기에 이르렀다"는 것이다. 컬럼비아 대학 경영 대학원 교수인 밴 코트 헤어 2세(Van Court Hare, Jr.)는 "자동화 설비로 인해 거의 대량 생산에 소요되는 경비만 가지고도 여러 종류의 소량 생산품을 만들어 낼 수 있게 된다"는 것이다. 많은 기술자와 경영 전문가들은 다양성을 살린 제품이 획일화된 제품보다 경제성에서 뒤떨어지지 않는 날이 올 것으로 예측하고 있다.

자동화 이전 단계의 기술과학은 규격화를 낳지만, 진보된 기술과학은 다양화를 가능케 한다. 이러한 사실은 논의의 대상이 되고 있는 미국적 혁신, 곧 슈퍼마켓을 잠시 살펴보더라도 알 수 있다. 주유소나 공항과 마찬가지로 슈퍼마켓들도 밀라노에 있든 밀워키에 있든 똑같아 보이는 경향이 있다. 슈퍼마켓들은 수천 개의 구멍 가게를 휩쓸어 버리고 건축 환경의 획일성을 이루는 데 이바지하고 있다. 그러나 슈퍼마켓들이 소비자에게 제공해 주는 상품은 어떤 소매점이 제공할 수 있는 상품들과도 비교가 안 될 만큼 다양하다. 따라서 슈퍼마켓은 건물 구조는 모두 똑같지만 상품은 다양성을 실현하고 있다고 하겠다.

이렇게 대조적인 현상이 나타나는 이유는 간단하다. 식품과 식품 포장 기술은 건축 기술보다 훨씬 발달되어 있기 때문이다. 실상 건축은 대량 생산 단계에도 미치지 못하고, 대체로 산업화 이전 단계인 수공업 단계에 머무르고 있다. 지역적 건축 규약과 보수적인 노동 조합 사이에 끼여, 건축업의 기술적 발전 속도는 다른 산업 분야의 발전 속도에 대단히 뒤지고 있다. 기술과학이 발전하면 발전할수록 생산에 다양성을 도입하기는 수월해지는 법이다. 따라서 확실히 예견할 수 있는 점은 건축 기술의 발전이 제조업을 따라잡을 때 주유소나 공항, 호텔과 더불어 슈퍼마켓도 틀에 박은 형태가 되지 않으리라는 것이다. 획일성은 결국 다양성으로 나아가게 될 것이다.[1]

유럽과 일본의 일부 지역에서는 아직도 다목적 슈퍼마켓을 짓고 있다. 그러나 미국은 이미 다음 단계로 돌입해서, 소비자가 사용할

---

[1] 이러한 과정이 시작되는 곳에서는 주목할 만한 현상들이 나타난다. 예를 들어 워싱턴 시에는 워터게이트 이스트라는, 컴퓨터로 설계한 아파트가 있는데, 이 아파트는 층마다 모양이 다르다. 240세대 중 167세대는 내부 설계가 다르며 그 건물 어디를 보나 직선으로 이어진 곳은 없다.

수 있는 상품의 종류를 더욱 다양화한(실상 상상을 초월할 만큼) 전문점을 짓고 있다. 워싱턴 시에는 외제 식료품만을 전문으로 파는 전문점이 하나 있는데, 그곳에서는 하마(河馬) 스테이크, 악어 고기, 산토끼 고기 및 35종에 달하는 꿀 등 진귀한 식료품만을 팔고 있다.

초보적 공업 기술이 획일성을 초래하는 데 반해 진보되고 자동화된 기술은 다양성을 이룩한다는 생각은 자동차 공업의 최근 변화에서 단적으로 드러나고 있다. 1950년대 말에 이르러 유럽제 자동차와 일본제 자동차가 미국 시장에 많이 도입되자, 구매자들은 많은 선택의 자유를 향유하게 되었다. 말하자면 종래에는 6개 정도에서 선택할 수밖에 없었는데, 1950년대 말에는 약 50개의 차종에서 선택할 수 있게 된 것이다. 오늘날에는 이 정도의 선택 범위도 좁고 제약된 것처럼 느껴질 정도다.

디트로이트는 외국 차량과의 경쟁에 직면해서 대중 소비자에게로 새롭게 눈을 돌렸다. 말하자면 디트로이트는 하나의 획일적인 대중 시장이 아니라 일시적인 작은 시장들의 집합체를 발견했고, 아울러 어떤 작가가 지적했던 것처럼, "고객들은 자기만 갖고 있다는 환상을 안겨 줄 그러한 자동차를 원하고 있다"는 것도 발견했다. 이러한 환상을 갖게 하려면 낡은 기술과학으로서는 불가능하다. 그러나 새롭게 컴퓨터화된 조립 체계는 이러한 환상을 갖게 할 뿐 아니라, 그것을 실현시킬 수도 있다는 것이다.

그리하여 포드 사에서는 '당신 자신이 디자인한 차'라는 표어와 함께 무스탕 차를 출하해서 대단한 성공을 거두었다. 포드 사가 이러한 표어를 내건 까닭은, 비평가인 배넘이 설명했듯이, "낡은 통속(通俗)의 무스탕이 아니라 세 가지 모델의 차체(車體)와 네 가지의 엔진, 세 가지 변속기, 네 가지 고성능 엔진 변경 장치 등의 조합으로 모두 140여 가지[1]의 선택이 가능한 것이기 때문이다." 이 설명에는 색채, 차내 장식 및 임의 장치 등의 가능한 변형에 대해서는 언급하고 있지 않기 때문에 이것은 실제 선택 가능성의 일부분일 뿐이다.

이리하여 차의 구매자와 판매자는 모두 선택의 가능성이 너무 많아 망설이는 일이 차차 많아진다. 구매자의 선택 문제는 선택의 폭이 넓어질수록 많은 정보와 많은 결정이 필요해져서 훨씬 복잡성을 띠게 된다. 나도 그랬지만 최근에 차를 사려고 해본 사람이면 누구나 여러 가지 상표, 차종, 모형, 기타 여러 가지 선택에 관해서 익히는 일에(심지어 한정된 가격 범위 안에서도) 며칠이 소요된다는 사실을 알게 된다. 요컨대 자동차 산업은 소비자가 필요로 하거나 바라는 것보다 더 다양한 차를 경제적으로 생산할 수 있는 기술 수준에 곧 도달할 수 있으리라는 것이다.

그러나 우리는 이제 물질 문명의 탈규격화(脫規格化)를 향해 시동을 걸고 있는 데 불과하다. 맥루언은 다음과 같이 말하고 있다. "오늘날에도 대부분의 미국 자동차들은 어떤 의미에서 고객별로 생산되고 있다. 예를 들면 새로운 가족 스포츠 카에 활용될 수 있는 모양이나 색깔 등에 관한 가능한 모든 조합을 계산해 낸 컴퓨터 전문가는 자동차 구매자 한 사람을 위해 2500만 종의 차를 만들어 낼 수 있다고 결론지었다. ……생산의 자동화와 전자화(電子化)가 충분히 이루어지는 날에는, 전혀 다른 물건을 100만 개 생산하는 데 드는 비용이 똑같은 복제물을 100만 개 생산하는 데 드는 비용만큼 싸게 먹힐 것으로 본다. 생산과 소비에 한계가 있다면 그것은 오로지 인간의 상상력의 한계일 것으로 본다." 맥루언의 다른 주장에 대해서는 대체로 심한 논쟁이 빚어지고 있지만, 이 주장만은 논쟁의 여지가 없다. 기술과학이 나아가고 있는 방향에 대한 맥루언의

---

1) 정확하게는 3×4×3×4=144가지에서 이러한 변경이 되지 않는 최저 가격의 6실린더짜리 차종 하나를 빼고, 한 가지 차체로만 되어 엔진이나 변속기를 선택할 수 없는 두 종류를 더해 145가지가 된다.

견해는 전적으로 옳다. 미래의 물품은 많아질 것이지만 규격화되지는 않을 것으로 본다. 실상 우리는 '과다 선택'으로 내닫고 있다. 말하자면 다양성과 개별화의 이점(利點)은 구매자의 의사 결정 과정이 복잡해져서 상쇄되는 시점으로 나아가고 있다는 것이다.

컴퓨터와 교실

이러한 문제는 어떻게 될까? 어떤 사람들은 우리가 문화적 혹은 정신적 동질성으로 나아가는 한, 물질적 환경에서의 다양성이란 중요하지 않다고 주장하고 있다. 잘 알려진 담배 광고문을 인용해 "중요한 것은 그 알맹이다"고 그들은 말하고 있다.

이러한 견해는 인간의 개성 차이를 상징적으로 표현한 것인데, 물질적 상품의 중요성을 지나치게 과소 평가하고 있으며 아울러 내적인 환경과 외적인 환경 사이의 관계를 어리석게도 부인하고 있다. 인간의 규격화를 두려워하는 사람들은 상품의 탈규격화를 열렬히 환영할 수밖에 없다. 인간에게 사용되는 상품의 다양성을 증대시킴으로써 인간이 실제로 살아가는 방법상의 차이를 증대시킬 가능성이 수학적으로 많아지기 때문이다.

그러나 보다 중요한 것은, 겉으로 보면 정반대 방향으로 나아가고 있는데도 우리들이 문화적 동질성으로 내닫고 있다고 하는 바로 그 전제다. 이렇게 말하는 것은 흔한 일이 아니지만 우리는 물질적인 생산면에서만이 아니라 예술, 교육 및 대중 문화에서도 역시 세분화와 다양화의 방향으로 급속히 나아가고 있는 것이다.

문명 사회에서 문화적 다양성을 제시하는 하나의 지표를 찾으려면 인구 100만 명당 발행되는 책의 종류를 조사해 볼 필요가 있다. 국민의 기호(嗜好)가 규격화되면 규격화될수록 100만 명당 발생 서적 종류가 적을 것이고, 그 기호가 다양하면 다양할수록 종류가 많을 것이다. 일정 기간의 이러한 숫자의 증가 혹은 감소는 그 사회의 문화적 변화의 방향에 대한 중대한 실마리가 된다. 아울러 이것은 유네스코(UNESCO)가 세계의 서적 발행 동향을 연구했던 근본 이유이기도 하다. 보르도 대학의 문헌사회학(文獻社會學) 센터 소장인 에스카르피(Robert Escarpit)가 행한 이 연구는 국제적으로 문화적 탈규격화 경향이 상당히 진척되고 있다는 훌륭한 증거를 보여 주었다.

그런데 1952년에서 1962년 사이를 보면 29개 주요 출판국(出版國) 가운데 21개국에서 다양성의 지수(指數)가 증대되었다. 다양성 지수가 가장 두드러진 나라로는 캐나다와 미국 및 스웨덴을 들 수 있는데, 이들 나라는 모두 50퍼센트나 그 이상의 증가를 나타내고 있다. 영국, 프랑스, 일본, 네덜란드는 모두 10~25퍼센트의 증가를 나타내고 있다. 반대 방향, 즉 서적 출판이 규격화되는 방향으로 나아간 나라는 모두 8개국으로 인도, 멕시코, 아르헨티나, 이탈리아, 폴란드, 유고슬라비아, 벨기에, 오스트리아 등이 있다. 요컨대 한 나라의 기술과학이 발전하면 발전할수록, 서적 출판의 다양화 또는 탈획일화 경향이 많은 듯하다는 것이다.

다원주의(多元主義)로 나아가는 경향은 회화(繪畵)에서도 두드러지는데, 회화에서는 거의 상상할 수도 없을 만큼 광범위한 창작 유파(流派)를 발견할 수 있다. 구상주의(具象主義), 표현주의, 초현실주의, 추상 표현주의, 하드에지, 팝, 동작 미술을 비롯해서 100여 개의 유파들이 동시에 출현하고 있다. 이들 유파 가운데 한두 개의 유파가 화랑을 일시 지배할 수는 있지만, 결코 보편적인 표준이나 유형이 있는 것은 아니다. 요컨대 회화 세계는 다원적인 시장을 이루고 있다고 하겠다.

회화가 부족의 종교 활동이었을 때 화가는 공동체 전체를 위해 봉사했다. 그 후 화가는 일부 귀족 엘리트를 위해 봉사했고, 다음엔 획일적 대중으로서의 관객이 출현했다. 그런데 오늘날 화가는 수많은 소집단들로 나누어진 많은 관객을 대상으로 삼고 있다. 맥헤일에 따르면, "가장 획일적인 문화는 원시 사회에서 전형적으로 찾아볼 수 있다. 현대 '대중' 문화에서 엿볼 수 있는 가장 두드러진 특성은 문화적인 선택의 여지와 다양성이 많다는 데 있다. …… 언뜻 보아도 알 수 있듯이 '대중'이란 수많은 이질적인 관객들로 나누어져 있다"는 것이다.

실상 예술가들은 일반적인 공중(公衆)을 위해 작품 활동을 하려 하지는 않는다. 예술가들이 그렇게 하고 있다고 생각하는 경우조차, 그들은 사회 안의 한두 개 소집단이 좋아하는 기호와 유형에 통상 반응하고 있는 것이다. 앞서 고찰한 빵의 액상 원료나 자동차 제조업자들과 마찬가지로 예술가들도 '작은 시장'을 대상으로 창작하고 있다. 그리고 이러한 작은 시장들이 많아지면 예술 작품도 다양화되어 간다는 것이다.

하지만 다양성으로의 진행은 교육 분야에서 심각한 논쟁을 불러일으키고 있다. 산업화가 이루어지기 시작한 이래로, 서양의 교육 특히 미국의 교육은 기본적으로 규격화된 교육 내용을 다량 생산하도록 조직화되어 있었다. 소비자가 보다 많은 다양성을 원해서 갖기 시작하고, 새로운 기술과학이 탈규격화를 가능케 만든 그 순간, 저항의 물결이 대학 캠퍼스를 휩쓸기 시작한 것은 결코 우연이 아니다. 이러한 연관성을 감지(感知)한 사람은 그리 많지 않았지만, 캠퍼스에서 일어난 일과 소비 시장에서 벌어진 현상들 사이에는 깊은 관련성이 있는 것이다.

학생이 지니고 있는 기본적인 불만의 하나는 그가 개인으로서 취급되고 있지 않다는 데 있다. 말하자면 학생이 인격화된 개체로서가 아니라, 죽처럼 분화(分化)되지 않은 것으로 다루어지고 있다는 데 불만을 품는 것이다. 무스탕 자동차의 구매자처럼 학생도 스스로 설계하기를 원하고 있다. 산업은 소비자의 욕구에 민감하게 반응하고 있는데도, 교육은 학생의 요구에 전적으로 무관심하다는 데 차이가 있다(전자의 경우는 "소비자가 가장 잘 알고 있다"고 전제하는 데 반해, 후자는 "아버지나 교육 담당자가 가장 잘 알고 있다"고 주창되고 있다는 것이다). 따라서 학생이라는 소비자는 교육 기관이 다양성에 대한 학생의 요구를 받아들이도록 하기 위해서는 투쟁할 수밖에 없다는 것이다.

대부분의 대학이 강좌(講座)의 다양성을 대폭 넓히면서도, 학위나 전공 등에 토대를 두어 복잡하게 규격화된 제도에 아직도 얽매여 있다. 이러한 제도는 모든 학생이 거치지 않으면 안 되는 기본적인 과정인 것이다. 교육자들은 다양한 과정을 마련해 선택 가능성을 늘리고 있지만, 학생들로서는 이러한 다양화로의 변화 속도가 흡족하지 않다는 것이다. 이러한 사실은 젊은 사람들이 '초대학(超大學)', 즉 실험 대학이나 자유 대학 등을 설립하려는 이유를 설명해 주고 있다. 이러한 초대학에서는 학생들 개개인이 게릴라 전술이나 주식 시장에서 필요한 기술, 선불교(禪佛敎), 지하 연극 운동에 이르는 수많은 교과 과정들 중에서 자기가 좋아하는 것을 자유롭게 선택하도록 되어 있다.

서기 2000년이 되기 훨씬 이전에 학위나 전공, 학점 등 낡아빠진 구조는 마구 헝클어져서 두 학생이 똑같은 교육 과정을 밟는 경우는 없게 될 것이다. 학생들은 고등 교육을 탈규격화시켜 초산업화적인 다양성으로 나아가도록 압력을 행사하고 있고, 이러한 투쟁에서 학생들이 승리할 것이기 때문이다.

예를 들어 프랑스 학생 시위의 성과 가운데 가장 중요한 것이 대학 제도의 대대적인 분권화(分權化)였다는 사실은 뜻깊은 일이다. 분권화는 지역적 다양성을 증대시켜서 지방 당국으로 하여금 교과 과정이나 학생 규칙, 행정 관례 등을 변경시킬 수 있게 만들고 있다.

이와 함께 공립 학교에서도 또 하나의 혁명이 일어나고 있는데, 이것은 이미 공공연한 폭력으로 치닫고 있다. 전세계 학생 저항 운동의 시발이었던 버클리의 소요(騷擾)처럼, 이것도 순수한 지역적 문제인 것처럼 보이는 일에서 비롯되었다.

공공 교육 제도가 약 900개의 학교를 관장하고 있고 미국 공립 학교 학생의 40분의 1을 책임지고 있는 뉴욕 시는 분권화의 문제를 놓고 역사상 최악의 교사(敎師) 파업 사태에 직면했다. 교사의 시위 행렬, 학부모들의 거부 운동, 폭동에 가까운 일들이 뉴욕 시내 여러 학교에서 연일 계속되었다. 학교 운영의 무능과 학교의 심한 인종 차별에 격분한 흑인 학부모들은 지역 사회의 여러 세력의 지원 아래, 전체 학교 제도를 보다 작은 '지역 사회에서 운영하는' 학교 제도로 세분할 것을 요구했다.

결국 인종 차별 철폐와 더 나은 교육을 요구하다 실패한 뉴욕 흑인들은 그들 자신의 학교 제도를 요구하고 있다. 그들은 독자적인 학교를 통해 흑인의 역사도 가르치고, 방대하고 관료적이며 경직화된 현행 교육 제도하에서보다 학부모들의 학교 참여도 증대시키려 하고 있다. 요컨대 흑인들은 개성을 살려 교육받을 수 있는 권리를 주장하고 있는 것이다.

하지만 본질적인 문제는 인종적 편견의 수준에 그치는 것이 아니다. 지금까지 미국의 대도시 학교 제도는 동질화를 촉진시키는 강력한 힘이었다. 시(市) 규모의 기준과 교과 과정을 고정시키고, 시 정도의 단위로 교과서와 교사를 선정함으로써 대도시 학교 제도는 학교에 대해 상당한 획일성을 강요해 왔다.

오늘날 미국의 디트로이트, 워싱턴, 밀워키 및 기타 대도시로 파급되고 있는(형태는 다르지만 유럽에도 파급될) 분권화 압력은 흑인들의 교육을 개선하자는 것만이 아니라 집권화(集權化)된 시 규모 학교 정책 그 자체도 타파해 보려는 시도다. 이것은 또 학교에 대한 관할권을 지방 당국에 이양시켜 공공 교육에서 지역적 다양성을 추구하려는 시도이기도 하다. 요컨대 분권화 압력은 20세기의 마지막 3분의 1 기간 동안 교육을 다양화시키려는 커다란 노력의 일부라는 것이다. 이러한 노력은 고루한 노동 조합의 완강한 저항으로 뉴욕에서 일시 중단되고 있긴 하지만 그렇다고 해서 분권화로 나아가는 역사적인 힘이 영원히 저지되었다고는 볼 수 없다.

　제도 '안에서' 교육을 다양화시키는 데 실패하면, 제도 '밖에서' 다른 교육의 기회가 자라나게 된다. 따라서 오늘날 클라크(Kenneth B. Clark)나 젱크스(Christopher Jencks)를 비롯한 저명한 교육자, 사회 학자들은 정규 공립 학교 제도 밖에서 이와 경쟁하는 새로운 학교의 창설을 제시하고 있다. 클라크는 지역 사회나 주립 학교, 국립 학교, 그리고 대학, 노동 조합, 회사 및 심지어 군(軍)에 의해서 운영되는 학교를 주장하고 있다. 이렇게 경쟁적인 학교는 교육에 꼭 필요한 다양성을 조성하는 데 도움이 되리라고 그는 주장한다. 이와 때를 같이해서 교육 제도의 주류가 너무 동질적이라 보는 히피 공동체나 기타 단체들은 비공식적 형태의 여러 '초학교(超學校)'를 이미 설립하고 있다.

　여기서 우리는 사회의 주된 문화적 힘의 하나인 교육도 경제의 흐름과 똑같이 그 산출을 다양화시키는 방향으로 나아가고 있음을 알 수 있다. 아울러 새로운 기술과학도 물질 생산 영역에서와 똑같이 규격화를 조장하기보다는 초산업적 다양성으로 우리를 이끌어 가고 있다는 것을 알 수 있다.

　예를 들면 컴퓨터는 학교가 보다 융통성 있는 시간표를 짤 수 있게 하고, 학교로 하여금 독자적인 연구, 보다 광범위한 교과목의 제시, 보다 다양한 과외(課外) 등도 쉽게 한다. 더욱 중요한 것은 컴퓨터의 조력을 받는 교육, 컴퓨터로 계획된 수업 및 이러한 기술이 일반의 오해와는 달리 수업의 다양성을 크게 늘릴 수 있다는 사실이다. 컴퓨터는 각 학생들로 하여금 순전히 자기 자신의 페이스대로 진도에 맞추어 학습해 나갈 수 있도록 하고, 전통적인 산업화 시대의 교육처럼 고정된 교수 요강(要綱)에 따르기보다는 새로운 방법으로 지식을 습득할 수 있게 한다.

　더욱이 내일의 교육계에서는 대량 생산의 유물인 강의실이 중요성을 상실해 갈 것으로 보인다. 마치 경제에서의 대량 생산이 많은 노동자들을 공장에 배치하는 것이 필요했듯이, 교육에서의 대량 생산도 많은 학생들을 학교에 배치하는 것이 필요했다. 이러한 사실 자체는 곧 획일적인 규율, 규칙적인 시간, 출석 점검 등을 요구함으로써 규격화를 이루는 하나의 힘이었다. 그러나 미래의 진보된 기술과학은 이러한 일을 불필요하게 만들 것이다. 교육은 거의 학생의 집 공부방이나 기숙사에서 자기 스스로가 택하는 시간에 이루어질 것이다. 컴퓨터화된 정보 수집 체계를 통해 학생이 활용할 수 있는 자료실이 방대해지고, 학생 자신의 전용 테이프와 비디오 장치가 마련되며, 전용 어학 실습실과 전자 장치를 갖춘 연구실이 갖추어짐으로써 학생들은 오랜 시간 밀집된 교실을 찾아 다녀야 했던 구속감과 불쾌감에서 해방될 수 있을 것이다.

이렇게 새로운 자유를 가져올 기술과학은 IBM, RCA, 제록스 사 등과 같은 대회사들을 통해 빠른 속도로 전체 학교에 보급될 것이 확실하다. 미국과 몇몇 서구 국가의 교육 제도는 앞으로 30년 안에 과거의 대량 생산식 교육 방식과 결별해 새로운 기계들의 해방 능력을 토대로 한 교육적 다양성의 시대로 나아갈 것이다.

따라서 상품 생산에서처럼 교육에서도 사회는 불가피하게 규격화의 방향으로 나아가기보다는 규격화에서 벗어나는 방향으로 나아가게 될 것이다. 이러한 현상은 보다 다양화된 자동차나 세제, 담배 등의 종류가 많아진다는 뜻만은 아니다. 다양성으로 나아가는 사회적 추진력과 개인적 선택의 증대는 우리의 물질적 환경에 영향을 미칠 뿐 아니라 우리의 정신적인 영역에도 영향을 미치고 있다.

동성애자(同性愛者) 영화

현대인의 마음을 동질화시킨다고 비난받는 온갖 세력들 중에서 매스 미디어만큼 계속적으로 그리고 신랄하게 비판받고 있는 것도 없다. 미국과 유럽의 지식인들은 언어와 관습, 기호 등을 규격화시킨다는 측면에서 특히 텔레비전을 공박하고 있다. 그들 지식인들은 텔레비전을, 지역적 차이를 없애고 문화적 다양성의 마지막 흔적까지 말살하는 거대한 잔디 깎는 기계로 묘사하고 있다. 한편 번영을 누리고 있는 학계(學界)에서는 잡지와 영화에 대해서도 비슷한 비판을 가하고 있다.

이러한 비판에는 일부 타당한 측면이 없지 않지만 그들은 규격화가 아니라 다양화를 낳는, 매우 중대한 반대 경향이 있다는 것을 간과하고 있다. 텔레비전은 제작 비용이 비싸고 채널 수에 제한이 있기 때문에, 어쩔 수 없이 큰 시청자 집단을 대상으로 할 수밖에 없다. 그러나 그 밖의 대부분의 커뮤니케이션 미디어에서는 대집단 수용자에 의존하는 경향이 줄고 있음을 알 수 있다. 시장 세분화 현상은 어디서도 일어나고 있는 셈이다.

한 세대 전만 하더라도 미국의 영화 관객이 볼 수 있는 것은 대체로 대중 수용자를 겨냥한 할리우드 영화들뿐이었다. 오늘날 미국 각 도시에서는 이러한 '주류(主流)' 영화에 외국 영화, 예술 영화, 성(性) 영화 등이 추가되고 있으며, 모든 전문 영화 운동은 소시장(小市場), 말하자면 서핑을 즐기는 사람들, 스피드광(狂)들, 오토바이 족 등에 호소하도록 의도적으로 계획되고 있다. 영화 제작이 이렇게 전문화되다 보면, 적어도 뉴욕쯤에서는 성적 충동을 일으키는 이상한 옷차림과 동성애를 즐기는 사람들을 위해 특별히 제작된 영화를 상영하는 전문 영화관을 발견할 수도 있을 것이다.

이와 같은 사실은 모두, 미국과 유럽의 영화관들이 점점 소형화하는 이유를 설명해 주고 있다. 《이코노미스트》지에 따르면 "4000개의 좌석을 보유하고 있는 트로카데로 영화관의 시대는 끝났다. ……주(週) 1회 정기적으로 영화를 관람하는 구식의 대중 영화 관람자는 영원히 없을 것이다"라는 것이다. 오히려 여러 갈래의 소집단 관객이 특수한 형태의 영화에 관심을 돌려 영화 산업의 이윤을 올려주고 있다. 이리하여 시네센터는 런던의 한 장소에 150석짜리 영화관 4개를 함께 지어 개관했으며, 다른 영화관 업자들도 소형 영화관을 계획하고 있다. 여기서도 역시 진보된 기술과학은 탈동질화(脫同質化)를 지향하고 있는 셈이다. 특히 비행기 기내 영화의 개발은 마침내 새롭고 값싼 16밀리미터 영사기를 탄생시켜 미니 영화 시대를 열어주고 있다. 기내 영화는 영사 기술자가 필요하지 않고, 필요한 영사기도 두 대에서 한 대로 줄였다. 유나이티드 아티스츠 사는 특허를 얻어서 이와 같은 '자동 영사기'를 시판하고 있다.

라디오도 역시 아직은 대중 시장의 성향을 나타내고 있지만 분화의 징조를 보이고 있다. 미국의 일부 방송국들은 고소득층과 고등 교육을 받은 청취자들을 위해 고전 음악만을 들려주는가 하면, 다른 일부 방송국들은 뉴스만을 전담하고 있고, 또 다른 일부 방송국들은 대중 음악만을 들려주고 있다(그런가 하면 대중 음악을 전달하는 방송국들도 18세 이하의 청취자들을 대상으로 하는 것, 18세 이상 나이 든 층을 대상으로 하는 것, 흑인들을 대상으로 하는 것 등 몇 가지 범주로 급속히 세분화되고 있는 실정이다). 심지어 하나의 직업, 이를테면 의사만을 대상으로 해서 프로그램을 제작하는 라디오 방송국을 설립하려는 움직임도 있다. 앞으로는 기술자나 회계사, 변호사 등 전문화된 직업 집단을 대상으로 하는 방송국들이 설립될 것으로 생각된다. 좀더 세월이 흐르면 직업 구분에 따라서만이 아니라 사회 경제적 또는 심리 사회적 구분에 따라서도 시장의 세분화가 이루어질 것이다.

그러나 탈규격화의 징후가 가장 두드러지는 곳은 출판계(出版界)다. 텔레비전이 등장하기까지는 대부분의 나라에서 대중 잡지가 가장 규격화된 미디어였다. 대중 잡지는 똑같은 소설, 똑같은 논문, 똑같은 광고를 수십만 또는 수백만 가정에 전달함으로써 유행과 정치적 의견 및 말씨 등을 급속히 전파시키고 있다. 라디오 방송인들이나 영화 제작자들과 마찬가지로 출판인들은 가장 방대하고 가장 보편적인 수용자들을 추구하는 경향이 있었다.

텔레비전과 경쟁을 하는 과정에서 《광부(鑛夫)》나 《가정의 벗》과 같은 미국의 대잡지들이 소멸되었다. 텔레비전 등장 후에도 잔존하고 있는 대중 시장성(大衆市場性) 출판물들은 부분적으로 지역이나 대상에 따른 특별판을 만드는 방향으로 전환함으로써 존속할 수 있었다. 1959년에서 1969년 사이에 특별판을 만들어 내는 미국 잡지들의 수는 126개에서 235개로 늘었다. 오늘날 미국에서 대량 보급되는 잡지는 하나같이 지역적 특성을 감안해서 내용이 약간씩 다른 판을 찍어 내는데, 어떤 것은 100여 종의 특별판을 만들어 내기도 하며 직종이나 다른 분류에 따라서도 특별판이 발행되고 있다. 《타임》지를 구독하는 8만 명의 의사들은 교사들과는 약간 다른 《타임》지를 보고 있고, 교사들의 것은 대학생들의 것과 다르다. 이러한 '집단별 판'은 점점 세련되고 전문화되어 가고 있다. 요컨대 대중 잡지 출판인들은 자동차 제조업자나 가전제품 제조업자들과 똑같이 그들의 출판물을 다양화함으로써 탈규격화를 서두르고 있다는 것이다.

  이와 함께 새로운 잡지의 창간 비율도 두드러지고 있다. 미국 잡지출판협회에 따르면, 지난 10년 동안에는 잡지 하나가 폐간될 때마다 4개의 새로운 잡지가 나왔다고 한다. 발행 부수가 적은 새로운 잡지들이 매주 판매대나 우편으로 쏟아져 나오고 있는데, 이러한 잡지들은 파도타기나 스쿠버 다이빙을 하는 사람들, 노인층, 스피드광들, 크레디트 카드 소지자들, 스키 타는 사람들 및 비행기 승객 등 작은 시장을 대상으로 삼고 있다. 10대를 대상으로 한 잡지들도 여러 가지가 출간되고 있고, 최근에 이르러서는 어떤 '대중사회' 이론가도 예견할 수 없었던 현상, 즉 지방 월간지가 복간되는 현상이 나타나고 있다. 오늘날 피닉스, 필라델피아, 샌디에이고, 애틀랜타 등과 같은 미국 도시에서는 완전히 지역적 또는 국지적(局地的) 문제들만을 다루는 두툼하고 호화로우며 건실한 잡지들이 출현하고 있다. 이러한 현상에 따라 서로 다른 잡지들끼리 충돌하는 일은 없으며, 이것은 오히려 우리에게 이전보다 잡지 선택의 폭을 훨씬 더 넓혀주고 있다. 유네스코가 행한 조사에 따르면 일반 서적에서도 똑같은 현상이 나타나고 있다고 한다.

매년 발간되는 책의 종류가 너무 급격히 증가해서 현재 그 수가 너무 많기 때문에(미국에서는 매년 3만 종 이상의 책이 출간되고 있다), 교외에 살고 있는 한 주부는 "같은 책을 읽고 있는 사람을 찾아내기가 어렵다. 이러니 독서에 관한 대화를 어떻게 할 수 있겠는가?"라고 불평을 늘어놓고 있을 정도다. 그 주부의 말은 다소 과장되어 있을는지 몰라도, 독서 클럽이 매달 이질적인 독자들의 취향에 맞는 책을 선정하기가 점점 어려워지고 있다는 것은 분명한 사실이다.

미디어의 분화 과정은 상업 출판에만 국한되는 현상은 결코 아니다. 비상업적 문예 잡지들도 번창하고 있다. 《뉴욕 타임스》의 서평난은 "이러한 잡지들이 오늘날처럼 그토록 많이 발행된 적은 미국 역사상 결코 없었다"고 썼다. 한편 미국과 유럽의 많은 도시에서는 '지하 신문'이 발행되고 있다. 미국의 경우만 보더라도 최소한 200종의 지하 신문이 있는데, 그 가운데 상당수는 유명한 레코드 제작 회사들이 게재하는 광고에 의존하고 있다. 지하 신문들은 주로 히피족, 과격파 학생, 대중 음악 청취자 등에 호소함으로써 젊은 층의 여론 형성에 큰 힘으로 작용하고 있다. 런던의 《인터내셔널 타임스(*International Times*)》나 뉴욕의 《이스트 빌리지 아더(*East Village Other*)》를 비롯해서 미시시피 주 잭슨 시에서 발행되고 있는 《쿠드주(*Kudzu*)》에 이르기까지, 이들 지하 신문들은 삽화(挿畵)를 많이 넣고 때로는 색채 인쇄도 하며 향정신성(向精神性) 식품과 데이트 서비스를 위한 광고들로 가득 차 있다. 심지어 고등학교에서도 지하 신문이 발행되고 있다. 이렇게 사회 저변에서 성장하고 있는 출판물들을 보면서도 '대중 문화'나 '규격화'만을 논의한다는 것은 새로운 현실에 눈을 감고 있는 것과 같다.

여기서 중요한 것은, 미디어가 이렇게 다양성을 띠는 경향이 사회가 풍요해져서 일어난 현상일 뿐 아니라 앞서도 고찰한 것처럼 새로운 기술과학, 곧 인간을 동질화시키고 다양성의 흔적을 모조리 말살해 버릴 줄 알았던 바로 그 기계들 때문에 빚어지는 현상이라는 점이다. 오프셋 인쇄와 복사술의 발달은 고등학교 학생들의 용돈으로도 지하 신문을 발간할 수 있을 정도로까지 소규모 간행의 비용을 크게 절감시켰고, 이에 따라 실제로 발간이 이루어지고 있다. 실상 사무실용 복사기──일부 품목들은 현재 30달러 미만의 가격으로 팔리고 있는데──는 극소량의 인쇄를 가능케 함으로써, 맥루언이 지적한 것처럼 누구나 자기 책의 발행인이 될 수 있을 정도가 되었다. 사무실용 복사기가 필수적인 기계로 거의 보편화되고 있는 미국에서는 누구나 자기 책의 발행인이 되고 있다고 해도 좋을 듯하다. 책상으로 배달되는 정기 간행물들이 급격히 늘고 있다는 사실은 출판이 얼마만큼 용이한가를 드러내는 단적인 증거다.

한편 휴대용 촬영기와 새로운 비디오 테이프는 영화의 기본 원칙을 비슷하게 변화시키고 있다. 새로운 기술과학의 덕택으로 수많은 학생과 비전문인(非專門人)들도 촬영기와 필름을 다룰 수 있게 됨에 따라, 지하 영화──생생하고 화려하며 편벽되기도 하지만 고도로 개성화되고 지역성을 띤──가 지하 신문보다도 더 번성하고 있다.

이러한 기술과학의 진보는 청각 커뮤니케이션에도 역시 유사한 현상을 일으키고 있다. 이를테면 보편화된 녹음기는 누구나 스스로 '방송인'이 될 수 있게 만들고 있다. RTF(Radio-Télévision Francaise) 방송국의 동유럽 전문가인 모스만(André Moosmann)은 소련과 폴란드에 라디오나 텔레비전에는 한 번도 출연한 일이 없으면서도 노래와 목소리가 널리 알려진 대중 가요 가수들이 있다고 보고하고 있는데, 그들은 녹음 테이프라는 매체만을 통해 널리 알려지고 있다는 것이다. 예를 들어 오쿠드자바(Bulat Okudzava)의 노래를 녹음한 테이프는 민간에 나돌면서 수많은 복사판을 만드는데, 아무리 전체주의적인 정부라도 이러한 과정을 막거나 단속하기란 어렵다. 모스만은 "이러한 과정은 빨리 진행된다. 한 사람이 테이프를 하나 만들고 그의 친구가 두 개씩을 만든다면, 그 증가 속도는 대단히 빠를 수밖에 없다"고 말했다.

과격파들은 커뮤니케이션 수단이 소수에게 독점되어 있다면서 언제나 불평을 늘어놓고 있다. 나의 기억이 정확하다면, 사회학자인 밀스(C. Wright Mills)는 문화 종사자들이 커뮤니케이션의 수단을 빼앗아야 한다고 주장하는 단계에까지 이르고 있다. 하지만 굳이 그렇게까지 할 필요가 없는 상황으로 나아가고 있다. 커뮤니케이션 기술의 진보에 따라 총을 쏘는 일 없이 조용히 그리고 재빨리 커뮤니케이션의 탈독점화(脫獨占化)가 이루어지고 있는 것이다. 그 결과 문화적 산물은 더욱 탈규격화하고 있다.

물론 텔레비전은 아직도 인간의 기호를 동질화시킬 수가 있다. 그러나 다른 미디어는 이미 규격화가 필요한 기술적 상태를 벗어나고 있다. 기술의 향상을 통해 보다 많은 채널을 마련하고 제작비를 인하시켜 텔레비전의 채산성(採算性)을 맞추게 되면, 텔레비전 매체 역시 그 산출을 세분화시켜 소비자인 시청자들의 증대되는 다양성을 억제하기보다는 충족시키기 시작할 것으로 생각된다. 이러한 기술적 향상은 실상 수평선보다도 가까워지고 있다. 전자 녹화 장치의 발명, 유선(有線) 텔레비전의 보급, 인공 위성으로부터 유선 통신망으로 직결시키는 방송의 가능성 등, 이 모두는 프로그램의 다양성을 크게 증가시키는 방향을 가리키고 있다. 획일성으로 나아가는 경향은 과학 발전의 한 단계에 불과하다는 사실이 이제 두드러지고 있기 때문이다. 변증법적 과정이 시작되어 우리는 유례 없는 문화적 다양성으로 나아가는 긴 도약의 시발점에 놓여 있다.

서적과 잡지, 신문, 영화 및 기타 미디어가 마치 무스탕 자동차처럼 자기 마음대로 디자인할 수 있는 방식으로 소비자에게 제공될 날이 이제 눈앞에 다가와 있다. 따라서 1960년대 중반, 피츠버그 대학의 수학자며 컴퓨터 전문가인 노턴(Joseph Naughton)은 중앙 컴퓨터에 소비자의 인적 사항, 곧 소비자의 직업과 관심사에 관한 자료를 마련하면 어떻겠는가고 제안하고 있다. 그러면 기계가 신문이나 잡지, 녹화 테이프, 영화 및 기타 자료들을 조사하여 그것을 개인 자료와 맞추어 보고 그에게 관심 있는 것이 나타날 때 즉각 그에게 알려준다는 것이다. 이러한 방식은 전송(電送) 장치나 텔레비전 송신기와 연결시킬 수가 있는데, 이렇게 되면 자기의 거실에서 그 자료를 직접 영상화하거나 인쇄할 수 있게 된다는 것이다. 1969년에 이르러 일본의 《아사히 신문》은 가정에서 신문이 인쇄되어 나오는 값싼 '텔리뉴스' 체제를 일반에게 공개했고, 오사카에 있는 마쓰시타 산업은 'TV Fax(H)'로 알려진 이에 맞선 체제를 발표했다. 이러한 체제들은 미래의 신문, 곧 두 독자에게 똑같은 내용을 제공하지 않는 독특한 신문으로 나아가는 첫걸음이다. 이러한 체제하에서는 매스 커뮤니케이션이 '탈대중화(脫大衆化)'해 동질성에서 이질성으로 나아가게 된다.

이러한 모든 사실을 알면서도 미래의 기계가 인간을 로봇으로 만들고 인간의 개성을 박탈하며 문화적 다양성을 제거하리라고 주장한다면, 그것은 상식에서 벗어난 고집 불통이랄 수밖에 없다. 초기의 대량 생산이 다소의 획일을 초래했다고 해서, 초산업화 시대의 기계들까지 획일성을 조성하리라고는 볼 수 없다. 미래의 전반적인 추진력은 규격화, 곧 획일적인 상품들로부터나 동질화된 예술, 대량 생산적 교육 및 대중 문화로부터 이탈해 가고 있음이 사실이다. 우리 사회의 기술과학 발전은 변증법적 전환점에 도달하고 있다. 그리고 기술과학은 인간의 개성을 제약하기보다는 인간의 선택과 자유의 폭을 크게 넓힐 것으로 생각된다.

그러나 얻을 수 있는 물질적·문화적인 품목들은 많아졌는데, 인간이 이 넓어진 선택에 대처할 만한 준비가 되어 있는가 하는 것은 전적으로 별개의 문제다. 선택이 복잡해지고 어려워지며 비싸져서 개인을 해방시키기보다는 오히려 제약할 날이 올 것이기 때문이다.

요컨대 선택이 선택권 과잉이 되고 자유가 부자유로 될 날이 올 것이다.

그 이유를 이해하려면 팽창일로에 있는 물질적·문화적 선택을 검토하는 데만 머물러서는 안 된다. 사회적인 선택에 어떤 현상이 나타나고 있는가 하는 것도 고찰해야만 한다.

제13장 하위 문화의 범람

뉴욕 시 북쪽 30마일쯤, 고층 건물과 교통 혼잡과 도시의 유혹이 그리 멀지 않은 곳에 한 젊은 택시 운전사가 살고 있다. 그는 직업 군인 출신으로 몸에 700바늘이나 수술한 자리가 있다고 뽐내고 있다. 이러한 상처는 전상(戰傷) 탓도 아니고 교통 사고 탓도 아니다. 이 상처는 그가 가장 즐기는 취미인 로데오 경기 때문인 것이다.

택시 운전사의 봉급은 얼마 되지 않지만 이 사람은 말 한 필을 사서 건강하게 기르는 데 연간 1200달러 이상을 쓰고 있다. 그는 주기적으로 자기 차에 말 운반차를 달고 100마일 이상을 달려 '소의 거리'라고 불리는 필라델피아 교외까지 간다. 거기서 그는 자기와 비슷한 사람들과 어울려 밧줄을 걸고 씨름을 하며 야생마를 길들이는 등 거친 경기에 참가하는데, 그것을 통해 얻는 가장 큰 상품이란 병원 응급실을 되풀이해서 찾는 일이다.

이 사나이는 뉴욕에 가까이 살면서도 뉴욕에는 매력을 느끼지 못하고 있다. 내가 그를 만났을 때 그는 23세였는데, 그때까지 뉴욕에 가본 것은 한두 번에 불과하다고 했다. 그의 관심은 온통 로데오 경기장에만 집중되어 있었는데, 그는 미국에서 별로 알려지지 않은 로데오 경기광(狂)의 작은 지하 모임 회원이었다. 이 집단에 소속된 사람들은 이러한 시대 착오적 스포츠를 통해 생계를 유지하는 직업인들이 아니다. 그렇다고 서부 영화에 나오는 장화나 모자, 옷, 혁대 등을 즐겨 쓰는 사람들도 아니다. 그들은 가장 발달한 기술과학 문명의 방대함과 복잡함 속에서 잃어버린, 작지만 뚜렷한 하나의 하부 집단인 것이다.

이 이상스러운 집단은 그 택시 운전사의 마음을 사로잡고 있을 뿐 아니라 그의 시간과 돈까지도 소모시키고 있다. 더욱이 이 집단은 그 사람의 가족, 친구 및 그 사람의 생각에도 영향을 미치고 있으며, 심지어 자기 스스로를 평가하는 척도도 마련해 주고 있다. 요컨대 이 집단은 우리 대부분이 발견하기 힘든 것, 이른바 정체성(正體性)이라는 것을 그에게 보상해 주고 있다 하겠다.

이렇듯 기술 사회는 단조롭고 동질적인 사회와는 거리가 멀다. 그것은 히피와 자동차 경주자, 접신론자(接神論者), 비행접시 신봉자, 스킨 다이버와 스카이 다이버, 동성애자, 컴퓨터 광신자, 채식주의자, 보디빌더, 블랙 무슬림(Black Muslim) 등과 같은 다양한 집단들이다.

오늘날 초산업화 혁명이 안겨준 충격은 문자 그대로 사회를 분열시키고 있다. 마치 사동차 선택 항목이 늘고 있는 것과 같은 속도로 사회적 영역과 종족과 소집단들이 늘고 있다. 제품과 문화적 품목과의 관계에서 개인의 선택을 늘리는 것과 같은 탈규격화의 힘은 우리의 사회적 구조 역시 탈규격화시키고 있다. 이러한 현상이 바로 하룻밤 사이에 히피와 같은 새로운 하부 집단들을 분출시키는 이유다.

이러한 현상은 중요한 것으로서 아무리 강조해도 지나치지 않을 정도다. 우리 모두는 의식적이든 무의식적이든 스스로를 일체화시키기 위해 선택하는 하부 집단들로부터 많은 영향을 받아 우리의 정체성을 만들어 나가고 있기 때문이다. 히피나, 스스로를 검증하고 발견하기 위한 노력으로 700바늘을 꿰매는 고통을 참아내는 교육받지 못한 젊은이를 비웃을 수도 있다. 하지만 어떤 의미에서 보면 우리는 모두가 로데오 경기인이거나 히피인 것이다. 우리 역시 여러 종류의 종족이나 집단 등 비공식적인 집단에 귀속함으로써 정체성을 찾고 있다. 그리고 선택의 범위가 넓어지면 넓어질수록 탐색은 점점 어려워진다.

과학자와 주식(株式) 중개인

하부 집단의 번성은 직업의 측면에서 가장 두드러지고 있다. 하부 집단의 대다수는 직업적인 전문 분야에서 출현하고 있는 것이다. 사회가 전문화의 방향으로 나아감에 따라 그 사회는 점차 하부 문화의 다양성을 지니게 된다.

예를 들면 과학계는 점점 세분화되고 있다. 공식적인 조직체와 협회는 전문화된 잡지와 대회, 회합 등이 갑자기 많아져 뒤엉키고 있다. 주제(主題)에 따른 '드러난' 차이들과 함께 '숨겨진' 차이들도 있다. 암(癌) 연구가와 천문학자들은 서로 다른 일을 하고 있을 뿐 아니라, 쓰는 말도 다르고 인간성도 달라지는 경향이 있다. 말하자면 그들은 사고도 복장도 생활도 다르다(이러한 차이는 너무나 두드러지기 때문에 그들 사이의 대인 관계가 조화되지 않는 경우가 많다. 어떤 여자 과학자는 "남편이 미생물학자고 나는 이론물리학자인데, 우리가 과연 공존할 수 있을까 의심할 때도 있다"고 말했다).

어떤 특수 분야에 속한 과학자들은 그들끼리 결속해서 작으면서도 긴밀한 하부 문화적 세포(細胞)를 형성하는 경향이 있는데, 그들은 자기가 속한 세포에서 승인(承認)과 위광(威光)을 구하는 것은 물론이고 복장과 정치적 견해, 생활 방식 등과 같은 일들에 관한 지침도 구하고 있다.

과학의 분야가 넓어지고 과학 인구가 증대됨에 따라 '숨겨진' 비공식적 측면의 다양성이 점점 확대되고 새로운 전문 분야들이 출현한다. 요컨대 전문화는 하부 집단을 길러 내는 것이다.

같은 직종 안에서 이러한 세포 분화의 과정이 가장 극적으로 두드러지는 곳이 금융업계다. 월 스트리트는 지난날 비교적 동질적인 공동체였다. 금융인들을 사회학적으로 관찰한 어떤 사람은 다음과 같이 말하고 있다. "옛날 같으면 세인트폴에서 월 스트리트로 와서 많은 돈을 벌면 래키트 클럽에 가입하고 노스 쇼어에 부동산을 갖고 딸들을 사교계에 소개하는 것이 통상 관례였다. 그런데 이러한 모든 일은 학창 시절 급우들에게 공채(公債)를 팔면 이루어졌다." 이 말은 약간 과장된 것인지는 모르지만 실상 월 스트리트는 앵글로 색슨계 백인 개신교도(WASP)라는 커다란 하부 집단이었다. 그 성원들은 같은 학교에 가고, 같은 클럽에 가입하며, 같은 스포츠(테니스, 골프, 공치기 등)를 즐기고, 같은 교회(장로교나 성공회)에 나가며, 같은 정당(공화당)에 투표하는 경향이 있었다.

그러나 아직도 월 스트리트가 이렇다고 생각하는 사람이 있다면, 그 사람은 새롭고 급변하는 현실보다는 오친클로스나 마퀀드(John Phillips Marquand)의 소설에서 자기 생각을 얻어내는 사람이다. 오늘날의 월 스트리트는 여러 갈래로 나누어져 있고, 사업에 종사하는 젊은이는 서로 경합하는 수많은 하부 집단들 중에서 하나를 선택하고 있다. 투자금융 분야에서는 아직도 낡고 보수적인 WASP 그룹이 주름잡고 있고, 거기에는 "유태인을 고용할 바에야 흑인 동업자를 구하겠다"고 말하는 구태 의연한 '일류' 회사들이 아직도 몇 있다. 그러나 비교적 새로이 분화된 상호신용금고 분야에서는 그리스 사람이나 유태인, 중국인 등의 이름이 흔히 있고 유명한 세일즈맨 가운데는 흑인들도 있다. 여기서는 전반적인 생활 방식과 그 집단의 내면적 가치관들이 아주 달라서 상호신용 분야에 종사하는 사람들은 그들끼리 별개의 종족이라고 할 수 있다.

어떤 유명한 금융 평론가는, "이제는 어느 누구도 WASP이기를 원하고 있지 않다"고 말하고 있다. 실상 젊고 적극적인 월 스트리트 사람들은 설사 그가 WASP 출신이더라도 월 스트리트의 고전적인 하부 집단에 속하기를 거부하고 오히려 맨해튼 남부 지역에 군집해 있으면서 때로 충돌하기도 하는 하나 또는 몇 개의 다원적 사회 집단에 참여하고 있다.

전문화가 계속됨에 따라, 연구가 새로운 분야에도 미치고 옛 분야에는 더욱 깊이 이루어짐에 따라, 그리고 경제 체제가 새로운 기술과학과 서비스를 계속 창조함에 따라, 하부집단은 계속 증대할 것으로 보인다. 처음에는 '대중 사회'를 욕하다가 다음에는 '지나친 전문화'를 헐뜯는 사회 비평가들은 쓸데없이 혀를 놀리고 있는 것이다. 전문화는 동류성(同類性)에서 이탈해 가는 움직임인 까닭이다.

'만능인(萬能人)'이 필요하다는 어설픈 얘기가 많지만, 내일의 기술과학이 고도로 훈련된 많은 전문인들 없이 진전될 수 있으리라고는 생각하기 어렵다. 우리는 필요한 전문 지식의 형태를 급속히 변화시키고 있다. 우리는 융통성 없는 '단일 분야의 전문가들'보다 '많은 분야에 걸친 전문가들' 즉 한 분야를 깊이 알면서 다른 분야도 다룰 수 있는 사람들을 요구하고 있다. 그러나 우리는 사회의 기술적 토대가 더욱 복잡해짐에 따라, 지금보다는 더 정확히 일할 수 있는 전문가들을 계속 필요로 하고 길러 나갈 것으로 본다. 바로 이러한 이유만으로도 우리는 사회의 하부 집단의 유형과 수가 증가할 것으로 기대하지 않을 수 없다.

오락 전문가

설사 기술과학이 수많은 미래의 사람을 일로부터 해방시킨다 하더라도, 놀 자유가 주어진 사람들에게도 다양성으로 향한 똑같은 압력이 작용하고 있음을 발견하게 될 것이다. 우리는 이미 수많은 '오락 전문가'를 길러 내고 있기 때문이다. 우리는 일의 형태만이 아니라 놀이의 형태도 급격히 증대시키고 있다.

사회적으로 용인되는 오락과 취미, 게임, 스포츠 등의 수는 급격히 늘고 있으며, 예를 들어 파도타기를 중심으로 형성된 독특한 하위 집단의 성장은 최소한 몇몇 사람의 경우에는 여가 활동이 전체 생활의 바탕이 될 수도 있음을 제시해 주고 있다. 파도타기를 중심으로 한 하위 집단은 미래를 가리키는 하나의 이정표다.

나도(Remi Nadeau)는 다음과 같이 기술하고 있다. "파도타기는 비밀 협동 단체나 종교 단체의 성격을 띠는 일종의 상징 체계를 이미 발달시키고 있다. 서로 일체감을 느끼는 징표로서 상어 이〔齒〕나 성(聖) 크리스토퍼 메달이나 아니면 몰타 십자가 따위를 목에 헐렁하게 걸고 있다. ……오랫동안 가장 일반적인 수송 형태는 나무판을 붙인 고풍스런 포드제(製) 스테이션 왜건이었다." 파도타기를 하는 사람들은 무릎과 발에 있는 상처와 작은 혹을, 자기 자신이 파도타기에 얼마나 열중하고 있는가를 나타내는 자랑스러운 증거로 제시하고 있다. 햇볕에 타는 것은 필수적이고 머리 모양새도 독특하게 꾸미고 있다. 이러한 패거리들은 문(J. J. Moon)과 같은 집단 안의 영웅들의 훌륭한 솜씨를 얘기하는 데 많은 시간을 소모하고 있는데, 문의 추종자들은 J. J. 문 티 셔츠와 J. J. 문 서핑 보드, J.J. 문 팬 클럽 회원권을 사기도 한다.

파도타기를 하는 사람들은 놀이를 중심으로 한 수많은 하위 집단들 중 하나에 불과하다. 예컨대 스카이 다이버들은 문의 이름을 거의 알지 못하고, 파도타기를 하는 사람들의 독특한 의식(儀式)이나 유행도 거의 알지 못한다. 스카이 다이버들은 그 대신 팩(Rod Pack)의 묘기에 관해 얘기하고 있는데, 팩이란 사람은 얼마 전 낙하산 없이 비행기에서 뛰어내려 공중에서 동료로부터 낙하산을 받아 몸에 달고 무사히 착륙한 사람이다. 스카이 다이버들도 활공광(滑空狂)이나 스쿠버 다이버, 스피드광, 자동차 가속(加速) 경주자, 오토바이 경주자 들처럼 그들 스스로의 작은 세계를 갖고 있다. 위에서 열거한 것들은 하나같이 여가를 토대로 하면서도 기술과학적 고안품을 중심으로 조직화된 하부 집단이다. 새로운 기술과학이 새로운 스포츠를 가능케 함에 따라, 우리는 극히 다양하고 새로운 하위 놀이 집단이 형성될 것이라고 예견할 수 있다.

 사회 자체가 노동 지향으로부터 점차 여가 향유(享有)로 관심을 옮김에 따라 여가 시간의 추구는 사람들 사이의 차이를 빚어 내는 중요한 토대가 될 것이다. 금세기에 들어선 이후의 미국의 경우만 보더라도 노동에 대해 쏟는 사회의 관심은 약 3분의 1로 줄었다. 이것은 바로 사회의 시간과 에너지가 크게 재편되었음을 뜻하고 있다. 이렇듯 노동에 대한 관심이 점차 줄어듦에 따라, 우리는 눈부신 오락 전문화──오락의 대부분은 복잡한 기술과학에 기초를 두고 있다──의 시대로 돌입할 것으로 생각된다.

 우리는 우주 활동, 홀로그래피, 정신 통제술, 심해(深海) 다이빙, 잠수(潛水), 컴퓨터 게임 등을 중심으로 한 하부 집단의 형성도 예견할 수 있다. 심지어 우리는 반사회적(反社會的)인 여가를 중심으로 한 하부 집단의 형성도 가능할 것으로 본다. 이러한 하부 집단들은 물질적인 이득을 위해서가 아니라 '체제에 타격을 입히는' 단순한 스포츠를 위해 사회의 움직임을 교란시키려고 긴밀히 조직된 집단인 것이다. 그리고 이러한 진행 과정은 〈더피(Duffy)〉나 〈토머스 크라운 사건〉과 같은 영화에 이미 묘사되었다. 이러한 집단들은 정부나 회사의 컴퓨터 프로그램을 교란시키고, 우편물을 딴 곳으로 배달하며, 라디오와 텔레비전 방송을 방해하거나 변경시키고, 치밀하게 짜인 속임수를 연출하며, 증권 시장을 교란시키고, 정치나 기타 여론 조사를 위해 임의(任意) 추출된 표본들을 변조시키며, 심지어 세밀하게 계획된 강도와 암살을 감행하는 등 반사회적인 일들을 기도할는지도 모른다. 소설가인 편천(Thomas Pynchon)은 소설 〈추첨 번호 49의 외침〉에서 사설(私設) 우체국을 만들어 몇 세대에 걸쳐 운영해 온 가공(架空)의 지하 집단을 묘사하고 있다. 또한 공상 과학 소설가인 셰클리(Robert Sheckley)는 〈일곱번째의 희생자〉라는 무서운 단편 소설에서, 서로 사냥을 하고 사냥을 당하는 특수한 '놀이꾼' 사회에서는 살인도 합법화될 수 있다는 가능성까지 제시하고 있다. 이러한 극한적 게임은 폭력의 위험성이 있는 자들에게 통제된 테두리 안에서 공격성을 소진(消盡)하도록 허용하게 될 것이다.

이러한 얘기는 좀 이상하게 들릴는지 모르지만, 여가의 영역은 노동의 영역과 달리 실제적 사고의 제약을 별로 받지 않기 때문에, 이러한 일이 없을 것이라고 일률적으로 단정할 수는 없다. 여기서는 상상력이 자유로이 날개를 펴고, 인간의 마음은 믿을 수 없을 만큼 다양한 '오락'을 생각해 낼 수 있다. 충분한 시간과 돈이 주어지고 경우에 따라 충분한 기술이 갖추어진다면, 내일의 인간들은 이제까지 꿈도 꿀 수 없었던 방법으로 놀이를 즐길 수 있을 것이다. 내일의 인간들은 이상스러운 성적(性的) 게임도 할 것이고 마음을 속이는 게임도 할 것이며, 사회를 속이는 게임도 할 것이다. 그리고 내일의 인간은 이렇게 하는 과정에서 상상도 할 수 없을 만큼 많은 선택지(選擇肢) 가운데 하나를 골라 하부 집단을 형성할 것이고, 서로를 단절시키는 방향으로 나아갈 것이다.

젊은이의 특수촌(特殊村)

연령에 따라서도 하부 집단이 많아져 사회는 분열되고 있다. 작업 전문가, 놀이 전문가와 함께 '연령 전문가'도 나타나고 있다. 인간을 어린이와 젊은이, 어른으로 크게 나누었던 때도 있었다. 막연하게 규정됐던 '젊은이'라는 용어가 13~19세에 이르는 아이들만을 지칭하는 '틴에이저'라는 보다 한정된 용어로 대체되기 시작한 것은 1940년에 이르러서였다(실상 영국에서는 이 용어가 제2차 세계대전 후까지도 별로 알려지지 않았다).

오늘날에 이르러서 이렇듯 조잡한 삼분법(三分法)은 부적합하다는 것이 드러나고, 보다 특수한 범주를 만들어 내려고 안간힘을 쓰고 있다. 지금 우리는 유년기와 청소년기 사이의 '프리틴(pre-teens, 틴에이저 이전)'이나 '서브틴(sub-teens, 틴에이저 이하)'이라는 분류법도 가지고 있고, '포스트틴(post-teens, 틴에이저 이후)'이라는 말이나 그 이후의 '기혼(既婚) 젊은이'라는 말도 가지고 있다. 이러한 모든 용어들은 젊은이들을 통틀어 지칭할 수 없다는 사실의 언어적 인식이라고 할 수 있다. 연령 집단에 따른 분화 현상은 점점 깊어 가고 있는 셈이다. 이렇듯 연령상의 차이가 너무나 두드러지기 때문에 미시간 대학의 사회학자 로플랜드(John Lofland)는 다음과 같이 예견하고 있다. 즉 연령 집단 사이에도 "남부인과 북부인, 자본가와 노동자, 이주민과 원주민, 여성 참정론자(參政論者)와 남성, 백인과 흑인 등의 사이와 비슷한 분쟁"이 일어나리라는 것이다.

로플랜드는 스스로 '젊은이의 특수촌'이라고 이름 붙인 것 ─ 거의 대학생들이 차지하고 있는 큰 공동체 ─ 의 출현을 얘기하면서 자기의 놀라운 시사(示唆)를 뒷받침하고 있다. 흑인 특수촌과 마찬가지로 젊은이의 특수촌도 허술한 가옥, 집세와 가격의 속임수, 높은 이동성, 불안, 경찰과의 분쟁 등으로 특징지어지고 있다. 그런가 하면 젊은이의 특수촌은, 역시 흑인 특수촌과 마찬가지로 많은 하위 집단들이 주민들의 관심과 참여를 얻어 내기 위해 경쟁함으로써 대단히 이질성(異質性)을 띠고 있다.

오늘날 단출한 핵가족 제도 속의 어린이들은 자기 부모 이외에는 영웅으로 추앙할 만한 어른이나 역할 모델이 없기 때문에, 그들이 가까이 접촉할 수 있는 유일한 타인(他人)으로 다른 어린이들의 집단에 참여하는 일이 많아지고 있다. 핵가족 제도 속의 어린이들은 함께 하는 시간이 많아져 이전보다는 동료의 영향을 더 많이 받고 있다. 이러한 어린이들은 자기 숙부보다는 봅 딜런이나 도너번(Donovan)이나 아니면 동료 집단이 생활 양식의 모델로 삼는 사람 등을 우상으로 삼고 있다. 따라서 오늘날에는 대학생들만이 특수촌을 형성하고 있는 것이 아니라, 프리틴이나 틴에이저들도 유사 특수촌을 이루기 시작하고 있다. 이들 유사 특수촌들 역시 그들 특유의 집단 특성을 지니고 있고, 그들 특유의 도락(道樂), 유행, 영웅, 악인(惡人) 등도 갖고 있다.

그런가 하면 한편으로는 어른들도 역시 연령에 따라 분화되고 있다. 작은 어린이들을 거느린 젊은 부부들이 주로 살고 있는 교외 주택 지구가 있는가 하면, 틴에이저들을 거느린 중년 부부들이 살고 있는 지역도 있고, 어린이들이 이미 집을 떠난 노년 부부들이 살고 있는 지역도 있고, 정년 퇴직자들을 위해 특별히 설계한 퇴직자촌도 있다. 로플랜드 교수는 "시카고의 정치는 오랫동안 인종적인 영역을 중심으로 해서 움직여 왔는데, 이와 같이 연령층에 따른 특수촌 세력을 중심으로 정치가 움직여지는 도시도 나타날는지 모른다"고 경고하고 있다.

이러한 연령을 기반으로 한 하부 집단의 출현은 사회적인 차이를 토대로 빚어지고 있는 거대한 역사적 변동의 한 단면이라고 할 수 있다. 인간 사이에 차이를 빚어 내는 요인으로서, 시간은 보다 중요시되고 공간은 덜 중요시되고 있다 하겠다.

일리노이 대학의 커뮤니케이션 이론가인 캐리(James W. Carey)는 이런 점을 감안해서 다음과 같이 지적하고 있다. "원시 또는 미개 사회에서는 공간적으로 조금만 격리돼 있어도 커다란 문화적 격차를 빚어 냈다. 100마일쯤 떨어져 있는 부족 사회들도 전적으로 다른 체계의 표현 방법, 신화(神話), 의식(儀式) 등을 지닐 수 있었다." 그러나 같은 사회 안에서는 "여러 세대가 지나더라도 연속성을 지닐 수 있었고…… 사회끼리는 커다란 차이가 있었지만, 같은 사회 안에서는 세대 사이의 차이가 비교적 적었다."

그는 계속해서, 오늘날 공간이란 "점차 차별을 짓는 요소로서 작용하지 않게 되었다"고 말하고 있다. 그러나 지역간의 차이가 어느 정도 줄고 있다면, "일부 대중 사회론자들이 시사하고 있듯이……

집단 사이의 차이도 말살되고 있다고 보아서는 안 된다"고 캐리는 신중하게 지적하고 있다. 또한 그는 "다양성의 축(軸)이 공간적 차원으로부터 시간적 차원이나 세대적 차원으로 옮겨 가고 있다"고 강조한다. 따라서 우리는 세대 사이의 단절을 볼 수 있으며, 이러한 현상은 "30세가 넘은 사람은 누구도 믿지 마라"고 한 사비오(Mario Savio)의 혁명적 슬로건에 잘 요약되고 있다. 이전의 사회에서라면 어떤 슬로건도 이렇듯 빨리 전파될 수 없었을 것이다.

캐리는 먼 곳을 연결해 결국 공간을 정복한 통신과 운송 기술의 발달에 관심을 돌려, 공간적 차이로부터 시간적 차이로의 이행 과정을 설명하고 있다. 하지만 흔히 간과되는 또 하나의 요인이 작동하고 있는데, 그것은 변화의 가속화다. 외적 환경의 변화 속도가 빨라짐에 따라 젊은이와 늙은이 사이의 내적 차이들이 필연적으로 두드러지기 때문이다. 실상 변화 속도가 이미 빨라졌기 때문에 개인의 생활 경험에서는 2~3년만으로도 커다란 차이를 빚어 낼 수 있다. 단지 3~4년의 연령 차이로 형제 자매들이 전혀 다른 세대에 속하고 있다고 주관적으로 느끼는 까닭이 바로 여기에 있고, 컬럼비아 대학의 동맹 휴학에 가담했던 과격파 학생들 중 4학년생들이 2학년생들과의 '세대 차이'를 운운했던 까닭도 여기에 있다.

결혼에 따른 집단들

사회는 직업과 레크리에이션, 연령에 따라서도 갈라지지만 성적(性的), 가족적 테두리에 따라서도 역시 분화되고 있다. 그러나 현재에도 결혼 상황을 토대로 한 새롭고 독특한 하부 집단이 이미 형성되고 있다. 지난날에는 독신이나 기혼, 아니면 과부 등으로 허술하게 구분할 수도 있었다. 그러나 오늘날에는 이렇게 세 범주로 분류하는 방식은 이미 부적합하다. 오늘날 대부분의 기술 사회에서는 이혼율이 매우 높아서 하나의 독특한 새 집단이 나타났다. 그들은 이혼한 사람이나 결혼과 다음 결혼의 중간에 있는 사람들이다. 결혼 문제의 권위자인 헌트(Morton Hunt)는 이러한 상태를 가리켜 '결혼했던 사람들의 세계'라고 묘사하고 있다.

헌트는, 이러한 집단이 "인간을 결속시키는 그 나름의 구조와, 별거나 이혼 생활에 적응하는 그 나름의 방법과, 우정ㆍ사회 생활ㆍ애정에 필요한 그 나름의 기회 등을 가지는 하나의 하부 문화"라고 말했다. 이러한 집단에 속한 사람들이 결혼 생활을 하고 있는 친구들과 멀어짐에 따라서, 이들은 아직도 '결혼 생활'을 계속하고 있는 사람들로부터 점차 고립되기 시작한다. 이들은 마치 '틴에이저'들이나 '파도타기를 하는 사람'들처럼 그들 나름의 좋아하는 집합 장소, 시간에 대한 그들 나름의 태도, 성(性)에 대한 독특한 기준이나 관례 등을 지님으로써, 그들 나름의 사회적 영역을 형성하는 경향이 있다.

이러한 경향이 거센 것으로 미루어, 미래에는 이렇게 독특한 사회적 범주가 늘 것임에 틀림없다. 그리고 이러한 현상이 빚어지면 결혼했던 사람들의 세계는 더욱 여러 갈래의 세계, 곧 더욱 작은 하부 집단들로 분화되어 갈 것이다. 하나의 하부 집단이 커지면 커질수록, 이것이 분화되어 새로운 하부 집단을 형성할 가능성이 높아지기 때문이다.

사회 조직의 미래에 관한 첫번째 실마리를 하부 집단이 많아지리라는 생각에서 찾을 수 있다면, 두번째 실마리는 바로 그 규모에서 찾을 수 있을 것이다. '대중 사회'만을 주로 다루는 사람들은 대부분 이러한 근본 원리를 간과하고 있는데, 바로 이 원리가 극심한 규격화의 압력 밑에서도 다양성이 지속되는 현상을 설명하는 데 도움을 주고 있다. 사회적 커뮤니케이션에는 내적으로 설정된 제약이 있기 때문에, 규모 그 자체가 조직을 다양화하는 하나의 힘으로 작용한다. 예를 들어 현대 도시의 인구가 많아지면 많아질수록, 도시 안의 하부 집단의 수도 많아지고 다양성도 풍부해진다. 이와 마찬가지로 하부 집단이 커지면 커질수록, 이것이 세분화되고 다양화될 가능성은 높아진다. 히피족이 하나의 전형적인 실례(實例)다.

히피 주식회사

1950년대 중반에 작가와 예술가, 그 밖의 잡다한 추종자들이 샌프란시스코와 캘리포니아 해안의 카멜과 빅서에 모여들었다. 그들은 '비트(beat)' 혹은 '비트족(beatnik)'이라 불리게 되었는데, 그들 나름의 독특한 생활 방식을 취하고 있었다.

이들의 생활 방식 가운데 가장 두드러지는 요소는 싸구려 바지와 샌들, 값싼 잠자리 등 가난의 찬미(讚美), 흑인 재즈와 은어(隱語)의 편애(偏愛), 동양의 신비주의와 프랑스 실존주의에 대한 관심, 그리고 기술 사회에 대한 일반적인 적의(敵意) 등이었다.

비트족은 인쇄물을 통해 널리 알려졌음에도 불구하고, 기술과학의 혁신 —— 리세르긴 산(酸), 곧 LSD로 더 잘 알려진 환각제 —— 이 이룩되기까지는 소분파(小分派)의 위치에 머무르고 있었다. 리어리(Timothy Leary)와 긴스버그 그리고 케시(Ken Kesey) 등이 LSD를 구세주나 되는 듯이 떠벌리고 무책임한 광신자들이 수많은 젊은이에게 무상(無償) 보급시키자, 이것은 곧 미국 대학 캠퍼스에 잇따라 번지기 시작하였고 거의 같은 속도로 유럽에도 보급되었다. LSD에 대한 탐닉과 함께 비트족이 오랫동안 실험해 왔던 약인 마리화나에도 새로운 관심이 모아졌다. 1950년대 중반의 비트 집단과 1960년대 초의 LSD 집단이라는 두 원천으로부터 하나의 큰 집단, 즉 이 두 하부 집단의 합동체라고 할 수 있는 새로운 하부 집단으로 '히피 운동'이 나타났던 것이다. 비트족의 구슬 달린 청바지와 LSD 무리의 팔찌가 합쳐져서, 히피족은 미국에서 가장 새롭고 가장 열기를 띤 하부 집단이 되었다.

그러나 히피 운동은 더욱 번창해 곧 그 압력을 지탱할 수 없게 되었다. 수천 명의 틴에이저들이 이 운동에 가담했고, 수백만에 달하는 프리틴들이 텔레비전을 시청하고 히피 운동에 대한 잡지 기사를 읽어 공감(共感)을 나타냈으며, 심지어 도시 변두리에 사는 어른들도 '모조(模造)' 히피나 주말 히피가 되었다. 그 결과는 예상할 수 있었다. 히피 집단은 제너럴 모터스 사나 제너럴 일렉트릭 사와 똑같이 분야별로 나뉘어 자회사(子會社)들로 갈라질 수밖에 없었다. 이리하여 히피 집단으로부터 수많은 후예들이 나타나게 되었다.

소박한 눈으로 보면 장발을 한 모든 젊은이들은 비슷한 것 같다. 그러나 히피 운동 안에서 중요한 하위 집단들이 출현했다. 젊고 예리한 관찰자인 실리(David Andrew Seeley)에 따르면, 그 전성기에는 "분명하게 구분할 수 있는 집단들이 20개 가량"은 있었다고 한다. 이러한 집단들은 복장이 조금씩 다르기도 했지만 관심도 서로 달랐다. 따라서 실리는, 그들의 활동은 "맥주 파티에서 시 낭송회, 마약 흡연, 현대 무용에 이르기까지 다양했고, 한 가지 활동에 빠진 사람들은 다른 것은 쳐다보려고도 하지 않았다"고 보고했다. 나아가서 실리는 이러한 집단들을 구분하는 차이점을 설명하고 있는데, 이러한 집단들 중에는 로큰롤광(지금은 거의 사라졌다), 정치 활동 비트, 민속(民俗) 비트 등이 있고, 그 다음에 바로 원래의 히피족이 있다.

이들 하부 문화적 종속 집단의 성원들은 그들끼리 서로 알아볼 수 있는 표지(標識)들이 있었다. 예를 들어 로큰롤광들은 턱수염이 없었다. 실상 따지고 보면 이들의 대다수는 수염도 나지 않은 어린 나이였다. 그리고 민속 비트족은 샌들을 신었지만 다른 집단은 신지 않았다. 그런가 하면 하부 집단에 따라 바지를 몸에 꼭 맞게 입기도 하고 헐렁하게 입기도 했다.

이념(理念)의 수준으로 보면 대체로 주류(主流) 문화에 대해 불만을 품고 있는 사람들이라는 데 공통점이 있었다. 하지만 정치적 행동과 사회적 행동면에서 두드러진 차이가 있었다. LSD 히피족처럼 이를 의식적으로 회피하는 집단이 있는가 하면, 로큰롤광들처럼 아예 모르기 때문에 관심이 없는 집단도 있고, 신좌익처럼 적극적으로 가담하는 집단도 있으며, 네덜란드 과격파(Dutch provos)나 비정치적 과격분자(Crazies), 노상(路上) 극단 등과 같이 정치를 부질없는 활동으로 보는 집단도 있다.

이른바 히피 주식회사는 너무나 크게 성장해서 규격화된 방법으로 모든 업무를 처리할 수 없었다. 히피 주식회사는 세분화되지 않을 수 없었고 실제로 그렇게 되었다. 이리하여 히피 주식회사는 미숙한 하부 기업체들을 수없이 배출했던 것이다.

집단의 변화

그러나 이러한 세분화 현상이 빚어짐에 따라 히피 운동도 소멸되기 시작했다. 지난날 LSD를 가장 정열적으로 예찬했던 사람들도 "환각제는 나쁜 것이었음"을 인정하기 시작했고, 각종 지하 신문들도 독자들에게 '환각제 흡연'에 빠져 들지 말도록 경고하기 시작했다. 샌프란시스코에서는 히피 집단을 '매장하기'위한 모의 장례식이 거행되었고, 히피족이 들끓었던 헤이트 애시베리나 이스트 빌리지는 관광지로 변했다. 그곳에는 원래의 히피 운동이 쇠퇴하고 해체되면서, 작고 허약하지만 새롭고 기묘한 하부 집단과 소집단들이 형성되고 있다. 이제까지의 과정을 온통 새로 되풀이해 보려는 듯 또 다른 하부 집단인 '빡빡머리'들이 출현했다. 이 집단은 멜빵 바지, 가죽 장화, 짧은 머리 등 그들 나름의 독특한 외모를 갖추고 멋대로 폭력을 휘둘렀다.

히피 운동의 소멸과 빡빡머리 집단의 출현은 미래 사회의 하부 문화적 구조를 관찰할 수 있는 중요하고 새로운 시각을 마련해 주고 있다. 오늘날 우리 사회에서는 하부 집단이 늘고 있을 뿐 아니라 하부 집단들이 재빨리 변화하고 있기 때문이다. 여기서도 역시 일시성의 원리가 작용하고 있다. 사회의 모든 분야에 걸쳐 변화 속도가 가속됨에 따라, 하부 집단들 역시 보다 단명(短命)해진다는 것이다.

　하부 집단의 수명이 단축되어 간다는 증거는 1950년대의 폭력 집단, 곧 거리의 깡패들이 사라졌다는 데서도 찾아볼 수 있다. 50년대 전반에 걸쳐 뉴욕의 여러 거리는 독특한 형태의 패싸움으로 자주 소란을 겪었다. 패싸움이 벌어지면 수십 명, 경우에 따라서는 수백 명의 젊은이들이 휘두르는 도리깨, 잭 나이프, 깨진 병, 수제총(手製銃) 등을 가지고 서로 공방전을 벌인다. 이러한 패싸움은 시카고, 필라델피아, 로스앤젤레스 등지에서도 벌어졌고, 심지어 런던과 도쿄 같은 곳에서도 벌어졌다.

　이렇게 서로 멀리 떨어진 곳에서 빚어지는 난동 사이에 직접적 연관성은 없었지만, 그렇다고 이러한 소동이 우발적인 것은 아니었다. 이러한 소동은 고도로 조직화된 '폭력단'에 의해 군사 작전처럼 정확히 계획되고 수행되었다. 뉴욕의 경우를 보면 이러한 폭력단은 코브라단, 해적왕족단(海賊王族團), 아파치단, 이집트왕단 등 화려한 명칭을 갖고 그들의 '세력권', 곧 제멋대로 설정한 특수 지역 안에서의 지배권을 놓고 서로 투쟁을 벌였다.

　전성기의 뉴욕에서만도 이러한 폭력단은 200개 정도였고, 1958년 한 해에도 11건에 달하는 살인 사건이 일어났다. 그러나 경찰 당국에 따르면, 이러한 폭력단들은 1966년까지 거의 자취를 감추고, 뉴욕에는 폭력단이 하나밖에 남지 않았다고 한다. 《뉴욕 타임스》가 보도한 바에 따르면, "마지막 패싸움이…… 어떤 지저분한 거리에서 벌어졌는지 아는 사람은 아무도 없지만, 마지막 소동이 일어난 것은 4, 5년 전이었던 것 같다(그렇다면 이러한 소동이 사라진 시기는 전성기였던 1958년으로부터 2, 3년 뒤가 된다). 폭력이 난무한 지 10년 만에 뉴욕 폭력단의 패싸움의 시대는 갑자기 종말을 고했다"는 것이었다. 워싱턴, 뉴어크, 필라델피아 등지에서도 이와 똑같은 현상이 일어났다고 할 수 있다.

　물론 거리의 폭력단이 없어졌다고 해서 도시가 평온의 시대를 맞이한 것은 아니었다. 뉴욕의 가난한 푸에르토리코 인과 흑인 청년들로 하여금 다른 폭력단과 패싸움을 벌이게 만들었던 바로 그 공격적 정열은 이제 사회 제도 자체에 화살을 겨누고 있고, 전적으로 새로운 사회 조직과 하부 집단 및 생활 양식 집단이 특수촌에서 출현하고 있다.

따라서 우리가 알 수 있는 사실은 하부 집단이 가속적 속도로 계속 증가했다가는 보다 많은 새 하부 집단이 생겨날 여지를 만들어 주기 위해 사라져 가는 과정이다. 사회의 혈액 순환에 일종의 신진 대사가 작용하고 있고, 이러한 신진 대사는 사회의 다른 상호 작용이 빨라짐에 따라 촉진되고 있다.

이러한 현상은 완전히 새로운 차원에서 개인에게 선택의 문제를 다시 제기하고 있다. 이것은 집단의 수가 급격히 팽창하고 있다는 단순한 차원도 아니다. 이러한 집단이나 하부 집단이 서로의 관계를 점점 빨리 변경하고 변화시킴으로써 서로 침식한다는 차원의 문제도 아니다. 문제는 이러한 집단의 대부분이 개인으로 하여금 거기에 가입하면 유익할는지의 여부를 합리적으로 살펴볼 수 있도록 오래 존속하지 않는다는 데 있다.

어느 정도의 소속감을 원하고 어느 정도의 일체감을 주는 사회적 관계를 찾으려는 개인은, 가입해 보려는 대상 집단들이 모두 빠른 속도로 변화하기 때문에 희미한 환경 속에 헤매게 된다. 말하자면 개인은 움직이는 수많은 대상 중에서 선택할 수밖에 없다. 따라서 선택의 문제는 산술급수적으로가 아니라 기하급수적으로 어려워지는 것이다.

물품, 교육, 문화적 소비, 레크리에이션, 오락 등에 대한 개인의 선택 범위가 모두 넓어지고 있으며, 이와 함께 사회적 선택 범위도 놀랄 만큼 넓어지고 있다. 자동차를 골라 살 때 선택의 범위를 넓히면 불필요한 결정을 요구하게 되는 일정한 한계점이 있듯이, 우리는 곧 사회적 선택권 과잉의 시점에 도달할는지도 모른다.

제4부 다양성 321

　우리 사회의 성격 파탄과 노이로제, 단순한 우울증 등은 이미 대다수의 개인들에게 이지적이고 정돈되고 매우 안정된 생활 형태를 이룩하기가 얼마나 어려운가를 제시해 주고 있다. 그러나 사회적인 다양성으로의 움직임은 상품과 문화의 수준과 함께 겨우 시발점에 서 있음이 분명하다. 우리는 매력적이면서도 두려움을 안겨주는 자유의 팽창에 직면하고 있는 것이다.

　비천한 야만인
　사회에 하부 집단이 많을수록 개인이 자유로워질 가능성은 커진다. 낭만적인 신화(神話)를 가지고 있는, 산업화 시대 이전 사람들이 오히려 선택권이 없어 그토록 고통을 당했던 까닭도 바로 여기에 있다.
　감상주의자(感傷主義者)들은 원시인에게 무한한 자유가 있었으리라고 멋대로 떠들고 있지만, 인류학자와 역사가들이 수집한 증거는 이와 반대다. 가드너는 이 문제에 대해, "원시적인 부족이나 산업화 이전의 사회는 일반적으로 어느 현대 사회보다도 개인을 집단에 더 복종하도록 요구해 왔다"고 간결하게 언급했다. 한 오스트레일리아 사회과학자는 시에라 리온(Sierra Leone)의 템네(Temne) 부족민 한 사람으로부터 이런 말을 들었다. "부족이 어떤 결정을 내리면 우리 모두는 이에 따라야 한다. 우리는 이것을 협동이라고 일컫는다." 물론 우리는 이것을 복종이라고 일컫고 있다.
　산업화 시대 이전의 사람에게 무조건의 복종이 요구되었던 까닭, 곧 템네 부족민이 자기 동료들과 '협력'하지 않을 수 없었던 이유는 바로 다른 수가 없었기 때문이다. 템네 부족 사회는 그 구성원들이 자유로이 활동할 수 있을 만한 정도의 다양성으로 채 분화되지 않은 단일 사회다. 사회학자들은 이러한 사회를 '미분화(未分化) 사회'라고 부른다.
　총알이 유리창을 산산이 부수듯이 산업화는 사회를 산산이 부수어 학교와 회사, 정부 기관, 교회, 군대 등 수많은 전문 기관들로 분화시킨다. 그러면 학교와 회사, 정부 기관, 교회, 군대 등은 제각기 더 작고 전문화된 하부 단위로 분할되어 간다. 이와 같은 세분화는 비공식적 부문에서도 이루어져 수많은 하부 집단, 곧 로데오 경기자 집단이나 흑인 회교도 집단, 오토바이족, 빡빡머리패 등 등이 생겨난다.

  사회 질서가 이렇게 분화하는 것은 생물의 성장 과정과 아주 흡사하다. 태아는 발육함에 따라 점점 분화되어 전문화된 기관(器官)들을 형성해 나간다. 바이러스로부터 인간으로의 전체 진화 과정은 끝없는 분화의 진행이라고 할 수 있다. 생물체와 사회 집단들은 덜 분화된 형태에서 더 분화된 형태로 어쩔 수 없이 움직여 가고 있다고 할 수 있다.

  따라서 경제나 예술, 교육과 대중 문화, 사회 질서 자체 등 모든 분야가 다양화를 향해 함께 나아가는 경향을 보이는 것은 결코 우연이라고 할 수 없다. 이러한 경향들이 서로 어울려 하나의 거대한 역사적 과정을 이루고 있다. 이와 함께 초산업화 혁명도 대충 어떤 것인가를 엿볼 수 있는데, 그것은 인간 사회를 더욱 분화된 다음 단계로 전진시키고 있는 것이다.

  우리 사회의 어떤 곳에 틈이 벌어져 있는 것처럼 보이는 경우가 종종 있는 까닭이 바로 여기에 있다. 그렇게 보인다기보다는 사실이 그렇다. 그리고 모든 현상이 점차 복잡성을 띠어 가는 까닭도 바로 여기에 있다. 지난날에 1000개의 조직체가 있었던 곳에 이제는 점점 더 일시적 관계로 연결된 1만 개의 조직체가 있다. 지난날 한 사람이 일체화(一體化)할 수 있는 비교적 소수의 항구적 하부 집단이 있었던 곳에 이제는 수천 개의 일시적 하부 집단이 있어서, 그것들이 뒤범벅이 되어 서로 충돌하며 늘어 가고 있다. 산업화 사회를 통합시켰던 강력한 끈, 곧 법적인 결속, 공통의 가치관, 집권화되고 규격화된 교육과 문화적 산물 등은 지금 허물어지고 있다.

이러한 모든 사실이 도시를 관리하기가 어려워지고 대학을 통제하기 어려워지는 이유를 설명해 주고 있다. 어떤 사회를 통합시켜 온 낡은 방식, 곧 획일성과 단순성 및 영구성 등에 토대를 두었던 방법들은 이미 효과적일 수 없기 때문이다. 보다 정교하게 세분화된 새로운 사회 질서, 이른바 초산업화적 질서가 출현하고 있다. 이러한 질서는 이전의 어떤 사회 제도보다도 훨씬 다양하고 단명한 구성 요소에 토대를 두고 있다. 그러나 우리는 아직도 이러한 구성 요소들을 어떻게 연결해 전체로서 통합시킬 수 있는가를 배우지 못하고 있다.

이렇게 새로운 분화 단계로 돌입한다는 사실은 개인에게 두려운 생각을 갖게 한다. 그러나 대부분의 사람들은 이것을 두려워하지 않는다. 우리는 개성 없는 획일성으로 나아가고 있다는 말을 너무 자주 들어왔기 때문에, 초산업화 혁명이 개성을 발전시킬 좋은 기회를 가져온다는 사실을 제대로 인식하지 못하고 있다. 그런가 하면 초산업화 혁명에 내재하는 과잉개성화의 위험성에 대해서도 거의 생각지 못하고 있다.

대중사회론자들은 이미 우리를 스쳐 지나가기 시작한 현실에 집착하고 있다. 기술과학을 맹목적으로 혐오하고 불길한 미래를 예견하는 비관적 예언자들은 산업화 시대의 상황에 대해서 아직도 조건반사적으로 반응하고 있다. 그러나 이러한 제도는 이미 다른 것으로 대체되고 있는 것이다.

오늘날 공업 노동자들을 얽어 매고 있는 조건들을 비난하는 것은 칭찬할 만하다. 그러나 이러한 조건들을 미래 속으로 투사(投射)하여 개인주의나 다양성, 선택 등의 소멸을 예견하는 것은 진부하면서도 위험한 얘기다.

과거와 현재의 사람들은 아직도 비교적 선택의 폭이 좁은 생활방식에 얽매여 있다. 그러나 나날이 증가되고 있는 미래의 사람들은 선택이 아니라 과잉 선택에 직면하고 있다. 미래의 사람들에게는 자유가 폭발적으로 신장되고 있는 것이다.

그리고 이러한 자유는 새로운 기술과학과 무관하게 도래하는 것이 아니라 주로 그것 때문에 도래하는 것이다. 산업화 시대의 초기 기술과학은 끝없이 반복되는 작업을 수행하는 의식 없는 로봇 같은 인간을 요구했지만, 내일의 기술과학은 이러한 작업을 스스로 떠맡고 인간들에게는 판단력과 대인 관계의 기교 그리고 사고력을 요구하는 기능들만을 남겨줄 것이기 때문이다. 초산업화 사회는 똑같은 '대중인(大衆人)'이 아니라 서로 아주 다른 사람들, 곧 로봇이 아닌 개성 있는 인간들을 요구하며 나아가 그런 인간을 만들어 내게 되는 것이다.

인류는 단조로운 순응(順應)으로 무의미해지기보다는 지난날의 그 어느 때보다도 사회적인 다양성을 더욱 넓히는 방향으로 나아갈 것이다. 새로운 사회, 곧 이제 형체를 갖추기 시작하는 초산업화 사회는 하나의 지속성이 없는 조각 이불 같은 생활 방식을 조장할 것이다.

제14장 생활 양식의 다양성

샌프란시스코에서는 젖가슴을 드러낸 여급들이 버젓이 식사 시중을 들고 있는 데 반해, 뉴욕에서는 괴짜 여자 첼로 주자(奏者)가 똑같은 차림으로 전위(前衛) 음악을 연주했다는 죄목으로 체포된다. 세인트루이스에서는 성적 흥분의 생리를 연구하기 위해 매춘부 등을 고용해 카메라 밑에서 성교(性交)를 시키고 있으나, 오하이오 주 컬럼버스에서는 '리틀 브라더(Little Brother)'라는, 남근(男根)이 달린 인형의 시판을 둘러싸고 시민들 사이에 논쟁이 빚어지고 있다. 캔자스 시티에서는 동성애자들의 대회가 열려 군대 안에서 동성애를 금지하고 있는 국방성의 명령을 철회시키려는 운동을 벌이겠다고 선언하고 국방성이 이를 신중히 따르고 있으나, 미국의 각 형무소는 동성애의 죄목으로 구금된 사람들로 붐비고 있다.

성(性)에 대한 가치관을 둘러싸고 이렇듯 큰 혼란을 빚고 있는 나라는 거의 없을 것이다. 다른 가치관들에 대해서도 같은 얘기를 할 수 있다. 미국은 돈이나 재산, 법과 질서, 인종, 종교, 신(神), 가족, 자아(自我) 등과 관련해서도 불안을 겪고 있다. 가치관의 혼란으로 고통을 겪고 있는 것은 비단 미국뿐만 아니라 모든 기술 사회들이 온통 대대적인 격변에 휩싸여 있다. 과거의 가치관들이 이렇게 붕괴되고 있음은 무관심하게 지나칠 수 없는 것이며 목사나 정치인, 부모 등 누구나가 이로 인해 골치를 앓고 있다. 하지만 가치관의 변화에 관한 대부분의 논의는 두 가지 중요한 점들을 간과하고 있어 무의미해졌다. 그 중 하나가 가속화(加速化)다.

현재의 가치관 변동은 역사상 그 어느 때보다도 빨라지고 있다. 과거에는 한 사회에서 자라고 있는 사람은 그 사회의 공적(公的)인 가치 체계가 일평생 크게 변하지 않은 채 그대로 지탱될 것이라고 기대할 수 있었지만, 오늘날에는 기술과학이 가장 발달하지 못한 고립 사회가 아닌 한 결코 이러한 가정이 성립될 수 없다.

이것은 공사(公私) 양면의 가치 체계 구조가 일시성을 띠고 있음을 뜻한다. 아울러 이것은 산업화 시대의 가치관을 대신해 나타난 가치의 내용이야 어떻든 그러한 가치들이 과거의 가치들보다 더 단명하고 보다 쉽게 변할 것임도 암시해 주고 있다. 기술 사회의 가치 체계가 '안정 상태'로 되돌아가리라는 증거는 아무 데도 없다. 미래에 대해 예측할 수 있는 것은 더욱 빠른 가치 변화가 일어나리라는 것밖에 없다.

그러나 이러한 상황에서 두번째의 거센 물결이 일고 있다. 사회의 분화는 가치의 다양화를 수반하기 때문이다. 우리는 합의(合意)

의 파탄에 이른 것이다.

　대부분의 이전 사회에서는 공유 가치 체계의 폭이 넓어 그것이 중핵(中核)으로 작용해 왔다. 이러한 중핵은 지금 축소되고 있으며 앞으로 몇십 년 안에 폭넓은 새 합의가 이룩될 기미는 거의 없다. 압력은 내향적인 통일성으로가 아니라 외향적인 다양성으로 나아가도록 작용하고 있다.

　기술 사회에 살고 있는 사람들의 마음을 뒤흔들어 놓는 선전(宣傳)들이 서로 엄청나게 다른 까닭도 바로 여기에 있다. 가정, 학교, 회사, 교회, 동료 집단, 매스 미디어, 게다가 수많은 하부 집단이 저마다 다른 가치관들을 내세우고 있다. 그 결과 많은 사람들은 '아무거나' 식의 태도를 취하게 되는데, 따지고 보면 이러한 태도 자체가 또 하나의 가치관인 것이다. 《뉴스위크》지가 밝힌 바에 따르면, 우리 사회는 "합의를 상실한 사회고…… 행위, 언어, 예절 등의 기준이나 보고 들을 수 있는 것에 대해 합의할 수 없는 사회"라는 것이다.

　합의의 파탄에 관한 이러한 설명은 로드 아일랜드 병원의 사회 과학 연구 조정 위원 그루언(Walter Gruen)의 연구 결과에서도 확인되고 있다. 그는 자신이 '미국의 핵심 문화'라 이름 붙인 것에 관해 일련의 통계학적 연구를 했는데, 중산 계급이 지닌 신념은 종전의 연구자들이 지적한 것처럼 단일 체계가 아니었다는 사실을 발견하고는 스스로도 놀랐다. 그에 따르면 "통계적으로 뒷받침되는 획일성(劃一性)보다는 신념상의 다양성이 두드러지고 있다"는 것이다. 따라서 그는, "미국의 문화 복합에 관해 이야기한다는 것 자체가 이미 잘못된 것인지도 모른다"고 결론지었다.

　그루언은, 풍요하고 교육받은 집단내에서는 특히 그가 가치관의 '호주머니'라고 부르는 것이 합의를 대신한다는 것이다. 하부 집단의 수와 유형이 계속 팽창해 감에 따라 이러한 호주머니 역시 증가할 것으로 생각된다.

미래의 인간은 상충되는 여러 가치 체계에 직면하고 수많은 새로운 소비 상품, 서비스, 교육적·직업적·오락적 취사 선택에 당면하여 새로운 방법으로 선택을 하지 않으면 안 된다. 미래의 인간은 선택의 여지가 없던 이전 사람들이 일상 제품을 소비했던 것과 같이 생활 양식을 '소비'하기 시작하고 있는 것이다.

오토바이족과 지식인

엘리자베스 왕조 시대에는 '신사(gentleman)'라는 용어는 단순히 핏줄만을 뜻하는 것이 아니라 생활 양식 전반을 함축하고 있었다. 적절한 가계(家系)도 전제 조건이었지만, 신사가 되려는 사람은 역시 일정한 생활 양식을 갖추어야 했다. 일반 대중보다는 교육을 많이 받아야 했고, 바른 예절을 갖추어야 했으며, 좋은 옷을 입어야 했고, 일정한 레크리에이션만을 즐기고 다른 것에는 관여하지 말아야 했으며, 가장 집물(家藏什物)이 잘 갖추어진 저택에 살아야 했고, 하인들과는 일정한 거리를 유지해야 했다. 요컨대 신사가 되려면 자기가 속한 계급의 '우월성'을 잃어서는 안 된다는 것이었다.

상인 계층은 그들 나름의 생활 양식을 지니고 있었고 농민도 역시 나름의 생활 양식을 지니고 있었다. 이러한 생활 양식들은 신사의 생활 양식과 마찬가지로 주거와 직업 및 복장으로부터 말투와 몸짓, 종교에 이르는 여러 상이한 구성 요소들로 이루어지고 있었다.

오늘날에도 우리는 여러 구성 요소들을 이어 붙여 우리의 생활 양식을 만들어 내고 있지만 변한 것도 많다. 생활 양식은 단순히 계급적인 지위를 표시하고 있는 것은 아니다. 계급 자체가 소단위로 나누어지고 있고 경제적 요소의 중요성이 줄고 있다. 따라서 오늘날 개인의 생활 양식을 결정짓는 요소로서, 개인의 계급적인 기반은 그의 하부 집단과의 관계만큼도 중요하지 않다. 노동자 출신의 히피와, 엑서터(Exeter)나 이튼(Eton) 같은 귀족 학교를 중퇴한 히피들은 계급이 다르지만 생활 양식은 같다.

생활 양식은 개인이 어떤 하부 집단과의 일체화를 표현하는 방식이기 때문에, 사회내 하부 집단의 폭발적 증대는 곧 생활 양식의 폭발적 증대를 초래한다. 따라서 미국이나 영국, 일본, 스웨덴 등 어느 사회든지 그곳에 처음 들어가는 사람은 4,5개의 계급을 기반으로 한 생활 양식 가운데서가 아니라, 문자 그대로 수백 개의 다양한 생활 양식 중에서 선택하지 않으면 안 된다. 하부 집단이 많아짐에 따라 미래에는 이러한 숫자가 더 늘어날 것이다.

생활 양식을 어떻게 선택하는가, 그리고 생활 양식이 어떠한 의미를 지니는가가 미래 심리학의 중심 과제 가운데 하나가 될 것이다. 생활 양식의 선택은, 그것이 의식적인 것이든 무의식적인 것이든 개인의 미래를 결정하는 중요한 요소이기 때문이다. 이러한 생활 양식의 선택은 개인이 자기의 일상 생활에서 어떤 것을 선택할 것인가에 대한 일련의 원칙, 곧 질서를 세움으로써 개인의 장래에 영향을 미치고 있는 것이다.

이것은 이러한 선택이 실제로 어떻게 이루어지고 있는가를 검토해 보면 명백해진다. 아파트 가구를 장만하려는 젊은 부부는 스칸디나비아식 램프나 일본식, 프랑스 시골풍, 티파니형, 허리케인형, 미국 식민지 시대풍의 것 등 크기와 모델과 양식이 다른 수십 종류의 램프를 문자 그대로 수백 개나 구경한 뒤에, 예컨대 티파니형 램프 하나를 고른다. 그 부부는 '수많은' 선택 가능성을 조사해 보고 나서 하나를 선택하는 것이다. 그 부부는 가구점에서도, 즐비하게 진열된 가구들을 살펴보고 나서 빅토리아풍의 응접 탁자를 고른다. 이렇듯 살펴보고 나서 선택하는 절차는 카펫이나 소파, 커튼, 식당용 의자 등에서도 마찬가지다. 실상 이러한 절차는 가구를 장만하는 데만 적용되는 것이 아니라 어떤 이념이나 친구를 택할 때도, 심지어 사용하는 용어나 지지하는 가치관을 선택할 때도 적용되고 있다.

사회는 개인에게 형체조차 없어 보이는 선택의 소용돌이를 안겨주고 있지만, 거기서 이루어지는 선택이 마구잡이인 것은 아니다. 소비자(탁자를 사는 사람이든, 이념을 택하는 사람이든)는 사전에 확립된 일련의 기호(嗜好)와 취향을 갖고 있다. 더욱이 어떤 선택이든 완전히 별개로 이루어지는 것이 아니고, 그 하나하나가 앞서 이루어진 선택들로 해서 조건지어지는 것이다. 이를테면 앞서의 부부가 어떤 탁자를 선택했을 때, 그 선택은 그들이 앞서 어떤 램프를 선택했는가와 관련이 있다는 것이다. 요컨대 우리의 모든 행동에는 인식하든 인식하지 못하든, 일관성이 있고 개성적인 어떤 스타일을 지니려는 노력이 있다.

단정한 셔츠를 입고 긴 양말을 신은 미국 남성은 역시 날씬한 구두를 신고 손가방을 휴대할 것이다. 가까이서 살펴보면 그 사람의 얼굴 생김새와 활달한 동작이 전형적인 사무원의 생김새나 동작과 비슷함을 발견할 수 있고, 그 사람이 대중 음악 가수 지미 헨드릭스(Jimi Hendrix)처럼 장발을 하는 경우란 거의 없을 것으로 생각된다. 우리가 알고 있듯이 그 사람도 어떤 복장, 예절, 말씨, 의견, 몸짓 등과는 어울리지만 다른 것들과는 어울리지 않음을 알고 있다. 그 사람은 그 사회 안에 존재하는 다른 사람들을 관찰함으로써 얻어지는 '느낌'이나 '직관'을 통해 이것을 알 수 있을는지도 모르지만, 지식이 그의 행동을 결정한다는 것만은 확실하다.

쇠 장식이 달린 긴 장갑을 끼고, 혐오스런 만[卍]자 목걸이를 걸었으며, 검은 재킷 차림의 오토바이족은 단화나 날씬한 구두가 아니라 튼튼한 장화를 신는다. 이러한 사람은 걸을 때 뽐내면서 걷고, 두려워하지 않는 사람에 대해서 마구 욕설을 퍼붓는다. 이러한 사람 역시 가치관에 일관성이 있기 때문이다. 이러한 사람은 고상하거나 우아한 자태가 자기 스타일의 안정성을 허물어뜨리는 것으로 알고 있다.

유행 창조자와 소영웅(小英雄)들

오토바이족은 어째서 검은 재킷을 입고 갈색이나 청색옷은 입지 않을까? 미국의 사무원들은 어째서 전통적인 서류 가방보다 트렁크 형의 가죽 가방을 좋아하는가? 이러한 사람들은 위로부터 내려오는 이념을 달성하려고 노력함으로써 어떤 모델을 따르려고 하는 것 같다.

우리는 생활 양식 모델의 시원(始原)에 대해서 별로 알고 있지 못하지만, 제임스 본드를 위시한 가공적인 인물들을 포함해서 대중적 영웅들과 명사(名士)들이 그것과 어떤 관계가 있다는 사실을 알고 있다.

말론 브랜도(Marlon Brando)가 검은 재킷을 입고 오토바이를 타면서부터 그것이 하나의 생활 양식 모델로서 널리 번져 나갔음이 분명한 것 같다. 그런가 하면 예복을 입고 구슬로 장식해서, 사랑과 LSD에 관해 무언가 신비스러운 말을 중얼거린 티모시 리어리는 수천 명에 달하는 젊은이들을 위한 모델이 되었다. 사회학자 클래프가 지적했다시피, 이러한 영웅들은 "사회적 유형을 정리하는" 데 이바지하고 있다. 클래프는 소외된 청년상(靑年像)을 묘사한 사람으로 영화 〈이유없는 반항〉의 고(故) 제임스 딘(James Dean)을 들고 있고, 기타를 치면서 노래를 부르는 사람의 이미지를 처음 정착시킨 사람으로서는 엘비스 프레슬리(Elvis Presley)를 들고 있다. 그 다음 당시로서는 이단시(異端視)되던 머리 모양과 이국적 옷차림을 한 비틀스가 등장했다. 클래프는, "인기 있는 사람들의 주된 기능 가운데 하나는 그들이 사회의 여러 유형을 가시적(可視的)인 것으로 만드는 데 있다. 이 가시적인 유형들이 새로운 생활 양식과 새로운 취향을 드러나게 만든다"고 말했다.

그러나 이렇게 유형을 창조하는 사람이 반드시 매스 미디어의 우상일 필요는 없다. 유형을 만드는 사람은 특정한 하부 집단 이외에는 거의 알려지지 않은 사람일 수도 있다. 이를테면 컬럼비아 대학의 영문학 교수인 트릴링(Lionel Trilling)은 몇 해 동안, 미국의 문학계와 학계에 널리 알려진 뉴욕의 한 하부 집단 '웨스트 사이드 지식인 그룹'의 아버지격 인물이었고, 어머니격의 인물은 대중적 인기를 얻기 오래 전의 매카시(Mary McCarthy)였다.

《치타》라는 청소년 잡지에 스파이커(John Speicher)가 쓴 유명한 논문에는, 1960년대 말에 젊은이들이 따랐던 널리 알려진 생활 양식 모델들이 열거되어 있는데, 게바라(Ché Guevara)로부터 버클리(William Buckley)까지, 또는 봅 딜런이나 조앤 바에즈(Joan Baez)로부터 케네디(Robert F. Kennedy)에 이르기까지 광범위했다. 스파이커는 히피 용어를 빌려, "미국 젊은이들의 가방은 영웅들로 넘치고 있다"고 했고, "영웅들이 있는 곳에는 추종자와 숭배자들이 있게 마련이다"라고 부연했다.

하부 집단의 영웅들은 그 집단의 성원(成員)들에게, 스파이커가 "심리적 주체성(主體性)을 위해 꼭 필요한 것"이라고 한 것을 마련해 주고 있다. 물론 이러한 현상은 별로 새로운 것이 아니다. 앞 세대 사람들은 린드버그(Charles Lindbergh)나 바라(Theda Bara)에 일체감을 느끼고 있었다. 그러나 새롭고 극히 중요한 것은 이러한 영웅들 또는 소영웅들이 기이할 만큼 늘어나고 있다는 사실이다. 하부 집단이 늘고 가치관이 다양함에 따라, 스파이커가 말한 것처럼 "국민적인 일체감이 절망적으로 깨어지고 있음"을 발견하게 된다. 스파이커는 이러한 현상이 개인적 선택의 확충을 뜻하는 것으로 보면서, "참여할 수 있는 집단도 많고 영웅도 많으므로 비교해서 선택할 수 있다"고 말했다.

생활 양식 제조 공장

카리스마적 인물들이 유형을 창조할 수도 있지만, 유형은 우리가 하부 집단이라고 일컫는 하부 사회나 집단들을 통해서 완성되고 일반인들에게 제시되기도 한다. 이러한 하부 사회나 집단들은 매스 미디어로부터 상징적인 원료를 얻어내고 여기에 의복, 의견, 표현 등을 약간씩 곁들여 체계 잡힌 완성품, 곧 하나의 생활 양식 모델로 형성해 나간다. 그리고 이러한 하부 사회나 집단들이 하나의 독특한 모델을 조립하면, 그것은 건실한 회사에서처럼 상품화되어 소비자를 찾게 된다.

이러한 사실에 의심을 품는 사람은 리어리에게 보낸 긴스버그의 편지를 읽도록 권한다. 이들 두 사람은 마약 복용에 중점을 둔 히피의 생활 양식을 이룩하는 데 가장 중요한 역할을 한 사람들이다.

시인 긴스버그는 다음과 같이 말하고 있다. "어제 메일러, 몬터규(Ashley Montagu)와 함께 텔레비전에 출연해서, 모든 사람에게 마약을 복용하자고 일장 연설을 했다. ……〈마약 찬성 보고서〉를 공개하여 읽히기 위해서, 내가 알고 있는 모든 자유주의적 마약 찬성론자들과 접촉했다. 《뉴욕 타임스》에 있는 친구 러브(Kenny Love)에게 그 내용을 5페이지 가량으로 요약해서 보냈는데, 그는 이 내용을 '뉴스식'으로 만들 것이라고 말했다. 그러면 이 내용은 UPI통신의 내신망(內信網)에 있는 친구도 취재할 수 있게 된다. 복사된 내용은 《뉴욕 포스트》지의 아로노비츠(Al Aronowitz)와 《타임》지의 콘스터블(Rosalind Constable), 그리고 《하퍼즈》지의 실버스(Bob Silvers)에게도 주었다."

이러한 사실을 놓고 볼 때, LSD와 전체 히피 현상이 매스 미디어에서 그토록 크게 다루어진 것도 결코 놀라운 일이 아니다. 이러한 내용은 긴스버그의 보도 기관에 대한 정열적인 활동의 일부에 지나지 않지만, 그 내용에는 매디슨 가(街)에서 곧잘 사용하는 접미어 '~식'('newswise'에서의 '~wise'와 같은 것)까지 제대로 갖추어, 히피족이 여론을 조작하기 위해 활용하는 힐 앤드 놀턴(Hill and Knowlton) 광고사나 다른 큰 광고사의 사내 메모처럼 보인다. 모든 기술 사회의 젊은이들에게 히피의 생활 양식 모델을 성공적으로 '판매'한 것은 현대의 고전적(古典的)인 판촉 성공담이 될 것이다.

　모든 하부 집단이 자기 선전을 하는 데 이렇게 적극적이고 재능 있는 것은 아니지만, 그 사회에서 하부 집단들이 갖는 전체적인 힘은 놀라운 것이라고 하겠다. 이러한 힘은 '소속하고' 싶어하는 거의 모든 사람의 보편적인 열망에서 나오고 있다. 원시적인 부족에 속한 사람은 자기 부족 집단에 대해 강렬한 애착심을 느끼고 있다. 이렇게 부족에 속한 사람은 그 부족 집단에 '소속하는 것'만 알지, 그 부족 집단으로부터 이탈하는 일은 상상조차 하기 어려운 실정일는지도 모른다. 그러나 기술 사회는 너무나 방대하고 그 복잡성은 개인의 이해(理解) 범위를 훨씬 뛰어넘고 있기 때문에, 우리가 일체감을 유지하고 전체와 접촉한다는 것은 그 사회의 하부 집단들 중 한두 개에 속하는 도리밖에는 없다. 이러한 한 개 또는 몇 개의 집단에 일체화하지 못할 때, 우리는 고독과 소외 그리고 무력감을 느낀다. 이럴 때 우리는 "도대체 우리가 어떤 존재인가"하고 생각하기 시작한다.

　이와는 반대로 우리 스스로 보다 큰(하지만 이해할 수 있을 정도로는 작은 크기) 사회 세포의 성원이라는 소속감은 때로 어떤 보상이 주어지기도 하므로 그 집단의 가치관, 태도, 좋아하는 생활 양식에 깊이 끌려 들어가게 된다. 그것은 때로 우리 스스로 옳다고 생각한 판단에 역행하는 경우조차 있다.

　그러나 우리는 우리가 받아들이는 이익에 대해서 대가를 지불하고 있다. 일단 우리가 마음으로부터 하나의 하부 집단에 가입하면, 그 집단은 우리에게 압력을 행사하기 시작하기 때문이다. 그 집단과 '같이하면' 보상이 따른다. 우리가 그 집단의 생활 양식 모델에 따를 때, 그 집단은 온정과 우정 그리고 찬의를 우리에게 안겨준다. 그러나 우리가 그 집단의 생활 양식 모델로부터 이탈할 때, 그 집단은 비웃음과 절교와 그 밖의 여러 방법으로 무자비하게 벌하고 있다.

각 하부 집단은 그들의 생활 양식 모델을 떠들어대면서 우리의 관심을 끌려 한다. 하부 집단은 그러한 행동을 통해서 가장 손상받기 쉬운 우리의 심리적 재산, 즉 우리의 자기 이미지에 직접 작용하고 있다. 이러한 집단들은 "우리와 함께 하면 보다 위대하고 보다 좋은 인간, 보다 효과적이고 보다 존경받는 인간이 될 수 있고 외로움도 덜 느끼게 될 것이다"고 속삭인다. 급증하는 하부 집단들 가운데 어떤 것을 선택하면서도, 우리는 그 결정을 통해 일체성이 형성되리라고 막연하게 생각할 뿐이다. 그러나 우리는 이러한 집단들이 제시하는 여러 가지 호소에 강한 유혹을 느끼고 있다. 말하자면 이러한 집단들이 제시하는 심리적 약속들에 이리저리 휩쓸리면서 시달리게 된다는 것이다.

여러 가지 하부 집단 중에서 하나를 골라야 하는 우리는 뉴올리언스의 버번 가를 걸어가는 관광객과 흡사하다. 관광객이 술집이 늘어선 거리를 지나노라면 호객꾼들이 관광객을 붙들어 사설(辭說)을 늘어놓다가 문 안으로 안내한다. 그러면 관광객은 좌석 뒤 무대 위에 있는 벌거벗은 무희의 육체를 잠시 보게 되는 것이다. 하부 집단들은 매디슨 가의 광고 회사들이 지금까지 고안해 낸 어떤 방법들보다 더 강력하고 교묘하게 우리를 사로잡으려고, 우리의 내밀한 환상에 호소해 오고 있다.

하부 집단들이 제공하는 것은 단순한 나체 쇼도 아니고, 새로운 비누나 세정제도 아니다. 이러한 집단들은 단순한 제품이 아니라 초제품(超製品)을 제공하고 있다. 이러한 집단들이 인간적인 온정이나 우애, 존경, 공동체 의식 따위를 약속해 주는 것도 사실이다. 그러나 방취제(防臭劑)나 맥주 광고에서도 그 정도의 약속은 하고 있다. 다른 행상인들이 제공할 수 없고 하부 집단들만이 제공하는 일, 말하자면 독특한 성분의 '기적적 요소'란 바로 선택권 과잉에서 오는 긴장으로부터 휴식을 마련해 주는 일이다. 이러한 집단들은 한 가지 제품이나 이념만을 제공하는 것이 아니라, 모든 제품과 이념들을 조직화하는 방법을 제공해 주고 있기 때문이다. 한 가지 일용품만이 아니라 전반적인 스타일, 말하자면 개인으로 하여금 복잡성을 더해 가는 선택의 문제를 다루기 쉬운 정도로 축소시키는 데 도움을 주는 일련의 지침(指針)들을 제공해 주고 있기 때문이다.

우리 대다수는 이러한 지침들을 정확히 찾아내려고 안간힘을 쓰고 있다. 도덕성의 소용돌이 속에서 그리고 선택할 것이 너무 많아 빚어지는 혼란 속에서 무엇보다도 강력하고 가장 유용한 '초제품'은 바로 인간의 생활을 조직해 주는 원리다. 생활 양식이 제공해 주는 것은 바로 이러한 원리인 것이다.

생활 양식의 힘

물론 어떠한 생활 양식이라도 좋다는 것은 아니다. 우리의 생활은 마치 여러 가지 경쟁적 모델을 늘어놓고 있는 카이로의 바자회를 참관하고 있는 것과 같다. 우리는 이러한 심리적 환영(幻影) 속에서 우리의 독특한 체질과 환경에 맞는 생활 양식 및 존재 규정 방식을 찾고 있다. 모방하고자 하는 영웅이나 소영웅을 찾고 있는 것이다. 양식을 찾고 있는 사람은 자기에게 알맞은 옷 모양을 찾기 위해 패션 잡지를 뒤적이는 부인과도 같다. 그 부인은 옷 모양을 하나하나 살펴보고 나서, 마음에 드는 것을 골라 그 모양에 따라 옷을 짓기로 결심한다. 그 다음에 그 부인은 옷감과 실, 장식, 단추 등 필요한 재료를 모으기 시작한다. 생활 양식을 만들어 내는 사람도 바로 이것과 똑같은 방법으로 필요한 재료를 얻는다. 생활 양식을 만들어 내는 사람은 머리를 길게 기르고 아르 누보〔新美術〕포스터를 사며, 게바라의 글이 실린 책을 구입한다. 그 사람은 마르쿠제와 파농(Frantz Fanon)에 관해 배우고 독특한 말투를 골라 내어 '관련성'이나 '기존 체제'라는 말들을 사용하게 된다.

그렇다고 해서 그 사람의 정치 활동이 하잘것없다거나 그 사람의 의견이 부당하고 바보스럽다는 뜻은 결코 아니다. 사회에 대한 그 사람의 견해는 정확할 수도 있고 그렇지 않을 수도 있다. 하지만 그러한 견해를 표현하기 위해 그가 선택하는 독특한 방식은 불가피하게 자기 나름의 양식을 찾으려는 노력의 일부가 되는 것이다.

옷을 맞추려는 부인은 자기에게 잘 어울리도록 하기 위해 원형(原型)과는 조금 다르게 이것저것 변화를 준다. 이렇게 만들어진 옷은 실제로 맞춤옷이라고 할 수 있지만, 따지고 보면 같은 디자인으로 만든 다른 옷들과 놀랄 만큼 흡사하다. 우리는 생활 양식도 이와 똑같은 방식으로 개인에 맞게 변형시키고 있지만, 그것은 일반적으로 어떤 하부 집단이 만들어 제공한 생활 양식 모델과 분명히 닮아 있다는 것이다.

우리는 언제부터 여러 생활 양식 가운데 하나를 골라 그것에 의존하게 되는지, 그 시점을 인식하지 못하는 경우가 허다하다. 사장이 되겠다든지 흑인 과격파의 일원이 되겠다든지, 또는 '웨스트 사이드 지식인' 그룹의 일원이 되겠다든지 하는 결정이 순수히 논리적 분석만의 결과인 경우는 거의 없다. 또 이러한 결정은 단번에 명백히 이루어지는 것도 결코 아니다. 궐련을 피우다가 파이프 담배로 바꾼 과학자는 그 파이프가 자기를 이끌어 가는 전반적 생활 양식의 일부라는 사실을 모른 채, 건강상의 이유로 그렇게 할 수도 있다. 티파니형 램프를 선택한 부부는 그들이 아파트를 장식하고 있다고는 생각하지만, 그것이 전체 생활 양식을 구체화하려는 시도라고 보지는 않을 수도 있다.

실상 우리 대다수는 우리의 생활을 생활 양식이란 조건에서 생각하는 것도 아니고, 생활 양식에 대해 객관적으로 얘기하기가 어려운 경우도 종종 있다. 우리는 생활 양식에 내재하는 가치들의 구조를 표현하려고 할 때 더욱 큰 어려움을 느끼는 경우마저 있다. 우리 대다수는 하나의 통합된 생활 양식을 채택하고 있는 것이 아니라 몇 개의 다른 모델로부터 끌어낸 요소들을 섞어 쓰고 있기 때문에 이러한 일은 더욱 어려워지고 있다. 이를테면 우리는 히피와 파도타기의 두 가지를 모두 모방할 수도 있고, 뉴욕에 있는 대부분의 출판사 직원들이 실제로 택하고 있는 것처럼 '웨스트 사이드 지식인'들과 회사 사무원의 중간 형태를 취할 수도 있다. 한 사람의 개별적인 생활 양식이 혼합물일 때, 그 생활 양식이 토대로 삼는 여러 가지의 원형(原型) 모델을 찾아내는 데는 많은 어려움이 따르게 마련이다.

그러나 우리가 특정 모델에 일단 관계하기만 하면, 그것을 확립하기 위해 적극적으로 노력하고 그것을 유지하기 위해 도전에 저항해야 하는 경우도 있다. 그러한 생활 양식은 우리에게 극히 중요한 것이기 때문이다. 생활 양식에 대해 대단한 관심을 가지고 있는 미래의 인간들에게는 이러한 현상이 더욱 두드러진다. 그러나 양식에 대한 이렇듯 강렬한 관심은 문학 평론가들이 형식주의(形式主義)라고 일컫는 것과는 다르다. 그 관심은 외양에 쏟는 관심과는 다르다. 생활 양식은 외형적인 행태(行態)에만 관계되는 것이 아니라 그러한 행태에 내재된 가치들과도 관계되는 것이며, 인간은 자기 이미지에 어떤 변화를 일으키지 않고 생활 양식을 바꿀 수 없기 때문이다. 미래의 인간들은 '양식을 의식하는' 것이 아니라 '생활 양식을 의식하게' 된다.

미래의 인간이 하찮은 일을 대단히 중요시하는 까닭도 바로 여기에 있다. 개인의 생활에서 아주 하찮은 일들이 힘들여 얻은 생활 양식에 조화되지 않고 양식의 통일성을 파괴하려 한다면, 그것도 우리의 감정에 힘을 미치게 된다. 숙모가 우리에게 결혼 선물을 주었다면 우리는 그것 때문에 당황하게 된다. 그 까닭은 결혼 선물을 주는 일이 우리에게 생소한 양식이기 때문이다. 우리는 "숙모가 달리 좋은 방법을 알지 못했기 때문임"을 설사 알고 있다손 치더라도, 그것이 우리를 화나게 만들고 당황하게 만드는 것은 사실이다. 그래서 우리는 서둘러 그 선물을 다락방 시렁에다 처박아버리고 만다.

 숙모가 선물로 준 빵 굽는 기계나 식탁보 그 자체가 저절로 중요한 의미를 띠게 되는 것은 아니다. 그러나 이것은 전적으로 다른 하부 문화적 세계에서 온 메시지이기 때문에, 우리가 우리의 양식에 덜 집착하고 있거나 여러 양식들 사이에서 방황하고 있을 때 이것은 강한 위협이 된다. 심리학자 페스팅거(Leon Festinger)는 선입견과 맞지 않는 정보를 거부하거나 부정하려는 인간의 성향을 '인식의 부조화'란 용어로 표현했다. 우리는 세심한 노력을 기울여 만들어 낸 신념 구조를 뒤엎는 얘기에 귀를 기울이려 하지 않는다. 이렇게 볼 때 숙모의 선물은 '양식의 부조화'의 요소를 나타내고 있다. 그 선물은 우리가 세심한 노력을 기울여 만들어 낸 생활 양식을 위협하고 있는 셈이다.

 생활 양식이 그 자체를 유지하는 힘을 지니는 까닭은 무엇인가? 우리가 생활 양식에 집착하는 원천은 무엇인가? 생활 양식은 우리 스스로를 표현하는 매개물이다. 생활 양식은 우리가 어떤 집단이나 특정 하부 집단에 속하고 있는가를 세상에 알리는 방법이다. 하지만 이것으로서는 하부 집단이 우리에게 얼마나 중요한가에 대한 충분한 설명이 될 수 없다. 생활 양식이 그토록 중시되고 또 사회가 다양화됨에 따라 더욱 중시되는 진정한 이유는, 무엇보다도 생활 양식 모델 하나를 선택해 따르는 것이 선택권 과잉에 대처하는 중요한 전략이라는 사실 때문이다.

 스스로 의식하든 의식하지 않든, 버클리나 바에즈, 트릴링이나 아니면 그와 맞먹는 파도타기의 명수 J. J. 문과 '같은' 사람이 되려고 일단 결심하면, 그것은 생활 속에서 순간적인 결정을 내려야 할 수많은 필요성을 없애준다. 일단 어느 한 양식에 집착하게 되면, 우리는 새로 채택한 양식과 부적합한 많은 형태의 복장과 행동 그리고 이념과 태도들을 버리게 된다. 이를테면 학생 저항 운동 모델을 선택한 대학생은 월리스(George C. Wallace)에게 투표할 것인가,

가죽 가방을 휴대할 것인가, 또는 상호 신용 기금에 투자할 것인가 등에 골머리를 앓으면서 정력을 소모하지 않아도 된다는 것이다.

우리는 특정 생활 양식에 초점을 맞춤으로써 다른 많은 생활 양식을 더 이상 고려하지 않게 된다. 오토바이족의 생활 모델을 선택한 자는 시장에 즐비하게 내놓은 수백 종에 달하는 장갑에 대해서 관심을 쏟을 필요가 없다. 그 장갑들은 자기가 선택한 생활 양식의 정신과는 어울리지 않기 때문이다. 그 사람은 자기가 선택한 모델의 한계 안에서 적합한 것, 말하자면 아주 좁은 범위 안의 장갑들 중에서 선택하는 것만으로 족하다. 그리고 여기서 거론되는 장갑들이란 그 사람의 생각과 사회 관계에 잘 어울리는 것을 일컫는다.

따라서 여러 생활 양식 중에서 한 가지 양식에 집착한다는 것은 대결단(大決斷)이다. 이것은 일반적으로 이루어지는 일상 생활의 결정보다는 한 차원 높은 것이며, 미래의 우리 관심사에 대한 선택 범위를 좁히는 결정이다. 우리가 선택한 양식의 한계 안에서만 행동하는 한, 우리의 선택도 비교적 간단하고 지침도 뚜렷하다. 요컨대 우리가 소속하는 하부 집단은 우리로 하여금 어떠한 문제에 해답할 수 있도록 도와주고 필요한 지침도 마련해 준다.

그러나 우리의 생활 양식이 갑자기 도전을 받아 우리로 하여금 그것을 재고하도록 어떤 힘이 작용하면, 우리는 또 다른 대결단을 내리지 않을 수 없다. 이럴 때 우리는 우리들 자신뿐 아니라 우리가 지니고 있는 자기 이미지도 함께 변화시켜야 할 고통스러운 국면에 다다르는 것이다.

그것이 고통스러운 까닭은 우리가 지금까지 의존해 왔던 특정 생활 양식에서 벗어난다는 사실이, 그것을 마련해 주었던 하부 집단으로부터도 떨어져 나와 아무 곳에도 소속하지 않게 됨을 뜻하기 때문이다. 그러나 더욱 나쁜 것은, 우리의 기본 원리에 회의(懷疑)가 생겨서 명확하고 일정한 방침의 안전성 없이, 생소하고 새로운 생활상의 일들을 따로따로 혼자 결정하지 않으면 안 된다는 데 있다. 요컨대 우리는 선택권 과잉이라는 무겁고 벅찬 짐을 다시 지게 된다는 것이다.

자아(自我)의 과잉

'양식(樣式) 사이'에 끼여 있다거나 '하부 집단 사이'에 끼여 있다는 것은 생활상의 위기라고 할 수 있다. 미래의 인간은 과거나 현재의 인간보다 더 많은 시간을 이러한 여건하에서 보내게 되는데, 그것은 양식을 찾으려는 노력 때문이다. 초산업화 사회의 인간은 살아 나가면서 자기의 정체성(正體性)을 변경시킴으로써 대립적인 하부 집단의 세계를 거쳐 가는 자기 나름의 궤도를 그려 나가고 있다. 이것이 바로 미래의 사회적 이동이며, 이것은 하나의 경제 계급에서 다른 계급으로의 움직임만이 아니라 하나의 집단에서 다른 집단으로의 움직임도 뜻하고 있다. 한 하부 집단으로부터 다른 일시적 하부 집단으로 끊임없이 이동함에 따라 인간의 생활은 하나의 곡선을 그리게 된다.

이렇듯 끊임없는 이동이 빚어지는 까닭은 여러 가지가 있다. 그것은 개인의 심리적 욕구가 과거보다 자주 변하고 있기 때문만은 아니다. 하부 집단들 역시 변하고 있는 것이다. 이러한 것과 함께 여러 가지 이유로 하부 집단 성원의 신분이 이전보다 불안정해짐에 따라 개별적 양식의 추구는 점점 격렬해지고 다가올 몇십 년 안에는 심지어 발광적인 현상으로까지 될 것이다. 우리는 '사물의 존재 방식'에 대해 비탄에 잠기거나 염증을 느끼거나 불만을 품고 있음을, 바꾸어 말해서 우리의 현재 양식이 동요되고 있음을 거듭 발견하게 될 것이다. 바로 그 순간 우리는 다시 한 번 우리의 선택을 체계화시키는 새로운 원리를 추구하기 시작하고, 또다시 대결단을 내려야 할 순간에 다다르게 된다.

이러한 순간에 우리의 행태를 세밀히 살펴보면, 일시성 지수(一時性指數)라고 할 수 있는 것이 급격히 증가하고 있음을 발견할 수 있다. 사물과 장소, 인간, 조직, 정보의 관계 등의 변동률이 위로 치솟고 있다. 우리는 비단옷이나 넥타이, 낡은 티파니형 램프, 소름끼치는 발톱 모양의 다리를 가진 빅토리아풍 탁자 등, 과거의 하부 집단과의 관계를 상징하는 모든 것을 제거하고 우리의 새로운 정체성을 상징하는 새로운 품목들로 하나씩 하나씩 바꾸기 시작한다. 이러한 과정은 사회 생활에서도 똑같이 일어나 인간의 교체도 빨라진다. 우리는 기존의 이념들을 거부하기 시작해 새로운 방법으로 그것을 설명하거나 합리화한다. 그리고 우리는 하부 집단이나 생활 양식이 우리에게 부과했던 모든 제약으로부터 갑자기 벗어난다. 일시성 지수는 우리 생애에서 가장 자유로운 순간들──어떤 면에서는 가장 당황해 하고 있는 순간들──을 예민하게 제시하는 지표가 될 것이다.

엔지니어들이 '탐색(探索) 행위'라고 부르는 격심한 동요를 빚어내는 것은 바로 이러한 순간이다. 이러한 순간에 우리는 새로운 하부 집단이 제시하는 메시지들과 요란스러운 주장(主張)과 반대 주장에 가장 휘말리기 쉽고, 이리저리 휩쓸리게 된다. 강력한 새 친구, 새 유형이나 이념, 새로운 정치 운동, 매스 미디어가 만들어 내는 새로운 영웅 등, 이 모든 것은 바로 이러한 순간에 특별한 힘으로 우리에게 다가온다. 우리는 무엇을 하고 어떻게 행동해야 할 것인가를 알려주는 사람이나 집단에 불안해 하면서도 문을 열어 주고 의지하려고 한다.

설사 사소한 것이라도 결정은 내리기 어려운 법이다. 결정은 우연으로 이루어지는 것이 아니다. 우리는 일상 생활에서 오는 압력에 대처하기 위해 확고한 생활 양식에 의존해 있던 때보다 훨씬 사소한 문제들에 대해서도 더 많은 정보를 필요로 한다. 그리고 우리는 불안과 압력과 고독을 느껴 움직이게 되고, 새로운 하부 집단에 제 발로 걸어 들어가거나 빨려 들어가는 것을 모른 체함으로써 새로운 생활 양식을 택하기에 이른다.

그러므로 초산업화 시대로 나아감에 따라 우리는 앞 세대의 사람들을 깜짝 놀라게 할 만큼 빠른 속도로 생활 양식을 채택했다가 버리는 사람들을 수없이 보게 된다. 생활 양식 그 자체가 쓰고 버리는 품목이 되어버렸기 때문이다.

이러한 현상은 하찮거나 손쉬운 문제가 아니다. 이것은 우리 시대의 특징이며 한탄해 마지않을 '참여 의식의 상실'의 원인인 것이다. 하부 집단의 소속을 이리저리 바꾸고 아울러 생활 양식도 이것 저것 바꿈에 따라, 인간은 단절로 인한 필연적 고통에서 자기 자신을 지키는 버릇을 들이게 되고, 이별의 슬픔에도 스스로 견디어 나가는 방법을 배우게 된다. 독실한 카톨릭 신자가 자기의 종교를 버리고 신좌익(新左翼) 운동에 뛰어들었다가, 다시 다른 주의나 운동, 하부 집단에 가담했다고 하자. 이런 일은 영원히 지속될 수는 없다. 그린(Graham Greene)의 말을 빌리면, 그러한 사람은 '타버린 껍질'이 되고 만다. 그는 과거에 실망을 겪어보았기 때문에 너무 많은 일에 투신해서는 안 된다는 사실을 알고 있다.

그리고 하나의 하부 집단이나 생활 양식을 채택하고 있는 것처럼 보이는 경우에조차 그는 자기 자신의 일부는 남겨두고 있다. 그 사람은 그 집단의 요구에 따르고 자기에게 안겨주는 소속감을 향유할 수도 있지만, 이러한 소속감이 지난날의 소속감과 결코 같을 수는 없고, 계기만 주어지면 언제나 이탈할 마음의 준비를 하고 있다. 이러한 사실이 뜻하는 바는, 설사 그 사람이 어떤 집단이나 종족에 확실히 소속된 것처럼 보이는 경우에도 그 사람은 어두운 밤중에 경쟁 집단이 전하는 단파(短波) 신호에 귀를 기울이고 있다는 것이다.

이러한 의미에서 볼 때 집단내에서 그 사람의 성원(成員) 신분이란 지극히 피상적인 것이라 하겠다. 따라서 그 사람은 언제나 '가참여(假參與)'의 자세를 견지하고 있고, 어떤 집단의 가치관과 양식에 강한 애착이 없기 때문에 수많은 선택의 정글을 헤쳐 나가는 데 필요한 일련의 뚜렷한 기준을 지닐 수 없다.

결과적으로 초산업화 혁명은 전반적인 선택 과잉의 문제를 새로운 질적(質的) 차원으로 몰아가고 있다. 초산업화 혁명은 우리로 하여금 전등과 전등갓 사이에서가 아니라 여러 생활 사이에서, 생활 양식의 구성 요소 사이에서가 아니라 전반적인 생활 양식들 사이에서 선택을 하도록 강요하고 있다.

이렇듯 선택권 과잉의 문제가 심각성을 띠게 되면 우리는 자기 성찰과 자기 분석, 내향성 따위에 지나칠 정도로 빠져 든다. 이것은 오늘날 가장 널리 번지고 있는 질병이라고 할 '정체성의 위기'를 우리에게 안겨주고 있다. 많은 사람이 이렇게 복잡한 선택 문제에 직면해 본 적은 이전에 결코 없었다. 정체성의 추구 문제는 흔히 생각하듯 대중 사회에서 빚어지는 선택 가능성의 부족 때문에 야기되는 것이 아니라, 오히려 선택권이 너무 많고 너무 복잡한 데서 야기되고 있다.

어떤 생활 양식의 선택 곧 대결단을 하게 될 때와, 하나 또는 여러 개의 특정한 하부 집단과 관계를 맺을 때, 우리는 언제나 우리의 자기 이미지를 일부 변경시킨다. 어떤 의미에서 보면 이럴 때 우리는 딴 사람이 되고 자기 자신에 대한 생각도 달라지게 된다. 우리의 옛친구들, 즉 오래 전의 모습으로 우리를 알았던 사람들은 우리를 보고 놀란다. 그들이 우리를 인식하는 것이 점점 어려워지고, 마찬가지로 우리 자신도 지난날의 우리와 일체화하거나 동감하기가 점점 어려워짐을 실감하게 된다.

히피가 정직한 사무원이 되고, 사무원이 변화 과정마저 확실히 하지 않은 채 스카이 다이버로 변신하기도 한다. 이러한 사람은 그 과정에서 외형적인 생활 양식만이 아니라 그것을 뒷받침하는 태도도 상당 부분 함께 버린다. 그러다 어느 날 졸려서 멍청한 얼굴에 찬물을 끼얹는 것처럼 깜짝 놀라 의문에 부딪치는데, 그 의문은 "무엇이 남았는가?" 하는 것이다. 연속적이고 오래 견디는 내부 구조라는 의미에서 볼 때, 자아나 개성의 요소로는 어떤 것이 남아 있을까? 어떤 사람들은 거의 없다는 대답을 할 수밖에 없을 것이다. 그들은 이미 '하나의 자아'를 다루고 있는 것이 아니라 '연속적인 자아들'을 다루고 있기 때문이다.

따라서 초산업화 혁명은 인간 자신에 대한 근본적인 개념상의 변화를 요구해, 인간 생활의 연속성과 불연속성을 함께 고려하는 새로운 인간성 이론을 요구한다.

그런가 하면 초산업화 혁명은 자유에 관한 새로운 개념, 즉 자유는 궁극적인 단계에 다다르면 스스로를 부정한다는 인식도 불러일으킨다. 사회가 새로운 분화 단계에 도달하면 필연적으로 개성화를 위한 새로운 계기를 마련하고, 새로운 기술과학이나 새로운 일시적 조직 형태가 새로운 종류의 인간을 요구한다. 역전(逆轉)과 일시적 반전(反轉)이 있음에도 불구하고, 사회 발전의 방향이 우리로 하여금 포용성(包容性)을 더욱 크게 하고 더욱 다양해지는 인간형을 쉽게 받아들이도록 만드는 까닭도 여기에 있다.

"하고 싶은 일을 하라"는 말이 갑자기 널리 퍼지고 있는 것은 이러한 역사적 동향(動向)의 반영이다. 사회가 단편화되거나 분화됨에 따라 보다 많은 생활 양식 유형이 생겨나기 때문이다. 그리고 그 사회가 제시하는 생활 양식 모델이 사회에서 많이 받아들여지면 받아들여질수록, 그 사회는 각 개인이 자신의 독특한 일을 할 수 있는 실질적인 여건이 더욱 갖추어지는 것이다.

엘륄이나 프롬(Erich Fromm), 멈퍼드(Lewis Mumford), 마르쿠제 추종자들이 반(反)기술과학적 발언을 마구 내뱉고 있지만, 자유의 폭을 넓히고 있는 것은 바로 가장 발전된 기술과학 사회인 초산업화 사회다. 따라서 미래의 인간은 역사상 어느 집단보다 자기 실현을 위한 계기를 더 많이 향유할 것이다.

새로운 사회는 진실로 지속적인 관계라는 의미에서의 뿌리는 별로 제공하지 못하고 있다. 그러나 새로운 사회는 다양한 생활 영역과 이러한 영역 안에 있거나 벗어날 수 있는 자유, 그리고 자기 자신의 영역을 이룩할 수 있는 기회의 측면에서 이전의 모든 사회를 합친 것보다도 더 많은 것을 제공할 것이다. 그런가 하면 새로운 사회는 변화와 같이하고 변화를 불러일으키며 변화와 더불어 성장하는 최고의 기쁨, 곧 파도를 타거나 소와 씨름하거나 8차선의 고속 도로에서 자동차 경주를 하거나 또는 마약을 복용하는 것보다도 훨씬 재미있는 일을 제공할 것이다. 말하자면 새로운 사회는 개인에게 극기(克己)와 고도의 지성을 요구하는 경기를 마련해 준다는 것이다. 극기의 능력과 고도의 지성을 갖추고 급속히 출현하는 초산업적 사회 구조를 이해하기 위한 노력을 기울이는 개인과, '적절한' 생활의 변화 속도를 발견해 '적절한' 순서로 하부 집단에 가입하여 '적절한' 순서로 생활 양식 모델을 골라 나가는 사람들에게는 더없이 좋은 기쁨일 터이기 때문이다.

이렇게 화려한 말들도 분명 대다수 사람에게는 적용되지 않는다. 과거와 현재의 사람들 중 대다수는 그들이 만든 것도 아니고 지금같아서는 결코 벗어날 엄두조차 내지 못할 것 같은 생활 영역에 얽매여 있다. 대부분의 사람에게 선택의 여지는 아직도 너무 좁기 때문이다.

이렇게 얽매인 상태는 깨뜨려야 마땅하고 또 깨뜨려질 것이다. 하지만 이러한 상태는 기술과학에 대한 배척을 통해서도 깨뜨려지지 않을 것이고, 수동적 태도나 신비주의나 반이성(反理性)으로 복귀하려는 외침을 통해서도 깨뜨려지지 않을 것이며, 경험적 연구와 분석 및 합리적 노력 등을 부정하고 '감각'이나 '직관'으로 미래의 길을 알아내려 한다 해도 깨뜨려지지 않을 것이다. 과거와 현재의 속박을 진실로 깨뜨리려는 사람들은 러다이트(Luddite) 운동처럼 기계를 비난하기보다는 내일의 기술과학을 조정하고 선택해서 빨리 도래하도록 하는 편이 나을 것이다. 하지만 이것을 달성하려면 직관과 '신비적 통찰력'으로는 불충분하다. 이것을 달성하려면 정확한 과학 지식을 가려 사회 통제의 급소(急所)와 요소(要所)에 능숙하게 적용할 줄 알아야 한다.

이러한 과학 지식은 자유의 열쇠로서 선택을 극대화시키는 원리를 곧바로 제시하지는 않는다. 여기서 제시하고 싶은, 것은 선택해야 할 것이 지나치게 많아지고 자유가 부자유로 변할 수도 있다는 가능성을 고려해야 한다는 점이다.

자유로운 사회

자유는 절대적인 것이라는 낭만적 주장도 있지만, 결코 그렇지 않다. 집단적 선택(무의미한 개념인데)이나 집단 개성을 주창하는 것은 어떤 형태의 공동체나 사회도 부정하는 주장이다. 분주히 자기 일을 하는 개인들이 서로 완전히 이질적(異質的)이라면, 그 어떤 두 사람도 커뮤니케이션의 기반을 가질 수 없을 것이다. 인간이 서로 '관계'를 맺거나 '대화'할 수 없다고 큰소리로 불평하는 사람들일수록 보다 많은 개성을 주장하는 사람들인 경우가 허다하다는 사실은 하나의 아이러니다. 사회학자 만하임(Karl Mannheim)도 이러한 모순을 인식하고 "개성화된 인간일수록 정체(正體)를 알기가 더욱 어려워진다"고 말했다.

만일 우리가 문자 그대로 기술과학 이전의 원시 시대로 되돌아가서 그로 인해 빚어지는 모든 결과, 즉 보다 단명하고 야만적인 생활과 보다 많은 질병, 고통, 굶주림, 공포, 미신, 배외주의(排外主義), 완고함 등을 감수할 생각이 없다면 우리는 점점 더 분화된 사회를 지향해 나아가지 않을 수 없다. 그런데 이러한 사실은 사회적 통합에 심각한 문제들을 제기한다. 초산업적 질서가 하나의 기능적 전체로 연결되기 위해서 교육이나 정치, 문화 등을 어떤 형태로 연결해야 할 것인가? 이러한 연결은 성취될 수 있을 것인가? 웨인 주립 대학의 그로스(Bertram M. Gross)는 "이러한 통합은 설사 서로 받아들일 수 있는 것까지는 못되더라도, 공통적으로 받아들일 수 있는 일정한 가치관이나 이해할 수 있을 정도의 상호 의존성에 토대를 두지 않으면 안 된다"고 했다.

가치관과 생활 양식이 급속히 세분화되고 있는 사회는 통합을 이룩하는 모든 낡은 기제(機制)에 도전해 이것을 재구성하기 위한 완전히 새로운 토대를 요구한다. 하지만 우리는 아직도 이러한 토대를 발견하지 못하고 있다. 우리는 사회적 통합이라는 어려운 문제에 직면하는 한편 개인적 통합이라는 보다 더 고민스러운 문제에도 직면하게 된다. 그것은 생활 양식이 많아짐에 따라 자아를 굳건히 유지하는 우리의 능력이 도전을 받게 되기 때문이다.

우리는 과연 수많은 잠재적 자아들 가운데 어느 것을 선택할 것인가? 연속적인 자아들 가운데 어느 것이 우리의 모습으로 비칠 것인가? 우리는 가장 개인적이고 감정적인 단계에서 선택의 과잉 문제를 어떻게 다루어야 하는 것일까? 다양성과 선택 그리고 자유를 찾아 무모하게 돌진하는 과정에서 우리는 다양성의 두려운 의미를 검토하는 일에는 아직 착수조차 못 하고 있는 실정이다.

그러나 다양성이 일시성이나 새로움과 결합할 때, 사회는 역사적인 적응의 위기로 내닫고 만다. 이럴 때 우리의 환경은 너무나 단명하고 너무나 생소하며 너무나 복잡하기 때문에, 수많은 사람들이 적응 파탄의 위험에 직면한다. 이러한 파탄이 다름 아닌 미래의 충격인 것이다.

제5부 적응력의 한계

제15장 미래의 충격 : 육체적 차원

 아주 오랜 옛날 바다가 축소되자 수많은 수생동물들이 어쩔 수 없이 넓어진 해변에 버려지고 말았다. 익숙한 환경에서 쫓겨난 수생동물들은 제각기 조금이라도 더 살아보려고 헐떡거리면서 몸부림치다가 죽어 갔다. 양서(兩棲) 생활에 보다 잘 적응할 수 있는 운 좋은 소수만이 변화의 충격을 극복하고 살아 남았다. 위스콘신 대학의 사회학자인 섬(Lawrence Suhm)은, "오늘날의 우리는 마치 인간의 선조들이 수생동물에서 육상동물로 진화할 때처럼 상처받기 쉬운 시기를 살아가고 있다. ……적응할 수 있는 사람들은 살아 남겠지만, 적응할 수 없는 사람들은 어느 정도 낮은 발전 단계에서 살아 남거나 뭍으로 밀려나 말라 죽고 말 것이다"고 말했다.
 인간이 적응해야만 한다고 주장하는 것은 불필요한 얘기처럼 들린다. 인간이 생물체들 가운데 가장 적응력 있다는 사실은 스스로 입증해 오고 있는 터다. 인간은 적도의 여름에서도 살아 남고 남극의 겨울에서도 살아 남았다. 그런가 하면 인간은 나치의 포로 수용소 다하우(Dachau)나 소련의 강제 수용소 보르쿠타(Vorkuta) 속에서도 살아 남았고, 달 표면을 거닐기까지 했다. 이러한 성과를 들어 인간의 적응 능력은 '무한'하다고 간단히 규정할 수도 있다. 하지만 이처럼 잘못된 생각도 없다. 인간이 아무리 용감하고 정력적이라 하더라도 생물학적 유기체, 즉 '생물체'에 지나지 않으며 모든 생물체는 냉혹한 한계내에서 활동하기 때문이다.

기온과 기압, 섭취 열량, 산소와 이산화탄소의 양 등의 조건이 현재와 같은 인간으로서는 도저히 벗어날 수 없는 절대적인 한계를 긋고 있다. 따라서 우리는 인간을 외계로 쏘아 올릴 때, 살아 나갈 수 있는 범위내에서 이러한 모든 요소들이 유지될 수 있도록 정밀하게 설계된 소환경(小環境) 속에 인간을 집어넣는다. 이렇게 보면 인간을 미래로 보내면서 변화의 충격으로부터 인간을 보호하려는 노력을 별로 기울이지 않는 것은 참으로 이상한 일이 아닐 수 없다. 이것은 마치 미 항공우주국(NASA)이 암스트롱(Neil Alden Armstrong)과 올드린(Edwin Aldrin)을 발가벗긴 채 우주 속으로 날려 보내는 것과 마찬가지다.

인간이라는 유기체가 수용할 수 있는 변화의 양에는 우리의 노력으로 알 수 있는 한계가 있고, 이러한 한계를 먼저 생각하지 않은 채 변화를 끝없이 가속시키면 대다수의 인간에게 그들이 쉽사리 감당될 수 없는 요구를 하게 된다는 것이 이 책의 주제다. 이것은 내가 미래의 충격이라고 부르는 묘한 상황으로 인간을 내동댕이치는 극히 위험한 짓인 것이다.

미래의 충격이란 인간 유기체의 육체적 적응 체계와 그 의사 결정 과정의 과도한 부담에서 야기되는 육체적·심리적 고통이라고 규정해 볼 수 있다. 좀더 간단히 말하면 미래의 충격이란 과도한 자극에 대한 인간의 반응이라 하겠다.

미래의 충격에 대해 반응하는 방법은 사람에 따라 제각기 다르다. 그 증상도 이 질병의 단계와 강도에 따라 달라진다. 그 증상은 불안, 유용한 권위에 대한 적의(敵意), 무의식적인 것처럼 보이는 폭력 등으로부터 신체적 질병, 우울증, 무관심 등에 이르기까지 모든 형태로 나타난다. 미래의 충격으로 인한 희생자들은 사회적·지적·정서적으로 위축되고 이른바 '껍질 속으로 기어 들어가려는' 노력을 기울임으로써 관심이나 생활 양식에서 변덕스러운 동요를 나타내는 수가 자주 있다. 이들은 정신적인 착란이나 괴로움을 계속 느끼기 때문에 내려야 할 결정의 수를 줄이기 위해 안간힘을 쓰고 있다.

이러한 증후군(症候群)을 이해하려면 심리학, 신경병학(神經病學), 커뮤니케이션 이론, 내분비학 등 여러 분야로부터 인간의 적응 문제에 참고가 될 과학적 지식을 이끌어 내지 않으면 안 된다. 아직 적응 그 자체를 다룬 과학은 없고 적응병(適應病)에 관한 체계적 목록도 없다. 지금으로서는 여러 학문 분야에서 제공되는 증거를 통해 적응 이론의 조잡한 윤곽만을 그려볼 수 있을 뿐이다. 이러한 분야에 종사하는 연구자들은 서로의 노력에 대해서 알지 못한 채 연구를 진행하는 경우가 허다하지만, 그럼에도 불구하고 그들의 연구는 서로 훌륭하게 조화되고 있다. 그들의 연구는 독특하고 재미있는 형태를 이루면서 미래의 충격에 관한 개념을 규정하는 데 확실한 기반을 마련해 주고 있다.

생활의 변화와 질병

인간이 계속 변화에 휩쓸릴 때 실제로 어떤 사태가 빚어질까? 이에 대한 해답을 얻으려면 우리는 인체, 곧 신체 구조 자체부터 검토해 보지 않으면 안 된다. 아직 출간되지는 않았지만 최근 일련의 놀라운 실험들이 이루어져, 변화가 신체적 건강에 미치는 영향을 밝혀주고 있는 것은 다행한 일이다.

이러한 실험은 뉴욕 코넬 의료 센터의 고(故) 울프(Harold G. Wolf) 박사의 연구에서 비롯되었다. 울프 박사는 개체의 건강이란 환경이 그 사람에게 어떻게 적응할 것을 요구하는가와 직접적인 관계가 있다고 거듭 강조했다. 울프 박사의 후계자 중 한 사람인 힝클 2세(Lawrence E. Hinkle, Jr.)는 이것을 의학에 대한 '인간생태학적' 접근이라 규정하고, 질병은 특정 병균이나 바이러스와 같은 한 가지 특수한 요인의 결과가 아니라 인체를 둘러싸고 있는 환경의 일반적 성격을 포함한 여러 요소들의 복합적 결과라고 강력하게 주장하고 있다. 힝클은 환경적 요인이 의학에서 갖는 중요성을 의료 종사자들에게 인식시키기 위해 몇 년 동안 연구를 계속해 왔다.

오늘날 대기 오염이나 수질 오염, 도시의 과밀화(過密化), 그리고 이와 유사한 다른 요소들에 대한 경종(警鐘)이 울리면서 보건 당국은, 개인이 전체 체계의 일부분으로 간주되어야 하며 개인의 건강이란 여러 가지 미묘한 외적 요인에 달려 있다는 생태학적 견해로 되돌아가고 있다.

그러나 울프 박사의 동료인 홈스(Thomas H. Holmes) 박사는 변화 자체가 ── 어떤 특정한 개별적 변화가 아니라 한 개인 생활의 일반적 변화 정도 ── 온갖 환경 요소들 중 가장 중요한 것들 가운데 하나라는 생각을 갖기에 이르렀다. 홈스 박사는 원래 코넬 대학에 있었으나 현재는 워싱턴 대학 의대에 재직하고 있는데, 거기서 레어(Richard Rahe)라는 젊은 정신병리학자의 도움으로 '생활 변화 단위 척도'라는 훌륭한 연구 도구를 만들어 냈다. 이것은 한 개인이 주어진 기간에 얼마나 많은 변화를 겪는가를 재는 도구였다. 이러한 도구의 개발은 개략적이나마 개인 생활의 변화율을 처음으로 검정(檢定)할 수 있게 함으로써 방법론상 하나의 중요한 돌파구를 마련했다.

생활 변화의 종류가 다르면 우리에게 미치는 영향도 달라진다는 생각에서 홈스와 레어는 되도록 많은 생활 변화 목록을 작성하는 데서부터 연구를 시작했다. 이혼과 결혼, 새 집으로의 이사 등과 같은 사건들은 각자에게 다르게 영향을 미치고 있다. 더욱이 어떤 사건은 다른 사건보다 큰 영향을 미친다. 예컨대 휴가 여행은 단조로운 일상 생활에 즐거운 기분 전환이 되기도 한다. 그러나 그 영향은 부모가 돌아가신 경우와는 도저히 비교할 수가 없는 것이다.

그 다음 홈스와 레어는 생활 양식이 다른 미국과 일본의 남녀 수천 명을 대상으로 생활 변화에 관한 목록을 만들었다. 여기서 이들은 조사 대상자 개개인에게 이 목록에 기재된 각 항목의 순위를 영향력의 정도에 따라 매기도록 했고, 극복하거나 적응하는 데 많은 노력이 필요한 변화는 어느 것이고 노력이 적게 필요한 것은 어느 것인가도 조사했다.

홈스와 레어가 조사 결과를 보고 놀랄 만큼, 어떤 변화는 많은 적응력을 요구하고 또 어떤 것은 비교적 중요하지 않다는 식으로 사람들 사이에 널리 의견이 일치되고 있음이 밝혀졌다. 생활상 여러 사건의 '영향력의 크기'에 관한 이러한 의견 일치는 심지어 국경과 언어상의 차이까지 초월하고 있다.[1] 요컨대 사람들은 어떤 변화가 적응하기에 가장 어려운가에 대해 알고 있고 의견이 일치되어 있다.

홈스와 레어는 이러한 정보를 토대로 생활 변화의 각 유형에 대한 중요도를 숫자로 표시할 수 있었다. 이리하여 그들이 만든 목록의 각 항목은 숫자의 크기에 따라 순위가 정해지고 또 그에 따른 점수도 매겨졌다. 예를 들어 배우자의 사망이 100점으로 계산된다면 새 집으로의 이사는 대부분의 사람들에게 20점쯤으로 계산되고, 휴가는 13점으로 계산된다는 것이다(배우자의 사망은 보통의 생활 과정에서 한 사람에게 일어날 수 있는 가장 중요한 변화라고 보는 것이 일반적인 견해다).

그런데 홈스와 레어는 그들의 연구를 한걸음 더 발전시키려 했다. 그들은 생활 변화 단위 척도를 사용해 사람들의 생활에서 실제

---

[1] 미국과 일본에서 이루어진 연구는 현재 프랑스, 벨기에, 네덜란드 등지의 연구를 통해 보완되고 있다.

적인 변화 형태에 관해 질문을 시도했다. 이러한 척도는 어떤 사람의 생활상 변화의 중요도를 다른 사람의 것과 비교할 수 있게 했다. 한 사람의 생활상 변화의 양을 조사함으로써 변화라는 것이 건강에 미치는 영향에 대해서 무언가를 알 수 있을 것인가?

이것을 찾아내기 위해 홈스와 레어 그리고 많은 연구자들은 문자 그대로 수천 명에 달하는 개인의 '생활 변화 점수'를 수집하여 그들 개개인의 병력(病歷)과 비교하는 어려운 작업을 시도했다. 이제까지는 변화와 건강을 연관짓는 방법이 없었고 개인 생활의 변화 형태에 관해 이렇게 자세한 자료도 없었으며, 실험 결과가 이렇게 분명한 경우도 거의 없었다. 미국과 일본의 연구 결과를 보면 군인과 민간인, 임산부, 백혈병 환자 가족, 대학 운동 선수 그리고 퇴직자 등 어느 집단에나 똑같이 두드러지는 경향이 나타났다. 그것은 생활 변화의 점수가 높은 사람은 점수가 낮은 사람들보다 이듬해에 병에 걸리는 경우가 많다는 것이다. 한 인간의 생활상의 변화율, 곧 그 사람의 생활의 변화 속도가 그의 건강 상태와 밀접한 관계가 있음을 극적인 형태로 나타내는 데 처음으로 성공한 것이다.

홈스 박사는, "그 결과가 너무나 놀라운 것이었기 때문에 처음에는 그것을 발표하기를 주저했다. 1967년까지도 이러한 최초의 연구 결과를 발표하지 않았다"고 말했다.

1967년 이래 생활 변화 단위 척도와 생활 변화 설문은 로스앤젤레스 빈민가 와츠 구(區)의 흑인 실업자로부터 항해중인 해군 장교에 이르기까지 다양한 집단에 활용되고 있다. 변화와 질병간의 상관 관계는 어느 경우에서도 모두 입증되었다. 계속되는 적응과 극복이 필요한 '생활 양식상의 변화들'은 그것이 그 사람의 직접적인 통제하에 있는가의 여부나 그 사람이 그것을 원하는가의 여부에 관계 없이 질병과 연관이 있음이 입증되고 있다. 더욱이 생활상의 변화도가 높으면 높을수록 다음에 오는 질병이 심할 가능성도 높아진다. 그 증거는 너무나 뚜렷하기 때문에, 생활 변화 점수의 연구를 통해 여러 유형에 속한 사람들의 질병 단계를 예측하는 일도 실제로 가능하게 되었다.

1967년 8월 샌디에이고의 미해군 정신병리학 연구소장인 아서(Ransom J. Arthur) 사령관과 당시 아서 휘하의 대위로 근무하게 된 레어는 해군 병사 3000명의 질병 형태를 예측하는 연구에 착수했다. 아서와 레어 두 박사는 이 연구를 위해 샌디에이고 항에 정박하고 있는 세 척의 순양함 승무원들에게 생활 변화 설문지를 나누어주었다. 이 순양함들은 출항 직전이었는데 한 번 출항하면 6개월 정도 해상에 있게 된다. 그 동안에 개개 승무원의 의료 상황은 정확히 기록될 것이었다. 각자의 생활 변화 형태에 관한 정보로 항해 중에 병에 걸릴 가능성을 알 수 있을까?

각 승무원은 항해 전 1년 동안 자기 생활에서 어떤 변화가 일어났는가를 밝히도록 요청받았다. 설문지에는 아주 광범위한 항목들이 나열되어 있었는데 그 가운데는 12개월 동안 상관과 충돌한 적이 있는가에 관한 항목도 있었고, 식사 습관과 수면 습관의 변화에 관한 항목도 있었다. 그런가 하면 친구 관계의 변화나 복장의 변화, 레크리에이션 형태의 변화에 관한 항목도 있었고, 사회 활동과 가족 모임, 경제 상태 등의 변화를 묻는 항목도 있었으며, 처가와의 충돌이 있었는가, 부인과의 말다툼이 늘었는가 줄었는가, 출산이나 양자를 통해 아이를 얻었는가, 부인이나 친구나 친척의 사망으로 고통을 받았는가 등에 관한 항목도 있었다.

이 설문지에는 새 집으로 몇 번 이사했는가, 교통 위반이나 다른 사소한 위반 행위로 법적 문제를 일으킨 일이 있는가, 직무상의 출장이나 부부간의 불화로 인해 부인과 얼마나 떨어져 있었는가, 직장을 옮긴 일이 있는가, 상을 받거나 승진한 일이 있는가, 집을 고치거나 이웃 환경이 나빠져 생활 조건이 변했는가, 부인이 새로 직장을 가졌거나 그만두었는가, 빚이나 저당으로 돈을 꾼 일이 있는가, 휴가는 몇 번이나 얻었는가, 사망이나 이혼 또는 재혼의 결과로 부모와의 관계에 큰 변화는 없었는가 등에 관한 항목도 있었다.

요컨대 설문은 늘 있게 마련인 생활 변화를 파악하려 했다. 그것은 어떤 변화가 일어났는가 일어나지 않았는가만 조사했을 뿐, 그 변화가 좋았던가 나빴던가는 조사하지 않았던 것이다.

이 세 척의 순양함은 6개월 동안 항해했다. 귀항(歸港) 예정일을 얼마 남겨 놓지 않고 아서와 레어는 새로운 연구반을 그 군함으로 보냈다. 그들은 그 군함의 의무(醫務) 기록에 대한 면밀한 조사를 실시했다. 즉 어떤 사람들이 병에 걸렸는가, 어떤 병에 걸렸는가, 병실에 얼마나 수용되어 있었는가 등을 조사했다.

컴퓨터 작업을 마친 결과, 변화의 크기와 질병과의 관련성은 이제까지 볼 수 없었던 정도로 두드러지게 나타났다. 생활 변화 단위가 상위 10퍼센트 이내에 속한 사람들, 곧 지난해에 큰 변화를 겪었던 사람들은 하위 10퍼센트 이내의 사람들보다 1.5~2배 가량 더 질병에 시달린 것으로 나타났다. 또 한 가지 두드러진 사실은 생활 변화 점수가 높으면 높을수록 병이 더욱 심했다는 것이다. 생활 변화 형태에 관한 연구, 즉 환경적 요소로서의 변화에 관한 연구는 여러 부류의 사람들에게 나타나는 질병의 횟수와 강도를 예측할 수 있도록 하는 데 크게 기여했다.

아서 박사는 생활 변화 연구를 평가하면서, "우리는 처음으로 변화 지수(指數)를 얻어냈다. 단기간에 많은 생활의 변화를 겪으면 그것이 그 사람의 신체에 커다란 무리를 안겨준다. ……단기간에 변화의 횟수가 너무 많으면 변화에 대처하는 장치가 마비될 수도 있다"고 말했다.

아서 박사는 다음과 같이 말을 잇고 있다. "신체의 저항력과 변화에 대한 사회의 요구 사이에는 어떤 관계가 있음에 틀림없다. 우리는 연속적이고 동태적(動態的)인 균형 속에 있다. ……여러 가지 해로운 내적·외적 요소들이 언제나 존재해서 항상 질병을 일으키려 하고 있다. 예를 들면 어떤 바이러스는 신체 안에 잠복해 있다가 신체의 저항력이 약해질 때만 병을 일으키고 있다. 신경 조직과 내분비 조직을 통해 전달되는 많은 변화 요구에 대해 완벽하게 대처할 수는 없지만, 신체의 저항 체계가 보편적으로 존재한다는 것은 당연한 일이다."

생활 변화 연구의 중요성은 매우 크다. 질병뿐 아니라 죽음 자체도 신체에 안겨지는 적응 요구의 심도와 관련될 수도 있기 때문이다. 따라서 아서와 레어, 그리고 또 다른 동료인 매킨 2세(Joseph D. McKean, Jr.) 등이 작성한 보고서는 몸(Somerset Maugham)의 자전적 소설인 《더 서밍 업(The Summing Up)》을 인용하면서 시작되고 있다.

> 나의 아버지는…… 파리로 가서 영국 대사관의 법무관이 되었다. ……어머니가 돌아가신 후 어머니의 하녀는 나의 유모가 되었다. ……나는 아버지가 낭만적인 정신의 소유자였다고 생각한다. 아버지는 여름 동안 살 집을 짓는 데도 그러한 생각을 지녔다. 아버지는 쉬레느 마을의 언덕 위에 조그마한 땅을 매입했다. ……이 집은 보스포러스의 별장과 같았는데, 맨 위층은 바람 쐬는 복도로 둘러싸여 있었다. ……이 집은 흰 색깔의 집으로 덧문만 빨간 칠을 했다. 정원은 잘 가꾸어져 있었고 방안의 가구들이 장만될 무렵 아버지는 돌아가셨다.

아서 박사 팀은, "몸의 아버지의 죽음은 얼핏 보아 뜻밖에 일어난 돌발 사건인 것처럼 보인다. 그러나 그 아버지가 죽기 전 2~3년 동안의 사건들을 면밀히 조사해 보면 직업과 주거, 개인적 습관, 재정, 가족 사항 등에 변화가 있었음을 나타내고 있다"고 말했다. 아서 박사 팀은 이러한 변화들이 사건을 촉진시켰을 것이라고 주장하고 있다.

이런 식의 추론은, 배우자를 잃고 난 처음 1년 동안 배우자를 잃은 사람들의 사망률이 보통 사람보다 높다는 보고서와 일맥 상통하고 있다. 영국에서 이루어진 일련의 연구들이 강력히 주장하는 바에 따르면, 남편을 잃은 충격은 질병에 대한 저항력을 약화시키고 노화(老化)를 촉진시키는 경향이 있다고 한다. 이러한 현상은 홀아비가 된 사람들의 경우에도 마찬가지라는 것이다. 런던의 지역사회 연구소 과학자들은 이러한 증거를 재검토하기 위해 4486명의 홀아비들에 대한 조사를 실시했다. 그들은 조사를 마친 후 "처음 6개월 안에 사망률이 극히 높은 것은 거의 틀림없는 사실로 드러나고 있다. 홀아비가 된 지 처음 6개월 동안의 사망률이 40퍼센트 정도로 급증하는 것 같다"고 밝혔다.

이러한 결과는 왜 나타나는 것일까? 슬픔 그 자체가 질병을 유발한다고 추론해 볼 수 있다. 그러나 그 해답은 슬픔의 상태에 전적으로 연유하는 것이 아니라 배우자를 잃음으로써 나타나는 커다란 영향, 곧 배우자가 죽은 후 짧은 기간 안에 생존자로 하여금 여러 가지 커다란 생활 변화를 겪지 않을 수 없게 만드는 사실에도 연유한다는 것이다.

힝클, 홈스, 레어, 아서, 매킨 그리고 그 밖의 사람들에 의해 이루어지고 있는 질병과 변화의 관계에 대한 연구는 아직도 초기 단계를 벗어나지 못하고 있다. 그러나 한 가지 교훈만은 명백히 드러나는 것 같다. 즉 변화는 생리적(生理的) 대가를 요구하며, 변화가 빠르면 빠를수록 지불해야 할 대가는 많아진다는 것이다.

새로운 것에 대한 반응

"생활이란 유기체와 환경 사이의 연속적인 상호 작용을 뜻한다"고 힝클 박사는 말하고 있다. 이혼이나 가족의 사망 혹은 직장의 변동이나 휴가 등으로 인해 빚어진 변화들이야말로 우리 생활상의 중요한 사건들인 것이다. 하지만 누구나 알고 있듯이, 생활이란 사소한 사건들로 이루어져 있으며 이러한 사건들은 연속적인 흐름을 이루어 우리의 경험 속으로 흘러 들어왔다가는 흘러 나간다. 생활상의 중요한 변화는 모두 작은 변화를 수없이 일으킬 뿐 아니라 그러한 작은 변화들도 더 작은 변화들로 이루어져 있는 것이다. 그러한 작은 변화들이 없이는 중요한 변화도 없는 것이다. 가속적 사회 내에서 생활의 참뜻을 파악하려면, 우리는 이렇게 사소한 '마이크로 변화'의 단계에서 일어나는 현상도 살펴볼 필요가 있다.

우리의 환경 속에서 한 가지 요소가 변할 때 과연 어떤 일이 일어날 것인가? 우리 모두는 환경으로부터 보내어지는 신호들——시각, 청각, 촉각 등——의 홍수 속에서 허우적거리고 있다. 이러한 대부분의 신호는 일상적이고 반복적인 형태로 보내어지고 있다. 우리들의 지각(知覺) 범위 안에서 어떤 변화가 일어났을 때, 감각 기관을 통해 신경 체계 속으로 들어오는 신호의 형태는 수정되고 있다. 말하자면 일상적이고 반복적인 신호는 중단되고, 이러한 중단에 대해 우리는 특별히 날카롭게 반응하고 있다.

새로운 형태의 자극이 주어질 때 신체와 두뇌 모두 그 자극이 새로운 것임을 거의 직감적으로 알아차린다는 사실은 주목할 만한 일이다. 이러한 변화는 어떤 빛깔이 눈언저리에 반짝 비친 것처럼 순간적일 수도 있다. 이것은 사랑하는 사람이 망설이는 손끝으로 살며시 쓰다듬는 것과도 흡사하다. 어떤 변화라도 그것이 일어나면 방대한 신체 기관들이 작동하기 시작한다.

개는 이상한 소리를 들었을 때 귀를 세우고 소리나는 쪽으로 머리를 돌린다. 사람도 이와 같은 동작을 한다. 자극의 변화는 실험 심리학자들이 말하는 '정향(定向) 반응(orientation response)'을 불러일으킨다. 이러한 정향 반응(OR)은 복잡하고도 방대한 신체 작동이다. 동공은 넓어지고 망막에도 광화학적 변화가 일어난다. 그런가 하면 우리의 청각은 순간적으로 더욱 예민해지고, 근육은 무의식적으로 작동해서 감각 기관들을 자극이 오는 방향으로 향하게 한다. 곧 소리나는 곳으로 귀를 기울이거나 잘 보이도록 눈을 가늘게 뜬다는 것이다. 한편 모든 근육이 작동하고 뇌파의 형태에도 변화가 일어난다. 손가락과 발가락은 그 속에 있는 정맥과 동맥이 수축됨에 따라 점점 차가워진다. 손바닥에는 땀이 배고 피는 머리로 몰리며 호흡과 심장의 박동이 변화한다.

일정한 상황하에 놓이면 우리는 이러한 모든 현상을 일으키고 나아가서는 아주 뚜렷한 형태로 '경악 반응'을 나타낸다. 그러나 어떤 현상이 일어나고 있는지 확실하게 모르는 경우조차 이러한 변화는 우리가 환경 속에서 무엇인가 새로운 일이 생겼다고 느낄 때마다 일어나고 있다.

이러한 현상이 일어나는 이유는 인간의 두뇌 속에 새로운 것을 탐지하는 특수 장치가 있기 때문이라고 하는데, 이러한 장치는 최근에 이르러서야 신경학자들의 관심을 끌게 되었다. 소련의 과학자 소콜로프(E. N. Sokolov)는 정향 반응이 어떻게 작동하는가에 대해 가장 포괄적인 설명을 하고 있다. 그가 지적한 바에 따르면 두뇌 속의 신경 세포는 들어오는 자극의 강도나 지속성, 질(質), 순서 등에 관한 정보를 축적하고 있다는 것이다. 새로운 자극이 들어오면 이러한 자극은 피질(皮質) 안의 '신경 모델'과 대립하게 된다. 만일 자극이 새로운 것이면 그것은 기존의 신경 모델과 조화될 수 없고 정향 반응이 작동한다. 그러나 이러한 조화 과정이 앞서 축적되어 있던 모델과 유사성을 나타내면 피질은 그물 모양으로 된 작동 조직에 신호를 보내 지시를 내리고 결국 작동을 중지하게 한다.

우리의 환경 속에서 일어나는 새로운 일들은 여러 가지로 신체에 직접 영향을 미치고 있다. 이와 함께 정향 반응은 결코 특수한 일이 아니라는 사실도 인식할 필요가 있다. 우리를 둘러싸고 있는 환경 속에서 여러 가지 변화가 일어남에 따라, 이러한 정향 반응은 우리 대부분에게 단 하루 동안에도 문자 그대로 수천 번씩 일어나고 있다. 정향 반응은 잠자고 있는 동안에도 거듭 일어나고 있다.

수면(睡眠) 구조에 관한 전문가인 심리학자 루빈(Ardie Lubin)은, "정향 반응은 굉장한 것으로, 온몸이 이와 관련돼 있다. 그리고 환경 속에 새로운 요소가 많아지면——이것은 많은 변화를 뜻하는데——이에 따라 정향 반응이 계속 일어난다. 이렇게 되면 신체에 대해 심한 부담을 주게 될 것이고, 그것은 견디어 내기 힘든 부담이 된다"고 말했다.

그는 계속해서, "만일 환경 속에 새로운 것이 지나치게 많아지면 인간은 불안신경증 비슷한 증상에 걸리게 된다. 이러한 사람의 신경 조직은 아드레날린 호르몬으로 가득 차, 심장의 박동이 계속되며 손은 차가워지고 근육은 경화되어 경련을 일으키는데, 이러한 모든 현상이 정향 반응의 일반적 특성이다"고 말했다.

정향 반응은 결코 우발적인 현상이 아니다. 이것은 자연이 인간에게 안겨준 것이고 인간의 주요 적응 메커니즘 가운데 하나다. 정향 반응은 인간으로 하여금 보다 많은 정보를 감지할 수 있도록 한다. 다시 말해서 보다 잘 보거나 잘 듣게 만드는 것이다. 이것은 인간의 근육이 필요할 때 곧바로 작동할 수 있도록 항상 대기하고 있다. 요컨대 정향 반응은 인간으로 하여금 싸우거나 도망갈 수 있도록 항상 마련해 주고 있다는 것이다. 그러나 루빈이 강조했듯이, 개개의 정향 반응은 육체의 피로를 수반한다. 정향 반응이 효과적으로 이루어지려면 에너지가 필요하기 때문이다.

이러한 정향 반응을 예상해, 이에 필요한 에너지가 미리 신체에 전달돼 근육이나 땀샘 등과 같은 곳에 저장되어 있다. 신경 조직이 새로운 것에 반응하도록 자극됨에 따라 신경 조직 연접부의 소포(小胞)가 소량의 아드레날린과 노르아드레날린을 방출한다. 그러면 이것들이 축적된 에너지를 부분적으로 방출시킨다. 요컨대 정향 반응은 한정된 체내에 순발(瞬發) 에너지를 끌어낼 뿐 아니라, 더욱 한정된 체내의 에너지 방출 장치까지 작동시킨다는 것이다 .

더욱이 정향 반응은 단순히 감각 기관을 통해 들어오는 것에 대한 반응으로서만 일어나는 것이 아니라는 사실을 강조해 둘 필요가 있다. 정향 반응은 새로운 정경이나 소리에 접했을 때와 마찬가지로, 새로운 이념이나 정보에 접했을 때도 일어난다. 사무실에서 이루어지는 새로운 소문이나 통일된 개념, 심지어 새로운 농담이나 어투의 변화도 정향 반응을 불러일으킬 수 있다.

정향 반응은 새로운 사건이나 사실이 어떤 사람의 기존 세계관 전반과 부딪칠 때 특히 강하게 일어난다. 카톨릭 신앙이든 마르크스주의든 어떤 정교한 이데올로기에 접하면, 사람들은 이 새로운 자극 가운데서도 친숙한 요소들을 재빨리 찾아내거나 찾아냈다고 생각함으로써 편안한 마음을 지니게 된다. 실상 이데올로기들은 새로운 자료로 채워지기를 기다리는 커다란 정신적 서류함이라고 할 수 있다. 바로 이러한 이유 때문에 이데올로기는 정향 반응의 강도와 빈도를 줄이는 데 이바지하고 있다.

정향 반응이 일어나는 것은 어떤 새로운 사실이 적합하지 않을 때 그리고 정리되기 어려울 때뿐이다. 비근한 예로, 신(神)의 선(善)을 믿으면서 자라온 종교인이 무의식 상태에서 어쩔 수 없이 악을 범했을 때처럼 충격적인 일에 갑자기 직면했다고 생각해 보자. 그러면 이 사람은 새로운 사실을 이해하게 되든지 자기의 세계관이 변할 때까지 심한 동요와 불안으로 고통을 겪는다.

정향 반응은 원래 강한 긴장을 불러일으키는 것이므로, 이것이 끝날 때 우리는 한시름 놓게 된다. 사고나 인식의 단계에서 보면, 우리를 오랫동안 혼란스럽게 했던 일을 마침내 이해하게 되는 석명(釋明)의 순간에 경험하는 '아하!' 하는 반응이 바로 그것이다. 우리는 '아하!' 하는 반응을 자주 느끼지는 못하지만 우리의 의식층 바로 밑에서는 정향 반응과 '아하!' 하는 반응이 끊임없이 일어나고 있다.

따라서 새로움——지각될 수 있는 새로움——은 신체 내부, 특히 신경 조직 안에서 폭발적인 활동을 촉발시킨다. 정향 반응은 우리의 외부에서 빚어지는 사건의 비율에 따라 우리 내부에서 플래시처럼 터지고 있다. 인간과 환경은 함께 흔들리면서 상호 작용을 거듭하고 있는 것이다.

적응 반응

환경 안에서의 새로운 요소는 정향 반응이 일어나는 비율을 높이기도 하고 낮추기도 하는데, 어떤 새로운 조건은 다른 것보다 강력한 반응을 불러일으킨다. 우리는 단조로운 길을 따라 차를 운전하면서 라디오를 듣다 보면 공상에 잠기게 된다. 이때 갑자기 자동차 한 대가 옆을 스쳐 가면 우리는 당황해서 차선을 벗어날 수밖에 없다. 우리는 자동적으로 그리고 거의 순간적으로 반응해서 정향 반응이 뚜렷하게 일어난다. 이때 우리는 심장이 뛰고 손이 떨리는 것을 느낄 수 있다. 그리고 이러한 긴장이 가라앉으려면 한참이나 기다려야 한다.

그러나 이러한 긴장이 가라앉지 않으면 어떻게 될까? 복잡한 신체적·심리적 반응이 필요하고 압력이 오래 지속되는 상황에 놓인다면 어떤 현상이 빚어질까? 예를 들어 상사가 부하들을 매일 들볶는다면 어떤 현상이 빚어질까? 아이들 중 하나가 심한 병에 걸린다면 어떤 현상이 빚어질까? 이와는 반대로 '근사한 데이트'를 마음 졸이며 기다리고 있다든지, 사업상의 중요한 거래를 앞두고 있을 때에는 어떤 현상이 빚어질까?

이러한 상황은 정향 반응을 통한 순간적인 에너지의 분출만으로는 처리될 수 없다. 이러한 까닭에 우리는 '적응 반응'이라 일컬을 수 있는 것을 지니고 있다. 물론 적응 반응은 정향 반응과 긴밀한 관계에 있다. 실상 이들 두 반응은 서로 얽혀 있기 때문에, 정향 반응은 보다 크고 포괄적인 적응 반응의 일부나 초기 단계로 간주될 수도 있다. 그러나 정향 반응은 일차적으로 신경 조직에 토대를 두고 있지만, 적응 반응은 주로 내분비선과 그것이 혈액 속에 쏟아 넣는 호르몬에 의존하고 있다. 제1의 방어선은 신경이고 제2의 방어선은 호르몬이라 하겠다.

개인이 새로운 것에 계속 적응하도록 강요당할 때, 특히 개인이 분쟁과 불안을 내포한 어떤 상황에 적응하도록 강요당할 때, 뇌하수체라는 완두콩만한 분비 기관이 많은 물질을 방출해 낸다. 이 가운데 하나인 부신피질 자극 호르몬(ACTH)은 부신으로 보내어진다. 그러면 이번에는 ACTH가 부신으로 하여금 부신피질 스테로이드라는 화학 물질을 만들도록 한다. 이 화학 물질은 인체의 신진대사를 촉진시키고 혈압을 높인다. 그리고 이 화학 물질은 상처난 곳이 있을 경우 그 부위가 감염되지 않도록 하기 위해 혈액을 통해서 항염(抗炎) 물질을 보낸다. 이 화학 물질은 또 지방과 단백질을 가용(可用) 에너지로 바꾸어 인체 속에 있는 에너지 저장 탱크에 집어넣는다. 적응 반응은 이렇게 정향 반응보다 훨씬 강력하고 지속적인 에너지를 마련해 주고 있다.

　정향 반응과 마찬가지로 적응 반응도 결코 특수한 것이 아니다. 적응 반응은 일어나는 데 시간이 걸리고 오래 지속되지만, 우리의 신체적·사회적 환경 속에서 일어나는 여러 변화에 반응함으로써 하루에도 셀 수 없을 만큼 많이 일어난다. 적응 반응은 '스트레스'라는 보다 일반화된 용어로 알려지고 있기도 한데, 이것은 우리를 둘러싸고 있는 심리 상태의 추이나 변화를 통해서도 촉발될 수 있다. 초조, 당황, 갈등, 불안 등은 물론이고 낙관, 흰희, 기쁨 등까지도 이 ACTH라는 화학 물질이 만들어 낸다. 변화를 예상하는 것만으로도 적응 반응을 일으킬 수 있다. 생활 방식을 바꾸어야 할 필요성, 직업을 바꾸는 것, 사회적 압력, 신분의 변동, 생활 양식의 수정 등 낯선 일에 직면하게 만드는 현상은 모두 적응 반응을 일으킬 수 있다.

　예를 들면 스톡홀름의 카롤린스카(Karolinska) 병원의 임상 스트레스 연구소장인 레비(Lennart Levi) 박사는 정서적 분위기나 대인 관계에서 일어나는 극히 사소한 변화들조차 체내 화학 작용에 커다란 변화를 일으킬 수 있다고 지적하고 있다. 스트레스는 흔히 혈액과 소변 속에서 발견되는 부신피질 스테로이드와 카테콜아민(예컨대 아드레날린과 노르아드레날린)의 양을 통해 측정된다. 일련의 실험에서 레비는 감정을 촉발시키기 위해 영화를 보여주고, 그 결과로 나타난 화학적 변화를 도표로 나타내고 있다.

스웨덴 남자 의대생 집단에서 살인, 싸움, 고문, 처형, 동물 학대 등을 묘사한 영화 장면들을 보여주었는데, 영화를 본 후 소변 속의 아드레날린 성분이 보기 전보다 평균 70퍼센트나 상승되었고, 노르아드레날린 성분도 평균 35퍼센트나 상승되었다고 한다. 젊은 여사무원 집단에는 연(連) 4일 밤에 걸쳐 네 가지의 다른 영화를 보여주었다. 첫번째 영화는 기분좋은 여행 영화였는데, 이 영화를 본 여사무원들은 조용하고 안정된 기분이었고 그들의 카테콜아민 분비도 줄었다고 한다. 두번째 밤에는 커브리크(Stanley Kubrick)의 〈영광의 길〉을 관람했는데, 여사무원들은 심한 흥분과 노여움을 느꼈다고 하며 아드레날린 분비도 급상승했다고 한다. 세번째 밤에 여사무원들은 〈찰리의 숙모〉란 영화를 감상했는데, 이 영화는 희극 영화였기 때문에 웃음을 자아냈다. 이렇게 즐거운 감정이었고 공격적이거나 폭력적인 장면이 없었음에도 불구하고 카테콜아민은 또다시 현저히 상승했다. 네번째 밤에 여사무원들은 〈악마의 가면〉이란 공포 영화를 보았는데, 그들은 관람하는 동안에 무서움에 질려 실제로 비명을 지르기까지 했다. 이 영화를 보고 난 다음 카테콜아민의 분비가 상승했음은 예상했던 대로였다. 요컨대 감정적 반응은 그 자체의 특성과는 별 관계 없이 부신의 활동을 수반하고 있거나 아니면 반영하고 있다고 하겠다.

이와 유사한 실험 결과가 '대리(代理) 경험'이 아닌 '실제 경험'을 한 남녀의 경우──쥐나 개, 노루, 그 밖의 실험 동물이 아닌 사람──에 속속 드러나고 있다. 수중 폭파 훈련을 받는 수병, 남극의 외로운 전초 기지에 근무하고 있는 병사, 우주 비행사, 공장 노동자, 사무원 등은 모두 외부 환경의 변화에 대해 비슷한 화학적 반응을 나타내고 있다.

이것이 무엇을 뜻하는가는 설명하기 어려울는지 모르지만, 적응 반응을 거듭 불러일으키면 심한 타격을 받게 되고 내분비선을 지나치게 가동시키면 회복할 수 없을 정도로 지치게 된다는 증거들이 쏟아져 나오고 있다. 《적응하는 인간》이란 책의 저자 뒤보(René Dubos) 박사는 다음과 같이 우리에게 경고하고 있다. "경쟁적 상황이나 혼잡한 환경 속에서의 작업과 같은 변화 무쌍한 환경들은 호르몬의 분비를 크게 변화시킨다. 이러한 현상은 혈액이나 소변만 검사해 보아도 분명하게 알 수 있다. 인간 상황이 조금만 복잡해져도 거의 자동적으로 내분비 계통 전체가 자극된다."

그래서 어떻다는 것인가?

뒤보 박사는, "인간이 내분비 계통에 지나친 자극을 가하게 되면 그 기관들은 틀림없이 살아 있는 동안 계속해서 생리적인 영향을 받게 된다"고 주장했다.

인체의 적응 반응 연구의 선구자인 셀리에(Hans Selye) 박사는 다음과 같이 보고하고 있다. "어떤 방법을 통해서든 동물이 심한 스트레스를 오랫동안 받게 되면 성적(性的)인 이상이 생긴다. ……스트레스를 받는 인간들도 모든 면에서 실험 동물들과 똑같이 반응한다는 사실이 임상 연구를 통해 확인되고 있다. 여성의 경우라면 월경 주기가 불규칙하게 되거나 완전히 멈춰버리고, 수유기(授乳期)라면 젖이 부족하게 될 수도 있다. 남성의 경우도 성적 욕구와 정자 생산이 함께 감퇴되고 만다."

이 보고가 나온 이래, 인구 문제 전문가나 생태학자들은 심한 스트레스를 받는 쥐와 노루(인간도)의 집단이 스트레스를 덜 받는 집단보다 번식력이 떨어진다는 확실한 증거를 수집했다. 예컨대 사람들끼리의 상호 작용이 끊임없이 계속되고 개인에게 적응 반응을 매우 빈번히 일으키도록 강요하는 혼잡한 상태하에서라면 최소한 동물의 경우는 부신이 커지고 번식력이 현저히 떨어진다는 것이 밝혀지고 있다.

정향 반응과 적응 반응이 되풀이되면 신경 조직과 내분비 계통에 지나친 부담을 주어 다른 질병을 일으키고 건강에 이상을 가져온다. 환경이 급속히 변화하면 인체의 에너지 공급이 계속 필요하고, 이것은 지방의 신진대사를 촉진한다. 지방의 신진대사는 상당수의 당뇨병 환자들에게 커다란 어려움을 주는 것이다. 심지어는 하찮은 감기까지도 환경의 변화 정도에 따라 영향을 받는 것으로 나타나고 있다. 힝클 박사의 연구 보고에 따르면 뉴욕의 근로 여성에 대한 표본(標本) 조사 결과, 감기에 걸리는 빈도는 "주위 사람들과의 관계 변화나 매일 부딪치는 사건들에 따라 그의 기분이나 행동 형태가 어떻게 달라지는가"와 상관 관계가 있음이 밝혀졌다.

요컨대 변화 또는 새로운 상황에 적응하려는 우리의 노력에 따라 생물체에 연쇄적으로 일어나는 사건들을 이해하면, 건강과 변화가 이렇게 서로 밀접한 관계를 맺고 있는 것처럼 보이는 까닭도 이해할 수 있게 될 것이다. 홈스와 레어, 아서, 그리고 생활 변화 연구에 종사하는 많은 사람들의 연구 결과는 현재 진행되는 내분비학과 실험 심리학의 연구와 전혀 모순되지 않는다. 인체내의 중대한 화학적 변화를 일으키지 않고 사회의 변화 속도를 빠르게 한다거나 새로운 요소가 차지하는 비율을 높일 수 없음은 지극히 분명하다. 과학적·기술적·사회적 변화의 속도를 빠르게 함으로써, 우리는 인체의 화학적 상태와 생물적 안정성을 마구 뒤흔들고 있는 것이다.

한 가지 부연해 두지 않을 수 없는 것은 이러한 현상이 반드시 나쁜 것만은 아니라는 사실이다. 홈스 박사는 다소 풍자적으로, "질병보다 더욱 나쁜 일들도 있다"고 했고, 셀리에 박사는 "누구도 어느 정도의 스트레스를 계속 받지 않고서는 살 수 없다"고 했다. 정향 반응과 적응 반응을 억제한다는 것은 성장과 자기 개발, 성숙 등을 포함한 모든 변화를 거부하는 것이다. 그것은 혈행(血行)을 완전히 정지시키자는 말이다. 변화는 생활을 위해 필요할 뿐 아니라 그것 자체가 생활이다. 또한 생활은 적응이기도 한 것이다.

그러나 적응력에는 한계가 있다. 우리가 생활 양식을 바꾼다면, 사물이나 장소나 사람들과의 관계를 맺었다가 끊는다면, 우리가 여러 사회 조직 사이를 부단히 방황한다면, 그리고 새로운 정보와 이념을 습득한다면 우리는 적응하면서 살아가고 있는 것이다. 그러나 여기에는 일정한 한계가 있어서 우리는 무한한 탄력성을 가지지는 못한다. 정향 반응과 적응 반응은 제각기 대가를 지불하고 있다. 이러한 반응이 일어날 때마다 인체의 기관은 조금씩 마멸되어 결국 눈에 띄는 조직의 손상에까지 이르게 된다는 것이다.

따라서 인간은 결국 원점(原點)으로 되돌아가게 된다. 인간은 변화를 수용하는 능력에 한계가 있는 생물체다. 이렇게 능력에 부치는 일이 강요되었을 때 미래의 충격이라는 현상이 나타난다.

제16장 미래의 충격 : 심리적 차원

만일 미래의 충격이 인체의 질병만의 문제라면 그것을 예방하고 치료하기란 쉬운 일일는지 모른다. 그러나 미래의 충격은 인간의 심리에도 커다란 영향을 미친다. 마치 인체가 환경의 과잉 자극에 따른 긴장으로 망가지듯이 인간의 '마음'과 그 결정 과정도 지나친 부담이 가해지면 불규칙한 작용을 한다. 변화라는 장치를 무턱대고 가동시키면 적응력이 적은 사람의 건강을 해칠 뿐 아니라, 스스로를 위해 합리적으로 행동하는 능력 자체까지 손상될 수 있다.

우리 주변의 당혹스런 파탄의 충격적 징조들——마약의 범람, 신비주의의 등장, 파괴와 폭력의 난무, 정치적 허무주의와 회향병(回

鄕病), 대중의 병적 무관심 등──은 모두 미래의 충격과 관련시켜 인식하면 보다 쉽게 이해될 수 있다. 이러한 형태의 사회적 불합리성은 환경 자극이 지나치게 많아져 개인의 의사 결정 능력이 쇠퇴했음을 잘 반영하고 있다.

변화가 여러 유기체에 미치는 영향을 연구하는 심리생리학자들은 자극의 정도──환경 안에서의 변화와 새로운 요소의 양──가 너무 낮지도 않고 너무 높지도 않을 때만 성공적으로 적응할 수 있다는 것을 밝혀냈다. 터론토 대학의 벌라인(D. E. Berlyne) 교수는, "고등 동물의 중추 신경 조직은 일정한 정도의 자극을 일으키는 환경에 대응할 수 있도록 만들어져 있다. ……중추 신경 조직은 지나친 긴장이나 부담을 주는 환경 안에서는 제대로 기능할 수 없는 것도 당연하다"고 말했다. 그는 자극이 별로 없는 환경에 대해서도 같은 얘기를 하고 있다. 실상 노루나 개, 쥐, 인간 등을 대상으로 한 실험은 모두 '적응 범위'라고 할 수 있는 것이 존재한다고 분명하게 지적하고 있다. 적응 범위라는 것은 거기에 미치지 못하거나 초과해도 개인의 대응 능력이 떨어지는 한계를 말하는 것이다.

미래의 충격이란 과잉 자극에 대한 반응이다. 개인이 자기의 적응 범위를 넘어 활동하지 않을 수 없을 때 미래의 충격은 일어난다. 변화나 새로운 요소가 부족하면 인간의 역할 수행에 어떤 영향이 오는가의 문제에 관해서는 상당한 연구가 이루어지고 있다. 남극의 외로운 전초 기지에 근무하는 사람들에 관한 연구, 감각 기관의 제거 실험, 공장내의 직무 수행에 대한 연구 등은 모두 자극이 적은 환경에 반응하는 정신적·육체적 능력이 저하되고 있음을 보여주고 있다. 우리는 과잉 자극의 영향에 관한 직접적인 자료는 별로 갖고 있지 못하지만, 지금 가지고 있는 증거만 보아도 놀랍고 불안한 마음을 감출 수가 없다.

과잉 자극을 받는 개인

전투중인 병사들은 급변하고 익숙지 않으며 예측할 수 없는 환경에 놓이게 되는 수가 허다하다. 병사는 이리저리 뛰어다니고, 포탄은 사방에서 작렬하며, 총탄은 불규칙하게 날아온다. 하늘은 화염으로 붉게 물들고 고함 소리와 신음 소리, 폭음으로 귀가 터질 지경이다. 환경은 순간순간 변한다. 이렇게 자극이 심한 환경에서 살아 남으려면, 병사는 자기가 지닌 적응 범위의 상한선상에서 움직여야 한다. 전투중인 병사는 때로 자기의 한계를 초월해서 활동하도록 강요되는 수도 있다.

제2차 세계대전중 버마 전선(戰線)의 일본군 배후에 투하된 윈게이트(Wingate) 장군 휘하 특공대의 한 병사는 총탄이 비오듯 쏟아지고 있는데도 정말로 깊은 잠에 빠져 들었다고 한다. 그 후 조사에서 밝혀진 바에 의하면, 이 병사는 육체적인 피로나 수면 부족으로 지쳐 있었을 뿐 아니라 완전한 무감각 상태에 빠져 있었다는 것이다.

실상 이렇게 죽음을 자초하는 피로 현상은 적의 전선 배후에 침투되는 게릴라 부대에서 흔히 있는 현상인데, 영국 군의관들은 이러한 현상을 '원거리 침투 과로 현상'이라고 명명했다. 이러한 증상에 걸린 병사는 "단순한 자기 일도 할 수 없고 어린애와 같은 생각을 갖게 된다"고 군의관들은 말하고 있다. 더욱이 이렇게 치명적인 무감각 상태는 게릴라 부대에만 국한된 것이 아니었다. 버마 전선의 사건이 있은 지 1년 후, 이와 유사한 증상이 노르망디 상륙 작전에 참가했던 연합군 부대에서 대량으로 발생했다. 영국인 연구자들은 5000명에 달하는 미국과 영국군 사상자들을 조사한 후, 이렇게 기묘한 무감각 상태가 심리적 쇠약의 복잡한 과정 중 마지막 단계에 지나지 않는다고 결론지었다.

정신 쇠약은 때때로 피로에서 비롯되어 착란과 신경의 흥분이 뒤따른다. 이러한 사람은 주변에서 일어나는 가벼운 자극에도 과민하게 되고 극히 사소한 자극에도 발작을 일으킨다. 그리고 이러한 사람은 당황하는 빛을 나타내고, 적의 포화 소리와 위험이 없는 다른 소리를 구별할 수 없다. 그런가 하면 이러한 사람은 부질없이 긴장하고 불안해 하며 쉽사리 노여워한다. 전우들은 그가 언제 사소한 일로 화를 내거나 폭력을 휘두를지 알 수가 없는 것이다.

그 다음에 감정적 피로의 마지막 단계로 접어드는데, 이러한 병사는 살려는 의지까지도 잃어버리는 것 같다. 이러한 사람은 자신의 목숨을 부지하고 전투에 이성적으로 대처해 나가려는 노력까지 포기하고 만다. 영국인 조사단장 스윙크(R. L. Swank)의 말을 빌리면, 이러한 사람은 "무감각하고 무기력하게 되고…… 정신적으로나 육체적으로 탈진 상태가 되어 엉뚱한 곳에 정신을 쏟게 된다"고 하였다. 심지어 표정도 멍청하고 무감각한 상태가 된다. 이러한 사람은 적응하려는 노력이 모두 실패로 끝나버리고 내면으로 완전히 후퇴해 버리는 단계에 도달하고 만다.

인간이 변화의 속도가 빠르고 새로운 요소가 많아지는 상황으로 빠져 들 때 자신의 이익에 배치되는 행동을 취함으로써 불합리하게 처신한다는 것은 화재나 홍수, 지진, 그 밖의 위기에 부닥쳤을 때의 인간 행동에 관한 연구를 통해서도 드러나고 있다. 심지어 가장 안정되고 정상적이며 신체상으로도 흠이 없는 사람들조차 적응 불능의 상태에 빠지는 경우가 있다. 이러한 사람들도 때로는 심한 혼란과 방심 상태에 빠져 들어 가장 초보적인 의사 결정도 합리적으로 할 수 없게 된다.

텍사스 주에서 불어온 회오리 바람에 대한 반응 연구에서 무어(H. E. Moore)는 다음과 같이 적고 있다. "첫번째 반응은…… 멍청해서 어리둥절해 하거나, 때로는 믿을 수 없다는 반응이거나, 아니면 적어도 사실을 받아들이지 않으려는 반응일 것이다. 이러한 현상은, 1953년 웨이코(Waco)라는 마을이 폭풍우로 폐허가 되었던 당시 사람들의 개별적·집단적 행동으로 생생한 설명이 되리라고 믿는다. ……개별적 행동으로는 한 소녀의 경우가 전형적인 사례다. 그 소녀는 건물 앞유리가 깨어져 물건들이 흩날리는 가운데서도 부서진 진열창을 통해 레코드 상점으로 들어가 침착하게 레코드 한 장을 사 들고 걸어 나왔다."

캔자스 주 유들(Udall)에서의 폭풍우에 관한 연구는 한 주부의 말을 인용하고 있다. "폭풍우가 멎은 후 남편과 나는 벌떡 일어나 창 밖으로 뛰어나가 마구 달렸다. 나는 우리가 어디로 뛰어가고 있는지 몰랐지만…… 그것은 상관이 없었다. 다만 뛰고 싶었을 뿐이었다." 재해 현장을 찍은 사진들 가운데에는 죽었거나 다친 아이를 팔에 안고, 자기에게 닥친 현실을 이해할 수 없다는 듯이 무표정하고 무감각한 표정을 짓는 어머니의 모습이 많다. 때로는 아이 대신 인형을 팔에 안은 채 현관의 흔들 의자에 점잖게 앉아 있는 모습도 있다.

따라서 재해 때도 개인들은 전투 상태와 마찬가지의 심리적 압박을 겪는 수가 있다. 여기서도 그 원인은 환경의 자극이 높은 탓이라고 할 수 있다. 재해의 희생자는 친숙했던 대상물과 관계들이 뒤죽박죽된 상황에 갑자기 빠져버린 자신을 발견하게 된다. 지난날 자기 집이 서 있던 곳에는 폐허 속에 연기만이 솟아오르고 있을 수가 있다. 홍수로 집이 물속에 잠겨 있거나 지붕 위로 배가 떠다니는 장면에 부딪칠 수도 있다. 그가 처한 환경은 변화와 새로운 것으로 가득 차 있다. 여기서도 역시 인간의 반응은 혼란과 초조, 불안, 무관심으로의 후퇴 등으로 특징지어진다.

문화의 충격이란 아무 준비 없이 이방(異邦) 문화에 뛰어든 여행자가 겪는 심각한 방향 감각의 상실을 뜻하는데, 이것은 적응 좌절의 세번째 예라고 할 수 있다. 여기서는 전쟁이나 재화와 같은 확실한 구석이라고는 발견할 수 없다. 그 장면은 아주 평화로우며, 위험스러운 요소는 전혀 없다. 하지만 상황은 새로운 조건에 반복적인 적응을 요구하고 있다. 심리학자 룬드스테트(Sven Lundstedt)에 따르면, 문화의 충격이란 "일종의 성격적 부적응으로서 새로운 환경이나 사람들에 순응하려는 시도가 일시적으로 실패하는 데서 오는 반응"인 것이다.

문화적 충격을 받은 사람도 앞서 말한 병사나 재해 희생자와 마찬가지로, 익숙지 못하고 예측할 수 없는 사건이나 관계 및 대상들과 대결해야만 한다. 사물을 다루던 관례적인 방법들——전화를 거는 것과 같은 간단한 일조차——은 맞지 않게 된다. 낯선 이방 사회 자체는 아주 느리게 변화하고 있더라도, 이방인인 그로서는 모두가 새롭게 느껴지는 것이다. 신호나 소리, 그 밖의 심리적 암시 등은 그 사람이 뜻을 파악해 내기도 전에 재빨리 스쳐 가고 만다. 온갖 체험이 붕 떠 있는 듯한 분위기에서 이루어진다. 말하거나 행동할 때마다 불안이 따른다.

이러한 상태에 있으면 평상시보다 피로가 훨씬 빨리 온다. 이와 함께 문화권(文化圈)을 넘어 다니는 사람들은, 룬드스테트가 '주관적 상실감, 고립감, 고독감'이라고 한 현상을 체험하는 경우가 흔히 있다.

새로운 것은 예측이 어렵기 때문에 현실 감각이 교란된다. 따라서 룬드스테트 교수가 지적했듯이, 사람들은 "중요한 심리적·신체적 욕구 충족에 관해 예측할 수 있고 그것이 좀더 확실한 환경"을 갈망한다. 문화의 충격을 받은 사람은 "불안하고 혼란스러우며 때로는 무감각한 태도를 나타내는 수도 있다"는 것이다. 실상 "문화의 충격이란 정서적·지적 위축으로 인한 스트레스에 대한 하나의 반응이라 할 수 있다"고 룬드스테트는 결론짓고 있다.

여러 가지 스트레스 사이의 유사성을 정확히 파악하지 못하면, 그러한 스트레스 아래에서 행위의 파탄이 일어난다는 사실이나 그 밖의 여러 가지 일들을 알 수 없다. 싸움을 하는 병사나 재해 희생자, 갑자기 다른 문화권에 놓인 사람 사이에는 분명히 다른 점도 있다. 그러나 이들 세 경우의 사람들 모두가 급속하게 변화하거나 새로운 요소로 가득 찬 상황 또는 이 두 가지가 합쳐진 상황에 직면하고 있다. 이 세 경우의 사람들은 모두 예측할 수 없는 자극에 급속히 그리고 되풀이해서 적응하도록 강요되고 있다. 그리고 이들 세 경우의 사람들이 과잉 자극에 반응하는 방법에는 놀라운 유사성이 있다.

첫째로는 세 경우 모두 혼란과 방향 감각 상실 그리고 현실 왜곡 등의 현상이 빚어진다. 둘째로 세 경우 모두 피로와 불안, 긴장 아니면 심한 흥분의 징후를 나타낸다. 셋째로 세 경우 모두 되돌아갈 수 없는 점, 곧 무관심과 정서적 위축이 나타나는 지점이 있음을 보여주고 있다.

요컨대 과잉 자극이 괴상하고 반적응적(反適應的)인 행동의 원인이 된다는 사실은 지금까지의 연구 결과만으로도 밝혀지고 있다.

감각 집주

과잉 자극이 어째서 부적응 행동을 일으키는가를 권위 있게 설명하기에는 이러한 현상에 대한 우리의 지식이 아직 너무나도 부족한 상태에 있다. 그러나 과잉 자극이 적어도 세 가지의 다른 차원들 곧 감각, 인식, 결정의 세 가지 차원[1]에서 일어날 수 있다는 사실을 인식하는 깃만으로도 중요한 실마리를 찾아낸 셈이다.

가장 이해하기 쉬운 것이 감각 차원이다. 사람들을 한동안 정상적인 감각 자극으로부터 단절시키는 감각 차단 실험에 따르면, 새로운 감각 자극이 없을 때 어리둥절한 상태나 정신 기능의 장애가 유발된다고 한다. 마찬가지로 체계화되지 않았거나 유례가 없거나 아니면 혼란스러운 감각 자극을 너무 많이 투입해도 비슷한 결과를

---

1) 심리학자들조차 이러한 세 가지 차원 사이의 구분을 명확히 하지 못하고 있다. 하지만 상식의 선에서 감각을 지각(知覺)으로, 인식을 사고(思考)로, 결정 차원을 결심(決心)으로 간단히 규정하더라도 큰 잘못은 아닐 것이다.

초래한다. 정치적 혹은 종교적 세뇌를 하는 사람들이 감각 차단(예컨대 독방 감금)만이 아니라 강한 불빛을 비추거나 색채를 재빨리 바꾸고 소란스러운 소리를 내는 등 온갖 환각적(幻覺的)인 방법의 감각 집주(集注)를 활용하는 것도 바로 이러한 이유에서다.

일부 광적인 히피들의 종교적 열정과 이상스러운 행동은 마약을 남용했기 때문만이 아니라 이러한 감각 차단과 감각 집주의 집단 실험을 통해서 빚어진 현상이라고 할 수 있다. 단조로운 진언(眞言, mantra)을 읊조리고, 개개인의 관심을 내부로 끌어들이려고 시도하며, 외부 자극의 배제를 통해 육체적 만족을 얻으려는 것 등은 저자극(低刺戟)을 통해 기묘하고도 환각적인 효과를 얻으려는 노력인 것이다.

이와는 대조적으로 로큰롤에 맞추어 춤추고 있는 젊은이들의 흐리멍덩한 눈과 무감각하고 무표정한 얼굴도 볼 수 있다. 거기에는 간단한 쇼, 분할 화면 영화, 찢어지는 듯한 소리, 환호성과 신음 소리, 괴상한 복장과 몸부림, 색칠한 몸집 등이 투입되는 감각의 양을 폭발적으로 증가시켜 예측 가능성을 극소화하고 새로운 요소의 비중을 극대화시키는 감각적 환경을 만들어 내고 있다.

감각의 투입에 대처해 나갈 수 있는 유기체의 능력은 그 유기체의 심리적 구조에 달려 있다. 유기체가 지닌 감각 기관의 성격과 자극이 유기체의 신경 조직을 통해 흐르는 속도는 유기체의 감각적 자료 수용력(受容力)의 생물학적 한계를 규정한다. 여러 유기체들 내부의 신호 전달 속도를 조사해 보면, 진화 단계가 낮을수록 그 움직임이 느리다는 사실을 알 수 있다. 예를 들어 신경 조직 같은 것을 갖고 있지 않은 성게알의 경우, 신호는 한 시간에 1센티미터의 비율로 얇은 막을 따라 움직이고 있다. 이러한 비율이라면 그 유기체는 분명히 그것이 처한 환경의 극히 한정된 부분에만 반응할 수 있을 뿐이다. 원시적이기는 하나 신경 조직을 갖고 있는 해파리의 단계에 이르면 신호의 전달은 3만 6000배나 빨라져서 초당 10센티미터가 된다. 벌레의 경우에는 그 속도가 초당 100센티미터로 뛰어오르고, 곤충과 갑각류의 경우에는 신경의 움직임이 초당 10미터며, 유인원은 초당 100미터에 달한다. 물론 이러한 숫자는 개략적인 것이지만, 왜 인간이 가장 적응력 있는 동물에 속하는가를 설명하는 데 도움을 주고 있다.

그러나 이러한 전달 속도가 초당 약 300미터에 이르는 인간의 경우조차 신경 조직의 한계는 있는 것이다(이에 비해 컴퓨터의 전기 신호는 수십억 배나 빨리 전달되고 있다). 감각 기관과 신경 조직에 한계가 있다는 것은 우리 주위에서 일어나는 사건의 상당수가 우리로서는 따라갈 수 없을 만큼 빠른 속도로 일어나고 있으며, 우리는 기껏해야 그 가운데 일부만을 골라 경험할 수 있을 뿐이라는 것을 뜻하고 있다. 우리들이 접하는 신호가 규칙적이고 되풀이되는 것이라면, 이러한 선택적 경험만으로도 현실에 관한 이성적(理性的) 설명을 어느 정도 해낼 수가 있다. 그러나 현실이 극도로 무질서하고 새로우며 예측 불가능하다면, 우리가 현실에 대해 지니는 이미지의 정확도는 줄게 마련이다. 곧 현실에 대한 우리의 이미지는 왜곡된다는 것이다. 우리가 감각적인 과잉 자극을 체험할 때, 환상과 현실 사이의 경계선이 불명확해서 혼란을 겪게 되는 이유도 이로써 설명될 수가 있다.

정보의 과다(過多)

감각적 차원에서 과잉 자극이 현실 인식을 왜곡시킨다면, 인식상의 과잉 자극은 우리의 사고 능력을 저해한다고 할 수 있다. 새로운 것에 대한 인간의 반응 가운데 일부는 무의식적인 것이지만, 또 다른 일부는 의식적인 사유를 통해서 일어난다. 이 의식적인 사유는 정보를 흡수하고 조작하며 평가하고 유지하는 우리의 능력에 달려 있다.

합리적 행동은 특히 환경으로부터 끊임없이 흘러 드는 자료에 의존하고 있고, 아울러 개인이 자기 자신이 취한 행동의 결과를 어느 정도 정확하게 예측할 수 있느냐에 달려 있다. 자기 행동의 결과를 예측할 수 있으려면 자기 행동에 대한 환경이 어떻게 반응할 것인가를 예측할 수 있어야만 한다. 따라서 건전성이라는 것 자체도 그 사람이 환경에 의해서 제공되는 정보를 토대로 눈앞의 자기 일을 얼마나 잘 예견할 수 있는가에 달려 있다.

그러나 개인이 급속하고 불규칙적으로 변화하는 상태나 새로운 요소로 넘치는 상황에 휩싸이면, 그 사람이 내리는 예측의 정확도는 뚝 떨어진다. 그는 이미 이성적 행위의 토대가 되는 합리적이고도 정확한 판단을 내릴 수 없다.

이것을 보완해 자기 판단의 정확성을 정상 수준으로 다시 끌어올리려면, 이전보다 더 많은 정보를 받아들여 그것을 극히 빠른 속도로 처리하지 않으면 안 된다. 요컨대 환경이 보다 빨리 변화하고 새로운 것이 많을수록 개인이 효과적이고 합리적인 결정을 내리기 위해서는 보다 많은 정보를 처리해야 한다는 것이다.

그러나 우리가 수용할 수 있는 감각의 투입량에 한계가 있는 것처럼, 정보를 다루는 우리의 능력에도 타고난 일정한 한계가 있다. 록펠러 대학의 심리학자 밀러(George A. Miller)의 말을 빌리면 "우리가 받아들일 수 있고 처리할 수 있으며 기억할 수 있는 정보의 양에는 엄격한 한계가 있다"는 것이다. 우리는 여러 방법으로 정보를 분류하고 요약하며 부호화(符號化)함으로써 이러한 한계를 넓힐 수는 있으나, 이러한 우리의 능력에 한계가 있다는 사실은 여러 가지 증거를 통해 드러나고 있다.

심리학자들과 커뮤니케이션 이론가들은 이러한 객관적 한계를 발견하기 위해 인간 유기체의 '채널 용량'이라는 능력을 검정하는 일에 착수했다. 그들은 실험 목적상 인간을 하나의 '채널'로 간주했다. 외부에서 정보를 집어넣으면 그것이 처리되어 결정에 따른 일정한 형태의 행동을 유발한다는 도식이다. 여기서 인간이 정보를 처리하는 속도와 정확도는 정보 투입 속도와 산출 속도 또는 정확도의 비교를 통해 측정하는 것이다.

정보는 기계적으로 규정되고 '비트(bit)'[1]라는 단위로 측정된다. 지금까지 독서나 타자, 피아노 연주, 다이얼 조작, 또는 암산에 이르기까지의 광범위한 일들에 대한 실험이 행해져, 그 처리 과정을 측정하는 속도표를 작성해 내고 있다. 정확한 수치에는 아직 연구자들 사이에 견해차가 있지만 다음과 같은 두 가지 원칙에 대해서는 모두 의견을 같이하고 있다. 첫째로 인간의 능력에는 한계가 있다는 것과, 둘째로 체계에 과중한 부담을 주면 역할 수행에 중대한 문제를 일으킨다는 점이다.

구체적인 예로서 나무 벽돌 장난감을 만들고 있는 일관작업(一貫作業) 공장의 노동자를 생각해 보자. 이 노동자의 일이란 빨간 나무 토막이 컨베이어 벨트를 타고 자기 앞에 올 때마다 버튼을 누르는 일이다. 벨트가 적당한 속도로 움직이면 별 어려움 없이 작업 수행에서 100퍼센트의 정확성에 접근할 수 있다. 그러나 그 속도가 너무 느리면 마음이 흐트러져서 작업 수행 능력은 떨어지고 만다. 또 벨트의 움직임이 너무 빨라지면 당황해서 속도를 따라갈 수 없고, 점점 혼란스러워져 조절할 수도 없게 된다. 그 사람은 긴장해서 흥분하게 되고 욕구 불만으로 인해 기계를 걷어차는 수조차 있으며, 종국에 가서는 속도에 맞추는 일을 포기해 버리고 말 것이다.

이런 경우에 요구되는 정보는 간단하지만, 이제 좀더 복잡한 일의 경우를 생각해 보자. 이번에는 벨트를 통해 전달되는 나무 토막들이 여러 가지 색깔이고, 일정한 색채의 배열이 이루어졌을 때,

---

1) 비트란 똑같은 두 가지 중 하나를 선택하는 데 필요한 정보의 양이다. 필요한 비트의 수는 선택해야 할 이러한 요소가 배로 늘 때마다 하나씩 증가한다.

예컨대 두 개의 빨간 나무 토막과 한 개의 푸른 나무 토막 다음에 한 개의 노란 나무 토막이 나타났을 때만 버튼을 누르도록 지시를 받았다고 하자. 이러한 작업을 수행하려면, 버튼을 누를 것인가 아닌가를 결정하기에 앞서 훨씬 많은 정보를 받아들여 처리하지 않으면 안 된다. 다른 조건들이 모두 같다 하더라도 벨트의 속도가 빨라짐에 따라 그 속도에 맞추기가 훨씬 더 어려워질 것이다.

이보다 더 복잡하게는 그 노동자로 하여금 버튼을 누를 것인가를 결정하기 위해 더욱 많은 자료를 처리하도록 할 수도 있고, 몇 개의 버튼 가운데 어느 것을 누르도록 지시할 수도 있다. 또 버튼을 누르는 횟수를 다르게 할 수도 있다. 이럴 때 노동자에게 내리는 지시 사항은 다음과 같이 표시될 수 있다. 예컨대 노랑—빨강—빨강—녹색의 색깔 배열에는 두번째 버튼을 한 번 누르고, 녹색—파랑—노랑—녹색의 색깔 배열에는 여섯번째 버튼을 세 번 누르라는 등의 내용이다. 이와 같은 작업은 노동자로 하여금 자기 업무를 수행하기 위해 많은 양의 자료를 처리하도록 요구하고 있다. 여기서 컨베이어가 빨리 돌아가면 노동자가 수행하는 작업의 정확도는 급격히 떨어질 것이다.

이와 같은 실험은 놀라울 정도로 복잡한 작업에 관해서도 이루어지고 있다. 그리고 이러한 검정 과정에는 반짝이는 불빛, 음계(音階), 문자, 상징, 언어 그리고 그 밖의 광범위한 자극이 활용되고 있다. 실험 대상자는 손가락 끝으로 북을 치고, 문장을 읊으며, 수수께끼를 풀고, 그 밖에 여러 가지 일들을 한꺼번에 하도록 지시받았는데 결과는 엉망진창이었다고 한다.

이러한 실험 결과들로부터 다음과 같은 사실이 명백해진다. 즉 어떠한 과제에도 더 빨라지면 일을 해낼 수 없는 한계 속도가 있으며, 그것은 육체적인 능력이 모자라서가 아니라는 것이다. 이러한 속도의 한계는 육체적인 한계보다는 정신적인 한계 때문에 주어지는 수가 많다. 그리고 실험 대상자에게 주어진 행동 선택 방식의 숫자가 많으면 많을수록, 결정을 내려 실행에 옮기는 데 소요되는 시간은 길어진다는 사실도 실험에 의해서 밝혀지고 있다.

이러한 실험 결과들은 분명히 우리로 하여금 일정한 형태의 심리적 혼란을 이해하게 하는 데 도움을 줄 수 있다. 재빠르고 쉴 새 없이 복잡한 결정을 내려야 하는 요구에 시달리는 경영인들, 알아야 할 사실이 많은데다가 반복되는 시험에 시달리는 학생들, 그리고 우는 아기와 요란스러운 전화 소리, 망가진 세탁기, 10대 자녀의 방에서 울려 나오는 로큰롤의 시끄러운 소리, 응접실에 있는 텔레비전에서 들려 오는 흐느끼는 소리 등에 둘러싸여 있는 가정 주부 등과 같은 사람들은 그들의 감각 속으로 밀려드는 정보의 소란스러운 파동 때문에, 생각하고 행동하는 그들의 능력이 분명 훼손되고 있음을 발견하게 된다. 전투에 지친 병사나 재해 희생자, 문화의 충격을 받은 여행자들 속에서 볼 수 있는 일부 증상들이 이러한 종류의 정보 과다(過多)와 관련이 있음은 거의 확실한 것 같다.

정보에 관한 연구에 일찍부터 몰두해 온 사람들 가운데 한 사람인 미시간 대학 정신건강 연구소장 밀러(James G. Miller) 박사는, "처리할 수 있는 것보다 더 많은 정보에 휩쓸린 사람은 정신착란을 일으킬 수도 있다"고 단언했다. 그는 정보의 과다가 여러 가지 정신 질환과 관련이 있다고 주장하고 있다.

예를 들어 정신 분열증의 두드러진 특징 가운데 '부정확한 연상 반응(聯想反應)'이라는 것이 있다. 그 사람의 마음속에서 연결되어야 할 생각과 말들이 연결되지 않거나, 연결되지 않아야 할 것들이 연결되는 경우다. 정신 분열증 환자는 제멋대로 생각하거나, 극히 개인적인 범주 안에서만 생각하는 경향이 있다. 예컨대 삼각뿔과 입방체, 원추형 등 여러 종류의 나무 토막들이 주어질 때 정상적인 사람들은 기하학적인 형식에 따라 그것들을 범주화하는 경우가 많다. 그런데 정신 분열증 환자에게 그것을 분류하라고 하면, "이것은 모두 병사다"라든지, "이것은 모두 나를 슬프게 만드는 것이다"

라고 하는 경우가 많다는 것이다.

밀러는 《커뮤니케이션의 혼란》이란 책에서, 단어 연상 테스트를 활용해 정상인과 정신 분열증 환자를 비교하는 실험에 관해 쓰고 있다. 정상적인 실험 대상자들을 두 집단으로 나누어 여러 가지 단어를 다른 단어나 개념들과 연관짓도록 했다. 한 집단은 시간 제한 없이 문제를 다루도록 했고, 또 다른 집단은 시간적인 압박을 주면서, 즉 정보를 재빨리 투입하는 조건하에서 문제를 다루도록 했다. 시간적인 압박을 받은 실험 대상자들은 자기 속도에 따른 정상인들보다 정신 분열증 환자와 비슷한 반응을 나타냈다.

심리학자 우스단스키(G. Usdansky)와 채프먼(L. J. Chapman) 등이 실시한 유사한 실험에서는 속도의 압박과 많은 정보 투입이라는 여건하에서 문제를 다루는 실험 대상자들이 저지르는 과오의 유형을 보다 정확하게 분석했다. 정상인들 역시 반응의 속도를 높이면 정신 분열증 환자에게서 볼 수 있는 특징적인 과오 형태가 나타난다고 결론지었다.

밀러가 제시한 바에 따르면, "정신 분열증(아직 잘 알려져 있지는 않지만, 정신적 '잡음〔雜音〕'을 증가시키는 신진대사의 결함으로 간주되고 있는)은 정보 인식 과정과 관련된 '채널 용량'의 저하에서 일어난다. 결과적으로 정신 분열증 환자들은…… 마치 정상인들이 빠른 속도의 정보 투입에 대처하기 어려운 것처럼, 보통 속도의 정보 투입에 대처하는 데도 어려움을 겪고 있다. 그 결과 정신 분열증 환자들은 정상인들이 빠르고 강압적인 정보 투입에서 빚어 내는 과오를 보통 속도하에서도 빚어 낸다"는 것이다.

요컨대 정보의 부담이 과중한 상황에서 일어나는 역할 수행 장애가 정신병리학과 관련이 있는 것 같기는 하지만, 이 양자가 어떻게 관련되느냐의 문제에 대해서는 아직 손도 대지 못하고 있는 실정이라고 밀러는 지적했다. 하지만 우리는 이렇게 충격이 잠재한다는 사실을 이해하지도 못하면서 전반적인 사회의 변화 속도를 가속화하고 있다. 우리는 생활의 새로운 변화 속도에 적응하고, 새로운 상황에 부딪치며, 아주 짧은 기간 안에 새로운 상황을 익히도록 강요당하고 있다. 그런가 하면 우리는 대단히 많은 선택을 하도록 강요당하고 있다. 바꾸어 말하면 우리는 서서히 발전하던 사회에서 필요했던 것보다 훨씬 빠른 속도로 정보를 처리하도록 강요당하고 있다는 것이다. 의심할 여지 없이 적어도 우리 가운데 일부는 인식적(認識的) 자극의 과잉 상태에 빠져 있다. 이러한 현상이 기술 사회에서 정신 건강에 어떤 결과를 초래할 것인가는 앞으로 고려되어야 할 일이다.

결정 스트레스

많은 사람이 정보 과다에 시달리고 있다는 사실과는 별도로 제3의 과잉 자극, 즉 결정 스트레스가 그들의 행동에 나쁜 영향을 미치고 있다. 단조롭고 천천히 변화하는 환경에 처해 있는 많은 사람은 보다 빠르고 복잡한 결정을 내려야 하는 새로운 직업과 역할을 갈망한다. 그러나 미래의 인간에게는 문제가 달라진다. 그들은 이 일에서 저 일로 초조하게 뛰어다니면서 "결정, 결정……" 하고 중얼거린다. 그들이 고통과 당혹을 느끼는 까닭은 일시성(一時性), 새로운 요소, 다양성의 요구가 상충되어 고통을 배가(倍加)하기 때문이다.

가속적 추진력과 그 심리적 측면인 일시성은 공사간(公私間)에 빠른 결정을 강요하고 있다. 새로운 욕구와 새로운 긴급 사태 또는 위기는 재빠른 반응을 요구하고 있다.

그러나 환경이 새로워지는 것 자체는 그들이 해야 할 결정의 성격에 혁명적인 변화를 초래한다. 환경 속에 새로운 요소가 급속히 밀려들면, 조직에서나 개인 생활에서나 '예정된 결정'과 '예정되지 않은 결정' 사이의 미묘한 균형이 파괴되고 만다.

예정된 결정이란 일상적으로 되풀이되고 쉽게 이루어질 수 있는 결정이다. 정기 통근자는 8시 5분 열차가 들어와 멈출 때면 플랫폼 끝에 선다. 그러고는 몇 달 또는 몇 년 동안 매일 했던 대로 열차에 올라탄다. 8시 5분 열차가 열차 시간 중에서 가장 편리하다는 사실은 이미 오래 전에 결정된 사항이므로 그 열차를 탄다는 실제 결정은 예정되어 있는 것이다. 이것은 실상 결정이라기보다는 오히려 반사 작용처럼 보인다. 그 결정의 토대가 되는 직접적 기준은 비교적 단순하고 분명하다. 그리고 모든 환경은 낯익은 것이기 때문에, 그것에 대해 골똘히 생각할 필요는 거의 없다. 이 사람은 많은 정보를 처리할 필요가 없다. 이러한 의미에서 보면 예정된 결정이란 심리적 부담이 적다고 하겠다.

이러한 환상과 비교해, 같은 정기 통근자가 시내로 들어오는 도중에 생각하는 결정의 내용을 살펴보자. 자기에게 입사를 권유하고 있는 X 회사로 자리를 옮겨야 할 것인가? 새로운 집을 사야 할 것인가? 자기 비서와 연애를 할 것인가? 새로운 광고 계획에 대한 자신의 의견을 간부진이 수락하도록 하려면 어떻게 해야 할 것인가? 이러한 의문은 비일상적(非日常的)인 해답을 요구하고 있고, 그로 하여금 새로운 습관이나 행동 절차를 확립하는 단 한 번 또는 첫번째의 결정을 내리도록 강요하고 있다. 많은 요인을 연구, 검토하여야 하며 많은 양의 정보를 처리해야 한다. 따라서 이러한 결정은 예정되지 않은 것이고 많은 심리적 부담을 요구한다.

생활이란 누구에게나 예정된 결정과 예정되지 않은 결정의 혼합체다. 그런데 이 혼합체가 예정된 결정 쪽으로 많이 기울어져 있다면, 시련을 겪는 일은 없지만 생활이 짜증스럽고 무의미하게 느껴진다. 이럴 때 우리는 무의식적으로나마 우리의 생활 속에 새로운 것을 도입할 수 있는 방법을 찾으려고 노력함으로써 결정의 '혼합 형태'가 변하게 된다. 그러나 이러한 혼합체가 예정되지 않은 결정 쪽으로 많이 기울어져 있고 새로운 상황에 휩쓸려 예정이 불가능해진다면, 생활은 고통스러울 정도로 혼란스럽고 피로하며 근심에 싸이게 된다. 이러한 상황이 극한에 이르면 결국 정신병에 걸리고 마는 것이다.

조직 이론가인 그로스(Bertram M. Gross)는, "합리적인 행동은 언제나 일상적인 것과 창조적인 것의 복합으로 이루어지고 있다. 여기서 일상적인 것은 없어서는 안 된다. ……일상화라는 것이 혼란스럽고 새로운 문제의 상당 부분을 곧바로 해결해 줌으로써, 창조적 노력을 기울일 여지를 많이 남겨주기 때문이다"라고 쓰고 있다.

우리는 우리 생활의 많은 부분을 계획할 수 없을 때 고통을 느낀다. 제임스(William James)의 말에 따르면, "담배에 불을 붙이고 물 한 잔을 마시는 등의 사소한 일을 할 때마다 심사 숙고하는 사람보다 더 가련한 사람은 없다"는 것이다. 우리의 행동을 폭넓게 계획할 수 없다면, 우리는 사소한 일에 너무나 많은 양의 정보 처리 능력을 낭비하게 되기 때문이다.

우리가 습관을 만들어 내는 까닭도 여기에 있다. 점심을 먹기 위해 회의를 중단했다가 다시 방으로 돌아올 때, 참석자들은 거의 예외 없이 앞서 앉았던 바로 그 자리로 찾아간다. 한 문화인류학자는 이러한 행태를 설명하기 위해 영역 이론(領域理論)을 펴고 있는데, 이 이론에 따르면 인간은 스스로를 위한 신성 불가침(神聖不可侵)의 영역을 확보하기 위해 끝없이 노력하고 있다는 것이다. 좀더 간단히 말하자면 사전(事前) 예정에 의해 정보 처리 능력을 아낄 수 있다. 같은 자리를 선택한다는 것은 나머지 여러 자리 가운데 어떤 것을 택할 것인가 하는 조사 평가 작업을 생략할 수 있도록 해주는 것이다.

비슷한 상황에서라면 부담이 적은 예정된 결정으로 많은 생활 문제를 다룰 수 있다. 그러나 변화와 새로움은 의사(意思) 결정의 심리적 부담을 크게 늘리고 있다. 예컨대 우리가 새로운 고장으로 이사를 했다고 하면, 우리는 낡은 관계를 변경시켜 새로운 생활 방식이나 습관을 확립하지 않을 수 없다. 앞서 예정된 수많은 결정을 버리고, 미구성(未構成) 상태에 있는 또 다른 첫번째의 결정 체계를 힘들여 세워야만 한다. 결과적으로 우리는 스스로를 새로 계획하지 않을 수 없다.

이러한 현상은 아무 준비 없이 외국 문화에 접하게 되는 사람에게도 그대로 적용되며, 자기 사회에만 머물러 있더라도 아무런 예고 없이 미래로 뛰어들게 된 사람에게도 적용된다. 새롭고 변화에 찬 미래가 닥쳐오면, 억지로 맞추어 놓은 행위상의 관계가 모두 낡은 것으로 되어버린다. 사람들은 이러한 낡은 관계들이 자기의 문제를 해결해 주기는커녕 오히려 복잡하게 만들 뿐이라는 사실을 발견하고 놀라움에 사로잡힌다. 새롭고 아직 짜여지지 않은 결정이 요청된다. 요컨대 새로움은 결정의 혼합체를 뒤흔들어 균형을 무너뜨리고, 가장 부담이 많은 형태의 의사 결정을 하게 만든다는 것이다.

어떤 사람은 다른 사람들보다 새로운 것을 더 많이 받아들일 수 있음도 사실이다. 가장 적절한 혼합이란 사람에 따라 다를 것이다. 하지만 우리에게 요구되는 결정의 수와 형태는 우리가 멋대로 정할 수 있는 것이 아니다. 우리가 어떠한 결정을 어떻게, 그리고 어느 정도의 속도로 내려야 하는가를 결정하는 것은 바로 사회인 것이다. 오늘날 우리의 생활 속에는 가속화의 압력과 새로움의 압력 사이에서 빚어지는 숨은 분쟁이 있다. 한쪽의 힘은 우리로 하여금 보다 빨리 결정을 내리도록 재촉하는 데 반해, 다른 한쪽의 힘은 가장 힘들고 가장 시간이 필요한 결정 형태를 강요하고 있다.

이러한 정면 충돌로 빚어지는 근심 걱정은 다양성이 확대됨에 따라 더욱 심화된다. 개인이 선택해야 할 일이 많아지면, 결정을 내릴 때 처리해야 하는 정보의 양도 역시 증가한다는 것은 이론(異論)의 여지가 없다. 인간과 동물을 대상으로 한 실험들로 입증되고 있듯이 선택을 많이 해야 할수록 반응에 소요되는 시간은 느려진다는 것이다.

기술 사회에서 의사 결정의 위기를 초래하고 있는 것은 이렇게 조화될 수 없는 세 가지 요구가 정면 충돌하고 있는 탓이다. 이러한 압력을 묶어보면 '결정상의 과잉 자극'이란 말도 가능하다. 그리고 이러한 사실은, 기술 사회에 살고 있는 대다수의 사람이 왜 초조해 하고 무력해지며 스스로의 개인적인 미래를 설계할 수 없다고 느끼는가를 설명하는 데 도움을 주고 있다. 생존 경쟁이 너무 치열하고 사물이 통제될 수 없다는 확신은 이러한 힘의 상충에 따른 불가피한 결과다. 과학적·기술적·사회적인 변화가 제멋대로 가속되어 개인이 자기 운명에 대해 적절하고 현명한 결정을 내릴 수 있는 능력을 파괴해 버리기 때문이다.

미래의 충격의 희생자

결정 스트레스의 결과나 감각과 인식상의 과중한 부담의 결과를 종합해 보면, 개인의 적응 불능에는 몇 가지 공통 형태가 있음을 알 수 있다. 예를 들어 빠른 변화에 대한 반응 가운데는 이를 전면 거부하는 태도가 가장 많다. 이들의 반응 행태는 바람직스럽지 않은 현실을 눈감아 버리는 일이다. 결정을 내리라는 요구가 극한에 이르러도 새로운 정보를 받아들이기를 단호히 거부해 버린다. 모든 것을 믿을 수 없다는 표징을 짓고 있는 재해 희생자와 마찬가지로 이들 역시 자기 감각을 통해 들어오는 사실을 받아들일 수 없다. 따라서 이들은 사태가 실제로는 똑같으며 변화의 증거는 모두 피상적인 것에 지나지 않는다고 결론짓는다. 따라서 이러한 사람은 "젊은것들은 언제나 반항적이다"라든지, "지구상에 새로운 것이란 없다"라든지, 아니면 "사물은 변할수록 같아진다"는 등 케케묵은 문구로 위안을 삼고 있다.

미래의 충격의 희생자임을 알지도 못하는 이들 거부주의자는 자기 손으로 자신의 무덤을 파고 있는 것과 같다. 이들의 대응 행태는, 결국 이들이 적응하지 않을 수 없는 상황이 되었을 때 처리할 수 있는 문제로부터 하나씩 차례로 다루기보다는 하나의 커다란 생활상의 위기라는 형태로 나타날 가능성을 크게 하는 것이다.

미래의 충격으로 인한 희생자의 두번째 전술은 전문주의(專門主義)다. 전문인은 새로운 생각이나 정보를 모두 거부하는 것은 아니다. 전문인은 오히려 변화에——물론 생활의 특수한 좁은 분야뿐이지만——보조를 맞추려고 안간힘을 쏟고 있다. 따라서 우리는 의사나 금융인이 사회적·정치적 또는 경제적 혁신을 위한 이론 제시에는 전혀 모른 체하면서도, 자기 전문 분야에서 이룩된 최신 업적은 모두 활용하려는 것을 볼 수 있다. 대학에 저항이 물결치고 거리가 화염에 휩싸여도 전문인은 그러한 문제에 대해서 관심을 두지 않고 세상을 보는 안목을 점점 좁혀 간다.

피상적으로 보면 전문인은 잘 대처해 나가는 것 같지만, 실상은 그 역시 스스로에 역행(逆行)하고 있는 것이다. 이러한 전문인도 어느 날 아침 잠에서 깨어 보니 자기 전문 분야가 시대에 뒤떨어져 있다거나, 자기 시야 밖에서 빚어진 사건들로 인해 상상할 수 없으리만큼 세상이 변해 있음을 발견할 수도 있는 것이다.

미래의 충격에 대한 세번째의 공통된 반응은, 전에는 효율적이었지만 이제는 무관하고 부적절한 것이 되어버린 습관에 지나치게 집착하는 행위다. 이러한 복고주의자(復古主義者)는 앞서 예정된 결정과 습관들에 무모하리만큼 얽매이고 있다. 외부로부터의 변화가 위협적이면 위협적일수록, 과거의 행동 규범을 더욱 세심하게 되풀이하고 있다. 이들의 사회관(社會觀)은 퇴보적이다. 그리고 이러한 사람은 미래의 도래로 인해 충격을 받아 지속시킬 필요조차 없는 일에도 병적인 집착을 보이거나, 어떻게든 지난날의 영광으로 복귀할 것을 갈망하고 있다.

보수계(保守系)의 골드워터(Barry Goldwater)나 월리스(George Wallace) 같은 정치가들은 과거에 대한 향수의 정치로 이러한 사람들의 심금을 울리고 있다. 경찰은 지금까지 질서를 유지해 왔다.

지금도 질서를 유지하기 위해서는 경찰의 증원이 필요하다. 과거에는 어린이들을 권위주의적으로 다루어 왔다. 그런데 오늘날의 어려운 문제들은 자유방임(自由放任)에서 비롯되고 있다. 예컨대 중년의 우익 복고주의자들은 소도시의 질서 있는 사회, 말하자면 그들의 낡은 습관들이 적용되는 변화 속도가 느린 사회적 환경을 바라고 있다. 이러한 사람들은 새로운 것에 적응하기보다는 기계적으로 낡은 해결 방책을 적용함으로써, 날이 감에 따라 현실로부터 점점 더 유리(遊離)되어 가고 있다.

나이 많은 복고주의자가 소도시의 과거를 유지하는 것을 꿈꾸고 있다면, 젊은 좌익 복고주의자는 더욱 낡은 사회 제도의 재현을 꿈꾸고 있다. 이러한 현상은 농촌 공동체에 끌리는 현상, 히피 집단과 후기 히피 집단의 포스터와 시가(詩歌)에서 엿볼 수 있는 목가적(牧歌的) 낭만주의, 게바라(도시가 아닌 산악과 정글을 무대로 활약하던)의 신격화, 기술과학 이전 단계의 사회에 대한 과장된 숭배, 과학 또는 기술에 대한 과장된 경멸 등을 설명해 주고 있다. 좌익 가운데 적어도 일부 분파는 변화에 대한 불 같은 욕망에도 불구하고 월리스나 골드워터류(流)의 과거에 대한 숨은 열망을 지니고 있다.

그들이 지니고 있는 인디언 머리띠, 에드워드 왕조 시대의 복장, 사슴 사냥꾼의 장화, 금테 안경 등은 과거 여러 시대의 모방인데, 이와 똑같이 그들의 생각도 과거를 모방하고 있는 것이다. 세기 변환기(世紀變換期) 테러리즘과 기묘한 흑기(黑旗) 무정부주의가 갑자기 다시 성행하고 있다. 고결한 야만인에 대한 루소적 숭배가 새삼스럽게 확산되고 있고, 지난날의 산업화 시기에나 적용될 수 있었던 마르크스주의 이념도 내일의 초산업화 시대가 안고 있는 문제들을 푸는 해답으로 활용되고 있다. 복고주의가 혁명으로 가장하고 있는 셈이다.

끝으로 이 세상에는 초단순주의자(超單純主義者)도 있다. 이러한 사람은 옛날의 영웅과 제도가 흔들리고 파업과 폭동, 데모 등으로 괴로움을 느끼게 됨에 따라, 자기를 삼키려 위협하는 새롭고 복잡한 모든 일을 설명해 줄 하나의 산뜻한 방정식을 찾으려 한다. 이러한 사람은 이런 저런 이념을 무작정 받아들여 한낱 일시적으로만 진실한 신봉자가 된다.

이러한 현상은 지식상의 변덕이 복장 유행의 변화 속도를 이미 능가하려 하고 있는 이유를 설명해 주고 있다. 맥루언이라고? 전기(電氣) 시대의 예언자! 레비스트로스(Lévi-Strauss)? 대단한데! 마르쿠제? 다 알고 있어! 그 뭐라던가, 마하리시(Maharishi)라는 사람? 괴상한 친구! 점술가? 시대를 꿰뚫어 보는 자!

초단순주의자는 필사적인 탐색으로 자기와 접촉하는 모든 이념에 보편 타당성을 부여하는데, 이러한 일이 때로는 그 이념의 창시자를 난처하게 만드는 수도 있다. 이념이란 자기의 것도 남의 것도 아니고, 결코 전능한 통찰력이 있는 것도 아니다. 그러나 초단순주의자는 전반적인 타당성이 있어야만 만족한다. 그들은 이윤의 극대화라는 말로 미국의 모든 것을 설명하고, 인종 폭동은 공산주의자의 음모라고 하며, 참여 민주주의만이 해답이고, 방임주의나 스포크(Spock) 박사는 모든 악의 근원이라고 설파하고 있다.

이러한 일원적(一元的) 해결의 모색은 지적 측면에서만이 아니라 행동의 측면에서도 그대로 드러나고 있다. 따라서 부모로부터 구박을 받거나, 언제 징집될지 불확실하거나, 나날이 시대에 뒤떨어진 양상을 드러내는 교육 제도로 인해 괴로움을 당하거나, 직업이나 가치 규범, 훌륭한 생활 양식 등을 결정하도록 강요당함으로써 당황하고 불안스러운 학생은 자기 존재를 단순화시켜 줄 방도를 이리저리 찾고 있다. LSD나 흥분제 메더드린, 헤로인 등 환각제에 탐닉하면, 불법 행위이기는 하지만 적어도 자기의 정신적 고통이 씻겨지는 이점은 있다. 이러한 사람은 고통스럽고 해결할 수 없는 것처럼 보이는 많은 걱정거리를 하나의 큰 문제와 바꾸어 일시적으로

나마 자기 존재를 철저하게 단순화한다. 나날이 늘어 가는 잡다한 스트레스를 해결할 수 없는 10대 소녀는 초단순화의 또 다른 극단적 행동으로 임신을 택하는 수도 있다. 마약의 남용과 마찬가지로 임신은 나중의 생활을 대단히 복잡하게 만들 수도 있지만, 그녀가 안고 있는 다른 모든 문제를 별로 중요하지 않게 만들어버리는 것이다.

폭력 역시 점점 복잡해져 가는 선택 문제와 일반화된 과잉 자극으로부터 벗어날 수 있는 '간단한' 방법이다. 나이 든 세대와 기성 정치인은 경찰봉과 군대의 총검을, 이견(異見)을 일거에 쓸어버릴 수 있는 매력적인 처방으로 생각하고 있다. 흑인 과격파와 백인 자경단원(自警團員)은 모두 선택해야 할 일을 줄이고 그들의 생활을 분명하게 만들기 위해 폭력을 구사하고 있다. 지적이고 포괄적인 계획을 갖지 못한 사람이나 눈부신 변화의 새로움과 복잡성에 대처할 수 없는 사람들에게 테러리즘은 사고(思考)를 대신해 주고 있다. 요컨대 테러리즘은 체제를 전복시킬 수는 없을지 모르지만 의문점은 해결해 준다는 것이다.

우리 대다수는 이러한 행위의 원인까지 이해하지는 못하지만, 행위 유형만큼은 다른 사람들이나 심지어 자신에게서도 쉽사리 발견해 낼 수 있다. 그러나 정보과학자들은 거부와 전문화, 복고, 초단순화 등이 과중한 부담을 극복하는 전통적 방책임을 바로 인식할 수 있을 것이다.

이러한 방책은 모두 현실의 복잡성을 피하는 위험스러운 처방으로서 현실에 대한 왜곡된 이미지를 조성하고 있다. 개인이 그것을 부정하거나, 폭넓은 관심을 버리고 전문화하거나, 과거의 습관이나 정책에 기계적으로 복귀하거나, 초단순화시키려고 안간힘을 쓸수록, 생활 속으로 쏟아져 들어오는 새로운 요소나 선택해야 할 것들에 대한 반응은 점점 바보스러워진다. 개인이 이러한 전술들에 의존하면 의존할수록, 그 사람의 행동은 점점 난폭성과 변덕스러운 움직임과 전체적인 불안정을 드러내고 만다.

정보과학자들은 누구나 이러한 일부 전술이 과중한 부담을 안겨 주는 상황에서는 실상 어쩔 수 없음을 인식하고 있다. 하지만 개인이 관련 현실을 명백히 파악하지도 못한 채, 그리고 분명한 가치관과 우선 순위도 갖지 못한 채 이러한 방책들에만 의존한다면 그것은 적응상의 난점만을 더욱 심화시킬 뿐이다.

그러나 이러한 전제 조건들을 충족시키기가 점점 어려워지고 있다. 따라서 이러한 전술들을 택하는 미래의 충격의 희생자는 혼란과 불안의 의식이 점점 깊어지는 것을 경험하게 된다. 이러한 사람은 변화의 거센 물결에 휩쓸리고, 중대하며 화급한 생활상의 결정을 강요당함으로써 지적인 혼란을 느낄 뿐 아니라, 개인적인 가치관에서도 당혹감을 느낀다. 변화의 속도가 빨라짐에 따라 이러한 혼란에는 자기 회의와 불안, 공포 등이 뒤엉킨다. 이러한 사람은 긴장이 고조되어 쉽게 피로해져 병에 걸릴 수도 있다. 압력이 점차 가중됨에 따라 긴장은 흥분과 노여움으로 변하기도 하고, 때로 무의식적인 폭력으로 나아가기도 한다. 사소한 사건에 지나친 반응을 보이기도 하고, 큰 사건에 시답지 않은 반응을 나타내기도 한다.

파블로프(Pavlov)는 오래 전에 조건반사 실험을 하면서, 실험용 개들이 지나친 자극으로 쓰러진 이와 비슷한 현상을 가리켜 '역설적 국면'이라고 표현했다. 그 후에 실시된 연구에서 인간들도 역시 과잉 자극을 받으면 이러한 단계를 거친다는 사실이 밝혀지고 있다. 그리고 이러한 현상은 대단한 일이 없는데도 때때로 폭동이 일어나는 이유와, 수많은 청소년들이 유흥지에서 갑자기 야단법석을 떨고 창문을 때려 부수며 돌이나 병을 던지고 차를 파괴하는 이유를 설명해 주고 있다. 그런가 하면 이러한 현상은 모든 기술 사회에서 무의미한 파괴 행위가 하나의 문제로 등장하고 있는 이유도 설명해 주고 있다. 심지어 《저팬 타임스》지의 한 논설위원은 제대로 된 영어는 아니지만 열렬한 어조로 "이러한 정신병적인 행동이 오늘날처럼 광범위하게 번지고 있는 때를 여지껏 본 일이 없다"고 말하기까지 했다.

끝으로 일시성과 새로움, 다양성 등으로 인해 빚어지는 혼란과 불안은 늙은이나 젊은이나 할 것 없이 수백만에 달하는 사람들을 탈사회화(脫社會化)시키는 이른바 심각한 무관심을 빚어 내는 이유이기도 하다. 이러한 현상은 분별력 있는 사람이 자기 문제에 새롭게 대처하기에 앞서 여유를 가지기 위해 계획적으로 잠시 물러서는 것과는 다른다. 이것은 불안과 과잉 선택이라는 조건 속에서 결정을 내려야 한다는 심한 부담 때문에 나타나는 전면적인 항복인 것이다.

풍요로 말미암아 수많은 사람들은 역사상 처음으로 어느 때고 내면적 안정을 취할 수 있게 되었다. 저녁에 집에 돌아와 몇 잔의 마티니를 마시고 텔레비전 영상에 심취할 수 있는 가정을 가진 사람들은 적어도 낮에는 일을 하면서 다른 사람들과 관계를 갖는 사회적 기능을 수행하고 있다. 이러한 사람이 내면 세계로 침잠(沈潛)한다는 것은 일부 시간에만 국한되는 현상이다. 그러나 대학을 그만둔 일부(전부가 아니다) 히피나 파도타기를 하는 대부분의 사람들 또는 쾌락주의자들의 침잠은 완전히 일을 하지 않는 것을 의미한다. 그들에게는 너그러운 부모로부터 오는 수표가 유일하게 남아 있는 일반 사회와의 관계일지도 모른다.

마탈라(Matala) 해변은 크리티 섬에 있는 햇빛 좋은 조그마한 마을인데, 미국서 도망쳐 온 혈거인(穴居人)들이 자리잡고 있는 동굴이 40~50개나 되고, 여기서 살고 있는 젊은 남녀 대다수는 폭발할 듯 빠른 속도로 변하는 사회의 복잡한 움직임에 대처하려는 생각을 포기하고 있다. 여기서는 결정해야 할 일이 거의 없고 시간은 풍부하다. 그런가 하면 여기서는 선택해야 할 일도 적고, 과잉 자극이란 문제도 없으며, 사물을 이해하거나 심지어 느낄 필요도 전혀 없다. 1968년에 이들을 방문한 한 기자가 그들에게 로버트 케네디의 암살에 관한 뉴스를 전해 주었지만, 그들의 반응은 침묵이었다. "충격도 노여움도 눈물도 없었다. 이것은 새로운 현상일까? 미국에서 뛰쳐 나오자, 감정으로부터도 뛰쳐 나온 것일까? 이러한 현상은 불개입(不介入), 탈신비화(脫神秘化), 비참여(非參與) 등으로 이해되지만, 모든 감정은 도대체 어디로 가버린 것일까?"라고 그 기자는 어리둥절해 했다.

만일 그 기자가 과잉 자극의 영향, 버마 전선의 영국군 특공대원의 무감각, 재해 희생자의 무표정한 얼굴, 문화의 충격의 희생자가 보이는 지적·감정적 움츠림 등을 이해했다면, 그는 모든 감정이 어디로 가버렸는가를 이해할 수 있었을 것이다. 이러한 젊은이들이나 그 밖의 수많은 사람들, 혼란에 빠진 사람, 난폭한 사람, 무감각한 사람들에게서는 이미 미래의 충격에서 오는 증상들을 엿볼 수 있다. 그들이야말로 미래의 충격을 받은 최초의 희생자들이다.

미래의 충격을 받은 사회

많은 사회 성원들에게 미래의 충격을 주면 전체 사회의 합리성에도 결국 영향이 미치게 된다. 백악관의 도시 문제 담당 수석 보좌관 모이니핸(Daniel P. Moynihan)에 따르면, 오늘날 미국은 "정신적인 파탄을 일으키고 있는 사람과 똑같은 특성을 드러내고 있다"고 한다. 신경이나 내분비선의 지나친 부담이 신체에 미치는 영향은 차치하고라도 감각과 인식, 결정 등에 미치는 과잉 자극의 누적적 영향은 바로 우리의 한가운데서 질병을 유발시키고 있기 때문이다.

이러한 질병은 우리의 문화, 우리의 철학, 현실에 대한 우리의 태도 속에서 점점 확실하게 드러나고 있다. 그토록 많은 일반인들이 이 세상을 정신 병원이라고 부른다거나, 최근의 문학·예술·연극·영화 등에 정신 이상에 관한 주제가 많은 것은 결코 우연이 아니다. 〈마라와 사드〉라는 연극에서 와이스(Peter Weiss)는 샤랑통(Charenton) 정신병원 수용자의 눈을 통해 소란스러운 세상을 묘사하고 있다. 〈모건(Morgon)〉과 같은 영화에서는 정신병원 안에서의 생활이 외부 세계의 생활보다 낫다는 식으로 묘사되고 있다. 〈폭발〉이라는 영화에서 테니스를 하는 사람들이 실제로 존재하지 않는 공을 네트 너머로 치고 있는데, 주인공이 이 경기에 가담하는 장면이 절정이다. 이것은 주인공이 비현실적이고 비합리적인 것을 받아들이고 있다는 것, 말하자면 그는 이미 환상과 현실을 구분할 수 없다는 인식을 상징적으로 묘사하고 있는 것이다. 이 영화를 관람한 수많은 사람들은 그 순간 그 주인공에 공감했을 것이다.

세상은 '미쳐 버렸다'는 주장, '현실은 목발일 뿐'이라는 낙서, 환각제에 대한 관심, 점술과 신비술에 대한 열광, 감동·황홀·무아지경 등에서 진실을 발견하려는 태도, 극단적인 주관주의로의 경도(傾倒), 과학에 대한 공박, 이성(理性)이 인간을 망치고 있다는 신념의 확산 등은 변화에 합리적으로 대처할 수 없다고 느낀 대다수 일반인들의 일상 경험을 반영하고 있다.

병이 만연되고 있다는 것은 많은 사람들이 느끼고 있지만, 그 근원을 이해하지는 못하고 있다. 그 근원은 이러저러한 정치적 노선에 있는 것도 아니고, '인간의 조건'에 내재한다고 보는 절망이나 고독의 신비로운 심연(深淵)에 있는 것도 아니다. 그 근원은 과학이나 기술, 또는 사회적 변화를 바라는 정당한 요구 속에 있는 것도 아니다. 오히려 그 근원은 조절이나 선택 과정도 거치지 않고 미래로 뛰어들고 있다는 바로 그 사실에서 찾아볼 수 있다. 말하자면 질병의 근원은 우리가 의식을 갖고 사려 깊게 초산업화 사회로 나아가는 전진 방향을 조절하는 데 실패했다는 사실에서 발견된다는 것이다.

이에 따라 미국은 예술과 과학, 그리고 지적·도덕적·정치적인 생활에서 놀라운 성과를 거두고 있음에도 불구하고, 수만 명에 달하는 젊은이들이 마약에 빠져 현실을 도피하고 있는 나라가 되고 있다. 또한 수많은 어른들은 비디오로 인해 무감각해지거나 술로 인해 몽롱한 상태가 되고 있으며, 수많은 노인들이 놀고 먹다 외롭게 죽어 가고, 가정에 대한 책임과 직장에 대한 책임으로부터 도피하는 현상이 만연되고 있다. 사람들은 밀타운(Miltown)이나 리브리움(Librium), 이퀴닐(Equanil) 같은 수십 종의 진정제와 신경 안정제로 근심 걱정을 달래고 있다. 이러한 사실을 알건 모르건 미국은 미래의 충격으로 고통을 받고 있는 것이다.

터키로 이주해 간 젊은 미국인 비얼(Ronald Bierl)은, "미국으로 돌아가지 않겠다. 자신만 건전할 수 있으면, 다른 사람이 건전한가에 대해 상관할 필요가 없다. 너무나 많은 미국 사람들이 미치광이가 되어 가고 있다"고 말했다. 이렇게 미국의 현실에 대해 좋지 않은 견해를 갖고 있는 사람들은 너무나 많다. 유럽이나 일본 그리고 소련 사람들도 스스로가 건전하다고만 할 것이 아니라, 그들 속에서도 미국과 비슷한 증상들이 나타난 것은 아닌가 자문해 볼 필요가 있다. 미국인들만 특별히 그럴까, 아니면 다른 나라에 도 나타나게 될 심리적 충격의 제일파(第一波)를 미국인들이 맞아 고통을 받고 있는 것인가?

사회의 합리성은 그 안에 살고 있는 개인들의 합리성을 전제로 하고 있고, 개인의 합리성은 신체 조건과 함께 환경의 연속성과 질서 그리고 규칙 등에 의존하고 있다. 이것은 바로 변화의 속도나 복잡성과 인간의 결정 능력 사이에 어느 정도의 상관 관계가 있음을 뜻한다. 따라서 변화의 속도, 새로운 요소의 비중 선택의 범위 등을 무턱대고 증가시킨다는 것은 이성이 작용할 수 있는 전제 조건이 갖추어진 환경을 마구 뒤흔들어 놓는 결과가 된다. 그렇게 되면 우리는 헤아릴 수 없이 많은 사람들에게 미래의 충격을 안겨주는 셈이다.

제6부 생존을 위한 전략

제17장 내일에 대한 대처

뉴기니 바로 북쪽 남태평양의 푸르고 넓은 바다에 마누스(Manus)라는 섬이 있다. 인류학 공부를 시작한 사람이면 누구나 알고 있는 바와 같이, 이곳에서는 석기 시대의 주민들이 불과 한 세대 전에 20세기의 생활로 편입되었다. 미드는 《고대인(古代人)의 새로운 생활》이란 저서에서 기적과도 같은 문화적 적응에 대해 언급하면서, 원시인들에게는 전체 생활 방식을 일시에 새로 바꾸는 편이 서구 기술과학 문명을 단편적으로 받아들이는 것보다 훨씬 용이하다고 주장하고 있다.

그는, "각각의 언어와 마찬가지로 인간의 각 문화도 하나의 총체(總體)다. 따라서 개인이나 인간 집단이 변화해야 한다면, 하나의 총체적 형태로부터 다른 총체적 형태로 변화하는 것이 가장 중요하다"고 쓰고 있다.

이러한 주장에는 일리가 있다. 긴장 상태는 여러 문화 요소 사이의 부조화로부터 빚어지는 것이 분명하기 때문이다. 하수도가 없는 도시를 건설한다거나 산아 제한을 하지 않고 말라리아 예방약을 보급하는 것은 하나의 문화를 엉망으로 만들어 놓는 결과가 되고, 그 성원들에게 괴롭고 때로는 해결할 수 없는 문제를 안겨주는 결과가 된다.

하지만 이것은 얘기하고자 하는 내용의 일부에 지나지 않는다. 제아무리 잘 통합된 개인이나 집단이라도, 짧은 기간 안에 받아들일 수 있는 새로운 요소의 양에는 분명한 한계가 있기 때문이다. 마누스 사람이건 소련 사람이건 자신의 적응 한계를 넘게 되면 혼란을 일으키고 당황하게 된다. 더욱이 남태평양의 작은 섬 사람들의 체험을 일반화한다는 것도 위험천만한 일이다.

마치 현대의 민화(民話)처럼 되풀이되는 마누스 섬의 성공담은 고도 기술 사회에 속한 우리도 큰 어려움 없이 새로운 발전 단계로 비약할 수 있으리라는 논거(論據)로 곧잘 인용되고 있다. 그러나 초산업화 시대로 급속하게 진입하고 있는 우리의 상황은 마누스 섬 사람들의 상황과는 근본적으로 다르다.

우리는 그들 섬사람들처럼 이 세상 다른 곳에서 성숙되고 검증된, 하나의 통합되고 잘 다듬어진 문화를 통째로 수입해 올 수 있는 처지에 있지 않다. 초산업화 사회는 수입해 오는 것이 아니라 만들어 내야 하는 것이다. 우리는 앞으로 30~40년 동안에 변화가 단 한 차례 오는 것이 아니라, 무서운 파동과 전율이 계속된다는 사실을 예상하지 않으면 안 된다. 새로운 사회의 각 요소는 잘 어울리기보다는 서로 연결되지 않은 채 모순투성이로 대단히 뒤엉키게 될 것이다. 우리가 채택할 '총체적인 형태'란 결코 있을 수 없다.

더욱 중요한 것은, 일시성의 수준이 너무 높고 그 속도도 빨라지고 있기 때문에 역사상 유례 없는 상황이 우리에게 닥치고 있다는 사실이다. 우리는 마누스 섬 사람들처럼 새로운 문화에 적응하도록 요구받고 있는 것이 아니라 쉴 새 없이 연속적으로 몰려오는, 새롭고 일시적인 문화에 적응하도록 요구받고 있다. 이렇게 볼 때 우리는 적응 범위의 상한선에 가까이 왔다고 할 수 있다. 이전의 세대들은 지금까지 이러한 시련을 받은 일이 없다.

따라서 미래의 충격의 가능성이 대량으로 구체화되는 것은 우리가 살아 있는 동안인 지금뿐이며, 바로 기술 사회에서뿐이다.

그러나 이러한 말은 커다란 오해를 불러일으킬 수 있다. 우선 사회 문제에 관심을 쏟는 저술가는 누구나, 기술 사회를 뒤덮어 그 심각성을 이미 나타내는 비관주의를 심화시킬 위험성이 있다. 끝없는 절망의 문학 작품이 아주 잘 팔리고 있는 현실이다. 그러나 절망이란 무책임에서 오는 도피며 부당한 것이다. 미래의 충격을 포함해 우리를 둘러싸고 있는 대부분의 문제는 어쩔 수 없는 자연적인 힘에서 오는 것이 아니라, 적어도 잠재적으로 우리의 통제하에 있는 인공적인 과정에서 빚어지고 있다.

둘째, 현상 유지를 원하는 사람들이 미래의 충격을 들먹여 변화를 유예(猶豫)하자고 주장하는 구실로 삼을 위험이 있다. 이렇게 변화를 억제하려고 시도하면 우리가 보아 온 어떤 변화보다도 더 크고 보다 잔인하며 보다 다루기 어려운 변화를 불러일으키게 된다. 따라서 그러한 시도는 실패할 뿐 아니라 도덕적으로도 용납될 수 없을 것으로 생각된다. 인간이 세워 놓은 어떤 형태의 기준에서 보더라도 어느 정도 근본적인 사회적 변화는 이미 상당한 정도로 진행되고 있는 것이다. 따라서 미래의 충격에 대한 해결책은 변화를 거부하는 것이 아니라 변화의 형태를 변화시키는 일에서 찾을 수 있다.

초산업화 혁명 과정에서 어떤 형태로든 균형을 유지하기 위해서는, 발명으로써 발명에 대처하는 방법밖에 없다. 그 발명이란 개인적이고도 사회적인 새로운 변화 조절 장치를 고안해 내는 일이다. 따라서 우리에게 필요한 일은 변화를 맹목적으로 받아들이거나 맹목적으로 거부하는 것이 아니라, 이를 변형시키거나 방향을 바꾸고 속도를 조절하는 등의 창조적 전략을 마련하는 일이다. 개인에게 필요한 일은 자신의 생활을 계획하고 영위할 새로운 원칙을 세움과 아울러 완전히 새로운 교육을 하는 것이다. 이와 함께 적응성을 증대시키기 위해서는 특별한 새 기술과학의 조력도 필요하다. 한편 사회는 새로운 기구와 조직 형태, 새로운 완충기와 평형 바퀴를 필요로 한다.

이러한 모든 사실은 아직도 더 많은 변화가 이루어질 것임에 틀림없음을 뜻하고 있다. 하지만 그러한 형태의 변화란 애초부터 가속적 추진력을 조절해서 방향과 속도를 조종할 수 있도록 계획된 변화인 것이다. 이렇게 하기란 그리 쉬운 일이 아니다. 우리는 미지의 사회적 영역 속으로 재빨리 이동하고 있기 때문에, 오랜 기간 시험해 온 기술도 없고 청사진도 없다. 따라서 우리는 전진해 나가면서 광범위한 변화 조절 장치를 고안하고 폐기하는 실험을 직접 하지 않을 수 없다. 다음의 전략 전술은 이러한 실험 정신의 소산(所産)으로, 만능약으로서가 아니라 검증되고 평가될 필요가 있는 새로운 접근법의 예에 지나지 않는다. 이러한 전략 전술 중 일부는 개인적인 것이며 다른 일부는 기술과학적 또는 사회적인 것이다.

변화의 방향을 잡으려는 노력은 이러한 모든 수준에서 동시에 이루어지지 않으면 안 되기 때문이다.

이런 문제들을 보다 명확하게 파악하고 그 중요 과정들을 보다 현명하게 조절한다면, 단순히 생존할 수 있는 정도가 아니라 변화의 물결을 타고 운명에 대한 새로운 주인 의식을 갖게 하여 위기를 호기(好機)로 전환할 수도 있다.

직접적인 대응

우리는 가장 개인적인 단계에서 미래의 충격을 방지하기 위한 싸움을 시작할 수 있다. 우리가 알든 모르든 우리의 일상 행동의 대부분은 미래의 충격을 막으려는 시도임에 틀림없다. 여러 단계의 자극이 우리를 위협해 적응 범위를 넘어서도록 강요할 때, 우리는 자극의 수준을 낮추기 위해 여러 전략을 구사하게 된다. 우리는 이러한 기술을 대체로 무의식중에 사용하고 있으나, 이것을 의식적인 단계로까지 끌어올리면 더욱 효과적으로 충격에 대응할 수 있다.

예컨대 우리는 내적 환경을 평가하기 위해 일시적으로 외적 환경을 잊어버림으로써 내성(內省)의 기회를 가질 수 있고, 이에 따라 변화에 대한 우리의 육체적·심리적 반응을 검토해 볼 수 있다. 이것은 주관성(主觀性)에 빠져버리라는 것이 아니라 스스로의 역할 수행을 냉철히 평가하자는 것이다. 스트레스에 관한 연구로 생물학과 정신병리학의 새로운 경지를 연 셀리에의 말을 빌리면, 개인은 "스트레스를 너무 많이 받고 있다는 징후를 스스로 인식할 수 있다"는 것이다.

심장의 고동, 전율, 불면증 그리고 설명될 수 없는 피로 등이 바로 과잉 자극의 징후일 수 있다. 이것은 마치 혼란과 이상스러운 흥분, 심한 권태, 사물이 통제를 벗어나는 듯한 공포감 등이 심리적인 징후인 것과 마찬가지다. 우리는 스스로를 관찰하고 가까운 과거의 변화를 돌아봄으로써, 우리가 적응 범위 안에서 편안히 활동하고 있는가, 아니면 그 한계 너머에 있는가를 판단할 수 있다. 요컨대 우리는 자신의 생활의 변화 속도를 인식할 수 있다는 것이다.

이것을 알게 되면 우리는 생활의 변화 속도를 빠르거나 느리게 조절하여 의식적으로 그것에 영향을 미칠 수 있게 된다. 먼저 사소한 일들, 즉 미소(微少) 환경에서 시작하여 보다 큰 구조적 경험 형태로 나아가는 것이다. 우리는 과잉 자극에 대한 무의식적 반응을 검토함으로써 과잉 자극에 어떻게 반응할 것인가를 배울 수 있다.

예를 들어 우리가 청소년의 방으로 뛰어 들어가, 듣기 싫고 시끄러운 소리로 우리의 귀청을 때리는 스테레오 전축을 꺼버린다면 그것은 자극을 없애는 전술이다. 소음의 수준이 뚝 떨어질 때 우리는 한시름 놓게 되는 것이다. 이와 함께 감각적인 충격을 줄이는 다른 방법도 있다. 이를테면 방을 어둡게 하기 위해 차양을 내린다거나 사람이 없는 해변에서 정적을 추구하는 일 등이 그것이다. 우리가 에어컨을 다는 것도 온도를 낮추기 위해서라기보다는 시끄럽고 예측할 수 없는 거리의 소음을 일정하고 예측할 수 있는 단조로운 음향으로 바꾸기 위해서인지도 모른다.

우리는 문을 닫고 선글라스를 끼며 냄새나는 장소를 피하고 이상한 것에 닿지 않도록 피함으로써, 새로운 감각의 투입을 줄이고 있다. 사무실에서 집으로 갈 때 새로운 길을 찾지 않고 익숙한 길을 택하는 것도 감각상의 새로운 자극을 피하기 위해서다. 요컨대 우리는 감각 보호 장치를 갖고 있다. 그것은 감각적 자극이 우리의 적응 범위의 상한선에 이르렀을 때, 그것을 단절시키기 위해 취하는 수많은 정교한 행동 요령인 것이다.

우리는 인식상의 자극의 수준을 조절하기 위해서도 비슷한 전략을 사용하고 있다. 가장 우수한 학생들조차 교사의 얘기에 귀를 기울이지 않고 교사가 제시하는 수많은 새 자료를 무시한 채 때때로 창밖을 응시하는 경우가 있고, 심지어 독서광도 책이나 잡지를 손에 들 마음이 내키지 않는 시기가 있는 법이다.

친구 집에서 열린 저녁 모임에서, 그 중 한 사람이 다른 사람들의 권유에도 불구하고 새로운 카드 놀이를 배우려 하지 않는 까닭은 무엇일까? 이 경우는 개인의 자존심, 바보처럼 보이지 않을까 하는 두려움 등 여러 요인들이 작용하고 있다. 그러나 배우려는 의사에 영향을 미치는 요인들 중 한 가지 간과되고 있는 것은 바로 그 사람의 당시 개인 생활에서 인식적인 자극의 전반적 수준이 어떠했던가 하는 문제다. "제발 새로운 사실로 나를 괴롭히지 마라"고 하는 것은 흔히 얘기되는 농담이다. 그러나 농담은 때로 새로운 것으로부터 생기는 지나친 압력을 피하려는 속셈을 숨기는 수가 있다.

이러한 사실은 우리가 여가 시간에 독서를 한다거나 영화를 관람한다거나 아니면 텔레비전 프로그램을 시청하는 등 오락의 선택을 하게 되는 이유를 부분적으로나마 설명하고 있다. 때때로 우리는 새로운 것이 많고 정보가 풍부했으면 하고 바라기도 하지만, 어떤 때는 인식상의 자극을 적극적으로 거부하면서 '가벼운' 오락을 추구하기도 한다. 예를 들어 전형적인 탐정 소설은 교묘하게 짜여진 의례적 틀, 말하자면 새롭지 않기 때문에 쉽사리 예측할 수 있는 관계 속에서 범인이 누구인가 하는 예측 불가능성을 추적하는 것이다. 이렇게 우리는 자극을 높이거나 줄이는 수단으로 오락을 택해, 능력에 부치는 과중한 부담을 주지 않도록 받아들이는 비율을 조절하는 것이다.

우리는 이러한 전술들을 보다 의식적으로 활용함으로써, 우리의 미소 환경을 잘 조절할 수가 있다. 그런가 하면 우리는 인식의 부담을 덜 수 있게 행동함으로써 바라지 않는 자극을 제거할 수도 있다. 셀리에는, "너무 많은 일들을 기억하려고 애쓰는 것은 분명히 심리적인 스트레스의 주요 요인 가운데 하나다. 나는 중요하지 않은 일들은 즉시 잊어버리고 가치가 있을 법한 자료는 적어 두려고 의식적으로 노력하고 있다. ……이러한 기술은 지적 생활의 복잡성의 정도와 모순되지 않는 범위 안에서 되도록 단순화시키려는 모든 사람에게 도움을 줄 수 있다"고 쓰고 있다.

한편으로 우리는 결정의 흐름을 규제하기 위한 행동도 취하고 있다. 우리는 결정으로 인해 과중한 부담을 느끼면 결정을 연기하거나 다른 사람들에게 위임하기도 한다. 어떤 경우에는 결정을 '거부'하기도 한다. 나는 식당에서 무엇을 먹을 것인지에 대한 결정조차 전적으로 거부하고 있는 한 여성 사회학자를 본 일이 있다. 그녀는 복잡하고 자극을 많이 주는 전문가들의 모임에서 돌아오는 길이었다. 그녀의 남편이 무엇을 먹겠느냐고 묻자 그녀는 "당신이 결정해 주세요"라고 대답했다. 몇 가지 요리 중에서 선택하라고 해도 결정할 기운조차 없다고 짜증을 내면서 노골적으로 선택을 거부했다.

　이러한 방법을 통해 우리는 감각상・인식상・결정상의 자극을 되도록 규제하려 하고 있고 아울러 이러한 자극들이 서로 균형을 이루도록 하는 약간 복잡하면서도 아직 잘 알 수 없는 방법을 모색하려 하고 있다. 그러나 우리는 과잉 자극에 대응할 수 있는 보다 강력한 방법들을 가지고 있다. 이러한 방법들은 우리의 환경 속에서 일시성과 새로운 요소 및 다양성 등의 정도를 조절하려는 시도들과 관련이 있다.

　개인의 안정 지대

　예를 들어 우리 생활의 변동률은 의식적인 결정의 영향을 받을 수도 있다. 구체적으로 우리는 물리적 환경의 여러 요소들과 관계를 오래 유지하려는 의식적 노력을 통해 변화와 자극을 단절시키는 것이다. 따라서 우리는 쓰고 버리는 제품의 구입을 거부할 수도 있고, 입던 옷을 1년 더 입기 위해 낡은 재킷을 걸어 둘 수도 있고, 최신 유행에 따르기를 단호히 거부할 수도 있으며, 판매원이 자동차를 교환할 때가 되었다고 알려주어도 사절할 수가 있다. 이러한 방식으로 우리는 우리를 둘러싸고 있는 사물과 관계를 맺었다가 끊을 필요성을 줄일 수 있다.

　우리는 사람들과의 관계나 체험의 차원에서도 똑같은 전술을 활용할 수 있다. 가장 사교적인 사람들도 비사교적인 기분에 젖어 사회적인 교유(交遊)를 필요로 하는 파티나 그 밖의 행사에의 초대를 거부하는 경우가 있다. 우리는 의식적으로 사회적인 관계를 끊는 수가 있다. 이와 똑같은 방식으로 여행을 최소한으로 줄일 수도 있고 회사나 교회, 친목 단체, 공동체적 집단의 무의미한 개편을 거부할 수도 있다. 중요한 결정을 내릴 때, 변화에서 오는 이점(利點)보다는 거기서 오는 보이지 않는 손실에 의식적으로 더 큰 비중을 둘 수도 있다.

하지만 이러한 사실이 변화란 중지될 수 있다거나 중지되어야 한다는 것을 암시하는 것은 아니다. 케임브리지 공(公)은 "언제 어떤 이유로 변화가 일어나든 그것은 한탄스러운 것"이라고 충고했다고 하는데, 이러한 충고만큼 어리석은 것은 없다. 적응 범위 이론이 밝힌 바에 따르면, 지나친 변화는 건강을 해치지만 어느 정도의 변화는 신체에 다소 부담이 되더라도 전반적으로 보아 건강에 이롭다는 것이다.

아직 그 이유는 분명치 않지만 어떤 사람들은 다른 사람들보다 훨씬 많은 자극을 바라고 있다. 다른 사람들은 변화로 인해 어쩔 줄 모르고 있는데도, 일부 사람들은 변화를 갈망하고 있는 듯이 보이는 것이다. 그들은 새로운 집과 새로운 자동차, 또 다른 여행, 또 다른 직무상의 위기, 보다 많은 손님, 방문, 경제적인 모험과 손실 등을 난처한 표정을 드러냄이 없이 모두 받아들이고 있는 것 같다.

그러나 이러한 사람들을 좀더 자세히 살펴보면, 그들의 생활에는 '안정 지대(stability zone)'라고 불릴 수 있는 것이 존재한다. 안정 지대란 주변의 모든 것이 변화함에도 불구하고 신중히 유지되는, 상당히 지속적인 관계들이다.

내가 아는 한 사람은 사랑을 하고 이혼을 하고 또 재혼을 하는 일련의 과정을 극히 짧은 기간에 두루 거치고 있다. 그 사람은 변화 속에서 성장하고 여행이나 새로운 음식, 새로운 이념, 새로운 영화, 새로운 연극, 새로운 책 등을 즐기고 있다. 그 사람은 고도의 지성을 갖고 있으나, 쉽게 싫증을 내는 사람으로서 전통에는 견디지 못하고 끊임없이 새로움을 추구하고 있다. 표면적으로 볼 때 그 사람은 살아 있는 변화의 표본이라고 할 수 있다.

그러나 좀더 자세히 살펴보면, 그 사람이 같은 직장에 10년간이나 재직해 왔다는 사실을 발견할 수 있다. 그 사람은 7년이나 된 낡아빠진 차를 몰고 다니고, 옷은 몇 년이나 뒤떨어진 양식이며,

그의 가장 가까운 친구는 오랫동안 일을 해오면서 사귄 사람들이고 심지어 옛날 대학 시절의 친구도 두서너 명 있을 정도다.

이와는 다른 또 하나의 경우가 있다. 이 사람은 놀라우리만큼 직장을 자주 바꾸었고, 8년 사이에 13회나 이사를 했으며, 여행도 극히 잦은 편이었다. 자동차는 임대해서 탔으며, 쓰고 버리는 제품들을 애용했고, 새로운 상품을 쓰는 데 이웃 사람들보다 앞장서는 것을 자랑으로 여겼다. 요컨대 그는 일시성과 새로움, 다양성 등이 끊임없이 소용돌이치는 속에서 생활하고 있다. 그러나 다시 자세히 살펴보면 이 사람의 생활 속에도 중요한 안정 지대가 존재함을 알 수 있다. 그는 자기 부인과 19년 동안 단란하고 원만한 관계를 유지했고, 부모들과도 원만한 관계를 유지했으며, 대학 시절의 옛친구들을 갖고 있는가 하면 새로운 친지들도 갖고 있었다.

또 다른 형식의 안정 지대는 그 사람이 어느 곳을 여행하든, 주위의 변화들이 자기 생활을 어떻게 바꾸든 간에 그 사람에게 따라다니는 습관 형태다. 10년간 7회나 이사를 했고, 미국 국내는 물론 남미와 유럽, 아프리카 등지를 계속 여행했으며, 직장을 계속 바꾼 한 교수는 어디에 있든 똑같은 일상 생활 방식을 취하고 있다. 그 사람은 아침 8~9시 사이에 책을 읽고, 점심 시간에 45분간 운동을 하며, 30분 가량 낮잠을 즐기고 나서 오후 10시까지 자기 일에 몰두한다.

따라서 문제는 당치도 않게 변화를 억제하는 데 있는 것이 아니라 변화를 관리하는 데 있다. 어떤 영역의 생활에 급속한 변화를 택하고자 한다면, 다른 어느 분야에든 안정 지대를 설정하려는 의식적인 노력을 기울여야 할 것이다. 이혼한 직후에는 전직(轉職)을 삼가야 할는지도 모른다. 어린 아이의 출생은 가족내의 인간 관계 전반을 변경시키기 때문에, 가족 외의 인간 관계를 크게 변화시킬 이사는 당분간 피하는 것이 바람직할는지 모른다. 그런가 하면 남편이 죽은 직후에 서둘러 집을 파는 것도 좋지 않을는지 모른다.

그러나 생활 형태를 크게 바꾸기 위해 효율적인 안정 지대를 마련하려면 보다 효과적인 도구들이 있어야 한다. 무엇보다도 우리가 필요로 하는 것은 미래에 대한 근본적으로 새로운 방향의 정립이다.

궁극적으로, 변화를 조절하려면 우리는 그 미래를 예견해야만 한다. 그러나 한 사람의 개인적인 미래가 어느 정도 예견될 수 있다는 견해는 옛날부터 내려오는 통속적인 편견과 상치되고 있다. 대부분의 사람이 미래는 알 수 없는 것이라고 깊이 믿고 있다. 그러나 우리는 앞에 가로놓여 있는 일부 변화, 특히 어느 정도 크고 구조적인 변화에 대한 가능성을 예측해 볼 수 있는 것이 사실이고, 개인적인 안정 지대를 설계하는 데 이러한 지식을 활용할 방법까지 있는 것이다.

예를 들면 우리는 죽지 않는 한 점점 늙어 가게 마련이고, 자식과 친척, 친구들 역시 점점 늙어 가게 마련이며, 일정한 시점을 지나면 우리의 건강도 나빠지기 시작하리라는 것 등에 대해 확신을 갖고 예견할 수 있다. 이러한 얘기는 분명한 것처럼 보이는데, 이렇듯 단순한 주장에 입각해 보더라도 우리는 앞으로 1년, 5년 아니면 10년 후의 우리 생활에 관해서, 그리고 그 사이에 흡수해야 할 변화의 양에 관해서 상당한 정도까지 추측해 볼 수 있다.

앞으로의 계획을 체계적으로 세울 수 있는 개인이나 가족은 별로 없을 것이다. 사람들이 그러한 계획을 세운다면, 그것은 일반적으로 예산을 짜는 정도의 일에 지나지 않는다. 그러나 우리는 금전과 더불어 우리의 시간과 감정의 지출도 예상해서 조절할 수 있다. 따라서 자신의 미래를 얼핏 살펴볼 수도 있고, '시간과 감정의 예측'이라고 할 수 있는 것을 주기적으로 마련하여 앞에 가로놓인 전체적인 변화의 수준도 산출해 낼 수 있다. 시간과 감정의 예측이란, 생활의 여러 가지 주요 측면에 투입되는 시간과 정서적 에너지의 비율을 산출해 내려는 시도다. 그것은 또 시간과 정서적 에너지가 수년간에 걸쳐 어떻게 변할 것인가를 알아보려는 시도다.

예를 들면 우리에게 가장 중요한 것처럼 보이는 생활의 측면, 예컨대 건강과 직장, 여가, 결혼 관계, 부모 관계, 자식 관계 등을 열거할 수 있다. 그러면 각 항목별로 그 부분에 우리가 현실적으로 할당하는 시간량의 '추계(推計)'를 간략하게나마 기재할 수 있다. 예를 들어 오전 9시부터 오후 5시까지 근무하고 출퇴근에 30분을 소모하며 통상 휴일과 공휴일에 쉬는 사람의 경우라면, 그는 자기 시간의 25퍼센트 가량을 일에 바치고 있다고 할 수 있다. 물론 훨씬 어려운 일이긴 하지만, 그 사람은 자기 직무에 쏟는 감정적인 에너지의 비율도 주관적으로나마 산출해 낼 수 있다. 그 사람이 싫증이나 근심거리가 없다면 아주 적은 양의 에너지를 투입할 수도 있다. 쏟아 넣는 시간과 투입되는 감정 사이에 필연적인 관계가 있는 것은 아니라는 말이다.

다소 조잡한 산정이 될지라도 그 비율을 반드시 기재하도록 하고 기재한 숫자들이 100퍼센트를 초과하지 않도록 해서 자기 생활의 중요한 부분들을 각기 이러한 방식으로 계산해 낸다면, 어느 정도 놀라운 통찰력을 얻어낼 수 있으리라고 생각한다. 그 사람이 자기의 시간과 감정적 에너지를 할당하는 방식을 실마리로 해서 그 사람의 가치 체계와 인간성을 알아볼 수 있기 때문이다.

그러나 이러한 과정에서 자기의 직업과 결혼 또는 아이들이나 부모와의 관계가 앞으로 몇 해 안에 어떻게 발전되어 갈 것인가를 솔직하고도 자세하게 자문(自問)하면서 계획해 나갈 때만 성과는 나타날 수 있다.

예를 들어 10대의 두 아들과 양친이나 처부모 두 분을 모시고 있는 40대의 중견 경영인이며, 십이지장 궤양의 초기 증세를 나타내는 사람이 있다고 하자. 그 사람은 아들들이 대학에 다니거나 독립적인 생활을 영위하기 위해 5년 안에 집을 나가리라고 예상할 수 있다. 그러면 부모의 도리를 다하는 데 쏟는 시간이 줄게 될 것이고, 아울러 부모 역할 때문에 소용되던 정서적 에너지도 어느 정도 줄 것이라고 예상할 수 있다. 그런가 하면 다른 한편으로 자기 부모나 처부모가 점점 늙어 감으로써 자식으로서의 책임은 그만큼 더 무거워질 것이다. 더욱이 부모나 처부모가 병에라도 걸리면, 그들을 돌보는 데 많은 시간과 감정을 쏟지 않을 수 없다. 그들이 통계적으로 밝혀진 기간 안에 돌아가시기라도 한다면 그는 이것에도 대처해야 한다. 이러한 사실로부터 개인은 자기와 관계되는 중요한 변화를 예측할 수 있다. 그 동안에 자신의 건강도 그다지 좋아지지 않으리라는 사실도 예측할 수 있고, 직업 곧 승진의 계기나 개편, 전근, 재교육의 가능성 등에 관해서도 어느 정도 예상할 수가 있다.

　이러한 추측은 모두 어려우며, 그것이 '미래에 관한 지식'을 마련해 주는 것도 아니다. 이것은 오히려 그가 막연하게 가상(假想)하는 미래의 모습 가운데 일부를 드러내는 데 도움을 주고 있을 뿐이다. 그 사람은 금년, 내년, 5년 후, 10년 후를 예측해 나감에 따라 변화의 형태를 파악하기 시작한다. 아울러 어느 해에는 다른 해보다 더 큰 변화와 재분배가 있으리라는 사실도 알게 된다. 어떤 해에는 다른 해에 비해 더 소용돌이치고 변화가 많으리라는 사실도 알게 된다. 그리하여 그는 이러한 체계적인 가상의 힘을 통해서 현재의 중대한 결정들을 어떻게 처리할 것인가를 결심할 수 있다.

　내년에 가족이 이사해야 할 것인가, 아니면 이사를 하지 않아도 그만한 소란과 변화가 일어날 것인가? 직장을 그만두어야 할 것인가? 새로운 자동차를 살 것인가? 비용이 많이 드는 휴가를 갈 것인가? 나이 든 장인을 양로원으로 보낼 것인가? 사업을 벌일 것인가? 결혼 생활을 집어치우거나 직업을 바꿀 만한 여유가 있을 것인가? 어떤 수준의 채무(債務)를 그대로 유지하도록 할 것인가?

　이러한 기술들은 개인적인 계획을 설정하는 데 극히 중요한 도구다. 심리학자와 사회심리학자들은 보다 효율적인 도구들, 곧 확률의 오차가 보다 적고 보다 정교하며 보다 통찰력 있는 도구를 만들어 낼 수 있다. 그러나 확실한 것보다 실마리를 찾으려 한다면, 이러한 원시적인 방책만으로도 우리 생활의 변화의 흐름을 조절하거나 방향을 바꿀 수가 있다. 이러한 방책으로 우리는 급속한 변화가 이루어지는 영역을 확인할 수 있고, 모든 것이 유동(流動)하는 가운데서 상대적인 영구성을 지니는 안정 지대도 확인할 수 있기 때문이다. 이러한 방책들은 변화를 다루려는 개별적 경쟁에서 이길 수 있는 가능성을 입증해 주고 있다.

이것은 결코 변화를 억제하거나 제한하려는 투쟁, 말하자면 순전히 부정적인 과정인 것만은 아니다. 개인이 급속한 변화에 대처하려는 일은 어떻게 하면 적응 범위 안에 머물러 있도록 하느냐의 문제며, 나아가서는 개인이 가장 효과적으로 살아갈 수 있는 최적 상태를 어떻게 하면 발견할 수 있는가의 문제다. 메인 주 바 하버 (Bar Harbor)의 생의학 연구 센터인 잭슨 연구소 수석 연구원 풀러 (John L. Fuller) 박사는 경험을 박탈하거나 과중한 경험을 안겨주었을 때 나타나는 현상에 대해 실험했다. "어떤 사람들은 혼란의 와중에서도 일정한 침착성을 잃지 않고 있었다. 그것은 그들이 감정에 면역되어 있기 때문이 아니라, 생활에서 변화의 적정량을 받아들이는 방법을 발견하고 있기 때문이다"고 그는 말하고 있다. 이러한 최적 상태를 탐구하는 일은 바로 '행복의 추구'일 수 있다.

현실적인 진화(進化) 단계에서 볼 때 신경 조직과 내분비 체계에는 일정한 한계가 있는데, 우리는 스스로 받는 자극을 규제할 수 있는 새로운 전술을 고안해 내지 않으면 안 된다.

상황적 집단화(集團化)

문제는 이러한 개인 전술들이 날이 갈수록 효과를 잃어 가고 있다는 사실이다. 변화의 폭이 커짐에 따라 개별적으로 필요한 안정 지대를 형성하기가 점점 어려워지고 있다. 변화하지 않기 위한 비용이 점점 많아지고 있는 것이다.

우리는 이웃이 변화하고 있음을 보면서 낡은 집에서 그냥 살아갈 수도 있다. 우리는 수리비가 엄청나게 많이 드는 것을 알면서 낡은 차를 그대로 타고 다닐 수도 있다. 그런가 하면 우리는 직장을 잃는 결과가 올 것을 알면서도 새 고장으로 이사가기를 거부할 수도 있다. 비록 개인 생활에서 변화의 영향을 줄일 수 있는 단계도 있겠지만, 진짜 문제는 우리의 외부에 놓여 있다.

변화가 개인을 압도해 버리지 않고 개인을 살리고 살찌게 만드는 환경을 이룩하기 위해서는, 개인적인 전술만이 아니라 사회적인 전략도 마련하지 않으면 안 된다. 우리가 가속적인 시대를 살아 나갈 수 있으려면, 지금 당장 초산업화 사회의 구조 속에 '미래의 충격 완충기'를 가설하기 시작해야 한다. 이렇게 하려면 우리의 생활 가운데 변한 부분과 변하지 않은 부분에 대한 새로운 사고(思考)가 요청되고, 인간을 분류하는 새로운 방법도 요청된다.

오늘날 우리는 개개인을 분류함에 있어서 그때 그 사람에게 일어나는 변화를 기준으로 하는 것이 아니라 변화와 변화 사이에 나타나는 그들의 신분이나 지위에 따라 분류하는 경향이 있다. 예컨대 조합원이라고 하면 하나의 조합에 가입해서 아직 탈퇴하지 않은 사람을 일컫는다. 우리가 지적하고자 하는 것은 가입이나 탈퇴에 관해서가 아니라 그 동안에 나타난 '불변' 상태다. 복지사업 대상자, 대학생, 감리교 신자, 회사 사무원 등은 모두 변화와 변화 사이에 처해 있는 그 사람의 조건을 말하는 것이다.

그러나 사람들을 보는 근본적으로 다른 방법이 하나 있다. '새 집으로 이사가는 사람들'이란 분류를 예로 들면, 어떤 날이라도 그 날 이사하는 사람의 수는 10만 명 이상인데도, 그들을 하나의 집단으로 간주하는 경우는 거의 없다. '직업을 바꾸는 사람', '어느 교회에 처음 나가는 사람', '이혼하는 사람' 등의 분류는 모두 변화 사이의 보다 지속적인 조건에 따라서가 아니라 변화하는 일시적 조건에 따른 것이다.

그 사람이 지금 어떤 위치에 있는가를 생각하는 것으로부터 그가 어느 위치로 가고 있는가를 생각하는 것으로 초점을 갑자기 바꾼다면, 적응에 대한 새로운 접근법이 모색될 수 있는 것이다.

이러한 방법들 가운데 가장 독창적이고 간단한 방법을 제시한 사람은 인적 자원 연구 기구에 소속된 심리학자 거조이(Herbet Gerjuoy) 박사다. 그는 이것을 '상황적 집단화'라고 이름 붙였는데, 다른 뛰어난 의견들이 그러하듯이 이것도 일단 발표되자 많은 사람들의 공감을 얻었다. 상황적 집단화는 체계적으로 이용된 적은 없으나 미래의 중요한 사회적 서비스 가운데 하나가 되리라고 생각한다.

거조이 박사는 비슷한 생활상의 변동을 동시에 겪고 있는 사람들을 위해 '상황적 집단'이라는 일시적 조직체를 만들지 않으면 안 된다고 주장하고 있다. 그는 이러한 상황적 집단이, "이사라고 하는 큰 변동을 겪는 가족들이나 이혼하려는 남녀들, 부모나 배우자의 죽음에 직면해 있는 사람들, 자녀를 갖게 되는 사람들, 새로운 직장을 얻으려고 준비하는 사람들, 다른 지역 사회로 막 이사한 가족들, 막내 아이의 결혼을 앞둔 사람들, 정년 퇴직 직전에 있는 사람들 등 중요한 생활 변화에 직면하는 온갖 사람들을 위해서" 마련되어야 할 것이라고 말했다.

그는 이어서, "이러한 성원 신분은 물론 일시적인 것으로서, 과도기적인 어려움에 직면한 사람들에게 도움을 주는 정도의 기간이면 족하다. 따라서 어떤 집단은 2~3개월만 지속될 수도 있고, 또 어떤 집단은 단 한 번의 회합으로 끝날 수도 있다"고 말했다.

공통의 적응 체험을 하고 있거나 하게 될 사람들을 한자리에 모음으로써 그들이 변화에 대응할 수 있는 방법을 제시해 줄 수 있다는 것이다. "새로운 생활 상황에 적응하도록 강요받고 있는 사람은 자존심의 일부 근거를 잃어버리고 자신의 능력에 대해서도 회의하기 시작한다. 그러한 사람을, 자기와 똑같은 체험을 겪고 있어 동류 의식을 느끼고 존경할 수 있는 사람들과 어울리게 한다면 그는 용기를 얻게 된다. 그 집단의 성원들은 짧은 기간이나마 일체감을 지니고 자신의 문제를 보다 객관적으로 보며 유용한 생각과 통찰력을 서로 교환한다. 무엇보다도 그 성원들은 미래에 선택해야 할 길을 서로 제시해 준다는 데 큰 뜻이 있다"고 그는 말했다.

거조이는 이렇게 미래를 강조하는 것이 매우 중요하다고 말하고 있다. 상황적 집단의 회합은 집단 치료와는 달리 과거를 들추거나 과거에 얽매이거나 자기 현시(自己顯示)를 추구하는 데 관심을 쏟아서는 안 되며, 개인적인 문제들을 토의하고 새로운 생활 상황에서 장차 활용할 실제적인 전략들을 세우는 데 관심을 쏟아야만 한다. 그 성원들은 같은 종류의 문제와 씨름하고 있는 비슷한 타집단을 그린 영화도 볼 수 있고, 자기들보다 앞서 그러한 과도기를 겪은 다른 사람들로부터 얘기를 들을 수도 있다. 요컨대 그 성원들은 변화의 시기가 다가오기 전에 그들 자신의 개별적인 체험과 생각을 함께 모을 수 있는 계기를 갖는다는 것이다.

이러한 접근은 본질상 하등 새로울 것이 없다. 상황적 원리에 토대를 둔 조직체들이 이미 존재한다. 해외 근무 준비를 하는 평화봉사단원 집단은 결국 산전·산후의 임산부들처럼 바로 이러한 상황적 집단이라고 할 수 있다. 미국의 많은 도시에는 '전입자(轉入者) 클럽'이라는 것이 있는데, 이 클럽은 전입자들을 저녁 식사나 기타 사교 모임에 초대하여 최근에 이주해 온 다른 사람들과 사귀며 문제점과 계획을 서로 비교해 볼 수 있도록 하고 있다. 마찬가지로 '전출자(轉出者) 클럽'도 있을 법한 일이다. 우리가 이렇게 '대응 교실(對應敎室)'을 갖는 사회를 체계적으로 이루어 가고 있다는 것은 새로운 사실이라고 할 수 있다.

위기 상담

개인을 위한 조력(助力)이 모두 집단에서 올 수 있는 것도 아니고, 반드시 집단에서 와야 하는 것도 아니다. 변화의 압력을 받고 있는 대부분의 사람이 가장 필요로 하는 것은 적응 위기에 빠진 기간의 개별 상담이다. 정신의학 용어로 '위기'란 중대한 변동을 말한다. 그것은 '생활상의 중대한 변화'와 거의 같은 말이라고 할 수 있다.

오늘날 변화의 위기에 처한 사람들은 개별적인 조언을 구하기 위해 의사나 결혼 상담역, 정신과 의사, 직업 소개인 그리고 그 밖의 여러 전문가들을 찾아간다. 그러나 적합한 전문가를 찾을 수 없는 위기도 많다. 예를 들어 5년 동안 세 번이나 새로운 도시로 이사해야 하는 가족과 개인에게 누가 도움을 줄 것인가? 자기가 소속한 클럽이나 지역 사회 조직의 개편으로 지위가 높아지거나 낮아진 지도자에게 누가 상담을 해줄 것인가? 비서로 있다가 타자실로 밀려난 사람에게 누가 도움을 줄 것인가?

이러한 사람들은 병에 걸린 것이 아니다. 이들은 정신 치료를 받을 필요도 없고 받아서도 안 된다. 하지만 이들이 활용할 수 있는 상담 기구란 아직 거의 없는 형편이다.

현재의 생활 변화 가운데 상담으로 도움을 줄 수 없는 것들이 많을 뿐 아니라, 앞으로 새로운 요소가 더 많아지면 사람들은 완전히 새로운 종류의 개인적 위기에 휩쓸리게 될 것이다. 그리고 사회가 이질화됨에 따라 다양한 문제들이 제기될 것으로 보인다. 서서히 변화하는 사회에서는 개인이 직면하는 위기의 양태가 보다 획일적이고, 특별한 조언을 받을 수 있는 곳도 쉽게 찾아낼 수 있다. 위기에 처한 사람은 자기가 알고 있는 목사나 마술사, 촌장(村長)을 찾아갔다. 고도로 기술화된 오늘날의 국가들에서 개별 상담 서비스는 너무나 전문화되어 있기 때문에, 조언을 구할 곳을 상담해 주는 일만 하는 예비적 상담자까지 생겨나고 있다.

이러한 소개 서비스는 개인과 그가 필요로 하는 조언자 사이에 불필요한 번거로움을 개재시켜 시간을 지연시킨다. 개인이 그 조언을 얻게 될 때쯤이면 그 사람은 이미 중대한 결정을 내렸을 것이며, 그 결정은 상당히 잘못된 것일는지도 모른다. 조언은 보다 세분화된 전문인들만이 할 수 있는 것이라고 상정하는 한, 어려움은 더욱 커질 것이다. 더욱이 사람들의 '되어 가고 있는' 모습이 아니라 '되어 있는' 모습에만 관심을 쏟는다면, 우리는 실질적인 적응 문제 가운데 상당 부분을 놓쳐버리고 만다. 따라서 재래(在來)의 사회적 서비스 체계로는 결코 기능을 다할 수 없을 것이다.

해결책은 상황적 집단화 체계에 상응하는 기구를 만드는 일인데, 이 상담 기구는 직업적이고 전문적인 상담자만이 아니라 수많은 일반 전문가들까지 포함해 구성되는 것이다. 어떤 위기에 대한 전문가가 되는 것은 반드시 공식적인 교육을 통해서만 이루어지는 것이 아니라, 똑같은 위기의 체험을 통해서도 가능하다는 사실을 인식하지 않으면 안 된다.

수많은 사람이 앞으로 겪게 될 어려운 변화를 극복할 수 있으려면, 그 지역에 살고 있는 실업인(實業人)이나 대학생, 교사, 노동자 등 수많은 비전문가들을 '위기 상담역'으로 '위촉'해야 한다. 장래의 위기 상담역은 심리학이나 건강 등과 같은 전통적 분야의 전문가들이 아니라 이사나 승진, 이혼, 소속 집단 변경 등과 같은 특수한 변동을 직접 겪은 전문가들일 것이다. 이러한 사람들은 최근의 경험을 가진 사람들인데, 무료 봉사나 최소한의 보수로 일부 시간을 할애하여 사람들의 문제나 근심거리, 계획 등에 관해 얘기를 나누는 것이다. 그런가 하면 이들도 자신의 적응력 개발 과정에서 똑같은 도움을 얻기 위해 다른 사람을 찾아갈 수도 있다.

다시 한 번 되풀이하거니와 사람들이 서로 조언을 구하는 일은 결코 새로운 일이 아니다. 오히려 새로운 점이 있다면 전산화(電算化)된 체계의 활용으로 상황적 집단들을 신속히 만들어 개인과 상담역을 연결시키고, 프라이버시와 익명성(匿名性)을 존중하면서 이러한 일을 처리할 수 있는 능력이라고 하겠다.

우리는 이미 '들어주고' '보살펴 주는' 서비스의 보급에서 이러한 방향으로 나아가는 증거를 찾아볼 수 있다. 아이오와 주의 대븐포트(Davenport)에서는 외로운 사람이 어떤 전화 번호를 돌리면 다른 '청취자'와 연결된다. 이 청취자는 24시간 전화를 지키고 있는 윤번제(輪番制) 봉사 요원이다. 이 계획은 지방 노인 문제 위원회에서 시작한 것으로, 뉴욕의 보호 전화 서비스와 똑같지는 않지만 비슷한 점이 있다. 보호 전화란, 가입자들이 요금을 내면 하루에 두 번씩 지정된 시간에 점검 전화를 걸어주는 것이다. 가입자들은 자기의 주치의(主治醫)나 이웃 사람, 건물 관리인, 가까운 친척 등의 이름을 알려 놓는다. 점검을 해서 가입자들이 응답하지 않는 경우에는 30분 후에 다시 전화를 건다. 그래도 가입자들이 응답하지 않으면 의사에게 연락해서 그 집으로 간호사를 보낸다. 이러한 보호 전화 서비스는 이제 다른 도시들에서도 인가되고 있다. 우리는 이러한 두 가지 서비스에서 미래의 위기 상담 제도의 전조(前兆)를 엿볼 수 있다.

그러한 제도하에서 조언을 주고받는 것은 통상의 관료적이고 비인간적인 의미에서의 '사회 봉사'가 아니다. 이것은 개인이 자신의 생활에서 변화의 흐름을 헤쳐 나가는 데 도움을 줄 수 있고, 전체 사회를 일종의 애정망(愛情網)으로 통합시키는 데도 도움을 주는 극히 개별화된 과정이다. 그리고 애정망이란 "당신이 나를 필요로 하는 만큼 나도 당신을 필요로 한다"는 원리에 입각한 하나의 통합 체계다. 상황적 집단화와 개인 대 개인의 위기 상담은 우리 모두가 미래의 불확실성 속으로 함께 이동해 감에 따라 모든 사람의 생활에서 중요한 부분으로 되어가고 있는 것 같다.

중간 집

 전혀 다른 형태의 '미래의 충격 완충기'가 있다. 이것은 죄수들이 정상적인 생활로 쉽게 복귀할 수 있도록 하기 위해, 이미 진보적인 행형 당국(行刑當局)에서 채택하고 있는 '중간의 집'이란 착상이다. 범죄학자 글레이서(Daniel Glaser)에 따르면, 미래의 교정(矯正) 제도의 두드러진 특징은 '점진적 석방'의 이념일 것이라고 한다.

 이러한 이념이란 자극이 별로 없고 엄격히 편제화된 교도소 생활에서 죄수를 내보내 아무런 준비 없이 자유로운 사회로 갑자기 밀어 넣는 것이 아니라, 낮에 사회에서 활동을 하다가 밤에는 교도소로 되돌아오도록 하는 중간적인 제도를 거치게 한다는 것이다. 이렇게 하면서, 죄수가 외부 세계에 충분히 적응할 수 있을 때까지 점진적으로 제약을 풀어 나가는 것이다. 이와 같은 원리는 여러 정신 병원에서도 개발되고 있다.

 마찬가지로 중간의 집 원리와 같은 것을 농촌 주민들이 도시로 이주할 때 사용한다면, 그들이 새로운 생활 방식을 익히는 과정에서 제기되는 문제를 크게 줄일 수 있으리라는 생각도 가져봄직하다. 이 이론에 따른다면 도시는 새로운 이주민들이 떠나온 농촌 사회와 앞으로 생활해 나갈 도시 사회와의 중간적인 조건하에서 한내나마 살아보도록 하는 수용 시설을 만들어야 할 것이다. 만일 도시로 몰려온 사람들을 업신여기거나 생활 방식을 스스로 찾도록 내버려 두지 않고 환경에 적응부터 시킨다면, 그들도 보다 성공적으로 적응할 수 있으리라는 것이다.

 이와 비슷한 생각은 기술과학적 후진국의 대도시에 있어서의 무허가 주택에 관심을 쏟는 전문가들 사이에서도 논의되고 있다. 수단의 하르툼(Khartoum) 교외에는 전에 유목민이었던 수천 명의 사람들이 동심원(同心圓)의 거주지를 형성하고 있다. 도시와 가장 멀리 떨어진 사람들은 그들이 이주해 오기 전에 살던 것과 똑같은 천막에서 살고 있고, 도시와 약간 가까운 집단은 천막 지붕과 흙벽으로 된 움막에 살고 있으며, 도시와 더욱 가까운 집단은 흙벽과 함석 지붕으로 된 집에 살고 있다.

경찰이 이 천막촌을 헐려고 했을 때, 도시계획 전문가인 독시아디스(Constantinos Doxiadis)는 천막촌을 부수어서는 안 될 뿐 아니라 오히려 그 주민들에게 도시적인 서비스가 마련돼야 한다고 권고했다. 그는 이러한 동심형의 거주지를 전적으로 부정적인 측면에서만 보지 않고, 개인과 가족이 점진적으로 도시화되는 과정에서 거치는 훌륭한 교육 기관으로 간주될 수 있다고 보았다.

그러나 이러한 원리의 적용은 가난한 사람이나 정신병자, 아니면 죄수에게만 한정시킬 일이 아니다. 급작스러운 변동보다 통제와 점진적인 단계를 통해 변화를 수용하게 만들려는 기본 이념은 급속한 사회적 혹은 기술과학적 변화에 대처하려는 어떤 사회에나 필요한 일이다. 예를 들어 퇴역 군인은 보다 점진적으로 군무(軍務)에서 퇴역할 수가 있고, 농촌 출신의 대학생은 대도시 대학에 들어가기 전에 중소 도시의 작은 대학에서 몇 주 동안 머무를 수도 있다. 그런가 하면 장기(長期) 입원 환자는 퇴원하기 전에 한두 번의 시험 과정을 거치면 집으로 돌아가는 데 도움이 될 것이다.

우리는 이미 이러한 실험을 하고 있지만, 지금까지와는 다른 분야에서도 시도해 봄직하다. 예를 들어 퇴직은 지금 대부분의 사람들에게 전부(全部) 아니면 전무(全無)의 급작스러운 자기 파멸적 변화를 뜻하는데, 이것도 그토록 과격한 충격을 안겨주지 않도록 해야 한다. 말하자면 퇴직도 점진적인 과정을 밟도록 하지 못할 이유가 없다는 것이다. 젊은 사람을 갑자기 그리고 폭력에 가까운 형식으로 가족과 격리시키고 있는 군(軍) 입대도 단계적으로 할 수가 있다. 법적인 별거도 이혼으로 나아가는 중간의 집 역할을 할 수 있으므로 법률적인 복잡성도 줄일 수 있고 심리적 부담도 덜 수 있다. 시험 결혼은 비난받는 것이 아니라 장려될 수도 있다. 요컨대

신분상의 변화가 일어날 경우에는 어디서나 그 변화를 점진적인 것으로 만들 가능성을 고려하지 않으면 안 된다.

과거 생활 지역

변화의 속도를 인위적으로 억제할 수 있는 전문 기구가 없다면, 어떤 사회도 다음 몇 세대 동안에 불어 닥칠 혼란을 슬기롭게 헤쳐 나갈 수 없을 것이다. 이것을 달리 표현한다면 우리는 과거의 생활 영역, 즉 변동과 새로움과 선택이 세심하게 조정된 공동체를 필요로 하고 있다는 말이다.

이러한 생활 영역은 펜실베이니아 주 애미시(Amish) 촌락처럼 역사가 부분적으로 동결되어 버린 공동체일 수도 있고, 버지니아 주 윌리엄스버그나 코네티컷 주 미스틱처럼 과거를 인공적으로 모조한 곳일 수도 있다. 그러나 끝없는 방문객들의 내방이 빠른 속도로 이어지는 윌리엄스버그나 미스틱과는 달리, 앞으로 이루어질 과거의 생활 영역은 미래의 충격에 직면한 사람들이 좋다고만 하면 수주일이나 수개월, 심지어 수년 동안이라도 과잉 자극의 압력으로부터 벗어날 수 있는 곳이어야만 한다.

이렇게 움직임이 느린 공동체에서는, 보다 한가롭고 자극이 적은 생활을 필요로 하거나 원하는 개인이 그러한 생활을 추구힐 수 있도록 하지 않으면 안 된다. 이러한 공동체는 필요에 따라 외부 사회와 단절되어 의식적으로 자기들만의 세계를 이룰 수 있어야 한다. 교통량을 줄이기 위해서는 자동차의 진입도 제한해야 하고, 구독하는 신문도 일간이 아닌 주간이어야 한다. 모두가 동의한다면 라디오나 텔레비전 방송도 온종일이 아니라 하루에 몇 시간만 내보내지 않으면 안 된다. 그러나 의료 활동과 같은 특수한 구급 활동만은 진보된 기술에 따라 최대한의 효율성을 유지하도록 해야 한다.

이러한 공동체는 비웃음의 대상이 되어서는 안 되며, 오히려 정신적·사회적 보험의 한 형태로서 큰 사회로부터 보조를 받지 않으면 안 된다. 대단히 급속한 변화가 이루어지고 있는 시대에는 사회가 어떤 돌이킬 수 없는 파멸적 과오를 저지를 수도 있다. 예를 들어 탈리도마이드(thalidomide)와 같이 나쁜 효과를 나타내는 것으로 우연히 판명된 식품 첨가제가 널리 퍼져 있다고 생각해 보자. 모든 사람이 불임(不姙) 증상을 나타내거나 심지어 사망하는 사건을 빚어 낼 수도 있다.

살아 있는 박물관처럼 과거의 생활 영역을 늘려 나가면, 큰 재해를 당했을 경우 일부나마 구제할 수 있는 가능성이 커진다. 이러한 공동체는 실험적 교육 기관으로서도 봉사할 수 있다. 따라서 외부 세계에서 온 아이들은 봉건 사회를 본뜬 마을에서 몇 달을 보내면서 몇 세기 전의 아이들이 했던 것처럼 생활하고 실제로 활동할 수 있다. 청소년들은 전형적인 초기 산업화 사회에서 한동안 생활하면서 제작소나 공장에서 실제로 일하도록 요청받을 수도 있다. 이러한 생활 교육은 책에서도 도저히 얻을 수 없는 역사적 안목을 청소년들에게 제공할 것이다.

이러한 공동체에서는 보다 느린 생활을 원하는 사람들이 세익스피어나 프랭클린, 또는 나폴레옹이 거쳐 온 생애를 그대로 재현할 수도 있다. 무대 위에서 그들이 수행한 역할을 행할 수 있을 뿐 아니라 그들이 했던 대로 생활하고 먹고 잠잘 수도 있다는 것이다. '역사적 모방'의 생활은 천부적 재능을 가진 많은 배우들을 매혹시킬 것이다.

요컨대 모든 사회는 그 성원이 최근의 유행으로부터 벗어난 생활을 누릴 수 있도록 하는 하부 사회를 필요로 한다는 것이다. 최신 상품을 사용하지 않고 자동화되고 복잡한 문명의 이기를 향유하지 않는 이러한 사람들에게는 무엇인가 보상을 해주고 싶은 생각마저 든다.

미래 생활 지역

일부 사람이 과거의 느린 속도에서 생활할 수 있는 것과 똑같이, 다가올 미래의 양상도 체험할 수 있도록 만들어야 한다. 따라서 우리는 미래 생활 지역도 만들어 내지 않으면 안 될 것이다.

한정된 의미에서이기는 하지만 우리는 이미 이러한 일을 수행하고 있다. 우주 비행사와 조종사, 기타 전문가들은 앞으로 그들이 어떤 임무에 실제로 투입돼 놓여질 환경을 본떠 잘 만들어진 곳에서 활동하는 훈련을 받는 수가 종종 있다. 우리는 조종실이나 캡슐의 내부를 본떠, 그들이 단계별로 미래의 환경에 적응하도록 만들 수 있다. 경찰관과 스파이, 특공대, 그 밖의 군사 전문가들은 그들이 다루어야 할 사람의 움직임, 그들이 침투해야 할 공장, 그리고 담당해야 할 지형 등을 면밀히 관찰하는 사전 훈련을 받고 있다. 바로 이러한 방법으로 그들은 장차 벌어질 여러 상황에 대비해 나가고 있다.

이와 같은 원리가 확대 적용되지 못할 이유는 없다. 한 노동자가 새로운 지역으로 전출하기 전에, 그와 가족들은 앞으로 그들이 접하게 될 이웃이나 아이들이 다닐 학교, 앞으로 물건을 살 상점, 앞으로 대면할 교사와 상점 주인, 그리고 이웃 사람들에 관한 자세한 영화를 관람할 필요가 있다. 우리는 이런 방식으로 그들을 사전 적응시킴으로써, 미지의 세계에 대한 불안을 줄일 수 있고, 나아가서 그들이 직면하게 될 많은 문제에 대비할 수 있도록 하는 것이다.

모의(模擬) 경험의 기술이 발전함에 따라 앞으로는 더욱 발전해 나갈 수 있을 것이다. 사전 적응된 개인은 그가 처하게 될 환경을 단순히 보고 들을 수 있을 뿐 아니라 접촉하고 음미하고 그 냄새까지 맡을 수 있다. 그런가 하면 사전 적응된 개인은 자기가 처할 미래의 사람들과 대리(代理) 접촉도 할 수 있고 대응 능력을 길러 내도록 주의 깊게 고안된 경험을 할 수도 있다.

미래의 '심리회사(心理會社)'들은 이러한 사전 적응의 설비를 고안하고 운영하는 넓은 시장을 발견하게 될 것이다. 모든 가족은 결국 미래의 박물관이 되어 그들에게 다가올 개별적인 미래에 대응할 수 있게 만들어 줄, '일하고 배우고 노는' 생활 영역으로 들어갈 수 있을 것이다.

세계적인 우주 행사

가드너는 《자기 갱신》이란 책 속에서 다음과 같이 쓰고 있다. "역사는 변화의 이념 그것 때문에 최면에 걸려 있긴 하지만, 연속성이 인류 역사에서 비난까지는 아니더라도 무시할 수 있는 요소라고 하는 견해에는 저항하지 않을 수 없다. 실상 연속성이란 개인 생활이나 조직 생활, 사회 생활 등에서 극히 중요한 요소다."

적응 범위 이론에 비추어보면 우리 경험의 연속성에 관한 주장은 반드시 '반동적(反動的)'인 것만은 아니라는 사실이 분명해지고 있다. 이것은 마치 돌연한 변화나 단속적인 변화의 요구가 반드시 '진보적'인 것만은 아니라는 사실과 유사하다. 정체된 사회에서는 새로운 것과 자극을 구하는 깊은 심리적 욕구가 있으며, 가속화의 사회에서는 일정한 연속성을 유지하려는 욕구가 있을 수 있다.

과거에는 의식(儀式)이 변화에 대한 중요한 완충기 구실을 했다. 인류학자들이 제시하는 바에 따르면 출생・사망・성년(成年)・결혼 의식 등 일정하게 되풀이되는 제례(祭禮) 형태는 원시 사회의 개인들이 어떤 중대한 적응 사태가 발생한 후 균형을 되찾을 수 있도록 하는 데 도움을 주었다.

킴블(S. T. Kimball)이 기술한 바에 따르면, "세속화된 도시 세계가 의식화(儀式化)된 표현의 욕구를 감소시키고 있다는 증거는 없다"고 한다. 그리고 쿤(Catleton Coon)이 주장한 바에 따르면, "모든 사회는 그 규모나 복합성의 정도를 불문하고 균형의 유지를 보장하기 위한 통제력을 필요로 한다. 그러나 통제력은 여러 가지 형태로 이루어지는데, 그 중의 하나가 바로 의식이다"라는 것이다. 이러한 의식은 오늘날 국가 원수가 대중 앞에 모습을 나타낼 때도 존속하고 종교나 사업에서도 잔존하고 있다고 한다.

그러나 이러한 것들은 의식(儀式)이라는 빙산의 일각에 지나지 않는다. 예컨대 서구 사회에서 크리스마스 카드를 보내는 일은 하나의 연례 의식으로, 그 자체가 연속성을 나타낼 뿐 아니라 너무나도 일시적인 친구 관계나 지인(知人) 관계를 지속시키는 데 도움을 주고 있는 것이다. 생일이나 공휴일, 기념일의 축하 행사도 그러한 사례라고 할 수 있다. 미국에서만도 해마다 22억 4800만 장의 크리스마스 카드가 팔릴 정도로 급속히 성장하는 카드 산업은 무엇인가 의식적(儀式的)인 것을 계속하려는 사회 욕구의 경제적 표현이다.

다른 기능은 몰라도 반복적 행동은 새로운 것의 윤곽이 나타날 수 있도록 배경막이 되어주는 기능만은 확실히 하고 있기 때문에, 비반복적(非反復的) 사건에 뜻을 부여하는 데 도움을 주고 있다. 사회학자 보사드(James Bossard)와 볼(Eleanor Boll)은 출판된 100권의 자서전을 검토한 뒤, 그 가운데 73권에서 "분명히 가족 의식으로 분류될 수 있는" 절차에 대해 기술하고 있었다고 밝혔다. 이러한 의식들은 "단순하고 우연한 가족끼리의 상호 작용을 통해 나타난 것들로, 그것이 성공적이고 식구들에게 만족을 주었으며 일정한 형태를 갖출 정도로 되풀이되었기 때문에 확고히 자리잡기 시작했다"는 것이다.

변화의 속도가 가속화됨에 따라 이러한 의식의 상당수는 허물어지거나 변질되고 말았다. 그러나 우리는 그러한 의식을 유지하기 위해 분투하고 있다. 비신자인 가족 모두가 저녁 식탁에 둘러앉아, 바흐(Johann Sebastian Bach)나 킹(Martin Luther King)과 같은 인류의 은인들에게 경의를 표하여 때때로 세속적인 의미의 감사 기도를 올리기도 한다. 여러 부부는 '그들의 노래'를 부르고 주기적으로 '그들이 처음 만난 장소'를 찾아가기도 한다. 예측컨대 미래에는 가족 생활과 밀착된 의식의 종류가 더 많아질 것이다.

우리는 변화를 가속시켜 그것을 불규칙하게 만들어 감에 따라, 마치 우리가 어떤 숲이나 역사적 기념비, 금렵구(禁獵區)에 보호책을 강구하듯이, 보존을 위한 일정한 규칙을 만들어 낼 필요가 있다. 심지어 우리는 의식 자체도 만들어 낼 필요가 있을는지 모른다.

우리는 이미 지난날처럼 자연의 섭리에 따라 움직여야 할 처지에 있는 것도 아니고, 밤의 어둠이나 새벽의 추위를 탓하고만 있을 처지에 있는 것도 아니며, 변하지 않는 물리적 환경 속에 움츠리고 앉아 있어야만 할 처지에 있는 것도 아니다. 우리는 자연적인 규칙과는 구별되는 사회적 규칙에 따라 시간과 공간 속에서 자신의 위치를 설정할 수 있는 처지에 있다.

미국의 도시인들에게 봄이란 주위가 갑자기 초록색으로 변하면서 오는 것이 아니라——실상 맨해턴에는 녹지가 별로 없다——야구 경기가 시작됨으로써 오는 것이다. 대통령이나 고관의 시구(始球)로 야구가 시작되면 날마다 수많은 사람들이 야구장을 찾아 대중의식이 펼쳐진다. 이것과 마찬가지로 여름의 종말은 자연의 상징물이 아니라 월드 시리즈에 의해 알게 된다.

스포츠를 무시하는 사람들일지라도 이렇듯 성대하고 즐겁게 기대할 수 있는 사건을 모를 리가 없다. 라디오와 텔레비전은 야구 시합을 모든 가정으로 끌어들이고 신문은 스포츠 뉴스로 채워진다. 야구의 이미지는 의식 속으로 들어오는 일종의 음악 반주처럼 하나의 배경막을 형성한다. 증권 시장이나 국제 정치나 가정 생활이 어찌 되든 아메리칸 리그나 내셔널 리그는 예정된 대로 진행되어 간다. 개개 경기의 결과가 다르고 각 팀의 성적이 오르내린다. 하지만 드라마 자체는 확고하고 지속적인 일련의 규칙에 따라 펼쳐지고 있다.

의회는 매년 1월에 개회되고, 새로운 모델의 자동차가 등장하는 것은 가을이며, 패션 쇼는 계절에 따라 이루어진다. 4월 15일은 소득세 납입 기한이며, 크리스마스나 망년 파티, 공휴일 등도 우리의 삶에 예측할 수 있는 마디를 지어 나간다. 그러면서 이 모든 것은 정신 건강에 필요한(충분치는 않지만) 일시적인 규칙성의 바탕을 제공하는 것이다.

그러나 변화의 압력은 이러한 것들도 달력으로부터 끄집어내어 애매하고 불규칙하게 만들고 있다. 때로는 그렇게 하는 것이 경제적으로 이익이 되는 수도 있다. 그러나 오늘날까지 일상 생활에 어떤 형태와 지속성을 안겨주고 있는 안정되고 일시적인 준거점(準據點)이 상실됨으로써, 눈에 띄지 않는 손실을 가져올 수도 있다. 우리는 이를 통째로 제거하기보다는 그 가운데 일부를 유지하면서 일정한 규칙이 없는 곳에 그것을 도입해도 좋을 것이다(권투의 챔피언 시합 개최 시기는 불규칙적이고 예측할 수 없다. 이렇게 고도로 의례적인 행사는 올림픽 경기처럼 일정한 간격을 두고 개최되어야 한다).

여가가 많아짐에 따라 우리는 새로운 공휴일, 행사, 경기 등과 같은 안정점이나 의식들을 추가로 사회에 도입할 계기를 많이 가질 수 있다. 이러한 일들은 일상 생활에서 연속성의 배경막을 마련해 줄 수 있을 뿐 아니라, 사회를 통합하는 데도 이바지하고, 초산업화 시대의 분열적 작용으로부터 어느 정도 그 사회를 보호하기도 한다. 예를 들어 우리는 갈릴레이나 모차르트, 아인슈타인, 세잔을 추모하는 공휴일을 만들 수도 있고, 인간의 우주 정복을 기념해 세계적인 행사를 열 수도 있다.

이제 우주선 발사와 캡슐 회수의 성공은 한낱 드라마와 같이 의례적인 형태를 취해 가고 있다. 카운트 다운이 시작되면 수많은 사람들이 꼼짝도 않고 서서 임무 수행을 지켜 본다. 아주 짧은 순간이긴 하지만 인간의 일체성 실현과 우주 속에서의 인간의 잠재력 발휘를 함께 지켜 보고 있는 것이다.

이런 일들을 규칙적으로 실시하고 그것을 기존 행사에 더하도록 함으로써 새로운 사회의 의례 구조를 형성하고 사회의 건전성을 유지하는 일시적 준거점으로 활용할 수 있다. 우주 비행사 암스트롱이 "한 인간으로서는 작은 일보(一步)일는지 모르지만 인류로서는 일대 도약이었다"고 말한 날인 7월 20일은 분명 인류의 일체성을 경축하는 세계적인 연례 행사일로 만들어야 한다.

이렇게 이미 존재하는 의식들과 아울러 새로운 소재를 찾아내고, 어디든 가능한 곳에서는 변화를 변덕스러운 사건의 연속이 아니라 되도록 예측 가능한 형태로 만드는 방법을 통해 우리는 사회적 대변혁의 와중에서도 연속적 요소를 찾아낼 수 있도록 하는 일도 가능한 것이다.

마누스 섬 사람들의 문화적 변화는 우리가 직면한 문화적 변화와 쉽게 비교된다. 우리는 개인적 전술을 사회적 전략으로 끌어올릴 수 있을 때만──변화에 지쳐 있는 개인에게 새로운 도움의 손길을 뻗쳐, 내일 등장할 문명에 연속성과 변화의 완충기를 마련할 때만──문화를 존속시킬 수 있을 것이다.

이 모두는 급속한 변화를 통해 빚어지는 인간적 손실을 극소화시키는 데 목적을 두고 있다. 그러나 문제를 해결하는 또 다른 방법이 없는 것도 아니다. 그것은 초산업화 혁명 과정에서의 교육의 핵심 과제라고 할 인간의 적응 능력을 늘리는 일이다.

제18장 미래 시제(時制)의 교육

인간과 기계를 행성에 보내는 경쟁 과정에서 연착(軟着)을 가능케 하는 데 수많은 자원이 소모되었다. 착륙선(着陸船)의 모든 부속(附屬) 체계는 도달할 때의 충격에 견딜 수 있도록 면밀히 설계되어 있다. 많은 공학자와 지질학자, 물리학자, 야금학자(冶金學者) 및 그 밖의 여러 분야 전문가들이 착륙시의 충격 문제를 해결하기 위해 여러 해 동안 골몰했다. 착륙 후에 어떤 부속 체계가 하나라도 작동을 못 하면 수십억 달러에 달하는 기계와 수만 시간에 달하는 인간의 노력은 고사하고라도 인간의 생명까지 잃게 되는 것이다.

　오늘날 선진 기술 국가에 살고 있는 인구는 10억에 달하는데, 이들은 모두 초산업화 시대를 향해 줄달음치고 있다. 이러한 상황에서 우리는 대규모 미래의 충격을 경험해야만 하는가? 아니면 연착할 수 있는 방도를 강구할 수 있을 것인가? 우리는 초산업화 시대로의 접근을 가속화시키고 있다. 새로운 사회의 대체적인 윤곽이 미래의 안개 속으로부터 떠오르고 있다. 하지만 우리가 속력을 내어 가까이 감에 따라, 우리의 가장 중요한 하부 체계 가운데 하나인 교육이 위험스럽게도 제 기능을 다하지 못하고 있다는 증거가 나타나고 있다.

　오늘날 교육이라고 실시되고 있는 것은, 그것이 가장 좋은 학교와 대학에서 이루어지는 것일지라도 절망적으로 시대에 뒤떨어진 것이다. 부모들은 교육이 자녀들로 하여금 미래 생활에 적응할 수 있게 만드는 것이라고 생각하고 있다. 또 교사들은 교육의 결핍이 어린이가 내일의 세계에서 바르게 자랄 수 있는 계기를 제대로 마련해 주지 못할 것이라고 경고하고 있다. 정부 부처나 교회, 매스미디어 등 모두는 지금의 젊은이의 미래가 이전과는 달리 거의 전적으로 교육에 달려 있다고 주장하면서, 어린이들로 하여금 학교에 머물러 있도록 권유하고 있다.

　하지만 미래에 관한 이러한 온갖 미사 여구에도 불구하고, 우리의 학교는 앞으로 나타날 새로운 사회로 향하기보다는 죽은 제도로 뒷걸음질하고 있다. 학교의 방대한 에너지는 그들이 살아 있는 동안에 쓸모 없게 될 제도 속에서 생존하도록 훈련된 '산업 사회인'을 창출해 내는 데 활용되고 있다.

　미래의 충격을 피할 수 있으려면 우리는 초산업화 시대에 알맞은 교육 제도를 만들어 내지 않으면 안 된다. 그리고 새로운 교육 제도를 만들어 내려면 우리는 과거보다 미래에서의 우리의 목적과 방법을 탐구하지 않으면 안 된다.

산업화 시대의 학교

어떤 사회라도 과거·현재·미래에 대한 나름의 특징적인 태도를 지니고 있다. 변화의 정도에 따라 이루어지는 이러한 시대적 편견은 사회적 행동의 가장 큰 결정 요인임에도 불구하고 가장 소홀히 다루어지고 있는데, 이것은 그 사회가 젊은이를 어른으로 키워 나가는 방법에서 두드러지게 반영되고 있다.

정체된 사회에서는 과거가 현재 속에 자리잡고 있으며 미래 속에서도 과거가 되풀이되고 있다. 이러한 사회에서 아이를 키워 나가는 가장 현명한 방법은 그에게 과거의 기술을 가르치는 것이다. 과거의 기술은 그 아이가 미래에 필요로 할 기술과 똑같은 것이기 때문이다. "옛사람이 지혜롭다"고 성경도 가르치고 있다.

따라서 아버지는 아들에게 명백히 규정된 전통적 가치 체계에 입각한 온갖 종류의 실용적 기술을 전수했다. 지식은 학교에 몸담고 있는 전문가들을 통해서가 아니라, 가족과 종교 기관, 도제(徒弟) 제도를 통해 전달되었다. 배우는 사람과 가르치는 사람이 사회 전체에 퍼져 있었다. 그러나 그 제도의 핵심은 지난날에 대한 집착에 있었다. 과거의 교과목은 바로 과거였다.

기계 문명 시대는 이 모두를 온통 허물어 버리고 말았다. 산업화 시대에는 새로운 종류의 인간이 필요했기 때문이다. 산업화 시대는 가족이나 교회가 스스로는 결코 제공할 수 없는 기술을 필요로 했다. 산업화 시대는 가치 체계의 변화도 일으켰다. 하지만 산업화 시대는 무엇보다도 인간으로 하여금 새로운 시간 관념을 발전시키도록 했다.

대중 교육은 산업화 시대가 필요로 했던 유형의 성인을 길러 내기 위해, 바로 그 산업화 시대가 만들어 낸 독특한 제도였다. 그러나 문제는 그리 간단하지 않았다. 새로운 세계, 즉 반복적인 실내 노역(勞役), 연기, 소음, 기계, 복잡한 생활 조건, 집단적 규범 등의 세계, 그리고 일출과 일몰의 주기로서가 아니라 공장의 사이렌과 시계로서 시간이 규정되는 세계에 어린이들을 어떻게 사전 적응시키느냐가 문제였다.

그 해결책은 교육 제도 자체의 구조가 이렇게 새로운 세계를 본뜨도록 만드는 일이었다. 이러한 새로운 교육 제도는 일시에 이루어지는 것은 아니었다. 오늘날의 교육 제도조차 산업화 이전 사회에서 유래된 퇴보적 요소들을 지니고 있다. 그러나 수많은 학생들(원료)을 중앙에 위치한 학교(공장)에 모아 교사(노동자)들로 하여금 다루어 나가도록 한 전반적인 생각은 산업화 사회가 남긴 위업(偉業)이었다. 교육 행정의 전반적인 위계(位階) 제도는 교육의 발전에 따라 산업체의 관료 조직을 모방해 갔다. 지식을 항구적인 전문 분야로 편성하는 것 자체가 산업화적 사고에 근거한 것이었다. 아이들은 교실을 옮겨 다니며 정해진 자리에 앉고, 종이 울려 시간이 바뀌었음을 알리는 것이다.

따라서 학교의 내부 생활은 산업화 사회를 미리 알려주는 거울이 되어 사회로 들어가는 완벽한 안내역이 되었다. 편제화(編制化), 개성의 결핍, 착석(着席)·배치(配置)·평가 등의 융통성 부족, 교사의 권위주의적인 역할 등 오늘날 가장 비판받고 있는 교육의 모습은 바로 대중적 공교육(公敎育)을 그 장소와 시대에 적응하는 데 매우 효과적인 기구로 만든 장본인이었다.

이러한 교육 기관을 거쳐간 젊은이들은 일의 성격과 역할 또는 제도가 학교의 그것과 비슷한 성인 사회로 들어갔다. 어린이들은 학교에서 나중에 활용할 수 있는 사실들만을 배운 것이 아니었다. 어린이는 그러한 사실을 배우면서 그가 미래에 영위할 생활 양식을 본뜬 하나의 생활 양식을 경험하고 있었던 것이다.

학교는 산업화 시대가 필요로 하는 새로운 시대적 편견을 교묘히 주입시켰다. 이전에 존재한 적이 없던 조건에 직면한 사람들은 현재를 이해하는 데 더 많은 정열을 쏟아야 했다. 따라서 교육 자체의 초점은 서서히 과거로부터 벗어나 현재로 움직이기 시작했다.

'진보적' 방법을 미국 교육에 도입해 보려고 노력한 듀이(John Dewey)와 그 추종자들의 역사적인 투쟁은 어떤 면에서 보면 낡은 시대적 편견을 변화시키려는 필사적 노력이었다. 말하자면 듀이는 교육의 초점을 현실에 맞추려고 노력함으로써 전통적인 교육의 과거 지향성을 타파하려고 노력했다. 듀이는, "과거를 그 자체의 목적으로 삼는 학교 제도로부터 벗어나는 길은 과거를 현재 이해의 한 수단으로 인식하는 데 있다"고 주장했다.

그러나 수십 년이 지나고 난 다음에도 마리탱(Jacques Maritain)과 같은 전통주의자들과 허친스(Robert M. Hutchins)와 같은 신(新)아리스토텔레스 학파는 교육의 균형을 현재로 옮기려는 사람들을 신랄하게 공격했다. 시카고 대학 총장을 역임하고 현재 민주 제도 연구소 소장으로 있는 허친스는 학생들에게 현대 사회를 가르치려는 교육자들을 '현실 숭배자'라고 비난했다. 진보주의자들은 '현실주의'라는 비열한 범죄를 저지르고 있다는 비난을 받았다.

시대적 편견에 대한 논쟁의 여파는 지금까지도 계속되고 있는데, 예컨대 바준(Jacques Barzun) 같은 사람은 "규정하기 어려운 현재를 가르친다는 것은 부질없는 짓이다"고 주장하고 있다. 이렇게 우리의 교육 제도는 초산업화 혁명이라는 새로운 혁명의 필요성이 나타나고 있는 산업 시대에 아직도 제대로 적응하지 못하고 있다. 그리고 지난날의 진보주의자들이 '현실주의자'라고 비난받았던 것과 똑같이 내일의 교육 개혁자들은 '미래주의자'라는 비난을 받을 것이다. 진실한 초산업화 교육은 우리의 시대적 편견을 다시 한 번 앞으로 이행시킬 때만 가능하다는 사실을 발견할 것이기 때문이다.

새로운 교육 혁명

빠르고 유동적이며 자기 조정적(自己調整的)인 내일의 기술 체계에서 기계는 물리적 자료의 흐름을 처리해 나갈 것이고, 사람은 정보와 통찰력의 흐름을 다루어 나갈 것이다. 또 기계는 점차 일상적인 일들을 수행할 것이고 인간은 지적이고 창조적인 일들을 수행해 나갈 것이다. 기계와 인간은 모두 큰 공장과 공장이 있는 도시로 집중하기보다는 매우 민감하고 거의 순간적인 통신망으로 연결됨으로써 지구상의 여러 곳으로 흩어져 나갈 것이다. 인간의 작업은 공장이나 북적거리는 사무실로부터 지역 사회와 가정으로 옮겨갈 것이다.

기계는 이미 일부에서 성공한 것처럼 10억분의 1초까지 맞출 수 있는데, 인간은 그러한 정밀성(精密性)을 갖추지 못할 것이다. 공장의 사이렌은 사라질 것이고, 한 세대 전에 멈퍼드가 "현재 산업화 시대의 핵심적인 기계"라고 일컬었던 시계까지도 순수한 기술적 문제는 제쳐 두고라도 인간 문제에 미치는 그 영향력의 일부를 상실할 것이다. 아울러 기술과학을 규제하기 위해 필요했던 조직체들도 관료제로부터 애드호크러시로, 영구성으로부터 일시성으로, 그리고 현실에 대한 관심으로부터 미래에 대한 관심으로 이행해 갈 것이다.

산업화 시대에서는 가장 가치가 있던 속성(屬性)들이 이러한 세계에서는 장애물로 된다. 내일의 기술과학은 끝없이 반복되는 일에 종사할 교육 정도가 낮은 수백만 명의 노동자를 필요로 하지 않는다. 내일의 기술과학은 소심하게 명령에 따르는 사람들이나, 먹고 살려면 웃사람에게 맹목적으로 복종할 수밖에 없다고 생각하는 사람들을 필요로 하는 것이 아니다. 미래에는 비판적인 판단을 내릴 수 있고, 새로운 환경을 잘 헤쳐 나갈 수 있으며, 급변하는 현실에서 새로운 관계를 재빨리 찾아낼 수 있는 사람들이 필요한 것이다. 내일의 기술과학이 필요로 하는 사람들은 스노의 훌륭한 표현대로

"골수에까지 미래를 간직하고" 있는 사람들이다.

끝으로 우리가 가속적 추진력을 통제할 수 없는 한——현재로서는 통제할 수 있을 것 같은 징조는 없는데——내일의 개인은 지금보다 더욱 격심한 변화에 대처하지 않으면 안 된다. 이렇게 볼 때 교육의 과제는 분명해진다. 교육의 주된 목표는 계속적인 변화에 재빠르고 경제적으로 적응할 수 있도록 개인의 '대응 능력'을 증대시키는 데 두지 않으면 안 된다. 변화의 속도가 빠르면 빠를수록 미래에 일어날 사건들의 유형을 식별하는 데 많은 관심을 기울여야 한다.

과거를 이해하는 것만으로서는 충분하지 않으며 현재를 이해하는 것만으로도 충분치 않다. 현재의 환경은 곧 사라질 것이기 때문이다. 사람은 변화의 방향과 속도를 예측할 수 있도록 익히지 않으면 안 된다. 기술적으로 표현하자면 미래에 대한 그럴싸하고 보다 폭 넓은 가정을 되풀이해서 설정하는 것을 배워야만 한다는 것이다. 가르치는 사람도 또한 이러한 자세를 지녀야 한다.

따라서 초산업화 시대의 교육을 하려면, 우리는 우선 미래에 관한 연속적이고 다양한 이미지들을 설정할 필요가 있다. 그것은 앞으로 20년 또는 50년 안에 필요로 하게 될 직업과 전문직, 생업 등의 종류에 관한 가설과 앞으로 유행할 가족 형태와 인간 관계의 종류에 관한 가설, 앞으로 등장할 윤리적·도덕적 문제의 종류, 앞으로 우리를 둘러쌀 기술과학의 종류, 그리고 앞으로 우리가 참여할 조직 구조 등이다.

이러한 가설을 설정해 그것을 규정하고 논의하며 체계화시키고 계속 갱신해 나가는 것으로써만, 미래의 인간이 가속적 추진력 속에서 살아 남는 데 필요한 인식 기술과 감각 기술의 성격을 추리해 낼 수가 있다.

미국에는 현재 이러한 목적에 따라 해당 분야의 조사를 맡은 교육 정책 연구 기관이 두 개 있는데, 연방정부가 설립한 것으로 하나는 시러큐스 대학에 있고 다른 하나는 스탠퍼드 연구소에 있다. 경제 협력 개발 기구(OECD)도 최근 이와 비슷한 임무를 수행할 부서를 파리에 설립했다. 학생 운동에 참여하고 있는 몇몇 사람들도 미래에 관심을 돌리기 시작했다. 그러나 이러한 노력은 교육의 시대적 편견을 변화시키는 일의 어려움에 비하면 너무나 미약하다. 지금 필요한 것은 바로 미래를 겨냥한 대중 운동이다.

우리는 모든 학교와 공동체에 '미래 협의회(Council of the Future)'라는 것을 만들지 않으면 안 된다. 이것은 현재의 입장에서 미래를 면밀하게 조사하는 사람들의 모임이다. '가상적 미래'를 설정하고 그것에 알맞은 교육적 대책을 세우며 이러한 대안(代案)들을 활발한 공개 토론에 부침으로써, 이러한 협의회들은──어떤 면에서는 베를린 공과대학의 융크(Robert Jungk)가 말한 '예후 세포(豫後細胞)'와 비슷한데──교육에 대해 강력한 영향력을 행사할 수 있게 된다.

어느 집단도 내일에 대한 통찰력을 독점할 수 없기 때문에 이러한 협의회는 민주적이어야 한다. 이들 협의회에는 전문가들이 꼭 필요하다. 하지만 미래 협의회를 직업적인 교육자나 계획 입안가나 대표성이 없는 엘리트들이 장악한다면, 협의회는 성공을 거둘 수 없을 것이다. 따라서 애초부터 학생들도 참여해야 하지만 새로 참여한 사람들이 단순히 어른들의 견해에 무조건 동조하는 식이어서는 안 된다. 젊은이들은 이 협의회를 사실상 주도하게까지는 되지 않더라도, 미래를 만들고 거기서 살아갈 사람들에 의해서 '가상적 미래'가 설정되고 활발하게 논의되도록 이 협의회를 이끌어 가는 데 조력하지 않으면 안 된다.

미래 협의회의 활동은 우리의 학교와 대학이 당면한 어려움을 헤쳐 나갈 방도를 제공해 줄 것이다. 교육 제도가 학생들을 시대 착오적 생활로 이끌어 가려는 생각에 젖어 있기 때문에, 오늘날의 학생들이 저항하는 것은 당연하다. 그러나 과격파 학생들이 19세기의 마르크스주의와 20세기 초의 프로이트 학설을 혼합해 사회에 관한 강령(綱領)을 만들려 함으로써, 그들 역시 전세대(前世代) 사람들과 마찬가지로 과거와 현재에 전적으로 얽매여 있음을 드러내고 있다. 교육 문제에 관한 미래 지향적이고 미래 창조적인 기동 부대를 만든다면, 젊은이들의 혁명에 일대 혁명을 일으킬 수 있을 것이다.

현행 교육 제도의 파탄을 인식하면서도 대안을 제시하지 못하고 있는 교육자들에게 이 협의회 운동은 젊은이들과의 적대 아닌 협력을 통한 새로운 힘과 목적을 마련해 줄 것으로 생각된다. 그리고 이 운동은 지역 사회와 학부모들의 참여, 즉 실업가나 노동 조합원, 과학자, 기타 여러 계층 사람들의 참여를 유도함으로써, 교육의 초산업화 혁명을 위한 광범위한 정치적 지지를 획득할 수 있다.

현행 교육 제도가 변하지 않는다고 생각하는 것은 큰 잘못이다. 오히려 현행 교육 제도는 급속한 변화 속에 있다. 그러나 대부분의 변화는 기존의 기구를 개편하려는 시도에 지나지 않으며, 그렇게 함으로써 낡아빠진 목표를 더욱 효과적으로 이룰 수 있게 하는 것이다. 그 밖의 교육 개혁론은 브라운 학파의 주장처럼 자기 모순적이고 조리도 서지 않으며 방향 감각도 없다. 지금까지 미흡했던 점은 일관된 방향과 논리적 시발점이었다.

그런데 협의회 운동은 이 두 가지를 함께 제공해 줄 것으로 생각된다. 방향은 초산업화 사회고 시발점은 미래다.

조직상의 문제

이러한 운동은 세 가지 목적을 추구해 나가야 한다. 첫째는 우리 교육 제도의 조직 구조를 변경시켜야 하고, 둘째는 교과목을 대폭 바꾸어야 하며, 셋째는 미래 지향성을 더욱 증진시켜야 한다. 그러기 위해서는 현상(現狀)에 대해 근본적인 의문을 제기하는 데서 시작하지 않으면 안 된다.

예를 들어 현행 학교 제도의 기본 조직이 공장 조직과 비슷하다는 점은 이미 지적한 대로다. 몇 세대 동안 우리는 교육이 적절히 이루어질 수 있는 장소가 학교뿐이라고 간단히 생각해 왔다. 그러나 새로운 교육이 내일의 사회를 본뜨는 데 있다면, 그래도 교육은 학교에서만 이루어져야 할 것인가?

교육의 수준이 높아짐에 따라, 현재 학교에 맡겨진 일부 기능을 수행할 수 있는 지적(知的) 능력을 지닌 부모들의 숫자가 점점 늘고 있다. 란드(RAND) 사 본부가 있는 캘리포니아 주 산타 모니카 근방, 매사추세츠 주 케임브리지 주변의 연구소 지대, 오크 리지나 로스 앨라모스, 헌츠빌과 같은 과학 도시 등지의 많은 학부모들은 분명히 지방 학교 교사들보다 특정 과목을 더 잘 가르칠 수 있다. 산업이 점차 지식을 토대로 하게 되고 여가가 많아짐에 따라 고등 교육을 받은 부모들이 부분적으로나마 자녀들을 공교육 제도로부터 끌어내 가정에서 학습을 시키는, 많지는 않지만 중대한 경향이 나타나고 있는 것이다.

이러한 경향은 컴퓨터를 활용하는 교육이나 전자(電子) 녹화기, 레이저 사진술, 그리고 그 밖의 기술 분야의 혁신에 따라 크게 촉진될 것으로 보인다. 학부모와 학생들은 이웃 학교와 단기(短期) '학습 계약'을 체결하여 몇 가지 과목이나 과목 단위만을 가르치고 배우게 할 것이다. 학생들은 사회 활동과 체육 활동을 위해서, 또는 스스로의 노력에 의해서나 부모와 친지들에게 배울 수 없는 과목들을 위해서만 학교에 다니게 될 것이다. 학교가 더욱 시대 착오적인 성격을 드러냄에 따라 이러한 경향은 증대될 것이고, 법원(法院)은 낡아빠진 현행의 강제 출석 규정을 공박하는 소송 사건들로 붐비게 될 것이다. 요컨대 우리는 가정 교육으로 되돌아가는 한정된 의미에서의 변증법적 진행을 볼 수 있을는지 모른다.

스탠퍼드 대학의 학습 이론가인 맥도널드(Frederick J. McDonald)는, 중요한 공동체 활동을 관찰하고 나아가서 이에 참여시키기 위해 학생들을 교실로부터 끌어내는 '이동식 교육'을 제안하고 있다.

긴장감이 감도는 흑인 슬럼가가 널려 있는 뉴욕의 베드퍼드 스타이버선트(Bedford-Stuyvesant) 구(區)에는 실험 대학이 하나 설립되고 있다. 이 대학의 시설은 45개 블럭 안의 상점과 사무실 그리고 가정 등에 산재해서, 어디까지가 대학이고 어디서부터가 지역 사회인가를 분간하기 어려운 실정이다. 학생들은 전임 교수로부터는 물론, 그 지역 사회의 어른들로부터도 기술을 배운다. 교과목은 전문적인 교육자들과 학생 그리고 지역 사회 집단이 함께 작성한다. 미국의 연방 교육 위원장을 역임한 하우 2세(Harold Howe, Ⅱ)는 이와는 반대의 제도를 제안하고 있다. 즉 지방 상점이나 미장원, 인쇄소 등을 학교 안에 차리게 하고 그것을 경영하는 어른들로부터 자유롭게 학습을 받을 수 있도록 하는, 말하자면 학교 안에 지역 사회를 끌어들이는 것이다. 도시의 특수 지역 학교를 위해 고안된 이 계획은 학교 안에 만들어지는 사업체의 성격을 다각도로 조절해, 예컨대 컴퓨터 업소나 건축 사무소, 경우에 따라서는 의학 실험실이나 방송국, 광고 대행업소까지 고루 갖출 수도 있다.

어디서나 중등 교육과 고등 교육 계획에 어른들 중에서 선발된 사람들을 '스승'으로 모시자는 안(案)에 논의가 집중되고 있다. 이러한 스승들은 기술을 전달할 뿐 아니라 교과서의 추상적인 내용을 어떻게 생활에 적용할 것인가도 제시해 줄 수 있을 것으로 생각된다. 이렇게 새로운 종류의 도제 제도로 나아가는 또 다른 변증법적 진행 과정에서는 회계사나 의사, 기술자, 기업인, 목공, 건설업자, 계획 입안자 등이 모두 '외래 강사진(外來講師陣)'을 이루게 되는 것이다.

이와 비슷한 변화들이 더 많이 일어날 조짐을 보이고 있다. 아무리 실험적인 것이라고 하더라도 이러한 변화들은 공장을 모델로 한 낡은 학교 제도를 무너뜨리는 방향으로 나아가고 있다.

이러한 지역적 또는 사회적 공간으로의 분산(分散)과 아울러 시간적 분산도 뒤따라야 한다. 지식이 급속히 폐용화(廢用化)하고 수명이 길어짐에 따라 젊었을 때 익힌 기술도 나이가 들었을 때는 쓸 수 없다는 사실이 명백해지고 있다. 따라서 초산업화 시대의 교육은 쓰고 버리는 원리에 따라 일생 동안 이루어지는 교육이어야만 한다.

만일 학습이 일생 동안 이루어지는 것이라면 아이들을 전일제(全日制) 학교에 다니도록 해야 할 이유가 별로 없다. 많은 젊은이에게는 일부 시간은 학교에 출석하고 다른 일부 시간은 별 기술을 요하지 않는 유급(有給) 또는 무급의 사회 봉사에 참여하도록 하면 만족감도 느낄 수 있고 교육적 효과도 더욱 클 것이다.

이러한 개혁은 수업 방법의 커다란 변혁을 뜻한다. 아직도 강의는 가장 중요한 수업 방법이다. 이러한 방법은 낡아빠진 공장의 하향식 위계 구조를 상징하고 있다. 강의라는 것이 한정된 목적에는 아직 유용할는지 모르지만, 역할 실연(實演)과 경쟁으로부터 컴퓨터를 사용하는 세미나와 '고안된 경험'에의 학생 참여에 이르기까지의 총체적인 교수 방법에 밀려나지 않을 수 없다. 레크리에이션과 오락, 산업 등으로부터 이끌어 내어 미래의 심리 제조 회사들이 개발한 경험 계획 방법은, 익숙한 것이기는 하지만 쓸데없이 골치만 썩이는 강의 방식을 몰아낼 것이다. 학습 능력은 영양 조절이나 지능 지수를 높이는 약물의 복용, 독서 능력이나 지각(知覺) 능력을 높이는 약물의 복용 등을 통해 극대화시킬 수 있다. 이러한 변화와 그 변화의 바탕이 되는 기술들은 조직 형태의 근본적 변화를 촉진할 것이다.

산업 사회적 관료제에 토대를 둔 현행 교육 행정의 구조는 지금 언급한 체제 속에 내재(內在)한 복합성과 변화 속도에도 대처할 수 없을 것이다. 따라서 현행 교육 행정 구조가 통제력 비슷한 것이라도 갖추기 위해서는 애드호크러시적인 형태를 띠지 않을 수 없다. 그러나 보다 중요한 것은 교실 자체가 안고 있는 조직상의 함축성이다.

산업사회인은 사회적·경제적 질서 속에서 비교적 항구적인 위치를 차지하도록 기계적인 학교 교육을 받았다. 초산업화 시대의 교육은 인간이 미래의 애드호크러시라는 일시적 조직체 속에서 기능할 수 있도록 준비하지 않으면 안 된다.

오늘날 학교에 입학하는 어린이들은 스스로가 표준화되고 기본적으로 차이가 없는 조직 구조, 즉 교사 주도하에 있는 학급의 일원임을 이내 발견한다. 한 명의 어른과 앞을 향해 정해진 줄에 앉아 있는 일정 수의 어린이들이 산업화 시대 학교의 표준적인 기본 단위다. 이 학생들이 한 학년씩 진급해 가도, 그들은 역시 똑같이 고정된 조직의 틀 속에 그대로 머물러 있다. 학생들은 다른 형태의 조직에 참여해 경험을 쌓을 기회도 없고, 조직의 형태가 바뀔 때 제기되는 문제를 다루어 볼 기회도 없다. 요컨대 역할상의 융통성을 수련할 수 있는 기회를 가지지 못한다는 것이다.

이보다 더 분명하게 반적응적(反適應的)인 것은 없다. 미래의 학교들이 생활 과정에서의 적응력을 길러주려고 생각한다면, 학생들로 하여금 보다 다양한 조직체에 참여하여 경험해 볼 수 있게 만들어야 한다. 몇 명의 교사와 한 명의 학생으로 이루어지는 교실, 몇 명의 교사와 일단의 학생들로 이루어지는 교실, 학생들을 일시적인 기동 작업반이나 특수 사업반에 편성시키는 일, 학생들을 공동 작업에서 개별 작업으로 또는 그 역(逆)으로 이동시키는 일 등 이러한 모든 일과 그 배합은, 학생들이 초산업화 시대의 비영속적 조직 세계를 헤쳐 나가기 시작할 훗날에 직면하게 되는 일들을 앞당겨 경험하도록 하기 위해 필요한 일들이다.

그렇다면 미래 협의회가 지향할 조직상의 목표는 분명해진다. 말하자면 분산화와 분권화, 지역 사회와의 교류, 애드호크러시적 운영, 융통성 없는 기획과 집단화 체계의 타파 등이 지향해야 할 조직상의 목표라고 할 수 있다. 이러한 목표가 성취된다면 교육과 산업화 시대의 공장 사이에 조직상의 어떤 유사성이 있더라도 그것은 단순한 우연의 일치일 것이다.

현행 교과목의 과거성(過去性)

교과목에 관해서라면, 미래 협의회는 오늘날 교수(教授)되는 모든 과목이 어떤 이유가 있어서 교수되고 있다고 생각해서는 안 된다. 오히려 반대 입장에서 출발해야 할 것이다. 말하자면 미래의 입장에서 정당화될 수 없는 과목은 필요한 교과목에 포함시킬 필요가 없는 것이다. 이로 말미암아 공식적인 교과목 가운데 중요한 부분을 개편해야 한다고 하더라도 어쩔 수 없는 일이다.

이러한 주장은 결코 '반문화적'이거나 과거를 온통 허물어 버리자는 기도는 아니다. 또 읽고 쓰고 셈하는 것과 같은 기본을 무시하려는 의도도 결코 없다. 여기서 문제삼고 싶은 것은 오늘날 수천만에 달하는 어린이들이 장차 쓸모가 있을는지 의문시되는 일을 익히는 데 그들 생애의 귀중한 시간을 소모하도록 법률로 강제되고 있다는 사실이다(이러한 일이 지금 유용하다고 주장할 사람도 전혀 없다). 어린이들이 현재 프랑스 어나 스페인 어, 독일어를 공부하는 데 소모하고 있는 것과 같은 많은 시간을 앞으로도 소모하도록 해야 할 것인가? 영어 학습에 소모되는 시간은 최대의 효율을 유지하고 있는가? 모든 어린이에게 대수(代數)를 배우도록 강요해야 하는가? 확률론을 배우는 편이 더 낫지 않을까? 컴퓨터 프로그래밍, 철학, 미학, 매스 커뮤니케이션을 공부하는 것은 어떨까?

현재의 교과목이 합리적이라고 생각하는 사람이 있다면, 대수나 프랑스 어나 기타 어떤 과목이라도 그것이 왜 필요한가를 똑똑한 14살짜리 어린이에게 설명해 보라. 어른들의 대답은 거의 언제나 회피적이다. 그 이유는 간단하다. 현재의 교과목은 아무런 생각 없이 과거로부터 전수되어 온 것이었기 때문이다.

예를 들어 교육은 왜 영어, 경제학, 수학, 생물학 등 고정된 분야별로 이루어져야 하는가? 어째서 출생, 어린 시절, 청년기, 결혼, 직업, 정년 퇴직, 사망 등 인간 생활 주기의 각 단계에 따라 이루어질 수 없는 것인가? 현재의 사회 문제나 과거와 미래의 중요한 기술과학들, 또는 생각해 낼 수 있는 다른 무한한 테마를 중심으로 해서 교육을 시킬 수는 없을까?

현재의 교과목과 융통성 없는 과목 구분은 현실적인 인간의 필요에 대해 충분히 생각한 끝에 만들어진 것이 아니다. 우리의 교과목은 아직도 미래에 대한 파악이나 변화라는 태풍의 눈 속에서 인간이 살아 나가는 데 어떤 기술이 필요할 것인가에 대한 이해에 토대를 두지 못하고 있는 실정이다. 아직도 교과목은 타성에 젖어 있고, 자신의 예산이나 급료, 지위를 확대하는 데 급급한 학문적 길드 사이의 피비린내 나는 싸움에 의해 결정되고 있다.

더욱이 이러한 시대 착오적 교과목은 초등 교육과 중등 교육의 표준화를 강요하고 있다. 어린이들에게는 무엇을 배울 것인가에 대한 선택권이 거의 주어지지 않고 있다. 학교 사이의 차이점은 거의 없다. 교과목은 대학의 딱딱한 입시 요목(要目)에 얽매여 있고, 대학의 입시 요목은 사라져 가는 사회의 직업적 요구 및 사회적 요구를 반영하고 있다.

시대에 뒤떨어지지 않는 교육을 이룩하려면, 혁명의 '예후 세포'들이 교과목 조정 위원회를 설립해야 한다. 현재의 교육계 지도자들이 중심이 된 물리학 교과목의 수정이나 영어와 수학의 교수 방법 개선 시도는 기껏해야 단편적인 것일 뿐이다. 현행 교과목의 여러 부분을 고수하면서 점진적인 변화를 이룩하는 것도 중요할는지 모르지만, 우리가 필요로 하는 것은 근대화를 위한 보다 과감한 시도다. 전반적인 문제에 대한 체계적 접근이 필요한 것이다.

그러나 이 혁명적 조정 집단은 전능(全能)하고 영구적인 하나의 새 교과목을 만들어 내서는 안 되며, 여러 벌의 일시적 교과목을 만들어야 하는 것이다. 이와 함께, 시간이 지남에 따라 교과목을 어떻게 재평가하고 개선할 것인가에 관한 절차도 마련되어야 한다.

말하자면 필요한 순간에는 교육계 내부의 피나는 투쟁을 거치지 않고서도 교과목을 변경할 수 있는 체계적인 방도를 강구해야 한다는 것이다.

교과목에서의 표준화와 다양성 사이의 균형을 조정하기 위한 노력도 필요하다. 다양성이 극에 이르면 공통된 준거 틀이 없어져 사람들 사이의 커뮤니케이션이 오늘날보다 더 어렵게 되는 비사회(非社會)를 만들어 낼 수도 있다. 그러나 사회의 다른 체계가 이질화(異質化)의 길로 내닫는 이상, 고도의 동질적인 교육 제도만이 고도의 동질성을 유지한다고 해서 사회 분화의 위험성이 없어지는 것은 아니다.

다양성의 필요와 공통된 준거점의 필요 사이의 모순을 해결하는 한 가지 방도는 교육에서 '자료(data)'와 '기술(skill)'을 구별하는 것이다.

자료의 다양성

사회는 분화되어 가고 있다. 더군다나 우리의 예측 수단이 제아무리 정교해진다 하더라도, 우리는 결코 사회의 미래 상태를 계속해서 정확히 예측할 수는 없다. 이러한 상황에서 우리들이 어떤 한 가지 교육 방법을 선택하려 하지 않는 것은 지극히 당연한 처사라고 하겠다. 유전적 다양성이 종족 보존에 도움을 주듯이 교육적인 다양성은 사회가 존속할 가능성을 증대시킨다.

교육에서의 미래주의 운동은 모든 학생이 역사와 수학, 생물, 문학, 문법, 외국어 등 똑같은 자료원(資料源)을 가지고 배우는 표준화된 초·중등 학교 교과목 대신, 보다 다양한 자료가 제시될 수 있도록 노력하지 않으면 안 된다. 어린이들에게는 현재보다는 훨씬 많은 선택의 기회가 주어져야 한다. 어린이들은 장기 과정에 들어가기 전에 2~3주 정도의 극히 다양한 단기 과정을 거칠 수 있도록 해야 한다. 따라서 각 학교는 많은 선택 과목을 마련해야 하며, 그것은 미래에 대한 정확한 가설에 토대를 두지 않으면 안 된다.

과목의 범위는 초산업화적 미래에 관해 '알려진'(즉 거의 확실한) 요소는 물론 미지(未知)의 요소, 예기치 못한 요소, 가능성이 있는 요소까지 다룰 수 있을 만큼 충분히 넓어야 한다. 이를 위해 우리는 '불확정(不確定) 교과', 즉 현재 존재하지 않을 뿐 아니라 현실화하지 않을 수도 있는 문제를 다루도록 훈련시키는 교육 프로그램을 만들어야 할는지도 모른다. 행성이나 항성으로부터의 역오염(逆汚染), 외계 생명체와의 교신(交信)의 필요성, 유전자 실험 과정에서 잘못 만들어진 괴물 등, 실제로 일어나지 않을지 모르지만 어쩌면 일어날 수도 있는 우발적 재난에 대처하기 위해 광범위한 전문가를 필요로 한다.

우리가 해저 공동체 생활에 익숙해지도록 젊은이들을 지도하는 훈련 요원이 돼야 할 시기는 먼 미래가 아니라 바로 지금이다. 다음 세대의 사람들 가운데 일부는 틀림없이 해저에서 생활하게 될 것이다. 우리는 학생 집단을 잠수함에 태워 잠수를 가르치고, 해저 건축 자재와 동력 필요량, 인간의 해양 정복에 따르는 위험과 성공 가능성 등을 알려주지 않으면 안 된다. 그리고 이것은 대학원 학생들뿐 아니라 국민 학교 심지어 유치원 학생들에게도 가르쳐야 한다.

동시에 다른 젊은이들에게는 우주의 신비를 가르치고, 우주 비행사와 함께 지내거나 근처에서 생활하면서 우주의 환경을 익히도록 해서, 오늘날 대부분의 청소년이 자동차 기술에 익숙하듯 우주 기술에 익숙하게 만들어야 한다. 또 다른 젊은이들에게는 미래의 공동체와 가족 형태들을 두루 경험해 보도록 권장해야 하며, 그것을 억제해서는 안 될 것이다. 이러한 경험이 책임 있는 감독하에서 건설적으로 유도된다면, 그것은 학습 과정을 저해하거나 부정하는 요인이 아니라 적절한 교육의 일부로 간주되어야 한다.

다양성의 원리는 깊은 전문 분야 사이의 선택을 늘리고 필수 과목을 줄이는 방향으로 나아갈 것이다. 이러한 방향으로 이행하여 '불확정 교과'를 만들어 내게 되면, 사회는 광범위한 기술을 축적할 수 있을 것으로 보인다. 이러한 기술 가운데는 결코 활용되지 않을 것도 있겠지만, 우리가 미래에 관해 설정했던 확신에 찬 가정들이 빗나가는 경우 곧바로 활용되어야 하는 기술도 포함되어 있다.

이러한 정책이 추진되면 극히 개성화된 인간이 태어나 인간 사이의 차이가 더욱 두드러지고, 보다 다양한 생각과 정치적·사회적 하부 체계가 나타나 보다 풍부한 색채를 띤 사회가 이룩될 것이다.

기술 체계

자료 제공의 다양화는 이렇듯 필요한 것이지만, 그것은 불행히도 우리 생활에 선택권 과잉의 문제만 심화시킬 것이다. 따라서 다양화를 이룩하려는 어떤 계획도 통일된 기술 체계를 통해 사람들 사이에 공통된 준거점을 마련하려는 강력한 노력이 수반되지 않으면 안 된다. 모든 학생이 똑같은 과목을 배우고 똑같은 사실을 받아들이며 똑같은 자료를 축적하는 것은 바람직하지 않지만, 모든 학생이 인간의 커뮤니케이션과 사회적 통합을 이룩하는 데 필요한 일정한 공통 기술에 기반을 두는 것은 꼭 필요한 일이다.

일시성과 새로움, 다양성이 계속 증대된다면 이러한 일부 행동 기술의 성격도 명백해질 것이다. 예를 들어 초산업화 사회 속에서 살아야만 하는 사람들에게는 분명히 학습과 인간 관계, 선택 등의 세 가지 중요한 분야에서 새로운 기술이 필요할 것이다.

(1) **학습** 가속화가 더 이루어지면 지식은 점차 소멸될 것이라는 결론을 내려볼 수 있다. 오늘날의 '사실'이 내일엔 '오류'가 될 수 있기 때문이다. 그렇다고 이것이 사실이나 자료를 배울 필요가 없다는 주장은 아니며 오히려 그 반대다. 개인이 자기의 직장이나 거주지, 사회 관계 등을 끊임없이 변경시키는 사회는 학습의 효과

를 높일 수 있는 큰 이점을 안고 있다. 따라서 미래의 학교는 단순한 지식만이 아니라 이것을 조작하는 방법까지 가르치지 않으면 안 된다. 학생들은 낡은 생각을 어떻게 버리고, 언제 어떻게 그것을 바꿀 것인가도 배워야 한다. 요컨대 학생들은 배우는 방법을 배우지 않으면 안 된다는 것이다.

초기의 컴퓨터는 하나씩의 '기억 장치'(자료 저장고)와 '프로그램'(자료를 조작하는 방법을 기계에게 알려주는 일련의 지시)으로 이루어져 있었다. 그러나 최신의 대형 컴퓨터 시스템은 방대한 양의 자료를 저장하고 있을 뿐 아니라, 조작원이 같은 데이터 베이스에서 여러 가지 프로그램을 응용할 수 있도록 프로그램의 다양화도 이루어져 있다. 그 결과 이러한 시스템은 어떤 프로그램을 언제 응용할 것인가를 기계에 알려주는 '통괄 프로그램'을 필요로 하고 있다. 프로그램의 다양화와 통괄 프로그램의 부가는 컴퓨터의 능력을 크게 증대시켰다.

이러한 전략은 인간의 적응력을 높이는 데도 활용될 수 있다. 어떻게 배우고 어떻게 잊어버리며 또 어떻게 다시 배울 것인가를 학생들에게 가르쳐줌으로써 교육 분야의 새로운 차원을 열 수 있다.

인간자원연구기구의 심리학자 거조이는 이에 대해 다음과 같이 간략하게 언급하고 있다. "새로운 교육은 개인에게 정보를 분류하고 재분류하는 방법이나 그 정보의 진실성을 평가하는 방법, 필요할 때 범주를 바꾸는 방법, 구체적인 것에서 추상적인 것으로 또는 추상적인 것에서 구체적인 것으로 이행하는 방법, 새로운 시각에서 문제를 관찰하는 방법 등 한마디로 스스로를 가르치는 방법을 가르치지 않으면 안 된다. 내일의 문맹자(文盲者)란 읽지 못하는 사람이 아니라 배우는 방법을 배우지 못한 사람일 것이다."

(2) **인간 관계**　생활의 변화 속도가 계속 빨라지면 가치 있는 인간 관계를 형성하고 유지해 나가기가 점점 어려워지리라는 것도 예견할 수 있다.

젊은이들이 말하는 내용을 주의 깊게 들어보면, 지난날에는 간단한 일로 여겨졌던 진실한 우정을 다지는 일이 어려운 일로 여겨지고 있음을 알 수 있다. 예를 들어 학생들이 "서로 의사 소통이 되지 않는다"고 불평하는 것은 세대차의 문제만이 아니라 같은 세대 사이에도 문제가 있기 때문이다. 젊은이들 사이에서 인기를 끌고 있는 작사가며 시인인 매큐언(Rod McKuen)은 "최근 4일간에 만난 사람들이 내가 기억하고 있는 사람 전부다"라고 했다.

일시성 요인이 소외(疎外)의 원인임을 일단 인식하면, 젊은이들의 이상 야릇한 행태를 일부나마 이해할 수 있다. 예를 들어 많은 젊은이들은 섹스를 '누군가와 알게 되는' 손쉬운 방법으로 생각하고 있다. 젊은이들은 성교(性交)를 관계 형성의 긴 과정에 부수되는 현상으로 보기보다는, 옳건 그르건 인간을 더 깊이 이해하기 위한 지름길로 간주하고 있다.

우정 관계를 더 깊이 만들려는 욕망 때문에 학생들은 '감수성 훈련'이나 '집단생활 지도 그룹화(T-grouping)', '마이크로 랩(microlab)', '터치 필리(touchie-feelie)'라고 하는 비언어적(非言語的) 게임, 그리고 모든 집단역학적(集團力學的) 현상 등과 같은 심리적 기교에 매혹되는 것이다. 학생들이 공동 생활에 열중하는 것 역시 잠재적인 고독감과 타인에게 마음을 터놓을 수 없다는 사실의 한 표현이라 할 수 있다.

이러한 모든 활동은 참가자들이 번거로운 준비를 하지 않고 또 때로는 사전에 아는 사이가 아니더라도 곧장 친밀한 심리적 접촉을 이룰 수 있게 한다. 대개의 경우 이러한 관계는 의도적으로 지속성이 없도록 되어 있으며 이러한 놀이의 목적은 상황이 일시적일지라도 애정 관계는 강화시키자는 데 있는 것이다.

우리의 생활 속에서 사람이 자주 바뀌기 때문에 신뢰를 쌓아 갈 여유나 우정을 다져 갈 여유는 점점 줄고 있다. 이에 따라 예의 바른 공적(公的) 행위를 생략하고 곧바로 친밀성을 나누는 방식을 추구하는 현상이 나타나고 있다.

불신과 망설임을 불식하는 이러한 실험적 기술의 실효성에 의심을 품는 사람도 있다. 그러나 인적(人的) 변동률이 크게 줄 때까지는 교육이 인간으로 하여금 깊은 우정 관계의 결핍을 인정하고 고독과 불신을 받아들이도록 설득해야 한다. 그것이 곤란하다면 우정의 형성을 빠르게 할 새로운 방법을 강구하지 않으면 안 된다. 한층 더 상상력을 발휘해 학생들을 집단화하거나, 새로운 종류의 작업반을 편성하거나, 아니면 앞서 언급한 여러 가지 기술을 활용하거나 간에 교육은 우리에게 관계를 맺는 방법을 가르치지 않으면 안 된다.

(3) 선택　　초산업화 시대로 이행함에 따라 개인에게 주어지는 결정의 종류와 복잡성이 증대될 것이라고 본다면, 교육은 두말 할 필요도 없이 선택권 과잉의 문제를 직접 다루어야 한다.

적응이란 연속적 선택을 뜻하고 있다. 개인은 수많은 선택지(選擇肢) 가운데 자기의 가치관과 가장 잘 조화되는 하나를 선정한다. 선택해야 할 일이 많아짐에 따라, 자신의 가치관(그것이 무엇이든)을 명확히 파악하고 있지 않은 사람은 점차 무력해진다. 그러나 가치관의 문제가 보다 중요해지고 있는데도, 현재의 우리 학교들은 그것을 해결하려는 노력을 기울이려 하지 않고 있다. 수백만에 달하는 젊은이들이 유도(誘導)되지 않은 미사일처럼 이리저리 날뛰면서, 미래로 향한 험한 길을 걷고 있다는 것도 하등 이상할 것이 없다.

가치관이 비교적 안정되어 있던 산업화 이전의 사회에서는 나이든 세대가 젊은이들에게 자기 가치관을 주입할 권리가 당연히 있다고 생각했다. 교육은 기술의 전달과 같은 정도로 도덕적 가치관의 주입에 관심을 두고 있었다. 산업화 초기까지만 해도, 스펜서(Herbert Spencer)의 주장대로 "교육은 인격의 형성을 목표로 삼았다." 이것을 나름대로 해석해 본다면, 젊은이들을 기성 세대의 가치 체계 속으로 끌어들이거나 예속시킨다는 것을 의미하는 것이다.

산업혁명의 충격파가 낡은 가치 체계를 뒤흔들고 새로운 여건이 새로운 가치관을 요구하게 되었지만, 교육자들은 퇴보하고 있었다. 종교적 교육에 대한 반동(反動)으로서 사실을 가르치고 '학생 스스로 깨닫게 하는 것'이 진보적인 교육으로 간주되기에 이르렀다. 문화적 상대주의와 과학적 중립성이 대두하자 전통적 가치관을 고수하려는 주장은 자취를 감추었다. 교육은 인격 형성이라는 미사 여구에 얽매여 있었으나, 교육자들은 가치의 주입이라는 생각 자체로부터 도망쳐 나와 자신들은 가치 문제를 전혀 다루지 않고 있다고 스스로를 기만했던 것이다.

오늘날 많은 교사들은, 온갖 가치관이 교과서를 통해서가 아니라 교실의 좌석 배열이나 학교의 종(鐘), 연령 구분, 사회 계층의 차별, 선생의 권위, 학생들이 지역 사회가 아닌 학교에 있다는 사실 등 비공식적 교과목을 통해 학생들에게 전달되고 있다는 사실에 당황하고 있다. 이러한 온갖 장치는 학생들에게 무언(無言)의 메시지를 전달해, 학생들의 태도와 가치관 형성에 영향을 미치고 있다. 그러나 공식 교과목은 계속 몰가치성(沒價値性)을 표방하고 있다. 사상(思想)과 사건, 현상들은 가치관을 모두 제거해 도덕적 현실로부터 이탈하고 있다.

더욱 나쁜 사실은 학생들 스스로의 가치관과 선생이나 동료들의 가치관을 분석하도록 권장하는 일이 없다는 사실이다. 수많은 사람들은 교육 제도를 거쳐 나가면서 자신의 가치 체계 속에서 모순을 발견하거나 스스로의 생활 목표에 대해 심사 숙고하거나 심지어 이러한 문제들을 어른들이나 동료들과 허심 탄회하게 논의하도록 충고를 받는 일이 한 번도 없다. 학생들은 이 교실 저 교실을 바삐 돌아다니고, 교사와 교수들도 바쁜 나머지 점점 멀어져 가고 있다. 심지어 '자유 토론회'——섹스나 정치 또는 종교 등 자유로운 주제에 관한 비공식적 과외(課外) 토의인데, 이것은 참가자들로 하여금 그들의 가치관을 확인하고 분명하게 하는 데 도움을 준다——조차 일시성이 증대됨에 따라 횟수가 줄고 친밀감도 사라져 가고 있다.

현재의 교육은 자신의 목표에 확신을 가지지 못하는 사람들과 선택해야 할 일이 많아지면 효과적인 의사 결정을 할 수 없는 사람들만 길러 낼 뿐이다. 초산업화 시대의 교육자들은 학생에게 하나의 확고한 가치 체계를 주입하려 해서는 안 되며, 학생들이 자신의 가치관(그것이 어떤 것이든 간에)을 규정하고 설명하며 검증할 수 있도록 공식적 또는 비공식적 활동을 체계적으로 편성해 주어야 한다. 젊은이들 스스로가 가치 체계 속에 내재된 모순들을 해소시키지는 못하더라도 그것들을 확인하고 명백히 하는 데 필요한 기술을 그들에게 가르칠 수 있을 때까지, 우리 학교들은 산업 사회인을 계속 배출해 낼 것이다.

따라서 내일의 교과목은 아주 광범위한 자료 지향적 과목들과 함께 미래에 쓰일 행동 기술을 강조하는 내용도 포괄하지 않으면 안 된다. 내일의 교과목은 여러 종류의 사실(事實)과 '생활 요령'이라는 것에 따른 보편적 훈련을 결합시켜야 한다. 아울러 사실이 창출된 상황이나 환경 속에서 훈련을 해봄으로써 두 가지를 동시에 행할 수 있는 방도를 찾지 않으면 안 된다.

이렇게 미래에 관한 확고한 가정을 설정하고 그 가정에 근거해서 조직과 교과목의 목표를 설계하는 방식으로, 미래 협의회는 참다운 초산업화 시대의 교육 제도를 만들 수 있게 된다. 그러나 결정적으로 중요한 마지막 한 단계가 아직도 남아 있다. '교육 제도'의 초점을 다시 미래에 맞추는 것만으로는 불충분하기 때문이다. 우리는 '인간'의 시간적 편견도 함께 변화시켜야 한다.

미래성(未來性)의 전략

세르반테스(Miguel de Cervantes Saavedra)가 죽은 지 350년이 지난 지금까지도, "사전(事前) 경고가 사전 대비"라는 그의 예리한 적응 심리학적 통찰력을 뒷받침하는 증거는 많다. 이 말은 자명한 것 같다. 대부분의 경우 앞으로 어떤 현상이 일어날 것인가에 대한 사전 정보만 주어져도 우리는 보다 잘 적응해 나갈 수 있다.

우주 비행사, 이사한 가족, 공업 노동자 등의 반응에 관한 연구는 거의 하나같이 이러한 결론에 이르고 있다. 심리학자 보인(Hugh Bowen)은, "예측 정보가 주어지면…… 그 성과에 있어서 극적인 변화를 일으킬 수 있다"고 말했다. 붐비는 거리에 자동차를 몰고 나가는 문제건, 비행기를 조종하는 문제건, 지적인 수수께끼를 푸는 문제건, 또는 첼로를 연주하는 문제나 대인 관계의 어려움을 해결하는 문제라도, 미래에 무엇이 일어날 것인가를 알고 있으면 역할을 제대로 수행할 수 있다는 것이다.

어떤 주제(主題)에 관한 진행 자료를 머리 속에 넣고 있으면, 실제 적응 기간에 처리해야 할 자료의 양과 반응 시간을 줄일 수 있다. "사고(思考)는 행동의 연습"이라고 말한 사람은 프로이트였던 것으로 믿어진다.

그러나 어떠한 특정 진행 정보보다도 더 중요한 것은 예측하는 습성이다. 앞을 내다볼 수 있도록 조건지어진 이 능력은 적응을 하는 데 중요한 역할을 한다. 실상 성공적인 대응의 비결 가운데 하나는 그 사람의 미래 의식이다. 우리들 가운데 변화에 뒤지지 않고 잘 적응할 수 있는 사람은 제대로 적응하지 못하는 사람들에 비해 앞으로 어떤 현상이 빚어질 것인가에 관한 보다 풍부하고 정리된 생각을 갖고 있는 것 같다. 미래에 적응하는 일은 그들에게 하나의 습성이 되어 있다. 상대방의 움직임을 예측하며 장기를 두는 사람이나, 장기적인 안목에서 생각하는 사무원, 책의 첫 페이지를 읽기 전에 목차를 훑어보는 학생 등 이러한 모든 사람은 성공할 수 있는 사람들이다.

과거나 현재와 달리 미래에 대해 쏟는 사고량(思考量)은 사람에 따라 엄청난 차이가 있다. 어떤 사람들은 미래의 가능성과 개연성

(蓋然性)을 예상하고 분석, 평가해 스스로의 앞날을 계획하는 데 다른 사람들보다 더 많은 노력을 기울이고 있다. 얼마나 먼 앞날을 계획하느냐도 사람에 따라 차이가 있다. 어떤 사람들은 습관적으로 '먼 미래'를 생각하는 데 반해, 다른 일부 사람들은 '목전의 미래'에만 관심을 쏟기도 한다.

따라서 우리는 '미래성'에 대해 얼마나 많이 그리고 얼마나 멀리 생각하는가 하는 적어도 두 차원을 갖고 있다. 정상적인 청소년들은 성장하면서, 프린스턴 대학의 사회학자 클라인버그(Stephen L. Klineberg)가 말한 "먼 미래의 사건에 대한 관심의 증대"를 보이기도 한다. 이것은 사람들이 미래에 대해서 쏟는 관심의 양이 나이에 따라 달라진다는 것을 의미한다. 말하자면 그들이 갖는 '시간의 지평(地坪)'이 달라질 수 있다는 것이다. 그러나 나이가 우리의 미래성에 영향을 미치는 유일한 요소인 것은 아니다. 문화적 조건도 미래성에 영향을 미치고 있으며, 그 문화적 영향력들 가운데 가장 중요한 것은 환경 안에서의 변화의 비율이다.

이것은 바로 미래에 대한 개인의 의식이 왜 그 사람의 대응 능력에 그토록 중요한 역할을 수행하고 있는가를 설명해 주고 있다. 생활의 변화 속도가 빠르면 빠를수록 현재의 환경은 우리로부터 빨리 스쳐 가며 미래의 가능성도 빨리 현실화한다. 환경이 점점 빨리 움직임에 따라 우리는 미래에 대한 사고에 더 많은 주의를 기울여야 하며, 더 먼 앞날을 탐색하기 위해 우리가 지닌 시간의 지평도 넓히지 않을 수 없는 것이다. 고속 도로를 따라 시속 20마일의 느린 속도로 차를 몰고 있는 운전사는 출구 예고 표지판이 출구에 가까이 붙어 있더라도 출구 차선으로 차를 몰아 나가는 데 별 어려움을 겪지 않는다. 그러나 차의 속력을 높일수록, 운전사가 읽고 반응하는 데 필요한 시간을 얻기 위해서는 신호판이 앞당겨 설치되어야 하는 것이다. 이와 똑같은 원리로 생활이 일반적으로 가속화함에 따라 우리는 시간의 지평을 연장하지 않을 수 없으며, 그러지 못할 때 우리는 여러 가지 사건에 휘말리고 거기에 휩쓸릴 위험성을 피할 수 없다. 요컨대 환경의 변화가 빠르면 빠를수록 미래에 대한 고려의 필요성은 증대되는 것이다.

물론 어떤 사람들은 미래를 너무 멀리 설정해서 너무 오랫동안 계획을 세우기 때문에, 그들의 예측이 도피주의적 환상에 빠지는 수도 있다. 그러나 이보다는 너무 얕고 단기적인 예측을 하기 때문에 변화로 인해 계속 놀라고 당황하는 사람들이 훨씬 많다.

적응력이 있는 사람은 시간상으로 '적정한' 거리에서 자신의 앞일을 계획할 수 있고 최종 결정을 내릴 필요가 있을 때까지는 자기에게 제시된 여러 가지 선택 가능한 행동 방식을 검토 평가할 수 있으며, 사전에 가결정(假決定)도 내릴 수 있는 것 같다.

미국의 워너(Lloyd Warner)와 영국의 잭스(Elliot Jaques) 같은 사회과학자들은 이러한 시간적 요소가 경영상의 의사 결정에 얼마나 중요한가를 보여주고 있다. 일관작업 공정에 속해 있는 사람은 당시 눈앞에 있는 일에만 관심을 갖도록 요구하는 작업이 주어지고 있다. 관리층으로 올라간 사람들은 승진할 때마다 더 먼 미래의 일에 관심을 갖도록 요구되고 있다.

웨스턴 온타리오 대학의 사회학자로 사회정신의학을 전공하고 있는 싱거(Benjamin D. Singer)는 한걸음 더 나아가 있다. 싱거에 따르면, 미래는 현재의 행동에 거의 판단하기조차 어려울 만큼의 큰 영향을 주고 있다는 것이다. 예컨대, "어린 아이의 '자아'란 부분적으로 '되어 있는 것'과 '되어 가는 것' 사이의 피드백이다"고 그는 주장하고 있다. 어린이가 향해 가고 있는 목표는 '미래에 초점을 맞춘 역할 이미지', 즉 미래의 여러 시점에서 그 어린이가 무엇이 되고 싶어하느냐에 대한 계획인 것이다.

싱거는 다음과 같이 기술하고 있다. "이렇게 미래에 초점을 맞춘 역할 이미지는 그가 취하려는 생활 형태를 조직화하고 거기에 의미를 부여하는 경향이 있다. 하지만 막연하게밖에 규정될 수 없거나 아니면 기능적으로 존재하지 않는 미래의 역할만 있는 경우에는 전체 사회에서 중요하게 생각하는 행동이라는 것이 별 의미가 없는 것 같다. 이럴 때는 학교 교육도 마치 중산층 사회의 규칙이나 부모의 규율처럼 무의미해진다."

싱거의 주장을 좀더 간단하게 표현하면, 개인은 자기 마음속에 현재의 자기 모습(자기 이미지)을 지니고 있을 뿐 아니라, 장차 되고자 하는 모습들도 갖고 있다는 것이다. 일반적으로 말해서 "이러한 가상적인 미래의 인간은 어린이에게 초점을 마련해 주며, 그 어린이가 이끌려 가는 자석이 된다. 현재의 틀은 미래에 의해 만들어진다고 할 수 있는 것이다."

개인의 발전과 적응 능력의 향상을 지향하는 교육은 어린이들로 하여금 적절한 시대적 편견, 즉 적절한 미래성을 개발하도록 하는 데 전력을 기울인다고 생각할 수도 있다. 그러나 이보다 더 위험스러운 거짓은 없다.

구체적으로, 오늘날의 학교에서 장소와 시간을 어떻게 다루고 있는가를 대비해서 생각해 보자. 거의 모든 학교에서 학생들은 자신이 위치해 있는 공간을 파악하는 데 세심한 가르침을 받고 있다. 지리(地理) 공부가 그것이다. 지도와 해도, 지구의 등은 모두 학생의 공간적 위치를 파악하는 데 도움을 주고 있다. 학생들은 그가 살고 있는 도시나 지역, 국가의 위치를 배울 뿐 아니라 지구와 그 밖의 태양계나 우주와의 공간적 관계도 배운다.

그러나 어린이에게 시간상의 위치를 알려줄 때는 잔인하고 무력(無力)하게 만드는 속임수를 쓰고 있다. 어린이들은 될 수 있는 한 자기 나라와 세계의 과거에만 몰두한다. 어린이는 고대 그리스와 로마, 봉건제의 대두, 프랑스 혁명 등에 관해서 배우고 성경 이야기와 애국적인 전설도 배운다. 끝없는 전쟁과 혁명, 반란 등이 각기 적절한 과거의 시점과 의무적으로 연결되어 학생들에게 퍼부어지고 있다.

어린이들은 때로 '현재의 사건'에 관해 배우기도 한다. 신문을 오려 오도록 지시받기도 하고, 정말로 진취적인 교사로부터는 텔레비전의 저녁 뉴스를 보라는 말도 듣는다. 요컨대 현실도 조금은 언급되고 있다는 것이다.

그리고 나서 시간은 정지되고 만다. 학교는 내일에 관해선 침묵을 지키고 마는 것이다. 플레히트하임(Ossip Flechtheim) 교수는 한 세대 전에 이미, "우리의 역사 과목은 교수(敎授)되는 해에서 종결되고 마는데, 이러한 상황은 정치학이나 경제학, 심리학, 생물학 등의 연구에서도 마찬가지다"라고 했다. 시간은 달려가다가 갑자기 정지되고 만다. 학생은 미래보다는 과거에 초점을 맞추고 있다. 미래는 교실에서 금지되고 있듯이, 학생의 의식 속에서도 금지되고 있다. 미래는 마치 없는 것과 같다.

학생의 시간 의식에서의 이렇게 심한 왜곡 현상은 코넬 대학 인간개발학과 교수인 심리학자 콘드리(John Condry)의 실험에서도 나타나고 있다. 코넬 대학과 로스앤젤레스의 캘리포니아 대학에서 따로 행한 연구에서 콘드리 교수는 학생들에게 가공 인물인 호프먼 교수와 그의 아내, 그리고 한국계 양녀(養女)에 관한 이야기의 첫 부분을 읽게 했다. 그 딸아이는 옷이 찢어져 울고 있었고 다른 아이들은 그 아이를 쳐다보고 있는 장면이었다. 그는 학생들에게 이 이야기를 완성하라고 요구했다.

피험자(被驗者)들은 그들이 미리 두 집단으로 나누어져 있었음을 알지 못했다. 한 집단에게는 첫 구절을 과거형으로 제시해, 이야기 속의 인물들이 '들었다', '보았다', '뛰었다' 등으로 표시했다. 그리하여 학생들에게 "호프먼 부부가 무엇을 했고, 아이들은 무슨 말을 했는가를 적도록"했다. 한편 다른 집단에게 제시한 구절은 전부 미래형으로, "호프먼 부부가 무엇을 할 것이며 아이들은 무엇이라고 말할 것인가를 적도록"했다. 이 두 가지는 과거형과 미래형이라는 시제(時制)의 차이만 있을 뿐 그 내용과 지시 사항은 똑같은 것이었다.

실험 결과 두 집단은 뚜렷한 차이를 나타냈다. 한 집단은 여러 가지 성격을 지닌 인물을 등장시키고 새로운 상황이나 대화를 독창적으로 도입해 이야기를 비교적 풍부하고 재미있게 엮어 나간 데 반해, 다른 집단은 얄팍하고 비현실적이며 억지로 꾸민 이야기로 지극히 산만하게 엮어 나갔다. 과거는 풍부하게 인식되었지만 미래는 텅 비어 있었다. 콘드리 교수는 이에 대해, "우리는 미래보다 과거에 관해 이야기하기가 쉬운 것 같다"고 말했다.

우리 어린이들이 급속한 변화에 보다 성공적으로 적응하려면 시간에 대한 이러한 왜곡 현상에 종지부를 찍지 않으면 안 된다. 우리는 어린이들로 하여금 내일의 가능성과 개연성을 지각하도록 만들어야 하고 어린이들의 미래 의식을 높여야 한다.

사회는 현재의 세대를 과거 세대와 연결시킬 수 있는 여러 가지 기성(旣成)의 시간 척도를 가지고 있다. 과거에 대한 우리의 의식은 나이 든 세대와의 접촉을 통하거나 역사 지식을 통해서, 또는 많은 세월을 거쳐 전해진 미술과 음악, 문학, 과학 등의 축적된 유산을 통해서 개발되고 있다. 과거에 대한 우리의 의식은 우리를 둘러싸고 있는 사물들과의 직접적인 접촉을 통해서도 높아지는데, 이러한 사물들은 각기 과거에 시발점을 두고 있으며 우리에게 과거를 확인시키는 길을 마련해 주고 있다.

그러나 미래에 관한 우리의 의식을 높여줄 시간 척도는 없다. 우리는 미래에 기원을 둔 사물도 없고 친구나 친척, 미술 작품, 음악, 문학 등도 가지고 있지 못하다. 말하자면 우리에게는 미래의 유산이라는 것이 전혀 없는 것이다.

그럼에도 불구하고 인간의 마음을 뒤로 향하게 만들 수 있듯이 앞으로 향하게 만들 수 있는 방법도 있다. 그 실마리로서 일부 사람들에게 보다 강한 미래 의식을 갖도록 하는 일이 필요하다. 그리고 이러한 일은 로저스(Buck Rogers)의 만화나 〈바바렐라(Barbarella)〉같은 영화 또는 우주 여행과 의학 연구의 놀라움을 특필한 기사(記事)를 통해서 이루어지는 것이 아니다. 이러한 것들도 미래 의학에 기여하지 않는 바는 아니지만, 미래의 기술적 특성에 대해서만이 아니라 미래의 사회적·개인적 함축성에 초점을 맞추는 일도 필요한 것이다.

만일 현대인이 압축된 일생 동안에 천년 동안의 변화에 해당하는 격변(激變)에 대처해야 한다면, 머리 속에 상당히 정확한(설사 개략적일지라도) 미래상(未來像)을 지니고 있지 않으면 안 된다.

중세인들은 천국과 지옥에 관한 생생한 영상을 가지고 있어서, 내세에 대한 이미지를 가지고 있었다. 그러나 지금 우리가 해야 할 일은, 빠른 속도로 돌진해 오고 있는 미래 사회에서 이 세상이 어떻게 될 것인가, 즉 어떤 소리와 냄새와 맛과 느낌을 줄 것인가에 대한 동적이고 현실적인 이미지를 전파하는 일인 것이다.

이러한 이미지들을 만들어 미래의 충격의 영향을 완화시키려면 미래에 관한 예측이 신뢰성을 지니도록 하는 일부터 시작하지 않으면 안 된다. '점술가(占術家)'를 비웃기보다는 사람들로 하여금 다음주에 그들에게 어떤 일이 일어날 것인가는 물론 다음 세대에 인류 전체에 어떤 현상이 일어날 것인가에 관해서도 자유롭게(공상적일지라도) 상상할 수 있도록 어릴 적부터 권장하는 일이 필요하다. 어린이들에게 역사 과목은 가르치고 있으면서, 어째서 '미래학' 과목은 없는가? 지금 우리가 로마 인들의 사회 제도나 봉건 영주의 대두에 관해 탐구하듯이, 미래의 가능성과 개연성을 체계적으로 탐구하는 과목도 있어야 하는 것이다.

유럽의 지도적인 미래주의 철학자인 융크는, "오늘날에는 무엇이 일어났고 어떤 일이 행해졌는가를 배우는 데 거의 전력을 기울이다시피 한다. 미래에는…… 모든 강의나 실습의 최소한 3분의 1은 발전 과정을 다루는 과학적·기술적·예술적·철학적 작업과 예상되는 위기, 그리고 이러한 도전에 대한 미래의 해답 등과 관련되어야 한다"고 말했다.

우리는 이러한 과정에서 활용될 수 있는 '미래의' 문헌을 하나도 가지고 있지 못하지만, 근사한 유토피아론이나 현대의 공상 과학 소설 등 '미래에 관한' 문헌은 가지고 있다. 공상 과학 소설은 문학의 한 분야로서 대접받는 일이 별로 없는데, 이러한 냉대는 어쩌면 당연한 것일는지도 모른다. 그러나 우리가 그것을 문학 작품이 아니라 미래에 관한 사회학의 하나로 본다면, 이것은 예측의 습관을 길러 내는 데 필요한 정신 확장 능력으로서 커다란 가치를 지닌다고 하겠다. 어린이들은 클라크(Arthur C. Clarke)나 텐(William Tenn), 하인라인(Robert Heinlein), 브래드버리(Ray Bradbury), 셰클리(Robert Sheckley) 등에 관해 공부하지 않으면 안 된다. 그 까닭은 이들의 작품이 어린이들에게 로켓과 타임 머신에 관해 알려 줄 수 있기 때문이 아니다. 그보다 더 중요한 이유는 그들의 작품이, 어린이가 어른이 되었을 때 부딪치게 될 정치적·사회적·심리적·윤리적 문제들로 엉킨 정글 속을 상상력을 발휘해 헤쳐 나갈 수 있도록 어린이들의 정신 세계를 이끌어줄 수 있기 때문이다. 공상 과학 소설은 '미래의 자신'을 위해서도 읽혀져야만 한다.

하지만 학생들이 읽기만 해서는 안 된다. 젊은이나 어른들에게 미래의 가능성과 개연성을 가르쳐주기 위해 여러 가지 게임이 고안되었다. 카이저 알루미늄 케미컬 사가 창립 20주년을 맞아 보급한 '미래'라는 게임은 참가한 사람들에게 미래의 여러 가지 기술적·사회적 선택지(選擇肢)를 제시하고 그 가운데서 선택을 하도록 되어 있다. 이것은 기술적·사회적 사건들이 서로 어떻게 연결되고 있는가를 제시해 주고, 게임 참가자로 하여금 개연적인 조건에서 사고하도록 하며, 여러 차례의 수정(修正)을 거쳐 의사 결정에서의 가치관의 역할을 밝히는 데 도움을 줄 수 있다. 코넬 대학 도시 계획 환경 분석학과의 빌레가스(José Villegas) 교수는 학생들의 도움으로 미래의 주택과 사회 활동을 다루는 몇 가지 게임을 창안해 냈다. 그의 지도하에 개발된 또 하나의 게임은 기술과학과 가치관들이 내일의 세계에서 상호 작용하는 양상을 설명하는 데 주된 목적이 있었다.

어린 아이들에게는 다른 실습도 가능하다. 개개인의 미래적 역할 이미지를 길러 내려면, 학생들에게 '미래 자서전'을 쓰도록 해서 그들로 하여금 미래의 5년이나 10년, 또는 20년 동안의 자신을 그려보게 할 수도 있다. 이러한 미래 자서전을 학급 토의에 부친다거나 거기서 나타난 서로 다른 가상(假想)들을 비교 검토해 봄으로써, 아이들의 계획에 내재된 모순을 확인하고 음미하도록 만들 수 있다. 자아가 하나로 고정된 것이 아니라 계속 변동하는 것일 때, 이러한 기술은 개인에게 연속성을 마련해 주는 데 활용될 수도 있다. 예를 들어 15세 된 아이들에게 그들이 12세 때 쓴 미래 자서전을 보여주면, 그들은 미래에 관한 자신의 이미지가 성장하면서 어떻게 변했는가를 알 수 있다. 그들은 과거 스스로가 지녔던 가치관이나 재능, 기술, 지식 등이 현재의 모습에 어떤 영향을 주었는가를 이해할 수 있다는 것이다.

학생들이 몇 해 뒤의 자신을 상상하게 되면 그들은 자신의 형제나 부모, 친구들 역시 늙어 가리라는 사실을 인식하게 될 것이며, 그들의 생활에 영향을 미치는 '중요한 타인들'에 대해서도 생각해 보게 될 것이다.

이러한 수련(修練)은 개연성의 연구나 개인 생활에 활용될 수 있는 간단한 예측 방법과 연관되어, 각자의 개인적·사회적 미래관(未來觀)을 만들어 내거나 수정할 수가 있다. 이러한 수련은 개인의 새로운 시대적 편견과 현재의 긴급 사태에 대처하는 데 도움을 줄 내일에 대한 새로운 감각을 만들어 낼 수도 있는 것이다.

훌륭히 적응하고 있는 개인들, 곧 그들의 시대 안에 살고 있으며 그 시대에 공감(共感)하고 있는 사람들 가운데도 미래에 대한 동경은 실제로 있다. 미래에 일어날지도 모를 모든 일을 무비판적으로 받아들이는 것도 아니고 변화 그 자체에 대한 맹목적인 신뢰도 아닌, 억누를 수 없는 호기심, 즉 다음에 무엇이 일어날 것인가를 '알고' 싶어하는 충동이 있다는 것이다.

　이러한 충동은 신기하고 놀라운 일을 해내고 있다. 어느 겨울 밤 필자의 〈미래의 사회학〉 강좌에 출석한 백발 노인이 그 강좌를 듣게 된 이유를 사람들에게 설명하자 강의실에는 긴장감이 감돌았다. 이 강좌에는 회사의 장기 계획 입안자(立案者)들과 큰 재단(財團)이나 출판사, 연구소 등의 직원들이 참가했는데, 참가자들은 각기 출석하게 된 자기 나름의 이유를 설명했다. 마지막으로 구석에 앉아 있던 작은 사나이의 순서가 되었는데, 그는 쉰 목소리였지만 유창한 영어로 다음과 같이 말했다. "내 이름은 스타인입니다. 나는 일생 동안 재봉사로 일해 왔습니다. 나는 77세의 늙은이로, 젊었을 때 얻지 못한 것을 얻고 싶습니다. 나는 미래에 관해서 '알고' 싶고, 교양 있는 인간으로 죽고 싶습니다."

　이 간단한 이야기로 인한 돌연한 침묵은 거기에 참석했던 사람들의 귀에 아직도 울리고 있을 것이다. 이 노인의 말 앞에서는 화려한 학위(學位)도 큰 회사의 직함이나 높은 직위도 무색하게 느껴졌다. 스타인 씨가 아직도 생존해 자신의 미래를 즐기면서, 그날 밤 우리를 가르쳤던 것처럼 다른 사람들도 가르쳐주었으면 하는 마음 간절하다.

　수백만의 사람들이 미래에 관해 이러한 정열을 가지게 된다면, 변화의 충격을 보다 잘 소화해 내는 사회가 이루어질 것이다. 이와 같은 호기심과 인식을 불러일으키는 일이 교육의 기본 임무다. 그리고 이러한 교육을 해내는 것이 학교에서의 초산업화 혁명이 해야 할 제3의 임무요 핵심적 임무라고 하겠다.

　교육은 미래의 시제로 옮겨 가지 않으면 안 된다.

제19장 기술과학의 조절

　변화병(變化病)이라고 할 수 있는 미래의 충격은 예방할 수 있다. 그러기 위해서는 철저한 사회적·정치적 행동이 이루어져야 한다. 개인이 제아무리 자신의 생활 속도를 조절하고, 개인들에게 어떤 심리적 뒷받침이 주어지며 교육을 어떻게 바꾼다 하더라도, 우리가 가속적 추진력 자체를 통제할 수 없다면 전체 사회는 여전히 소용돌이 속에 휘말리게 될 것이다.
　빠른 변화가 일어나는 데는 여러 가지 요소들이 작용하고 있다. 인구의 증가나 도시화, 연령별 인구 구성의 변화 등 모두가 요인으로 작용하고 있다. 그러나 이러한 요인의 얽힘 속에서 가장 중요한 매듭을 이루고 있는 것이 기술과학의 진보다. 실상 전체 구조를 움직이는 것은 기술과학의 진보라고 할 수 있다. 따라서 대규모 미래의 충격을 예방하려는 노력 가운데 가장 유력한 전략은 기술과학의 진보를 의식적으로 규제하는 일이라고 하겠다.
　우리는 기술과학적 진보의 스위치를 끌 수도 없을 뿐더러 꺼서도 안 된다. '자연 상태'로 되돌아가자는 따위의 소리는 비현실적이고 어리석은 자들만이 지껄이는 소리다. 자연 상태란 기본적인 의료 시설이 없어 어린 아이들이 질병에 시달리고 죽어 가는 상태고, 영양 실조로 바보가 되어버리는 사회며, 홉스(Thomas Hobbes)가 말한 것처럼 "가난하고 불결하며 야만적이고 결핍된" 생활의 전형을 보여주는 상태다. 따라서 기술과학을 외면한다는 것은 어리석을 뿐만 아니라 비도덕적이기까지 하다.
　비유컨대 대다수의 인간이 아직도 12세기적인 생활 상태에 있다면, 과연 누가 경제 발전이 멈추기를 바라겠는가? '인간의 가치'라는 막연한 명목으로 반과학적(反科學的) 난센스를 지껄이는 사람들이 있다면, 그것이 '어떤 인간의 가치'인가를 물어볼 필요가 있다. 시계 바늘을 고의로 되돌린다면, 불행으로부터의 해방이 가능해진 바로 이 역사상의 시점(時點)에서 수십억에 달하는 인간을 다시 항구적인 비참의 상태로 몰아넣는 결과가 될 것이다. 우리는 분명히 더 많은 과학기술을 필요로 하고 있다.

우리는 또한 새로운 기술과학을 바보스럽고 이기적인 목적에 곧잘 활용하고 있음도 엄연한 사실이다. 우리는 눈앞의 경제적 이득을 얻어내려고 기술과학을 서둘러 이용했던 탓에, 우리의 환경을 물리적으로나 사회적으로 위험한 상태에 몰아넣고 말았다.

기술과학이 급속히 전파되면 기술과학 진보의 자기 보강적(自己補强的) 성격으로 말미암아 한 분야의 발전이 다른 많은 분야의 발전도 촉진하게 된다. 이렇게 되면 기술과 사회 구조 사이에는 직접적 연관이 맺어지게 되며, 이러한 현상이 생활의 변화 속도를 중단시킬 수 없다고 생각될 정도로 가속화시키는 심리적 오염을 초래하는 것이다.

이러한 심리적 오염 현상은 하늘과 바다를 메우고 있는 산업 폐기물과 짝을 이룬다. 살충제와 제초제(除草劑)는 우리 음식물 속으로 스며든다. 부서진 자동차의 잔해나 알루미늄 깡통, 반품할 수 없는 유리병, 합성 수지 등은 소멸되는 것이 아니기 때문에 우리의 생활 환경 속에서 거대한 패총(貝塚)을 이룬다. 우리는 심지어 방사성(放射性) 폐기물을 땅속에 묻어야 할지, 외계로 날려 보내야 할지, 아니면 바다로 흘려버려야 할지 그 처리 방법조차 모르고 있는 실정이다.

기술과학의 힘은 증대되고 있으나, 그 부작용과 잠재적인 위험성도 함께 증대되고 있다. 우리는 바다의 온도를 높여 수많은 해양 생물을 죽이고 심지어 양극의 빙산까지 녹이는 등 해양의 열오염

(熱汚染)이라는 위험 속에 살고 있다. 육지에서도 도시화되고 기술화된 좁은 지역에 너무나 많은 사람들이 집중되어 있기 때문에, 환기(換氣) 속도보다 더 빠른 속도로 공기 중의 산소를 고갈시키고 있다. 이에 따라 현재 도시들이 자리잡고 있는 곳에 새로운 사하라 사막을 만들어 낼 가능성까지 있다고 한다. 우리는 이렇게 자연적인 생태(生態)를 파괴함으로써, 생물학자 코머너(Barry Commoner)의 말 그대로 "인간이 거주하기에 적합한 장소인 이 지구를 파괴하게" 될는지도 모른다.

기술과학의 역회전(逆回轉)

무책임하게 이용된 기술과학의 영향이 점차 표출됨에 따라 정치적 반발도 증대되고 있다. 태평양의 800평방마일을 오염시킨 석유 채굴 사고는 미국 전역에 걸쳐 분노의 충격파를 불러일으켰다. 네바다 주의 부호며 실업가인 휴즈(Howard Hughes) 씨는 원자력 위원회가 지하 핵실험을 계속하지 못하도록 하려는 소송을 준비하고 있다. 시애틀에 있는 보잉 사는 초음속 제트 항공기 건조 계획에 반대하는 일반의 항의가 빗발쳐 골치를 앓고 있다. 그런가 하면 워싱턴에서는 미사일 정책의 재검토를 요구하는 여론이 비등하고 있다. 매사추세츠 공과대학이나 위스콘신 대학, 쿠넬 대학, 그리고 그 밖의 많은 대학에 있는 과학자들은 그들의 연구가 지니는 사회적 함축성을 검토하기 위한 '연구 유예 기간' 동안 시험관과 계산자를 내려놓고 있는 실정이다. 학생들은 '환경 문제 토론회'를 열고, 대통령은 생태의 위협에 관해 국민에게 호소하고 있다. 기술과학의 진로에 대한 깊은 우려는 영국과 프랑스 등의 다른 나라에서도 움직임을 드러내고 있다.

우리는 여기서 앞으로 몇십 년 안에 각국의 의회를 마비시킬 국제적 반란의 첫번째 징조를 엿볼 수 있다. 무책임하게 사용된 기술과학의 악영향에 대한 이러한 저항은 병적인 형태로 구체화되어,

미래 공포증의 파시즘이 유태인 대신 과학자들을 강제 수용소에 집어넣는 사태를 초래하게 되는지도 모른다. 변화의 압력이 개인을 점점 무겁게 짓누름에 따라, 그리고 미래의 충격의 파고(波高)가 높아짐에 따라 이러한 악몽과 같은 결과가 빚어질 수도 있는 것이다. 파리의 시위 학생들이 벽에 쓴 구호가 "기술 관료에게 죽음을!"이었다는 사실은 매우 중대한 의미를 지닌다.

그러나 기술과학을 통제해 보려는 모처럼의 세계적 운동이 무책임한 기술 공포증 환자와 허무주의자, 루소류의 낭만주의자 등의 수중으로 넘어가도록 내버려 둘 수는 없다. 기술과학적 진보의 힘은 너무나도 큰 것이어서, 러다이트 운동과 같은 폭동으로 멈추게 할 수 있는 것은 아니기 때문이다. 더욱이 기술과학을 무모하게 정지시키려는 시도는 그것을 무모하게 발전시키려는 시도와 마찬가지로 극히 파괴적인 결과를 초래할 것이다.

이렇게 진퇴 유곡의 처지에 빠져 있는 우리는 어쩔 수 없이 책임 있는 기술과학을 부르짖는 운동을 벌일 수밖에 없다. 우리는 선별적 토대 위에서 과학 연구와 기술 발전을 합리적으로 촉진할 수 있는 광범위한 정치 집단화가 필요하다. 기계를 헐뜯거나 우주 계획을 부정적으로 비판하는 데 정열을 낭비하는 대신 미래를 위한 일련의 적극적인 기술과학 목표를 설정하는 것이 바람직한 일이다.

이러한 일련의 목표들이 포괄적이고 잘 다듬어진 것이라면, 온통 혼돈 속에 있는 현상황에 질서를 부여할 수도 있다. 이탈리아의 경제학자며 실업가인 페체이(Aurelio Peccei)에 따르면, 미국과 유럽의 연구 개발 비용의 합계가 1980년에는 연간 730억 달러에 달할 것이라고 한다. 그리고 이러한 지출 수준이 10년간 계속되면 7500억 달러에 이른다. 이렇게 방대한 액수이기 때문에 각국 정부는 자기 나라의 기술과학 발전을 광범위한 사회적 목적과 연관시키고 엄격한 책임을 강조하면서 세심하게 계획하리라고 생각할 것이다. 그러나 그것은 완전히 오산이다.

과학자에서 작가로 변신한 랩(Ralph Lapp)은 다음과 같이 말하고 있다. "어떤 사람도 심지어 오늘날의 가장 저명한 과학자라도 과학이 우리를 어디로 끌고 가는지 전혀 모르고 있다. 우리는 미지의 종착역으로 향하는 철로 위를 빠른 속도로 달리는 기차를 타고 있으며, 그 철로에는 몇 개인지 알 수 없는 분기점까지 있다. 운전대에 한 사람의 과학자도 없고, 분기점에는 마귀들이 있는지도 모른다. 그 사회의 대부분의 사람들은 뒤를 향해 달리는 것처럼 보이는 차의 맨 뒤쪽 승무원실에 타고 있다."

경제협력개발기구는 미국의 과학에 관한 방대한 보고서를 발표했는데, 이 보고서 집필자의 한 사람인 벨기에의 전(前) 수상은, "우리는 여기서 과학 정책이라는 것을 찾아보려 했지만 그러한 것은 없다는 결론에 도달했다"고 말했다. 그러나 이러한 것을 안다는 사실만으로 안심할 수는 없다. 이 보고서 작성 위원회가 좀더 노력을 기울이고 덜 성공적인 것이라도 찾아보았다면, 의식적인 기술과학 정책 비슷한 것이라도 제시할 수 있었을 것이다.

과격파들은 '지배 계급'이나 '기존 체제' 또는 대중의 복지(福祉)에 해로운 방식으로 사회를 통제하고 있는 막연한 '그들'까지 곧잘 비난하고 있다. 이러한 비난이 때로는 정당할 수도 있다. 그러나 오늘날 우리는 전례 없이 위험한 현실에 직면하고 있다. 말하자면 많은 사회적인 병폐는 심한 통제의 결과가 아니라 통제의 심한 결핍의 결과라고 할 수 있다. 수많은 기술적 진보에 관한 한 아무도 책임질 사람이 없다는 것이 가장 두려운 사실이다.

문화적 양식(樣式)의 선택

산업화 과정에 있는 나라가 가난한 상태에 있다면 경제적 생산이나 물질적 생활을 개선해 줄 것으로 보이는 기술 혁신은 무조건 환영하는 경향이 있다. 실상 이것은 하나의 암묵적(暗默的)인 기술과학 정책이며, 이러한 정책은 급속한 경제 성장을 이룩할 수 있다.

그러나 이것은 너무 유치한 정책이어서 온갖 새로운 기계와 공정(工程)이 부수적 또는 장기적 효과를 검토하지 않은 채 사회 속으로 침투되어 가고 있다.

사회가 일단 초산업화 시대로 도약하기 시작하면, 이러한 '되는 대로의' 정책은 전적으로 그리고 위험스러울 만큼 부적합한 것이 되어 버린다. 기술과학의 힘과 범위가 증대되는 것과 함께 선택의 범위도 증대된다. 기술과학이 진보함에 따라 일용품이나 문화적 산출물, 서비스, 하부 문화, 생활 양식 등에 관한 선택의 필요성이 크게 증가한다. 동시에 선택의 필요성 증대가 기술과학 자체를 특징짓게 되는 것이다.

점차 더 다양한 혁신이 사회에 일어나면 선택의 문제가 더욱 까다로워진다. 눈앞의 경제적 이익에 따라 선택을 하던 낡고 단순한 정책은, 위험하고 혼란스러우며 불안한 것임이 드러난다.

오늘날 우리가 여러 기술과학 사이에서 선택을 하자면 더욱 복잡한 기준이 필요하다. 이러한 정책 기준은 단순히 피할 수 있는 재난을 모면하기 위해서만 필요한 것이 아니고, 우리가 내일의 새로운 계기를 포착하는 데 그것이 필요하기 때문이다. 어떤 사회에 선택의 필요성이 많아진다는 것은 기계 자체나 공정, 기법(技法), 체계 등을 시차(時差)를 두고 하나씩 선택하는 것이 아니라 덩어리 또는 무더기로 선택해야 한다는 것이다. 사회는 개인이 자기 나름의 생활 양식을 선택하는 것과 같은 방식을 택하지 않을 수 없고, 그 사회의 미래에 관한 대결단을 내리지 않을 수 없다.

더욱이 개인이 여러 가지 생활 양식 중에서 의식적으로 하나를 선정할 수 있는 것과 똑같이, 사회도 여러 가지 문화 양식 중에서 의식적으로 어느 하나를 선정할 수가 있다. 이것은 역사상 최초의 현상이다. 과거의 문화는 심사 숙고의 결과로 출현한 것이 아니었던 것이다. 오늘날 우리는 역사상 처음으로 문화의 출현 과정을 지켜 볼 수 있게 되었고, 의식적인 기술과학 정책의 채택과 그 밖의 방법들을 통해 내일의 문화를 그려볼 수 있게 되었다.

《서기 2000년》이란 책에서 칸(Herman Kahn)과 위너(Anthony Wiener)는 "20세기의 마지막 3분의 1에 해당하는 기간에 나타날 가능성이 많은" 100가지의 기술 혁신을 열거하고 있다. 그 내용은 레이저의 다양한 응용에서부터 신소재나 새로운 동력원, 새로운 항공 및 해저 운송 기관, 입체 사진, 의학적 목적을 위한 '인간 동면(冬眠)' 등에 이르기까지 매우 광범위하다. 이와 비슷한 목록은 어디서나 발견된다. 수송 분야나 커뮤니케이션 분야 등 상상할 수 있는 분야는 물론 거의 상상할 수 없는 몇몇 분야에서도 혁신의 물결이 넘치고 있다. 그 결과 선택의 복잡성은 증대 일로에 있다.

이러한 현상은 인간의 적응성 문제와 직접 관계가 있는 새로운 발명이나 발견을 통해 잘 설명되고 있다. 일부 컴퓨터 전문가들이 우리의 지나친 결정 부담을 덜기 위해 개발을 서두르고 있는 올리버(OLIVER)[1]가 그 한 가지 예라고 할 수 있다. 가장 단순한 형태의 OLIVER는 개인에게 정보를 제공해 사소한 결정을 내릴 수 있도록 계획한 개인용 컴퓨터에 지나지 않았다. 이러한 단계에서는 자기 친구가 맨해턴과 마티니 중 어느 술을 좋아하는가에 대한 정보나 교통로(交通路), 날씨, 주가(株價) 등에 관한 자료를 저장하는 데 이것이 이용되었다. 이것은 또 남편이 아내의 생일을 기억하고 자동적으로 꽃을 주문하는 일에나 잡지의 정기 구독 재신청, 임대료의 기일내 지불, 면도날 주문 등에 이용되었다.

전산화된 정보 체계가 점차 세분됨에 따라 도서관과 대회사, 병원, 소매점, 은행, 정부 기관, 대학 등에 설치된 방대한 자료창(資料廠)에도 연결해 이용할 수 있게 된다. 따라서 OLIVER는 개인에

---

[1] OLIVER란 On-Line Interactive Vicarious Expediter and Responder(중앙 직결식 자동 처리 장치)의 두문자(頭文字)를 모아 만든 낱말로서, 바로 이 개념의 창시자인 셀프리지(Oliver Selfridge)에게 경의를 표하기 위해 붙여진 이름이다.

게 하나의 보편적인 문제 해결 장치가 될 것이다.

　그러나 일부 컴퓨터 전문가들은 이러한 현상 너머의 것을 생각하고 있다. 주인이 한 말의 뜻을 분석하고, 그가 선택한 것을 검토하며, 그의 가치 체계를 추리하고, 그의 가치 체계의 변화에 따라 프로그램을 조절하여 궁극적으로는 주인이 점점 많은 문제를 처리할 수 있게 해주는 새로운 OLIVER의 제작이 이론적으로 가능하다는 것이다.

　따라서 OLIVER는 그 주인이 어떤 회의의 안건에 대해 어떤 의견을 가질 것인가도 거의 정확히 알 수 있을 것이다. 이렇게 되면 정작 당사자들은 참석하지 않은 채 그들을 대신하는 OLIVER들만의 회합도 가능해질 수 있다. 실제로 이렇게 컴퓨터를 이용하는 회의는 이미 실험적으로 행해지고 있다.

　OLIVER는 예컨대 주인이 X 후보를 지지할 것인지의 여부나 Y라는 자선 단체에 기부할 것인지의 여부, Z란 사람의 저녁 초대에 응할 것인지의 여부 등도 알 것이다. 컴퓨터에 정통한 OLIVER 신봉 심리학자는 "만일 당신이 예의를 모르는 촌뜨기라면 OLIVER는 그것을 알고 알맞게 처신할 것이고, 당신이 결혼 사기꾼이라면 OLIVER는 그것을 알아서 협력해 줄 것이다. OLIVER는 당신의 자아의 기계적 변형에 지나지 않기 때문이다"고 말했다. 공상 과학 소설식 추리를 진행시키면 어린 아이의 두뇌 속에 이식된 바늘만한 크기의 OLIVER도 상상해 볼 수 있고, 분지(分枝) 방법을 쓰면 자아의 기계적 변형이 아닌 생물학적 변형도 이룰 수 있다.

　개인의 적응 범위를 넓힐 수 있는 또 하나의 기술과학적 진보는 인간의 지능 지수와 관련된 것이다. 이에 관해서는 미국이나 스웨덴 및 그 밖의 지역에서 행해진 실험들이 널리 알려져 있다. 이러한 여러 실험에 따르면 우리는 멀지 않은 미래에 인간의 지능과 정보 처리 능력을 증가시킬 수 있으리라고 한다. 아직 그렇게 명확한 것은 아니지만, 생화학과 영양학 연구를 통해서는 단백질과 리보

핵산(RNA) 및 그 밖의 조작 가능한 물질들이 기억력이나 학습력과 관련이 있다는 사실이 밝혀지고 있다. 지능의 한계를 타파해 보려는 대규모의 노력은 인간의 적응 능력을 현저하게 개선하는 결과를 낳을 수도 있다.

지금 이 순간이 인간 영역을 확대해 새로운 초인간적(超人間的) 유기체를 만들어 내는 역사적 순간일지도 모른다. 그러나 그 결과는 어떻게 되고, 대안(代案)은 어떤 것일까? 우리는 OLIVER가 사람 노릇을 하는 세상을 원하고 있는가? 그렇다면 언제 그리고 어떤 조건이나 상태하에서인가? OLIVER를 가질 수 있는 사람은 누구고, 가져서는 안 되는 사람은 누구인가? 정신적 결함이 있는 사람들을 정상 수준으로 끌어올리는 데만 생화학적 치료를 활용할 것인가, 평균적인 사람의 정신적 능력을 끌어올리는 데도 활용할 것인가? 아니면 초천재(超天才)를 육성하는 데 힘을 쏟아야 할 것인가?

분야는 전혀 달라도 이와 비슷하게 복잡한 선택의 문제가 많다. 값싼 핵에너지를 개발한다는 요란한 시도에 현혹되어 우리의 자원을 낭비해도 괜찮은 것일까? 생화학전(生化學戰)에 대비하기 위해 그렇게 많은 노력을 기울여야 할 것인가? 초음속 제트기를 제작하기 위해 수십억 달러에 달하는 돈을 소모해야 할 것인가, 아니면 그 돈을 인공 심장 개발에 돌려야 할 것인가? 인간의 유선 인사를 바꾸어야 할 것인가? 또는 어떤 중대한 목적으로 동서독을 합친 것만한 규모의 내해(內海)를 만들기 위해 브라질 내륙 지역으로 물을 끌어들여야 할 것인가? 멀지 않아 아침 음식에 초환각제(超幻覺劑)나 공격억제제(攻擊抑制劑)를 넣게 되거나 헉슬리의 소설에 나오는 '소마'를 아침으로 먹게 될 것이다. 또 행성에 사람들을 이주시킬 수도 있고, 신생아의 두개골 속에 쾌락 탐침(探針)을 이식할 수도 있을 것이다. 그러나 할 수 있다고 해서 그렇게 해야 할 것인가? 그것을 결정할 사람은 누구일까? 어떠한 인간적 기준에 따라 그 결정이 이루어져야 할 것인가?

OLIVER나 핵에너지, 초음속 수송기, 대륙적 규모의 거대 공학(工學), 그리고 환각제와 쾌락 탐침을 도입하는 사회와, 이와 달리 인간의 지능을 높이고 공격억제제를 보급하며 싼 값의 인공 심장을 마련하는 등의 길을 택하는 사회는 틀림없이 근본적으로 다른 문화를 발전시킬 것이다.

기술과학의 진보를 선별적으로 추진하는 사회와, 손에 닿는 대로 무턱대고 수용하는 사회 사이에는 커다란 차이가 나타날 것이다. 기술과학의 발전 속도가 점진적이고 미래의 충격을 막을 수 있도록 조절된 사회와, 대다수의 일반인들이 합리적 의사 결정을 할 수 없는 사회의 차이는 더욱 두드러질 것으로 보인다. 전자의 경우에는 정치상의 민주주의와 국민의 광범위한 참여가 쉽게 이루어질 수 있지만, 후자의 경우에는 소수 기술 경영적 엘리트에 의한 정치 지배가 확립될 공산이 크다. 요컨대 우리의 기술과학적 선택은 미래의 문화 양식을 규정할 결정적 요인으로 작용할 것이다.

이것이 바로 기술과학적 문제가 기술과학적 맥락에서만 해결될 수 없는 이유다. 기술과학적 문제는 정치적 문제이기도 하다. 기술과학적 문제는 실상 오늘날의 우리에게 영향을 미치고 있는 대부분의 피상적인 정치 문제보다 더 심각한 영향을 미치고 있다. 우리가 낡은 방식으로 기술과학적 결정을 내릴 수 없는 이유도 여기에 있다. 우리는 이러한 결정들을 아무렇게나 그리고 따로따로 내릴 수도 없고 눈앞의 경제적 사정에만 집착할 수도 없다. 우리는 이러한 결정을 정책 부재(不在)의 상황에서 내릴 수도 없고, 자기 행동에 대해 책임을 느끼지 않는 사업가나 과학자, 기술자 또는 행정 관료들에게 결정의 책임을 무턱대고 위임할 수도 없다.

트랜지스터와 섹스

따라서 기술과학을 통제하고 이러한 통제를 통해 사회 전반의 가속적 추진력에 어느 정도 영향력을 미칠 수 있으려면, 새로운 기술과학을 사회에 내놓기에 앞서 여러 단계의 필요한 검증을 거치도록 하는 일부터 시작하지 않으면 안 된다. 어떤 새로운 과학적 혁신이라도 그것에 대한 충분한 문제점 검토를 거쳐 실용화 증서를 발급해야 할 것이다.

첫째로 우리는 이제까지의 쓰라린 체험을 통해 새로운 기술과학이 인체에 미치는 잠재적 효과를 세심하게 검토해야 한다는 사실을 배웠다. 우리는 새로운 형태의 동력이나 새로운 자재나 새로운 공업용 화학 물질을 실용화할 때, 이것이 우리의 생존에 필요한 미묘한 생태학적 균형을 어떻게 변화시킬 것인가를 검토해 보려고 노력하지 않으면 안 된다. 더욱이 우리는 이것이 시간적·공간적으로 먼 거리에 있는 일들에 미치는 간접적 영향도 예견하지 않으면 안 된다. 강에 버리는 공장 폐기물은 수백 수천 마일이나 떨어진 해양까지 뒤덮을 수도 있다. DDT는 사용 후 몇 년이 지나지 않으면 그 해독이 잘 나타나지 않는다. 이 DDT의 해독에 대해서는 너무나 많은 논의가 이루어졌기 때문에 여기서 새삼 거론할 필요조차 없을 것이다.

둘째 문제는 더욱 복잡한 것이지만, 하나의 기술적 혁신이 사회적·문화적·심리적 상황에 미치는 장기적인 영향에 대해서도 검토해 보아야 한다. 자동차는 우리의 도시 형태를 변화시키고, 주거(住居)의 소유나 매매 형태를 바꾸었으며, 섹스의 습관을 변화시켰고, 가족의 결합 관계도 느슨하게 만들었다는 것이 일반적인 견해다. 중동(中東) 지역에서는 트랜지스터 라디오의 급속한 보급이 아랍 민족주의의 부활에 기여한 것으로 평가되고 있다. 피임약이나 컴퓨터 그리고 우주 개발 계획 등과 아울러 체계 분석과 같은 '이용 기술'의 발명과 보급도 모두 그 후에 중대한 사회적 변화를 가져왔다.

우리는 이러한 사회적·문화적 영향이 부차적인 것이라고 해서 '생겨나도록' 방치해 둘 수는 없다. 우리는 이러한 영향의 성격이나 힘, 시기 등을 가능한 한 평가함으로써 그것을 예견하려고 노력하지 않으면 안 된다. 이러한 영향들이 심각한 해를 끼칠 것 같다면, 새로운 기술과학을 금지시킬 각오도 되어 있어야 한다. 그렇게 하는 도리밖에 없다. 기술과학이 사회를 뒤흔들도록 내버려 둘 수는 없는 것이다.

비단 기술과학에만 해당되는 것은 아니지만 우리가 어떤 작용의 영향을 빠짐없이 알 수 없다는 것은 분명한 사실이다. 그렇다고 달리 방도가 없는 것은 아니다. 예를 들면 한정된 범위에서 한정된 집단을 대상으로 새로운 기술과학을 시험해 그 부차적 영향을 알아본 뒤, 그것을 보급할 수도 있다. 상상력을 발휘해 본다면 우리는 기술과학적 결정에 도움을 줄 수 있도록 생체(生體) 실험을 할 수도 있고 집단 실험까지도 가능할 것이다. 우리는 변화의 속도를 인위적으로 느리게 만든 과거 생활 지역을 재현시키려 하거나 미래의 환경을 앞질러 경험할 수 있는 미래 생활 지역을 만들려고 하듯, 새로운 약품과 동력원, 차량, 화장품, 기계, 그리고 기타 새 제품을 실험적으로 사용해 검토할 수 있는 새로운 요소로 가득 찬 특수 공동체를 따로 만들거나 원조할 수도 있다.

오늘날의 기업은 신제품이 기능을 제대로 수행할 수 있는가를 확인하기 위해 현장 시험을 거치는 것을 통례로 삼고 있다. 또 그 제품이 잘 팔릴 것인가를 알아보는 시장 조사도 한다. 그러나 그것이 사람에게 어떤 영향을 미칠 것인지 확인하기 위해 소비자나 사회에 대한 사후 점검을 실시하는 회사는 거의 없다. 우리가 미래에 살아남을 수 있느냐의 여부는 사후 점검을 하려는 우리의 노력 여하에 달려 있다.

설사 생활 검증이 손쉬운 일이 아니라고 하더라도, 우리는 여러 기술과학의 장기적 효과를 체계적으로 예견해 볼 수는 있다. 행태과학 연구자들이 수학적 모델이나 모형 설정으로부터 델피(Delphi) 방식의 기술 예측에 이르기까지 새로운 도구를 급속히 개발하고 있어서, 우리는 우리 행동의 결과에 대해 보다 정확한 판단을 내릴 수 있다. 우리는 기술과학의 사회적 평가에 필요한 구체적 개념을 만들어 내고 있기 때문에 그것을 활용만 하면 되는 것이다.

셋째의 것은 보다 어렵고 심각한 문제로서, 사회 구조상의 실제 변화에 관계 없이 새로운 기술과학이 사회의 가치 체계에 어떤 영향을 미칠 것인가 하는 문제다. 우리는 가치 구조에 대해서나 그것이 어떻게 변하는가에 대해서 별로 아는 바가 없다. 하지만 가치 구조가 기술과학에 의해 큰 영향을 받고 있다고 믿는 데는 그럴 만한 이유가 있다. 다른 곳에서 필자는 '가치상(價値上) 영향 예보관(豫報官)'이라는 새로운 직업을 만들어야 한다고 제안한 바가 있다. 이 예보관들은 고도로 발전된 행태과학 기술을 활용해 기술과학에 함축된 가치를 평가하도록 훈련된 사람들이다.

1967년 피츠버그 대학에서는 저명한 경제학자와 자연과학자, 건축가, 기획 담당자, 작가, 철학자 등이 가치 예측 기술을 발전시키기 위한 모임을 개최한 일이 있었다. 하버드 대학에서는 '기술과학과 사회에 관한 모임'을 갖고 이 분야와 관련된 연구를 시도했다. 코넬 대학과 컬럼비아 대학의 인문과학연구소에서는 기술과학과 가치관의 관계에 관한 모델을 만들어, 이들 상호간의 영향을 분석하는 데 활용할 게임을 설계해 보려는 시도가 이루어지고 있다. 이러한 모든 시도들이 아직은 유치한 단계에 머무르고 있지만, 우리가 새로운 기술과학을 이전보다 예리하게 평가할 수 있도록 도움을 줄 것으로 생각한다.

넷째이자 마지막으로, 현재까지 전혀 검토되지 않았지만 우리가 미래의 충격의 확산을 방지하기 위해 절대로 필요한 한 가지 문제를 제기하지 않을 수 없다. 즉 중대한 기술과학적 혁신이 이루어질 때마다 그것이 가속화에 미치는 영향은 무엇인가를 따져보아야 한다는 것이다.

적응의 문제는 이미 개개의 발명이나 기술에 대처하는 어려움을 훨씬 넘어서고 있다. 우리의 문제는 이미 특정한 하나의 기술 혁신이 아니라 연속된 기술 혁신들이다. 이를테면 문제는 초음속 여객기나 증식형(增殖型) 원자로, 또는 '지면(地面) 효과' 이용물 등이 아니라 이러한 기술 혁신의 상관 관계에서 나타나는 전반적 결과 또는 그것들이 사회 안으로 가져오는 새로운 요소들인 것이다.

제기된 기술적 혁신이 이어지는 발전의 속도와 방향을 통제하는 데 도움을 주고 있는가, 아니면 통괄할 수 없는 일들을 계속 만들어 내는 경향이 있는가? 이것은 일시성의 정도나 새로움의 비율, 그리고 선택의 다양성에 어떤 영향을 미치고 있는가? 이러한 문제들을 체계적으로 조사하지 못한다면 기술과학을 사회적 목적에 맞추려는 우리의 시도——가속적 추진력을 전체적으로 통제해 보려는 우리의 시도——는 무력하고 부질없는 일이 되고 말 것이다.

이에 따라 사회 과학과 자연 과학에는 절박한 지적 과제가 제기된다. 우리는 가장 강력한 기술과학을 만들고 연결시키는 것은 배우고 있으면서도, 그 결과에 대해서 배우려는 노력은 기울이지 않고 있다. 지금 이러한 결과들이 우리를 파멸로 몰아넣으려 하고 있다. 우리는 이 점을 배우지 않으면 안 된다. 그것도 서둘러 배우지 않으면 안 된다.

기술 민정관(民情官)

그러나 이것은 지적인 문제이기만 한 것이 아니라 정치적인 것이기도 하다. 우리는 새로운 연구 도구, 곧 환경을 이해하는 새로운 방법을 고안해 내는 것과 함께 이러한 문제들이 실제로 검토되도록 보장하고 제시된 특정 기술과학을 장려하거나 억제하는(심지어 금지시키기까지 하는) 창조적인 새 정치 기구도 구상하지 않으면 안 된다. 요컨대 우리는 기계를 선별하는 기구를 필요로 한다.

다음 10년간에 가장 핵심적인 정치 과제는 이러한 기구를 설치하는 일이라고 본다. 우리는 기술과학에 대해 체계적인 사회적 통제력을 행사하기를 두려워해서는 안 된다. 기술과학을 통제하는 책임은 공공 기관과 기술과학의 혁신을 이룩한 회사 또는 연구소 등이 함께 지지 않으면 안 된다.

　기술과학을 통제해야 한다는 어떤 주장에도 과학자들은 즉각 놀라움을 나타낼 것이며, 정부의 서투른 간섭을 초래할 위험도 없지 않다. 그러나 기술과학에 대한 통제는 연구 수행의 자유에 대한 속박을 뜻하는 것이 아니다. 문제가 되는 점은 발견이 아니라 보급이며, 발명이 아니라 응용이다. 아이러니컬하게도 사회학자 에치오니(Amitai Etzioni)가 지적한 것처럼 "케인스류의 경제 통제를 전적으로 받아들이고 있는 많은 자유주의자들도 기술과학에 대해서만은 자유 방임적 견해를 고수하고 있다. 그들의 주장은 자유 방임적 경제 이론을 옹호하기 위해 지난날 이용했던 바로 그러한 주장이다. 말하자면 기술과학을 통제하려는 시도는 어느 것이든 혁신과 창의를 질식시킬 것이다"라는 것이다.

　과잉 통제에 대한 경고는 소홀히 다루어져서는 안 된다. 하지만 통제가 없기 때문에 일어나는 결과는 더욱 나쁠 수도 있다. 사실 과학과 기술은 절대적인 의미에서 결코 자유일 수 없다. 기술 혁신과 그 응용 비율은 그것을 만들어 낸 사회의 사회관과 제도의 영향을 함께 받아 결정된다. 결국 어떤 사회도 기술적 혁신을 널리 활용하기에 앞서 선별 과정을 거치고 있다.

　그러나 우연에 의존하는 오늘날의 선별 방법과 그 선택의 토대가 되고 있는 기준은 달라져야 한다. 서구에서는 어떤 기술적 혁신을 골라 내어 활용하는 기본적인 기준을 경제적 수익성에 두고 있다. 그러나 공산주의 국가에서는 그 기술 혁신이 전체의 경제 성장과 국력에 기여할 것인가를 궁극적인 기준으로 삼고 있다. 서구에서는 그 결정이 사적으로 이루어지고 다원적으로 분권화되어 있는 데 반해, 공산주의 국가에서는 공적으로 이루어지고 엄격하게 집권화(集權化)되어 있다.

이러한 두 체제는 이제 낡아빠져서 초산업화 사회의 복합성에 대응할 수 없는 실정이다. 두 체제는 기술과학의 즉각적이고 명확한 결과만을 생각하고 나머지는 온통 무시하는 경향이 있다. 하지만 우리는 눈에 띄지 않는 장기적 영향에 대해서도 점차 관심을 기울이지 않을 수 없도록 되어가고 있다. 캐나다 과학협의회의 솔란트(O. M. Solandt) 의장은, "사회는 많은 유능하고 상상력 풍부한 과학자들이 새로운 기술과학의 장기 효과를 예측하려는 노력에 계속 관심을 쏟을 수 있도록 조직되어야 한다. 개인의 경계심을 통해 위험을 예측하고 압력 단체를 형성해 잘못을 시정한다는 현행 방법은 앞으로 쓸모가 없어질 것이다"고 쓰고 있다.

기술 민정관, 곧 기술과학의 무책임한 실용화로 인해 빚어지는 불만을 접수해 조사·처리하는 공적(公的) 기구를 설립하는 일은 올바른 방향으로 나아가는 제일보가 될 것이다.

기술과학의 역효과를 시정할 책임은 누가 져야 할 것인가? 가정용 세탁기와 접시닦이용 세제의 급속한 보급은 미국 전역에 걸쳐 수질 정화 문제를 제기했다. 세제를 사회로 끌어들이는 결정은 사적(私的)으로 이루어졌지만, 거기서 파생된 문제는 납세자와 전체 소비자들이——수질 저하라는 형태로——걸머지는 결과가 되고 말았다.

대기 오염의 경우도 마찬가지로, 오염원(汚染源)은 대부분 개인 기업과 공장, 정부 시설이지만 그 부담은 납세자와 사회가 걸머진다. 아마도 공해 방지 비용은 특정 업체보다 사회적 경상비(經常費)의 형식으로 공중이 부담하는 것이 합리적일는지도 모른다. 비용을 할당하는 방법은 여러 가지가 있다. 그러나 어떤 방법을 택하든 책임의 한계를 분명히 하는 것은 절대로 필요하다. 어떤 기관이나 집단, 기구도 명백히 책임을 지지 않는 경우가 너무나 많은 것이다.

기술 민정관은 이러한 불만에 대한 공적 조사 기구로 봉사할 수 있다. 이러한 기구는 새로운 기술과학을 무책임하게 또는 사전 고려가 전혀 없이 실용화하는 회사나 정부 기관에 대해 주의를 환기해 새로운 기술과학을 보다 현명하게 사용하도록 압력을 행사할 수 있다. 필요한 경우 피해 보상 소송을 제기할 수 있는 권한을 부여하면, 이 기관은 무책임한 기술과학의 사용에 대한 중요한 억지력(抑止力)이 될 수도 있다.

외부 여과 장치

그러나 어떤 사태가 터진 후에 책임 소재를 조사해 문책하는 것만으로는 충분하다고 할 수 없다. 우리는 안전하고 사회적으로 유익한 기술과학을 발전시키기 위해 공적인 유인(誘因)을 만드는 한편, 위험 사태로부터 우리를 보호하기 위한 외부 여과 장치를 만들지 않으면 안 된다. 이것은 중요한 기술과학의 진보가 일반에게 사용되기에 앞서 그것을 검토하기 위한 정부 차원 또는 사적 차원의 기구를 뜻한다.

기업들도 스스로가 만들어 낸 기술 혁신의 잠재적 영향을 검토하기 위한 그들 스스로의 '결과 분석진(分析陣)'을 설치할 것이다. 이들에게는 단순히 시험 단계의 새로운 기술과학을 검증하는 일뿐만이 아니라, 기술 혁신을 사회 선제에 보급하기에 앞서 그 영향에 관한 공개 보고서를 작성하는 일도 부과될 것이다. 대부분의 책임은 산업체가 져야 한다. 통제는 집권화되지 않을수록 좋은 것이다. 자율적인 정책이 제대로 이루어지기만 한다면, 이것은 외적이고 정치적인 통제보다 바람직하다.

그러나 자주 볼 수 있듯이 자율적인 규제가 실패한다면, 공적인 개입이 불가피할 것이고 우리 모두가 책임을 져야 한다. 미국 하원(下院)의 과학·연구 개발 분과위원회 위원장 다다리오(Emilio Q. Daddario) 의원은 연방 정부 안에 기술과학 평가위원회를 설치할 것을 제안했다. 미국 과학원과 미국 기술원, 국회도서관 입법자료 조

사실, 그리고 조지 워싱턴 대학 등에서는 이러한 기구의 성격을 적절히 규정하기 위한 연구를 수행했다. 이러한 기관 형태에 대해서는 이론(異論)이 있을 수 있지만 그 필요성에 대해서만은 논쟁의 여지가 없다.

사회는 기술과학 진보를 위한 일정한 일반 원칙도 설정할 수가 있다. 예를 들어 어떤 기술 혁신의 도입이 커다란 위험을 초래할 염려가 있는 경우, 예상되는 악영향을 시정하는 데 필요한 기금을 책임 있는 기관에 공탁(供託)하도록 요구할 수도 있다. 우리는 기술 혁신을 확산시키는 회사나 단체들이 보험료를 지불하는 '기술과학 보험 공단(公團)'도 만들 수가 있다.

일정 규모 이상의 생태학적 변화를 일으키는 것은 지연시키거나 완전히 금할 수도 있다. 그 기준으로서는 자연에 대한 침해가 너무 크고 너무 돌연한 것이어서 그 효과를 알아내 시정할 수 없다면 금할 수밖에 없다는 원칙에 따라야 할 것이다. 예를 들어 아스완(Aswan) 댐은 이집트의 농업에 도움을 주기는커녕 어느 때인가는 나일강 양편의 땅을 온통 염토(鹽土)로 만들어버릴는지도 모른다는 주장이 나오고 있다. 이것이 사실이라면 참으로 큰일이 아닐 수 없다. 그러나 이러한 일은 하룻밤 사이에 터지는 일이 아닐 것이며, 따라서 미리 알아내 예방할 수도 있는 것이다. 이와는 반대로 브라질의 전내륙(全內陸)에 물을 끌어들이는 계획은 즉각적이고 측정할 수 없을 만큼의 생태학적 영향을 빚어 낼 위험성이 크므로, 적절한 감시 체제와 긴급 사태에 대한 대처 방법이 마련될 때까지 허용되어서는 안 된다.

사회적인 영향이라는 면에서도 새로운 기술과학이 사용 인가(認可)를 받으려면, 새로운 기술과학이 여러 시점에서 어떤 사회적 영향을 미칠 것인가를 성심껏 결정해 줄 심리학자와 사회학자, 경제학자, 정치학자 등 행태과학자들의 토의를 거치게 될 것이다. 하나의 기술 혁신이 심각한 파괴적 결과를 초래하거나 걷잡을 수 없는 가속적 압력을 불러일으킬 것으로 생각된다면, 이러한 사실들은 사회적 손익(損益) 계산의 절차에 따라 따져볼 필요가 있다. 기술 혁신이 강한 영향을 미치는 경우, 기술과학 평가 기관은 이에 대한 규제 입법(立法)을 하거나 충분한 공개 토론과 연구가 끝날 때까지 강제 연기를 명령하는 권한을 행사할 것이다. 반대의 경우, 즉 기술 혁신의 부정적인 결과를 상쇄할 수 있는 여러 가지 조치들이 미리 취해져 있는 경우 이러한 기술 혁신은 보급을 인가받을 수 있다. 이러한 방법을 취하면 사회는 파멸이 오기 전에 기술과학이 빚어 낼 여러 문제들을 미리 처리할 수 있을 것이다.

개개 기술과학만이 아니라 그들의 상호 관계와 시간적 차이, 예상되는 보급 속도 등의 요소를 고려함으로써, 우리는 변화의 방향과 아울러 변화의 속도까지도 어느 정도 통제할 수 있다.

물론 이러한 제안 자체도 사회에 폭발적인 영향을 줄 위험성이 있으므로 세밀한 평가를 거쳐야 한다. 위와 같은 목적을 달성하는 데 더 좋은 방법도 있을 것이다. 그러나 시간적인 여유가 너무 없다. 우리는 눈을 가린 채 초산업화 시대로 뛰어들 수는 없다. 기술과학의 통제 문제를 놓고 앞으로 격렬한 정치적 논쟁이 빚어질 것이다. 하지만 논쟁이야 있든 없든, 가속적 추진력을 통제하려면 기술과학이 길들여지지 않으면 안 된다. 그리고 미래의 충격을 예방하기 위해서는 가속적 추진력을 통제할 수 있어야만 한다.

제 20 장 사회적 미래주의의 전략

통제할 수 없는 사회에서 사람이 살아갈 수 있을까? 이것은 바로 미래의 충격이란 개념이 우리에게 던지는 질문이다. 이러한 사회야

말로 바로 우리가 살고 있는 사회이기 때문이다. 설사 헝클어진 것이 기술과학뿐이라고 하더라도 우리의 문제는 매우 심각했을 것이다. 그러나 다른 많은 사회 과정들도 크게 흔들려, 바른길로 이끌어 가려는 우리의 최선의 노력을 무시하면서 제멋대로 나아가고 있다는 것은 더욱 치명적인 사실이다.

도시화와 인종 분쟁, 이주(移住) 현상, 인구 폭발, 범죄 등은 변화를 조절해 보려는 우리의 노력을 점차 어리석고 무모한 짓으로 생각케 하는 수많은 사례 가운데 일부라고 할 수 있다. 이러한 현상 가운데 일부는 기술과학의 출현과 밀접한 관계가 있는가 하면 또 다른 일부는 부분적으로나마 기술과학과 무관한 것들도 있다. 변화의 속도가 고르지 못하고 매우 빠른 데다가 그 방향이 고정되어 있지 못하기 때문에, 기술과학 사회는 스웨덴이나 벨기에처럼 비교적 작은 나라까지도 포함해 너무나 복잡하고 너무나 빨리 성장해 이제는 관리하기가 어려워진 것이 아닐까 하는 생각을 갖지 않을 수 없다.

아무리 선의(善意)를 가진 정부라도 변화를 올바른 방향으로 이끌어 갈 수 없게 되었을 때, 변화의 속력을 선별적으로 조절하고 자극의 수준을 높이거나 내려서 엄청난 미래의 충격을 막을 수 있을 것인가?

미국의 한 저명한 도시 문제 전문가는, "도시 재건 기구가 30억 달러 이상의 비용을 쓰면서도 저렴한 주택의 공급을 사실상 줄이는 일만을 되풀이하고 있다"고 불만을 표시했다. 이러한 와해 현상은 여러 분야에서 나타나고 있다. 오늘날 복지 계획의 수혜자(受惠者)들이 도움을 받기보다는 해를 입는 현상이 때로 빚어지는 까닭은 무엇일까? 부족할 것이 없는 엘리트라고 생각되는 대학생들이 폭동과 반란을 일으키는 까닭은 무엇일까? 고속도로가 교통 혼잡을 감소시키기보다는 증대시키는 까닭은 무엇일까? 요컨대 그토록 많은 선의의 자유주의적 계획들이 그토록 빨리 고약한 본질을 드러내어 중요한 효과를 상쇄해 버리고 마는 까닭은 무엇일까? 영국 하원의 원 플레처(Raymond Fletcher)가 최근 "사회는 엉망이 되었다"고 불평한 것도 결코 놀라운 일이 아니다.

여기서 엉망이라는 것이 문자 그대로 형태가 없는 것을 뜻하고 있다면 그의 말은 물론 지나친 것이다. 그러나 그 말이 사회 정책의 결과가 변덕스럽고 예측할 수 없다는 뜻이라면 그것은 정곡을 찔렀다고 할 수 있다. 미래의 충격이 지니는 정치적 의미가 여기에 있다. 왜냐하면 개인적인 미래의 충격이 변화의 속도와 맞출 수 없어서 일어나는 것처럼, 정부 역시 일종의 집단적인 미래의 충격, 곧 결정 과정상의 파탄 현상으로 고통을 받을 수 있는 것이다.

영국의 저명한 사회과학자인 비커즈(Geoffrey Vickers) 경은 이 문제에 관해서 다음과 같이 명쾌하게 지적하고 있다. "변화는 가속적으로 증대되지만, 그것에 대한 반응에는 상응할 만한 가속화가 일어나지 않고 있다. 그 결과 우리는 통제가 상실되는 바로 그 문턱에 와 있다."

기술주의의 종말

우리는 지금 산업 사회 해체의 최종 단계에 이르렀으며, 이와 함께 기술주의적 계획도 붕괴하고 있다. 기술주의적 계획이란, 최근까지 소련을 특징지었던 중앙집권적 국가 계획뿐만 아니라 정치적 설득 과정의 존재 여부와는 관계 없이 모든 고도 기술 국가에 나타나고 있는 변화를 체계적으로 관리하려는 비공식적이고 보다 분산적인 시도까지 포함시켜 생각하려 한다. 사회주의 비평가 해링턴(Michael Harrington)은 우리가 계획을 거부했다고 주장하면서, 우리 시대를 '우연의 세기'라고 규정했다. 그러나 갤브레이스(John Kenneth Galbraith)가 지적한 대로, 자본주의 경제의 맥락 속에서도 대기업들은 생산과 분배를 합리화하고 되도록 좋은 방향으로 미래를 계획하는 데 많은 노력을 기울이고 있다. 정부 역시 계획 업무에 깊은 관심을 쏟고 있다. 전후(戰後) 경제 운영을 특징지은 케인스 방식은 부적합할는지 모르지만, 우연에만 맡겨버리지 않고 있음을 보여준 것이라 하겠다. 프랑스에서는 '르 플랑(Le Plan)'이 국민 생활의 고정된 특징이 되고 있다. 스웨덴과 이탈리아, 독일, 일본 등에서도 정부는 특정 산업체를 보호하고 자금을 지원하며 성장을 촉진하기 위해 경제 부문에 적극적으로 개입하고 있다. 미국과 영국의 경우에는 지방 정부들까지도 최소한 계획부라고 불리는 기구들을 설치하고 있다.

이러한 온갖 노력에도 불구하고 어찌하여 통제가 제대로 되지 못할까? 문제는 우리가 너무 적게 계획하고 있을 뿐 아니라 너무 불완전하게 계획하고 있다는 데 있는 것 같다. 그리고 잘못된 원인 가운데 일부는 우리의 계획에 함축되어 있는 전제 자체에까지 소급될 수 있다.

첫째로 기술주의적 계획은 그 자체가 산업화 시대의 산물인데, 이것은 바로 급속히 사라져 가는 시대의 가치관을 반영하고 있다. 자본주의 사회든 공산주의 사회든 산업화 사회는 물질적 복지의 극대화에 초점을 맞춘 제도였다. 따라서 디트로이트에 있든 키에프에 있든 기술 관료에게는 경제 발전이 주된 목적이며 기술과학이 주된 도구다. 발전은 전자의 경우 사적(私的) 이익에 이바지하고 후자의 경우 이론상으로는 공공선(公共善)에 이바지한다는 차이가 있지만, 그것이 이 양체제에 공통된 근본 가정(假定)을 변경시키는 것은 아니다. 기술주의적 계획이란 바로 '경제 중심적 계획'인 것이다.

둘째로 기술주의적 계획은 산업화 시대의 시대적 편견을 반영하고 있다. 산업화 시대는 종래 사회의 답답한 과거 지향성으로부터 벗어나려고 노력함으로써 주로 현재에 초점을 맞추고 있다. 이러한 사실이 실제로 뜻하는 바는 계획이 눈앞의 미래만을 다루고 있다는 것이다. 5개년 계획이 1920년대 소련에서 처음으로 추진되었을 때, 그것은 터무니없는 미래주의라고 해서 세상을 놀라게 했다. 이데올로기 장막 양쪽의 가장 발전된 조직체 몇몇을 제외하면, 오늘날에도 1~2년 정도의 예측은 '장기 계획'으로 간주되고 있는 것이다. 앞으로 고찰하겠지만, 몇몇 회사와 정부 기관에서는 10년이나 20년, 심지어 50년 뒤에 일어날 상황에 관심을 쏟기 시작하고 있다. 그러나 대부분의 사람들은 다음 월요일을 내다보는 것조차 꺼리는 실정이다. 이렇듯 기술주의적 계획은 '단기적'인 것이다.

셋째로 기술주의적 계획은 산업화 시대의 관료 조직을 반영해 위계 질서에 전제를 두고 있다. 세계는 관리자와 노동자, 계획 입안자와 계획 수행자로 나누어져 있고, 후자를 위해 전자가 결정을 내리는 것이다. 변화가 산업화의 속도와 알맞게 전개될 때에는 이러한 체제가 적합할 수 있었지만, 그 변화 속도가 초산업화적인 속도로 나아감에 따라 이러한 체제는 붕괴되기에 이른 것이다. 환경이 불안정해짐에 따라 하부 조직에서는 예견치 못한 결정이 필요하게 되고, 즉각적인 피드백의 필요성은 종적인 라인과 횡적인 스태프 사이의 구분을 애매하게 만들어 위계 질서는 무너지게 되었다. 계획 입안자들은 현장과 너무 멀리 떨어져 있고 상황을 너무나 모르며 변화에 대한 반응도 너무 느리다. 상의 하달식(上意下達式)의 통제가 비능률적이라는 생각이 전파됨에 따라, 하부의 계획 수행자들도 결정 과정에 참여할 권리를 주장하고 나서기 시작한다. 그러나 계획 입안자들은 이러한 요구를 거부한다. 기술주의적 계획은 바로 그것이 반영하고 있는 관료 제도와 마찬가지로 본질적으로 비민주적인 것이기 때문이다.

우리를 초산업화 시대로 밀어붙인 힘은 이렇게 파탄에 이른 산업화 시대의 방법으로서는 이미 조절될 수 없다. 뒷걸음치거나 느린 속도로 움직이고 있는 산업체와 그런 사회에서는 이러한 방법들이 한때나마 활용될 수 있을는지 모른다. 그러나 변화가 빠르고 진보된 산업체나 대학, 도시 등에서 이러한 방법을 잘못 활용하면 점점 더 동요와 파탄을 일으켜 불안정을 심화시킬 따름이다. 더욱이 실패의 증거가 쌓여 감에 따라, 정치적·문화적·심리적으로 위험한 사조(思潮)들이 날뛰기 시작한다.

 통제력을 상실할 때 나타나는 반응으로서는 예컨대 지성(知性) 거부 현상 같은 것이 있다. 과학은 인간에게 먼저 자기 환경을 다스릴 수 있다는 생각을 불어넣어 주고, 다음에는 미래를 다스릴 수 있다는 의식을 집어넣어 준다. 과학은 미래를 불변한 것이 아니라 조절할 수 있는 것으로 봄으로써, 묵종과 신비주의를 주입하는 아편과 같은 종교를 때려 부수었다. 오늘날 사회가 통제에서 벗어나고 있다는 증거가 속출함에 따라 과학에 대한 환멸이 자라나고 있다. 그 결과 우리는 신비주의의 화려한 부활에 직면하고 있다. 점성술이 갑자기 날뛰고 유행하는가 하면 선(禪)과 요가, 강신술(降神術), 마술 등을 즐기는 사람들이 많다. 디오니소스적 체험과 비언어적이고 비체계적인 커뮤니케이션의 탐구를 중심으로 한 여러 가지 의식(儀式)이 만들어지고 있다. 우리는 '생각하는 것'보다 '느끼는 것'이 중요하다는 얘기를 듣는데, 이들 둘은 대조적인 것처럼 얘기되고 있다. 실존주의 철학자들이 카톨릭 신비주의자나 융(Carl G. Jung)을 추종하는 정신분석학자, 힌두교의 도사 등과 함께 과학적이고 이성적인 것에 등을 돌리고 신비적이고 감상적인 것을 찬미하고 있다.

 이렇게 과학 이전의 태도로 역행하는 현상이 사회에 복고(復古)의 거센 물결을 일으키는 것은 당연하다. 낡은 가구, 흘러 간 시대의 우표, 지난날의 사소한 추억에 토대를 둔 놀이, 아르 누보〔新美術〕의 부활, 에드워드 왕조풍의 보급, 험프리 보가트나 필즈(W. C. Fields)와 같은 지나간 인기인들의 재발견 등은 모두 보다 단순하고 조용했던 과거에 대한 심리적 갈망을 반영하고 있다. 유력한 유행 업체들이 이러한 갈망을 이용해 돈을 벌려고 활동을 전개함으로써 향수(鄕愁) 산업은 호황을 맞게 된다.

 기술주의적 계획의 실패와 그로 인한 통제력 상실감은 '현세'의 철학도 길러 내고 있다. 노래와 광고물들은 '현세주의 세대'의 출현을 환영하고, 배웠다는 정신병리학자들은 억압하면 위험한 사태가 일어날지도 모른다고 주장하면서 만족을 얻는 일을 뒤로 미루지 마라고 경고하고 있다. 그런가 하면 행동을 하고 즉각적인 보상을 구하는 태도가 장려되고 있다. 우드스톡에서 열린 대규모 록 페스티벌이 끝난 후 한 10대 소녀는 기자에게 "우리는 보다 현실 지향적이다. 하고 싶은 일이 있으면 당장 하는 것이 좋다. 어디든 오래 머무르려면 계획을 세우지 않으면 안 된다. ……그래서 옮겨 다니는 것이다"라고 말했다. 사회의 무계획성과 똑같은 제멋대로의 생활이 심리적으로 중요한 미덕으로까지 승화되고 있는 것이다.

미래에 대한 '무턱댄' 접근으로밖에 규정될 수 없는 현상을 지지하는 데 우익과 신좌파가 이상스러운 연립을 이루는 것을 보면, 정치면에서도 이와 비슷한 현상이 빚어지고 있다고 하겠다. 따라서 우리는 점차 반계획(反計劃)이나 무계획(無計劃)을 요구하는 소리를 많이 듣게 될 것이며, 때로는 이러한 현상을 '유기적 성장'이라고 완곡하게 표현할 수도 있다. 일부 급진파들 사이에서는 이러한 현상이 무정부주의적 색채를 띠는 수도 있다. 그들이 뒤집어엎으려고 하는 제도나 사회의 미래를 위해 장기 계획을 세우는 것을 불필요하거나 바보스러운 짓으로 간주할 뿐만 아니라, 때로는 한 시간쯤 남은 모임의 계획을 짜는 것조차 어설픈 일이라고 생각하고 있다. 무계획이 가장 영광스럽다는 것이다.

계획은 미래에 특정 가치를 강요한다고 주장하는 반계획론자들은, 계획을 하지 않아도 가치가 미래에 강요되기는 마찬가지며 더욱 나쁜 결과를 초래할 수도 있다는 사실을 간과하고 있는 것이다. 반계획론자들은 기술주의적 계획의 편협하고 경제 중심적 성격을 못마땅해 하는 나머지, 체계 분석이나 손익 계산 등의 방법들도 비난하고 있다. 그들은 바로 이러한 방법을 잘 활용하면 미래를 인간화시키는 강력한 기술로 전환시킬 수 있다는 사실도 무시하고 있다.

기술주의적 계획이 경제적 이득을 극대화하려는 무모한 생각에서 사회적·문화적·심리적 가치들을 무시하고 있어 반인간적이라고 비판한다면, 이러한 비판은 대체로 옳다. 그리고 이러한 계획이 근시안적이고 비민주적이라고 비판하거나 부적절하다고 비판한다면, 그러한 비판도 대체로 정당하다고 하겠다.

그러나 이러한 비판이 비합리성이나 반과학적 태도, 일종의 병적인 향수, 현실주의에 대한 찬미 등으로 역행하고 있다면, 그것은 그릇된 것일 뿐 아니라 위험스럽기조차 한 것이다. 대체로 산업화 사회에 대한 대안이 산업화 이전 상황으로의 복귀를 요구하듯이, 기술주의에 대한 그들의 대안도 기술주의 이후에서가 아니라 그 이전의 상황에서 찾기 때문이다.

이보다 더 위험스러운 부적응은 있을 수 없다. 이 세상에는 잔악한 힘들이 갖가지 이론적 주장을 업고 날뛰고 있다. 미래의 충격을 예방하는 일이나 인구 조절이나 공해 방지나 군비 경쟁의 완화 등 모든 일을 위해서, 우리는 지구를 뒤흔들 만큼 중요한 결정이 부주의하고 어리석고 계획 없이 이루어지도록 내버려 둘 수는 없다. 함부로 내버려 둔다는 것은 집단 자살이나 마찬가지다.

우리가 필요로 하는 것은 과거의 비합리주의로 되돌아가는 것도 아니고, 변화를 수동적으로 받아들이는 일도 아니며, 절망이나 허무주의도 아니다. 오히려 우리가 필요로 하는 것은 강력하고 새로운 전략이다. 앞으로 밝혀질 여러 가지 이유로 해서, 필자는 이러한 전략을 '사회적 미래주의'라고 규정해 본다. 우리가 이러한 전략을 익히게 되면 변화를 관리하는 새로운 수준의 능력을 획득할 수 있으리라고 확신한다. 우리는 이때까지 활용해 온 어떤 계획보다도 더욱 인간적이고 더욱 장기적이며 더욱 민주적인 형태의 계획을 마련할 수 있다. 우리는 기술주의를 초월할 수 있다.

계획 입안자의 인간화

 기술 관료들은 경제 중심의 사고에서 헤어나지 못하고 있다. 그들은 전쟁이나 무서운 긴급 사태를 제외하면 비경제적인 문제들까지도 경제적인 처방으로 해결될 수 있다는 전제에서 일을 시작하고 있다.

 사회적 미래주의는 마르크스나 케인스류의 관리자들이 지니고 있는 이러한 근본 가정을 비판하고 있다. 물질적 발전을 추구하겠다는 산업 사회의 일념은 그에 알맞은 시대와 장소에서 인류의 복지에 이바지한 바 있었다. 그러나 초산업화 시대로 이행해 감에 따라 여타의 목표들이 경제적인 복지와 함께 추구되거나 심지어 그것을 대신하여 중요 목표로까지 되는 새로운 현상이 나타나기 시작했다. 개인적인 측면에서 보면 자아 실현이나 사회적 책임, 예술 작품, 향락적 개인주의 그리고 그 밖의 여러 목표의 달성은 물질적인 성공을 이룩하려는 원초적 욕망과 경합하거나 때로는 그것에 앞서기도 했다. 물질적 풍요는 인간이 경제적 목적을 달성한 후의 여러 목적을 추구하게 될 때 의지하는 하나의 발판이라고 할 수 있다.

 아울러 초산업화 사회로 줄달음치는 사회에서는, 임금이나 국제 수지, 생산성(生産性) 등 경제적 변수가 비경제적인 여건 변화에 점점 더 민감해지고 있다. 경제적인 문제는 많지만, 2차적으로밖에는 경제와 관련되었다고 할 수 없는 문제들이 두드러지고 있다. 인종 문제와 세대간의 다툼, 범죄, 문화적 자율성, 폭력 등 모두가 경제적 측면을 지니고 있지만, 이들 중 어느 것도 경제 중심적 처방만으로는 효과적으로 처리될 수 없다.

 제조업으로부터 서비스 생산으로의 이행, 상품과 서비스의 심리화(心理化), 마지막에는 경험 생산으로의 이행 등이 모두 경제 부문을 비경제적인 힘들과 보다 긴밀하게 연결하고 있다. 소비자의 기호는 생활 양식의 급속한 변화에 따라 달라지기 때문에, 하부 집단의 출몰(出沒)도 경제적 변동을 그대로 반영하고 있다. 초산업화 시대의 생산은 상징 조작(象徵操作)에 능숙한 노동자들을 요구하기 때문에, 노동자들의 생각이 과거보다 더 중요시되어 문화적 요소에 의존하는 경향도 더 커진다.

금융 제도조차 사회적·심리적 압력에 더 민감하게 반응하는 것으로 밝혀지고 있다. 비경제적 사고(思考)로 인해 의식적으로 조성되기도 혹은 억제되기도 하는 상호 신용 금고와 같은 새로운 투자 수단이 마련되는 것도 초산업화 사회로 이행해 가는 풍요로운 사회에서만 볼 수가 있다. 밴더빌트 투자신탁(Vanderbilt Mutual Fund)과 프로비던트 금융(Provident Fund)은 술이나 담배의 주식에 투자하기를 거부하고 있다. 큰 회사인 메이츠 금융(Mates Fund)은 군수품(軍需品) 생산에 참여하는 회사의 주식을 거절하는가 하면, 작은 회사인 밴티지 10/90 금융(Vantage 10/90 Fund)은 저개발 국가의 식량과 인구 문제를 해결하는 일에 종사하는 기업체에 자본금 일부를 투자하고 있다. 인종 차별을 하지 않는 주택 건설 회사에 주로 투자하거나 그런 곳에만 투자하는 금융 회사도 있다. 포드 재단과 장로교회는 모두 그 많은 자산의 일부를 경제적 기준만이 아니라 도시 문제 해결에 공헌한 정도에 따라 선정된 회사에 투자하고 있다. 이러한 추세는 수적으로 아직 적지만 변화의 방향을 정확히 암시하고 있다고 하겠다.

한편 도심지에 고정 설비를 갖고 있는 미국의 대회사들은 때로 본의 아니게도 사회 변화의 심한 소용돌이 속으로 휘말려 들어가는 수가 있다. 현재 수백 개의 회사들이 만성적(慢性的) 실업자에게 직장을 마련해 주는 일, 읽고 쓰는 능력을 기르고 직업 훈련을 시키는 일, 그리고 그 밖의 익숙하지 못한 활동 분야에 휘말려 들고 있다. 이렇게 새로운 관련 문제들이 너무나 중요해지기 때문에, 세계 최대의 미국 전신전화사(ATTC)는 최근 환경 문제 담당 부서를 따로 설치하기까지 했다. 선구적 기구인 이 부서는 대기와 수질 오염을 방지하는 문제, 회사의 트럭과 설비의 외형을 다듬는 문제, 대도시 특수 지역의 미취학 아동에 대한 실험적 학습 계획을 작성하는 문제 등 방대한 일을 담당하고 있다. 이것은 결코 대기업들이 애타심(愛他心)을 키워 가고 있다는 의미는 아니다. 이것은 다만 경제 분야와 강력한 문화적·심리적·사회적인 힘들 사이의 관계가 점점 긴밀해지고 있음을 강조하고 있는 데 불과하다.

그러나 이러한 힘들이 우리 눈앞에 다가오고 있음에도 불구하고, 대부분의 기술주의 계획 입안자들과 관리자들은 아무 일도 일어나지 않고 있는 것처럼 처신하고 있다. 이들은 경제 부문이 사회적·심리적인 영향력들과 전혀 무관한 것처럼 행동하고 있다. 실상 자본주의 국가와 공산주의 국가를 막론하고 경제 중심적 전제들이 너무나 뿌리깊고 너무나 널리 퍼져 있기 때문에, 이들은 변화를 관리하는 데 필요한 정보 체계 자체를 왜곡시키고 있다.

예를 들어 모든 현대 국가들은 경제적 성과를 측정하는 치밀한 기구를 갖고 있다. 따라서 우리는 생산성과 가격, 투자 등 여러 가지 요소들과 관련된 변화의 방향을 거의 매일 파악하고 있다. 일련의 '경제 지표'를 통해 우리는 경제 체제의 전반적인 건실성(健實性)과 그것이 변하는 속도 및 전반적인 변화의 방향 등을 측정하고 있다. 이러한 측정 방법들이 없다면, 우리는 경제 체제를 효과적으로 통제할 수 없을 것이다.

이에 반해서 우리는 경제 문제와는 별도로 사회 전체의 건실성을 알아볼 수 있는 기준, 곧 비교할 수 있는 '사회 지표'를 가지고 있지 않다. 그런가 하면 우리는 '생활의 질'을 측정할 수 있는 방법도 갖고 있지 않다. 말하자면 인간이 서로 얼마나 소외되어 있는가, 교육은 얼마나 효과적인가, 미술이나 음악·문학 등은 활발한가, 예의와 관용·친절 등은 증대되고 있는가 등을 설명해 주는 체계인 지수를 갖고 있지 못하다는 것이다. 미국의 전(前) 내무장관 유들(Stewart Udall)은, "국민 총생산(GNP)은 우리의 성배(聖杯)다. ……하지만 우리는 우리 나라가 해를 거듭할수록 살기 좋은 나라가 되어가는지를 측정하는 환경 지수나 조사 통계를 갖고 있지 않다"고 말했다.

표면상으로 보면 이것은 통계학자들이 논의해야 할 일, 말하자면 순수한 기술적 문제인 것처럼 보인다. 하지만 이것은 가장 심각한 정치적 함축성을 지니고 있다. 이러한 측정 방법들이 없어서, 국가나 지역 차원의 정책을 장기적인 안목의 사회 목표들과 적절히 관련짓기가 어려워지고 있기 때문이다. 이러한 지수들이 없기 때문에 천박한 기술주의가 영속되고 있는 것이다.

일반에게는 별로 알려져 있지 않으나, 이 문제를 놓고 예의는 바르지만 날로 심각해지는 싸움이 워싱턴에서 벌어지고 있다. 기술주의적 계획 입안자들과 경제학자들은 사회 지표의 구상(構想) 속에 정책 결정자로서 스스로 구축한 확고한 지위를 위협하는 요소가 있는 것으로 보고 있다. 이와는 대조적으로 사회 지표의 필요성은 웨인 주립 대학의 그로스와 러셀 세이지 재단의 셸던(Eleanor Sheldon), 무어(Wilbert Moor), 하버드 대학의 벨(Daniel Bell), 바우어(Raymond Bauer) 등과 같은 저명한 사회과학자들에 의해 강력히 주창되고 있다. 그로스는 "미국 정부의 현행 통계 제도 가운데 '경제적 실리주의(實利主義)'라고 불리는 것에 대한 광범위한 저항"을 우리는 목격하고 있다고 말했다.

이러한 저항은 기술주의 이후 시대의 사회 정보 체계에 대한 필요성을 뼈저리게 인식하고 있는 소수 정치가들과 정부 관리들로부터 적극적인 지지를 받고 있다. 이러한 저항을 지지하는 사람들로서는 백악관의 핵심적인 보좌관 중 한 명인 모이니핸과 미네소타 주 출신 상원의원인 먼데일(Walter Mondale), 오클라호마 주 출신 상원의원 해리스(Fred Harris), 그리고 몇몇 전직 각료 등이 있다. 가까운 장래에 다른 나라의 수도에서도 이러한 저항이 일어나, 또다시 기술주의자들과 그 다음에 등장하는 사람들 사이에 선이 그어질 것으로 본다.

그러나 미래의 충격에 내포된 위험 그 자체는 사회 지표에 관심을 쏟고 있는 저술(著述) 속에서도 아직 언급되고 있지 않은 새로운 사회적 측정 방법의 필요성을 지적하고 있다. 예를 들면 우리는 상이한 공동체 사이에, 상이한 인간 집단 사이에, 그리고 개별적 체험들 사이에 일시성의 정도를 측정할 수 있는 기술을 시급히 필요로 하고 있다. 환경을 이루고 있는 사물과 장소, 인간, 조직체, 정보 체계 등과 관계를 맺고 끊는 속도를 제시해 줄 일시성 지표를 고안해 내는 것도 원칙적으로 가능하다.

이러한 지수는 무엇보다도, 한 사회내의 서로 다른 집단의 경험 사이에 상당한 차이가 있다는 사실을 보여준다. 예컨대 대다수 인간의 생활은 정태적(靜態的)이고 지루한 성격인데, 다른 일부의 생활은 대단히 유동적이라는 것과 같은 문제다. 유형이 다른 사람들을 똑같은 방법으로 다루려는 정부 정책은 그 가운데 어느 한쪽으로부터나 아니면 양쪽 모두로부터 심한 저항을 받게 된다.

마찬가지로 환경 속에 새로운 요소가 얼마나 존재하는가를 알려주는 지수도 필요하다. 사회나 조직체 그리고 개인이 처음으로 대응해야 하는 상황은 얼마나 되는가? 평균적인 노동자 계층의 가정 용품 가운데 기능이나 외형에서 실제로 '새롭다'고 할 수 있는 것은 얼마민큼이며 낡은 것은 얼마만큼인가? 시물이나 사람이나 그 밖의 중요한 측면에서 볼 때, 어느 정도의 새로움이 과잉 자극이 아닌 적절한 자극으로 필요한 것인가? 만일 아이들이 어른들보다 새로운 것을 더 많이 흡수할 수 있다면 얼마나 더 많이 흡수할 수 있는 것인가? 나이를 먹는다는 것과 새로움을 받아들이는 능력이 감퇴하는 것은 어떤 관계가 있으며, 이러한 차이가 현재의 기술 사회를 분열시키는 정치적 분쟁이나 세대간의 분쟁과는 어떤 관계가 있는가? 우리는 이러한 새로움의 내습(來襲)을 연구하고 측정함으로써, 우리의 사회 구조와 개인 생활 속으로 밀려드는 변화를 조절할 수 있게 될 것이다.

그러면 선택이라는 문제에서는 어떠한가? 인간의 생활에서 선택의 중요도를 재는 방법을 마련할 수 있을까? 민주 정부라고 자처하는 어떤 정부라도 이러한 문제에 무관심할 수 있을까? 선택의 자유에 관해서는 온갖 미사여구를 늘어놓으면서도, 선택의 자유를 측정해 보자고 주장하는 정부 기관은 이 세상에 하나도 없다. 그 전제는 간단한 것이어서, 수입이 많아지고 풍요해질수록 선택의 폭은 넓어지고 선택의 폭이 넓어질수록 자유는 증대된다는 것이다. 이제야말로 우리의 정치 제도가 가지고 있는 이러한 근본적인 전제를 검토해 보아야 할 때가 아닐까? 만일 우리가 미래의 충격을 막고 인간적인 초산업화 사회를 건설하려고 한다면, 탈기술주의(脫技術主義) 사회에 대한 계획을 세우는 데서 이러한 문제를 정확히 다루지 않으면 안 된다.

사회적 · 문화적 목표의 성취를 측정하는 데 쓰이면서 경제 지표와도 연관되는 정확한 지표 체계는 사회가 다음 단계의 경제와 기술 발전에 성공적으로 도달하는 데 필요한 기술적 장치의 일부다. 그런가 하면 이것은 탈기술주의적 계획과 변화 관리를 위한 절대적인 전제 조건이기도 하다.

더욱이 이러한 계획의 인간화(人間化)는 우리의 정치 구조에도 함께 반영되어야 한다. 초산업화 사회의 정보 체계를 그 사회의 결정 중심부와 연결하려면 생활의 질에 대한 관심을 제도화해야 한다. 따라서 그로스 등 사회 지표 운동에 참여하고 있는 사람들은 대통령 직속의 사회문제자문위원회(CSA/Council of Social Adviser) 설치를 주장하고 있다. 그들이 생각하듯이 이 위원회는 기존의 경제 자문위원회(CEA/Council of Economic Adviser)를 본떠 사회 분야에서 이와 비슷한 기능을 수행하는 기구다. 이러한 새 기관은 CEA가 경제 지수에 관심을 쏟는 것과 똑같은 방법으로 중요한 사회 지표를 지켜 보면서 그 변동 상황을 대통령에게 알려주는 역할을 할 것이다. 이 기관은 특정 주제에 대해 사회적 발전이 얼마나 이루어졌는가(아니면 이루어지지 않았는가)를 명백히 정리하여 생활의 질에 관한 연차(年次) 보고서도 발간할 것이다. 따라서 이 보고서는 CEA가 마련한 연차 경제 보고서를 보완하면서 그것과 균형을 이룰 것이다. 이 사회문제자문위원회는 우리의 사회 조건에 관한 믿을 만하고 유용한 자료를 마련해 주어 계획 전반에 영향을 미칠 것이고, 그럼으로써 냉혹하리만큼 기술주의적이고 경제 중심적인 입장에서 어느 정도 벗어나 사회적 손익에 보다 더 민감한 계획이 이루어질 수 있도록 만들 것이다.[1]

이러한 위원회를 연방 차원에서만이 아니라 주(州)나 시(市)의 수준에까지 설치한다고 해서, 우리의 문제들이 모두 해결되고 분쟁이 해소되며 사회적 지표의 적절한 활용이 보장되는 것은 아닐 것이다. 요컨대 이러한 자문위원회가 정치 생활로부터 정쟁(政爭)을 제거할 수는 없으리라는 것이다. 하지만 이것은 발전의 목표가 경제 영역을 넘어서고 있다는 사실을 인식할 수 있게 하며, 나아가서는 그러한 생각에 정치적인 힘을 부여할 것이다. 생활의 질적 변화를 나타내는 지표를 지켜 보는 기관을 만드는 일은 사회적 미래주의의 전략에서 중요한 첫 단계라고 할, 계획 입안자의 인간화를 향한 거보(巨步)를 내딛게 하는 것이다.

시간의 지평

기술주의자들은 근시안적이다. 그들의 특성은 즉각적 보상과 즉각적 결과만을 생각하는 데 있다. 그들은 현세주의 세대의 선구자들이다.

---

[1] 사회문제자문위원회가 독립된 기구여야 하느냐 아니면 보다 큰 경제 및 사회문제자문위원회의 일부로 되어야 하느냐에 대해서는 이 기구의 제안자들 사이에서도 의견의 차이가 있다. 그러나 경제적·사회적인 정보를 통합할 필요성이 있다는 데 대해서는 모두가 일치하고 있다.

어떤 지역에 전기가 필요하다면 그들은 발전소 건설 계획을 세운다. 이러한 계획이 노동의 형태를 크게 바꿀 수도 있다는 사실이나 10년 안에 실업자를 배출해 대규모적인 노동자 직업 훈련을 실시해야 한다는 사실, 그리고 인근 도시의 사회 복지 비용을 증대시킨다는 사실 등과 같은 고려는 시간적으로 너무 먼 이야기여서 그들의 관심을 끌지 못한다. 이러한 계획이 한 세대만 지나면 생태를 황폐화시키는 결과를 빚어 낼 수도 있다는 사실은 그들의 시간 범위 밖의 일이다.

가속적인 변화가 이루어지는 세계에서 내년이란 완만한 시대의 내달보다도 더 가깝게 느껴진다. 산업체나 정부, 그리고 다른 어떤 분야의 결정권자도 생활이 이렇게 급격히 변했다는 사실을 마음에 새기지 않으면 안 된다. 말하자면 그들은 독자적인 시간의 지평(地平)을 넓히지 않으면 안 된다는 것이다.

보다 먼 미래를 계획한다는 것은 자신을 독단적인 계획에 얽어맨다는 의미는 아니다. 계획은 시험적일 수도 있고, 유동적일 수도 있으며, 계속 수정될 수도 있다. 그렇다고 이러한 신축성이 단견성(短見性)을 뜻하는 것은 결코 아니다. 기술주의를 극복하려면, 사회적인 시간의 지평을 몇십 년, 심지어 몇 세대 정도의 미래에까지 넓히지 않으면 안 된다. 이렇게 하려면 형식적인 계획을 길게 잡는 것만으로는 충분하지 않다. 사회적으로 새롭게 인식된 미래 의식을 위로부터 아래까지 사회 전반에 주입시켜야 하는 것이다. 근년에 이르러 나타난 가장 바람직한 현상들 가운데 하나는 미래 연구 단체가 갑자기 많아지고 있다는 사실이다. 최근의 이러한 발전은 그 자체가 급속한 변화에 대한 사회의 자기 보존 반응인 것이다. 앞으로 2~3년 안에 '미래연구소(IFF/Institute for the Future)'와 같은 미래 지향적 연구 기관이 생겨날 것이고, '2000년 위원회'나 하버드 대학 주최의 '기술과학 및 사회에 관한 회의'와 같은 학술 연구 모임도 이루어질 것이며, 영국과 프랑스, 이탈리아, 독일, 미국 등지에서는 미래주의 잡지가 발간될 것이다. 또 미래의 예측이나 이에 관련된 과목이 대학 강좌에 개설되며, 오슬로나 베를린, 교토 등지에서 미래학자들의 국제 회합도 개최되고, '미래성(未來性) 협회'나 '유럽 2000년', '인류 2000년', '세계미래협회' 등과 같은 단체들도 만들어질 것이다.

미래 연구 센터가 서베를린이나 프라하, 런던, 모스크바, 로마, 워싱턴, 카라카스에도 만들어지고 심지어 브라질의 정글 깊숙이 있는 벨렘이나 벨로리존테에까지 만들어진다. 시야가 일반적으로 2~3년 앞밖에 미치지 못하는 종래의 기술주의적 계획 입안자들과는 달리, 이러한 집단들은 15년이나 25년, 심지어 50년 후에 일어날 변화에 대해서 관심을 쏟고 있다.

모든 사회는 일련의 '있음직한(probable)' 미래뿐 아니라 일련의 '있을 수 있는(possible)' 미래에 부닥치고 있고, '바람직한(preferable)' 미래에 대한 분쟁에도 부닥치고 있다. 변화의 관리란 합의된 '바람직한' 것을 추구하는 과정에서 '있을 수 있는' 일들을 '있음직한' 일들로 이행시키려는 노력이다. 있음직한 것을 결정하는 데는 미래주의적 과학이 필요하고, 있을 수 있는 것을 파악하는 데는 미래주의적 기술이 필요하며, 바람직한 것을 규정하는 데는 미래주의적 정치가 필요하다.

오늘날 세계 규모의 미래주의 운동은 아직 이러한 기능들을 명확히 구분하지 않고 있다. 이 운동은 있을 법한 것들, 이를테면 개연성을 평가하는 데 주된 관심을 쏟고 있다. 따라서 대다수의 미래 연구 센터에서는 경제학자와 사회학자, 수학자, 생물학자, 물리학자, 작업 연구자 등을 비롯한 여러 사람들이 미래의 개연성을 예측하는 방법을 고안해 응용하고 있다. 해양 농업이 세계 인구의 절반을 먹여 살릴 수 있게 되는 것은 언제쯤일까? 앞으로 15년 안에 전기 자동차가 가솔린 자동차를 대신할 가능성이 있을까? 1980년까지 중공과 소련 사이의 긴장 완화가 이루어질 가망은 있는가? 레저 형태나 시정(市政) 문제, 인종 관계 등에서 일어날 가능성이 가장 높은 변화는 무엇인가?

과학적 미래주의자들은 종류가 다른 사건과 경향의 상호 관련성을 강조함으로써, 기술과학의 사회적 결과에 점점 많은 관심을 쏟고 있다. 미래연구소는 무엇보다도 진보된 커뮤니케이션 기술과학의 있음직한 사회적·문화적 효과를 연구하고 있고, 하버드 대학의 연구 집단은 생체의학의 발달로 인해 야기될 수 있는 사회 문제에 관심을 쏟고 있으며, 브라질의 미래학자들은 여러 가지 경제 개발 정책의 예상되는 결과를 검토하고 있다.

있음직한 미래를 연구해야 하는 이유는 충분하다. 개인은 매일매일 있음직한 미래에 대해 수많은 가정을 세우며 살아 나가는 것이다. "6시에 집에 가겠다"고 전화로 말하는 통근자(通勤者)는 기차가 정시에 운행되리라는 개연성에 대한 가정을 토대로 예측하고 있다. 어머니가 아들을 학교로 보낼 때, 그녀는 아들이 가는 곳에 학교가 있으리라는 것을 암암리에 가정하고 있다. 선장이 항로(航路)를 잡아 놓지 않고서는 배를 몰고 갈 수 없듯이, 우리도 의식적으로든 아니든 이러한 가정을 계속 설정하지 않고서는 개인 생활을 영위해 나갈 수가 없다.

사회도 역시 내일에 대한 전제를 설정하고 있다. 산업체나 정부, 정계 등 사회 각 부문의 결정권자들은 이러한 전제가 없으면 제 기능을 발휘할 수 없다. 그러나 심한 변동이 일어나고 있을 때에는 있음직한 미래에 대해 사회적으로 형성된 이러한 이미지들이 정확성을 잃게 된다. 오늘날 사회의 통제력이 쇠퇴하는 까닭은 있음직한 미래에 대한 생각이 부정확하다는 사실과 직접적인 관계가 있다.

물론 절대적인 의미에서는 어느 누구도 미래를 '알' 수가 없다. 단지 우리가 할 수 있는 일은 우리의 가정을 체계화하고 다듬어 거기에 개연성을 부여하려고 노력하는 것뿐이다. 하지만 이런 일도 쉬운 것이 아니다. 미래를 예측하려는 시도는 필연적으로 미래를 바꾸게 되는 것이다. 이렇게 하나의 예측이 일단 세상에 알려지면, 알리는 행동(조사와는 달리)은 역시 혼란을 조성한다. 예측은 자기 충족적이거나 자기 파멸적이다. 시간의 지평이 보다 먼 미래로 확장됨에 따라 우리는 고작 예감이나 짐작에 의지할 수밖에 없다. 더욱이 암살(暗殺)과 같은 특수한 사건들은 아무리 해도 현재로서는 예측할 수 없다(그러나 이러한 사건의 유형은 예측할 수 있다).

이러한 모든 사실에도 불구하고, 미래는 '알 수 없다'는 일반적인 신화(神話)는 단호히 물리쳐야 한다. 역경을 통해 단련을 쌓고 용기를 길러야 거기에 마비되어서는 안 된다. 사회 변화에 관한 세계적인 학자인 오그번은, "미래에 대한 추정은 맞고 틀리는 두 가지만 있는 것이 아니라 어느 정도 맞느냐 하는 여러 단계가 있기 때문에, 근사치의 개념을 머리 속에 새기지 않으면 안 된다"고 썼던 적이 있다. 앞에 무엇이 있는가를 개략적으로라도 아는 것이 전혀 모르는 것보다 낫고, 대개의 경우 극단적인 정확성은 전혀 불필요하다는 것이 오그번의 주장이다.

따라서 우리는 미래의 개연성을 다루는 데 대부분의 사람들이 생각하듯 그토록 무력한 것은 아니다. 영국의 사회과학자 매크레이(Donald G. MacRae)의 다음과 같은 지적은 정확한 것이다. "실상 현대 사회학자들은 비교적 단기적이고 한정된 상당수의 예견을 할 수 있으며, 그것은 또한 거의 정확하다." 그러나 사회과학의 표준적인 방법과 달리, 우리는 매우 강력해질 수 있는 새 도구를 이용해 미래를 탐구하는 실험을 하고 있다. 이러한 도구는 현존 경향을 알아내는 복잡한 방법으로부터, 매우 복잡하게 얽힌 모델이나 게임, 모형 등의 작성, 상세한 추리 시나리오의 마련, 유사성을 찾아보려는 역사의 체계적 연구, 형태학 연구, 타당성 분석, 전후(前後) 관계의 기록 등에 이르기까지 광범위하다. 경제협력개발기구(OECD)의 고문이었으며 현재 매사추세츠 공과대학 연구원으로 있는 얀치

(Erich Jantsch) 박사는 광범위한 기술과학적 예측 연구 중에서 활용 단계에 있거나 실험 단계에 있는 분명히 새로운 기술을 상당수 골라 내었다.

코네티컷 주 미들타운에 있으며 미래주의적 연구 기관의 원형이라고 할 수 있는 미래 새로운 예측 도구를 고안해 내는 데 선도적인 역할을 하고 있다. 이러한 도구 가운데 하나가 IFF 창설자 중의 한 사람이며 수학자 겸 철학자인 헬머(Olaf Helmer) 박사가 중심이 되어 개발한 '델피법(Delphi 法)'이다. 이것은 많은 전문가들의 '직관적(直觀的)' 추리를 체계적으로 활용함으로써 먼 미래를 다루어 보려는 방법이다. 이 델피에 관한 연구는 변화의 속도를 조절함으로써 미래의 충격을 막아보려는 시도에 중요한 전기(轉機)를 이루는 또 다른 혁신을 가져왔다. 이 새로운 혁신은 IFF의 고든이 이룩한 '영향 교차(交叉) 모형 분석'이다. 이것이 사회적 사건이나 기술과학적 사건, 또는 그 밖의 여러 사건의 복잡한 상관 관계와 그러한 사건들이 일어날 가능성의 정도를 미리 분석할 수 있게 만들어, 하나의 혁신과 다른 혁신 사이의 상호 영향을 추적하고 있다.

요컨대 우리는 미래의 개연성을 보다 더 과학적으로 평가할 수 있는 방향으로 줄달음치고 있는 셈이며, 이러한 현상 자체는 바로 미래에 대해서 커다란 영향을 미칠 수 있을 것이라고 생각된다. 복잡한 사건을 정확히 예측할 수 있는 과학의 능력을 과신하는 것은 아직 잘못일는지 모른다. 그러나 오늘날 위험은 우리의 능력을 과대 평가하는 데 있는 것이 아니라 오히려 이러한 능력을 제대로 활용하지 못하는 데 있다. 과학적 예측을 해보려는 우리의 시도가 아직 미숙해서 큰 과오를 저지른다 하더라도, 바로 이러한 노력을 통해 변화의 중요한 변수를 확인할 수 있고 목표를 명확히 할 수 있으며, 아울러 정책의 대안을 보다 주의 깊게 평가해 보지 않을 수 없게 되기 때문이다. 이것만으로도 미래를 탐구해 보는 일의 현재적 가치는 있는 것이다.

그러나 '있음직한' 미래를 예측하는 일은 우리가 계획 입안자의 시간의 지평을 넓히고 사회 전반에 보다 큰 미래 의식을 주입시키려고 할 때 수행하지 않으면 안 되는 일들 가운데 단지 일부에 지나지 않는다. 우리는 있을 수 있는 미래에 대한 우리의 안목도 크게 넓혀야 하기 때문이다. 우리는 꽉 짜인 과학 분야에 이글거리는 상상력을 가미하지 않으면 안 된다.

오늘을 사는 우리는 예전과 달리 다양한 통찰력과 꿈과 예언 능력, 즉 내일에 대한 잠재적 이미지들을 필요로 한다. 우리는 어느 길을 택할 것인가, 어떤 문화 양식을 추구할 것인가를 합리적으로 결정할 수 있기에 앞서, 우선 가능성이 있는 것은 어떤 것인지 확인하지 않으면 안 된다. 따라서 지난날 현실에 기반을 둔 '리얼리즘'이 필요했던 것처럼 추측과 추리, 예견력(豫見力) 등을 필요로 하는 것이 냉엄한 현실이다.

세계적으로 가장 크고 악랄했던 대기업들은 지난날 현재주의의 산 화신(化身) 같았는데, 이들이 오늘날 직관적인 미래주의자와 공상과학 소설가, 공상가 등을 고문으로 채용하는 까닭도 바로 여기에 있다. 유럽의 한 대(大) 화학 회사는 과학적 소양에 신학자로서의 수련까지 쌓은 미래수의자를 채용했나. 미국의 커뮤니케이션 관계 대회사는 미래 지향적인 사회 비평가를 고용하고 있다. 그런가 하면 한 유리 제조 회사는 미래에 있을 수 있는 회사 형태를 구상하기 위해 공상과학 소설가를 찾고 있다. 회사들이 이렇게 허황되고 '제멋대로인' 사람들에게 관심을 돌리는 것은 개연성(있음직한 일)의 과학적 예측을 위해서가 아니라 가능성(있을 수 있는 일)에 대한 공상적 추리를 위해서다.

그러나 이러한 서비스를 할 수 있는 기구가 회사만이어서는 안 된다. 지방 정부나 학교, 임의(任意) 단체 등 여러 조직체들도 독자적인 미래상(未來像)을 상상력을 갖고 검토해 볼 필요가 있다.

이러한 기관이나 집단이 미래를 생각하는 데 도움이 될 한 가지 방안으로 지역 사회 안에 기술적인 조력을 받아 중지(衆智)을 모을 수 있는 '상상 센터'를 제시해 볼 수 있다. 이러한 상상 센터에는 기술적 전문성보다는 창의적인 공상력을 지닌 사람들이 모여, 현실의 위기를 검토하고 미래의 위기를 예측하며 나아가서는 자유롭게(심지어 농담조로도) 있을 수 있는 미래에 대해서 추리해 보게 될 것이다.

예를 들면 도시 교통은 앞으로 어떻게 될 것인가? 교통은 공간과 관계되는 문제다. 내일의 도시는 공간을 통한 인간과 사물의 움직임에 어떻게 대응할 것인가? 상상 센터는 이러한 문제를 추리하기 위해 화가와 조각가, 무용가, 가구 설계자, 주차장 관리인 등 어떤 형태로든 상상력을 발휘해 공간을 다루는 사람들을 모은다. 적절한 상황이 주어지면 이러한 사람들은 기술주의적 도시 계획자나 고속 도로 기술자, 교통 당국자 등이 상상도 할 수 없었던 생각을 해낼 것으로 본다.

음악가나 공항 주변 주민, 채석장 인부, 지하철 차장 등은 소음을 처리하거나 차단하거나 아니면 억제할 수 있는 새로운 방법을 잘 생각해 낼 수가 있다. 도시 위생, 인구 밀집, 인종 분쟁, 노인 문제, 그리고 그 밖의 수많은 현재와 미래의 문제에 어떻게 접근했으면 좋을까에 대한 솔직한 의견을 듣기 위해 젊은이의 집단을 초빙해 볼 수도 있다.

이러한 노력을 통해 제시되는 의견들 가운데 대다수는 물론 쓸모 없거나 기상 천외하거나 혹은 기술적으로 불가능할 수도 있다. 그러나 창조성의 본질은 어리석은 일이나 잘못까지도 감수하겠다는 의지로서, 이것은 나중에 엄격한 비판적인 판단을 받으면 되는 것이다. 따라서 미래에 대한 상상력이 발휘되려면, 잘못이 용인되는 환경과 여러 가지 새로운 생각들이 비판적으로 정선(精選)되기 전에 자유롭게 표현될 수 있는 환경이 필요하다. 말하자면 우리는 사회적 상상력을 위한 성역(聖域)을 필요로 한다는 것이다.

온갖 종류의 창조적인 사람들이 미래의 모습을 추리하는 데 참여해야 하지만, 그들은 어떤 생각이 기술적으로 불가능할 때(설사 불가능이 일시적이라는 생각이 들 때라도) 그것을 알려줄 수 있는 기술적인 전문가들, 예컨대 음향(音響) 기술자에서부터 동물학자에 이르는 온갖 전문가들에게 개인적으로든 원거리 통신을 통해서든 즉각 접촉할 수 있게 되어야 한다.

그러나 과학적 전문 지식은 상상력을 발휘하는 과정에서 억제 역할만 하는 것이 아니라 촉진 역할을 할 수도 있다. 숙련된 전문가들은 주어진 관계들의 가능한 배열 방법을 모두 검토할 수 있게 하는 모델을 공상가들에게 제공해 줄 수 있다. 이러한 모델들은 실생활의 조건을 그대로 반영하고 있다. 런던에 있는 전략연구소(ISS/Institute for Strategic Studies)의 버트럼(Christoph Bertram)의 말을 빌리면, 모델의 목적은 "미래를 예측하는 데만 있는 것이 아니라 대체(代替)적인 미래를 검토함으로써 선택의 길을 열어주는 데 있다"는 것이다.

예를 들면 적절한 모델은 공상가들로 하여금 한 도시의 교육비가 변동되었을 때 그것이 도시에 미치는 영향, 즉 그것이 운송 체계나 극장, 직업 구조, 사회의 건실성 등에 어떠한 영향을 미칠 것인가를 그려보도록 한다는 것이다. 또 이와 반대로 위에서 본 다른 부문의 변화들이 교육에는 어떠한 영향을 미칠 것인가도 제시해 줄 수 있다.

사회적 상상력의 성역 속에서 자라난 조잡하거나 이단적이거나 괴상하거나 아니면 요란스럽기만 한 생각들은 일단 밖으로 드러난 다음에는 엄격한 선별을 거쳐야 한다. 이러한 여과 과정을 거치고 난 다음에도 남는 것은 이러한 생각들 가운데 극히 일부분일 것이다. 그러나 이렇게 남은 일부 생각은 그것이 아니었더라면 주목하지 않을 수도 있었던 새로운 가능성에 대해 관심을 불러일으키는 데 더없이 중요한 것일 수도 있다. 우리가 빈곤에서 풍요로 이행함에 따라, 정치는 수학자들이 제로섬 게임(zerosum game)이라고 불렀던 현상으로부터 비(非)제로섬 게임으로 변하고 있다. 제로 섬 게임에서는 한 사람이 이기면 상대방은 잃게 마련이지만, 비제로섬 게임에서는 모두가 이길 수도 있다. 사회 문제에서 비제로섬 방식의 해결책을 얻어내려면 우리가 모을 수 있는 모든 상상력을 동원해야 한다. 상상력이 풍부한 정책안(政策案)들이 제시될 수 있는 제도를 갖추면, 앞으로 다가올 수많은 비제로섬 방식의 기회들로부터 많은 것을 얻어낼 수 있을 것이다.

상상 센터는 개별 기업체나 조직체, 시(市) 또는 그 하부 체계를 위한 미래의 가능태(可能態)를 그려봄으로써 내일의 부분적인 이미지에 관심을 쏟지만, 우리는 역시 사회 전반에 관한 포괄적이며 상상력이 풍부한 생각들을 필요로 한다. 미래의 가능태에 대한 우리의 이미지를 풍부하게 만드는 것도 중요하지만, 이러한 이미지를 구체적인 형태로 조직화하고 체계화할 필요가 있다. 과거에는 공상 문학이 이러한 구실을 해주었다. 공상 문학은 여러 가지 가능한 미래에 대한 인간의 꿈을 정리하는 데 실질적이고 중요한 역할을 수행했던 것이다. 그러나 오늘날 우리에게는 미래의 가능태에 대한 수많은 이미지들을 조직화하는 데 필요한 공상적 이념이 없는 것이다.

대부분의 전통적 이상향(理想鄕)은 단순하고 정태적인 사회, 초산업화 시대와는 공존할 수 없는 사회를 그리고 있다. 현존하는 몇 가지 실험적 공동체의 모델이라고 할 수 있는 스키너의 《속(續) 월든》은 농업과 수공업을 토대로 한 산업화 이전의 소규모 농경적 생활 양식을 그려 내고 있다. 심지어 뛰어난 반이상향적(反理想鄕的) 작품인 《멋진 신세계》와 《1984년》조차 지금 보면 너무 단순해 보인다. 이 두 작품은 고도의 기술과학을 토대로 하면서도 그다지 복잡하지 않은 사회, 즉 기계는 복잡하지만 사회적·문화적인 관계는 고정되고 교묘하게 단순화된 사회를 그리고 있다.

　오늘날 우리가 필요로 하는 것은 단순한 사회를 돌이켜 보는 것이 아니라 초산업화 사회를 내다보는 강력하고 새로운 이상향적 또는 반이상향적 개념이다. 그러나 이러한 개념은 낡은 방식으로서는 이미 만들 수 없게 되었다. 첫째로, 책이라는 것은 책 그 자체만으로는 초산업적 미래의 정서적 측면을 기술하기에 부적절하다. 초산업적 이상향(또는 반이상향)의 개념은 소설 한 편으로가 아니라 영화나 연극, 소설, 미술 작품 등 제각기 다른 여러 형태로 표현될 필요가 있다. 둘째로, 제아무리 재능이 있다고 하더라도 한 사람의 작가가 극히 복잡한 미래를 기술하기란 너무도 어려운 실정이라고 하겠다. 따라서 우리는 이상향을 만들어 내는 데 하나의 혁명을 일으켜 협동적 이상향론을 만들어 낼 필요가 있다. '이상향 공장'을 만들 필요가 있는 것이다.

　경제학자와 사회학자, 인류학자 등 일류 사회과학자들로 이루어지는 소집단을 구성하는 것도 한 가지 방법이다. 그렇게 해서 참된 초산업적 이상 사회가 토대로 삼을 수 있다고 믿는, 잘 다듬어진 가치 체계를 그들 스스로 생각해 내기에 충분한 기간 동안 함께 일하거나 심지어 함께 생활하도록 하는 것이다.

　그러면 이 집단의 각 구성원은 이러한 가치관에 따라 만들어진 공상적 사회의 어떤 부문을 논픽션의 형태로 묘사해 보는 시도를 할 수 있다. 그 사회의 가족 구성은 어떻게 될 것인가? 그 사회의 경제 체제나 법률, 종교, 성(性) 관습, 청년 문화, 음악, 미술, 시간 관념, 분화(分化)의 정도, 심리상의 문제 등은 어떻게 될 것인가? 협동을 하고 모순된 점들을 되도록 정리해 나가면 초산업화 사회의 매끈하고 일시적인 형태에 대한 포괄적이고 너무 복잡하지 않은 그림이 그려질 수 있다.

　자세한 분석이 완성되는 시점에 이르면 이 계획은 픽션의 단계로 옮아 간다. 소설가나 영화 제작자, 공상 과학 소설가 등은 심리학자들과 긴밀하게 협동하면서 공상적 사회 속에서의 개인 생활에 대한 독창적인 작품들을 만들어 내게 된다.

그런가 하면 또 다른 집단은 정반대의 이상향에 관한 작업을 할 수도 있다. 이상향 A는 물질주의적이고 성공 지향적인 가치관을 강조한다면, 이상향 B는 관능적이고 향락적인 가치관에, 이상향 C는 심미적(審美的) 가치, 이상향 D는 개인주의, 이상향 E는 집단주의에 토대를 둔다는 식이다. 결국 많은 책과 연극, 영화, 텔레비전 프로그램 등이 예술과 사회과학, 미래학 사이의 협동 작업을 통해 제작되어 나올 수 있고, 사람들은 이렇게 다양하게 제시된 각 이상향의 장단점을 파악할 수가 있는 것이다.

끝으로 사회적 상상력도 부족하지만, 이상향론을 체계적으로 검증해 보려는 사람들은 더욱 부족한 현실이다. 점점 더 많은 젊은이들이 산업화 사회에 불만을 느껴 자신의 생활을 실험하거나 이상적 공동체를 형성하고 집단 결혼에서부터 생활 학습 집단에 이르는 새로운 사회 장치를 만들려 한다. 과거나 마찬가지로 오늘날에도, 기성 사회라는 것은 새로운 생각을 실행해 보려는 몽상가는 물론 그것을 확산하려는 사람에 대해서도 커다란 중압(重壓)으로 작용하는 것이다. 우리는 이상론자들을 배척해서는 안 된다. 설사 그들을 존경까지는 하지 않더라도, 그들의 실험 정신을 받아들이고 비용을 부담해 격려함으로써 그러한 실험 정신의 이점(利點)을 살려 나가야 할 것이다.

그러나 오늘날 대부분의 '의도적 공동체'나 이상촌(理想村)들은 과거에 대한 편향(偏向)이 강하다. 이것은 그 안에 있는 개인들에게는 가치가 있을는지 모르지만, 전체 사회는 산업화 이전의 형태보다는 초산업화적인 형태에 토대를 둔 이상향의 실험이 더 필요한 것이다. 공동체적 농장 대신 컴퓨터 소프트웨어 회사를 만들어 프로그램 작성자들이 공동으로 생활하고 일하도록 하면 어떨까? 교육 과학 회사 같은 것을 만들어 사원들의 재산을 공동 관리하고 가족들도 함께 생활하도록 하면 어떨까? 무를 심거나 신발을 만드는 대신 이상적 노선에 따른 해양학 연구소 같은 것을 만들면 어떨까? 최신 의료 기술을 이용하는 의료원 같은 것을 만들어, 의사나 간호사들의 급료를 적정선에서 묶고 그 이윤은 공동 관리하여 완전히 새로운 형태의 의과 대학을 운영하면 어떨까? 기존 집단을 보강해 '이상향 공장'에서 나오는 방안들을 실험해 보는 것은 어떨까?

요컨대 우리가 지난날의 기술과학이나 사회보다 내일의 것에 토대를 두고 실험을 한다면, 우리는 이상주의를 도피로서가 아니라 하나의 도구로서 활용할 수 있다는 것이다. 그리고 일단 그것을 실행에 옮겨보면 그 결과에 대한 가장 엄격하고 과학적인 분석이 가능하지 않을까? 이러한 결과들이 우리를 잘못에 빠지지 않도록 하고 산업이나 교육, 가정 생활, 정치 등을 위해 보다 유용한 조직 형태를 유도한다면, 이러한 결과들은 값어치 있는 것이라고 하겠다.

미래의 가능태(可能態)에 대해 이렇게 상상력 있는 탐구가 이루어지면, 이것은 곧 있음직한 미래에 대한 과학적 연구도 깊게 하고 알차게 만들 것이다. 그리고 이러한 탐구는 그 사회가 갖는 시간의 지평도 급격히 확장시키는 토대가 될 것이며, 미래주의 자체의 미래에 대해서도 사회적 상상력을 적용할 수 있게 만들어 줄 것이다.

실상 우리는 이러한 탐구를 배경으로 해서 외시적으로 사회의 과학적 미래 지각(知覺) 기관을 확대시키지 않으면 안 된다. 과학적 미래 연구 기관들은 기술 사회의 전체 정부 구조 속에 있는 느슨한 조직망의 마디와 같이 군데군데 위치해야 할 것이다. 그럼으로써 지방 정부나 중앙 정부의 모든 부서에는 몇몇 사람들이 그들 분야의 미래상을 장기적인 안목에서 체계적으로 전망하는 일에 몰두할 수 있어야 한다. 그리고 미래학자들은 모든 정당과 대학, 회사, 직능 단체, 노동 조합, 학생 조직 등에도 배속되어 있지 않으면 안 된다.

수많은 젊은이들에게는 과학적 미래주의의 안목과 기술을 습득시켜, 미래의 가능태를 구상하는 흥미있는 일에 참여시킬 필요가 있다. 지방 자치단체가 미래주의 집단을 형성하도록 기술적 지원을 해줄 국가 기관도 필요하다. 그런가 하면 아시아와 아프리카, 라틴 아메리카에 미래 연구 센터가 설립되도록 지원해 줄, 미국과 유럽의 여러 재단이 공동 출자하는 기관도 필요하다.

변화의 가속화로 인해 불확실성이 증대한다는 사실과, 어떤 순간에도 가장 있음직한 미래가 무엇인가에 대해 합리적이고 정확한 이미지가 필요하다는 사실이 우리가 놓여 있는 상황이다. 따라서 가장 있음직한 미래에 관한 있음직한 이미지의 조성은 국가적으로나 세계적으로 가장 시급한 문제인 것이다.

이 지구의 곳곳에 미래 지각 장치가 갖추어짐에 따라, 우리는 방대한 국제적 연구소, 곧 하나의 세계적인 미래 정보 은행을 창설할 수 있게 되었다. 이 연구소는 자연과학과 사회과학의 모든 분야에서 선발한 가장 유능한 사람들로 구성되어, 전세계의 모든 지적 분야에 종사하는 학자와 공상가들이 만들어 낸 예측 보고서를 수립하고 이를 체계적으로 통합하는 것을 목적으로 하는 기관이다.

물론 이러한 연구소에서 일하는 사람들은 미래에 대한 유일하고 정태적인 도식(圖式)을 만들 수 없으리라는 사실을 알고 있을 것이다. 오히려 그들 노력의 산물은 계속 변하는 미래에 대한 도표, 말하자면 가능한 최선의 예측을 기초로 해서 끊임없이 재창조되는 가교적(架橋的) 이미지일 것이다. 이러한 작업에 참여하는 사람들은 확실한 것이 결코 없다는 사실도 알고 있을 것이고, 부적합한 데이터를 기초로 작업을 진행시키지 않으면 안 된다는 사실도 알고 있을 것이며, 아울러 미래의 불확실한 영역을 탐구하는 데 내재된 어려움도 예상하고 있을 것이다. 그러나 인간은 미래에 대해서, 이제까지 체계적이고 과학적인 방법으로 공식화하고 통합하려고 노력해 왔던 어떤 것보다도 더 많이 알고 있다. 이러한 지식을 통합해 보려는 시도야말로 역사상 가장 찬란한 지적 노력들 가운데 하나며 가장 값어치 있는 노력들 가운데 하나라고 하겠다.

　결정권자들이 미래의 사건에 대해 가장 잘 예측할 수 있고, 예측의 정확성을 근사치로까지 높일 수 있을 때, 변화를 관리해 보려는 우리의 시도는 현저하게 개선될 것이다. 미래에 대한 합리적이고 정확한 가정은 우리의 행동이 앞으로 어떤 결과를 초래할 것인가를 이해하는 데 전제 조건이 되기 때문이다. 그리고 이러한 이해 없이 변화를 관리한다는 것은 불가능한 일이다.

　계획 입안자의 인간화가 사회적 미래주의의 전략에서 첫 단계라면, 우리의 시간의 지평을 전방(前方)으로 넓히는 일은 두번째 단계다. 우리가 기술주의를 극복하기 위해서는 경제적 세속주의(世俗主義)를 초월해야 할 뿐 아니라, 있음직하고 있을 수 있는 보다 먼 미래를 향해 우리의 마음을 열어야만 할 것이다.

앞으로의 민주주의

　이제 마지막으로 사회적 미래주의를 더 깊이 파헤쳐보아야겠다. 기술주의자들은 경제 중심의 사고 방식을 지닌 데다 근시안적이며 엘리트주의에도 빠져 있기 때문이다. 따라서 변화를 통제할 수 있으려면, 우리는 기술주의적 전통으로부터 최종적으로 그리고 근본적으로 벗어나야 하며, 사회적 목표를 설정하는 방법에 혁명적 변화를 이룩해야만 한다.

　새로운 요소가 많아지지만, 이것은 국가나 교회, 회사, 군대, 대학 등 우리의 주요 제도가 지니는 전통적 목표들과는 조화되지 못하고 있다. 가속화가 진행됨에 따라 목표는 빠르게 변화하고 목적도 점차 일시적인 것이 되어버린다. 다양성이나 세분화에 따라 목표의 수도 무한히 늘고 있다. 우리는 이렇게 요란스럽고 목표들이 뒤얽힌 환경에 휩싸임으로써, 연속적으로 닥쳐오는 위기, 곧 미래의 충격에 시달리면서 대립적이고 자기 부정적인 목적들을 추구하고 있다.

이러한 현상은 무엇보다도 도시를 다스리려는 가련한 시도에서 가장 잘 나타나고 있다. 뉴욕 시민은 짧은 기간 안에 재앙 비슷한 사건들이 악몽처럼 연속돼 고통을 받고 있다. 몇 가지만 들어보더라도 급수(給水)의 부족, 지하철 파업, 학원내의 인종 폭동, 컬럼비아 대학의 학생 소요, 쓰레기 파업, 주택 부족, 난방 연료 파업, 전화 서비스의 악화, 교사의 동맹 파업, 전기 고장 등이 있다. 고도 기술 사회 전반에 걸친 수천의 시청(市廳)에서와 마찬가지로 뉴욕 시청의 기술주의자들도 도시의 미래를 위한 일관된 계획이나 정책 비슷한 것조차 마련하지 못한 채 물통만 들고 이리저리 불난 곳으로 뛰어다니고 있을 뿐이다.

그렇다고 해서 아무 계획도 세우지 않고 있다는 것은 아니다. 오히려 이렇게 사건들이 연발하는 곳에서는 기술주의적 계획이다 하부 계획이다 대응 계획이다 하는 것들이 연속적으로 제시되고 있다. 이러한 계획들은 새로운 도로와 고속도로, 새로운 발전소, 새로운 학교 등을 주창하고 있는가 하면 보다 좋은 병원, 보다 좋은 주택, 보다 좋은 정신 건강 센터, 보다 좋은 복지 계획 등도 약속하고 있다. 그러나 이러한 계획들은 우연한 일로 취소되기도 하고, 서로 대립되거나 보완되기도 한다. 서로 논리적으로 연결되어 있는 경우는 거의 없고 바람직한 미래의 도시에 대한 포괄적 이미지는 아예 전무(全無)한 상태다. 우리의 노력을 불러일으킬 만한 청사진이란 것도, 이상향을 그린 것이든 그렇지 않은 것이든 전혀 없다. 혼란에 질서를 가져다줄 만큼 합리적으로 통합된 목표란 하나도 없다. 그리고 국내적으로나 국제적으로나 일관된 정책이 결여되어 있다는 점에서는 매한가지며, 이로 인해 위험은 더욱 가중되고 있다.

이것은 단순히 우리가 하나의 도시로서 또는 하나의 국가로서 어떤 정책을 추구해야 할는지를 모르고 있다는 것이 아니다. 문제는 더 깊은 곳에 있다. 우리가 어떤 사회적 목표에 도달할 때면 거기까지 오는 데 사용한 방법들은 변화의 가속화로 말미암아 이미 시대에 뒤떨어진 것이 되어버리기 때문이다. 기술주의자들은 아직도 이러한 사실을 이해하지 못한 채, 목표의 위기에 무릎반사식으로 대응함으로써 지난날에 해보았고 지난날에 옳았던 방법에 매달리고 있다.

따라서 간헐적으로라도 변화를 받아들이는 정부는 그 목표를 공개적으로 규정해 보려고 노력할 것이며, 이러한 정부는 본능적으로 위원회(委員會) 같은 것을 설립할 것이다. 1960년 아이젠하워(Dwight David Eisenhower) 대통령은 장군 1명과 판사 1명, 기업자 2명, 대학 총장 2~3명, 노동 조합 지도자 1명 등으로 구성되는 위원회를 만들어, "조정된 국가 정책이나 계획의 개략적인 모습을 그려내고, 여러 분야에 걸친 국가 활동 목표를 설정하는" 일을 하도록 했다. 그 결과 《미국의 목표》라는 위원회 보고서가 적(赤)·백(白)·청(靑) 3색 표지의 염가본(廉價本)으로 출간되었다. 그러나 이 위원회나 여기서 작성된 목표는 일반 국민이나 정책에 대해 거의 영향을 미치지 못했다. 불가항력적인 변화는 인간의 지적 통제력이 미치지 않은 채 계속 미국을 휩쓸고 있다.

정부 정책의 우선 순위를 정하려는 또 하나의 중요한 노력은 연방 기구 전반에 입안—계획—예산 편성 제도(PPBS)를 적용하려는 존슨(L. B. Johnson) 대통령의 시도다. PPBS란 계획을 조직 목표에 보다 긴밀하고 합리적으로 조화시키려는 하나의 방안이다. 구체적으로 보건 교육 후생성은 이 제도를 사용해 특정 목표를 달성하기 위한 여러 계획 대안들의 손익을 평가해 볼 수 있다. 그러나 보다 크고 중요한 목표는 누가 설정할 것인가? PPBS의 도입과 이러한 체계적 접근은 정부의 중요한 업적이며, 아울러 거대한 조직적 노력을 관리해 나가는 데 매우 중요한 의미를 지니는 것이다. 그러나 이 제도는 먼저 정부나 사회의 전체 목표가 어떻게 선정되어야 하는가의 심각한 정치적 문제는 전적으로 도외시하고 있다.

목표의 위기로 계속 고심하던 닉슨(Richard Milhous Nixon) 대통령은 세번째 정책 전환을 시도했다. "우리는 이 나라가 어떤 나라로 되어야 하는가의 문제에 대해 의식적이고도 체계적으로 검토해 볼 시기에 이르렀다." 닉슨 대통령은 뒤이어 본질적인 문제에 손을 댔지만, 이 문제에 대한 해답으로 선정된 방법은 또다시 부적합함을 드러내고 말았다. 닉슨은, "오늘 백악관 안에 국가 목표 연구진을 설치하도록 명했다. 이 연구진은 사회에서 필요로 하는 일의 관련 자료를 수집, 처리하고 사회의 추세를 예견하는 전문가들로 구성되는 소수 정예의 기술진이 될 것이다"고 말했다.

이 연구진은 대통령의 측근에서 국가 목표에 대안을 제시하고 각 기관 사이의 분쟁을 조정하며(적어도 서류상으로는), 새로운 우선 순위를 제시하는 데 극히 유용한 것이다. 이 연구진은 유능한 사회 과학자와 미래학자들로 구성되어 있었고, 주어진 역할을 수행하기 위해 고급 관리들에게 주요 목표를 검토해 보도록 압력을 가할 수 있었다.

그러나 이것도 앞의 두 경우와 마찬가지로 기술주의적 사고(思考)의 흔적을 그대로 드러내고 있다. 이 연구진 역시 문제의 핵심인 정치적 측면을 간과하고 있기 때문이다. 바람직한 미래는 어떻게 규정되는가? 누구에 의해서 규정되는가? 그리고 미래의 목표는 누가 설정할 것인가?

이러한 모든 노력의 배후에는 미래 사회의 국가 목표(나아가서는 지방적 목표)를 고위층에서 결정해야 한다는 생각이 깔려 있다. 이러한 기술주의적 전제는 낡은 관료적 조직 형태를 그대로 이어받고 있다. 여기서도 역시 종적인 라인과 횡적인 스태프가 분리되어 있고, 융통성 없는 비민주적 위계 질서가 지도자와 추종자, 관리자와 피관리자, 그리고 계획 입안자와 계획 수행자를 구분하고 있는 것이다.

하지만 초산업화 시대로 나아가는 도상에 있는 참된 목표들은 입으로만 되뇌는 목표들과는 달리, 너무나 복잡하고 일시적이며 그 성패가 피지배자의 의식적 참여에 달려 있기 때문에, 그렇게 쉽사리 파악되고 규정될 수 없다. 목표를 설정하기 위해 원로들의 비공식 모임을 열거나 '전문 기술진'에 그 임무를 떠맡긴다고 해서, 변화의 거센 힘을 조절할 수 있으리라고 기대할 수는 없다. 목표 설정을 위한 혁명적이고 새로운 접근 방법이 필요한 것이다.

이러한 접근 방법은 혁명을 한다는 사람들로부터 제시될 수 있는 것이 아니다. 일부 급진적 집단은 모든 문제를 '이윤 극대화'의 선언으로 봄으로써 천진 난만하게도 기술주의자들과 같이 경제중심주의로 흘러 간다. 다른 급진적 집단은 좋든 싫든 산업화 이전의 과거로 돌아가야 한다고 주장한다. 그런가 하면 또 다른 급진적 집단은 혁명을 주관적이고 심리적인 측면에서 보고 있다. 따라서 이러한 집단 가운데 어느 하나도 탈기술주의적 변화 관리 방법이 되지 못하는 것이다.

오늘날 급진파 젊은이들은 기술주의자들의 어리석음에 대해 관심을 불러일으키고 산업화 사회의 수단은 물론 그 목표에까지 적극적으로 도전함으로써, 우리에게 큰 도움을 주고 있다. 그러나 이들도 스스로가 경멸하고 있는 기술주의자들과 마찬가지로 목표 위기에 어떻게 대처해야 할 것인지를 알지 못하고 있다. 이들도 아이젠하워나 존슨, 닉슨 등과 마찬가지로 쟁취할 가치가 있는 미래에 대한 어떤 적극적인 이미지를 분명하게 제시하지 못하고 있다.

따라서 미국 민주사회 학생 연합의 전(前)회장이었던 급진파 청년 기틀린(Todd Gitlin)은 다음과 같이 술회하고 있다. "미래 지향성은 지난 1세기 반 동안 모든 혁명 운동(엄격히 말하면 자유주의 운동)의 기본 특성이었는데, 현재의 신좌파는 '미래에 대한 불신'으로 가득 차 있다." 그는 미래에 대한 일관된 전망이 제시되지 못했던 구체적 이유를 열거한 다음, "우리는 스스로 미래를 설정할 수 있는 능력이 없다"고 고백했다.

신좌파의 다른 이론가들은 내일의 생활 양식으로 오늘을 삶으로써 미래를 현재 속으로 통합시키도록 추종자들에게 권고하며 문제를 얼버무리고 있다. 결국 이것은 '자유로운 사회'나 협동체, 산업화 이전의 공동체 등 감동적인 언어 유희로 내닫고 말았는데, 이러한 말에는 미래를 다루는 내용은 거의 없고 오히려 과거에 대한 정열적인 경도(傾倒)를 나타내는 내용들이 대부분이다.

오늘날의 급진파 젊은이들 가운데 일부(전부라고는 할 수 없지만)가 기술주의자들과 마찬가지로 지독한 엘리트주의에 물들어 있다는 사실을 고려한다면, 문제는 더욱 우스운 꼴이 된다. 그들은 관료 체제를 비난하고 '참여 민주주의'를 주창하면서도 참여를 바라는 노동자 집단이나 흑인, 학생들을 곧잘 조작하려 한다는 것이다.

고도 기술 사회의 근로 대중은 재산의 소유 형태를 다른 것으로 바꾸어보자는 정치 혁명 구호에는 전반적으로 무관심하다. 대부분의 사람들은 생활 여건의 악화가 아니라 개선을 의미하는 풍요를 누리고 있고, 가치의 박탈이 아니라 충족이라고 할 수 있는 여유 있는 '중산 계층의 교외(郊外) 생활'을 즐기고 있다.

이렇게 엄연한 현실에 직면한 신좌파 가운데 비민주적인 분자들은, 대중은 중산층의 생활에 너무 젖어 있고 광고를 통한 조작으로 부패하고 타락하여 선(善)이 무엇인지조차 알지 못한다는 마르쿠제류의 결론으로 내닫고 만다. 그러므로 혁명적 엘리트는 너무나 우매해서 스스로의 이익이 무엇인지도 모르는 사람들의 멱살을 잡아끄는 방법을 통해서라도, 보다 인간적이고 보다 민주적인 미래를 이룩하지 않으면 안 되는 것이다. 요컨대 사회의 목표는 엘리트에 의해서 설정되지 않으면 안 된다는 것이다. 기술주의자와 반(反)기술주의자는 내면적으로는 같은 엘리트주의자들인 것이다.

그러나 엘리트주의적 전제에 입각한 목표 설정 체계는 더 이상 '효과적인' 것이 아니다. 이러한 체계는 변화의 힘을 통제해 보려는 노력에 점차 반생산적(反生産的)인 것이 되어가고 있다. 초산업화 사회에서 민주주의는 정치적 사치품이 아니라 요체인 것이다.

　민주적 정치 형태가 서양에서 출현한 것은 몇몇 천재들이 그것을 밀고 나간 까닭도 아니고 인간이 '자유를 갈망하는 본능'을 드러낸 까닭도 아니다. 사회적인 분화와 보다 빠른 제도로 나아가려는 역사적 압력이 사회적으로 민감한 피드백을 요망했기 때문에 민주적 정치 형태가 출현했던 것이다. 복잡하고 분화된 사회에서는 많은 양의 정보가 전체 사회를 구성하는 공식적 조직체들과 하부 집단 사이 그리고 그 속에 있는 각 계층과 하부 구조들 사이를 종래보다 더 빠른 속도로 흐르지 않으면 안 된다.

　정치적 민주주의는 사회적 결정에 점점 많은 사람을 포함시켜 피드백을 촉진하고 있으며, 통제의 본질적 요소는 바로 이러한 피드백이다. 우리가 가속적 변화를 통제하려면 아직도 피드백의 메커니즘을 더 발전시켜야 하며 아울러 보다 민주화시켜야 한다.

　그러나 기술주의자는 아직도 하향식(下向式)으로만 생각함으로써, 현장으로부터 적절하고 즉각적인 피드백이 이루어질 수 있는 장치를 마련하지 않은 채 계획을 수립하고 있다. 이에 따라 그들은 자기의 계획이 잘 진행되고 있는가를 스스로도 알기 어려운 실정이다. 설사 피드백 장치를 마련한다 하더라도, 기술주의자들이 일반적으로 요구하고 취하는 것은 주로 경제적인 것이어서 사회적·심리적·문화적 분야에는 미치지 못한다. 더욱 곤란한 것은 이러한 사람들이 계획 성공을 위해 참여시켜야 할 사람들의 급변하는 욕구와 희망을 충분히 고려하지 않고 계획을 세우고 있다는 것이다. 이들은 스스로 사회적 목적을 수립할 권리가 있다고 여기거나 그렇지 않으면 보다 높은 사람이 수립한 목표를 맹목적으로 받아들이는 것이다.

　한편 기술주의자는 변화의 속도가 빨라지면 사회 안에 새로운 종류의 정보 체계, 즉 사닥다리 모양이 아닌 고리 모양의 정보 체계가 필요하며 또 그것이 이루어지게 된다는 사실을 인식하지 못하고 있다. 정보는 이러한 고리를 통해 가속도로 회전됨으로써 한 집단에서 산출된 정보가 다른 많은 집단에 투입되어야 하며, 그럼으로써 정치적으로 유능한 것처럼 보이는 집단이라도 전체를 위한 목표를 단독으로 수립할 수 없게 된다.

사회 구성원 수가 늘고 변화가 전체 체계를 뒤흔들어 불안을 가중시키면, 하부 집단이 전체를 파멸시키는 힘은 크게 증대된다. 유명한 인공두뇌학 전문가인 애시비의 말을 빌리면, "전체 체계가 몇 개의 하부 체계들로 구성되어 있을 때 가장 영향력 있는 하부 체계는 가장 안정성이 적다"는 사실을 수학적으로 입증할 만한 법칙이 있다.

이러한 사실을 달리 표현하면, 사회 성원의 수가 늘고 변화가 전체 체계를 불안정하게 함에 따라 히피족이나 흑인, 인종 차별론자를 지지하는 하층 중산계급, 학교 교사 등 정치적 소수파의 요구를 무시하기가 점점 어려워진다는 것이다. 서서히 변하던 산업화 시대의 미국에서는 국내 흑인 소수파의 요구를 무시할 수 있었다. 그러나 급속히 도래한 인공두뇌의 새 사회에서는 이러한 소수파도 파업이나 태업(怠業) 등 수많은 방법을 통해 전체 체계를 마비시킬 수가 있다. 상호 의존성이 증대됨에 따라 사회내의 작은 집단들도 점차 사회를 마비시킬 수 있는 큰 힘을 발휘할 수 있다. 더욱이 변화의 속도가 증대됨에 따라 소수파들이 무시당하는 시간의 길이도 짧아져 영(零)에 가까워진다. 이리하여 '자유의 시대'가 도래한 것이다.

이러한 사실로부터, 노여움에 차 있거나 저항적인 소수 집단을 다루는 최선의 방법은 그들을 배척하거나 격리시키지 말고 체제를 더욱 개방해 그들로 하여금 사회적 목표 설정에 참여할 수 있도록 함으로써 모색될 수 있다는 것을 알 수 있다. 구체적인 예로서 중국은 국제 연합(UN)이나 국제 사회 전체로부터 소외당했던 때 세계를 불안하게 했지만, 국제 사회에 받아들여진 다음에는 오히려 그러한 불안감을 주지 않았다. 젊은이들도 어른 취급을 해주지 않고 사회적 결정 과정에 참여할 권리를 박탈한 채로 두면, 점점 불안정해져서 전체 체계를 위협하기에까지 이른다. 요컨대 정치에서든 산업에서든 교육에서든, 영향을 받는 사람들의 참여 없이 설정된 목표는 점차 실행하기가 어려워진다는 것이다. 하향적이고 기술주의적인 목표 설정 절차가 그대로 계속되면, 사회적인 불안은 점점 고조되고 변화를 통제할 수 있는 힘은 점점 약해져서, 인간을 파멸시킬 대변동의 위험은 점점 커질 것이다.

따라서 변화를 다스리려면 중요한 장기 사회 목표를 분명히 할 필요도 있지만, 아울러 이러한 목표에 도달하는 방법도 민주화할 필요가 있다. 이것이야말로 기술 사회에서 앞으로 이루어야 할 정치 혁명, 즉 민중 민주주의의 새로운 확인을 뜻하는 데 지나지 않는다.

지금이야말로 변화의 방향을 근본적으로 재평가해 보아야 할 시점이다. 그리고 이러한 재평가는 정치인들이나 사회학자, 목사, 엘리트주의적 혁명가, 기술자, 대학 총장들에 의해서 이루어질 것이 아니라 국민들 스스로에 의해서 이루어질 일이다. 우리는 문자 그대로 일반 국민들에게 한 번도 물어보지 않았던 문제, 곧 "지금으로부터 10년 후나 20년 후, 또는 30년 후 당신들이 바라는 세계는 어떤 세계인가?" 하는 문제를 일반 국민들에게 물어볼 필요가 있다. 요컨대 우리는 미래에 관한 계속적인 국민 투표를 실시할 필요가 있다는 것이다.

고도 기술 국가는 자기 반성을 해보아야 할 적절한 시기에 이르렀다. 이러한 자기 반성은 단순히 경제적 측면만이 아니라 사회적 측면의 '발전 목표'도 넓히고 규정하는 공개적인 자기 검토여야 한다. 서기 2000년을 목전에 두고 새로운 인간 발전 단계의 문턱에 서 있는 우리는 미래를 향해 맹목적으로 줄달음치고 있다. 과연 우리는 가고 싶은 곳으로 가고 있는가?

우리가 이러한 의문에 실질적인 해답을 구하려 한다면 어떤 현상이 나타날까?

만일 고도 기술 국가들이 앞으로 5년간을 각 국가의 집중적 자기 평가 기간으로 설정하고, 5년째 되는 해에 경제적 목표와 함께 광범위한 사회적 목표까지도 염두에 두는 미래에 대한 가상안(假想案)을 제시하게 된다면, 즉 각 국가가 앞으로 남은 4분의 1세기 동안 그들 국민을 위해서나 인류 전체를 위해서나 성취하기를 바라는 바가 무엇인가를 세상에 내놓는다고 할 때, 그것이 얼마나 극적인 역사적 사건이 될 것이며 그 힘과 발전적 효과는 어떠할 것인지를 상상해 보라.

이렇게 거창한 문제는 고사하고 각 국가나 각 도시, 각 마을에서 민주적 집회를 열어 사회의 실적(實績)을 조사하고 금세기의 나머지 기간을 위한 특수 사회 목표를 설정해 그 우선 순위를 결정하는 일을 하면 어떨까 하는 문제를 생각해 보자.

이러한 '사회의 미래 모임'은 지역성(地域性)을 대표할 뿐 아니라 사회의 구성 단위도 함께 대표한다. 곧 산업계나 노동계, 교회, 지식인 집단, 예술계, 여성계, 인종 또는 종교 집단, 학생 등을 망라하며 조직체의 대표와 함께 조직화되지 않은 사람들까지 포함하는 것이다. 모든 사람들을 균등하게 대표하도록 보장하거나, 가난하고 뿔뿔이 흩어져 있거나 고립되어 있는 사람의 요구를 반영해 줄 확실한 방도는 없다. 그러나 우리가 이러한 사람들도 포용할 필요가 있다고 인식만 한다면 그러한 방도는 찾을 수 있을 것으로 생각된다. 실상 미래를 설정하는 데 참여하는 문제는 가난한 사람과 흩어져 있거나 고립되어 있는 사람들만의 문제인 것은 아니다. 많은 월급을 받는 회사 사무원, 부유한 전문 직업인, 이로 정연(理路整然)한 지식인이나 학생 등도 한두 번쯤은 변화의 방향과 속도에 영향을 미치는 힘이 없다고 느끼는 수가 있다. 이러한 사람들을 체계 속으로 끌어들여 사회 지도 기관의 요원으로 만드는 일은, 다가오는 세대의 가장 중요한 정치적 책무다. 만일 어떤 단계에서 미래에 살아갈 모든 사람들이 미래에 관한 스스로의 요구를 말할 수 있는 기회가 주어졌다면 그 결과는 어떨까? 앞으로의 민주주의에 대한 세계적 규모의 방대한 예행 연습을 가상해 보자.

'사회의 미래 모임'은 항구적인 제도일 필요가 없으며, 일시성 때문에 영구적인 제도로 정착될 수도 없다. 오히려 미래 모임은 특수한 형태의 집단으로서 일정한 간격을 두고 소집될 것이며 소집될 때마다 참석하는 대표가 다를 수도 있다. 오늘날 시민들은 필요한 경우 배심원으로 봉사하기도 한다. 시민들은 배심 제도가 민주주의를 보장하는 요소의 하나라고 생각해 배심원으로서의 봉사가 불편하더라도 누군가는 그 임무를 수행해야 한다고 믿고 있다. 그래서 그들은 배심원으로 봉사하는 데 2, 3일이나 아니면 2, 3주 정도의 시간도 기꺼이 바치고 있다. '사회의 미래 모임'은 계속 새로운 사람들을 참여시켜 사회의 '미래에 대한 상담역(相談役)'으로 일정 기간 봉사하도록 함으로써 배심원 제도와 비슷한 형식으로 조직화할 수도 있다.

이제까지는 의견을 물어보지도 않았던 많은 사람에게 의사를 표현할 기회를 주는 이러한 대중 조직은 결국 많은 사람이 자신의 먼 앞날의 운명을 결정하는 데 도움을 주는 미래의 마을 회관이 되는 것이다.

신인민주의(新人民主義)의 형태를 지향하는 이러한 주장은 일부 사람들에게 분명히 유치하게 보일 것이다. 하지만 현재의 정치 방식대로 사회를 계속 이끌어 갈 수 있다는 견해보다 더 유치한 것은 없으리라고 생각한다. 일부 사람들에게는 또 이러한 주장이 실현 불가능한 것으로 보일 수도 있다. 그러나 인간다운 미래를 위로부터 강요하려는 시도보다 더 실현 불가능한 일은 없으리라고 생각한다. 산업화 사회에서 유치했던 것이 초산업화 사회에서는 현실적일 수도 있고, 실제적이었던 일이 무모한 일로 될 수도 있다.

우리가 문제를 푸는 데 새로운 기술과학에 따른 '기계'와 '이용 기술'을 함께 활용하고 여기에 상상력까지 더한다면, 민주적 결정의 큰 돌파구를 마련할 잠재력을 갖고 있다고 할 수 있다. 이것은 매우 고무적인 현상이다. 발전된 원거리 통신 기술을 활용하면, '사회의 미래 모임' 참가자들은 문자 그대로 한 방에 모일 필요도 없이 지구상에 얽혀 있는 통신망으로 간단히 연결될 수 있다. 미래의 연구 목표나 환경의 질적 목표를 토의하기 위한 과학자들의 모임은 일시에 많은 나라의 참가자들을 모을 수도 있다. 자동화 목표와 작업 개선 목표를 토의하기 위해서 소집된 철강 노동자와 노동조합 지도자, 사무원 등의 회합은 서로 멀리 떨어져 있는 여러 공장이나 사무실, 창고 등의 참여자들을 연결할 수 있다.

뉴욕이나 파리에서 개최된 문화 단체의 회합, 예컨대 그 도시의 적절한 장기 문화 발전 목표를 토의하기 위한 미술가와 감상자, 작가와 독자, 극작가와 관객 등의 회합은 녹화(錄畵) 시설 등의 기술을 활용해 논의되고 있는 미술 작품의 실제 모습과 새로운 설비를 위한 건축 설계 그리고 기술과학의 진보를 통해 새로이 활용하게 된 예술적인 매체 등을 보여줄 수 있다. 미래의 대도시는 어떤 종류의 문화 생활을 누려야 하는가? 일련의 목표를 실현하는 데 필요한 자재(資材)들은 어떤 것인가?

온갖 '사회의 미래 모임'은 이러한 의문에 해답하기 위해 여러 가지 목표의 사회적·경제적 비용에 관한 자료를 마련하고 제기된 일들의 손익을 제시해 기술진의 도움을 받을 수도 있고 또 받아야 한다. 이럴 때 집회 참여자들은 여러 가지 미래의 모습 가운데서 합리적인 선택을 할 수 있도록 정보가 주어지게 된다. 결국 이러한 방식으로 각 모임은 막연하거나 뒤죽박죽인 희망만이 아니라 내일을 위한 정연한 우선 순위의 언명(言明)에 도달할 수 있는 것이다. 그리고 이러한 언명은 다른 집단의 목표에 대한 언명과 비교될 수 있어야 한다.

이러한 '사회의 미래 모임'은 거창한 회합일 필요는 없다. 지금 급속히 개발되고 있는 많은 게임과 모형은 참가자들이 자신의 가치를 확인하는 데 도움을 주는 것을 최대의 목표로 삼고 있다. 일리노이 대학에서 실시한 '플라톤 계획'에서 오즈굿(Charles Osgood)은 컴퓨터와 학습 기계를 활용하는 게임을 통해 바람직한 가상의 미래를 계획하는 데 많은 사람을 참여시키는 실험을 하고 있다.

코넬 대학 도시 계획 환경 분석학과의 빌레가스 교수는 흑인과 백인 학생들의 도움을 얻어 여러 가지 특수 게임을 고안해 냈다. 이 게임들은 참가자들에게 여러 가지 제기된 행동 과정들의 결과를 알려줌으로써, 그들로 하여금 목표를 분명히 하는 데 도움을 주는 것들이었다. '1984년의 게토(Ghetto)'는 커너 폭동 대책위원회(공식 명칭 : 시민 소요에 관한 미국 국가자문위원회)가 제시한 건의안이 실제로 채택되었더라면 어떤 현상이 일어났을까를 제시해 주고 있다. 이것은 이러한 건의안들이 입법화되었을 경우 그것이 게토에 미친 궁극적인 영향은 어떠했을까를 제시해 주는 것이다. 그런가 하면 이것은 흑인과 백인 참가자들에게 미해결의 분쟁과 함께 공통된 목표도 확인할 수 있게 만들어주었다. '페루 2000년'이나 '스쿼터 시 2000년'과 같은 게임에서는 참가자들이 미래를 위한 공동체를 설계하고 있다.

'남부 이스트 사이드'라는 게임에서 빌레가스 교수는 이름 그대로 맨해턴의 이스트 사이드에서 게임을 했고, 참가자들도 학생들이 아닌 가난한 노동자나 중산층의 백인, 푸에르토리코의 소기업인, 젊은이, 실업 상태의 흑인, 경관, 지주, 시청 직원 등 그 지역의 실제 주민들을 등장시키려 했다.

1969년 봄 보스턴과 필라델피아, 시러큐스, 뉴욕 등지에 있는 5만 명의 고등학생들은 1975년 콩고에서 전쟁이 일어날 것으로 상정(想定)해 텔레비전을 이용한 게임을 했다. 텔레비전에 출연한 팀들은 소련과 중국, 미국의 내각을 흉내내어 외교와 정책 입안 문제를 놓고 논쟁을 벌였고, 다른 학생과 선생들은 이 장면을 시청하면서 토의를 하고 전화를 통해 출연자들에게 조언도 했다.

이러한 방식의 게임을 만들어 내면 미래의 목표를 설정하는 데 수십 명이 아니라 수만 명 심지어 수백만의 사람들도 참여시킬 수가 있다. 텔레비전에 출연한 사람들이 어떤 위기, 이를테면 생태학적 파괴 문제를 다루는 정부 고위 관리의 역할을 수행하면 노동 조합이나 주부 클럽, 교회 단체, 학생 조직 등의 단체가 회합을 열어 수많은 사람들로 하여금 그 프로그램을 시청하게 하면서 토의되는 내용에 대한 집단의 판단을 출연자들에게 전달하는 것이다. 특수한 교환 장치 컴퓨터를 활용하면 필요한 조건을 골라 내거나 찬부(贊否)의 표수를 집계해 '결정권자'들에게 전달할 수도 있다. 그런가 하면 사람들은 자기 집에서 참가할 수도 있기 때문에 조직이나 단체에 참여하지 않는 많은 사람에게도 이 과정이 개방되어 있다. 이러한 게임을 제대로 구상하면 이제까지는 의견을 제시할 기회가 없이 버려져 있던 대중들을 미래의 목표를 설정하는 과정에 참여시키는 일이 가능하며, 그것은 또한 매우 실제적인 방법이다.

이러한 기술들은 아직 유치한 단계에 있지만 멀지 않은 장래에 상상도 못할 만큼 정교하게 다듬어질 것으로 믿는다. 그러면 이러한 기술들은 학술 토의나 의회(議會)의 절차에 익숙지 못한 사람들로부터도 바람직한 미래에 관한 여러 가지 생각을 모아 조절할 수 있는 체계적 방법을 마련해 줄 것이다.

이러한 미래의 마을 회관들을 정연하거나 조화로운 것으로 기대하거나, 어디서나 똑같은 방식으로 조직화되리라고 생각하는 것은 근거 없는 낙관론일 것이다. 일부 지역의 '사회의 미래 모임'들은 지역 사회 조직이나 계획 협의회, 아니면 정부 기관에 의해 만들어지는 수도 있고, 노동 조합이나 청년단, 또는 미래 지향적인 개개 정치 지도자들의 지원을 받을 수도 있으며, 또 다른 곳에서는 교회나 재단, 자발적 조직체들이 주관할 수도 있다. 그런가 하면 또 다른 지역에서는 공식적 집회의 성격을 띠지 않고, 위기에 직면해 자연 발생적인 반응으로 구성될 수도 있다.

이러한 집회를 통해 만들어진 목표를, 존재하지도 않는 형이상학의 세계에 떠도는 영원하고 순수한 이상(理想)으로 생각하는 것 역시 잘못이다. 오히려 이러한 목표들은 일시적인 방향 지표고 한정된 기간 안에서만 객관적이고 선한 것으로 보아야 하며, 어떤 공동체나 국가에서 선출된 정치적 대표자들에게 제시해 주는 조언으로 간주되어야 한다.

그럼에도 불구하고 이러한 미래 지향적이고 미래 형성적인 현상들은 정치적으로 큰 영향을 미칠 수가 있다. 실상 이러한 현상은 현재 심각한 위기에 처해 있는 대의(代議) 정치의 전체계(全體系)를 구원해 주는 방책이 될 수도 있다.

오늘날 대다수의 투표자는 자신이 선출한 대표자들과 접촉하기에는 너무나 멀리 떨어져 있고 다루어지는 문제도 너무나 기술적인 것들이기 때문에, 고등 교육을 받은 중산층 시민들까지도 목표 설정 과정에서 완전히 배제되고 있다고 느낀다. 생활의 가속화가 보편화되어 선거와 선거 사이에 너무나 많은 사건들이 일어나기 때문에, 정치인들은 '선거구민'들에게 점차 책임을 지지 못하고 있다. 더구나 선거구민들도 변해 가고 있다. 이론상으로 보면, 자기의 대표자가 하는 일을 못마땅하게 느끼는 투표자는 다음 선거에서 그 사람에게 투표를 하지 않을 수 있다. 그러나 실제로는 이러한 일마저 불가능하다고 느끼는 사람들이 수없이 많다. 심한 이동 현상은 많은 사람들로 하여금 거주지를 옮기게 만들고, 때로는 그들의 선거권을 온통 박탈해 버리는 수도 있다. 그런가 하면 새로운 사람들이 그 지역으로 흘러 들어오기 때문에, 정치인은 점점 많은 새 사람들과 접촉하지 않을 수 없다. 이리하여 정치인은 자기의 활동 상황이나 전번 선거 때 행한 공약(公約)에 대해 책임을 지지 않아도 괜찮게 된다.

민주주의를 더욱 손상시키는 요인은 정치에서의 시대적 편견이다. 정치인들이 갖는 시간의 지평은 다음 선거를 넘어서지 못하는 경향이 있다. 미국식 의회든 일본식이나 영국식 의회든, 또는 시의회든 입법 기구들은 일반적으로 먼 미래에 관해 진지하게 생각하는 데 필요한 시간이나 자원 그리고 조직 형태를 갖추지 못하고 있다. 지금 일반 시민이 자기 지역 사회나 주, 또는 국가의 방대하고 원대한 목표에 관해서 자문을 요청받는 경우는 거의 찾아볼 수가 없다.

투표자는 특수한 문제에 관해서 투표할 수는 있으나, 바람직한 미래의 보편적 형태에 관해서는 투표할 방법이 없다. 사실 정치 세계에는 먼 미래가 어떤 형태를 취해야 한다거나 어떻게 느껴지고 어떤 맛을 풍겨야 한다거나 등의 문제에 관해서 일반인이 자기의 의견을 발표할 수 있는 제도가 없다. 일반인은 이것에 관해 생각해 보도록 요청받는 일도 없고, 설사 요청받는 경우가 드물게 있더라도 일반인이 자기의 생각을 정치 세계로 투입시킬 수 있는 조직화된 방법이 없다. 일반인은 미래로부터 단절됨으로써 정치적 무능력자가 되고 있다.

이러한 여러 가지 이유로 해서 대의 정치 제도 전반(全般)은 숙명적인 붕괴로 내닫고 있다. 입법 기구들이 그런대로 존속하려면, 이러한 기구들은 그 모체인 선거구와 새로운 관계를 맺어야 하며 미래와도 새로운 연관을 지녀야 한다. '사회의 미래 모임'은 입법 기구를 그 모체인 대중과 다시 연결해 주고 현재를 미래와 연결해 주는 수단을 마련해 줄 수 있다.

이러한 모임들이 좀더 자주 그리고 일정한 간격을 두고 정기적으로 열리기만 하면, 이것은 우리가 현재 활용하는 어떤 방법보다 대중의 의사를 민감하게 반영해 주는 방법이 될 것이다. 이와 같은 집회를 여는 행위 자체가 현재 무시되고 있는 수많은 사람을 정치 생활의 흐름 속으로 끌어들일 수 있다. 수많은 사람을 미래로 향하게 하고, 가속적으로 변해 가는 사회의 움직임과 함께 그들 자신의 개인적 운명에 대해서도 골똘히 생각하게 함으로써 이러한 행위는 심각한 윤리 문제를 제기할 것이다.

이러한 문제들을 사람들에게 제기한다는 것 자체만으로도 해방 감을 느낄 수 있다. 사회적 평가 과정 자체는 가고자 원하는지조 차 불확실한 곳으로 어떻게 갈 것인가 하는 기술적 논의에 지쳐 있는 사람을 긴장시켜 정신을 맑게 만들 것이다. '사회의 미래 모임'들은 급속히 세분되어 가는 사회에서 우리를 점차 갈라놓는 차 이점들을 명백히 하는 데 도움을 주기도 하고 반대로 공통된 사회 적 욕구, 즉 일시적 단결을 위한 잠재적 기반을 확인시켜 줄 것이 다. 이들 모임은 위와 같은 방법으로 여러 가지 정체(政體)를 새로 운 틀 속으로 결속시킴으로써 새로운 정치적 메커니즘을 탄생시키 는 것이다.

그러나 무엇보다 중요한 것은 '사회의 미래 모임'들이 문화를 보 다 초산업화 사회의 시대적 편견으로 이행시킨다는 데 있다. 이 모 임들은 일반인의 관심을 눈앞의 계획에만 한정시키지 않고 장기적 인 목표에 초점을 맞출 수 있게 하며, 수많은 미래의 가능성 가운 데 하나의 바람직한 미래를 선정할 수 있게 한다. 이로써 이러한 모임은 많은 사람이 이미 잃어버린 것으로 단념한 미래를 인간화할 가능성을 극적으로 발견할 수 있게 한다. 이러한 발견을 통해서 이 들 모임은 강력하고 건설적인 의식적(意識的) 발전의 힘을 길러 낼 수 있다.

인간에 의해서 시동된 가속적 추진력은 지금까지 이 지구상에 일 어난 전체 진화 과정의 핵심이다. 다른 동물의 진화 속도나 방향과 그 생존 자체도 인간이 내리는 결정 여하에 달려 있다. 그러나 이 러한 진화 과정에서 인간 자체의 생존을 보장해 줄 만한 것은 아무 것도 없다.

과거를 돌이켜 볼 때 인간의 인식은 사회적 진화의 진행을 앞지르기보다 따라가고 있다. 변화가 느렸던 까닭에 인간은 무의식적으로 그리고 '유기적(有機的)'으로 적응할 수 있었다. 오늘날에는 이미 무의식적 적응이 적합하지 않다. 유전 인자를 바꿀 수 있는 힘을 통해 새로운 종자를 만들어 낼 수 있고, 위성(衛星)에 사람을 살게 하거나 지구상의 인구를 감소시킬 수 있는 인간은 이제 진화 자체를 의식적으로 통제할 수 있어야 한다. 변화의 물결을 타고 미래의 충격을 피하려면 인간은 자신이 필요로 하는 미래를 형성함으로써 진화를 다스릴 수 있어야 한다. 인간은 변화를 거역하기보다는 이 역사적 순간 이후 미래를 예견하고 미래를 설계하지 않으면 안 된다.

이것이 사회적 미래주의의 궁극적 목적이다. 이것은 기술주의를 초월해서 보다 인간적이고 보다 장기적인 안목의, 보다 민주적인 계획을 만들어 내는 것만이 아니라 진화 과정 자체를 인간의 의식적 통제하에 둘 수 있게도 한다. 지금이야말로 중대한 순간으로서, 인간이 변화 과정을 정복하느냐 아니면 정복당해 버리느냐, 인간이 진화의 무의식적인 노예가 되어 그 희생물이 되느냐 아니면 진화를 다스리는 주인이 되느냐의 역사적인 전환점이기 때문이다.

이렇듯 거대한 도전은 우리로 하여금 변화에 대해 완전히 새롭고 더욱 합리적으로 반응할 것을 요구하고 있다. 이 책은 변화를 주제로 다루었는데, 처음에는 변화를 잠재적인 악한으로 다루다가 나중에는 잠재적인 영웅으로 취급했다. 이 책은 변화를 순화시켜 규제해야 한다고 주장하면서도 새로운 혁명적 변화를 주장했다. 이러한 주장은 보기보다는 역설적인 것이 아니다. 변화는 인간에게 중요한 것인데, 첫번째의 생명대에서처럼 800번째의 생명대인 지금에도 중요하다. 변화는 생활 그 자체다. 그러나 무턱댄 변화, 무계획하고 무절제한 변화, 가속화된 변화 등은 인간의 육체적 저항력뿐 아니라 인간의 결정 과정까지도 압도해 버리며, 이러한 변화는 생활의 적인 것이다.

따라서 진화의 숙명을 점잖게 이끌어 갈 수 있기에 앞서, 그리고 인간적인 미래를 수립할 수 있기에 앞서 우리가 해야 할 일차적이고 가장 시급한 일은, 많은 사람을 미래의 충격의 위협에 굴복하여 떨게 하며 그들이 다루어야 할 문제를 더욱 심각하게 만드는 속수무책의 가속적 변화를 멈추게 하는 일이다. 그것을 멈추지 못하면 전쟁과 생태계의 파괴, 빈부 격차의 심화, 젊은이의 반항, 소름끼치는 비합리주의 대중의 대두 등 산적한 여러 가지 문제는 더욱 심각해질 것이다.

이렇게 난폭한 성장, 곧 역사의 암(癌)이라고나 할 현상을 처리할 수 있는 손쉬운 방법은 없다. 그런가 하면 변화가 훑고 간 자리에서 생겨난 전대미문의 질병, 미래의 충격을 치료할 수 있는 효험 있는 약도 없다. 필자는 변화에 시달리는 개인에게는 진정제를, 그리고 사회를 위해서는 보다 근본적인 요법을 제시해 왔다. 이를테면 새로운 사회적 서비스와 미래 지향의 교육 제도, 기술과학을 규제할 새로운 방법, 변화를 통제할 수 있는 전략 등이 그것이며, 이들 이외에도 더욱 많은 방책이 강구되어야 한다. 그러나 이 책이 중점적으로 다룬 것은 진단이었다. 진단은 치료의 전제 조건이고, 문제의 핵심을 제대로 파악하지 못하면 아무런 방책도 찾을 수 없기 때문이다.

이 책이 변화를 통제해 진화의 방향을 이끌어 가려는 사람에게 필요한 의식(意識)을 조성하는 데 도움을 주었다면, 이 책은 소기의 목적을 달성한 것이리라. 변화의 방향을 이끌어 가는 데 변화를 효율적으로 활용함으로써 비로소 우리는 미래의 충격에 대한 두려움을 덜 수 있고, 먼 미래를 내다보며 그것을 인간다운 것으로 만들 수 있기 때문이다. ✽

저자 후기

　우리 시대에 흔히 얘기되는 것 가운데, 저자의 생활은 고독하다는 견해가 있는가 하면, 저자의 생각은 어떤 신비로운 마음속에서 우러나온다는 견해도 있고, 저자는 순간적인 직관에 따라 글을 쓴다는 견해도 있다. 저술을 업으로 삼는 대부분의 사람은 이러한 사실을 잘 알고 있다. 이러한 말들은 다른 저자와 다른 책들에 잘 적용될는지 모르지만, 이 책에는 적용되지 않는다. 《미래의 충격》이라는 이 책은 실상 아주 많은 수의 대학과 연구소와 사무실에 종사하는 수백 명에 달하는 사람들과의 대면과 허심 탄회한 수많은 접촉의 산물이다. 그런 까닭에 그들의 이름은 일일이 열거할 수 없을 정도다.
　나 이외에 이 책에 가장 많은 영향을 미친 사람은 아내인 하이디였다. 아내는 흔히 있는 속담대로 "아이들이 저자의 서재로 들어오지 못하도록 막아준 참을성 있는 배우자"였다기보다는, 오히려 문제점들을 일일이 지적해 주면서 이 책의 근간을 이루는 개념들을 분명하게 해서 체계적으로 정리할 수 있게 만들어주었다. 따라서 아내는 이 책의 저술 과정에 적극적이고 지적인 동반자였다. 아내는 과거에도 그랬듯이 이 책의 각 장(章)을 읽거나 들으면서 불필요한 점이나 보강해야 할 점, 새로운 안목 등을 암시해 줌으로써 상임(常任) 편집자 노릇을 했다. 따라서 이 책은 나의 저서요 아내의 저서라고 해도 무방할 것이다.

  이 책이 출판되기 전에 원고의 전부나 일부를 읽고 가치 있는 논평을 해준 몇몇 친구들이 있다. 뉴욕의 힐사이드 병원 정신병 연구 부장 클라인(Donald F. Klein) 박사, 심리학자 거조이 박사, 사회학자 싱거 박사와 스트러들러(Harold Lee Strudler) 씨 등은 이 책을 저술하는 데 큰 도움을 준 분들이다. 한편 브라워(Bonnie Brower) 양에게도 감사의 뜻을 전하지 않을 수 없다. 그녀는 이 계획의 초기 단계에서 연구 조수로서 봉사했고, 내 책상 위에 산더미처럼 쌓인 많은 자료들을 정리할 때 열심히 도와주었다.

  또한 컬럼비아 대학의 필립스(Ellis L. Phillips) 교수와 엘리스 필립스 재단에는 특별한 감사를 드리지 않을 수 없다. 필립스 교수와 그 재단은 이 책이 완성될 때까지 여러 차례 약속을 연기해 줌으로써, 필자에게 말할 수 없는 인내심을 보여주었기 때문이다.

옮긴이 | 장을병

1933년 강원도 삼척 출생.
일본 와세다대학 대학원 수료.
성균관대학교 대학원 졸업(정치학 박사).
성균관대학교 총장 역임.
저서로는 〈한국 정치론〉, 〈정치의 파라독스〉,
〈커뮤니케이션과 정치발전〉, 〈정치를 위한 변명〉,
〈인물로 본 8·15 공간〉 등이 있음.

미래의 충격

발행일 초판 1쇄 발행 | 1986년 7월 25일
　　　　초판 7쇄 발행 | 1991년 11월 30일
　　　　2판 1쇄 발행 | 1997년 1월 20일
　　　　2판 4쇄 발행 | 2012년 3월 20일

지은이 | 앨빈 토플러　　　**옮긴이** | 장을병
펴낸이 | 윤형두　　　　　**펴낸곳** | 범우사
교 정 | 박은희　　　　　　인쇄처 | 상지사
등록번호 | 제406-2003-000048호 (1966년 8월 3일)
　　　　　(413-756) 경기도 파주시 문발동 출판문화단지 525-2
대표전화 | 031-955-6900　　**팩 스** | 031-955-6905
홈페이지 | www.bumwoosa.co.kr　**이메일** | bumwoosa@chol.com

ISBN 89-08-02034-9　03330
　　　89-08-02000-4　(세트)

* 책값은 뒤표지에 있습니다.
* 잘못된 책은 바꾸어드립니다.

산과 바다와 여행길에 범우문고
2,800 ~ 3,900원

범우문고는 환경보호를 위해 재생지를 사용하고 있습니다.

▶ 전국 서점에서 낱권으로 판매합니다
▶ 계속 출간됩니다

* **범우문고가 받은 상**
제1회 독서대상(1978), 한국출판문화상(1981), 국립중앙도서관 추천도서(1982), 출판협회 청소년도서(1985), 새마을문고용 선정도서(1985), 중고교생 독서권장도서(1985), 사랑의 책보내기 선정도서(1986), 문화공보부 추천도서(1989), 서울시립 남산도서관 권장도서(1990), 교보문고 선정 독서권장도서(1994), 한우리독서운동본부 권장도서(1996), 문화관광부 추천도서(1998), 문화관광부 책읽기운동 추천도서(2002)

1 수필 피천득
2 무소유 법정
3 바다의 침묵(외) 베르코르/조규철·이정림
4 살며 생각하며 미우라 아야코/진웅기
5 오, 고독이여 F.니체/최혁순
6 어린 왕자 A.생 텍쥐페리/이정림
7 톨스토이 인생론 L.톨스토이/박형규
8 이 조용한 시간에 김우종
9 시지프의 신화 A.카뮈/이정림
10 목마른 계절 전혜린
11 젊은이여 인생을… A.모르아/방곤
12 채근담 홍자성/최현
13 무진기행 김승옥
14 공자의 생애 최현 엮음
15 고독한 당신을 위하여 L.린저/곽복록
16 김소월 시집 김소월
17 장자 장자/허세욱
18 예언자 K.지브란/유제하
19 윤동주 시집 윤동주
20 명정 40년 변영로
21 산사에 심은 뜻은 이청담
22 날개 이상
23 메밀꽃 필 무렵 이효석
24 애정은 기도처럼 이영도
25 이브의 천형 김남조
26 탈무드 M.토케이어/정진태
27 노자도덕경 노자/황병국
28 갈매기의 꿈 R.바크/김진욱
29 우정론 A.보나르/이정림
30 명상록 M.아우렐리우스/최현
31 젊은 여성을 위한 인생론 펄벅/김진욱
32 B사감과 러브레터 현진건
33 조병화 시집 조병화
34 느티의 일월 모윤숙
35 로렌스의 성과 사랑 D.H.로렌스/이성호
36 박인환 시집 박인환
37 모래톱 이야기 김정한
38 창문 김태길
39 방랑 H.헤세/홍경호
40 손자병법 손무/황병국
41 소설·알렉산드리아 이병주
42 전락 A.카뮈/이정림
43 사노라면 잊을 날이 윤형두
44 김삿갓 시집 김병연/황병국
45 소크라테스의 변명(외) 플라톤/최현
46 서정주 시집 서정주
47 사람은 무엇으로 사는가 L.톨스토이/김진욱
48 불가능은 없다 R.슐러/박호순
49 바다의 선물 A.린드버그/신상웅
50 잠 못 이루는 밤을 위하여 C.힐티/홍경호
51 딸깍발이 이희승
52 몽테뉴 수상록 M.몽테뉴/손석린
53 박재삼 시집 박재삼
54 노인과 바다 E.헤밍웨이/김회진
55 향연·뤼시스 플라톤/최현
56 젊은 시인에게 보내는 편지 R.릴케/홍경호
57 피천득 시집 피천득
58 아버지의 뒷모습(외) 주자청(외)/허세욱(외)
59 현대의 신 N.쿠치키(편)/진철승
60 별·마지막 수업 A.도데/정봉구
61 인생의 선용 J.러보크/한영환
62 브람스를 좋아하세요… F.사강/이정림
63 이동주 시집 이동주
64 고독한 산보자의 꿈 J.루소/염기용
65 파이돈 플라톤/최현
66 백장미의 수기 I.숄/홍경호
67 소년 시절 H.헤세/홍경호
68 어떤 사람이기에 김동길
69 가난한 밤의 산책 C.힐티/송영택
70 근원수필 김용준
71 이방인 A.카뮈/이정림
72 롱펠로 시집 H.롱펠로/윤삼하
73 명사십리 한용운
74 왼손잡이 여인 P.한트케/홍경호
75 시민의 반항 H.소로/황문수
76 민중조선사 전석담
77 동문서답 조지훈
78 프로타고라스 플라톤/최현
79 표본실의 청개구리 염상섭
80 문주반생기 양주동
81 신조선혁명론 박열/서석연
82 조선과 예술 야나기 무네요시/박재삼
83 중국혁명론 모택동(외)/박광종 엮음
84 탈출기 최서해
85 바보네 가게 박연구
86 도왜실기 김구/엄항섭 엮음
87 슬픔이여 안녕 F.사강/이정림·방곤
88 공산당 선언 K.마르크스·F.엥겔스/서석연
89 조선문학사 이명선
90 권태 이상
91 내 마음속의 그들 한승헌
92 노동자강령 F.라살레/서석연
93 장씨 일가 유주현
94 백설부 김진섭
95 에코스파즘 A.토플러/김진욱
96 가난한 농민에게 바란다 N.레닌/이정일
97 고리키 단편선 M.고리키/김영국
98 러시아의 조선침략사 송정환
99 기재기이 신광한/박헌순

#	제목 / 저자
100	홍경래전 이명선
101	인간만사 새옹지마 리영희
102	청춘을 불사르고 김일엽
103	모범경작생(외) 박영준
104	방망이 깎던 노인 윤오영
105	찰스 램 수필선 C.램/양병석
106	구도자 고은
107	표해록 장한철/정병욱
108	월광곡 홍난파
109	무서록 이태준
110	나생문(외) 아쿠타가와 류노스케/진웅기
111	해변의 시 김동석
112	발자크와 스탕달의 예술논쟁 김진욱
113	파한집 이인로/이상보
114	역사소품 곽말약/김승일
115	체스·아내의 불안 S.츠바이크/오영옥
116	복덕방 이태준
117	실천론(외) 모택동/김승일
118	순오지 홍만종/전규태
119	직업으로서의 학문·정치 M.베버/김진욱(외)
120	요재지이 모송령/진기환
121	한설야 단편선 한설야
122	쇼펜하우어 수상록 쇼펜하우어/최혁순
123	유태인의 성공법 M.토케이어/진웅기
124	레디메이드 인생 채만식
125	인물 삼국지 모리야 히로시/김승일
126	한글 명심보감 장기근 옮김
127	조선문화사서설 모리스 쿠랑/김수경
128	역옹패설 이제현/이상보
129	문장강화 이태준
130	중용·대학 차주환
131	조선미술사연구 윤희순
132	옥중기 오스카 와일드/임헌영
133	유태인식 돈벌이 후지다 덴/지방훈
134	가난한 날의 행복 김소운
135	세계의 기적 박광순
136	이퇴계의 활인심방 정숙
137	카네기 처세술 데일 카네기/전민식
138	요로원야화기 김승일
139	푸슈킨 산문 소설집 푸슈킨/김영국
140	삼국지의 지혜 황의백
141	슬견설 이규보/장덕순
142	보리 한흑구
143	에머슨 수상록 에머슨/윤삼하
144	이사도라 덩컨의 무용에세이 I.덩컨/최혁순
145	북학의 박제가/김승일
146	두뇌혁명 T.R블랙슬리/최현
147	베이컨 수상록 베이컨/최혁순
148	동백꽃 김유정
149	하루 24시간 어떻게 살 것인가 A.베넷/이은순
150	평민한문학사 허경진
151	정선아리랑 김병하·김연갑 공편
152	독서요법 황의백 엮음
153	나는 왜 기독교인이 아닌가 B.러셀/이재황
154	조선사 연구(草) 신채호
155	중국의 신화 장기근
156	무병장생 건강법 배기성 엮음
157	조선위인전 신채호
158	정감록비결 편집부 엮음
159	유태인 상술 후지다 덴/진웅기
160	동물농장 조지 오웰/김회진
161	신록 예찬 이양하
162	진도 아리랑 박병훈·김연갑
163	책이 좋아 책하고 사네 윤형두
164	속담에세이 박연구
165	중국의 신화(후편) 장기근
166	중국인의 에로스 장기근
167	귀여운 여인(외) A.체호프/박형규
168	아리스토파네스 희곡선 아리스토파네스/최현
169	세네카 희곡선 세네카/최현
170	테렌티우스 희곡선 테렌티우스/최현
171	외투·코 고골리/김영국
172	카르멘 메리메/김진욱
173	방법서설 데카르트/김진욱
174	페이터의 산문 페이터/이성호
175	이해사회학의 카테고리 막스 베버/김진욱
176	러셀의 수상록 러셀/이성규
177	속악유희 최영년/황순구
178	권리를 위한 투쟁 R.예링/심윤종
179	돌과의 문답 이규보/장덕순
180	성황잡예찬 정비석
181	양쯔강(외) 펄 벅/김병걸
182	봄의 수상(외) 조지 기싱/이창배
183	아미엘 일기 아미엘/민희식
184	예언자의 집에서 토마스 만/박환덕
185	모자철학 가드너/이창배
186	짝 잃은 거위를 곡하노라 오상순
187	무하선생 방랑기 김상용
188	어느 시인의 고백 릴케/송영택
189	한국의 멋 윤태림
190	자연과 인생 도쿠토미 로카/진웅기
191	태양의 계절 이시하라 신타로/고평국
192	애서광 이야기 구스타브 플로베르/이민정
193	명심보감의 명구 191 이응백
194	아큐정전 루쉰/허세욱
195	촛불 신석정
196	인간제대 추식
197	고향산수 마해송
198	아랑의 정조 박종화
199	지사총 조선작
200	홍동백서 이어령
201	유령의 집 최인호
202	목련초 오정희
203	친구 송영
204	쫓겨난 아담 유치환
205	카마수트라 바스야야나/송미영
206	한 가닥 공상 일ль/공덕룡
207	사랑의 샘가에서 우치무라 간조/최현
208	황무지 공원에서 유달영
209	산정무한 정비석
210	조선해학 어수록 장한종/박훤
211	조선해학 파수록 부묵자/박훤
212	용재총화 성현/정종진
213	한국의 가을 박대인
214	남원의 향기 최승범
215	다듬이 소리 채만식
216	부모 은중경 안춘근
217	거룩한 본능 김규련
218	연주회 다음 날 우치다 햣겐/문희정
219	갑사로 가는 길 이상보
220	공상에서 과학으로 엥겔스/박광순
221	인도기행 H.헤세/박환덕
222	신화 이주홍
223	게르마니아 타키투스/박광순
224	김강사와 T교수 유진오
225	금강산 애화기 곽말약/김승일
226	십자가의 증언 강원룡
227	아네모네의 마담 주요섭
228	병풍에 그린 닭이 계용묵
229	조선책략 황준헌/김승일
230	시간의 빈터에서 김열규
231	밖에서 본 자화상 한완상
232	잃어버린 동화 박문하
233	붉은 고양이 루이제 린저/홍경호
234	봄은 어느 곳에 심훈(외)
235	청춘예찬 민태원
236	낙엽을 태우면서 이효석
237	알랭어록 알랭/정봉구
238	기다리는 마음 송규호
239	난중일기 이순신/이민수
240	동양의 달 차주환
241	경세종(외) 김필수(외)
242	독서와 인생 미키 기요시/최현
243	콜롱바 메리메/송태효
244	목축기 안수길
245	허허선생 남정현
246	비눌 윤흥길
247	미켈란젤로의 생애 로맹 롤랑/이정림
248	산딸기 노천명
249	상식론 토머스 페인/박광순
250	베토벤의 생애 로맹 롤랑/이정림
251	얼굴 조경희
252	장사의 꿈 황석영
253	임금 노동과 자본 카를 마르크스/박광순
254	붉은 산 김동인
255	낙동강 조명희
256	호반·대학시절 T.슈토름/홍경호
257	맥 김남천
258	지하촌 강경애
259	설국 가와바타 야스나리/김진욱
260	생명의 계단 김교신
261	법창으로 보는 세계명작 한승헌
262	톨스토이의 생애 로맹 롤랑/이정림
263	자본론 레닌/김승일

www.bumwoosa.co.kr　TEL 031)955-6900　범우사

근대 개화기에서부터
8·15 광복까지 집대성한

현재 50권 완간!

범우비평판 한국문학의 특징

▶ 문학의 개념을 민족 정신사의 총체적 반영으로 확대
▶ 기존의 문학전집에서 누락된 작가 복원 및 최초 발굴작품 수록
▶ '문학전집' 편찬 관성을 탈피, 작가 중심의 새로운 편집
▶ 학계의 전문적인 문학 연구자들이 직접 교열, 작가론과 작품론 및 작가·작품 연보 작성

- 크라운 변형판 | 반양장 | 각권 350~756쪽
- 각권 값 10,000~22,000원 | 1질 정가 690,000원
- 책값을 입금해주시면 우송료 본사 부담으로 보내드립니다.
- 입금계좌: 국민 054937-04-000870 종합출판 범우(주)
- 주문전화: 031-955-6900 팩스: 031-955-6905

범우비평판 한국문학

잊혀진 작가의 복원과 묻혀진 작품을 발굴, 근대 이후 100년간 민족정신사적으로 재평가한
문학·예술·종교·사회사상 등 인문·사회과학 자료의 보고 —임헌영(한국문학평론가협회 회장)

- ❶-1 신채호편 〈백세 노승의 미인담〉(외) 김주현(경북대)
- ❷-1 개화기 소설편 〈송뢰금〉(외) 양진오(경주대)
- ❸-1 이해조편 〈홍도화〉(외) 최원식(인하대)
- ❹-1 안국선편 〈금수회의록〉(외) 김영민(연세대)
- ❺-1 양건식·현상윤(외)편 〈슬픈 모순〉(외) 김복순(명지대)
- ❻-1 김억편 〈해파리의 노래〉(외) 김용직(서울대)
- ❼-1 나도향편 〈어머니〉(외) 박헌호(성균관대)
- ❽-1 조명희편 〈낙동강〉(외) 이명재(중앙대)
- ❾-1 이태준편 〈사상의 월야〉(외) 민충환(부천대)
- ❿-1 최독견편 〈승방비곡〉(외) 강옥희(상명대)
- ⓫-1 이인직편 〈은세계〉(외) 이재선(서강대)
- ⓬-1 김동인편 〈약한 자의 슬픔〉(외) 김윤식(서울대)
- ⓭-1 현진건편 〈운수 좋은 날〉(외) 이선영(연세대)
- ⓮-1 백신애편 〈아름다운 노을〉(외) 최혜실(경희대)
- ⓯-1 김영팔편 〈곱장칼〉(외) 박명진(중앙대)
- ⓰-1 김유정편 〈산골 나그네〉(외) 이주일(상지대)
- ⓱-1 이식훈편 〈이주민열차〉(외) 김용성(인하대)
- ⓲-1 이   상편 〈공포의 기록〉(외) 이경훈(연세대)
- ⓳-1 홍사용편 〈나는 왕이로소이다〉(외) 김은철(상지대)
- ⓴-1 김남천편 〈전환기와 작가〉(외) 채호석(한국외대)
- ㉑-1 초기 근대희곡편 〈병자삼인〉(외) 이승희(성균관대)
- ㉒-1 이육사편 〈광야〉(외) 김종회(경희대)
- ㉓-1 이광수편 〈삼봉이네 집〉(외) 한승옥(숭실대)
- ㉔-1 강경애편 〈인간문제〉(외) 서정자(초당대)
- ㉕-1 심   훈편 〈그날이 오면〉(외) 정종진(청주대)
- ㉖-1 계용묵편 〈백치 아다다〉(외) 장영우(동국대)
- ㉗-1 김소월편 〈진달래 꽃〉(외) 최동호(고려대)
- ㉘-1 최승일편 〈봉희〉(외) 손정수(계명대)
- ㉙-1 정지용편 〈장수산〉(외) 이숭원(서울여대)
- ㉚-1 최서해편 〈홍염〉(외) 하정일(원광대)
- ㉛-1 임노월편 〈춘희〉(외) 박정수(서강대)
- ㉜-1 한용운편 〈님의 침묵〉(외) 김재홍(경희대)
- ㉝-1 김정진편 〈기적 불 때〉(외) 윤진현(인하대)
- ㉞-1 이기영편 〈서화〉(외) 김성수(경희대)
- ㉟-1 방정환편 〈어린이 찬미〉(외) 이재철(아동문학회장)
- ㊱-1 나혜석편 〈경희〉(외) 이상경(한국과학기술원)
- ㊲-1 근대 대중가요편 〈사의찬미〉(외) 이영미·이준희
- ㊳-1 이돈화편 〈시대정신에 합일된 사람性性 주의〉(외) 조남현(서울대)
- ㊴-1 안재홍편 〈고원의 밤〉 구중서(수원대)
- ㊵-1 이익상편 〈그믐 날〉(외) 오창은(중앙대)
- ㊶-1 김달진편 〈씬냉이꽃〉(외) 최동호(고려대)
- ㊷-1 이효석편 〈분녀〉(외) 강진호(성신여대)
- ㊸-1 이설주편 〈들국화〉(외) 오양호(인천대)
- ㊹-1 손진태편 〈우리민족의 걸어온 길〉 김정인(춘천교대)
- ㊺-1 박영희편 〈현대조선문학사〉(외) 임규찬(성공회대)
- ㊻-1 여운형편 〈조선독립의 당위성〉(외) 강준식(작가)
- ㊼-1 채만식편 〈정자나무 있는 삽화〉(외) 이도연(고려대)
- ㊽-1 노자영편 〈사랑의 불꽃·반항〉(외) 권보드래(동국대)
- ㊾-1 김동석편 〈예술과 생활〉(외) 구모룡(한국해양대)
- ㊿-1 이상화편 〈나의 침실로〉(외) 유성호(한양대)

책 속에 영웅의 길이 있다…!!

프랑스의 루소가 되풀이하여 읽고, 나폴레옹과 베토벤, 괴테가 평생 곁에 두고 애독한 그리스·로마의 영웅열전(英雄列傳)! 영웅들의 성격과 인물 됨됨이를 사실적으로 묘사한 영웅 보감!

플루타르크 영웅전

범우비평판세계문학 **38-1**

플루타르코스 / 김병철 옮김
* 새로운 편집 장정 / 전8권
크라운 변형판 / 각권 8,000원

국내 최초 완역, 99년 개정판 출간!

❝지금 전세계의 도서관에 불이 났다면
나는 우선 그 불속에 뛰어들어가 '셰익스피어 전집'과
'플루타르크 영웅전'을 건지는데 내 몸을 바치겠다.❞
— 美 사상가·시인 에머슨의 말 —

〈플루타르크 영웅전〉은 세계의 선각자들에게 극찬과 사랑을 받아온 명저입니다.

 범우사 서울시 마포구 구수동 21-1 전화 717-2121 FAX 717-0429
인터넷 주소 http://www.bumwoosa.co.kr